2022年重庆经济展望
2022 CHONGQING ECONOMIC OUTLOOK

重庆市综合经济研究院
重庆市经济信息中心　编著
重庆统筹城乡发展研究中心

中国经济出版社

图书在版编目（CIP）数据

2022年重庆经济展望/重庆市综合经济研究院，重庆市经济信息中心，重庆统筹城乡发展研究中心编著．--北京：中国经济出版社，2021.12
　　ISBN 978-7-5136-6770-8

Ⅰ．①2… Ⅱ．①重… ②重… ③重… Ⅲ．①区域经济-经济预测-重庆-2022 Ⅳ．①F127.719

中国版本图书馆CIP数据核字（2021）第259650号

审图号：渝S（2019）045号

策划编辑　姜　静
责任编辑　郑　潇
责任印制　马小宾
封面设计　任燕飞工作室

出版发行	中国经济出版社
印 刷 者	北京富泰印刷有限责任公司
经 销 者	各地新华书店
开　　本	889mm×1194mm　1/16
印　　张	34
字　　数	1000千字
版　　次	2021年12月第1版
印　　次	2021年12月第1次
定　　价	120.00元

广告经营许可证　京西工商广字第8179号

中国经济出版社 网址 www.economyph.com 社址 北京市东城区安定门外大街58号 邮编 100011
本版图书如有存在印装质量问题，请与本社销售中心联系调换（联系电话：010-57512564）

版权所有　盗版必究（举报电话：010-57512600）
国家版权局反盗版举报中心（举报电话：12390）　　服务热线：010-57512564

编 辑 委 员 会

主办单位： 重庆市综合经济研究院　重庆市经济信息中心　重庆统筹城乡发展研究中心

总　　编： 易小光

编　　委： 何靖波　丁　瑶　鲁英杰　熊　艳　郭汉林　余贵玲　邓兰燕
　　　　　　 苟文峰　翁志刚　熊　姝　杜　婷　罗丛生　李　权　赵炜科
　　　　　　 李雪梅　裴　多　幸雅妮

主　　编： 丁　瑶

副 主 编： 余贵玲　罗丛生

主　　研： 易小光　丁　瑶　鲁英杰　余贵玲　邓兰燕　苟文峰　熊　姝
　　　　　　 罗丛生　李　权　赵炜科　李雪梅　裴　多　李　林　陈　可
　　　　　　 蒋安玲　罗宇航　赵　伦　曲　燕　苏　凡　王　利　张　超
　　　　　　 张　佳　张　锐　张　睿　邹於娟　陈　殊　崔　苗　邓吉敏
　　　　　　 贺诗倪　贾静涛　黎　慧　李　霞　简华球　施小兰　孙茂曦
　　　　　　 汪　婧　夏　月　赵　飞　杨　梅　杨琇涵　郑淑媛　成秋明
　　　　　　 邱　婧　王志军　夏梁颖　郑秋霞　黄建洪　李　俊　莫　平
　　　　　　 张　亨　崔　艳

特约撰稿单位及撰稿人：

　　国家信息中心　张宇贤　王远鸿　牛　犁　程伟力　闫　敏
　　　　　　　　　胡祖铨　陈　彬　邹蕴涵　韩瑞栋

　　重庆市经济和信息化委员会　王　刚　赵俊远　柏　潇　余　菲
　　　　　　　　　　　　　　　尹　玲　胡　睿　马改妮　文　玉

　　重庆市市场监督管理局　周家鹏

　　重庆市规划和自然资源局　熊仪俊　张艺扬

　　国家统计局重庆调查总队　吕　靖

　　重庆市知识产权局　王　佳　黄　艳　周建超

　　重庆生产力促进中心　杨　艳

　　重庆两江新区管委会　欧阳建明

　　重庆市各区县（自治县）发展和改革委员会、万盛经济技术开发区发展改革局

　　西部各省（自治区）、各直辖市信息中心

序

2021年以来，受世界百年未有之大变局和新冠肺炎疫情全球大流行交织影响，全球经济复苏前路坎坷，世界政经格局深刻调整。我国统筹国内国际两个大局，统筹疫情防控和经济社会发展，加快推动经济社会高质量发展，促进发展方式转变、经济结构优化、增长动力转化，经济发展的韧性和活力不断显现；强化宏观政策跨周期调节，有效应对汛情等多重考验，经济总体保持恢复态势。在此宏观背景下，重庆深入贯彻习近平总书记"七一"等系列重要讲话精神，主动融入"一带一路"建设、长江经济带发展、新时代西部大开发以及西部陆海新通道等国家重大战略，坚持稳中求进工作总基调，把握新发展阶段、贯彻新发展理念、融入新发展格局，持续落实"六稳""六保"任务，深入推进成渝地区双城经济圈建设，加快培育经济发展新动能，经济呈现稳中加固、稳中向好态势，主要经济指标符合预期，高质量发展动能更为强劲。

2022年，重庆经济发展将迎来诸多机遇，但外部环境不确定性有所增大。从国际看，新冠病毒变异毒株蔓延，国际贸易交往受阻，贸易保护主义和经济逆全球化思潮逐渐盛行，地缘政治因素对经济格局影响加大，大国科技竞争和战略博弈更趋激烈，世界经济复苏将迎来较大挑战，中国面临的国际地缘政治冲突和安全局势更加紧张。从国内看，我国将加快构建新发展格局，在高质量发展中促进共同富裕，注重发展的平衡性、协调性、包容性，推动区域协调发展；继续增强宏观政策协同性和跨周期调节，努力协调好稳增长、调结构和防风险的关系，把握好发展和监管的度，确保经济运行在合理区间。面对国内外经济环境变化，重庆要坚定按照习近平总书记重要指示要求和党中央决策部署，大力推动成渝地区双城经济圈建设，促进重庆市"一区两群"协调发展，深化供给侧结构性改革，进一步扩大内需，促进高水平开放，优化营商环境，提升重庆市经济高质量发展水平。

年度"重庆经济展望"是重庆市综合经济研究院（重庆市经济信息中心）围绕建设一流智库目标，秉承"把脉经济形势，服务政府决策"宗旨，与合作机构历经多年打造的拳头产品，是社会各界了解国内外政治经济环境，把握重庆市宏观经济运行趋势、行业发展动态的重要载体和窗口，多年来对服务重庆市经济社会发展起到了较好的智力支撑作用，得到社会各界的好评和肯定，是一部了解重庆、宣传重庆的重要典藏。

《重庆经济展望》编委会

2021年12月

目　　录

序 ·· 1

综合卷·宏观篇

之一：2021年世界经济形势分析及2022年展望 ·· 2
之二：2021年中国宏观经济形势回顾及2022年展望 ·· 7
之三：2021年西部地区经济运行分析及2022年展望 ·· 14
之四：2021年成渝地区双城经济圈建设情况及2022年展望 ·· 21
之五：2021年重庆市经济形势分析及2022年展望 ·· 27

综合卷·比较篇

之一：2021年北京市经济运行分析及2022年展望 ·· 38
之二：2021年天津市经济运行分析及2022年展望 ·· 42
之三：2021年上海市经济运行分析及2022年展望 ·· 48
之四：2021年四川省经济运行分析及2022年展望 ·· 58
之五：2021年贵州省经济运行分析及2022年展望 ·· 65
之六：2021年云南省经济运行分析及2022年展望 ·· 73
之七：2021年陕西省经济运行分析及2022年展望 ·· 78
之八：2021年甘肃省经济运行分析及2022年展望 ·· 85
之九：2021年青海省经济运行分析及2022年展望 ·· 93
之十：2021年宁夏回族自治区经济运行分析及2022年展望 ······································ 100
之十一：2021年新疆维吾尔自治区经济运行分析及2022年展望 ································ 105
之十二：2021年内蒙古自治区经济运行分析及2022年展望 ······································· 111
之十三：2021年广西壮族自治区经济运行分析及2022年展望 ··································· 116

综合卷·专题篇

之一：2021年重庆市农村经济运行分析及2022年展望 ··· 124
之二：2021年重庆市工业经济运行分析及2022年展望 ··· 129

之三：2021年重庆市投资形势分析及2022年展望 ········· 135
之四：2021年重庆市消费商贸形势分析及2022年展望 ········· 141
之五：2021年重庆市对外开放与区域合作情况及2022年展望 ········· 147
之六：2021年重庆市财政金融形势分析及2022年展望 ········· 153
之七：2021年重庆市社会事业发展情况及2022年展望 ········· 158
之八：2021年重庆市就业创业发展情况及2022年展望 ········· 165
之九：2021年重庆市信息化发展情况及2022年展望 ········· 170
之十：2021年重庆市生态绿色发展情况及2022年展望 ········· 176
之十一：2021年重庆市社会信用体系建设情况及2022年展望 ········· 182
之十二：2021年重庆市物价形势分析及2022年展望 ········· 187
之十三：2021年重庆市民营经济发展情况及2022年展望 ········· 192
之十四：2021年重庆市市场监管情况及2022年展望 ········· 198
之十五：2021年重庆市自然资源开发利用分析及2022年展望 ········· 203
之十六：2021年重庆市城乡居民收入状况分析及2022年展望 ········· 207
之十七：2021年重庆市创新发展情况及2022年展望 ········· 211
之十八：2021年重庆市知识产权发展情况及2022年展望 ········· 219
之十九：2021年重庆两江新区经济运行分析及2022年展望 ········· 224
之二十：2021年中新（重庆）战略性互联互通示范项目建设情况及2022年展望 ········· 228
之二十一：2021年中国（重庆）自由贸易试验区建设情况及2022年展望 ········· 233

产业卷·第一产业篇

之一：2021年重庆市农业发展及2022年展望 ········· 240

产业卷·第二产业篇

之一：2021年重庆市第二产业发展及2022年展望 ········· 248
之二：2021年重庆市高技术、战略性新兴产业发展及2022年展望 ········· 254
之三：2021年重庆市汽车摩托车产业发展及2022年展望 ········· 259
之四：2021年重庆市电子信息产业发展及2022年展望 ········· 265
之五：2021年重庆市装备制造业发展及2022年展望 ········· 270
之六：2021年重庆市生物医药产业发展及2022年展望 ········· 273
之七：2021年重庆市材料工业发展及2022年展望 ········· 277
之八：2021年重庆市消费品工业发展及2022年展望 ········· 281
之九：2021年重庆市能源工业发展及2022年展望 ········· 285
之十：2021年重庆市化工产业发展及2022年展望 ········· 291
之十一：2021年重庆市建筑业发展及2022年展望 ········· 294

产业卷·第三产业篇

- 之一：2021 年重庆市第三产业发展及 2022 年展望 ················ 300
- 之二：2021 年重庆市金融业发展及 2022 年展望 ···················· 306
- 之三：2021 年重庆市物流业发展及 2022 年展望 ···················· 312
- 之四：2021 年重庆市房地产业发展及 2022 年展望 ················ 318
- 之五：2021 年重庆市文化旅游产业发展及 2022 年展望 ········· 324
- 之六：2021 年重庆市住宿和餐饮业发展及 2022 年展望 ········· 330
- 之七：2021 年重庆市健康服务产业发展及 2022 年展望 ········· 336

区域卷·主城都市区篇

- 之一：2021 年主城都市区经济运行分析及 2022 年展望 ········· 342
- 之二：2021 年渝中区经济运行分析及 2022 年展望 ················ 348
- 之三：2021 年江北区经济运行分析及 2022 年展望 ················ 352
- 之四：2021 年沙坪坝区经济运行分析及 2022 年展望 ············ 357
- 之五：2021 年南岸区经济运行分析及 2022 年展望 ················ 360
- 之六：2021 年九龙坡区经济运行分析及 2022 年展望 ············ 365
- 之七：2021 年大渡口区经济运行分析及 2022 年展望 ············ 370
- 之八：2021 年北碚区经济运行分析及 2022 年展望 ················ 374
- 之九：2021 年渝北区经济运行分析及 2022 年展望 ················ 379
- 之十：2021 年巴南区经济运行分析及 2022 年展望 ················ 383
- 之十一：2021 年涪陵区经济运行分析及 2022 年展望 ············ 388
- 之十二：2021 年长寿区经济运行分析及 2022 年展望 ············ 393
- 之十三：2021 年江津区经济运行分析及 2022 年展望 ············ 397
- 之十四：2021 年合川区经济运行分析及 2022 年展望 ············ 402
- 之十五：2021 年永川区经济运行分析及 2022 年展望 ············ 406
- 之十六：2021 年南川区经济运行分析及 2022 年展望 ············ 410
- 之十七：2021 年綦江区经济运行分析及 2022 年展望 ············ 413
- 之十八：2021 年大足区经济运行分析及 2022 年展望 ············ 417
- 之十九：2021 年璧山区经济运行分析及 2022 年展望 ············ 421
- 之二十：2021 年铜梁区经济运行分析及 2022 年展望 ············ 425
- 之二十一：2021 年潼南区经济运行分析及 2022 年展望 ········· 429
- 之二十二：2021 年荣昌区经济运行分析及 2022 年展望 ········· 435
- 之二十三：2021 年万盛经济技术开发区经济运行分析及 2022 年展望 ········· 440

区域卷·渝东北三峡库区城镇群篇

之一：2021年渝东北三峡库区城镇群经济运行分析及2022年展望 …………………… 446
之二：2021年万州区经济运行分析及2022年展望 …………………… 452
之三：2021年开州区经济运行分析及2022年展望 …………………… 458
之四：2021年梁平区经济运行分析及2022年展望 …………………… 462
之五：2021年城口县经济运行分析及2022年展望 …………………… 466
之六：2021年丰都县经济运行分析及2022年展望 …………………… 470
之七：2021年垫江县经济运行分析及2022年展望 …………………… 475
之八：2021年忠县经济运行分析及2022年展望 …………………… 481
之九：2021年云阳县经济运行分析及2022年展望 …………………… 487
之十：2021年奉节县经济运行分析及2022年展望 …………………… 491
之十一：2021年巫山县经济运行分析及2022年展望 …………………… 495
之十二：2021年巫溪县经济运行分析及2022年展望 …………………… 498

区域卷·渝东南武陵山区城镇群篇

之一：2021年渝东南武陵山区城镇群经济运行分析及2022年展望 …………………… 504
之二：2021年黔江区经济运行分析及2022年展望 …………………… 510
之三：2021年武隆区经济运行分析及2022年展望 …………………… 515
之四：2021年石柱土家族自治县经济运行分析及2022年展望 …………………… 519
之五：2021年秀山土家族苗族自治县经济运行分析及2022年展望 …………………… 524
之六：2021年酉阳土家族苗族自治县经济运行分析及2022年展望 …………………… 528
之七：2021年彭水苗族土家族自治县经济运行分析及2022年展望 …………………… 532

综合卷
宏观篇

之一：2021年世界经济形势分析及2022年展望

一、2021年世界经济形势分析

1. 疫情变化导致全球经济复苏跌宕起伏

受新冠肺炎疫情影响，2021年第一季度各国经济出现停滞或衰退，第二季度开始出现爆发性增长，第三季度经济复苏再度因疫情受阻，受解封因素影响，第四季度乐观情绪上升。

从发达经济体情况来看，上述特征尤为明显。2021年第一季度，美国GDP同比涨幅只有0.6%，欧元区、日本和英国同比分别下滑1.2%、1.3%和5.8%。随着疫情的好转及基数因素影响，第二季度各国经济均出现大幅增长，英国最为显著，同比涨幅高达23.4%，美国、欧元区和日本同比涨幅分别为12.2%、14.5%和7.6%。不过，除了美国之外，GDP总量都没有恢复到2019年同期水平。第三季度则出现分化现象，美国GDP环比年化增速只有2%，出现明显的放缓迹象；欧元区环比增长2.2%，年化增速为9.1%，远远高于美国。

新兴市场国家经济走势与发达国家大致趋同，但存在细微的差异。2021年第一季度，俄罗斯GDP同比下降0.7%，但其他主要新兴市场国家则保持增长，印度、巴西和越南同比分别增长1.6%、1.0%和4.7%。第二季度，上述4个国家同比增速分别为10.5%、20.1%、12.4%和5.6%，GDP总量也都超过2019年同期水平。受疫情因素影响，第三季度新兴市场国家经济复苏明显放缓，越南尤为突出，同比增速只有1.4%。

第四季度开始，受疫情管控措施放松因素影响，全球均出现了乐观预期，各类采购经理指数（PMI）持续上升。例如，东盟国家制造业PMI从9月的50上升至10月的53.6，这是该指数2021年5月之后首次达到50点以上，也是该指数自2012年7月开始编制以来的最高水平；美国服务业PMI由9月的61.9上升至10月的66.7，高于此前预期且创新高，显示出美国服务业仍保持强劲增长势头。

2. 多重因素推动全球通货膨胀持续上升

2021年，全球经济的特征之一是通货膨胀持续上升。截至2021年10月，美国和德国CPI同比分别上涨6.2%和4.5%，分别创31年和28年来最高纪录；欧元区CPI同比上涨4.1%，创有此统计数据以来的最高涨幅；日本CPI虽然较低，但生产价格指数同比上涨8%，创40年新高；俄罗斯和巴西CPI同比分别上涨8.1%和10.7%。

其实，当前全球通货膨胀成因并不复杂，主要如下：一是经济刺激政策扩大了全球总需求，最终形成需求推动的通货膨胀。二是供应链梗阻导致全球出现短缺经济现象，供不应求推动物价快速上涨。三是工资上涨导致成本推动型通货膨胀。四是极端天气变化导致食品和原材料价格上涨。2021年10月，联合国粮农组织食品价格指数同比上涨31.3%，成为推动物价上涨的重要因素。五是货币超发。为应对突如其来的疫情，以美联储为代表的发达经济体央行加大了量化宽松货币政策的力度，由此导致货币供给剧增推动的物价上涨。以资产价格为例，货币供给增加必然导致资产价格上涨。众所周知，以美国为代表的股市不断上涨，财富效应的增加必然导致需求拉动的物价上涨。同时，长期量化宽松政策也加剧了房地产价格的上涨，房地产是产业链条最长的行业，房价的上涨必然导致这一链条上所有产品价格的上涨。

3. "用工荒"和"就业难"并存现象阻碍经济复苏

2021年，全球经济的另一重要特征是"用工荒"和"就业难"这两种看似矛盾的现象并存。截至10月，美国失业率为4.6%，欧元区失业率仍高达7.4%，均远离充分就业状态，但都出现"用工荒"现象。在所有的经济增长模型中，劳动力供给都是关键变量，劳动力短缺必然影响全球经济复苏。

出现这一现象的原因也是多方面的：一是供给和需求不匹配的结构性问题。这一问题在欧洲更为突出，技术、数字、绿色经济领域需要大量高素质劳动力，但大量失业人员不符合要求，在这种情况下，10月西班牙和意大利的失业率分别高达16%和10%。二是人口结构问题。根据英国就业研究所的报告，一方面年轻人接受教育的年限增长，另一方面老年人按期甚至提前退出劳动力市场，这导致英国劳动人口比疫情暴发之前大幅减少。三是疫情导致劳动密集型服务业出现大量工人流失，如餐饮、养老院等行业容易被感染又收入较低，劳动者就业意愿降低。四是数字化发展导致年青一代劳动力就业观念发生巨大变化，劳动者开始规避那些工作时间不灵活、工资水平低的岗位。五是全球疫情导致跨国移民工人入境的难度加大，从而加剧了劳动力短缺现象。六是劳动力参与率降低。

4. 全球贸易复苏程度明显超过经济复苏

2021年10月，国际货币基金组织下调了美国及全球经济增速，与此同时，世界贸易组织则将全球货物贸易增速由之前的8%上调至10.8%，一降一升形成了鲜明对比，背后是各国尤其是美国经济刺激政策对全球贸易的增长产生的重要影响。

从表1可以看出，2020年前两个月美国零售和食品销售额增速正常，随后三个月受疫情影响出现下降，6月受经济刺激政策影响开始加速增长。2021年前9个月，只有2月增速为9.8%，其余8个月增速均超过12%。从历史数据来看，这是一种非常罕见的现象。自1993年1月以来，只有3个月增速超过10%，分别是1994年3月、1999年8月和9月，增速分别为11.6%、10.7%和10.1%。

表1　美国零售和食品销售额增速　　　　　　　　　　　　　　　　　%

年份	1月	2月	3月	4月	5月	6月	7月	8月	9月
2018	3.9	4.5	4.5	4.5	6.1	5.2	5.8	5.3	2.9
2019	2.0	1.4	3.2	3.0	2.2	2.9	3.0	3.9	3.2
2020	4.5	4.5	-2.9	-15.3	-1.1	5.5	6.0	5.9	8.9
2021	12.9	9.8	28.9	48.0	23.9	16.5	12.9	13.5	12.2

数据来源：美国商务部。

由于国内消费品生产不足，大量的商品只能依赖进口，2021年，美国商品进口和商品贸易逆差增速分别为22.3%和22.1%，进口和逆差总额分别为20645亿美元、7901亿美元。换而言之，美国刺激消费的政策在很大程度上促进了全球贸易的繁荣。

5. 能源危机席卷全球

2021年还有一个显著特征是出现了席卷全球的能源危机，欧洲则处于这场危机的中心。2020年12月11日，欧盟理事会批准新的协议，将温室气体减排目标由此前的2030年相较于1990年降低40%进一步提升至55%。因此，随着2020年12月减碳新标准的实施，欧洲碳价开始持续上涨，碳排放交易许可价格由2020年12月的30欧元左右升至2021年8月的60欧元，9月底一度突破65欧元。根据西班牙央行有关研究的估计，电价涨幅中，碳价因素占25%，另外占比高达50%的则是天然气价格。在欧盟减碳新标准下，欧盟各国增加了对天然气等能源的使用，以逐步取代并最终淘汰煤电。在这一背景下，同时受其他因素影响，2021年全球天然气价格大幅走高，推动了欧洲多国电价的抬升。英国天然气期货价格由2020年12月每色姆50便士左右上升至9月底的251便士，10月初一度接近300便士，涨幅惊人。作为天然气的替代品，在天然气价格大幅攀升的情况下，原油价格呈大幅上涨态势。受能源危机等多种因素影响，欧洲多国PPI同比涨幅突破10%，创近30年之最。在此背景下，居民消费意愿和支出受到了严重影响。

二、2022年世界经济增长影响因素分析及趋势判断

1. 影响2022年全球经济发展的主要因素分析

（1）全球经济在短暂修复后面临放缓

全球经济增长动力得以强化的主要因素是经济刺激政策及基数效应，展望未来，政策刺激带来的短期增长因素趋于弱化，2022年经济增速较2021年放缓基本是确定性事件。从第一大经济体美国来看，无论是特朗普执政时期还是拜登上台后推出的刺激计划，其重点都不在于解决供给问题，因此，超常规的刺激虽然避免了疫情可能造成的经济停摆和崩溃，但是无论对于解决当前全球性供应链问题还是提供美国的长期增长动力，都作用甚微。

另外，财政刺激带来的个人收入和支出难以具备可持续性，在2021年9月财政救济和补贴结束后，面临回落的压力，从而对经济增长形成拖累。11月，美国密歇根大学消费者信心指数初值为66.8，创2011年来新低，并且意外低于预期。数据显示，物价飙升导致房屋、汽车、大件家庭耐用品的购买条件跌至数十年来的最低水平。另有24%的美国家庭预计自己的财务状况在11月会进一步恶化，这一比例仅次于2008年6月美国爆发金融危机时的水平。

（2）"现代货币理论"及其实践在新冠肺炎疫情后的副作用日益显现

"现代货币理论"兴于2000年前后，近年来影响力逐步增大。尽管拜登当选后并未明确主张采用这一理论，但事实上拜登政府采用了"现代货币理论"的主张，即强调功能财政的作用，而美联储此前宣布的"无限制"量宽为拜登的宽松财政打开了政策空间。2021年3月，拜登政府宣布实施1.9万亿美元的财政刺激方案，其中大约8000亿美元以补贴、减税和失业救济等形式直接进入家庭和个人账户（尤以补贴和减税为主，多数人群受益），这固然提高了家庭和个人收入，推动房地产和零售等行业的改善，但是同时也造成了房地产价格、房租及二手车等一系列耐用消费品价格的上涨，成为2021年下半年美国通货膨胀超出美联储年初预期的最直接原因。

（3）疫情下的供应链中断叠加油气价格暴涨正在成为滞胀的重要诱因

本轮供应链危机产生的原因主要有两个，一是全球疫情，二是美国的逆全球化行为。事实上除了芯片危机导致的马来西亚等多国停产，在服装制造等领域，全球供应链也在重塑过程中。供应链的重塑叠加油气价格暴涨，使得全球企业面临的成本压力持续存在。全球疫情近期难以消灭且存在反复的可能，美国的逆全球化行为也没有停止，在此背景下，全球通货膨胀存在持续上涨的压力。

（4）通货膨胀预期存在自我形成机制

通货膨胀预期形成之后会导致物价螺旋式上涨，致使经济出现明显下滑。事实上，2008年9月金融危机全面爆发前实体经济已经出现了明显的回落，从GDP数据来看，2007年美国增速只有2%，2008年第一季度环比折年率为-1.6%，第二季度只有2.3%；从工业生产数据来看，工业生产总值自2007年第三

季度到2008年第二季度持续4个季度环比负增长，陷入衰退状态。但是，这些都无法阻碍通货膨胀的加速上涨。当前，美国及全球通货膨胀预期已经形成，未来面临螺旋式上涨的压力。从现实因素考虑，工资成本上升有可能成为未来物价上涨的重要推手，根据结构性通货膨胀理论及历史经验，不同职位之间工资绝对水平存在差异是合理的，但工资增速应保持基本一致。因此，结构性工资上涨容易演化为工资全面上涨，由此导致工资—物价螺旋上升。

2. 2022年世界经济增长趋势判断

综上所述，当前全球经济形势与1974—1982年滞胀时期有诸多类似之处，全球经济增长动力明显不足，滞胀风险进一步提升。一是能源价格的飙升及供应链的中断；二是宽松的货币政策没能解决供给侧结构性问题；三是财政膨胀扩大了社会总需求；四是劳动力供求结构性矛盾导致工资普遍上涨；五是极端天气导致粮食和食品价格大幅上涨。

由此可见，全球经济有滑向滞胀的风险。如果滞胀（或者类滞胀）持续时间在一年左右，则仅仅是经济周期的自我调整和修复，尽管在此过程中以中游制造业和零售业为代表的企业盈利水平也将面临较大的压力。但是，如果出于各种因素导致油气价格居高不下或者趋势性抬升，加上全球供应链的缓慢重塑和调整，一旦20世纪70年代滞胀重演，全球经济将在较长时间内承压。

3. 两轮滞胀及其借鉴意义

从历史上看，发达国家经历过两轮滞胀，一是1973年石油危机之后，二是2008年金融危机全面爆发之前。

（1）第一轮滞胀时间漫长，促成了大规模国际产业转移

众所周知，20世纪50年代初到1973年，这一时期是西方发达国家持续高速发展的"黄金时代"，1973年第一次石油危机爆发之后，美国和其他西方发达国家同时陷入了漫长且痛苦的调整期。例如，1982年，美国经济衰退幅度为1.8%，但通货膨胀率却高达6.2%。直至1983年，美国经济增长4.6%，通货膨胀率下降到3.2%，美国经济才逐步摆脱滞胀的困扰。

以美国为代表的发达国家面对国内生产成本高昂和产能过剩，只能将产业转移到第三世界，东南亚制造业由此崛起。1965—1990年，亚洲四小龙的出口额在国际市场上的占比由1.2%增长至6.4%，此后该比例继续上升，扭转了长期以来发展中国家出口初级产品、发达国家出口产成品的国际贸易格局。另外，1974年美国总统，1975年法国、联邦德国、英国、意大利等国家领导人纷纷出访苏联，大多都和寻找摆脱经济危机的出路有关。而苏联也看准了这一有利时机，掀起了引进西方资金、技术和设备的新高潮。

（2）第二轮滞胀相对短暂，但诱发了全球金融危机及世界经济格局的变化

第二轮滞胀发生在金融危机之前。2007年美国经济增速回落到2%的较低水平，10月之后开始加速上升到3.5%，随后两个月均超过4%，全年达到2.8%；且全年物价不断上涨。2008年上半年经济同比增速回落到1.5%之下，但通货膨胀压力有增无减，7月仍高达5.6%，呈现出显著的滞胀特征。不过，这一过程随着9月金融危机全面爆发而结束。

这一轮滞胀过程虽然相对于第一轮滞胀时间短暂，但影响同样深远。危机爆发前，全球各国均承受高通胀压力，危机后全球经济陷入衰退，世界经济格局发生新变化，以G20成立为标志，新兴和发展中经济体在全球治理中发挥越来越重要的作用。

三、政策建议

当前,需要避免的是全球短期经济调整中的滞胀向中长期演化,为了遏制这一趋势的蔓延,面对严峻的国际经济形势,建议采取如下措施:

一是加强国际合作,遏制滞胀向中长期演化的趋势。2021年第三季度美国GDP环比年化增速只有2%,出现明显的放缓迹象,但10月CPI同比上涨6.2%,创31年来新高,美国经济滞胀可以基本确立。为了遏制这一趋势的蔓延,迫切需要加强国际合作,稳定全球生产和供应链,并在应对全球疫情的短期政策和中长期平稳发展之间取得协调,避免或减少短期应急性政策的中长期负面后果。

二是加快贸易谈判,尽快结束中美贸易摩擦。2021年5月,穆迪投资者服务公司发布研究报告显示,美国消费者承担了对中国商品加征关税近93%的成本,只有7.6%的增加成本被中国吸收,美国也有其他研究机构得出类似研究结论。在通货膨胀不断攀升的背景下,美国企业和居民有取消关税的需求,我国应以此为契机加快中美贸易谈判,督促美国政府尽快结束贸易摩擦。

三是借鉴历史经验,争取发展新机遇。当前国际政治经济形势错综复杂,我国应借鉴历史经验,加大研究力度,在本轮全球经济调整中创造发展新机遇。

[国家信息中心　程伟力]

之二：2021年中国宏观经济形势回顾及2022年展望

2021年以来，面对复杂严峻的国内外环境，在以习近平同志为核心的党中央坚强领导下，各地区各部门认真贯彻落实党中央、国务院决策部署，统筹国内国际两个大局，统筹疫情防控和经济社会发展，统筹发展和安全，有效实施宏观经济政策，国民经济保持平稳恢复态势，全年GDP将增长8.0%左右。展望2022年，外部环境依然复杂严峻，国内疫情防控和经济社会发展任务依然繁重艰巨，但是我国拥有完善的供给体系、强大的国内市场、充沛的人力资本，若实施宏观政策跨周期调节和逆周期调节，经济增速将趋向潜在增长水平，预计GDP增长5.6%左右。

一、2021年我国宏观经济呈稳定恢复态势

前三季度，我国GDP同比增长9.8%，两年平均增长5.2%。分季度看，前三季度同比分别增长18.3%、7.9%和4.9%，两年平均分别增长5.0%、5.5%和4.9%。上半年，在外需强劲增长、内需稳步恢复的带动下，经济稳中向好；第三季度以来，受疫情、汛情以及电力供应紧张等因素影响，国内生产需求同步受到冲击，经济增势有所放缓。针对新情况新问题，国家及时加强预调微调和跨周期调节，稳定社会预期，经济运行呈稳定恢复态势。

（一）供给保持稳步恢复

1. 农业生产向好

前三季度，农业经济运行总体良好，粮食喜获丰收，第一产业增加值同比增长7.4%，两年平均增长4.8%，增速大大超过疫情前水平。一是粮食实现高位增产。夏粮早稻产量合计1738.5亿千克，秋粮播种面积稳中有增，全年粮食产量有望再创历史新高。二是"菜篮子"产品供应充足。生猪生产全面恢复，9月末全国能繁母猪存栏4459万头，接近正常保有量的110%，生猪存栏4.38亿头，创近8年来新高。蔬菜水果量足价稳，全国在田蔬菜面积约6.67万平方千米。

2. 工业生产恢复至疫情前水平

前三季度，第二产业增加值同比增长10.6%，两年平均增长5.7%，增速已超过疫情前水平。第二产业增加值占国内生产总值的比重为39.0%，对经济增长的贡献率为40.6%，拉动国内生产总值增长4.0个百分点。一是新动能不断迸发。高技术制造业同比增长20.1%，两年平均增长12.8%，对全部规模以上工业增长的贡献率达到25.2%。从产品看，新能源汽车、工业机器人、太阳能电池、智能手表等体现新动能的产品同比增速均在50%以上。二是产能利用率水平较高。工业产能利用率达77.6%，为7年来同期较高水平。分行业看，化纤、石油加工、有色金属冶炼、通用设备、专用设备、电气机械等行业产能利用率均达到80%以上。三是工业企业利润大幅改善。规模以上工业企业实现利润总额同比增长44.7%，两年平均增长18.8%。41个工业大类行业中有36个行业利润实现增长，利润增长覆盖面高达87.8%。

3. 服务业生产温和恢复

前三季度，第三产业增加值同比增长9.5%，两年平均增长4.9%，增速仍低于疫情前水平。第三产业增加值占国内生产总值的比重为54.8%，对经济增长的贡献率为54.2%，拉动国内生产总值增长5.3个百分点。一是现代服务业加快发展。信息传输软件和信息技术服务业、交通运输仓储和邮政业增加值分别同比增长19.3%、15.3%，明显快于总体服务业。二是幸福产业持续扩容。高频次城市周边休闲游、自然文化深度体验游等需求持续释放。新型文化产品不断涌现，群众健身产品和服务需求明显提高。线上问诊、线上药店等一系列"无接触"互联网医疗服务呈高速增长态势，个性化、定制化服务受到消费者追捧。三是生产经营稳定向好。规模以上服务业企业营业收入同比增长23.6%，两年平均增长10.6%。

（二）需求恢复动力有所增强

1. 投资需求稳步恢复

1—10月，固定资产投资同比增长6.1%，两年平均增长3.8%。一是制造业投资增速快于疫情前水平。制造业投资同比增长14.2%，两年平均增长3.4%，其中，装备制造业投资同比增长16.7%，成为支撑制造业投资回暖的重要力量。二是房地产投资下行压力加大。受"三道红线"落地导致融资收紧、楼市调控加压、集中供地政策出台以及销售逐步降温等因素影响，房地产企业拿地和新开工积极性减弱，房地产投资下行压力加大，房地产开发投资同比增长7.2%，增速呈现逐月下滑走势。三是基础设施建设投资低速增长。受项目审核趋严、新增地方债发行进度偏慢等因素影响，基建投资（含电力）增长趋缓，同比仅增长0.7%，两年平均增长1.9%。

2. 消费需求温和回升

1—10月，社会消费品零售总额同比增长14.9%，两年平均增长4%。一是商品消费修复快于服务消费。商品零售额同比增长13.8%，两年平均增长4.5%。疫情对服务消费影响更大，服务消费修复进度滞后于商品消费。餐饮收入基本恢复至2019年同期水平，电影票房收入大约恢复至2019年同期的70%，国内旅游收入恢复到2019年同期的近60%。二是限额以上单位零售修复较快。限额以上单位零售额同比增长16.4%，两年平均增长5.6%。三是重点零售商品先涨后跌。商品房销售面积同比增长7.3%，其中10月当月同比下降21.7%，已连续4个月下降。中国汽车工业协会数据显示，汽车销量同比增长6.4%，其中10月当月同比下跌9.4%，已连续6个月下跌。四是新型消费加快壮大。全国网上零售额同比增长17.4%，实物商品网上零售额同比增长14.6%，占社会消费品零售总额的比重达到23.7%。

3. 出口需求强劲增长

1—10月，我国外贸进出口运行韧性较强、稳中提质，按美元计价出口额同比增长32.3%，两年平均增长15.1%，远高于疫情前水平。一是全球需求向好拉动我国出口增长。世界经济快速恢复，美欧等发达经济体经济加快恢复，海外市场需求大幅增长。我国对东盟、欧盟、美国、日本等主要贸易伙伴出口额分别增长28.6%、33.4%、31.7%和17.6%。二是疫情导致贸易替代效应显现。疫情冲击导致东南亚等部分地区产业链供应链阻断，我国凭借完整的产业链和有效的疫情防控优势迅速补链，部分贸易订单转移至我国，特别是机电、高新技术产品出口向好，汽车及底盘、液晶显示板和集成电路出口同比分别增长128%、47.5%和33%。

（三）价格走势明显分化

1. 居民消费价格温和上涨

1—10月，CPI同比上涨0.7%，较上年同期回落2.3个百分点。其中，食品价格累计下跌1.7%，由于猪肉供应增加，猪价延续下行态势，成为下拉 CPI 的主要因素；非食品价格上涨 1.3%，受原材料价格传导等因素影响，交通通信、教育文化娱乐等商品价格上涨较快。核心 CPI 稳步回升，累计同比上涨 0.8%，但仍显著低于疫情前水平。

2. 工业生产者出厂价格快速上涨

在国际大宗商品价格上涨、国内能源供给约束、原材料成本高企等因素影响下，PPI 持续上行。1—10 月，PPI 同比上涨 7.3%，较上年同期提升 9.3 个百分点。10 月当月 PPI 涨幅达到 13.5%，创 1996 年有 PPI 统计数据以来新高。从结构看，生产资料价格累计大幅上涨 9.8%，采掘工业和原材料工业价格均保持两位数增速；生活资料价格仅上涨 0.2%。

（四）财政金融平稳运行

1. 财政收入增长较快但支出偏慢

在经济稳定恢复、企业利润大幅改善、工业品价格快速上涨、进口价量齐升等因素的带动下，前三季度，一般公共预算收入同比增长 16.3%，两年平均增长 4.3%，已完成全年预算的 83%。一般公共预算支出同比增长 2.3%，两年平均增长 0.2%，完成全年预算的 72%。民生保障持续发力，卫生、教育、社会保障和就业支出占比为近十年来最高。

2. 货币金融环境适宜

货币流动性逐步回到疫情前的常态化水平。10 月底，广义货币（M2）同比增长 8.7%，社会融资规模存量同比增长 10%。第二季度中国货币政策执行报告显示，小微企业综合融资成本稳中有降，企业贷款加权平均利率为 4.58%，较上年同期下降 0.06 个百分点。人民币汇率双向浮动，在合理均衡水平上保持基本稳定。1—10 月，人民币兑美元中间价汇率平均水平较上年升值 6.8%。

（五）内生发展动力不断增强

1. 市场主体活力加速释放

"放管服"改革和优化营商环境成效持续显现。前三季度，全国新办涉税市场主体同比增长 16.1%，两年平均增长 11.7%。反垄断和反不正当竞争执法明显强化，遏制资本无序扩张势头初见成效。

2. 就业压力有所缓解

1—10 月，全国城镇新增就业达到 1133 万人，提前完成全年目标任务。10 月，全国城镇调查失业率为 4.9%，处于调控预期目标之内。从结构看，大城市就业压力相对较大，31 个大城市城镇调查失业率为 5.1%，持续高于全国水平；青年群体就业压力依然较大，16~24 岁人口调查失业率为 14.2%。随着共享经济、平台经济快速成长，新业态、新模式不断涌现，就业带动效应增强。快递小哥、网络直播、网约车司机等灵活就业岗位增加。

二、国内外环境和存在的问题

（一）国际环境依然复杂严峻

1. 全球疫情有望缓和，但不确定性仍然存在

随着疫苗推广、特效药研发以及经济社会交往越来越适应抗疫带来的变化，新冠肺炎疫情影响将逐步减弱。但是，在疫苗广泛普及、特效药成功研制之前，不排除可能出现传染性更强的变异毒株，给全

球抗疫带来严峻考验。一是新冠病毒持续突变。全球新冠肺炎疫情仍处于流行状态，且病毒频繁变异，增加了疫情防控难度。新冠病毒变异带来的疫情反复给经济社会活动、产业链供应链带来负面冲击。二是疫苗分配不均导致"免疫鸿沟"。世界卫生组织数据显示，截至2021年9月，欧盟和英国完全接种疫苗的人口比例超过60%，美国接近50%，而低收入国家只有不到2%的成年人完全接种疫苗。三是新冠药物研发进度不一。美国相关口服药物已进入上市阶段，中国、日本和瑞士等国家研发的多款新冠口服特效药处于临床Ⅲ期阶段，澳大利亚、新加坡等多个国家开始谈判采购新冠药物，但部分发展中国家药物供给不足。药物全球分配不均可能导致各国复苏进程持续分化。四是部分发达国家改变疫情防控策略增添抗疫变数。英国、新加坡、美国等国家宣布取消新冠肺炎疫情限制措施后，新增确诊数据有明显反弹，公共卫生体系能否适应全面开放后的疫情形势仍有待观察。

2. 世界经济温和复苏，但增长势头放缓

随着疫情冲击的减弱，世界经济将延续复苏态势，但进程仍将曲折不定、充满挑战。一是世界经济延续复苏势头。国际货币基金组织10月发布的《世界经济展望报告》预计2021年全球经济增长5.9%，2022年增长4.9%，均高于金融危机后全球平均增长水平。二是世界经济中长期发展面临新调整、新分化、新重构。疫情冲击后，经济增长脆弱性增加，世界经济潜在增长水平下行；受新冠疫苗和药品分配不均、政策支持力度不同、科技进步差异等多重因素影响，各经济体复苏日益分化，发展鸿沟和贫富差距将有所扩大；全球产业链供应链深度重构，产业链区域化、本土化趋势不断增强，全球大产业链格局加快向区域性产业链转变。

3. 全球货币政策向常态回归，但溢出风险上升

美国经济加快复苏、通胀压力显现，美联储已经启动退出量化宽松政策，从2021年11月开始缩减购债规模，加息时间将会提前。其他部分发达经济体也已启动或准备启动货币政策正常化进程。加拿大央行在2021年4月宣布缩减资产购买规模，并预期加息时间可能提前至2022年。英国央行表示在2022年左右将首次加息至0.25%，当基准利率达到0.5%时，将开始考虑缩减资产负债表。但是，历史经验表明，以美国为代表的发达经济体货币政策收紧后通常是新兴经济体风险高发期。一是可能引发全球资产价格下跌，降低发展中国家特别是资源型国家偿债能力，增大我国对外投资风险敞口，造成境外资产损失。二是境外资本市场动荡可能诱发跨境资金在短时间内大幅流出流入，将会对我国境内股市、债市、汇市造成较大影响。三是将影响我国货币政策调整空间。

4. 大宗商品价格高位回落，但通胀压力仍会传导

一是大宗商品价格有望高位回落。展望2022年，随着新冠肺炎疫情影响逐步减弱，能源原材料供应将逐步恢复；随着全球经济增速放缓，初级产品需求增量减少；随着美国等主要经济体货币政策逐步收紧，商品期货市场投机炒作预期降温，因而大宗初级产品价格将高位回落，至少涨幅会明显缩小。二是初级产品价格大幅上涨会向下游传导。2021年，全球经济快速复苏、流动性宽裕叠加供应减少、运输不畅，能源原材料等国际大宗商品价格快速蹿升，煤炭、天然气、金属价格均创出历史新高，石油价格也出现大幅上涨。上游能源原材料价格大幅上涨将会逐步向下游制造业传导，推升通货膨胀压力。2021年10月，美国CPI同比上涨6.2%，创31年来新高；欧元区CPI同比上涨4.1%，达到历史最高；部分新兴市场和发展中经济体通胀高企局面可能持续更长时间。因此，输入性通胀压力给我国经济平稳运行带来挑战，增加我国能源原材料进口成本，挤压我国制造业利润空间；加重国内行业发展结构性分化问题，上游行业持续受益，中下游行业发展困难；扰乱国内市场正常价格体系，不利于资源优化配置和绿色低碳转型。

（二）国内机遇挑战交织共振

我国发展仍处于重要战略机遇期，拥有足够的韧性、巨大的潜力和不断迸发的创新活力，人民群众追求美好生活的愿望十分强烈，经济长期向好的基本面没有改变。2022年，"十四五"规划重大项目陆续上马，各地换届后要以优异的成绩迎接党的二十大胜利召开；供给侧结构性改革、创新驱动发展战略持续深入推进，不断为经济发展注入新动力；数字经济与实体经济深度融合，赋能传统产业转型升级，催生新产业新业态新模式，为经济发展增添新活力；新型城镇化提质增效、乡村振兴全面推进、强大国内市场和高水平对外开放协同互促，不断拓展经济发展新空间。同时，我国宏观调控能力和水平不断提升，跨周期调节更好地统筹兼顾周期性波动和结构性问题，财政实力有所增强，货币政策仍然有较大空间，完全有能力、有条件采取稳定增长的政策措施。但是，疫情不确定性、供给约束仍存、潜在风险隐现，经济平稳运行的难度加大。

1. 疫情不确定性增加稳增长压力

一是疫情反复抑制需求恢复。由于病毒频繁变异，我国外防输入内防反弹压力依然较大。疫情具有较大的不确定性，这将进一步影响市场预期和需求，不利于经济稳定恢复。二是疫情反复影响供给端生产恢复。受疫情反复、关键零部件和原材料短缺等因素影响，工业生产受到较大干扰，部分行业企业生产中断、原材料供给不足或交货时间延长等问题仍然可能出现。疫情反复不仅直接影响零售、旅游和交通行业，也会通过产业链间接影响餐饮、住宿等行业经营，影响服务业生产恢复。

2. 有序用电凸显能源保供稳价压力

2021年5月以来，全国20多个省份采取有序用电措施，东北地区一度出现对居民用电进行限制。有序用电抑制正常生产活动，能源供应紧张成为经济社会运行面临的新问题。多因素导致电力供应紧张：一是供给冲击是主要原因。煤炭供应出现硬缺口制约煤电发电能力。从生产看，国内煤炭产量明显不足，内蒙古、陕西等煤炭主产区为落实安全生产检查、环保督查等要求出台了多重限产政策，生产意愿大幅降低。从进口看，煤炭进口量不增反降。从可再生能源看，南方来水不足，水力发电量出现下降；东北三省风电总装机较多，但限电期间风电出力不足。二是电力需求旺盛是重要原因。经济恢复过程中生产端增速明显好于疫情前，生产环节用电旺盛，居民生活用电基本稳定；出口大幅超预期增长，用于工业品出口生产的用电需求旺盛。三是煤电价格倒挂是直接诱因。煤价飙升导致火电企业"越发越亏"，火电厂缺乏发电积极性，部分发电机组甚至通过非计划检修来降低出力容量。四是能耗"双控"政策也有潜在影响。2021年上半年多个省份没有完成能耗"双控"目标，广东、浙江等地为完成"双控"目标实施有序用电。在"碳达峰""碳中和"战略目标提出后，各地大力推进绿色低碳转型，进一步强化了能耗"双控"要求。

3. 金融违约风险提升

一是房地产企业违约风险上升。房地产企业融资"三道红线"、"房贷集中度管控"政策和居民住房贷款限制政策影响逐步显现。受新房销售放缓导致回款变慢、开发融资持续收紧的影响，房地产企业资金链日益紧张，部分债务问题较重的房地产企业债务违约增加，面临较大的资金链断裂风险。部分房地产企业出现拖欠工程款、供应商货款等情况，存在房企破产、工程烂尾、工程款拖欠等风险隐患。二是国有企业信用违约增加。地方国有企业信用风险持续释放，目前新增违约主体占比首次超民营企业跃居首位，反映出弱资质国企不断打破刚兑，信用风险加速暴露。三是城投信用风险持续发酵。随着国家持续严控地方政府隐性债务风险，城投公司和地方政府在项目承接、业务开展、举债融资等多个层面开始"隔离"，两者之间的信用联系加快脱钩。城投企业融资能力大幅减弱，非标违约、境外债违约、债务逾期等负面事件频发，城投企业信用评级遭到下调。

4. 中小微企业生产经营困难增加

中下游企业面临成本上升和需求下降的双重挤压。一是中下游企业生产成本增加。大宗商品价格上涨给产业链中下游企业，特别是中小微企业的生产经营带来较大的成本压力。由于原材料成本占经营成本比例较大，且中小微企业、个体工商户议价能力不强、对冲成本波动能力弱，生产成本上升在所难免。二是国际海运费用大幅上涨增加物流成本。10月7日，波罗的海干散货运价指数升至5650点，创2008年9月以来最高水平；9月底，中国出口集装箱运价指数3220点，同比增长214.7%。由于国际商品需求激增、油价上涨、海员缺口持续扩大，加之疫情打乱全球供应链，国际海运供给能力严重不足，国际集装箱运价持续攀升，进一步增加外贸型企业的物流成本。三是利润收窄抑制企业投资意愿。由于行业竞争充分，中下游企业无法将成本转嫁至消费者，原材料价格的快速上涨大幅侵蚀利润空间，削弱企业投资能力，抑制企业投资意愿。

三、2022年经济增长前景展望

（一）GDP增长预测

随着疫情影响逐步消退，经济恢复不稳固不均衡的主要诱因逐步消除，2022年经济发展将更趋稳固、更趋均衡。主要表现在：一是季度间经济增速更加平稳。疫情带来的基数效应趋于减弱，经济增长水平主要由潜在增长率、新扰动因素等共同决定。二是经济循环更加顺畅。疫情对经济社会活动的抑制有望减弱，供应短缺、物流不畅等问题加快解决，产业链供应链逐步恢复畅通。三是内外需增长更加均衡。制造业投资、接触性消费等内需薄弱环节加快恢复，新动能活力持续释放，国内需求对经济增长的拉动作用进一步增强。外贸出口增长难度增加，外需对经济增长的贡献将减弱。四是市场主体发展更加协同。中小企业发展环境持续改善，能源原材料价格上涨压力有所缓解，市场需求逐步回暖向好，发展信心得到增强。大企业与中小企业、个体工商户之间的发展鸿沟不断缩小。五是居民收入分配更加合理。促进共同富裕政策将落地生效，居民收入增长与经济增长基本保持同步，中等收入群体加快扩容，低收入群体和脱困人群收入实现更快增长。

综合考虑内外环境、发展潜力和风险挑战，初步预计2022年我国经济将增长5.6%左右。分产业看，第一产业将保持平稳增长。乡村振兴战略深入推进，农业农村生产条件持续改善，粮食产量稳定增长，"菜篮子"和肉禽类供应充足。第二产业增速有所回落。高技术制造业继续发力，对工业的带动能力进一步增强，受芯片供应短缺抑制的汽车生产将有所加快，高耗能高排放行业生产将放慢。第三产业加快向常态化水平恢复，对经济增长的拉动作用得到巩固。信息技术服务业继续发力，批发零售、住宿餐饮等生活性服务业加快恢复，金融业保持平稳增长。

（二）其他主要指标预测

固定资产投资同比增长5.0%左右。投资结构有所优化，制造业投资延续较快增长，以智能化、低碳化为导向的设备更新和技术改造投资增长明显加快。基础设施投资增长小幅加快，政府投资力度增强，重大工程项目稳步落地实施。房地产开发投资增速有所回落，受新房销售放缓导致回款变慢、开发融资持续收紧等因素影响，房地产企业资金链紧张，拿地开发的能力和意愿下降。

社会消费品零售总额同比增长6.8%左右。支撑消费增长的积极因素在不断增多。就业形势总体稳定，居民收入平稳增长，消费升级扩容的收入基础不断夯实。疫情影响有望逐步缓解，人员交往交流升温，被抑制的消费需求将逐步释放。具体看，餐饮消费有望加快恢复，新型消费保持较快增长。

进出口增速明显回落，出口同比增长8.0%，进口同比增长6.5%。随着发达国家解除防疫限制措施，产能逐步恢复，国际供给市场缺口将有所收窄，我国率先恢复产能带来的优势可能减弱。世界经济增长放缓，带来外需增量边际缩小，给我国出口保持快速增长带来压力。国内需求改善有助于进口增长，同时进口商品价格将有所回落，带动进口增速回调。

CPI同比上涨2.0%左右。翘尾因素小幅提升，从2021年的-0.1%左右提高到2022年的平均0.7%左右。内需增长提速、生产资料价格快涨有限地向下传导等将提升居民消费价格。分类别看，粮食、果蔬价格保持基本稳定，猪肉价格止跌企稳，工业消费品价格、服务价格均有望小幅上涨。

PPI同比上涨5.0%左右。翘尾因素大幅提升，从2021年的1.4%左右提高到2022年的平均4.5%左右。随着国际产能稳步恢复，输入性通胀将有所减弱，但国内煤炭、钢铁、有色、化工等"两高"行业面临着严格的能耗"双控"，产能释放受限，结构性价格上涨压力仍然较大。工业消费品市场整体供大于求、竞争激烈，价格上涨乏力，生活资料价格将保持温和上涨。

城镇新增就业在1100万人以上，城镇调查失业率在5.5%以内。我国就业总量压力不减、结构性矛盾突出、保障质量有待提升，疫情带来的就业冲击滞后影响仍在持续，就业压力总体较大。但也要看到，退休规模扩大一定程度上减轻了就业压力。1962年我国新出生人口为2491万人，较1961年多出生1304万人。这意味着，2022年按照60岁年龄标准退出就业市场的退休人员规模将明显扩大，可以腾出更多的就业岗位。

表1 2022年中国主要宏观经济指标预测

指标	2021年1—9月		2021年全年		2022年全年
	实际增速/%	两年平均增速/%	预测增速/%	两年平均增速/%	预测增速/%
国内生产总值（GDP）	9.8	5.2	8.0	5.1	5.6
第一产业	7.4	4.8	7.0	5.0	3.5
第二产业	10.6	5.7	8.3	5.4	5.4
第三产业	9.5	4.9	7.9	5.0	6.1
规模以上工业增加值	11.8	6.4	9.5	6.1	5.6
固定资产投资	7.3	3.8	5.5	4.0	5.0
房地产开发投资	8.8	7.2	5.3	6.2	1.0
社会消费品零售总额	16.4	3.9	12.7	4.1	6.8
出口	33.0	14.6	29.1	15.6	8.0
进口	32.6	13.5	29.0	13.3	6.5
居民消费价格	0.6	—	0.9	—	2.0
工业生产者出厂价格	6.7	—	8.2	—	5.0

[国家信息中心　张宇贤　王远鸿　牛犁　闫敏　胡祖铨　陈彬　邹蕴涵　韩瑞栋]

之三：2021年西部地区经济运行分析及2022年展望

2021年，全球疫情持续、反复，世界经济形势复杂严峻。我国经济稳定恢复但下行压力逐步凸显。西部地区经济保持较快增长态势，但经济复苏增长压力不断加大。预计2021年西部地区GDP增长7.5%左右。

一、2021年西部地区经济运行分析

（一）总体情况

西部地区经济运行与全国态势基本一致，保持了恢复性较快增长趋势，第三季度以来增长压力加大。2021年前三季度，西部地区各省份的GDP总和约172097亿元，同比增长8.7%，低于全国平均水平（9.8%）；西部地区GDP约占全国总量的20.9%，较上年同期降低了0.2个百分点。分省份看，GDP增速仅重庆以9.9%高于全国增速，但不少省份疫情以来GDP的两年平均增速高于全国平均水平（5.2%）。

表1　2021年前三季度全国及西部各省份GDP构成及增速

地区	地区生产总值		第一产业增加值		第二产业增加值		第三产业增加值	
	绝对量/亿元	增速/%	绝对量/亿元	增速/%	绝对量/亿元	增速/%	绝对量/亿元	增速/%
全国	823131	9.8	51430	7.4	320940	10.6	450761	9.5
内蒙古	14492	7.8	785	4.1	6680	7.5	7027	8.4
广西	18047	9.0	2215	8.7	6063	9.5	9769	8.8
重庆	19952	9.9	1333	8.3	7888	9.7	10731	10.3
四川	38999	9.3	4477	7.2	13984	9.2	20538	9.8
贵州	13986	8.7	1994	7.7	4834	9.2	7158	8.6
云南	19608	8.9	2168	10.2	6803	8.6	10637	8.8
西藏	1440	7.2	99	5.9	537	1.1	804	11.6
陕西	21193	7.0	1228	5.5	9945	5.7	10020	8.4
甘肃	7401	8.5	1042	9.8	2453	9.1	3906	7.9
青海	2402	6.7	183	4.6	948	7.1	1271	6.7
宁夏	3181	8.4	236	4.2	1370	9.4	1575	8.2
新疆	11396	8.8	1484	6.9	4205	10.4	5707	8.2

注：绝对量数值取整处理。
数据来源：国家统计局及各省份统计信息网或各省份人民政府网。

(二)主要特点

1. 三次产业增长稳中承压

工业、服务业、农业保持稳步增长态势,但增长压力逐步加大。一是工业保持较快增长。从工业门类和主要工业品看,汽车产业平稳增长,计算机、航空航天器等高新技术制造业保持较快增长,新能源汽车、手机、光缆、锂电子(离子)电池、集成电路、工业机器人等产品持续较快增长,煤炭、水泥、糖、化学肥料、天然气、电力、有色金属等资源型工业产品保持竞争优势。从增速看,1—9月,重庆(14.2%)、西藏(13.8%)工业增加值增速高于全国平均水平(11.8%)。二是服务业增长有所放缓。软件和信息技术服务业、研究和试验发展、多式联运和运输代理业、商务服务业的增速高于服务业总体水平。文化旅游、商务会展等社交属性商品受新冠肺炎疫情影响较大,增速下滑。文化娱乐、教育培训等行业受"双减"政策、在线游戏规范等政策影响明显,增速下降。金融市场基本稳定,房地产市场有所回落。三是农业经济基本稳定。衔接巩固脱贫攻坚成果,全面实施乡村振兴战略,粮食和重要农产品供应保障有力,农村一二三产业融合发展态势明显,农业增加值增速稳定。

2. 三大需求增长不均衡

以"六稳"举措和"六保"任务为重点,稳定三大需求,但投资、消费增速有所放缓,进出口形势相对较好。一是投资增长差异性大。分省份看,1—9月,新疆(23.2%)、广西(13.8%)、甘肃(13.5%)、内蒙古(9.8%)、重庆(8.4%)、云南(8.2%)、四川(8.1%)的投资增速高于全国平均水平(7.3%),但部分省份投资增速同比负增长,究其原因,基建专项债投资仍未明显发力,西部地区的基建类投资项目下降明显。二是消费仍保持较快增长但增速放缓。从增速看,1—9月,新疆(24.6%)、重庆(23.7%)、四川(18.9%)、甘肃(18%)社会消费品零售总额增速高于全国平均水平(16.4%),但西部地区整体增速放缓。从消费门类看,食品、衣着、生活用品等基本类消费好于升级类消费。从主要领域看,网上零售等消费保持较快增长,汽车消费有所放缓,旅游、电影娱乐、在线教育等消费明显下滑。三是对外贸易形势较好。由于我国的疫情防控成效较好,工业产品尤其是劳动密集型产品的出口形势恢复良好,西部地区对外贸易尤其是对欧盟和东盟地区的物流贸易成为亮点,如新疆霍尔果斯口岸、广西钦州港等铁路、海运进出境货运量同比继续保持较快增长。西藏与尼泊尔、德国的边境贸易和一般贸易大幅增长。

表2 2021年1—9月全国及西部各省份投资、消费、进出口增长变化情况

地区	固定资产投资(不含农户)	社会消费品零售总额		货物进出口总额	
	增速/%	绝对量/亿元	增速/%	绝对量/亿元	增速/%
全国	7.3	318057	16.4	283264	22.7
内蒙古	9.8	3548	9.2	892.6	14.6
广西	13.8	6228	12.4	4445.9	29.3
重庆	8.4	10302.06	23.7	5770.3	27
四川	8.1	17381.7	18.9	6692.1	14.4
贵州	-9.4	6048.08	16.1	465.3	22.6
云南	8.2	7828.55	12.1	2241.1	37.7
西藏	-19.2	558.79	8.6	26.1	124.1
陕西	-3.1	7415.78	12.0	3503.8	25.4
甘肃	13.5	3024.7	18.0	378.3	36.2

续表

地区	固定资产投资（不含农户）	社会消费品零售总额		货物进出口总额	
	增速/%	绝对量/亿元	增速/%	绝对量/亿元	增速/%
青海	-7.8	695.9	10.5	20.5	30.2
宁夏	-2.1	996.14	7.6	119.8	34.8
新疆	23.2	2500	24.6	1107.9	2.9

数据来源：国家统计局及各省份统计信息网或各省份人民政府网。

3. 城乡融合发展步伐加快

推动区域城乡融合发展，抓住新型城镇化和乡村振兴两大任务，优化发展环境，吸引东部地区及全球产业向西部地区转移，提高城乡居民收入。一是以城市群和经济圈建设为重点提速西部的城镇化。成渝地区双城经济圈建设提速，前三季度，川渝合作共建67个重大项目开工64个、累计投资1866.8亿元，成都至达州至万州铁路、万州新田港等重大项目加快建设，制定实施汽车、电子信息高质量协同发展方案，共建首批20个产业合作示范园区，以"一城多园"模式高标准共建西部科学城，带动西南地区重点城市集聚发展要素、升级产业结构；关中平原城市群加快"米"字形高铁网和关中城际铁路网建设，依托科创资源构建研发—孵化—产业协同发展模式及产城融合模式，引领西北地区的经济转型升级、技术创新扩散。二是以实施乡村振兴战略为重点衔接巩固脱贫攻坚成果，推动农业农村现代化。西部省份落实好国家政策，继续改善居民生产生活条件，优化财政资金的支出结构，保持支持政策不减弱，实施重点乡镇乡村振兴帮扶规划，巩固脱贫攻坚成果，防止发生区域性返贫。同时，大力推动乡村全面振兴，抓住丘陵山地特色因地制宜发展乡村产业，加快壮大特色种植养殖业、设施农业，培育并支持特色农产品加工、休闲农业和乡村旅游等多业态发展，探索建立农民参与性利益联结机制，推动农村一二三产业融合发展，促进农民收入持续稳定增加。

表3 2021年1—9月全国及西部各省份城乡居民收入及增速情况

地区	城镇常住居民人均可支配收入		农村常住居民人均可支配收入	
	绝对值/元	增长率/%	绝对值/元	增长率/%
全国	35946	8.7	13726	11.2
内蒙古	33767	8.7	12031	11.4
广西	29037	8.8	11902	11.6
重庆	33962	10.1	13700	11.7
四川	31156	9.4	13106	11.3
贵州	29601	9.8	8737	11.6
云南	30816	11.4	9336	11.9
西藏	35517	14.2	10470	15.8
陕西	31052	8.5	11070	12.0
甘肃	26947	7.5	7642	11.1
青海	27119	6.7	9213	11
宁夏	27489	9.1	9805	11.9
新疆	27785	9.0	4864	11.5

数据来源：国家统计局及各省份统计信息网或各省份人民政府网。

（三）存在问题

1. 经济发展不平衡不充分问题突出

西部地区是我国经济相对落后地区，近年来在国内外经济形势复杂多变、近期新冠肺炎疫情影响冲击下，经济增长的不稳定性更加凸显。从2021年全国区域经济形势看，西部地区经济增速整体上没有超过东部地区，打破了我国经济多年来"西快东慢"的增长格局，进一步凸显了西部地区经济发展的不充分问题。同时，近年来西部地区的西南板块增长快、西北板块增长慢，区域内部"南快北慢"现象更加明显，进一步凸显了西部地区经济发展的不平衡问题。

2. 投资、消费增速持续放缓现象明显

基础设施和产业投资增长压力大，1—9月，西部地区投资同比增长5.5%，不仅低于全国平均水平，也低于中部地区（13.3%）、东北地区（8.2%）、东部地区（7.8%）；全国固定资产投资负增长的5个省份都在西部地区，分别是西藏、贵州、青海、陕西、宁夏。新冠肺炎疫情的不确定性对消费影响大，也需要较长的恢复期。因西部地区城乡居民收入水平目前仍低于全国平均水平，加之新冠肺炎疫情冲击，消费支撑经济增长的脆弱性更加凸显，西部地区扩内需潜力仍不能充分释放。1—9月，社会消费品零售总额增速低于全国平均水平的17个省份中有8个在西部地区。

3. 民生保障、生态保护、基础设施领域短板明显

西部省份脱贫地区和脱贫人口较多，财政自给保障能力弱，自然灾害多发频发，高质量发展的要求下，民生和生态问题尤其值得关注，在民生发展、生态保护的底线保障方面压力较大。同时，西部地区受交通等基础设施短板制约明显，市场资源要素集聚能力弱，目前物流、资金、行政等成本仍较高，中小企业融资成本、物流运输成本仍普遍高于全国平均水平，这些对西部地区发展的约束持续加大。

二、2022年西部地区经济运行环境及展望

（一）全球经济增长趋势复杂严峻

2022年全球经济或将整体呈不稳定复苏增长态势。疫情的反复增加了全球经济复苏的不确定性，特别是非洲、拉丁美洲、东南亚等地区复苏面临较大考验。同时，受疫情影响，国际贸易和投资限制措施增加，国际地缘政治冲突和安全局势更加紧张，国际金融市场动荡或将加剧，这些都将对全球经济增长复苏产生不利影响。为减轻疫情对经济复苏的破坏，各国仍会加大货币政策和财政政策支持力度以降低经济的下行风险，全球股市、汇市、债市、大宗商品市场或将面临较大波动风险。但是全球形势的复杂深刻变化和疫情起伏反复，可能会给西部地区带来产业转移的新机遇，西部地区应抓住这一机遇，发挥好其在国家"一带一路"建设中的区位优势，加强与国内沿海开放地区的对接合作，加快承接国内产业转移，更好融入双循环新发展格局。

（二）国内经济仍将保持恢复性增长

近期，我国经济复苏势头放缓，表明了复苏基础尚不牢固、不均衡，不仅面临全球疫情反复、政经博弈加剧、美联储货币政策转向预期升温等外部不确定性影响，还面临实体经济经营困难、房地产市场和部分金融领域风险积聚等内部挑战。2022年，我国将突出中长期政策工具设计，强化宏观政策的跨周期调节，不搞政策"急转弯"，一方面稳住经济增速，对冲疫情和强监管对经济的影响；另一方面避免政策过度刺激，有序、有效释放国内消费，发挥投资对全国经济增长的拉动作用，确保经济增速保持在合

理增长区间。西部地区将抓住国家构建新发展格局背景下扩内需、强开放战略机遇，加快推动经济结构转型和产业优化升级，进一步释放巨大的内外两方潜在市场空间。

（三）西部地区经济增长体现韧性但压力较大

较长时期以来，西部地区的经济增速整体快于全国平均水平以及东部地区、中部地区，主要原因是投资尤其是基础设施投资贡献大，但西部地区的产业发展和消费环境一直都较弱，在上年基数高、当前投资放缓情况下，西部地区产业和消费方面的弱项、短板就更加突出。2022年，西部地区将继续释放后发增长潜力，但经济增长压力或持续加大。一方面，"一带一路"倡议带动下，中欧班列持续优化，西部陆海新通道物流枢纽功能也加快完善，西部地区对欧盟和东盟的对外开放和外向型经济发展水平加快提高；成渝地区双城经济圈建设、黄河全流域高质量发展等，也将促进西部重要经济区、城市群城市功能升级和产业发展转型，进一步释放内需增长潜力；同时，"共同富裕"目标的实现也要求国家对西部地区补足发展短板给予战略倾斜并增加投入。另一方面，西部地区承担了大量的生态保护、生态屏障建设重要任务，长江经济带绿色发展、黄河流域生态环境保护等将进一步强化，探索"生态产业化、产业生态化"实现路径，以及建立流域性生态环境保护市场化补偿机制等重点任务，将是一个长期过程，近期西部地区面临经济结构升级尤其是产业结构转型的阵痛和挑战，短期内西部地区的经济增长将持续承压，可能会表现为经济增长支撑力不强、经济增长速度放缓。

综合以上分析，虽然全球经济形势依然复杂严峻，但在中国经济恢复性增长大势下，西部地区经济将在承压中保持稳定较快增长的态势，成渝、关中平原城市群协同发展引领西南地区与西北地区强化合作，北部湾、兰州—西宁等城市群互动发展格局加快形成，基建专项债投资见效和扩内需战略发力或将拉动西部投资、消费增长速度明显加快；新冠肺炎疫情反复下全球产品总体供不应求，工业品出口形势向好将拉动西部重点支柱产业保持较快增长，就业人数、收入水平也将稳定增长。预计2022年西部地区经济增长速度将保持在6%左右。

三、对策建议

（一）构建现代化特色产业体系，推动区域高质量发展

一是支持传统产业向中高端升级。围绕制造业优化升级方向，鼓励传统优势企业瞄准国内外市场需求，扩大制造业设备更新和技术改造投资，防范重点领域的产能过剩，持续推动产品供给优化升级。二是壮大特色产业和新兴产业。要抓住国家引导产业在国内有序转移机遇，积极承接东部发达地区产业转移；更要基于能源等优势特色资源进行专业化的产业技术深耕，优化煤炭、天然气、石油、煤层气等能源的清洁化开发利用，打造特色优势领域创新基地。争取布局建设国家级创新平台和大科学装置，谋划并实施未来产业孵化和加速计划，培育新兴产业，探索"精益创新"的产业现代化道路。三是促进服务业繁荣发展。突出服务制造业升级导向，推动现代服务业与先进制造业、现代农业深度融合，加快生产性服务业向专业化和价值链高端延伸。以提升便利度和体验感为导向，推动商贸、物流、旅游、文化、公共卫生等生活性服务业品质化发展。

（二）加大有效投资、激发消费潜力，提升区域内生发展动能

一是加大新基建项目投资。推动大数据、云计算、人工智能、物联网、5G等新基建的发展，通过"大数据+大物流+实体经济"的深度融合和要素整合，激发市场活力，提高市场配置资源的效率。二是加大基础设施投资。因地制宜实施一批区域性重大项目。加快川藏铁路等重大铁路项目规划建设和公路、

高铁、航空等综合口岸和物流枢纽建设，推进国家高速公路、普通国（省）道待贯通路段和"瓶颈"路段建设。进一步提升成都等机场国际枢纽功能和竞争力。三是加大生态环境保护投资。实施青藏高原生态屏障区、北方防沙带等重要生态系统保护和修复工程。加快推进三江源、祁连山国家公园建设。加快滇中引水等重大引调水工程建设。四是充分激发消费潜力。要顺应电子商务、移动支付等互联网技术应用在西部地区快速增长的态势，以城市群（圈）建设为着力点，用好新销售模式，发展新消费，形成便利化消费环境，缩小与东部地区之间消费环境上的差距，为消费持续较快增长提供动力。

（三）完善以人为核心的新型城镇化，提高区域城镇化发展质量

一是加快农业转移人口市民化。把农业转移人口市民化作为城镇化首要任务，支持跨省农业转移人口市民化，完善就近就地就业居住农业人口举家进城落户的配套政策，强化对农业转移落户较多的城市、特色城镇的市政基础设施、教育医疗、保障性住房等公共服务设施保障。二是优化城镇化的空间格局。加快推动成渝城市群、关中城市群一体化发展，强化城市圈内部及城市圈之间经济要素联系，促进基础设施互联互通、公共服务共建共享、生态环境共保共治、产业与科技创新协作。把县城作为城乡融合发展的重要载体，加快推进县城以及县级市公共服务、市政环卫、产业配套等设施提级扩能，引导劳动密集型产业、县域特色经济在县城集聚发展。三是提升城市功能和品质。统筹城市规划建设管理，实施城市更新行动，提升老旧小区、老旧厂区、老旧街区和城中村等存量片区功能，开展城市现代化试点示范，建设宜居、绿色、人文、韧性城市。加大重庆、成都、西安等城市公共服务设施升级投入，运用数字技术推动城市智慧管理，推动资源、管理、服务向街道社区下沉，精准满足居民需求。

（四）持续深化改革和内外开放，促进区域一体化发展

一是优化经济开放廊道。把握住《区域全面经济伙伴关系协定》（Regional Comprehensive Economic Partnership，RECP）实施机遇，主动参与、积极融入"一带一路"建设，培育建设重庆、成都、西安、乌鲁木齐等开放型节点城市，积极扩展中欧、南亚的产业链和供应链，重点围绕中欧班列和西部陆海新通道建设，规划一批区域性重大物流枢纽设施项目，完善不同类型地区联动互补、东西双向协同开放的经济走廊和通道，巩固边疆地区国家国土安全、社会稳定和民族团结，在西部地区形成以大开放、大安全为导向的高质量、一体化发展格局。二是推动区域合作发展。重点围绕成渝城市群、关中城市群打造国际化都市圈，大力推动成渝地区双城经济圈建设，协调好西南地区、西北地区发展。重庆、四川、贵州、云南和广西成立区域性经济高质量发展联盟，探索"飞地经济"发展模式，加强西南与西北地区优势互补，打造内陆开放高地和开发开放枢纽。三是优化区域营商环境。要对标国家高标准市场体系建设要求，深化"放管服"改革，有针对性地解决中小企业融资成本、物流成本高等关键问题，以更大力度支持人才引进、人才培养，提升西部地区对市场主体、资源要素、人力人才的集聚能力，为区域高质量发展营造优质环境。

（五）全面推进乡村振兴，防范区域性返贫

一是加快实施乡村振兴战略。强化乡村建设规划引领，加快编制实施实用性村庄规划，优化乡村生活、农业生产、乡村产业以及乡村生态空间，推动市政公用设施向郊区乡村和规模较大中心镇延伸，着力提升乡村基础设施和公共服务水平。加大乡村振兴领域投入，积极建设一批国家产业融合发展示范园、先导区，吸引更多社会资本投入发展乡村产业，推动特色农业全产业链再造，发展特色农产品产地初加工和精深加工，培育壮大休闲农业和乡村旅游、民宿经济、农业生产性服务业等新业态。二是落实好国家巩固拓展脱贫攻坚成果同乡村振兴有效衔接的具体政策。坚持因地制宜，优先支持刚脱贫地区发展资源型产业和刚脱贫人口自主性创新创业，优化细化过渡期主要支持政策，发挥好对口支援作用，调动社

会力量积极性,确保脱贫地区和人口发展致富。在脱贫县中选择一批国家乡村振兴重点帮扶县,在财政、金融、土地、人才、基础设施、公共服务等方面集中给予政策支持。三是探索防止返贫长效机制。建立防止返贫动态监测和精准帮扶机制,对易返贫人口实施常态化监测,及时按类别纳入帮扶政策范围。开展农村低收入人口动态监测,并实行分层分类帮扶,推广以工代赈方式,带动西部的低收入人口就近就地就业。

[重庆市综合经济研究院(重庆市经济信息中心)宏观经济研究课题组
主研:易小光　丁　瑶　苟文峰　赵炜科
执笔:赵炜科]

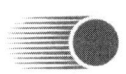

之四：2021年成渝地区双城经济圈建设情况及2022年展望

2021年是落实《成渝地区双城经济圈建设规划纲要》的起步之年，成渝两地聚焦"两中心两地"战略定位，牢固树立"一盘棋"思维和一体化发展理念，统筹做好疫情防控和经济社会发展工作，唱好"双城记"，融入"双循环"。成渝地区双城经济圈建设加快成势，经济持续恢复增长，高质量发展态势不断巩固。

一、2021年经济运行和建设情况

（一）总体情况

川渝两地协同推动《成渝地区双城经济圈建设规划纲要》各项重点任务落地落实，双城经济圈一体化发展势头良好，经济规模再上"新台阶"。1—9月，重庆和四川经济延续2020年第二季度以来的恢复性增长态势，GDP分别同比增长9.9%、9.3%，协同支撑成渝地区累计实现GDP 5.90万亿元，分别占西部地区和全国GDP总量的34.3%和7.2%，占比较上年同期略有降低但基本持平。其中，成渝地区双城经济圈GDP为5.32万亿元，占成渝地区经济总量的90.2%。重庆都市圈和成都都市圈合计实现GDP 3.46万亿元，占双城经济圈总量的65.1%，与上年同期基本持平，区域引领带动能力持续强劲。

（二）主要特点

1. 现代产业发展稳中有进

川渝两地将发展实体经济摆在更加突出的位置，协同推动产业高端化集群化发展，区域产业发展持续向好。一是工业加快升级发展。川渝两地联合出台《成渝地区双城经济圈汽车产业高质量协同发展实施方案》和《成渝地区双城经济圈电子信息产业协同发展实施方案》，加快共建汽车、电子信息两大世界级产业集群，加快优化升级产品结构，工业经济持续复苏。1—9月，重庆和四川规模以上工业增加值分别同比增长14.2%、10.7%，带动成渝地区第二产业增加值同比名义增长12.4%，实现利润2.19万亿元。二是服务业持续回暖。随着疫情常态化防控的有力推进，成渝地区生产生活秩序全面恢复，生产与消费循环逐渐畅通，金融、物流、信息等生产性服务业活跃度上升，住宿和餐饮业延续第一季度以来的正增长态势，服务业经济高位回升。1—9月，成渝地区累计实现服务业增加值3.13万亿元，同比名义增长16.3%，占全国比重达6.9%，较上年同期提高0.2个百分点。重庆和四川增速分别高出全国平均水平0.8个、0.3个百分点，分别实现服务业增加值1.07万亿元、2.05万亿元。三是农业提速协同发展。川渝两地以成渝中部地区为核心区域，合力建设现代高效特色农业带，启动荣昌·隆昌、大足·安岳、梁平·开江3个成渝现代高效特色农业带合作示范园建设，协同打造柠檬、生猪等产业集群，农业向好态势持续巩固，实现农业增加值0.58万亿元，同比名义增长5.3%。

2. 内需发展动力逐渐增强

川渝两省（市）紧扣内需战略基点，积极提振消费，区域内需发展动力渐趋强化。一是消费动力强劲恢复。在经济稳定恢复和促消费政策持续实施的带动下，成渝地区消费需求持续释放，消费市场进一步回暖。1—9月，成渝地区累计实现社会消费品零售总额2.77万亿元，在全国占比为8.7%，较上年同期增长1.3个百分点。其中，重庆和四川社会消费品零售总额分别同比增长23.7%、18.9%，分别高出全国平均水平7.3个、2.5个百分点，重庆成功入选国际消费中心城市培育名单。在新冠肺炎疫情持续影响下，健康消费需求不断扩大，体育娱乐用品类商品零售总额持续攀升，线上消费发展势头持续强劲，重庆、四川限额以上单位网上零售额分别同比增长27.2%、21.0%。二是投资持续恢复性增长。重庆、四川两地坚持抓项目稳投资，固定资产投资继续保持正增长，分别同比增长8.4%、11.5%。两地三次产业投资整体均实现稳步增长，其中工业投资分别同比增长12.3%、11.6%，有力支撑了成渝地区产业经济恢复发展。在渝昆高铁川渝段、郑万高铁重庆段、渝西水资源配置工程等重大项目加速建设带动下，重庆基础设施投资同比增长11.8%。

3. 开放型经济稳步发展

川渝两地加快建设改革开放新高地，积极参与国内国际经济大循环，开放型经济发展势头良好。一是对外贸易高位运行。在全球疫情反复背景下，我国产业链和供应链优先恢复效应逐渐显现，成渝地区发挥区域产业基础优势，积极承接海外生产订单回流，加之上年低基数效应，外贸延续回稳向好走势。1—9月，成渝地区实现货物贸易进出口总值1.25万亿元，重庆、四川分别实现外贸进出口总值0.58万亿元、0.67万亿元，分别同比增长27.0%、14.4%，其中，重庆进出口排名全国第11位，中西部第2位。从区域看，成渝地区对美国、东盟、欧盟等主要贸易伙伴进出口继续保持良好增长态势，美国成为四川最大贸易伙伴，东盟依然是重庆最大贸易伙伴。二是对外投资合作逐渐升温。重庆和四川以"一带一路"沿线国家和地区为重点，积极推动川渝优质企业走出国门进行海外投资，开拓海外市场。1—9月，成渝地区对外承包工程合同额80.4亿美元、营业额41.4亿美元。重庆对外承包工程合同额保持第一季度以来的正增长态势，营业额受海外疫情影响增长为负，降幅较上年扩大2个百分点。四川合同额和营业额均实现正增长，分别同比增长102.6%、23.8%。

（三）合作共建情况

1. 一体化发展体制机制加快建立健全

成渝地区双城经济圈建设上升为国家战略，重庆和四川交流对接日益频繁深入，两地深层次制度联动不断深化，一体化发展体制机制加快建立健全。一是一体化的顶层设计体系加快完善。围绕国土空间、基础设施、科技创新、生态环境、营商环境等重点领域，川渝两地配合国家部委编制了7个专项规划，两省（市）共同研究和系统编制13个规划和方案，编制出台川渝高竹新区、遂潼川渝毗邻地区一体化发展先行区2个毗邻地区合作平台总体方案，双城经济圈纵向联动、横向协同的规划体系初步成形。两地联合出台实施了首项区域协同立法成果——《川渝优化营商环境条例》，协同法治制度体系建设取得重大进展。二是税收、生态等领域一体化制度体系和体制机制建设取得新成效。第二批川渝两地干部互派挂职交流滚动开展，上下贯通、左右协同、各方参与的组织保障持续增强。两省（市）聚焦税收征管政策差异问题，加快推动成渝地区税务执法标准统一、信息互通、结果互认。在全国首创了线上跨省缴税"新模式"，近40项涉税业务实现线上"一键通办"，截至2021年9月，川渝纳税人通过"川渝通办"互访约1.96万次，办理跨省业务9440多笔，潼南区联合遂宁市以遂潼涪江创新产业园区为试点，率先探索毗邻地区税收征管一体化管理机制。聚焦国家"双碳"目标，协同建立全国首个危险废物跨省（市）转移"白名单"制度，积极探索统一大气、水等领域生态环境标准。

2. 设施互联互通"补短板"建设加快推进

川渝两省（市）聚焦双城经济圈一体化发展的基础设施支撑不足问题，协同深入推进基础设施互联互通"补短板"建设，成效明显。一是一体化的综合立体交通网络建设取得新突破。"轨道上的双城经济圈"建设亮点突出，成渝中线、渝西等重大高铁项目可研报告成功获批，成达万、渝万、渝昆等高铁项目建设稳步推进，成渝高铁完成提质改造，实现成渝间1小时公交化互通，重庆都市圈和成都都市圈城市轨道交通加快完善。双城经济圈公路网络加快完善，规划的27个川渝省际高速公路通道项目已建成15个。重庆机场集团和四川机场集团在4月签订战略协议，探索交叉持股、协同运营。二是区域数字基础设施建设取得新进展。川渝两省（市）协同打造成渝地区"千兆城市群"，累计建成5G基站约9万个，双城经济圈信息互联互通能力显著增强，处于全国第一梯队。成渝地区成功获批建设全国一体化算力网络国家枢纽节点，数字经济发展迎来新机遇。

二、2021年经济运行存在的主要问题

（一）制造业复苏升级压力较大

当前国内外宏观经济环境复杂多变，加之成渝地区创新能力相对不足，双城经济圈制造业稳定增长、转型升级形势不容乐观。一是工业复苏基础有待稳固。受疫情反复和美国对华技术封锁等因素叠加影响，成渝地区汽车、电子信息等支柱工业的芯片、关键零部件供应持续紧张，企业投资信心不足，减产停产风险较大，产业持续复苏基础还不牢固。以汽车制造为例，重庆的长安以及四川的吉利、沃尔沃、南充吉利等龙头企业产量受"缺芯"影响严重，生产波动较大、稳定性不足，其中，重庆汽车制造投资连续4个月负增长，增长后劲不足。二是创新能力不足制约产业升级。相比京津冀、长三角和粤港澳，成渝地区创新资源尤其是高端创新资源集聚不足，创新企业较少，区域创新能力较弱且创新协同不强，创新成果承接和产业转化水平偏低，制约了区域产业补链强链和智能化、绿色化、高端化转型升级，创新链与产业链融合亟待增强。

（二）交通基础设施制约依然严重

成渝地区交通基础设施"瓶颈"依然明显，对成渝地区双城经济圈一体化高质量发展的支撑作用亟待加强。一是区域内部高效联通的轨道交通网络建设滞后。市域轨道交通仅在重庆中心城区、璧山等部分区（县）和成都中心城区布局，尚未形成"中心城市—周边城市"网络体系，密度仅约为京津冀的1/3、长三角的1/5、粤港澳的1/10。铁路密度长期低于全国平均水平，高铁建设滞后，川渝两地中心城市之间、中心城市与外围城市之间，以及外围城市之间的铁路联络不足，重庆主城新区和渝东北地区还有部分区（县）尚未有高铁覆盖。二是出川出渝外部大通道瓶颈有待解决。三峡船闸超负荷运转问题依然突出，西部陆海新通道境内外铁路和公路建设滞后，运输能力严重受限，多式联运优势发挥不充分，缺乏与京津冀、粤港澳大湾区的直连直通大通道，成渝地区融入国内国际大循环成本高、效率低。

（三）发展要素供给不足

劳动力和资金要素供给不足，对成渝地区双城经济圈建设的制约有所加剧。一是劳动力数量质量有待加强。重庆和四川老龄化水平居全国前列，成渝地区15~59岁适龄劳动人口数量较十年前明显减少，"未富先老"问题突出。相比京津冀、长三角和粤港澳地区，成渝地区劳动力受教育程度明显偏低，高层次人才数量不多，技能型人才引进困难，无法充分有效支撑成渝地区产业转型升级。二是重大项目建设资金保障难度增大。在国家减税降费政策深入推进、政府投融资管控力度加大等背景下，成渝地区部分

城市面临融资难、财政收入减少与存量债务偿还难等多重压力，产业、交通、公共服务等领域重大共建项目的建设资金保障难度增大。

（四）绿色发展任重道远

成渝地区探索绿色发展路径任务重、底子薄、难度大，长江经济带绿色发展示范作用有待进一步强化。一是生态环境保护任务艰巨。成渝地区是长江上游重要生态屏障，生态战略地位突出，但成渝地区生态环境脆弱性比较明显，加之区域面积广，生态文明建设尤其是水生态文明建设任务繁重。二是绿色发展综合基础薄弱。成渝地区整体还处于欠发达阶段，产业基础、技术基础还比较薄弱，生态共保设施平台配套不足，绿色发展的综合基础支撑不够。三是绿色协同发展制度有待进一步完善。成渝两地生态环境保护联防联控体制机制还需健全完善，环境保护标准有待统一、环境信息共享有待加强、环境执法联动有待深化。

三、2022年经济运行环境分析及展望

（一）世界经济形势复杂，经济复苏势头不稳

世界百年未有之大变局和新冠肺炎疫情交织叠加，全球经济复苏前景仍不稳定不平衡。新兴经济体和发展中国家复苏面临的挑战较大，单边主义、保护主义盛行，全球生产贸易投资活动和供需循环不畅，我国发展面临的外部环境依然复杂多变。同时，全球产业链供应链区域化、本地化趋势更趋明显，全球最大区域贸易协定——《区域全面经济伙伴关系协定》（Regional Comprehensive Economic Partnership，RCEP）的成功签署，有利于双城经济圈发挥区位优势、通道优势和平台优势，强化与亚太地区经贸合作，加快建设改革开放新高地，承接全球产业转移。同时，数字技术和绿色技术变革加速演进，为成渝地区双城经济圈发挥国家数字经济创新发展试验区先行先试优势、科教优势和生态优势，推动"数字产业化、产业数字化"和"产业生态化、生态产业化"，培育壮大数字经济、绿色经济新增长点提供了良好机遇。

（二）国内经济"危"与"机"并存

我国经济总体保持稳定复苏，经济稳中向好、长期向好的基本面没有改变，但仍面临全球疫情反复、外部环境复杂多变和产业结构调整攻关克难、实体经济运行压力不减等诸多挑战。与此同时，我国积极应对国际国内形势变化，深入推进新发展格局构建，有利于成渝地区双城经济圈发挥战略腹地功能和超大市场规模优势，加快承接国内东部发达地区产业转移，培育消费品、大旅游、大健康等内需驱动型经济新优势。在"碳达峰""碳中和"，以及能耗"双控"目标指引下，国家将加快推动产业绿色转型升级，强化能源技术创新应用和能源结构优化调整，有利于双城经济圈推动全产业链及跨产业低碳技术集成耦合，依托重庆碳排放权交易中心发展碳汇交易和气候投融资，推动产业、能源、交通、建筑、消费等领域绿色转型，更好地发挥市场机制作用实现生态产品价值转化，提升区域发展质量效益。

（三）成渝地区多重机遇持续叠加

共建"一带一路"持续推进，长江经济带、西部大开发、西部陆海新通道等国家战略机遇持续强化，在成渝地区双城经济圈形成了战略叠加效应和联结效应。《国家综合立体交通网规划纲要》明确将成渝地区双城经济圈作为"四极"之一，加之成渝中线高铁、渝西高铁、渝湘高铁、渝昆高铁、江北机场第四跑道等骨干交通项目的加速建设，有助于提升成渝地区对内对外互联互通水平，强化双城经济圈门户枢纽功能，加快打造"双循环"核心枢纽区。经济区与行政区适度分离改革深入推进，万达开川渝统筹发

展示范区、川南渝西融合发展试验区两大国家级区域合作平台以及川渝高竹新区、遂潼一体化发展先行区等省市级毗邻地区合作平台的稳步建设，有助于促进双城经济圈南翼和北翼发展，加速形成空间效应更优的"双圈""两翼"协调发展格局。重庆加快建设国际消费中心城市和中西部国际交往中心，成都提速建设公园城市，有助于培育形成辐射西部乃至全国的强大国内市场。

（四）2022年经济运行趋势展望

综上分析，2022年成渝地区双城经济圈发展总体向好，成渝两地一体化发展体制机制将加快健全，一体化发展空间将更加优化，产业协同发展水平、市场统一开放水平、基础设施互联互通水平、公共服务共享水平、生态文明共建水平将进一步提升，双城经济圈一体化高质量发展态势将进一步巩固，预计经济增速仍将高于全国和西部平均水平，全年经济增速将保持在6.5%左右。

四、对策建议

（一）协同推动区域产业复苏升级

一是协同增强区域制造业产业链稳定性和竞争力。以汽车、电子信息、汽车装备、生物医药等世界级产业集群为重点，聚焦产业零部件供应短板和空白环节，培育引进零部件供应企业，推动川渝两地产业零部件供需对接和相互配套，协同提升成渝地区产业本地配套能力。推动产业链和创新链融合发展，依托西部科学城建设，加快集聚科研大装置、大平台、大团队，围绕高端化、智能化、绿色化，强化技术创新研发，协同推进关键核心技术自主可控，稳定产业链，提升产业集群竞争力。二是妥善应对疫情反弹，协同巩固服务业发展。加大服务业领域的疫情常态化防控和税收、金融等政策支持力度。充分利用重庆和四川建设国家数字经济创新发展试验区重大机遇，借助互联网、物联网等新一代信息技术，推动服务业数字化转型升级，重点稳定金融、物流等生产性服务业。高标准推进重庆国际消费中心城市建设，释放区域带动效应，引领成渝地区服务业深度融入全球产业链、供应链和价值链。三是推动农业数字化融合化升级发展。以成渝发展主轴沿线区县为重点，协同推进"智慧农业·数字乡村"建设，增强成渝地区现代农业生产应对虫害、恶劣天气等抗风险能力及市场拓展能力。持续推动农业与制造业、服务业的交叉融合发展，延长农业产业链，提升农业产业价值。

（二）协同补齐交通物流设施短板

一是以"轨道上的经济圈"建设为牵引畅通交通内循环。加快推进重庆都市圈和成都都市圈轨道项目建设，利用干线铁路、城际铁路富余能力开行市域（郊）列车，与周边城市加快形成同城化"一小时通勤圈"。加快构建双城经济圈高效便捷铁路网络，协力推动成渝中线、成达万等重大高铁项目建设，争取交通运输部支持，增加成渝两地间列车数量，压缩发车间隔，推动高铁公交化运营。继续加密成渝高铁公路网络，加快打通川渝交界地带公路"断头路""瓶颈路"。二是协同打通对外大通道，提升交通外循环。以提升双城经济圈联动国内外主要经济体、城市群、经济区效率为重点，提速建设郑万高铁、渝西高铁、渝湘高铁等重大交通项目，协同推动长江航道整治和集疏运体系建设，共同争取国家尽快启动三峡水运新通道建设，畅通西部陆海新通道、长江黄金水道、中欧班列（成渝）等开放大通道。加快推动重庆新机场前期工作，科学有序推进一批支线机场建设，完善成渝地区机场布局，共同开辟国际新航线，提升区域国际空中联通能力。三是提升区域物流水平。整合川渝两地铁路、公路、港口、航空等物流基地资源，提升区域多式联运能力。引进培育具有国际影响力的第三方物流企业集团，提升物流运营组织效率和运输服务一体化水平。以物流智能化为抓手，推进物流降本增效。

（三）协同增强区域发展要素保障

一是量质齐抓强化劳动力和人才要素保障。依托川渝高校大力发展高等教育，提高双城经济圈人口受教育水平，释放人力资本红利。培育壮大区域产业集群和数字经济、绿色经济等新经济，提供更多就业岗位和创业机会，吸引国内外年轻劳动力规模性流入，提高川渝本地高校培养的大学生留存率。强化政策引才效应，在大力引进"高精尖缺""塔尖"人才的同时，结合川渝产业转型升级对技能型人才的需求，加大各类青年"塔基"人才引进力度。对标国际一流城市，强化区域协同治理，合力优化人口服务管理，营造成渝地区"近悦远来"人才生态。加快建立川渝两地人才互通共享平台和机制，促进各类人才在区域内自由流动。二是协同强化共建项目的资金保障。川渝两省（市）共同争取国家对成渝地区双城经济圈战略任务和重大项目的资金支持。健全政府引导和市场主导相结合的投入机制，在切实防范地方政府债务风险的前提下，争取国家支持发行成渝地区双城经济圈发展专项债券，并给予限额和指标倾斜。用好和释放成渝地区双城经济圈发展基金的"撬动作用"，吸引更多社会资本，支持成渝跨区域产业协同、基础设施、公共服务等领域建设。

（四）协同推动区域绿色转型发展

一是建立健全区域绿色低碳循环发展经济体系。围绕国家"双碳"目标，以及成渝地区共筑长江上游生态屏障和在长江经济带绿色发展中发挥示范作用，深入推动"产业生态化、生态产业化"，协同推动重大绿色技术研发，加快建立健全绿色低碳循环发展的经济体系，全方位全过程推行绿色投资、绿色生产、绿色建设、绿色流通、绿色生活、绿色消费等。二是加快健全生态文明共建体制机制。加强生态环境保护规划协作和前沿政策协同研究，加快推进统一川渝两地产业准入、污染物排放、执法尺度规则等生态环境政策标准，加快健全两地生态补偿机制，持续完善生态环境执法联动和应急合作机制。三是大力完善生态共保设施平台。加快搭建覆盖川渝两省（市）全域的生态环境监测数据平台和环境综合治理信息共享平台，协同共建生态环境监测实验室和应急物资储备库。围绕"双碳"目标，探索共建西部环境交易中心，充分利用市场机制促进节能减排。

[重庆市综合经济研究院（重庆市经济信息中心）
重庆市推动成渝地区双城经济圈建设研究中心课题组
主研：易小光　丁　瑶　邓兰燕　李　林　汪　婧
执笔：汪　婧]

之五：2021 年重庆市经济形势分析及 2022 年展望

2021 年，全球经济形势复杂严峻，国内经济呈稳定恢复态势，但下行压力逐步凸显。重庆积极融入国家双循环新发展格局，深入推进成渝地区双城经济圈建设，促进"一区两群"协调发展，着力稳定投资、消费增长，努力扩大开放，加快培育创新发展动能，经济保持恢复性增长，但稳中承压，主要经济指标呈现前高后低走势；宏观经济景气指数[①]有所回落，但仍处于适度区间。预计 2021 年重庆 GDP 增长 8.5% 左右。

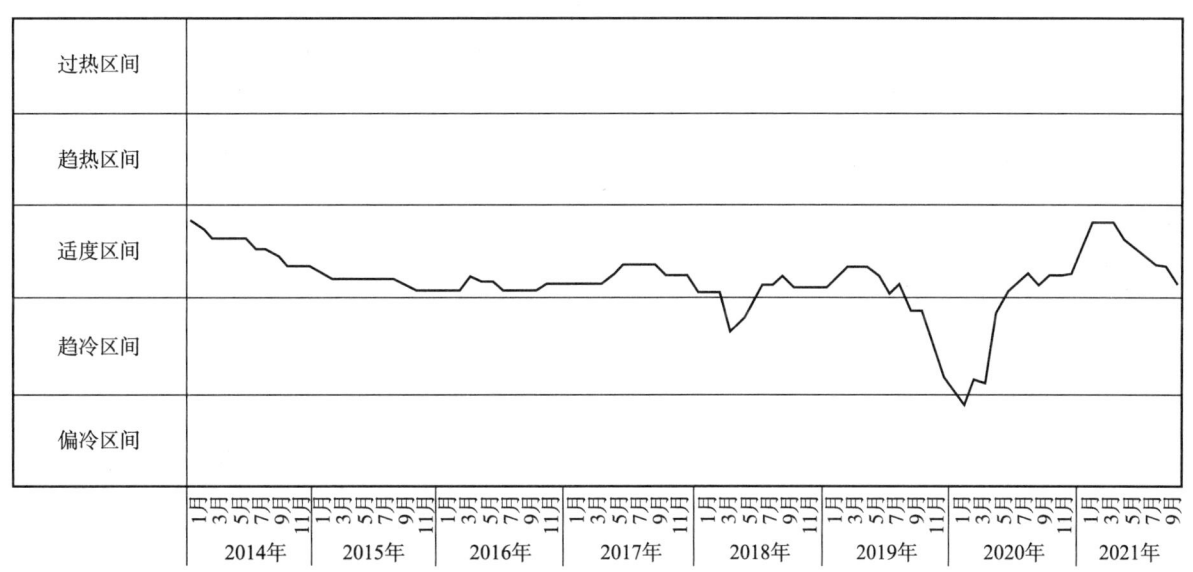

图 1 2014 年以来重庆宏观经济景气动向监测趋势

一、2021 年经济运行特征

（一）产业运行保持总体稳定

农业生产保持稳定，工业运行总体良好，服务业发展稳中有升，前三季度第一、第二、第三产业对重庆经济增长的贡献率分别为 5.7%、38.7%、55.6%。

农业生产总体稳定。夏粮产量稳中有增，秋粮播种面积同比增加，全年重庆粮食播种面积约 2 万平方千米、产量 1080 万吨以上，均为近年新高。农产品价格走势分化，1—9 月粮油、蔬菜价格稳中略升，但第四季度以来受农资涨价、灾情疫情等影响，大部分蔬菜品种价格上涨较快；生猪存栏量恢复至 2017 年正常水平，生猪价格持续回落，猪粮比由 1 月的 14.05∶1 跌至 9 月的 4.93∶1，生猪养殖亏损面扩大，预

---

① 由重庆市综合经济研究院宏观经济研究课题组研制，选取工业、投资、消费、外贸、信贷、财政收支、消费价格等宏观月度指标合成，主要反映重庆宏观经济基本走势。

计第四季度生猪价格将有所回升。重庆西部片区国家城乡融合发展试验区建设加快，围绕农村经营性建设用地入市、生态产品价值实现等开展有益探索。乡村振兴深入推进，农村常住居民人均可支配收入同比增长11.7%，高于上年同期3.8个百分点；农村"三变"试点村累计达到2196个，占全部行政村比重为27.5%，试点村实现农户人均增收460元；"万企兴万村"行动启动实施，助力1000个以上行政村脱贫成果稳定巩固；"巴味渝珍"农产品电商平台上线农业企业1800余家。

工业运行总体良好。1—9月，规模以上工业增加值同比增长14.2%，高于全国水平2.4个百分点；两年平均增长9.2%，增速逐月略有回落，但总体保持稳定。从主要产业看，汽车、电子两大产业均实现较快增长，引擎作用显著。其中，在长安CS75系列、长城炮等车型热销拉动下，汽车产业增加值同比增长17.7%，两年平均增长12.9%；受订单充足、新产品放量等带动，电子产业增加值同比增长21.5%，两年平均增长16.8%。其他支柱产业支撑作用较强。其中，随着三一重工等新项目投产，装备产业增加值同比增长21.4%；摩托车、医药、材料、消费品等产业持续保持较好增长态势，增加值分别同比增长11.2%、15.3%、11.3%、10.5%；但受煤炭行业整体退出影响，能源工业同比仅增长3.3%。高技术产业保持较快增长。1—9月，高技术产业增加值同比增长22.1%，高于规模以上工业7.9个百分点。其中，新能源汽车、平板电脑、智能手机、液晶面板等生产较好，产量分别同比增长220%、42.5%、33.1%和30.1%。工业运行效益总体较好。工业产品产销两旺，规模以上工业产品销售率较上年同期增加1.1个百分点。在汽车、材料等产业效益向好带动下，1—8月规模以上工业企业利润同比增长53.4%，高于全国水平3.9个百分点。

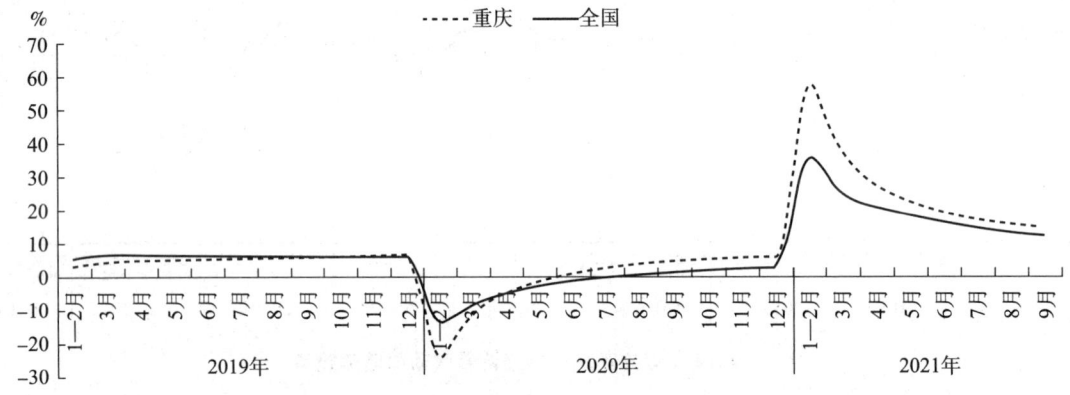

图2 2019年以来全国及重庆规模以上工业增加值累计增长情况

服务业发展稳中有升。前三季度，第三产业增加值同比增长10.3%，高于GDP增速0.4个百分点。物流业加快发展。货运量、快递业务量①分别同比增长21.7%、40.8%，分别高于全国4.9个和4.1个百分点。中欧班列（成渝）发送货物量占比32%，居全国首位。现代金融业稳步推进。新增社会融资规模5870.9亿元，高于近两年同期平均增量。跨境人民币结算量居中西部首位、全国第九位。普惠金融、绿色金融、科技金融取得积极进展，其中，普惠小微贷款、绿色贷款余额分别同比增长27.8%和33.2%。数字经济蓬勃发展。数字经济占GDP比重超过25%，其中数字服务业增加值同比增长24.8%，规模以上软件和信息技术服务业企业营业收入两年平均增长55%。区块链数字经济产业园聚集IBM、浪潮、趣链、中科星泰等领军企业110余家，综合竞争力居全国第五位。文旅、餐饮等生活性服务业保持恢复势头。旅游市场逐步复苏，前三季度接待境内外游客人数、旅游收入分别恢复至2019年同期的71%和78%，好于全国水平。文娱

---

① 数据来源于中国邮政管理局。

消费需求增加，城市影院票房收入 8.7 亿元①。餐饮消费保持活跃，餐饮收入同比大幅增长 37.2%。

（二）需求动力恢复态势明显

1—9 月，重庆投资稳定增长，消费持续修复，进出口高位运行。前三季度投资、消费和区域净流出对全市经济增长的贡献率分别为 49.8%、49.6%、0.6%。

投资保持稳定增长。在"抓项目稳投资"等专项行动带动下，1—9 月重庆固定资产投资同比增长 8.4%，高于全国水平 1.1 个百分点。以基础设施为主的市级重大项目投资、工业技改投资、民间投资等加速推进，对重庆投资形成良好支撑。其中，重大项目投资进度达到 84%，9 月工业技改投资同比增长 39.5%，民间投资同比增速高于全市投资 2.2 个百分点。基建投资稳步增长。在渝湘高铁、渝西水资源配置工程等项目建设带动下，基础设施投资同比增长 11.8%，两年平均增长 9.9%，增速逐月回升。其中，城建、农林水利投资分别同比增长 21.7% 和 27.3%。工业投资快速增长。在三一重工、京东方、华兴玻璃等项目带动下，工业投资同比增长 12.3%，高于全国水平 0.1 个百分点。其中，装备、电子、消费品产业投资分别同比增长 26.5%、18.8%、15.7%，均高于全市平均水平。房地产投资低位运行。受银行房贷"两道红线"、房地产企业融资"三条红线"以及"集中供地"等政策影响，房地产投资同比增长 0.2%，较上半年回落 0.9 个百分点。

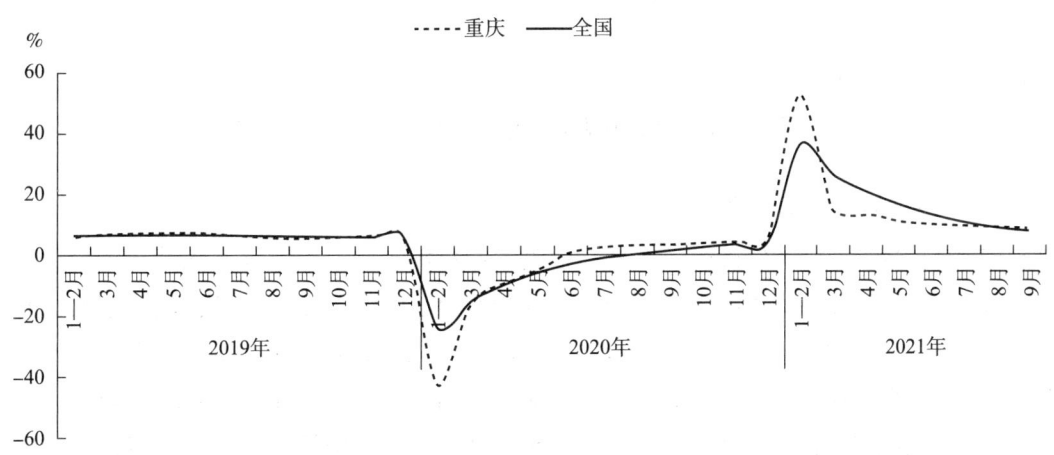

图 3　2019 年以来全国及重庆固定资产投资累计增长情况

消费延续复苏态势。在经济稳定恢复以及各类促消费活动和政策实施的带动下，消费市场保持恢复性增长。1—9 月，社会消费品零售总额同比增长 23.7%，两年平均增长 10.0%，分别高于全国水平 7.3 个、6.1 个百分点。汽车、住房类等热点消费较快增长。在新一轮汽车下乡、新能源汽车免征购置税等政策推动下，汽车消费同比增长 20.4%，两年平均增长 10.9%，高于上半年 1.8 个百分点。随着商品房装修需求持续释放，家具、家电、建材等住房类相关消费分别同比增长 30.1%、21.7% 和 36.0%。升级类消费快速增长。在消费回流及消费升级带动下，金银珠宝、体育娱乐用品等消费分别同比增长 52.7%、2.2 倍。新兴消费发展较好。随着重庆加快消费新场景、新模式和新业态培育，网红经济、夜间经济、社区团购、电商直播等得到快速发展，其中，1—9 月限额以上单位网上零售额同比增长 27.2%。

进出口保持高位增长。在电子产品出口及大宗商品进口双向拉动下，对外贸易持续快速增长。1—9 月，外贸进出口总值 5770.3 亿元，同比增长 27%，高于全国水平 4.3 个百分点，连续 14 个月保持两位数增长。其中，出口额 3656.2 亿元，同比增长 27.7%。电子产品仍是出口主力。受海外电子产品需求旺盛

---

① 数据来源于灯塔网。

带动，笔记本电脑、集成电路、平板电脑出口额分别同比增长13.9%、54%和1.4倍，其中，笔记本电脑出口额占全市出口额的38.7%。进口方面，受全球大宗商品价格上涨等影响，铁矿砂及精矿、纸浆进口额分别同比增长1.8倍和3.6倍。对主要贸易伙伴进出口均实现快速增长。在全球疫情、经贸摩擦等背景下，重庆对主要贸易伙伴进出口逆势增长，1—9月，对东盟、欧盟、美国进出口分别同比增长13.6%、24.2%、18%，合计占同期重庆外贸总值的46.6%。利用外资稳中有升。伴随营商环境改善、开放型产业集群不断壮大，全市外资吸引力增强。1—9月，实际利用外资同比增长11.1%，高于上年同期9.8个百分点。

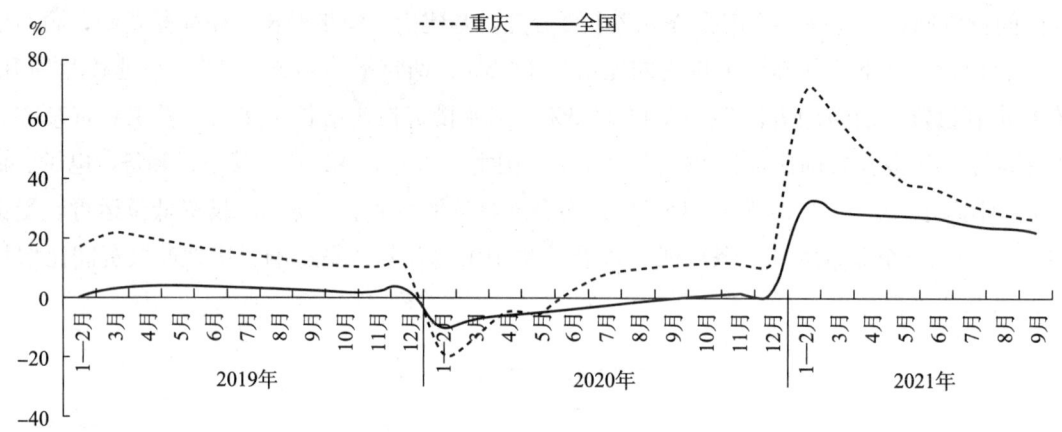

图4　2019年以来全国及重庆进出口额（人民币）累计增长情况

（三）财政金融延续平稳增长

财政收入恢复性增长。随着经济稳步恢复、企业效益持续改善，财政收入保持稳定增长态势。1—9月，一般公共预算收入同比增长10.9%，较2019年同期增长3.4%，收入规模已超疫情前水平。税收收入总体平稳，同比增长13.6%，较2019年同期增长0.5%。其中，在汽车、电子信息等产业带动下，增值税、企业所得税分别同比增长17.7%、23.1%，较2019年同期分别增长2.8%、17.3%。个人所得税、契税增收较好，分别同比增长24.8%、19.2%，较2019年同期分别增长19.2%、8.7%。非税收入同比增长5.1%，扭转了下半年以来负增长态势。重点领域保障较好。一般公共预算支出同比增长2.0%，较2019年同期下降5.7%。文化旅游体育与传媒、社保和就业、教育等领域仍得到重点保障。

信贷增长总体稳定。9月末，金融机构人民币贷款余额同比增长14.1%，分别高于全国水平和上年同期2.2个和0.8个百分点。其中，在企业经营周转资金需求增加带动下，短期贷款余额同比增长16.4%，增速自年初总体走高，并高于上年同期5.3个百分点；居民购车、信贷消费等带动个人贷款及透支同比增长18.4%，保持较快增长势头；在基建等项目融资需求支撑下，中长期贷款余额同比增长11.6%。股权融资规模扩大，非金融企业境内股票融资114.1亿元，同比增长2.6倍。存款增速稳中趋缓。金融机构人民币存款余额同比增长6.2%，分别低于全国水平和上年同期2.4个和1.6个百分点。其中，非金融企业存款同比下降1.7%，是存款增速放缓的主要原因；在理财产品、基金信托等分流以及居民收入增长放缓的影响下，住户存款同比增长9.5%，低于上年同期3.8个百分点。

（四）就业双创形势持续改善

就业形势稳中向好。随着稳就业保就业政策深入实施，就业形势持续改善。1—9月，城镇新增就业59.7万人，同比增长21.3%，与2019年同期基本持平，完成目标任务60万人的99.5%。随着高校毕业生、困难群体等就业保障力度加大，重点群体就业情况好于上年同期，其中，高校毕业生去向落实率同比提高 14 个百分点。双创发展动力增强。创新平台加速集聚，中科院重庆科学中心、中国自然人群资源库重庆中心、北京大学重庆大数据研究院等开工建设，硅基混合集成创新中心和重庆（两江新区）国家级车联网先导区等国家级创新平台落户，对创新主体、人才、资金等吸引力增强。重庆新设立各类市场主体 41.2 万户，同比增长 14.2%。

（五）区域发展特色更加彰显

重庆加快推动成渝地区双城经济圈建设，"一区两群"各片区发展特色更加凸显。成渝协同发展有序推进。高竹新区、遂潼一体化发展先行示范区建设提速。川渝合作共建项目平稳推进。1—9月，重大共建项目完成年度投资 741.4 亿元，占年度计划完成投资的 73%。主城都市区"极核"引领作用更加凸显。中心城区先进制造业和现代服务业发展取得积极进展。1—9月，大渡口区投资增速超过 20%，九龙坡区、巴南区、北碚区工业投资增速超过 30%。其中，巴南国际生物城创新中心、中南高科重庆大健康智慧谷等重点项目加快推进。主城新区工业化主战场作用显现，工业项目投资加快推进。1—9月，綦江、南川、大足、潼南等区工业投资增速均超过 20%，永川招商引资项目落地开工数和市外项目到位资金居全市前列，长寿市级智能化工厂、数字化车间建设提速。渝东北三峡库区城镇群聚焦绿色发展，产业生态化和生态产业化协同发展成效明显。万州新引进一批绿色照明、生物医药、人工智能等高新技术项目，1—9月工业投资同比增长 124%；丰都智慧生态生猪养殖、奉节脐橙商品化包装冷链物流仓储等项目有序推进。渝东南武陵山区城镇群立足人文生态特色资源，文旅融合发展持续深入。围绕"乌江画廊、武陵风光、生态康养"主题，武隆、石柱、秀山等旅游优势区（县）引领示范作用不断增强，全域旅游成为区域经济发展的重要支撑。

（六）价格指数呈现回升走势

1—9月，重庆 CPI 同比持平；PPI、PPIRM 分别同比增长 2.3%、5.6%，分别高于上半年 0.8 个和 1.6 个百分点。八大类商品和服务消费价格"五升三降"。受猪肉价格持续回落影响，食品烟酒价格同比下降 2.6%，连续 8 个月负增长。在成品油价上调等带动下，交通和通信类价格同比上涨 4.2%，高于上半年 1.4 个百分点；衣着、居住、生活用品及服务、教育文化和娱乐类价格指数分别同比上涨 1.9%、0.1%、0.6% 和 1.5%；医疗保健、其他用品和服务类价格指数分别同比下降 0.2%、3.3%。工业品价格继续走高。在铜铝等原材料价格快速上涨推动下，工业品价格持续攀升，PPIRM、PPI 剪刀差由年初的 0.5 个百分点扩大至 9月的 3.3 个百分点，企业生产经营压力进一步增大。

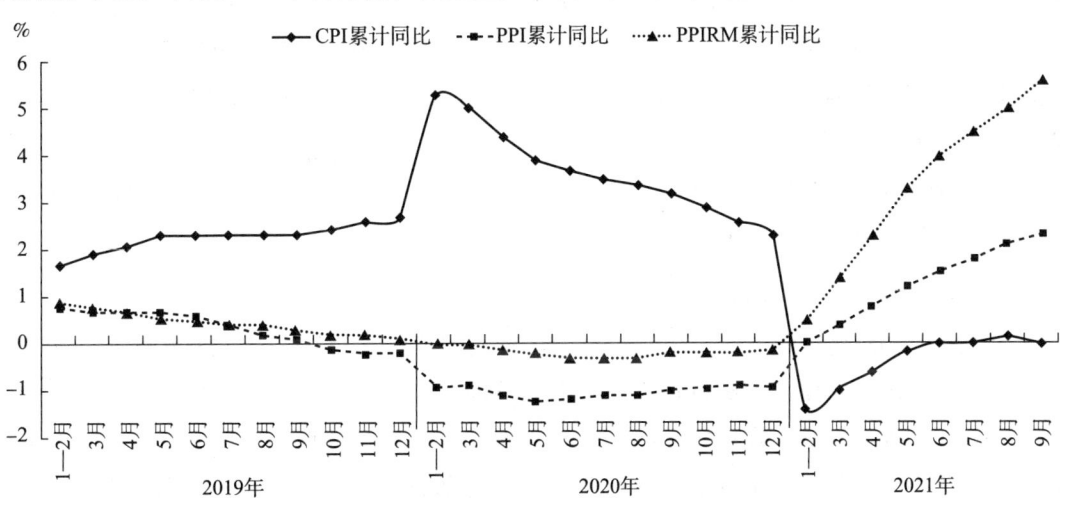

图 5　2019 年以来重庆 CPI、PPI、PPIRM 累计同比增速情况

二、存在的问题

（一）经济增长内生动能不足

全市经济下行压力有所增大，投资、消费等内生增长动能不强，经济复苏基础有待夯实。一是投资增长后劲不足。基建投资面临投融资能力下降、项目储备不足的制约，1—9月基础设施备案项目计划总投资额同比下降2.1%，已连续5个月负增长。工业投资面临大项目少、企业投资信心不足等问题，其中汽车产业投资连续7个月负增长。在集中供地政策背景下，重庆两次集中供地面积仅占2020年住宅用地供应面积的51.6%，房地产投资短期下行压力增大。二是消费复苏基础仍不稳固。受宏观经济增长乏力、疫情不确定性等影响，社会就业、城乡居民收入等增长形势不容乐观，居民消费意愿和信心不高，餐饮、酒店、旅游等消费受疫情影响较低迷。同时，传统消费支撑减弱与新增长点不足并存，受汽车芯片紧张影响，市内部分4S店出现无车可售、提货周期延长的现象，9月汽车消费同比下降2.1%；时尚经济、免税购物等新业态新模式发展滞后，消费增长缺少新动能支撑。

（二）工业经济发展压力增大

在国家能耗"双控"、生产成本上涨等背景下，工业经济发展面临转型及较大的短期阵痛压力。一是重点产业增长存在隐忧。汽车产业生产受芯片短缺影响，预计长安汽车由于芯片供应不足，全年掉量14.4万辆左右。全球电子产品需求放缓以及新兴制造业国家逐步复工复产，部分疫情期间"应急订单"外流，电子产业增速有所放缓。二是工业企业生产经营压力加大。受原材料价格高位运行、海运价格上涨、人民币升值等因素影响，企业利润受到挤压和侵蚀，工业制造企业尤其是中小企业经营更加困难，新增注销制造业企业数量有所增加。三是招商引资难度增大。受招商引资竞争激烈、工业用地紧张、长江干支流岸线一公里内禁止化工项目等因素影响，工业新项目引进难、落地难更加突出，导致全市工业大项目储备不足，工业经济发展后劲受到影响。

（三）要素保障"瓶颈"制约突出

全市资金、能源、人才等要素供给存在较多短板，影响经济持续复苏及生产生活的稳定。一是资金保障受到较多制约。部分区（县）面临融资难、财政收入减少与存量债务偿还等多重压力，交通、市政等建设资金保障难度增大。同时，供应链金融、天使投资、风险投资等发展滞后，中小企业融资渠道较窄，"融资无门""融资贵"现象仍较普遍。二是人才利用面临"外流多""引进难"困境。市内高校专业与本地产业人才需求契合度不高，毕业生外流现象较突出，企业自动化、智能化人才紧缺，专业性、技术性人才招工相对较困难，影响企业转型升级和可持续发展。三是能源保障压力较大。在国家能耗"双控"、电煤保障困难、天然气短缺等背景下，全市电力、天然气等供需矛盾更加突出，企业、居民用能难以得到有效保障，影响正常的生产、生活秩序。

（四）营商环境有待优化提升

近年来，重庆营商环境持续改善，但与市场主体期待仍有一定差距。一是政策吸引力仍需增强。与沿海发达地区、周边城市相比，重庆科技创新、产业发展、人才引进等政策力度还不够大，政策环境仍需大力优化提升。譬如高层次人才认定标准高、覆盖面窄、待遇标准低，面向大学生、技能人才的政策欠缺，人才政策吸引力不足。二是政策执行不到位。企业反映项目审批同城不同策，面向中小微企业政策门槛高、要求多，有的部门对文件、政策选择性执行，企业达到政府承诺政策条件后，存在兑现难、不兑现、少兑现等情况。三是政务服务水平还需提高。"放管服"改革仍需深化，政商沟通机制、企业服务保障体系不够健全，部分企业亟须解决的问题和困难不能及时得到政府关注和帮助，对招商引进企业后续跟踪服务不到位。

三、经济运行环境分析及预测

（一）世界经济复苏形势复杂严峻

全球仍处于疫情反复期，变异病毒仍将挑战世界经济复苏的稳定性、持续性和平衡性。IMF预测2022年全球经济增长4.9%，较2021年下调1个百分点，复苏动力将有所减弱。疫苗接种率的差异将加剧全球经济复苏的不均衡性，以美欧为代表的发达经济体复苏形势将明显好于新兴经济体。随着疫情后经济刺激政策加快抬高公共债务和通胀水平，以美国为首的发达国家货币政策将面临收缩调整，这不仅将对全球股市、汇市、债市、大宗商品市场产生较大的外溢影响，更将使新兴经济体遭遇资本外流、货币贬值、债务压力等风险，增加经济金融脆弱性。疫情反复将继续推动全球产业链供应链回流收缩，制约全球贸易投资增长，RCEP、《全面与进步跨太平洋伙伴关系协定》（Comprehensive and Progressive Agreement for Trans-Pacific Partnership，CPTPP）等区域性经贸合作将更加紧密。伴随全球经济复苏乏力，国际地缘政治冲突将明显加剧，大国之间特别是中美之间围绕科技、金融、贸易、能源、军事等领域的战略博弈将更趋激烈，社会动荡、领土争端及气候变化、政治危机等也将对产业链供应链重构及世界经济复苏产生深刻影响。

（二）国内经济注重宏观政策跨周期调节

2022年，我国经济将延续复苏态势，但下行压力明显加大，面临全球疫情反复、政经博弈加剧以及国内需求动力减弱、实体经济经营困难、风险隐患积聚等挑战。我国将坚持贯彻新发展理念，以高质量发展为主线，协调好稳增长、调结构和防风险的关系，加强宏观政策协同性和跨周期调节，确保经济运行在合理区间。我国经济社会对疫情的适应能力将继续增强，换届之年重大工程、重大项目投资有望得到大力支持。积极的财政政策将加大实施力度，落实好常态化财政资金直达机制，统筹做好两年财政政策衔接；将持续优化和落实中小微企业减税降费政策，通过发行国债和地方债保障"两新一重"基础设施投资建设。稳健的货币政策将体现适度宽松、更加精准，将大力发展科技金融、绿色金融、供应链金融，继续通过结构性货币工具强化对涉农、小微、民营企业的资金支持，引导市场利率下行。产业政策将继续发力，技术创新将为经济增长提供新动能，持续推进产业链供应链优化提升和安全稳定，针对"专精特新"中小企业的支持力度将进一步加大。深层次改革开放深入推进，将以自贸区和海南自贸港先行先试为重点，加强与国际自贸协定规则对接；将加快RCEP建设、积极加入CPTPP和《数字经济伙伴关系协定》（Digital Economy Partnership Agreement，DEPA）等国际协议，深层次融入国际经贸体系。区域发展将持续深化城市群都市圈建设，深圳中国特色社会主义先行示范区、上海浦东新区社会主义现代化建设引领区、浙江共同富裕先行示范区的先行先试效应将逐步显现，进而引领促进区域协调发展。

（三）重庆经济发展动力与压力并存

重庆经济发展韧性较强，"一带一路"建设、长江经济带、西部大开发、成渝地区双城经济圈、西部陆海新通道等战略将持续增强重庆发展动力，但面临的结构性周期性矛盾更加凸显，疫情反复、产业链供应链压力、内需不足以及中小企业经营困难等挑战客观存在，需要集中资源、聚焦重点、全力推动全市经济稳步发展，增强全社会发展信心和预期。产业领域将注重产业链优化升级，大力推动数字产业化和产业数字化，聚焦集成电路、新能源汽车等重点产业链图谱加快培育和引进上下游核心和基础环节优质企业，推动传统高耗能高排放产业转型发展。创新领域将强化科学城、两江协同创新区"双核"引领，突出西部（重庆）科学城综合性科学研究功能，以及两江协同创新区技术创新功能，聚焦智能制造、生物医药、新材料、新能源等领域强化产学研用融通创新。投资领域将强化基建投资的牵引带动作用，加快专项债等资金落地使用，推广专项债用于资本金项目和REITs试点，发挥政府主导类投资对社会投资的托底和带动作用。消费领域将围绕国际消费中心城市建设，高标准推进中央商务区、商圈提档升级和寸滩国际新城消费核心区规划建设，加强消费新模式新业态新场景的打造升级。开放领域将着重提升两江新区、中新项目、自贸区等平台开放引领功能，推动中欧班列、西部陆海新通道高质量发展，依托国际消费中心建设深入开展服务业扩大开放综合试点。区域发展将以双城经济圈为核心，加快建设高竹新区、万达开、泸永江等川渝毗邻地区功能性平台，探索经济区和行政区适度分离实践经验；将持续推动重庆"一区两群"协同发展，形成主城都市区与渝东北、渝东南携手并进的良好局面。同时，建设资金、人力资源、电气能源等要素保障将进一步加强，助力全市经济稳定运行。

（四）2022年经济预测

利用重庆市宏观经济预警系统和重庆市宏观经济短期预测系统，结合当前宏观经济背景、宏观政策取向，以及重庆经济运行面临的机遇和挑战，综合判断分析预计2022年重庆GDP同比增长6.5%左右，全口径工业增加值、固定资产投资、社会消费品零售总额、外贸进出口总值分别同比增长6.6%、6%、7%、9.1%，居民消费价格指数同比增长2%。

四、对策建议

针对2022年经济形势，应紧扣高质量发展主题，持续深化供给侧结构性改革，在扎实做好"六稳""六保"工作的同时，进一步促进创业就业、结构调整、消费扩张、改革开放、营商环境优化、市场信心提振等，着力激发市场主体动力和活力，稳定增强全社会发展预期。

（一）加大创业创新支持力度，促创业带就业

构建服务完备、政策精准、要素完备的创业创新良好生态，激发创业创新活力。一是营造更优的创业创新环境。以西部（重庆）科学城和两江协同创新区为引领，提升各类创新平台能力，加快完善创业创新服务体系，着力破除创业创新体制机制障碍，以更优的创业创新环境打造民营、外商企业投资创业的热土，增强民营经济发展信心，吸引更多外商外资来渝投资。二是强化政策激励。加大全市创业创新政策集成和兑现落实力度，推动"科技创新财政金融政策30条"等政策举措落地见效，聚焦基础研究、技术创新、企业智能化改造等重点领域增强政策支持的精准性和有效性，激发市场活力。三是加强要素保障。拓展双创融资渠道，大力发展股权投资、创业投资等风险投资基金，引导资金更多投向早中期、初创期企业，破解双创企业融资难题。强化创新创业人才支撑，高水平举办各类创新创业大赛，加强重点群体创业创新教育培训。

（二）加快工业高质量发展，促结构调整提升竞争能力

深入推进工业供给侧结构性改革，着力提升产业核心竞争能力。一是壮大工业发展新动能。聚焦全市33条重点产业链图谱加快引进集聚上下游优质企业，着力推动高技术制造业、战略性新兴产业集群发展。加快促进互联网、人工智能、大数据与实体经济深度融合发展，前瞻布局引入元宇宙等前沿科技类企业，加快发展以新技术、新产业、新业态、新商业模式等为特征的新经济。二是推动产业链供应链优化升级。加快电子、汽车、装备等重点产业建链、强链、补链、延链、壮链，引导核心企业提升核心基

础元器件、关键基础材料等的研发创新能力,支持"专精特新"中小企业突破高端芯片、智能传感等关键技术,强化产业链供应链关键环节补短板。三是加快传统产业绿色转型升级。系统谋划全市"碳达峰""碳中和"推进工作,加大对碳排放重点行业和企业的跟踪调研,推动建立科学合理的碳排放指标评估、分配体系,及时化解优质企业用能和扩产增效面临的困难。

(三)着力提振消费需求,促消费扩张体现市场优势

积极应对疫情影响,围绕提升消费能力、扩大有效供给和改善消费环境,增强消费市场活力。一是不断提升居民消费能力。稳步拓宽高校毕业生、退役军人、农民工等重点群体就业渠道,加快培育发展新型农业经营主体,着力稳定城乡居民工资性收入,扩大农村居民经营性、财产性收入,促进居民消费能力和消费信心有效提升。二是继续扩大有效供给。围绕国际消费中心城市建设,加快推进商圈提档升级,积极培育"四首"经济,大力推动无接触消费、直播电商、社交电商等新模式发展,着力构建与消费结构升级相适配的供给体系。三是持续改善城乡消费环境。积极落实国家汽车下乡、以旧换新等消费促进政策,强化城乡销售、物流网络衔接,加快引导消费设施建设向农村进一步下沉,挖掘农村消费潜力。

(四)发挥内陆开放优势,促深层次改革开放扩大发展空间

统筹要素流动型开放和规则等制度型开放,持续拓展外资外贸发展新空间。一是深化开放体制机制创新。全方位扩大对外开放,对接全球高水平经贸规则,实施新版外资准入前国民待遇加负面清单管理制度,推动由商品和要素型开放向规则等制度型开放转变。二是促进开放经济新业态新模式发展。强化自贸区、中新项目等开放平台引领作用,加快服务业扩大开放综合试点建设,完善开放平台、口岸功能,依托首批10个自贸区联动创新区等平台载体,推动跨境电商、保税商品展示展销等开放经济新业态、新模式发展。三是加快跨境经贸合作平台及通道建设。着力推进与RCEP成员国等的区域经贸合作,深入推进西部陆海新通道、中欧班列等国际开放大通道建设,强化通关便利化、海外仓建设等国际合作,积极拓展海外市场。

(五)聚焦企业、人才发展诉求,促营商环境升级激发市场主体活力

营商环境是区域发展的竞争力,应进一步优化政务服务效能,营造适宜企业、人才发展的良好环境。一是促进投资贸易便利化。以自贸试验区先行先试为重点,进一步深化外商投资和对外投资管理体制改革,减少或取消外商投资的准入限制,推动建立与国际高标准规则衔接的制度体系,营造内外资企业、国有民营企业一视同仁、公平竞争的市场环境。二是深化"放管服"改革。最大程度精简行政审批事项和环节,全面推行极简审批投资制度,以市场主体办事"零跑动"为目标,推进政务服务事项网上办、掌上办、一次办、就近办、跨省通办等,进一步提升市场主体准入准营便利度。三是优化人才发展环境。进一步落实"塔尖""塔基"人才政策,增强高层次人才住房、就医、子女入学等保障。适当放宽主城新区、"两群"地区的人才认定标准,加大对企业急需的技能型人才、本科学历人才引进和培育力度。

(六)加大对实体经济支持力度,促发展信心提振增强发展预期

加大涉企政策支持力度,提振发展信心,增强市场预期。一是推进中小企业纾困减负政策再升级。继续执行国家制度性减税降费政策,深入落实"促进生产经营稳定发展27条"等政策举措,进一步研究制定中小企业支持政策,清理规范各类不合理附加费用,切实帮助企业纾困减负。二是缓解企业生产经营压力。积极落实原材料保供稳价政策,加大国内外煤炭等大宗商品采购和运输调度力度,确保原材料稳定供应。加大对中小企业融资支持力度,推广供应链金融、知识产权质押等融资方式,支持

金融机构开发面向中小微企业的首贷、信用贷、无还本续贷等金融产品,切实降低企业融资成本。三是发挥好政府性投资带动作用。继续深化实施"抓项目稳投资"专项行动,规范有序推广PPP、REITs等融资模式,吸引民间资本参与市政、社会事业等补短板领域基础设施建设,拓宽民营企业投资空间,提振发展信心。

表1 2021年、2022年重庆经济发展主要指标预测

指标	2020年实际值		2021年预测值		2022年预测值	
	绝对额/亿元	增速/%	绝对额/亿元	增速/%	绝对额/亿元	增速/%
地区生产总值	25002.79	3.9	28110	8.5	30750	6.5
第一产业	1803.33	4.7	1980	7.1	2100	4.0
第二产业	9992.21	4.9	11300	8.1	12280	6.3
工业增加值	6990.77	5.3	7850	10.0	8470	6.6
第三产业	13207.25	2.9	14830	9.0	16370	6.9
固定资产投资	—	3.9	12590	7.7	13350	6.0
社会消费品零售总额	11787.20	1.3	13990	18.7	14970	7.0
外贸进出口总值	6513.36	12.5	7880	21.9	8600	9.1
出口	4187.48	12.8	5070	22.5	5600	10.5
一般公共预算收入	2094.80	-1.9	2250	7.4	2370	5.3
金融机构人民币存款余额	41270.20	8.7	43990	6.6	46600	6.0
金融机构人民币贷款余额	40960.64	13.2	46610	13.8	53000	13.5
城镇常住居民人均可支配收入/元	40006	5.4	43782	9.4	47550	8.6
农村常住居民人均可支配收入/元	16361	8.1	18170	11.1	19930	9.7
城市居民消费价格指数	—	2.3	—	0.3	—	2.0
工业生产者出厂价格指数	—	-0.9	—	3.0	—	5.0

注:①地区生产总值及增加值的绝对值为现价,增速为可比价;②固定资产投资增幅、社会消费品零售总额增幅未扣除价格因素;③金融机构存贷款增长为与上年同期比。

[重庆市综合经济研究院(重庆市经济信息中心)宏观经济研究课题组
主研:易小光 丁 瑶 余贵玲 罗丛生 张 超 张 佳 施小兰
郑淑嫒 杨 梅 陈 可 贺诗倪 赵 飞 成秋明
执笔:张 超 张 佳 施小兰 郑淑嫒 杨 梅]

综合卷
比较篇

之一：2021年北京市经济运行分析及2022年展望

2021年以来，北京统筹推进疫情防控和经济社会发展，经济保持稳步恢复，工业、信息、金融等产业成为经济恢复的重要动力，预计2021年北京GDP同比增长9%左右。2022年，国际环境不确定因素增多，北京还面临原材料短缺、平台企业整改、疫苗增量空间有限等困难和挑战，经济增速下行不可避免。叠加高基数影响，预计2022年GDP增速将回落至5.3%左右。

一、2021年北京市经济运行呈前高后低态势

2021年，在科兴中维、国药北生研、小米通讯、中芯北方等龙头企业带动下，北京经济加速恢复，高精尖产业体系和国际消费中心城市加快打造，经济增长的后劲不断增强。从恢复速度看，全年经济呈现前高后低态势，前三季度GDP累计增长10.7%，分别较第一季度、上半年回落6.4个、2.7个百分点，预计第四季度增长4.8%左右，全年累计增长9%左右。从结构看，受重点优势产业超预期增长、疫情对各行业冲击差异、政策刺激方向等因素影响，各经济指标恢复进程出现分化，整体来看供给端恢复快于需求端，工业恢复快于服务业。从效益看，呈现一定分化态势，工业生产加速恢复，产业循环持续改善，工业企业利润稳步回升，前三季度规模以上工业企业利润总额大幅增长146.8%；受企业经营恢复利好，前三季度一般公共预算收入完成4590.3亿元，同比增长13.4%，已连续7个月保持两位数增长态势，完成年度预算的81.3%，超时间进度6.3个百分点；但居民人均可支配收入实际增速不及GDP增速，上半年居民人均可支配收入38138万元，扣除价格因素后同比增长9.8%，低于同期GDP增速3.6个百分点。

产业端整体恢复较快。工业方面，受新一代信息技术和医药健康双引擎拉动，前三季度规模以上工业增加值同比增长39%，两年平均增长17.8%，高技术制造业和战略性新兴产业增加值分别增长140.5%、111.6%。小米通讯、中芯北方等持续释放创新活力，带动电子行业同比增长21.3%，科兴中维、国药北生研拉动规模以上工业增加值增速超过30个百分点，预计全年规模以上工业增加值增同比长30%以上。服务业方面，金融、信息等重点产业高速增长后出现放缓态势，前三季度服务业增加值增长7.4%，比上半年回落2.7个百分点。金融行业增速下行，在库项目进入还款期、贷款接续不足、债券违约和私募基金风险显现等因素导致传统金融行业增长乏力。平台经济监管的影响逐步显现，滴滴、美团、好未来等头部企业受监管影响较大。住宿和餐饮业、旅游业、会展业等行业受疫情反复影响经营困难，短期内难以对服务业增长形成有效支撑。预计全年服务业增加值增长7%左右。

需求恢复步伐逐渐减慢。消费方面，前三季度市场总消费同比增长16.5%，较上半年回落5.6个百分点，其中社会消费品零售总额同比增长14%，较上半年回落7个百分点，增速已连续6个月下滑。汽车消费受车型供应紧张、购车需求提前释放等因素影响出现两位数下降。预计全年总消费和社会消费品零售总额分别增长10%左右、8%左右。投资方面，前三季度全市固定资产投资同比增长7.9%，增速较上半年回落1.3个百分点，其中基础设施投资受交通、绿化等重点领域影响连续5个月负增长。第四季度进入冬施和冬奥保障期后，部分建设项目投资强度可能进一步降低。预计全年固定资产投资同比增长3%左右。

二、2022年经济社会发展环境更加复杂多变

（一）国际经济分化加剧，美国加速围堵中国产业链

2021年以来，受疫苗获得能力和政策支持力度差异等因素影响，各经济体经济前景出现分化，发达国家复苏快于发展中国家，美国经济复苏又在发达国家中遥遥领先。10月国际货币基金组织（IMF）发布的《世界经济展望报告》显示，由于发达经济体在供应链中断影响下增长放缓以及低收入发展中经济体疫情形势恶化导致经济增幅收窄，2021年全球经济增速预期下调0.1个百分点至5.9%，预测2022年经济增速为4.9%。中美关系仍然存在极大不确定性，预计将对我国产业链形成冲击。

（二）国内经济延续平稳恢复的总基调

2022年将召开中国共产党第二十次全国代表大会，是党和国家事业发展中具有重大意义的一年。多数研究机构认为我国经济仍然能保持平稳增长，国际货币基金组织（International Monetary Fund，IMF）、经济合作与发展组织（Organization for Economic Cooperation and Development，OECD）和世界银行分别预测2022年我国经济增速为5.6%、5.8%、5.4%。经济运行中不确定性、不稳定性因素依然较多，需求下行带动经济短期下行，地产行业债务风险暴露，能源供求矛盾突出，产业链重组增加生产成本。整体来看，2022年我国经济运行将真正迈入"后疫情时代"，在对外开放不断扩大、产业结构转型升级、新旧动能加速转换、营商环境持续优化的基础上，继续加快建设现代化经济体系，加快构建以国内大循环为主体、国内国际双循环相互促进的新发展格局，加快推进共同富裕，为开启新一轮中高速经济增长周期提供了坚实支撑。

（三）北京市经济社会发展将持续提质增效

2022年，北京在稳增长的同时，将继续落实"五子"联动，深化供给侧结构性改革，加速经济结构调整，在平稳运行中推动北京经济高质量发展。一是推动共同富裕建设一系列举措将切实提升人民群众共享发展成果，城乡、区域、收入三大差距将得到明显改善，北京基本公共服务标准逐步明确，城市更新和老旧小区改造提速，人居环境得到持续改善。二是北京将印发"十四五"国际科技创新中心建设规划，统筹数字技术创新和智慧城市建设，着力打造全球数字经济发展新高地。三是北京证券交易所的建立将有效发挥"龙头"撬动和"反哺"作用，在加强与沪深交易所、区域性股权市场互联互通中，不断完善服务中小企业的全链条制度体系，形成层层递进的中小企业成长路径和良好的多层次市场发展生态。四是"两区"建设将取得更多成果，贸易数字化和数字贸易化将得到大力推动，营商环境改革攻坚战取得显著成效。五是国际消费中心城市建设将不断加快，"双枢纽"国际消费桥头堡实施方案将公布并实施，国内大循环不断畅通。

三、2022年经济形势展望

考虑目前北京经济仍然延续稳步复苏态势，多项促消费政策持续显效，科技创新带动发展动能持续增强，参考国内外机构对我国2022年经济增速的预测，预计北京2022年GDP同比增长5.3%左右。

（一）总需求将出现分化

1. 消费对于经济增长的引擎作用将持续加强

2022年，在一系列促消费政策显效、多个大型商业设施改造投用、居民就业和收入不断改善的带动

下，北京消费将延续升级步伐，预计北京总消费、社会消费品零售总额同比分别增长7%左右、5%左右。一是北京市发布培育建设国际消费中心城市实施方案，开展促消费十大专项行动，环球度假区等新增长点不断释放活力，消费能级持续提升。前三季度北京12个传统商圈和8家"一店一策"传统商场完成升级改造，首开龙湖熙悦天街等大型商业设施投用，696家首店落地，消费基础设施更加完善。二是汽车消费2021年受"芯片荒"影响有所下滑，2022年下半年"缺芯"问题缓解后，新车购置需求将会逐步恢复。同时"以电换油"进入加速期，中国汽车工业协会预计未来五年国内电动汽车产销增速将保持在40%以上，北京新能源汽车消费将实现快速增长。三是2021年电子信息消费在5G手机等设备带动下实现了较快增长，目前4G手机出货量仍然高于5G手机，IDC预测到2022年底5G手机将会反超4G手机，还有较大增长空间。AR、VR等与体验消费相关的电子信息设备呈高速增长态势，将成为新的消费增长点。四是网络消费增长势头良好。网络消费额占全市社会消费品零售总额的比重超过20%，贡献率达到80%左右，预计2022年网络消费仍将保持两位数增长。

2. 固定资产投资增长将放缓

2022年，北京固定资产投资增速受基础设施项目建设滞后、房地产投资不振、冬奥保障期开工周期缩短等影响，增速将有所放缓，预计全年增长3%左右。一是基础设施投资将延续负增长态势。2018—2020年北京基础设施投资同比分别下降10.7%、3.8%、12.3%，2021年前三季度同比下降6.2%，下拉全市投资增速1.5个百分点。2022年，交通领域、绿化领域依然存在重大项目征地拆迁进度缓慢、投资受用地不足、缺乏新项目接续等问题，基础设施投资增速难以出现显著改善。二是房地产开发投资可能出现零增长或负增长。占全市投资"半壁江山"的房地产开发投资增速已由年初的27.7%回落至前三季度的10.8%。受部分项目拿地未开工影响，新开项目数量自2020年12月以来持续下降，在"三线四档"等一系列房地产调控政策下，房地产企业定金及预收款同比增速较上半年大幅下降，资金回笼速度和商品房销售持续下滑影响2022年投资，预计2022年房地产投资下行态势难以逆转。三是产业投资拉动作用将持续显现。前三季度高技术制造业投资两年平均增长1.1倍，北京印发促进高精尖产业投资若干措施，产业投资促进力度不断加大，小米汽车、理想汽车、京东方生命科学产业基地等项目加快释放，预计产业投资仍可保持高速增长。

（二）产业端增长将趋缓

1. 工业增加值增速将出现较大幅度回落

2022年，受疫苗价格大幅下降、海外制造业复苏冲击、原材料价格上涨等因素影响，北京工业将出现负增长，预计2022年规模以上工业增加值同比下降5%左右。

分行业看，汽车制造业"缺芯"问题将在2022年下半年有所缓解，北汽集团预计2022年传统燃油车销量基本持平，主要增量来自新能源汽车的增长，预计新能源汽车销售2022年将增长30%以上，新能源汽车在乘用车中的渗透率不断提升。预计2022年汽车制造业增长25%左右。电子信息制造业仍将保持双位数增长，中金等机构预计2022年小米智能手机全球出货量平均为2.39亿部，同比增长19.5%，中芯京城一期将在2022年底投产形成有效产能，每月约生产10万片12英寸晶圆。预计2022年电子信息业同比增长10%以上。医药制造业受疫苗价格大幅下降、国际市场订单不确定、国内接种人群趋向饱和等因素影响将大幅下降。目前疫苗价格仅为2021年初的1/10，多数省份接种率已超过80%，国内疫苗需求大幅回落。2022年的疫苗增量部分主要为国内的加强针和儿童接种以及国外需求。预计2022年北京医药制造业下降超过50%。电力热力行业预计同比增长5%左右，燃煤电价市场化改革将进一步扩大市场交易电价的上浮范围，从原来的不超过15%上涨至不超过20%，提高了电力企业的售电价格，同时平滑电力生产成本。

2. 服务业将继续发挥经济增长"压舱石"作用

2022年，北京优势服务业领域将继续保持较快增速，同时文旅、会展、广告等商务服务业也将加速回升，共同带动服务业增长7%左右。

一是信息服务业增速受监管影响虽有回落，但仍可保持双位数增长。2021年下半年以来，滴滴、美团、贝壳等头部平台企业收入普遍出现减速，仅有字节跳动等少数企业保持高速增长，2022年国家将进一步对游戏、短视频、网络广告等领域加强监管，这些企业或将出现全线减速。但北京加快打造全球数字经济标杆城市，千兆宽带、5G信号等数字基础设施建设提速，道路交通、市政设施等5G特色应用项目和5G+AR、VR等新的应用需求加速释放，电信业收入将保持快速增长。数字产业化与产业数字化快速推进，随着智能工厂、数字化车间、京津冀联网等"新智造100"工程加快建设，工业互联网、大数据、云平台等软件服务收入将大幅增长。预计2022年信息服务业增长15%左右。

二是金融业保持平稳增长。传统金融行业受贷款接续不足、直接融资成本下降、资管产品分流存款、偿还隐性债务等因素影响，增速将有所放缓。但证券业增长将明显加快，2021年11月北京证券交易所开市，新三板市场精选层超过68家公司将全部平移进入北交所，预计2022年北京证券交易所将出现快速扩容。金融创新将为北京市金融发展注入新动力，股权投资和创业投资份额转让试点平台、国际大数据交易所、北京绿色交易所等一批创新性金融市场平台完成布局，数字人民币全场景应用试点逐步推广。预计2022年金融业同比增长5%左右。

三是商务服务业将继续回暖。其中，传统广告业务收入有望回暖，同时互联网媒介、短视频及直播等自媒体将继续保持高速增长，带动广告业保持两位数增长。旅行社业务有望进一步恢复，环球影城开园后人气火爆，将带动北京文旅发展。人力资源服务业逐步恢复，宏观经济改善、企业招聘需求上升等因素带动人力资源服务业营收恢复，同时企业灵活用工服务有望保持增长势头。预计商务服务业同比增长10%左右。

[北京市经济信息中心　奚　春]

之二：2021年天津市经济运行分析及2022年展望

当前，天津已步入全面建设社会主义现代化大都市新征程，通过"补短、强弱、升级、奠基、惠民"，打好"治、引、育、稳、促"组合拳，天津经济运行呈现总体平稳、稳中有进、进中固稳趋势，高质量发展态势不断巩固、深化、拓展。

一、2021年天津市经济运行分析

前三季度，天津地区生产总值11417.6亿元，按可比价格计算，同比增长8.6%，基本面扎实稳固，实现与全国同频共振。其中，第一产业增加值140.0亿元，同比增长5.2%；第二产业增加值4024.2亿元，同比增长8.5%；第三产业增加值7253.4亿元，同比增长8.7%。

（一）运行特征

1. 制造业发展稳定向好

制造业是国民经济的命脉和基石，天津着力实施制造业立市的战略部署。一是顶层设计逐步优化。全面推进制造业转型升级，加快构建"1+3+4"现代工业产业体系。二是产业结构日益优化。制造业增加值同比增长11.7%，保持快速增长态势，产业链、供应链短板加快弥补，市场紧缺的集成电路、金属集装箱产量分别同比增长70.0%和1.7倍，首架A350飞机完成交付，津产"大火箭"成功发射天舟三号货运飞船。三是发展后劲不断增强。制造业投资同比增长17.0%，快于全市11.8个百分点，制造业新开工项目达301个，同比增长37.4%，中国石化南港120万吨乙烯等34个重大项目动工建设。

2. 新动能引育扎实推进

引育发展新动能，是天津打造高质量发展"升级版"的有力举措。一是产业升级步伐稳健。高技术制造业、工业战略性新兴产业增加值分别增长16.7%、13.1%，占规模以上工业比重分别达到15.6%、26.3%，以工业机器人、服务机器人、新能源汽车为代表的新产品增势良好，产量分别增长43.3%、2.1倍和96.8%。二是产业链建设成效显著。以产业链为抓手，集中攻坚信创、高端装备、集成电路等10余条重点产业链，全力推进全国先进制造研发基地建设。1—9月，天津在链企业产值、增加值占规模以上工业企业的比重分别为61.4%、75.1%，同比分别增长23.5%、11.7%。三是产业投资增长强劲。前三季度，制造业投资同比增长17%，高技术产业投资同比增长35.2%。其中，高技术制造业、高技术服务业投资项目分别为220个、197个，分别增长42.0%、28.0%。以5G基站为代表的新型基础设施建设稳步推进，每万人5G基站达13.3个，居全国前列。

3. "双中心"城市建设加快推进

建设国际消费中心城市和区域商贸中心城市是天津大力发展现代服务业的重要抓手。一是政策先行引领建设。2021年7月，经国务院批准，天津与北京、上海、重庆、广州共同获批率先培育建设国际消费中心城市，抢抓机遇出台实施方案。二是消费升级趋势明显。海河国际消费季有效激发市场活力，限额以上社会消费品零售总额同比增长9.4%，可穿戴智能设备、智能家用电器、新能源汽车零售额同比分别增长9.4倍、1.6倍和81.7%。三是会展经济势头良好。国家会展中心成功举办2021年中国（天津）国际汽车展览会，订销汽车超过1.5万辆，成交额突破30亿元。四是商贸中心城市加快建设。外贸进出口增长较快，跨境电商出口试点业务模式实现全覆盖，外贸出口同比增长23.1%，好于全国平均水平。天津港集装箱吞吐量1580万标准箱，货物吞吐量3.5亿吨，跨境电商出口试点业务模式实现全覆盖。

4. 科技创新能力不断增强

科技创新是增强经济竞争力的关键，为高质量发展注入强劲动能。一是重大平台建设稳步推进。海河实验室、大型地震工程模拟研究设施、国家合成生物技术创新中心等多个重大平台加快建设步伐，并取得可喜成绩，在国际上首次实现二氧化碳到淀粉的从头合成。二是高校创新作用有效激发。天津高校资源丰富，拥有南开大学、天津大学、天津中医药大学等多所知名院校，正加快推动大学科技园建设。目前，已有12所高校参与9个大学科技园建设，承担200余项国家重大课题，攻克了半导体硅片等关键核心技术。三是创新生态持续优化。在太阳能汽车、新一代人工智能等领域探索实施"揭榜挂帅"，推动科技成果转移转化，2021年以来，技术合同成交额突破770亿元。

5. 质量效益持续提升

经济运行稳步向好，带动企业效益持续提升，财税收入快速增长。一是民营经济增势强劲。民营企业为全市经济稳定增长发挥重要作用，新增民营市场主体占全市比例超过99%。规模以上民营企业工业增加值同比增长11.3%，快于全市0.6个百分点。二是盈利水平高速增长。1—8月，规模以上工业实现利润同比增长72.6%，快于全国23.1个百分点；其中，制造业、采矿业利润同比分别增长67.9%和95.4%。三是财政收入稳步增长。一般公共收入1665亿元，同比增长19.5%，其中税收收入1255亿元，同比增长16%。

6. 民生福祉不断改善

民生是人民幸福之基、社会和谐之本，群众的获得感、幸福感不断增强。一是就业形势良好。截至2021年9月，新增就业30.97万人，完成全年计划的88.5%；第三季度城镇调查失业率预计5.2%左右，控制在目标范围内。二是消费价格涨势温和。生产价格影响尚未明显传导至消费环节，物价总体水平保持在合理区间，居民消费价格同比上涨0.9%，食品等相关商品供应充足。三是民生保障有力有效。前三季度，居民收入增长9%左右，与经济增长基本匹配。养老、医疗、工伤、失业保险参保人数分别为928.74万人、1169.96万人、408.09万人、358.13万人。

（二）存在的问题

1. 缺"芯"少电影响工业运行

受汽车行业缺"芯"、限电等突发不利因素影响，预计未来几个月工业经济主要指标将继续回落，完成目标任务压力较大。全球车规级芯片生产、封装、测试"重镇"马来西亚疫情蔓延导致天津使用相关芯片的汽车零部件短缺，9月汽车制造业增加值同比下降38.2%。电煤价格持续高位导致9月中旬以来京津唐电网出现电力缺口，工业用电量当月下降2.1%，部分企业排产受影响，工业下行压力日益加大。

2. 大宗商品涨价冲击中小企业

原油、煤炭、铜、铝等原材料价格高位运行，一方面使中下游企业和小微企业把握市场行情的难度增加，影响企业承接订单、组织生产，9月新订单指数仅为48.1%，2021年首次降至荣枯线以下，民营企业、小微企业盈利空间受到不同程度挤压；另一方面使项目建设成本显著增加，民间投资稍显乏力，前三季度同比下降0.4%。

3. 海运价格飙升影响进出口

受全球新冠肺炎疫情持续蔓延影响，全球主要港口拥堵，集装箱运输供需矛盾突出，运价综合指数达到同期2.8倍，且"一箱难求"，一些货品运费已超过货品成本，运费高企增加进出口压力，9月新出口订单指数降至48.4%。

（三）2021年预测

前三季度，天津经济继续恢复，但恢复态势仍不稳固，多数指标同比回落，部分指标回落幅度较大，完成全年目标存在一定压力。当前到年尾仅还有2个月时间，11月中旬进入冬季施工期后，受供暖、环保、冬奥会保障等因素约束，经济发展难度将进一步加大。预计2021年，天津地区生产总值同比增长8.1%左右，规模以上工业增加值同比增长9.5%，固定资产投资同比增长5%左右，社会消费品零售总额同比增长7.5%左右，居民消费价格指数同比增长1.5%左右。

二、2022年经济运行的环境及因素分析

2022年，面对复杂的内外部环境，预计天津经济增速边际趋缓，经济恢复不平衡、不充分特征突出。

（一）经济稳定增长的外部因素不确定

在全球经济"断层"加深、复苏不确定性上升且政策权衡更趋复杂的新形势下，世界经济恢复势头减弱，一些新的风险挑战使得经济处在不稳定、不均衡的状态。当前新冠肺炎疫情仍在全球多地蔓延，疫情走势错综复杂，据IMF预测，如果新冠肺炎疫情的影响持续到中期，则未来5年中，全球GDP可能比当前的预测累计收缩5.3万亿美元。此外，美国2021年底前可能释放退出量化宽松政策的信号，产生新的经济金融不稳定因素，一些供给面冲击也仍在持续，阻滞相关产业、企业的恢复进程。

（二）经济恢复性增长压力依然较大

2021年以来，天津经济总体延续恢复，内生动能有所改善，企业盈利能力持续好转，通货膨胀趋于稳定，受低基数效应逐季收窄影响，全年经济运行呈"前高后低，逐季回落"态势。按照此发展趋势，2021年经济的恢复性增长会对2022年经济形成高基数效应，导致当前经济下行压力延续，给接下来的经济发展带来不小挑战。从宏观经济景气指标来看，主要经济指标回落，先行指数、同步指数和滞后指数同步下降，说明本轮复苏周期基本结束，未来经济下行压力有增无减。总体来看，预计2022年，天津经济增长势头趋缓。

（三）疫情影响波及天津市内外需求

受海外疫情影响，全球主要港口拥堵，集装箱运输供需矛盾突出，外贸企业普遍面临汇率双向波动、海运费用居高不下等难题，挤压企业盈利空间，预计未来新出口订单指数会呈震荡下行趋势。受疫情持续影响，服务消费缺口较难补回，部分省（市）疫情反复对天津会产生一定影响，限额以上住宿和餐饮业营业额在连续6个月增长后再次进入下行通道，家庭消费意愿恢复所需时间或更长，预计传统汽车、家电等耐用消费品会延续疲软。同时，包括口罩、防护手套在内的防疫物资出口额回归疫情前水平，体育用品、家电、玩具、家具等海外"宅经济"需求逐渐消退，可能造成天津外贸增速有所回落。

（四）产业链上下游生产盈利能力分化

受国际大宗商品涨价影响，利润持续向上游产业集中，上游涨价对中游工业企业的利润挤压可能会

放大。未来全球流动性料将收紧,这一因素对商品价格的推升作用也将减弱,大宗商品价格易下难上,预计2022年大宗商品价格将宽幅震荡。此外,在能耗"双控"趋严的强压下,不排除出现"拉闸限电"等情况,对钢铁、有色、化工、纺织等行业生产和产业链稳定形成冲击,企业观望情绪变浓,新接订单意愿可能下降。生产制约和原材料高位增加了企业的成本投入,众多中小外贸企业承受高成本、低价格的双重压力,经营利润受到挤压。

(五)投资增长基础尚不稳固

受疫情形势变化、大宗商品价格上涨、住房信贷收紧等多重因素影响,企业的投资意愿降低,特别是民间投资拉动不足。加之多项违约事件迫使金融机构出于风险管理考虑,降低了风险偏好、收紧了信贷政策,信贷增速遂持续下行,尤其是中长期贷款增速下降较为明显。同时,当期不乐观的金融数据又进一步降低了居民与企业对未来经济形势的预期,使其更倾向于减少投资以防范未来的潜在风险。

三、2022年趋势展望及主要指标预测

采用国家统计局、天津市统计局等宏观经济数据,运用计量经济模型等方法对2022年主要经济指标情况进行了预测,提供了在95%的置信水平下的组合区间预测值,并按照中性预期、乐观预期、悲观预期三种情况给出预测结果。

(一)中性情景预测(较大概率)

当前及未来一段时间,国内疫情防控形势继续保持平稳,全国推动经济恢复与增长的工作总基调未发生改变。天津以过硬举措巩固高质量发展之势,不折不扣抓好统筹疫情防控和经济社会发展各项工作,需求侧消费、投资、外贸预期稳定,供给侧结构性改革继续有效推进,经济运行保持在合理区间。这是一种较为中性且存在较大发生概率的情景,预测结果如表1所示。

表1 中性情景下天津主要经济指标预测

预测指标	预测值
地区生产总值增速/%	[4.2, 5.1]
固定资产投资增速/%	[3.6, 4.4]
社会消费品零售总额增速/%	[2.0, 2.7]
一般公共收入增速/%	[8.1, 8.9]
居民消费价格指数(CPI)	[102.1, 102.6]
居民可支配收入增速/%	[4.3, 5.2]

(二)乐观情景预测(小概率)

2022年,全球疫情防控形势好转,国内疫情防控全面胜利,各地区生产生活秩序或摆脱疫情冲击影响。天津经济发展恢复疫情前的增长态势,需求侧表现出较强的增长势头,供给侧发展质量效益持续提升,经济社会发展处于快速增长轨道上。这是一种乐观且小概率发生的情景,预测结果如表2所示。

表2　乐观情景下天津主要经济指标预测

预测指标	预测值
地区生产总值增速/%	[5.5, 6.3]
固定资产投资增速/%	[5.2, 5.8]
社会消费品零售总额增速/%	[4.0, 4.9]
一般公共收入增速/%	[9.5, 10.5]
居民消费价格指数（CPI）	[102.3, 102.8]
居民可支配收入增速/%	[5.6, 6.5]

（三）悲观情景预测（小概率）

2022年，世界主要经济体疫情暴发，全球防疫工作存在失控可能，防治疫情境外输入压力加大。国内疫情局部暴发风险上升，地区正常生产生活秩序紊乱，天津需求侧消费、投资、外贸面临较大的下行压力，经济发展处于低水平增长区间。这是一种悲观且小概率发生的情景，预测结果如表3所示。

表3　悲观情景下天津主要经济指标预测

预测指标	预测值
地区生产总值增速/%	[2.1, 2.9]
固定资产投资增速/%	[2.8, 3.7]
社会消费品零售总额增速/%	[0.1, 0.8]
一般公共收入增速/%	[0.1, 0.5]
居民消费价格指数（CPI）	[101.9, 102.3]
居民可支配收入增速/%	[3.1, 4.2]

四、政策调控措施建议

为实现全年经济发展目标，做好2022年经济发展工作，要持续以新发展理念引领新发展格局，以过硬举措巩固高质量发展态势，全力抓好统筹疫情防控和经济社会发展各项工作。

（一）深入推进京津冀协同发展

一是积极服务雄安新区建设，完善天津港雄安新区服务中心功能，推动天津产业链与北京产业链、创新链资源深度融合，打造区域协同发展高地。二是建设世界一流智慧港口、绿色港口，打造北疆港区C段智能化集装箱码头成为世界港口智能化升级新标杆，推进津冀港口企业签订"1+4"联盟协议。三是深入落实支持滨海新区高质量发展意见，制定新一批支持滨海新区"滨城"建设的若干政策。

（二）加快建设先进制造研发基地

一是聚焦"1+3+4"现代工业产业体系，深入发挥信创产业优势，不断壮大生物医药、新能源、新材料等战略性新兴产业，持续巩固提升高端装备、汽车、石油化工、航空航天等优势产业地位。二是集中攻坚重点产业链，落实产业链高质量发展三年行动方案，"一链一策"支持重点产业链，深入实施一批标志性、引领性重点项目，为产业链发展注入新动力。

（三）着力培育壮大新动能

一是完善科技创新平台建设，发挥好海河实验室创新引领作用，增强新一代超级计算机、国家合成生物技术创新中心等承接国家重大项目能力。二是加快科技体制机制改革，不断完善"揭榜挂帅"等制度机制，激发市场主体创新创造活力，增强科技创新策源能力。三是高标准建设国家新一代人工智能创新发展试验区，组织实施人工智能、生物医药等科技重大专项。

（四）激发国内强大市场活力

一是落实培育建设国际消费中心城市实施方案，制定推动会展业发展三年行动方案，办好糖酒会、国际消费论坛等大型展会，推动商圈改造提升，打造更多网红打卡地等消费场景。二是加快编制建设区域商贸中心城市工作方案，围绕建设北方进口商品集散地、打造"大商贸"产业载体等重点任务，构建高效便捷的现代流通体系。三是积极扩大有效投资，加大招商引资力度，编制产业布局和招商指引，引进优质项目，激发民间资本活力。

（五）推动更高水平改革开放

一是营造一流营商环境，不断深化"一制三化"和"证照分离"改革，推进新一轮涉企经营许可事项改革措施落地；落实各项减税降费政策，减轻企业负担。二是加快推进市场化改革，出台构建高标准市场体系具体措施，深入落实"支持民营企业改革发展26条"等系列政策，助力民营经济高质量发展。三是扩大高水平对外开放，深度融入共建"一带一路"，扩大外商投资领域，建设服务业扩大开放综合试点，发展跨境电商等外贸新业态新模式。

（六）推动绿色低碳创新发展

一是扎实推进"双碳"工作。落实"碳达峰""碳中和"促进条例，制定实施"碳达峰"总体方案，开展工业园区、重点行业污染排放强度季度监测统计。二是加快产业绿色创新发展。以绿色低碳发展的市场需求引领技术创新，加速发展低碳零碳负碳、氢能和碳捕捉等技术。引导对传统落后产能的"减量替代"，打造更具前瞻性的"双碳环保产业链"。三是着力发展低碳循环经济。全面建设绿色低碳循环发展的经济体系和清洁能源安全高效的能源体系，在工程施工、绿色建筑和采暖用电等领域严格落实"双碳"要求，大力发展循环经济、低碳经济。

［天津市经济发展研究院　魏泳博　丁绪晨］

之三：2021年上海市经济运行分析及2022年展望

2021年以来，面对国内外疫情持续多发、修复动能明显放缓、供应链压力高企的宏观环境，上海经济延续了稳中加固、稳中有进、稳中向好的发展态势，经济发展韧性得到进一步体现。展望2022年，国际环境不确定性因素增多，经济恢复基础仍需进一步巩固，上海需进一步把握国家宏观政策、做好跨周期调节工作，坚持稳中求进，坚持以稳增长促转型促发展，推动上海经济高质量发展。

一、2021年上海市经济运行分析

2021年，在国内外需求全面回暖背景下，上海经济基本面明显改善，主要经济指标快速增长。《虹桥国际开放枢纽建设总体方案》正式发布，自贸区临港新片区加速聚势赋能，五大新城建设全面启动，第四届进口博览会圆满完成，长三角区域一体化发展国家战略加快落实，总体实现"十四五"良好开局，高质量发展取得积极成效。

（一）主要经济指标持续恢复

2021年前三季度，上海经济主要指标运行在合理区间，1—9月生产总值达到30866.7亿元，同比增长9.8%，与全国持平，两年平均增长4.6%。其中，第二、第三产业增加值同比分别增长13.1%、8.7%，两年平均分别增长4.8%、4.6%。最终消费持续改善。1—9月，社会消费品零售总额13279.2亿元，同比增长19.6%，快于全国3.2个百分点，两年平均增长6.8%，快于全国2.9个百分点，其中升级类消费和高端消费成长迅速，文化办公用品类、金银珠宝类和日用品类零售额分别同比增长40.6%、38.1%和31.9%。工业投资稳定增长。1—9月，固定资产投资同比增长9.4%，快于全国2.1个百分点，两年平均增长9.8%，快于全国6.5个百分点。分领域来看，工业投资同比增长8.1%，两年平均增长11.7%，其中，制造业投资增长8.5%（全国8.8%），两年平均增长13.5%，快于全国10.2个百分点；房地产开发投资增长9.4%（全国8.8%），两年平均增长9.7%（全国7.2%）；基础设施投资增长9.8%（全国1.5%），两年平均增长7.6%（全国0.4%）。从重点行业来看，金融市场运行平稳。9月末，上海本外币贷款余额9.31万亿元，同比增长11.5%，其中，人民币贷款余额8.5万亿元，增长11.3%，较上年同期高5.6个百分点；本外币存款余额16.85万亿元，增长12.3%。1—9月，金融市场成交额1837.4万亿元，同比增长6.4%。其中，上海证券交易所有价证券、期货交易所和中国金融期货交易所成交额同比分别增长25.2%、53.3%和4.4%。房地产市场降温明显。2021年以来，房地产市场调控成效持续显现，市场热度显著回落，房地产成交量自7月后逐步放缓，房价上涨压力有所缓解。1—9月，新建商品房销售面积1291.0万平方米，同比增长14.1%，两年平均增长2.0%。其中，新建商品住宅销售面积1052.6万平方米，同比增长15.0%，两年平均增长3.3%。

（二）质量效益稳步提升

从供给端来看，工业生产较快增长。1—9月，工业生产保持快速增长态势，规模以上工业增加值比2020年同期增长15.2%，快于全国3.4个百分点，两年平均增长6.3%（全国6.4%），显著高于疫情前

(2019年0.4%,"十三五"平均2.4%);规模以上工业总产值28229.4亿元,同比增长13.3%,两年平均增长5.9%。1—9月,35个行业中有29个行业工业总产值实现增长,其中,专用设备制造业、汽车制造业、电气机械和器材制造业产值分别同比增长27.1%、24.6%和22.0%,两年平均增长分别为10.6%、12.1%和10.9%。规模以上服务业稳步恢复。1—9月,规模以上服务业企业营业收入31917.5亿元,同比增长30.6%,两年平均增长12.8%。其中,交通运输、仓储和邮政业营业收入增长49.8%,两年平均增长21.1%;信息传输、软件和信息技术服务业营业收入增长24.0%,两年平均增长18.8%;科学研究和技术服务业营业收入增长21.9%,两年平均增长14.9%;租赁和商务服务业营业收入增长19.6%,两年平均增长1.4%。三大主体收入同增,财政收入较快增长,地方一般公共预算收入同比增长15.4%。受经济复苏、企业经营活动加快恢复、市场预期转好等因素拉动,税收收入保持快速增长,同比增长18.5%。其中,所得税领先增长,1—9月企业所得税、个人所得税同比分别增长30.2%和30.5%。企业盈利快速恢复。受低基数影响,2021年规模以上工业和服务业企业利润均保持高位增长。1—9月,规模以上工业企业利润总额同比增长9.3%。其中,化学原料和化学制品制造业利润同比增长57%、电气机械和器材制造业利润同比增长20.1%、通用设备制造业利润同比增长21.2%。1—9月,规模以上服务业企业利润总额同比增长57.5%。其中,交通运输、仓储和邮政业利润同比增长5.0倍,居民服务、修理和其他服务业利润同比增长2.1倍,科学研究和技术服务业利润同比增长79.1%,信息传输、软件和信息技术服务业利润同比增长7.4%。居民收入稳定增长。1—9月,居民人均可支配收入58907元,同比增长8.8%(全国10.4%),两年平均增长6.1%(全国7.1%)。城乡收入差距进一步缩小,城镇常住居民人均可支配收入61915元,同比增长8.6%,两年平均增长5.9%;农村常住居民人均可支配收入31985元,同比增长11.3%,两年平均增长7.8%。

(三)开放经济推向深入

货物进出口延续增长。海外供给恢复放缓背景下,出口支撑仍然强劲,1—9月,货物进出口总额29236.5亿元,同比增长15.4%。其中,进口额18174.0亿元,同比增长19.1%;出口额11062.4亿元,同比增长9.9%。从贸易方式看,一般贸易进出口同比增长24.5%,占进出口总额的比重为57.9%,较2020年同期提高4.3个百分点。从进出口企业性质来看,民营企业进出口额同比增长32.0%,外商投资企业进出口额同比增长10.0%,国有企业进出口额同比增长12.0%。总部经济集聚发展。总部能级继续提升,区域竞争力进一步提升,1—9月,新增跨国公司地区总部47家,外资研发中心20家,累计分别达到818家和501家,其中大中华区及以上总部达到154家;中国船舶、中国电气装备集团等央企总部落户。外商直接投资再创新高。1—9月,外商直接投资实际到位金额178.5亿美元,同比增长15.0%,两年平均增长10.5%,利用外资规模再创新高。服务业吸收外资快速增长。1—9月,实际到位金额171.6亿美元,同比增长17.0%,其中,商务服务业和高技术服务业实到外资同比分别增长54.9%和14.9%。

(四)创新转型实现突破

战略性新兴产业动能加快释放。1—9月,工业战略性新兴产业总产值同比增长15.9%,快于全市规模以上工业总产值增速2.6个百分点,两年平均增长11.8%,占规模以上工业总产值的比重为39.6%。其中,新能源汽车、数字创意和新能源产值分别增长2.3倍、29.2%和27.2%,两年平均增长分别为1.8倍、10.4%和21.7%。软件信息服务业比重提升。1—9月,在线上生活服务平台和移动端游戏企业的拉动下,信息传输、软件和信息技术服务业营业收入同比增长24.0%,占规模以上服务业营业收入的比重达到23.0%,比重较上年同期提高1.4个百分点。新型消费快速发展。线上消费、首店经济、升级消费等新消费业态呈现引领态势。1—9月，网上商店零售额同比增长23.4%，占社会消费品零售总额比重提高至17.9%。新进品牌首店845家，同比增长18.7%，数量和质量继续保持全国领先。

（五）市场活力积极释放

新设主体持续活跃。1—9月，新设企业37.4万家；日均新增企业1989家，同比增长24%。其中，租赁和商务服务业、科技服务业、批发和零售业三个行业新设企业数量最多，合计占全市比重为77%。1—9月，新增高新技术企业4000余家，预计到年底累计超过2万家。民营工业企业表现亮眼。1—9月，规模以上民营工业企业总产值同比增长19.0%，增速分别高于国有控股企业和港澳台及外商控股企业8.1个和6.6个百分点。民间投资活力持续增强。1—9月，民间投资同比增长15.3%，增速高于全市固定资产投资5.9个百分点，高于全国民间投资5.5个百分点。其中，工业民间投资同比增长24.4%。剔除房地产投资后，民间投资同比增长25.4%，增速高于同口径全市固定资产投资16个百分点。

二、2022年经济运行的环境分析

（一）国际环境：恢复动能放缓，供需失衡持续，不确定性仍高

2021年以来，全球经济保持复苏态势，短期受新冠肺炎疫情反复、供应链紊乱加剧、能源供给短缺等因素影响，复苏动能有所减弱，但并未改变全球经济总体修复走势，增长预期依旧乐观，权威机构对2022年增长预测普遍与之前持平或略有上调（IMF预测增速4.9%持平，OECD则上调0.1个百分点至4.5%）。总体来看，世界经济复苏不确定、不稳定因素仍然较多，短期疫情引发的供需失衡持续发酵，长期存在的结构性矛盾进一步暴露，后续全球经济恢复仍面临诸多风险挑战。

表1　权威机构对主要经济体经济增长预测　　　　　　　　　　%

机构名称	IMF		OECD		UNCTAD	
预测时间	2021年10月		2021年9月		2021年9月	
预测年份	2021	2022	2021	2022	2021	2022
世界	5.9↓	4.9-	5.7↓	4.5↑	5.3↑	3.6
美国	6.0↓	5.2↑	6.0↓	3.9↑	5.6↑	2.9
日本	2.4↓	3.2↑	2.5↓	2.1↑	2.4↑	2.1
欧元区	5.0↑	4.3-	5.3↑	4.6↑	4.1↑	3.4
中国	8.0↓	5.6↓	8.5-	5.8-	8.3↑	5.7
印度	9.5-	8.5-	9.7↓	7.9↓	7.2↑	6.7

注：箭头为较机构上一次预测值变动情况，"-"为与上次预测持平。

数据来源：IMF 2021年10月《世界经济展望》；OECD 2021年9月《中期经济展望》；UNCTAD 2021年9月《2021年贸易和发展报告》（首次预测2022年增速）。

新冠"共存战略"还有待验证。随着新冠疫苗接种率提高，低病死率下的"共存"战略大概率成为世界主流趋势。新加坡、新西兰、澳大利亚、美国（美国政府计划从11月8日起取消入境旅客限制，持有疫苗接种证明和核酸检测阴性报告者可自由入境）等已先后启动或宣布全面放宽限制性措施，在此大趋势下可预见两方面不确定性：从全球看，疫苗接种进度和保护水平能否维持疫情可控还有待观察。新加坡自2021年8月放宽措施后迎来疫情剧烈反扑，9月27日被迫再度收紧，英国、韩国等国也发生类似情况，因此"共存"战略的可行性有待更长时间、更多实践论证，短期内对"全面放开"不宜过于乐观，

此外疫情自身变种迭代、新型医疗手段开发等因素也同样会带来更多不确定性。

恢复不均衡现象将长期存在。疫苗接种和政策支持差异导致各国复苏前景继续分化。OECD预计到2022年底，二十国新兴市场经济体中位数的产出缺口将是二十国发达经济体中位数的两倍，尤其是印度和印度尼西亚。IMF预计发达经济体总产出将在2022年恢复至疫情前水平，并在2024年超出疫情前趋势水平，而新兴市场和发展中经济体（不包括中国）2024年总产出预计仍将比疫情前的预测值低5.5%。中国将继续保持经济增长引领地位。虽然IMF对中国2021年和2022年两年预期增速均微幅下调0.1个百分点（主要系国内限电限产缘故），但对中国经济增长仍保持良好信心，在2020年增长2.3%的高基数上作出了8.0%的增速预判（在主要经济体中仅次于印度的9.5%，但印度2020年增速为-7.3%）。此外，OECD、亚开行[①]、惠誉等机构在最新预测中也对中国2021年经济增长持有乐观预期，预测普遍在8.0%~8.5%。

供应链紧张仍将持续至2022年。"缺芯""缺箱""缺能"等供需失衡局面，大概率将延续至2022年上半年，甚至不排除贯穿全年。一是短期需求超预期增长导致的结构性供给不足，疫情过后，全球已推出约11.7万亿美元的经济刺激措施，消费者支出显著回升并超过正常水平，但供给难以跟上，这一现象在长期投资不足（如传统能源）和供应链脆弱（如芯片）的领域更为突出。二是中长期有效投资不足的周期性错配，联合国贸发组织数据显示，全球外商直接投资（FDI）自2015年达峰后持续回落，近五年[②]平均增长-15.9%，即使排除疫情原因仍处于下行通道（2016—2019年平均增长-7.6%），投资收益率下滑、地缘贸易限制增多以及对经济增长的悲观预期等因素削弱了企业投资意愿。三是全球结构调整趋势的深层次影响，包括：在全球减碳目标路线下，新能源还不能完全填补传统能源投资下滑造成的供给缺口；全球潜在增速下行时，贸易摩擦加剧，地缘限制因素迫使产业链向着本土化、区域化、分散化趋势演变；等等。

通胀高企加剧全球债务隐忧。货币宽裕和疫情下的供给约束（大宗商品价格和劳动力成本上升为主要因素）显著推高全球通胀。一方面，主要经济体通胀"高烧"不退进一步加剧了货币政策"提前急转"的不确定性。截至2021年9月，美国CPI指数涨幅已经连续5个月超过5%，为2008年全球金融危机以来新高；欧元区9月消费者物价指数（HICP）同比上涨3.4%，大幅超过2%的"对称通胀目标"，为2011年欧债危机以来新高。IMF预计2021年通胀率将于2021年底触顶，其中发达经济体将平均达到3.6%的峰值（新兴经济体为6.8%），通胀高企正迫使各国央行考虑提前进入加息周期。另一方面，恢复动能放缓和急剧扩张的主权债务使得加息陷入两难境地。疫情骤然暴发下的短期非常态应对，使各主要经济体的资产负债表急剧扩张。据摩根士丹利全球宏观经济研究团队测算，疫情暴发后的4个季度内，全球债务/GDP从222%跳升27个百分点至249%（2008年次贷危机爆发后7个季度内才从180%跳升19个百分点至199%），其中发达经济体债务/GDP从266%跳升38个百分点至304%的高位，目前全球债务水平已经几乎是2008年金融危机前的一倍，贸然加息将引发偿付危机。

---

① 亚洲开发银行2021年9月22日《2021年亚洲发展展望（更新版）》。
② 2016—2020年。

表2 国际先行指标概览

指标		指标值/%	较上月增长/个百分点	较前12个月平均增长/个百分点
采购经理指数（10月）	全球：摩根大通全球综合PMI	54.5	1.2	0.0
	全球：摩根大通全球综合PMI：新订单	54.3	0.8	0.0
	全球：摩根大通全球综合PMI：投入价格	67.8	0.9	3.9
	全球：摩根大通全球综合PMI：就业	52.7	1.1	0.8
	全球：摩根大通全球服务业PMI	55.6	1.8	1.0
	全球：摩根大通全球制造业PMI	54.3	0.2	-0.3
	全球：摩根大通全球制造业PMI：产出	51.6	-0.5	-2.5
	全球：摩根大通全球制造业PMI：新订单	53.7	-0.2	-1.3
	全球：摩根大通全球制造业PMI：投入价格	74.4	3.2	6.6
	全球：摩根大通全球制造业PMI：就业	51.8	0.4	0.3
	全球：摩根大通全球制造业PMI：产出价格	63.7	2.8	4.9
经济景气指数（11月）	ZEW经济景气指数：欧元区	25.9	4.9	-29.9
	ZEW经济景气指数：美国	11.5	-0.4	-36.5
	ZEW经济景气指数：德国	31.7	9.4	-25.3
商业信心指数（10月）	OECD商业信心指数：欧元区	104.0	0.0	1.8
	OECD商业信心指数：美国	101.7	0.1	0.1
	OECD商业信心指数：德国	104.1	-0.1	1.4
消费者信心指数（10月）	OECD消费者信心指数：欧元区	101.8	-0.1	1.4
	OECD消费者信心指数：美国	97.9	-0.2	-1.1
	OECD消费者信心指数：日本	101.4	0.1	1.1

数据来源：Wind数据库。

（二）国内环境：风险不减增速回归，经济发展仍有支撑

1—9月，我国宏观经济受局部疫情、汛情影响出现小幅波动，国民经济数据触及年内低点，第三季度宏观经济修复边际速度为疫后复苏阶段新低。第三季度，我国GDP同比增长4.9%，与2019年第三季度5.9%的两年等值增长速度相比，2021年第三季度生产总值规模已经恢复至疫情前的98%左右，较第二季度小幅下滑了1个百分点。经济增速回落、大宗商品价格上涨、全国多地限电限产等新情况和老问题交织叠加，风险挑战不减，但主要宏观指标处于合理区间，中国经济总体保持恢复态势，总体来看，第四季度外需有望保持韧性，内需有望边际好转。根据相关机构预测，第四季度当季GDP同比增长3.6%左右，全年GDP同比增长8.0%左右，2022年GDP同比增长5.5%左右。其中，未来经济运行的4个判断值得关注。

表3 权威机构对我国2021年和2022年经济增长的预测　　　　　　　　　　　　　　　　　　　　　%

机构名称		2021年	2022年	预测时间
国际机构	IMF	8.0	5.6	2021年10月
	高盛集团	8.5	5.2	2021年10月
	OECD	8.5	5.8	2021年9月
	世界银行	8.5	5.4	2021年9月
	UNCTAD	8.3	5.7	2021年9月
	亚洲开发银行	8.1	5.5	2021年7月
国内机构	中金公司	8.5	—	2021年10月
	瑞银证券	7.6	5.6	2021年10月
	申万宏源	8.3	—	2021年10月
	国金证券	8.6	—	2021年9月
	华泰证券	8.9	5.6	2021年8月
	招商银行	8.6	4.9	2021年11月

数据来源：课题组整理。

全球竞争优势仍然存在，外资外贸仍是重要动能。1—9月，在全球疫情形势复杂严峻、跨国公司投资能力和意愿下降、商务人员往来不便、贸易保护主义抬头等压力下，我国实际利用外资金额同比增长19.6%，引资结构持续优化，服务业实际使用外资同比增长22.5%，高技术产业实际使用外资同比增长29.1%；在境外港口拥堵、国际物流不畅、航线运力紧张的挑战下，我国货物贸易进出口总值同比增长22.7%，其中出口同比增长22.7%、进口同比增长22.6%。与2019年同期相比，我国外贸进出口总值、出口额、进口额同比分别增长23.4%、24.5%和22.0%。外资外贸发展持续向好凸显了我国产业链供应链的强大韧性，以及在新一轮全球化中的竞争优势。相对全球大多数国家，我国产业链供应链体系相对完备、区域协同性强，再加上疫情防控有效，使得产能能够得到更好的保证；与此同时，在全球经济复苏过程中，需求复苏领先于供给回暖，再加上新兴经济体受疫情反弹扰动，供给恢复较慢，促使中国出口全球份额增加。未来叠加中美贸易关系缓和以及海运价格趋向理性化等因素，外资外贸预计仍将保持强劲韧性。

内需增长潜力仍然存在，结构性亮点需重点关注。疫情下国内消费增长缓慢，1—9月，我国社会消费品零售总额同比增长16.4%，两年平均增长3.9%，较上半年放缓0.5个百分点，仍未恢复至疫情前水平。疫情反复对服务消费、接触性消费造成持续负面影响，居民收入和消费意愿恢复速度较慢，导致消费回升动力不足。根据央行《2021年第三季度城镇储户问卷调查报告》，国内居民收入信心指数持续降低，消费意愿进一步减弱，再加上近两年居民收入增速放缓、房地产市场挤压、居民杠杆率拉升等因素，消费支撑将逐步趋缓。尽管如此，消费仍然是经济增长的第一推动力，1—9月，最终消费支出对经济增长的贡献率达到64.8%。新消费时代，市场对供需变化的反应更加灵敏快捷，导致行业在新环境下加速洗牌，消费行业迎来更多机遇与挑战。一是需求端结构发生变化，当前我国人口变动主要趋势由总量转向结构，以"她经济""单身经济""银发经济""悦己经济"为代表的新消费概念不断诞生，收入提升、信用消费及政策加持助力需求提质升级，追求便利和品质成为消费观念升级的主要方向。二是市场规模仍有增量空间，服务业消费规模具有明显成长属性，"旅游+购物""国潮风""颜值经济""高端消费"等新兴服务业市场份额快速成长，科技赋能耐用品向低碳、智能、便捷的方向更新迭代。三是线上线下融合创新消费场景，流量碎片化带来线上渠道与营销多样化发展趋势，随着商品消费线上分流，线下消费场景中服务型门店将成为主流，人工智能将持续赋能线下新型消费模式。

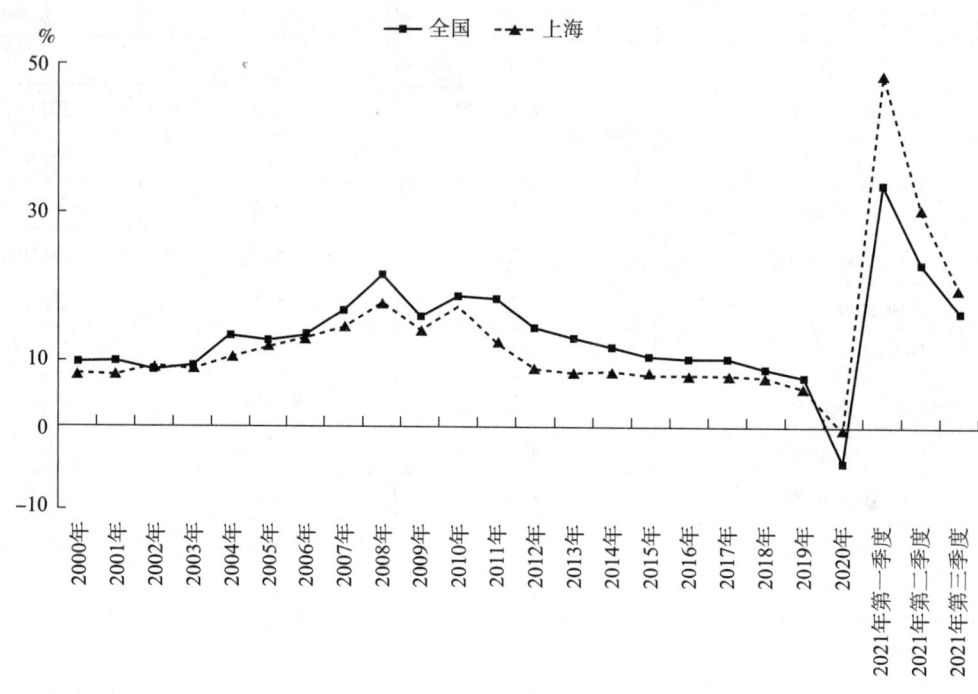

图1　全国和上海社会消费品零售总额累计增速比较

生产供给约束仍然存在，倒逼产业结构在调整中孕育新机遇。第三季度以来，国内遭遇疫情汛情、原材料价格上涨、能源供给紧张、芯片短缺、国际围堵等供给约束，短期内难以改善，生产供给收缩已经对总需求水平造成负面影响，这也是当前经济增长不及预期和结构性失衡的重要原因。但与此同时，也孕育了一系列新机遇，引领未来中国经济实现结构转型，将成为推动我国经济高质量、可持续发展的主要动力。一是数字经济，通过数字技术创新和产业融合，数字经济打破了传统生产要素有限供给对增长的约束，突破了要素供给和生产消费的时空局限，促进了智能制造、物联网、云计算等新业态及数字化商业模式的发展，从而带来社会新财富的增长和经济潜力释放，提高经济和社会发展活力和抗风险能力，增强发展韧性。二是绿色经济，能源结构的转型使我国低碳能源的投资正在大幅增加，节能技术、绿色建筑、新能源汽车、绿色农业等新兴低能耗行业正在快速增长。绿色低碳的转型发展，将对我国经济的供求结构、产业结构、区域结构和发展模式产生巨大影响，并给价格水平、资本市场投资方向、绿色金融供给等带来新的变革性挑战，同时也蕴含着巨大的创新、绿色与协调发展机遇。三是国产替代，西方国家对我国的技术封锁围堵对部分产业发展形成制约，同时也形成国产替代的巨大空间，一系列"卡脖子"技术领域的突破，将推动高新技术产业快速发展。

政策调控空间仍然存在，或以微调实现房地产等重点行业软着陆。相比发达国家和部分新兴经济体，我国经济增速全球领先，经济发展回旋余地大，应对疫情冲击和不断增加的下行压力，始终保留较大的政策空间。货币政策方面，我国始终坚持实施稳定中性的货币政策，利率水平适中，2021年6月我国贷款加权平均利率为4.9%，宏观调控的空间和工具手段充足。财政政策方面，我国政府负债率较低，国际清算银行数据显示，2020年我国政府杠杆率仅相当于发达国家的40%左右，为结构性减税、支出结构调整、提高财政资金使用效率等提供了充足空间。行业政策方面，行业集中整顿转型期间（包括各地房市调控政策、摇号入学、反互联网垄断资本、限制未成年人游戏时间、整顿演艺圈、教育"双减"、"双碳"背景下的能源"双控"等），将对企业经营、从业者就业、产业发展、资本走向等产生不同程度的冲击。

但随着经济下行压力的增大，国家会更好地平衡近、中、远期发展的关系。当前各项宏观政策和产业政策等进一步相互协调还存在很大空间，通过政策协调，将进一步推动资源有效配置，做好跨周期调节，促进行业健康发展，激发经济增长潜力。

三、2022年趋势展望及主要指标预测

上海经济运行仍处于回归常态化发展的轨道上，课题组综合外部环境影响和供需两侧动力支撑，初步测算：2021年上海GDP增长8%，2022年增长5.5%，与全国总体持平。通过疫情前平均（2016—2019年）、两年平均（2020—2021年）、三年平均（2020—2022年）增速的对比，上海经济运行总体从疫情冲击的非常态中逐渐恢复（GDP三年平均增长5.0%，较两年平均增长水平提升0.2个百分点），进一步向中长期增长中枢[①]靠拢。

表4　2021年和2022年上海主要经济指标增速预测　　　　　　　　　　　　　　　%

	2021年全年	2022年全年	2020—2021年平均	2016—2019年平均
国内生产总值（GDP）	7.8~8.0（8）	5.5左右（5.5）	4.8	6.8
第二产业	7.8	3.3	4.5	1.2
工业	8.0	3.5	4.6	1.0
建筑业	7.0	2.5	3.8	3.1
第三产业	8.1	6.3	4.9	9.5
批发和零售业	9.5	6.0	2.8	4.6
交通运输业	13.0	7.0	1.7	6.3
住宿和餐饮业	16.0	7.0	-1.9	0.6
金融业	7.3	6.5	7.7	12.8
房地产业	3~5	1.0	3.8	4.5
信息服务业	12.0	13.0	13.1	15.1
租赁商务业	5.3	8.0	-3.2	12.2
社会消费品零售总额	13.0	6.0	6.6	7.6
固定资产投资	8.5	5.2	0.0	6.0
外贸进出口	12.0	4.0	9.4	5.1

注：括号中的数据表示课题组认为最有可能发生的情况。

具体分析，各分项指标的表现将呈现出一些不同的变化，主要可分为三类：第一类是在疫情冲击中逆势而升的工业、外贸和投资，2022年由于高基数影响在数字表现上将有所回调，但仍将是稳增长的主要长板支撑；第二类是受疫情影响大仍未恢复疫前水平的消费、商贸、交通运输等，2022年随着疫情影响的减弱具有一定回补空间；第三类是受政策影响较大的金融业和房地产业，二者长期同为上海经济增长的主力支撑，2022年将各自面临一些重要变化。其中，金融业遭遇"天花板"，占GDP比重具有较大向下趋势，上海在力稳金融的同时，还必须加大力度积蓄服务型经济的增量动能；房地产业或将"变换轨道"，2022年亦有较大下行压力，上海要在坚持"房住不炒"的大前提下，引导刚性需求有序释放，

[①] "十四五"增长中枢在5%~5.5%。

拉长政策应对缓冲期以实现房地产市场的平稳换轨。

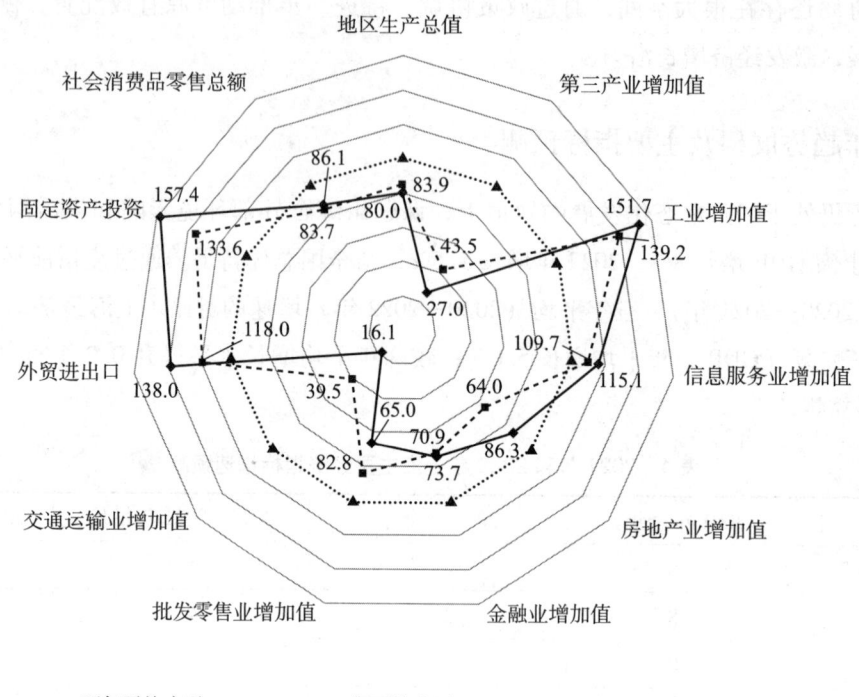

图 2　上海主要经济指标两年和三年平均增速相对疫情前恢复程度

注：疫情前正常水平为 2016—2019 年平均值①。

数据来源：上海市统计局、课题组预测。

四、政策措施建议

当前上海经济运行仍处于回归常态的正常轨道上，疫后恢复大逻辑并未发生根本改变，但受外部环境不确定因素增加影响，2021 年收官及 2022 年开局的下行压力明显加大，仍需坚持"稳中求进"总基调，巩固夯实经济平稳运行基本面，加速释放优势累积的增长潜能，进一步增强经济韧性和内生发展动力。

面对贯穿 2021 年收官和 2022 年开局的经济下行压力，上海要在"稳中求进"上下功夫，以"稳"促"进"、以"进"固"稳"，继续强化经济增长的韧性。从"稳"的角度看，目标层面要瞄准稳增速、稳位势、稳预期，抓手层面要聚焦稳工业、稳商贸、稳房地产、稳主体。其中，"稳工业"关键要保证重点行业稳定增长，千方百计帮助企业解决供应链问题，稳住汽车、机械、电子、轻工等行业增长势头；"稳商贸"关键要在消费新业态、新模式方面发力，提升文娱服务、潮流消费、跨境电商竞争力，放大进博会等重大活动溢出效应；"稳房地产"关键要保持政策定力，适时适度微调微控，引导市场形成长期稳定的合理预期；"稳主体"关键要解决企业面临的成本上升等问题，增强对"专精特新"等实力型、潜力型中小企业稳定发展的政策供给和储备。

从"进"的角度看，要依托"五型经济""四大品牌"进一步将上海战略优势、功能优势转化为经济增量、经济后劲、经济活力，目标层面上进一步释放国家战略效能、进一步强化新增长动能、进一步

---

① 地区生产总值疫情前水平为 2019 年值，房地产业为 2018—2019 年的平均值。

提升"双循环"势能；抓手层面上重点在新兴产业进阶、服务经济进阶、对外开放进阶上下功夫。其中，推动新兴产业进阶，持续推动集成电路、生物医药、人工智能三大产业创新集群发展，推动六大重点产业向战略性新兴产业转型升级；推动服务经济进阶，抓住当前数字化叠加消费升级的服务经济发展机遇，推动生产性服务业向专业化、高端化迈进和生活性服务业向数字化、品质化升级；推动对外开放进阶，依托浦东引领区、临港新片区、虹桥开放枢纽等重大战略载体，在对接高标准国际经贸规则、拓展全球经贸网络方面先行一步，着力提升"引进来"的吸引力和"走出去"的竞争力，大力发展高水平的开放型经济。

[上海市发展改革研究院　马海倩　杨　波　汪曾涛　徐逸菁]

之四：2021年四川省经济运行分析及2022年展望

2021年以来，四川上下坚定以习近平新时代中国特色社会主义思想为指导，认真贯彻党中央、国务院决策部署，深化拓展"一干多支、五区协同"战略部署，统筹推进常态化疫情防控和经济社会发展，坚持"稳农业、强工业、促消费、扩内需、抓项目、重创新、畅循环、提质量"，扎实做好"六稳""六保"工作，四川经济运行顶住了外部冲击和短期波动影响，主要经济指标增长更趋均衡，正向潜在增长水平回归，呈稳中恢复、稳中加固、稳中提质的良好态势。前三季度实现地区生产总值（GDP）38998.7亿元，同比增长9.3%，两年平均增长5.8%，比全国高0.6个百分点，经济运行总体符合预期。

一、2021年四川省经济运行分析

（一）经济发展特征

1. "主干"领跑全省

前三季度，成都实现地区生产总值14438.8亿元，占全省地区生产总值的37.0%，同比增长10.0%，高于全省平均水平0.7个百分点，高于全国0.2个百分点。规模以上工业增加值、全社会固定资产投资、社会消费品零售总额分别同比增长12.3%、11.4%、17.6%，较上半年分别回落1.7个、2.5个、6.4个百分点。重点行业较快增长，重点企业生产加快，消费结构升级持续改善。实现进出口总额5861.3亿元，同比增长12.8%，占全省进出口总额的87.6%。

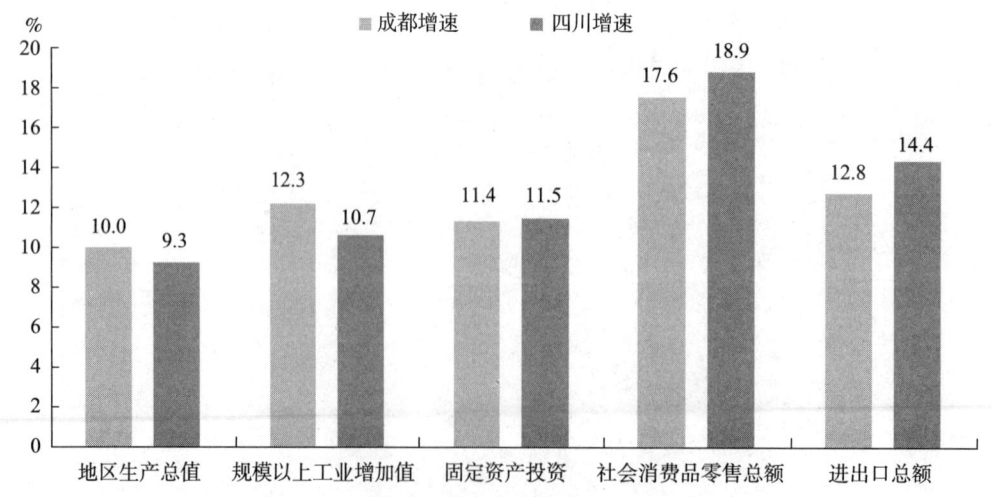

图1　2021年前三季度成都与四川主要经济指标增速对比

2. "多支"竞相追赶

前三季度，成都平原经济区和川南经济区发展势头较好，分别实现地区生产总值23811.9亿元、6296.8亿元，增速均为9.8%，高于全省0.5个百分点。环成都经济圈实现地区生产总值9373.1亿元，同比增长9.5%。川东北经济区和攀西经济区经济大幅回升，分别实现地区生产总值5956.9亿元、2300.5亿元，增速分别为8.2%、8.1%，较上年同期分别回升6.3个、5.9个百分点。川西北生态示范区实现地区生产总值632.6亿元，同比增长7.8%。

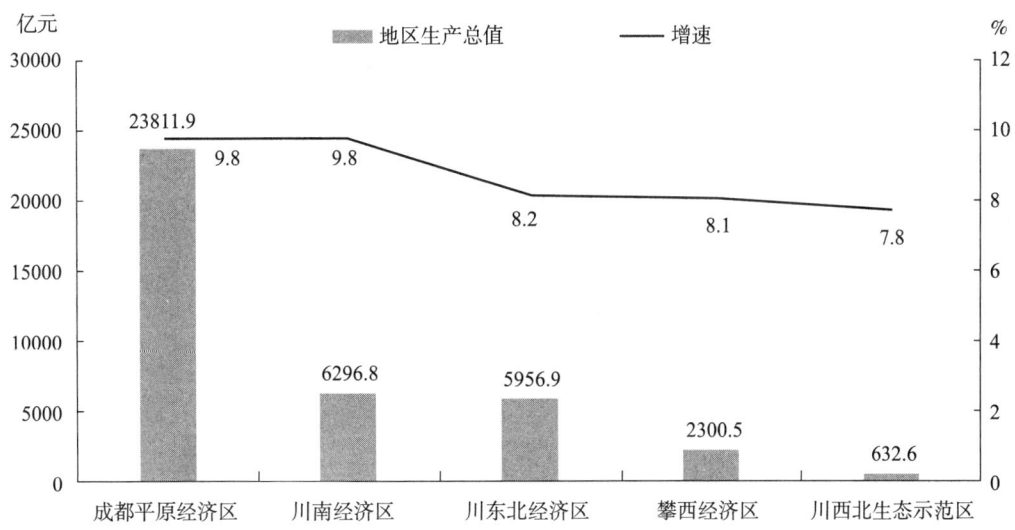

图2　2021年前三季度五大经济区生产总值对比

3. "多点"支撑增强

前三季度，绵阳、德阳、乐山、宜宾、泸州、南充、达州7个区域中心城市经济总量合计达13327.0亿元，占全省经济比重为34.2%，较上年同期提高0.1个百分点，较上半年提高0.6个百分点。绵阳、德阳、宜宾、泸州经济增速分别高于全省0.8个、0.4个、1.0个、0.3个百分点。宜宾经济总量达到2178.6亿元，增速10.3%，居全省第一位。绵阳实现地区生产总值2374.3亿元，工业经济加快发展，规模以上工业增加值同比增长12.2%，增速居全省第二位。

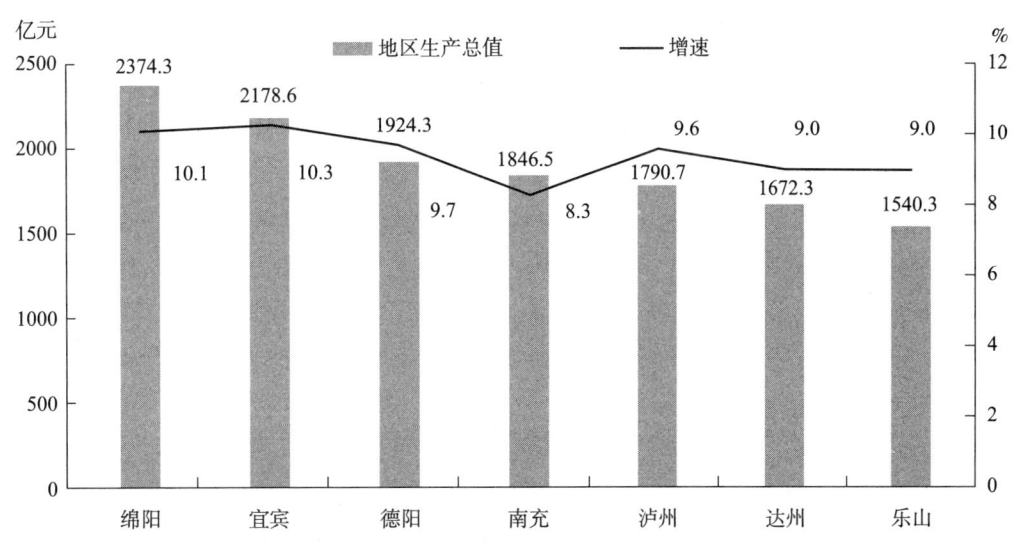

图3　2021年前三季度区域中心城市地区生产总值对比

4. 区域差距缩小

前三季度，五大经济区GDP增速差距进一步缩小，其中，成都平原经济区和川南经济区增速均为

9.8%，GDP占全省比重分别为61.1%、16.1%，占比差距较上半年减小1.2个百分点，较2020年同期减小0.2个百分点。川东北经济区、攀西经济区、川西北生态示范区GDP分别增长8.2%、8.1%、7.8%，GDP占全省比重分别为15.3%、5.9%、1.6%，较上半年分别回升0.5个、0.1个、0.1个百分点。成德眉资同城化加快推进，成都都市圈经济总量占全省的比重达到46.6%，较2020年同期缩小0.05个百分点。

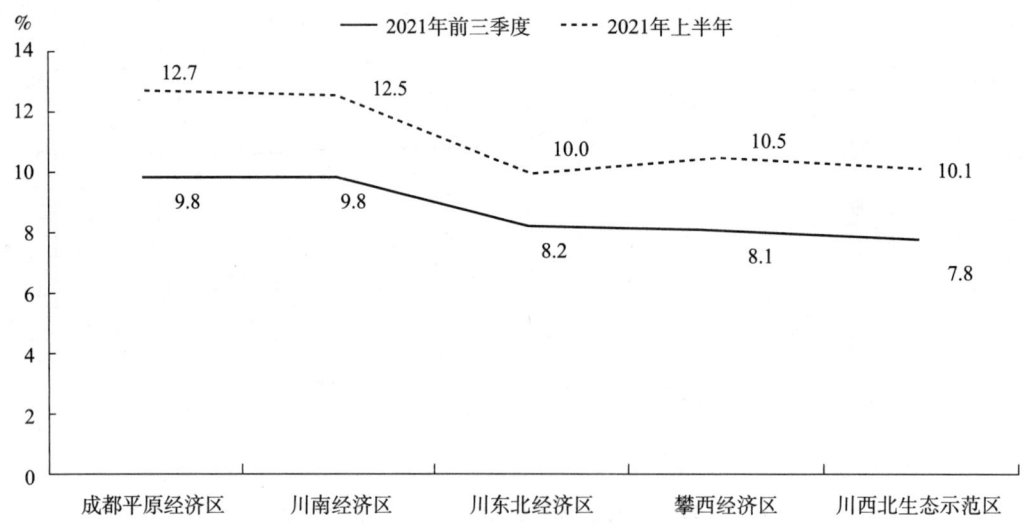

图4 五大经济区生产总值增速对比

（二）五大片区发展主要特点

1. 成都平原经济区引领作用明显

前三季度，成都平原经济区地区生产总值达到23811.9亿元，占全省经济的比重为61.1%，对全省经济增长的贡献率达到60.9%，增速高于全省0.5个百分点，较2020年同期回升7.3个百分点，其中成都、绵阳增速位列全省前三。三次产业结构为7.7∶34.7∶57.6，第二产业增加值达到8270.7亿元，增速较上半年回落0.8个百分点。地区生产总值、工业增加值、社会消费品零售总额等均占全省总量的60%以上，继续发挥经济"领头羊"作用。规模以上工业增加值、全社会固定资产投资、社会消费品零售总额增速较上半年分别回落1.6个、2.3个、5.3个百分点。进出口总额占全省的94.2%，累计增长13.7%，较上半年回落1.5个百分点。

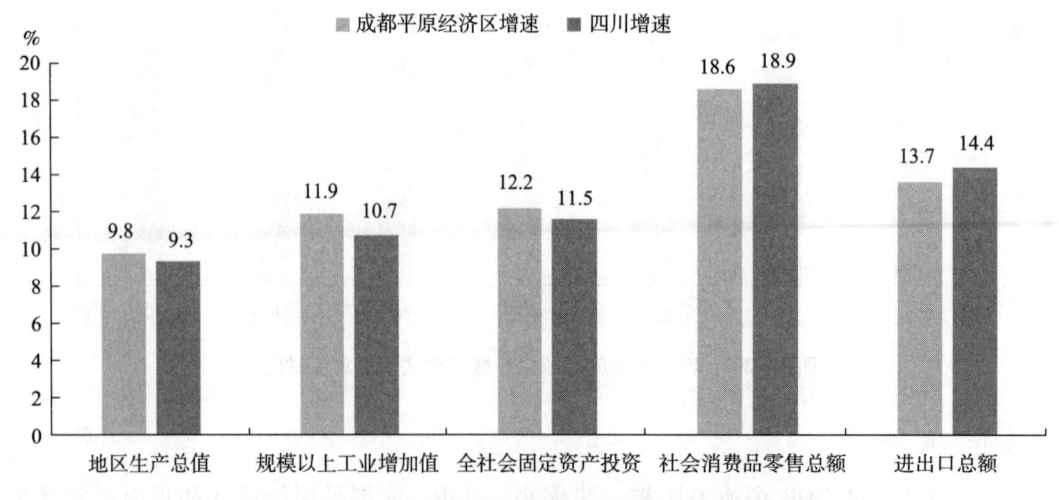

图5 2021年前三季度成都平原经济区主要经济指标增速

2. 川南经济区增势强劲

前三季度，川南经济区地区生产总值达到6296.8亿元，占全省经济的比重为16.1%，较上半年提高0.3个百分点，增速高于全省0.5个百分点，居五大片区第一位，其中宜宾市增长10.3%，居全省第一位。三次产业结构为14.0∶42.8∶43.2，第二产业增加值增速较上半年回落1.1个百分点，第三产业增加值增速居片区第一位。规模以上工业增加值累计增长11.2%，高于全省0.5个百分点。全社会固定资产投资、社会消费品零售总额分别同比增长12.6%、20.9%，较上半年分别回落2.9个、4.3个百分点，分别居五大片区第二位、第一位。

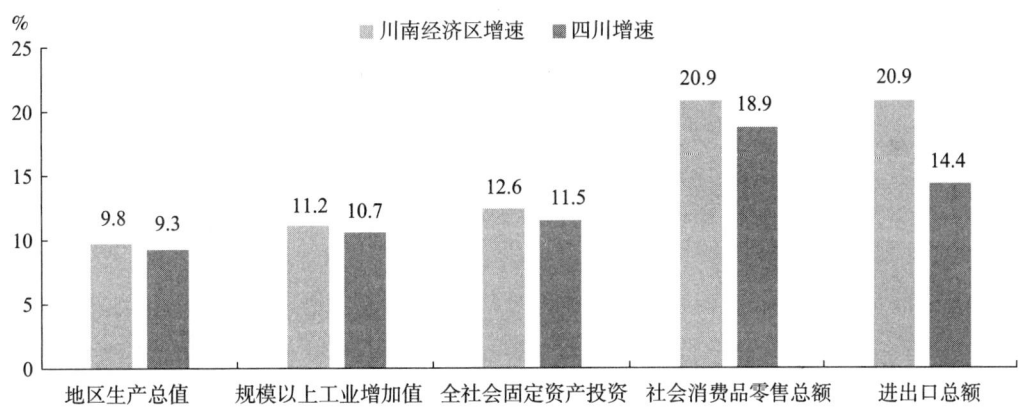

图6 2021年前三季度川南经济区主要经济指标增速

3. 川东北经济区外贸增速领跑

前三季度，川东北经济区地区生产总值达到5956.9亿元，占全省经济的比重约为15.3%，较上半年上升0.43个百分点。GDP增速达到8.2%，低于全省1.1个百分点，较上年同期回落7.2个百分点，较上半年回落1.8个百分点。三次产业结构为20.4∶33.0∶46.6，第二产业增加值增速比上半年回落0.2个百分点。规模以上工业增加值、全社会固定资产投资、社会消费品零售总额分别同比增长9.5%、8.1%、18.8%，较上半年分别回落1.0个、2.8个、4.0个百分点。外贸进出口总额同比增长43.3%，增速居五大片区第一位。

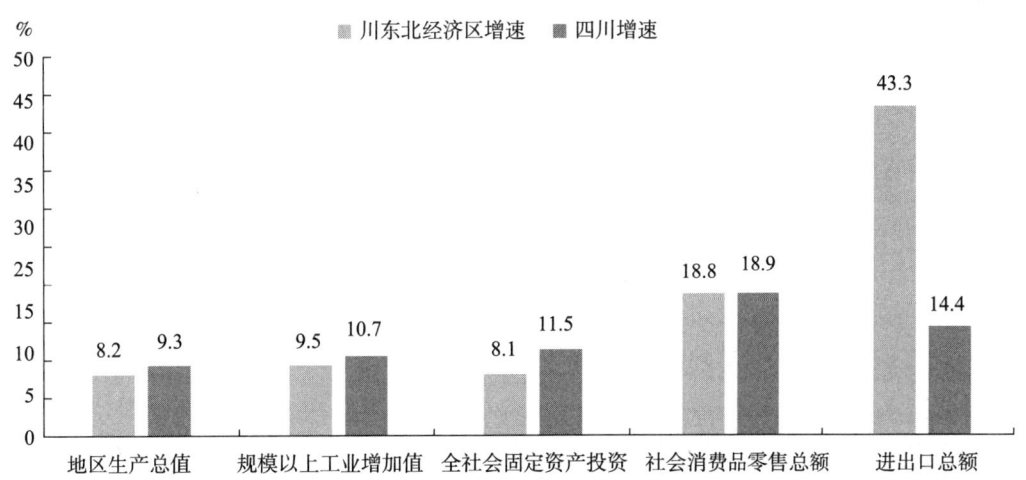

图7 2021年前三季度川东北经济区主要经济指标增速

4. 攀西经济区投资增速居五大片区之首

前三季度，攀西经济区地区生产总值达到2300.5亿元，占全省经济的比重为5.9%，GDP同比增长8.1%，低于全省1.2个百分点，较上半年回落2.4个百分点，较上年同期回升5.9个百分点。三次产业结构为18.9∶38.9∶42.2，第二产业增加值增速较上半年回落1.4个百分点。规模以上工业增加值、社会消费品零售总额分别同比增长8.0%、17.4%，较上半年分别回落2.0个、3.4个百分点。全社会固定资产投资同比增长14.6%，较上半年回落1.2个百分点，居五大片区之首。外贸进出口总额同比增长33.0%，增速居五大片区第二位。

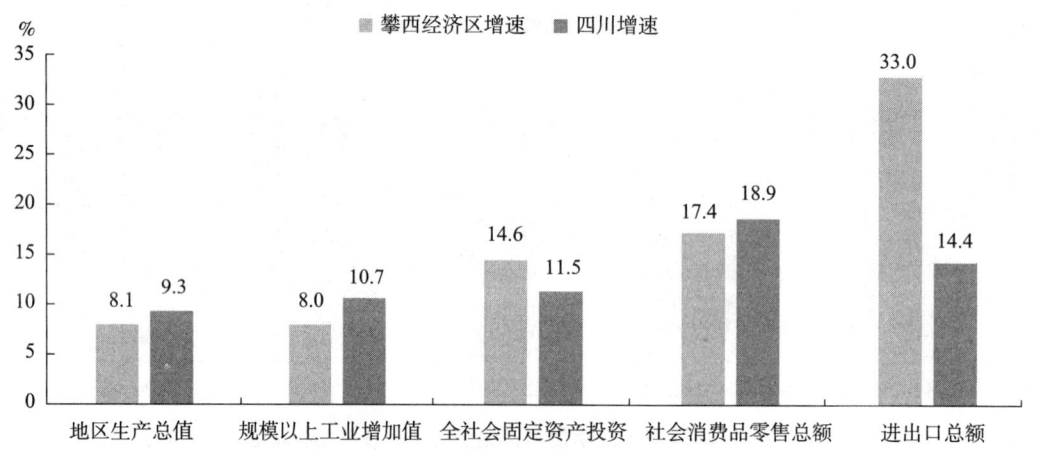

图8 2021年前三季度攀西经济区主要经济指标增速

5. 川西北生态示范区经济增速回升

前三季度，川西北生态示范区地区生产总值达到632.6亿元，占全省经济的比重为1.6%。GDP同比增长7.8%，低于全省1.5个百分点，较上半年回落2.3个百分点，较上年同期回升6.2个百分点。三次产业结构为16.5∶25.0∶58.5，第二产业增加值增速较上半年提高0.1个百分点。规模以上工业增加值、全社会固定资产投资、社会消费品零售总额分别同比增长4.7%、12.3%、16.3%，分别比上半年回落5.3个、3.2个、4.4个百分点。

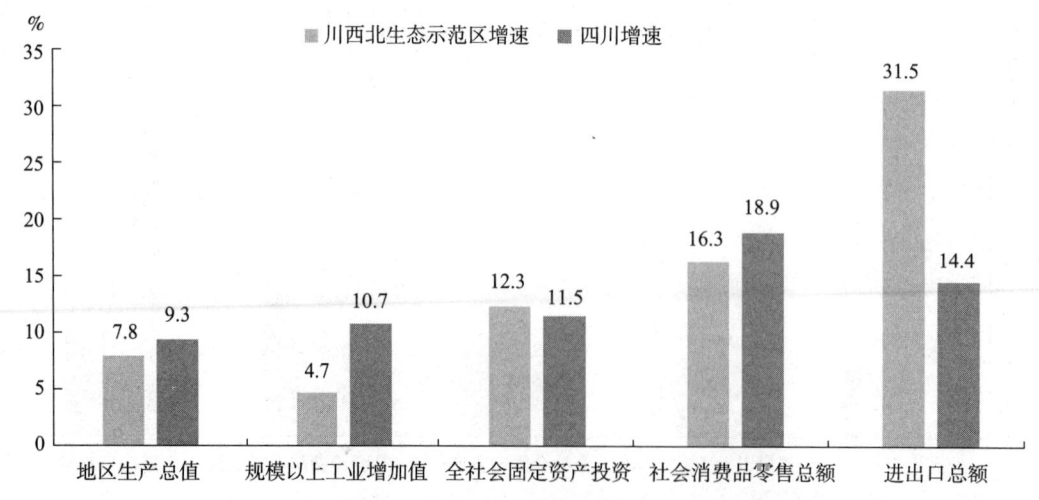

图9 2021年前三季度川西北生态示范区主要经济指标增速

二、当前经济发展存在的主要问题

（一）区域分化仍在扩大

2021年以来，攀西经济区经济总量增速始终低于全省平均水平，第三季度经济总量增速低于成都平原经济区、川南经济区1.7个百分点。川东北经济区与成都平原经济区、川南经济区第三季度经济总量增速差距分别由2020年的0.6个、0.9个百分点扩大至1.6个百分点，区域发展差距持续拉大。从规模以上工业增加值和全社会固定资产投资来看，川东北经济区同比增速与全省平均水平的差距分别扩大了0.6个、2.5个百分点。从社会消费品零售总额来看，攀西经济区同比增速与全省平均水平的差距扩大了0.8个百分点。

（二）区域中心城市辐射带动力不足

对标其他省域副中心，第三季度福建两个省域副中心城市经济总量占全省总量的38.7%，而四川7个区域中心城市经济总量仅占全省总量的34.2%，低于"极核城市"成都2.8个百分点；洛阳、南阳经济总量分别占河南总量的9.3%、7.1%，泉州、厦门经济总量分别占福建总量的23.7%、15.0%，而四川区域中心城市中经济总量排名第一位的绵阳仅为全省的6.1%。此外，乐山、南充、达州经济增速均低于全省平均水平，区域中心城市要素集聚优势尚未有效发挥，对区域辐射带动影响力有限，四川还未形成如长三角、粤港澳等区域"众星拱月"的发展态势。

（三）区域协调发展底部支撑不强

四川拥有全国最多的县级行政区，但县域经济总量较小、工业基础偏弱、集聚度较低、发展活力不足等问题仍然突出，制约了县域经济高质量发展。赛迪顾问发布的2021年百强县榜单中，东部地区入榜县域数量达到65个，仍以绝对优势抢占鳌头，排名第一位、第二位的江苏、浙江分别入围25个、18个。与四川经济体量相当的河南和福建分别入围7个、6个，而四川仅西昌、简阳上榜，分别居第96名、第100名，且还未培育出达到千亿级的县域经济，整体实力偏弱。同时，四川10个全国百强区中有8个隶属成都，区（县）经济发展存在不平衡问题。

三、2022年经济运行趋势展望

受2020年低基数逐级抬升影响，2021年四川GDP从第一季度增长15.8%、上半年增长12.1%，到前三季度增长9.3%，和全国走势一致，呈逐季回落态势。伴随疫情反复、能源供应紧张等压力，预计第四季度四川经济增速将继续回落。2021年以来，四川主要经济指标增长更趋均衡，正向潜在增长水平回归，整体呈稳中加固、稳中提质的良好态势，GDP增速与全国差距逐季缩小，追赶态势明显，预计2021年四川有能力有条件达到7%的增长目标，经济总量迈上5万亿元台阶。

2022年，世界仍处于百年未有之大变局，外部大环境存在诸多不稳定性和不确定性。虽然全球发展环境不容乐观，但我国经济长期向好的基本面没有改变。长江经济带发展、黄河流域生态保护和高质量发展、新时代推进西部大开发形成新格局等国家重大战略和"一带一路"倡议对四川区域经济发展实现了全覆盖，极大地拓展了四川经济发展空间。随着成渝地区双城经济圈加快建设，全省投资将快速回升、消费加速回暖，全省经济有望恢复到疫情前增长水平。四川"一干多支"战略深入实施，成都平原经济区与川南经济区、川东北经济区、攀西经济区等协同联动进一步强化，川南经济区继续保持强劲追赶态势，区域协调发展取得更高水平突破。

四、对策建议

面对当前复杂严峻的形势和艰巨繁重的任务,要全面落实党中央、国务院和四川省委、省政府决策部署,坚持以成渝地区双城经济圈建设为战略牵引,深入推进"一干多支"区域协调发展,统筹推进常态化疫情防控和经济社会发展,努力完成好全年经济社会发展各项目标任务,确保"十四五"起好步、开好局。

(一)持续提升主干发展能级,充分发挥成都"极核"引领带动作用

加快建设践行新发展理念的公园城市示范区,增强高品质宜居优势,提升国际国内高端要素运筹能力,构建支撑高质量发展的现代产业体系、创新体系、城市治理体系,打造区域经济中心、科技中心、世界文化名城和国际门户枢纽,提升国家中心城市国际竞争力和区域辐射力,引领带动其他经济区协调联动发展。大力推进成德眉资同城化发展。强力推进基础设施互联互通,不断加强科技创新、产业融合等领域交流协作,全力打造成德临港经济产业带、成眉高新技术产业带和成资临空经济产业带,扎实推进成德眉资同城化综合试验区建设,促进发展要素自由流动,提升都市圈整体发展效益。

(二)系统推进五大经济区协同发展

深入推进五大经济区多层次多形式合作。健全沟通协调机制,增强经济区合作共识,推动破除阻碍经济区合作发展的政策性壁垒。强化专业领域合作,成立区域合作组织,推动在商贸、房地产、医疗、旅游等各专业领域开展合作。推动企业交流合作,通过举办发展论坛、组织开展跨区域经贸交流活动、共建产业园区等方式为企业搭建信息共享、资源共用的发展平台。强化区域中心城市带动作用。加强对区域中心城市政策支持,加大空间资源供给,因地制宜打造先进制造业基地、商贸物流中心和区域性服务中心,提升区域中心城市辐射带动力。加强区域中心城市与重庆、成都的协同联动,优先承接功能疏解和产业外溢,增强经济和人口承载能力。高标准建设省级新区。聚力建设宜宾三江新区、南充临江新区、绵阳科技城新区,促进产业创新发展,打造带动区域经济发展的新兴增长极和动力源。

(三)加快培育强县强区强镇

实施全国百强县、百强区、百强镇培育行动。聚焦产业培育、科技创新、要素保障等重点领域和关键环节,实行"一县(市、区)一策""一镇一策",强化政策资源保障,着力培育一批全国强区强县,形成带动县域经济高质量发展的龙头效应,推动提升县域经济整体水平。做大做强县域特色优势产业。紧扣四川产业部署,立足县域产业基础和比较优势,培育创新创业平台,加快产业转型升级,创建一批国家级和省级新型工业化产业示范基地和特色产业园区,打造一批总产值百亿元以上的优势产业集群,全面增强县域经济活力。实施县城新型城镇化补短板强弱项行动。持续推进县城及县级市城区公共服务设施提标扩面、环境卫生设施提级扩能、市政公用设施提档升级、产业培育设施提质增效,推动公共资源适当向县城(郊区、县级市城区)倾斜,不断提升县城经济和人口承载力,夯实县域经济底部基础。

[四川省县域经济研究中心　蔡益恒　曾洪萍　张　琼　刘丽鹃　张缤月　徐靖丞　刘宏业]

之五：2021年贵州省经济运行分析及2022年展望

2021年以来，贵州深入贯彻落实习近平总书记"七一"重要讲话和视察贵州重要讲话精神，坚持以高质量发展统揽全局，全面落实"一二三四"工作思路，围绕"四新"、主攻"四化"，统筹疫情防控和经济社会发展，经济运行延续了稳中加固、稳中提质、稳中趋优的良好态势。根据2021年前三季度的经济发展情况，并充分考虑未来一段时期贵州省发展环境和发展条件的变化，展望2022年，贵州经济将可能出现平稳增长的运行态势，初步预计GDP增速将在8.5%左右。

一、2021年贵州省经济运行特征分析

（一）经济运行延续稳定恢复态势，质量效益继续提升

1. GDP两年平均增速保持平稳增长

2021年以来，贵州地区生产总值第一季度同比增长16.1%，上半年同比增长12.1%，前三季度增速回落到8.7%，但从两年平均增速来看，仍然保持平稳较快的增长水平。第一季度两年平均增长6.8%，上半年两年平均增长6.7%，前三季度两年平均增长5.9%，前三季度两年平均增速仍高于全国增速0.7个百分点，经济持续保持稳定增长态势。

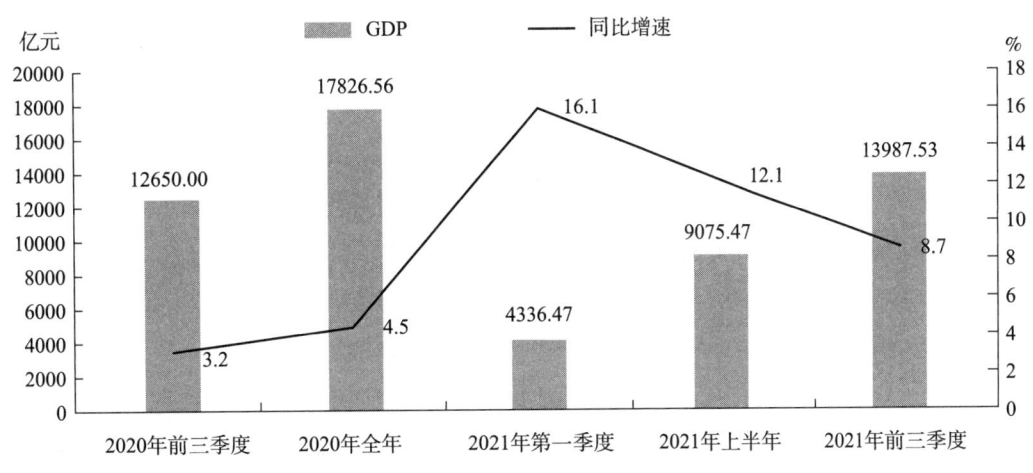

图1 2020年以来贵州省GDP及增速

2. 财政收入较快增长

前三季度，一般公共预算收入中税收收入887.74亿元，同比增长13.8%，增速高于一般公共预算收入3.0个百分点，占一般公共预算收入的比重为63.5%，占比较上年同期提高1.8个百分点。

3. 企业效益继续向好

1—8月，规模以上工业企业实现利润总额817.96亿元，同比增长31.9%；规模以上工业企业单位成

本费用有所下降，8月末，规模以上工业企业每百元营业收入中的成本为72.39元，同比减少0.77元。企业效益总体持续向好。

（二）产业结构不断优化，产业转型升级趋势明显

1. 农业结构调整持续推进

前三季度，新增农业龙头企业916家，农业专业合作社达到6.51万家。农产品精深加工取得明显进展，前三季度，新建投产入库农副食品加工业企业28家、精制茶制造业企业14家，占全省新建投产入库规模以上工业企业的比重分别为15.8%和7.9%。

2. 工业新兴产业稳定恢复

前三季度，规模以上高技术制造业增加值同比增长7.0%。其中，电子信息制造业在上年同期低基数情况下，保持2021年以来20%以上的较快增长；计算机、通信和其他电子设备制造业增加值增长25.7%，高于规模以上工业14.0个百分点，拉动规模以上工业增长0.4个百分点。

3. 与大数据相关的服务业较快增长

1—8月，规模以上信息传输、软件和信息技术服务业营业收入占全部规模以上服务业营业收入的比重达到37.1%，高于全国平均水平8.0个百分点。

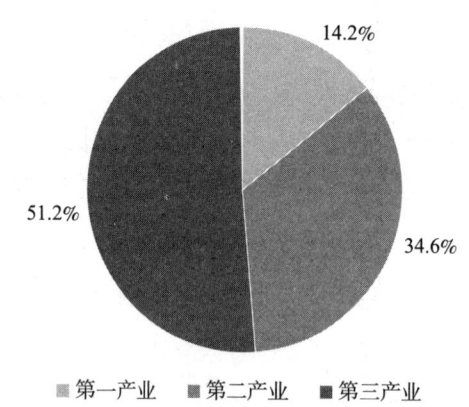

图2　2021年前三季度贵州三次产业占比情况

（三）就业形势保持总体平稳，居民收入继续增加

1. 就业形势总体稳定

高校毕业生、农民工、易地搬迁劳动力等重点群体就业力度进一步加大，有力带动城镇就业稳步增加。8月末，规模以上工业平均用工人数74.93万人，比第一季度末增加2.26万人，比上半年末增加0.65万人。前三季度，城镇新增就业58.67万人，比上半年增加19.43万人，就业形势总体稳定。

2. 居民收入恢复性增长

前三季度，居民人均可支配收入17428元，同比增长11.3%，增幅排全国第七位；城镇常住居民人均可支配收入29601元，同比增长9.8%，增幅排全国第十位；农村常住居民人均可支配收入8737元，同比增长11.6%，增幅排全国第17位。农村居民人均可支配收入增速继续高于城镇。

（四）投资结构持续调整，部分新兴领域投资较快增长

1. 投资同比增速有所下滑

前三季度，固定资产投资同比下降9.4%。其中，第一产业投资同比增长21.8%、第二产业投资同比

增长 9.3%、第三产业投资同比下降 15.6%。

2. 重点领域投资稳中有增

前三季度,与推进新型工业化相关的工业投资同比增长 8.9%,其中,采矿业投资同比增长 22.6%,制造业投资同比增长 2.0%,电力、热力、燃气及水生产和供应业投资同比增长 12.1%;与推进新型城镇化相关的民生领域项目投资中,教育投资同比增长 0.5%;与推进农业现代化相关的农、林、牧、渔业投资同比增长 19.0%;与推进旅游产业化相关的批发和零售业投资同比增长 11.9%。

3. 部分新兴领域投资较快增长

前三季度,高技术制造业投资同比增长 36.7%,其中,锂离子电池制造业投资同比增长 130.3%;专用设备制造业投资同比增长 22.5%。

(五)市场销售继续增长,升级类消费增长迅速

1. 增速延续高位回稳增长态势

前三季度,社会消费品零售总额同比增长 16.1%,两年平均增长 7.2%。但由于疫情对 2020 年上半年消费市场影响较大,2021 年第一季度消费增速高位开局,逐季回落。前三季度社会消费品零售总额增速比上半年回落 9.6 个百分点,比第一季度回落 24.2 个百分点,持续向正常增长线回稳。

2. 升级类商品消费快速增长

前三季度,限额以上单位商品零售额中,体育、娱乐品类同比增长 197.0%;书报杂志类同比增长 43.1%;建筑及装潢材料类同比增长 40.7%;家具类同比增长 39.7%;金银珠宝类同比增长 30.7%;汽车类同比增长 6.2%,其中新能源汽车同比增长 120.7%。

3. 网上零售保持较快增长

前三季度,限额以上单位通过公共网络实现的商品零售额同比增长 19.4%。

(六)居民消费价格小幅下降,工业生产者出厂价格和购进价格涨幅扩大

1. 居民消费价格同比小幅回落

前三季度,居民消费价格同比下降 0.2%。其中,交通通信上涨 3.1%、教育文化娱乐上涨 0.7%、医疗保健上涨 0.4%、其他用品和服务上涨 0.3%、居住下降 0.4%、生活用品及服务下降 0.5%、衣着下降 1.4%、食品烟酒下降 2.1%。

2. 工业生产者出厂价格和购进价格同比涨幅扩大

前三季度,工业生产者出厂价格同比上涨 4.4%,涨幅比上半年扩大 1.4 个百分点;工业生产者购进价格同比上涨 9.1%,涨幅比上半年扩大 2.4 个百分点。

二、2021 年经济运行中需要关注的问题

(一)部分行业生产持续下滑

受投资、房价回落影响,规模以上建材行业自 4 月起连续 6 个月当月负增长,前三季度,规模以上非金属矿物制品业增加值同比下降 5.7%,下拉规模以上工业增加值增速 0.3 个百分点,其中 9 月当月降幅已达 16.8%,降幅呈继续扩大趋势。主要建材产品水泥、平板玻璃产量分别同比下降 8.2% 和 5.9%。医药制造业连续 6 个月当月负增长,前三季度,规模以上医药制造业增加值同比下降 5.9%,下拉规模以上

工业增加值增速 0.2 个百分点，其中 9 月当月下降 3.8%。食品制造业进入第三季度连续负增长，前三季度，规模以上食品制造业增加值同比下降 20.2%。因此，需要继续抓好工业重大项目建设，不断增强工业发展后劲，同时充分发挥产业集群发展潜力和实力，大力推动转型升级。

（二）消费回落速度较快

前三季度消费相关行业增长速度较大幅度快于 GDP 增速，消费对全省经济增长的基础性作用持续增强，但第三季度全省社会消费品零售总额与上年同期持平，两年平均增速 3.7%，低于第二季度 3.7 个百分点。受此影响，社会消费品零售总额增速从上半年的高于全国平均水平转为低于全国平均水平 0.3 个百分点，回落速度明显快于全国。消费是经济增长重要基础性支撑，消费质量很大程度上反映人民生活水平质量。从短期看，要统筹抓好疫情防控和消费促进，全力减缓第四季度消费持续回落幅度，努力保持全年消费两位数以上增长；从长远看要持续筑牢消费基础，扩大消费市场，挖掘消费潜力，升级消费结构。

（三）部分重点领域投资增速下滑

前三季度，固定资产投资同比下降 9.4%，其中，基础设施投资下降 19.8%，占全省投资的 30.1%，占比较大，其负增长对全省稳投资产生了较大不利影响。因此，应以重大项目、重大工程为抓手，积极谋划储备重点项目；抢抓"新基建"等建设机遇，紧盯新型基础设施建设需求，围绕 5G、数据中心、人工智能、工业互联网、物联网等领域加大投资力度；多措并举加大资金保障力度，加强引导转变投资方式，继续充分调动民间投资积极性，确保重大项目和重点工程建设资金需求。

（四）小企业生存形势严峻

受疫情等因素影响，小企业关停较为普遍，2021 年以来限额以上批发和零售业、住宿和餐饮业企业因破产注吊、停业歇业、规模萎缩等退库 284 家；前三季度限额以上微型零售企业销售额同比下降 21.5%。因此，应加大小微企业扶持力度，释放小微企业盈利空间。一方面，创新金融工具，创建小微企业信用担保平台，优化小微企业融资环境，降低融资相关费用，缓解小微企业融资难融资贵问题；另一方面，继续落实各项减费降税、延迟缴税等政策措施，进一步帮扶小微企业控制成本。

三、2022 年经济运行环境分析及预测

（一）环境因素分析

从国际环境看，当今世界正经历百年未有之大变局，新一轮科技革命和产业变革深入发展，国际力量对比深刻调整，和平与发展仍然是时代主题，人类命运共同体理念深入人心。同时，国际环境日趋复杂，不稳定性不确定性明显增加，新冠肺炎疫情影响广泛深远，世界经济陷入低迷期，经济全球化遭遇逆流，全球能源供需版图深刻变革，国际经济政治格局复杂多变，世界进入动荡变革期，单边主义、保护主义、霸权主义对世界和平与发展构成威胁。

从国内环境看，我国已转向高质量发展阶段，制度优势显著，治理效能提升，经济长期向好，物质基础雄厚，人力资源丰富，市场空间广阔，发展韧性强劲，社会大局稳定，继续发展具有多方面优势和条件。同时，我国发展不平衡不充分问题仍然突出，重点领域关键环节改革任务仍然艰巨，创新能力不适应高质量发展要求，农业基础还不稳固，城乡区域发展和收入分配差距较大，生态环保任重道远，民生保障存在短板，社会治理还有弱项。

综合来看，国内外大环境对贵州发展总体有利，党的坚强领导和中国特色社会主义制度的显著优势，

特别是中央构建新发展格局、推进新时代西部大开发、推动共同富裕,给贵州后发赶超带来了重大机遇;中央大力推进长江经济带发展、粤港澳大湾区建设、成渝地区双城经济圈建设等国家战略和"一带一路"倡议,为贵州对外开放提供了有利条件;贵州特色产业、基础设施、资源能源、生态环境等方面优势凸显,为高质量发展奠定了坚实基础。同时,也要清醒看到,当前及今后一段时期贵州发展不平衡不充分问题仍然突出,经济发展水平以及工业化和城镇化水平比较低、科技创新能力不足、基础设施仍存在短板等,这些困难和挑战应予以重点关注,并加快推动解决。

(二)经济增长情景预测

基于对2021年全省经济运行情况分析,综合考虑新冠肺炎疫情等相关因素对国内外经济环境和全省经济增长产生的影响,运用定量与定性相结合的分析方法,我们依据不同环境和政策取向所产生的影响,对2022年贵州GDP增长趋势进行了高、中、低三种情景的预测。

高情景预测:从全球看,随着高水平的疫苗接种和各国政府强有力的管控措施,新冠肺炎疫情明显缓解,全球经济快速复苏,国际贸易环境明显转好。科技革命和产业变革取得重大突破,新的增长点加快培育壮大,全球经济完全走出经济衰退阴影,实现加速增长。国内新旧动能接续基本完成,改革取得明显成效,全要素生产率大幅提升,增长潜力得到释放,增长状况将好于基准情景。全省制造业高质量发展取得阶段性成果,服务业特别是现代服务业加快发展,创新对经济增长的贡献显著提升。在此情景假设下,贵州省经济增长速度加快,预计2022年全省GDP增速可能达到9%以上,第一产业同比增长7%,第二产业同比增长10.5%,第三产业同比增长10%,固定资产投资同比增长10%,社会消费品零售总额同比增长16%,居民消费价格指数同比上涨1.1%。

中情景预测:新冠肺炎疫情对世界经济的影响逐步减轻,全球经济在持续复苏,国际贸易环境逐渐转好。发达经济体延续复苏态势,新兴经济体保持较快增长,科技革命和产业变革取得阶段性成效,未发生系统性金融风险和较大的地缘政治风险,国际环境总体稳定。国内经济进入高质量发展阶段,质量变革、效率变革、动力变革取得初步成效;供给侧结构性改革全面深化,有效供给体系基本形成,现代化经济体系建设取得阶段性成效;乡村振兴、区域发展等国家战略深入实施;就业形势总体稳定,物价水平总体可控。发展质量和效益逐步提升,创新对经济增长的贡献有所提高。省内未发生各类突发性疫情和巨大自然灾害。在此情景假设下,贵州经济将保持平稳增长,预计2022年全省CDP增速可能达到8.5%左右,第一产业同比增长7%,第二产业同比增长9.5%,第三产业同比增长9%,固定资产投资同比增长7%,社会消费品零售总额同比增长12%,居民消费价格指数同比下降0.1%。

低情景预测:全球疫情持续蔓延,地缘政治矛盾尖锐复杂,世界经济增长分化态势恶化,贸易保护主义加剧,金融风险进一步上升。国内经济转型发展步伐放慢,关键环节、重点领域改革受阻,"卡脖子"技术约束进一步趋紧,现代化进程低于预期,科技创新对经济发展的贡献率提高幅度较低。省内新旧动能接续迟缓,在此情景假设下,预计2022年全省GDP增速可能在8%以下,第一产业同比增长6%,第二产业同比增长8.5%,第三产业同比增长8%,固定资产投资同比增长5%,社会消费品零售总额同比增长9%,居民消费价格指数同比下降0.3%。

综合分析,考虑到经济运行中各种因素的影响,我们认为中情景预测与当前经济运行的宏观环境比较符合,实现的可能性最大。如果从贵州需求和生产发展的可能性考虑,依靠工业、投资大项目推动经济总量快速发展,将全省经济推上一个新台阶,增长9%以上也是完全有可能的。

表 1 2022 年贵州主要经济指标预测

指标	低情景预测		中情景预测		高情景预测	
	预测值	增长率/%	预测值	增长率/%	预测值	增长率/%
地区生产总值/亿元	20831.4	8.0（以下）	20927.8	8.5（左右）	21024.3	9.0（以上）
第一产业/亿元	2894.2	6.0	2921.5	7.0	2921.5	7.0
第二产业/亿元	7346.2	8.5	7413.9	9.5	7481.6	10.5
第三产业/亿元	10634.2	8.0	10732.6	9.0	10831.1	10.0
全社会固定资产投资总额/亿元	—	5.0	—	7.0	—	10.0
社会消费品零售总额/亿元	—	9.0	—	12.0	—	16.0
居民可支配收入/亿元	26371.4	9.5	26732.7	11.0	26853.1	11.5
城镇常住居民人均可支配收入/元	42688.9	8.5	43200.4	9.8	43357.8	10.2
农村常住居民人均可支配收入/元	14175.8	9.5	14447.6	11.6	14499.4	12.0
居民消费价格指数/%	99.7	-0.3	99.9	-0.1	101.1	1.1

四、推动经济高质量发展的对策建议

（一）全力推动特色优势产业提质升级，加快推进新型工业化

1. 做大做强十大工业产业

稳步发展优质白酒产业。大力发展基础能源和清洁高效电力，着力构建清洁低碳、安全高效的能源体系。促进现代化工业加快发展，打造一批具有较强国际影响力的知名品牌。推进基础材料向新材料领域提升转化。加快发展高端先进装备制造业。大力推进新型建材产业优化产能、升级产品，打造绿色发展示范型产业。加快发展生态特色食品加工，巩固"贵州绿色食品"形象。充分发挥民族医药特色优势，培育发展生物医药产业，推进生物资源产品和药物新品种研发和产业化。做强大数据电子信息产业。

2. 着力优化产业布局

以产业园区为载体，突出地方特色，错位发展首位产业、首位产品。立足黔中大数据先发优势，打造"中国数谷"和高端装备制造基地。立足黔北产业优势，持续打造世界级酱香型白酒产业基地核心区。立足毕节市、六盘水市、兴义市能源资源优势，加快建设全国重要能矿资源走廊。立足"三州"地区生态优势，加快建设全国重要的绿色食品工业基地。实施产业基础再造工程，形成具有更强创新力、更高附加值、更安全可靠的产业链供应链。

3. 培育壮大企业主体

构建大企业与中小企业协同创新、共享资源、融合发展的产业生态体系。打造一批具有较强竞争力的百亿级、千亿级行业领军企业，精准引进、培育形成一批新兴企业。积极推进大中小企业融通发展，充分发挥龙头企业"头雁"作用，带动中小企业走专业化、精细化、特色化和新颖化发展道路。发挥国有经济战略支撑作用。

（二）全力推动乡村振兴，加快推进农业农村现代化

1. 巩固拓展脱贫攻坚成果

落实"四个不摘"要求，真正让脱贫成果和乡村振兴有效衔接。建立农村低收入人口帮扶机制，加强对脱贫不稳定人口、边缘人口的常态监测、动态帮扶和有效防贫，建立农村危房安全动态管理机制，强化易地扶贫搬迁后续扶持"五个体系"建设，用足用好东西部协作、定点帮扶和社会力量参与帮扶等机制。

2. 大力发展现代山地特色高效农业

优化农业产业结构和区域布局，做大做强12个重点农业特色优势产业。以保障粮食安全为底线，因地制宜实施"稻+"多种模式。大力发展林果、林禽、林菌、林药、林蜂等林下经济和林特产业与生态畜牧业，深入推进药食同源试点，建设一批高标准种养基地和农业现代化示范区。

3. 提高农业质量效益和竞争力

健全农业支持保护制度，强化资金支持、科技服务、农业设施等保障。提高农业保险保障水平，健全现代农业技术服务体系、动物防疫和农作物病虫害防治体系，提高山地农业机械化水平，加强现代农业基础设施建设，坚持严格的耕地保护制度。

4. 推动农村一二三产业融合发展

大力培育龙头企业、合作社、家庭农场等新型经营主体，壮大流通型龙头企业、农村经纪人队伍、农村电商三大销售主力，拓展省内市场、东部市场等三大市场，推动农业与文化、旅游、康养等深度融合。实施乡村建设行动。打造乡村振兴"十百千"示范工程升级版和重点乡村旅游示范点，加强农村人居环境整治，打造生态宜居美丽乡村，健全党组织领导的自治、法治、德治相结合的乡村治理体系。

（三）全力提升城镇综合承载能力，加快推进新型城镇化

1. 优化新型城镇化发展格局

加快构建以黔中城市群为主体，以贵阳贵安为龙头，以贵阳—贵安—安顺都市圈和遵义都市圈为核心增长极，以其他市（州）区域中心城市为重点，以县城为重要载体，以黔边城市带和特色小城镇为支撑的新型城镇化空间格局。支持贵阳提升省会城市首位度，支持遵义与贵阳共同唱好"双城记"。支持毕节试验区建设成为贯彻新发展理念示范区。支持其他市（州）区域中心城市做优做特。

2. 做大做强城镇经济

坚持以城聚产、以产兴城、产城融合，提升产业发展能级。做大做强城镇工业经济，加快发展城镇服务经济，积极发展城镇消费经济，有效增加保障性住房供给，大力发展城镇创新经济，全力发展县域经济。

3. 全面提升城镇品质

大力提升城镇基础设施、居住、基本公共服务、生态环境和社会治理品质。加强历史文化名城、名镇、街区、建筑的保护和利用，广泛开展"智慧城市""智慧社区"建设，实施城市更新行动，推进海绵城市、韧性城市建设，加强城市常态化综合管理。

4. 统筹城乡区域协调发展

统筹城乡规划建设，建立健全促进城乡融合发展的体制机制和政策体系，推动人才、资本等要素在

城乡间双向流动和平等交换，形成工农互促、城乡互补、全面融合、共同繁荣的新型城乡发展格局。

（四）全力发展现代服务业，加快推进旅游产业化

1. 加快形成全域旅游发展新格局

加快发展以民族和山地为特色的文化旅游业，持续提升"山地公园省·多彩贵州风"品牌影响力。创建全国全域旅游示范省、国家体育旅游示范区，打造"温泉省""桥梁省""索道省"等旅游品牌。大力发展中国酒文化、红色文化、民族文化等特色旅游带，推动"旅游多产业"深度融合发展。

2. 提升旅游产业发展质量和效益

推动旅游业集群化发展，积极拓展旅游景区、旅游酒店、旅行社、旅游车队、乡村旅游等产业链。培育壮大旅游市场主体，推动优强旅游企业上市融资。高水平完善山地旅游服务设施，打造一批特色鲜明的国家级旅游休闲城市和街区。加快发展民族民间工艺品产业，完善提升"一码游贵州"服务平台，不断提高游客旅游满意度和"回头率"。

3. 加快发展现代服务业

深入实施服务业创新发展十大工程，全力推动现代服务业集聚区提质升级，推动生产性服务业向专业化和价值链高端延伸。依托"工业互联网"平台，通过"制造服务""线上线下"，加快发展服务型制造业。加快发展现代金融，深入实施"引金入黔"工程，打造西部地区绿色金融中心，争创国家级普惠金融改革试验区。大力推动生活性服务业向高品质和多样化升级。

（五）着力扩大有效投资和消费，深挖释放内需潜力

1. 扩大有效投资

保持基础设施投资规模总体稳定，拓展新的投资领域，发挥好预算内投资引导和撬动作用，支持民间投资参与补短板等项目建设，激发民间投资活力。充分发挥投资的关键作用，以更大力度、更精准投资来补短板、强弱项，为市场扩大内需、增强信心，为发展扫清路障、凝聚动力。

2. 促进消费市场繁荣

把扩大消费同改善人民生活品质结合起来，全力稳就业、保收入。积极扩大县域消费、乡村消费、城市中低收入群体消费，大力发展夜经济、步行街经济和消费新业态新模式，加快线上线下消费融合，拓展教育、医疗等服务消费，培育新的消费增长点，更好发挥消费在经济增长中的拉动作用，推动全省经济平稳、健康、高质量发展。

3. 大力优化营商环境

全力打造"贵人服务"品牌，从政务环境、法治环境、商务环境、社会环境等方面着手，建设国内一流营商环境，在全省上下形成人人爱护营商环境的浓厚氛围，让良好营商环境成为贵州融入新发展格局的核心竞争力。

[贵州省信息中心　段　倩　秦海旭]

之六：2021年云南省经济运行分析及2022年展望

2021年以来，云南坚持稳中求进工作总基调，科学统筹疫情防控和经济社会发展，经济延续稳定恢复态势，主要经济指标处于合理区间。工业稳步复苏、投资效率提升、消费潜力加快释放，服务业持续恢复稳定，市场预期不断改善。但是，国际环境不确定性因素增多，国内经济运行也面临疫情散发、大宗商品价格高企、原材料短缺等问题和挑战。多数经济指标的恢复程度仍不及预期，经济增长内生动力不足的问题较为突出，经济稳增长的压力加大。初步预计2021年经济增速能够完成预期目标任务，2022年需采取切实有效措施稳定工业和投资，促进经济发展质量和效益的不断提升，确保经济运行在合理区间。

一、2021年云南省经济运行分析

（一）经济持续恢复发展，主要经济指标处于合理区间

经济数据逐季回落，内需恢复不及预期。2021年前三季度，完成地区生产总值19607.76亿元，同比增长8.9%，两年平均增长5.8%。其中，第一产业增加值2168.23亿元，增长10.2%，两年平均增长7.1%；第二产业增加值6802.71亿元，增长8.6%，两年平均增长5.4%；第三产业增加值10636.82亿元，增长8.8%，两年平均增长5.7%。前三季度GDP增速延续回落趋势，第一季度、上半年和前三季度增速分别为15.3%、12.0%和8.9%。工业、服务业、投资、消费、房地产等五大板块增速逐季下行。进出口增速虽然也呈逐季下行趋势，但总体仍保持较快增速。农业生产形势良好，畜牧业生产快速增长；工业生产平稳增长，高技术制造业增速加快；市场消费保持稳定，线上销售快速增长；固定资产投资稳步增长，民间投资增长较快；财政金融运行平稳，重点领域保障有力；居民收入稳步提升，农村居民收入增长较快。对外贸易增速较快，是前三季度经济增长的最大亮点。内需不足问题仍然突出，受到国内疫情和汛情的双重影响，内需恢复状况不及预期。工业和投资的快速下降对经济运行产生不利影响，消费对经济增长的拉动作用依然疲弱。

出口保持较快增长，进口增速逐季回升。前三季度，货物贸易进出口总额2241.10亿元，同比增长37.7%。其中，出口额1179.32亿元，增长52.4%；进口额1061.77亿元，增长24.4%，贸易顺差117.55亿元。前三季度，云南与主要贸易伙伴进出口额保持增长，对东盟进出口914.6亿元，同比增长16.7%，占全省外贸总值的40.8%，东盟继续保持第一大贸易伙伴地位。对美国、中国香港和巴西分别进出口156.4亿元、119亿元和100.1亿元，分别同比增长177.6%、25%和131.8%。前三季度，民营企业进出口额1211.8亿元，同比增长49.9%，占全省进出口总值的54.1%，持续保持全省第一大外贸经营主体地位。进口增速逐季加快，部分进口商品增长较快。前三季度，进口金属矿砂309亿元，同比增长74.9%；进口农产品144.4亿元，同比增长70.1%。疫情反复导致生产重启受阻，中国替代效应依旧明显，云南对美国等发达国家出口增速仍在高位运行。上年同期低基数也是出口保持较快增速的重要原因，进口增强缘于海外供给恢复、大宗商品价格上涨和国内需求回升。

投资增速明显下滑，民间投资较快增长。前三季度，固定资产投资（不含农户）同比增长8.2%，两年平均增长7.3%。其中，民间投资增长9.9%，快于固定资产投资增速1.7个百分点，两年平均增长11.2%，快于固定资产投资平均增速3.9个百分点。固定资产投资两年平均增速仍低于2019年同期9.3%的水平2个百分点。从三大领域来看，基础设施投资同比增长9.9%，制造业投资同比增长2.4%，房地产开发投资同比增长3.3%。投资下滑主要是受制造业和房地产投资拖累。房地产投资明显下降，由于调控持续升级，终端需求回落，再加上原材料成本处于高位，房地产企业投资意愿降低。制造业恢复进程仍没有结束，在一些领域投资大幅回落的情况下，制造业投资主要是受高技术制造业支撑。基建作为托底稳增长的重要环节，在稳定固定资产投资中起到了重要作用。随着地方专项债发行明显提速，基建项目审批加快，基础设施投资增速有望进一步提升。

消费需求依然低迷，网络消费增长较快。前三季度，社会消费品零售总额完成7828.55亿元，同比增长12.1%，两年平均增长2.9%。其中，限额以上企业（单位）消费品零售额实现1977.64亿元，增长12.8%。按消费类型分，商品零售6736.41亿元，同比增长10.6%，两年平均增长3.0%；餐饮收入1092.14亿元，同比增长22.6%，两年平均增长2.4%。在限额以上企业（单位）商品销售类值中，通过公共网络实现的商品销售额64.09亿元，增长50.1%。受经济下行、短期库存周期、季节性等因素叠加影响，社会消费品零售总额两年平均增速仅为2.9%，比2019年同期10.2%的水平大幅回落7.3个百分点。国内疫情、汛情多发继续影响服务消费需求，服务业恢复发展仍然受到明显制约，旅游等消费潜力尚未得到充分释放。国庆假期，接待游客2193.0万人次，恢复至2019年同期的80.9%；实现旅游收入155.1亿元，恢复至2019年同期的71.8%。

（二）经济恢复基础仍不稳固，经济下行压力有所加大

云南经济恢复仍然不稳固、不均衡，消费、投资和中小企业的风险点相叠加，导致经济运行面临较大下行压力。一是工业增速明显下滑。前三季度，规模以上工业增加值两年平均增长5.7%。平均增速低于2019年同期增速3.6个百分点，工业经济持续低迷对全省经济恢复产生较大压力。二是消费增长速度快速下降。前三季度，社会消费品零售总额两年平均增长仅为2.9%。疫情形势变化造成的短期影响并未完全消除，消费倾向降低可能会带来消费增速放缓的长期性影响。三是制造业和房地产投资增速持续下降。前三季度，制造业投资同比增长2.4%，房地产开发投资同比增长3.3%。制造业和房地产开发投资增速远低于整体投资增速，制造业投资和房地产投资增速的快速下降已经造成固定资产投资的整体下滑。四是PPI增速远高于CPI增速。前三季度，CPI同比上涨0.1%，PPI同比上涨7.9%。消费领域价格低位运行，生产领域价格持续上涨，PPI不断走高带来工业通胀压力。PPI和CPI增速的反差将对中小企业和下游企业的利润、投资和产出产生很大的影响，其背后有国际大宗商品价格上涨的输入性因素影响，也与国内房地产、基建等行业需求变化相关。

二、经济运行环境分析及趋势展望

新冠肺炎疫情严重打乱了全球供应链，国际循环面临大宗商品价格上涨、原材料短缺、物流成本上升等问题和挑战。国内循环面临全球疫情仍在持续演变，外部环境更趋复杂严峻，国内经济恢复仍然不稳固、不均衡等问题。一方面，我国经济运行常态化趋势正在形成，有充足的发展动能、充分的政策空间，能够展现足够的韧性。高新技术产业和"碳达峰""碳中和"为其提供了充足的投资机会，将会逐步带动市场的盈利改善和投资预期向好。扎实推动共同富裕，推进区域、城乡一体化发展，加大力度提高中等收入群体比重，将给我国带来巨大的消费动能。外需依然会有一定幅度的增长拉动，发达经济体与

新兴经济体外需交替接力，我国对越南和印度尼西亚等东盟国家的出口供给替代效应仍显著。另一方面，我国正处在转变发展方式、优化经济结构、转换增长动力的攻关期，结构性、体制性、周期性问题相互交织，"三期叠加"影响持续深化，经济下行压力有所加大。一是新冠肺炎疫情仍在全球蔓延，世界经济复苏的基础尚不稳固，国际产业链供应链格局深刻调整，不确定不稳定因素增多。二是房地产投资下滑对固定资产投资增速影响较大，消费低增长和成本上升等因素继续制约工业经济发展，外贸不稳定因素增多对我国出口需求产生不利影响。三是大宗商品价格上涨持续增加中下游企业成本上升压力，大宗商品价格持续上涨，并开始向中下游传导，有可能形成CPI上涨压力。四是部分房地产企业现金流问题突出，使得风险从地产行业传导至其他行业，防范债务风险、金融风险的压力加大。

展望2022年，在疫情趋缓的大背景下，复苏迟滞的服务消费将逐渐恢复，加之随着产业链的修复，全球供给能力将得到较大改善，全球经济有望延续复苏态势。随着我国对于疫情反弹的防控效果显现，将继续带动整体消费回暖以及服务类消费的回升。统筹疫情防控和经济社会发展扎实推进，宏观政策跨周期调节有效实施，支持实体经济发展政策持续显效，企业预期有望趋于稳定。但受到收入增速放缓、预防性储蓄行为加强和房地产相关消费下降等因素的抑制，消费需求难出现明显改观。中游设备制造和高技术制造业发展将拉动制造业投资温和上行。在"房住不炒"大纲领下，商品房销售增速继续回落，房地产开发企业到位资金增速下行，房地产投资将维持低位运行态势。一批重大项目陆续开工建设，地方专项债继续发挥作用，拉动基建投资增速持续回升，带动扩大有效投资。在国内疫情整体可控、产业链完整与供给适应性强、海外订单回流等因素支持下，进出口将继续保持较快增长。但疫情冲击影响不会完全消退，周期性的下行力量仍然存在，输入型通胀、房地产销售增速下滑等将会继续拖累经济增长。

综合分析预测，2021年全国经济增速将呈"前高后低"运行趋势，预计全年GDP增长8.2%左右，两年平均增长5.2%左右。预计2022年，全国经济增速达到7.0%左右，三年平均增速上升到5.8%左右。

三、经济形势及主要经济指标预测

云南出台多项稳增长的政策措施，取得明显的成效。持续打造世界一流"三张牌"。在"绿色食品牌"方面，打造具有云南特色、高品质、有口碑的农业"金字招牌"，加快形成品牌集群效应。发展绿色有机生产基地，促进农产品向高端市场迈进。在"绿色能源牌"方面，持续推进绿色能源战略与绿色先进制造业深度融合，着力打造"中国铝谷"和"世界光伏之都"。新能源发展将有效拉动投资，成为云南经济增长的新动能。在"健康生活目的地牌"方面，推动健康产业与旅游、体育、文化、教育等产业融合发展，创建国际康养旅游示范区。半山酒店、特色小镇和美丽乡村等成为旅游新热点。新产业、新业态、新模式加快发展。以"绿色铝""绿色硅"为首的电子信息制造业产能持续释放。数字经济新动能加速崛起，全力打造"数字云南"，推动大数据、人工智能、区块链等战略性新兴产业发展，数字经济产业将成为面向南亚东南亚辐射中心的重要支撑。举办联合国《生物多样性公约》第十五次缔约方大会，集中展现生态文明建设"排头兵"成效，对云南继续深化扩大对外开放起到积极的推动作用。继续发挥投资对稳增长的关键性作用。专项债券对地方经济社会发展的积极作用进一步显现，将有力支持云南制造业高质量发展；随着房地产税等房地产长效机制的加速落地，房地产市场观望程度将进一步加深，楼市供需结构将迎来一定程度的调整；一批重大项目将陆续开工建设，基础设施投资仍是云南稳增长对冲经济下行压力的重要力量。

地方政府专项债发挥作用，带动扩大有效投资，随着专项债进入密集发行期，基建投资有望持续反弹。统筹疫情防控和经济社会发展的成效不断显现，消费环境持续改善，居民消费潜力逐步释放，消费持续发挥对经济发展的重要支撑作用。世界经济复苏带动贸易增长，为进出口保持增长创造有利条件，外需仍有较大发展空间。但是国际大宗商品价格目前仍然保持高位，虽然近期涨幅有所回落，但是走势还存在不确定性。国内部分上游行业产品供求关系比较紧张，价格仍然存在上涨的压力。综合分析，第四季度经济趋势受到疫情形势尚存不确定性、国际经济和政策环境变化、电力供应和生产恢复水平、内外部需求复苏状况、通胀走势和市场预期等多重因素影响，加上上年同期基数抬升的影响加大，第四季度经济下行压力有所增加。同时由于2021年第一季度经济大幅增长抬高基数，预计2022年经济增速总体将呈现"低开稳走"的运行态势。

2021年，云南经济增速将呈"前高后低"运行趋势，预计全年GDP增长8.3%左右，两年平均增长6.1%左右。固定资产投资、社会消费品零售总额、进出口总额分别增长8.0%、10.6%、20.8%左右。预计2022年，云南经济增速达到8.8%左右，三年平均增速上升到7.0%左右。固定资产投资、社会消费品零售总额、进出口总额分别增长9.3%、11.2%、13.6%左右。

表1　2021年、2022年云南主要宏观经济指标预测

指标	2021年前三季度		2021年全年		2022年全年	
	绝对数	增长率/%	绝对数	增长率/%	绝对数	增长率/%
国内生产总值（GDP）/亿元	19607.76	8.9	26782.6	8.3	29529.4	8.8
第一产业/亿元	2168.23	10.2	4172.2	9.4	4846.4	8.6
第二产业/亿元	6802.71	8.6	8990.3	8.0	10050.5	8.6
第三产业/亿元	10636.82	8.8	13620.1	8.2	14632.5	9.0
规模以上工业增加值/亿元	—	10.7	—	8.6	—	9.5
固定资产投资/亿元	—	8.2	—	8.0	—	9.3
房地产开发投资/亿元	—	3.3	—	4.2	—	5.4
社会消费品零售总额/亿元	7828.55	12.1	10830.9	10.6	12043.8	11.2
进出口总额/亿元，亿美元	2241.10	37.7	470.5	20.8	534.5	13.6
出口额/亿元，亿美元	1179.32	52.4	275.3	24.3	317.9	15.5
进口额/亿元，亿美元	1061.77	24.4	195.2	16.1	216.6	11.0
城镇居民可支配收入/元	30816	11.4	41063	9.5	44430	8.2
农村居民可支配收入/元	9336	11.9	14165	10.3	15511	9.5
居民消费价格指数/%	100.1	0.1	100.2	0.2	102.3	2.3
工业品出厂价格指数/%	107.9	7.9	107.8	7.8	103.7	3.7

注：GDP、工业增加值增速为可比增速，其余指标增长速度为名义增速，进出口指标季度计量单位为亿元、年度计量单位为亿美元。

四、政策措施建议

"跨周期调节"将成为高质量发展阶段下，我国宏观经济调控的基本框架和理念。要准确理解跨周期调节的内涵和重点，加大对新出台政策的权威解读，把握好政策执行的方向和力度。深刻认识跨周期调节不完全以经济增速为目标，更加兼顾经济增长的质量，解决中长期结构性问题。通过加强预期管理、加强公众沟通，引导微观主体或市场主体的预期，保护和激发市场主体活力，提高产业链供应链的稳定

性和竞争力。进一步巩固拓展疫情防控和经济社会发展成果，实现云南经济跨越式发展目标。

充分挖掘投资增长潜力，推进重大工程项目建设，扎实做好项目前期准备，引导企业加大技术改造投资，激发有效需求，丰富有效供给，促进固定资产投资增速回升。积极培育信息、文化、健身、培训、家庭服务等消费热点，大力发展社区服务等面向民生的服务业，加快发展旅游业，积极拓展新型服务领域，促进消费结构优化升级。进一步优化收入分配结构，扎实推进共同富裕，增加消费有效供给。在产业结构调整、新旧动能转换过程中，培育新的经济增长点，发挥结构升级带来的质量提升作用。

持续加大对中小企业发展的支持，不断优化中小企业发展环境，切实保障中小企业公平参与竞争，鼓励、支持、引导中小企业健康发展。加大融资服务力度，加大创新发展支持力度，加大优化营商环境工作力度，继续精准实施减税降费、惠企纾困、稳岗就业及优化营商环境等政策，促进中小企业和困难行业持续恢复。引导中小企业加强市场分析预测，把握市场机遇，增强质量、品牌和营销意识，改善售后服务，提高市场竞争力。提高工业投资比重，夯实实体经济基础，进一步提升投资质量和效益。

进一步加大对重点领域和薄弱环节的支持力度，平衡好稳增长和防风险之间的关系。经济恢复进程中面临的外部环境不稳定不确定因素较多，云南边境疫情防控压力较大，巩固稳定恢复发展的基础仍需努力。同时，要防范"双控"对产能释放的抑制、房地产调控对投资增长的抑制、金融严监管对房地产和实体融资的抑制，减弱结构性力量与周期性力量共振带来的负面影响。信用违约风险提升，房地产企业信用违约、国有企业债券违约增多，要防范化解可能形成的财政金融风险，保持经济运行的良性循环。

[云南省经济信息中心　孔　莉　阚祥伟　何　昆]

之七:2021年陕西省经济运行分析及2022年展望

2021年,国际政治经济环境依然复杂,全球疫情仍然严峻,国内经济保持韧劲、领跑世界。陕西始终坚持统筹疫情防控和经济社会发展,扎实推进"六稳""六保"工作,经济渐行渐稳。

一、2021年陕西省经济运行特征分析

"十四五"开局之年,陕西省经济增速在2020年的低增长平台上呈恢复性较快增长,季度累计增速分别为15.4%、10.2%、7%,但与全国相比,由2020年低0.1个百分点拉大至季度累计分别低2.9个、2.5个、2.8个百分点。

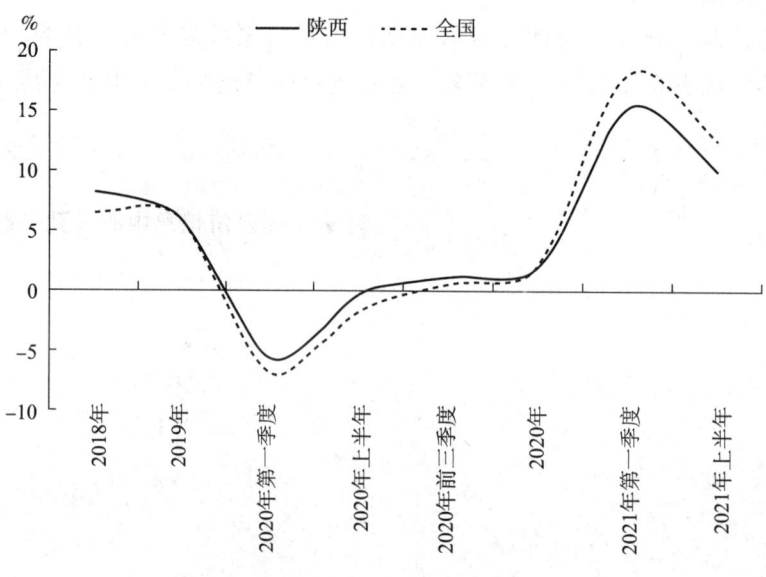

图1 陕西地区生产总值季度累计增速

(一)夏粮丰产丰收,农业加速向现代化、科技化、品牌化方向发展

截至2021年8月,陕西建成高标准农田605万亩①,新增高效节水灌溉面积195万亩。2021年陕西夏粮播种面积1657.05万亩,较2020年增加1.5万亩,增长0.09%;总产量470.6万吨,较2020年增加17.1万吨,增长3.77%;单产284公斤/亩,较2020年增加10.07公斤/亩,增长3.68%。夏粮总产为21世纪以来最高,单产也创出历史最高。

农业发展取得突出成效。陕西所有行政村和易地扶贫搬迁安置点已经实现4G网络和光纤网络全覆盖,农村地区宽带平均接入速率达93.2兆。陕西省农用微生物科技产业技术创新战略联盟在西安成立。"耀州花椒"入选2021年第一批全国名特优新农产品名录。陕西省乡村振兴局挂牌成立。陕西省安康市

---

① 1亩≈666.67平方米;1公斤=1千克。

白河县仓上镇天宝村等5个村获评"全国生态文化村"。眉县猕猴桃、紫阳富硒茶等11个地标产品被纳入中欧地理标志协定。陕西富平综合示范区入选2021年国家地理标志产品保护示范区筹建名单。

（二）创新引领发展，实体经济向科技化、高端化、创新化阔步迈进

2021年前三季度，规模以上工业增加值由年初25.4%的较高增速逐月下降。从具体行业来看，煤炭采选、油气开采、石油加工、黑色金属采选、黑色金属冶压、化学原料、电气机械等行业总产值增速超过32%，发挥出正向拉动工业增长的积极作用。

科技创新是工业发展的主旋律。2021年初，陕西企业开办全程网上办服务平台，在原来企业登记、税票申领、公章刻制基础上，增加了税控设备、员工参保登记、住房公积金企业缴存登记等事项；7月1日起，在全省范围内实施"证照分离"改革全覆盖，进一步激发市场主体发展活力。西安光机所成功研制出宽光谱全天时光学成像测试系统，实现了在宽光谱全天时测试标定领域的技术突破；承担天问一号探测器中分辨率相机光学组件研制任务，助力天问一号探测器成功拍摄高清火星影像图；研制出具有自主知识产权的反射式纯相位液晶光阀及新一代高性能微通道板。中国西电集团研制的世界首台500千伏/90千安经济型高压交流限流器顺利完成人工短路试验，并在500千伏广南站顺广甲线挂网运行；研制成功百万千瓦机组用发电机断路器成套装置。陕鼓研制生产的8台套全流程压缩机组，为用户生产提供全流程的氧气和工艺气供应，帮助全球首套焦炉尾气制乙二醇项目成功投产。西安航天基地作为"高技术转化应用（航天）·陕西西安市"产业示范基地，是2021年西北地区唯一获得五星级评价的产业基地。西安高新技术产业开发区和西安经济技术开发区跻身全国先进制造业百强园区。陕西省60家企业荣列工业和信息化部公布认定的第三批专精特新"小巨人"企业名单，高于2019年9家和2020年43家企业的水平，入选企业数量逐年增长。陕西二氧化碳捕集、利用与封存（CCUS）技术应用已走在全国前列，具有国内最完整的CCUS产业链、供应链，80%以上的材料、装备可以实现自主制造。西咸新区国睿一诺药物安全评价研究有限公司通过GLP认证。陕北矿业张家峁公司智能煤矿巨系统关键技术装备研发与示范煤矿建设研究项目成为全国煤炭行业首个全矿井智能化示范标杆。可见，2021年陕西在高技术领域取得了较好的成绩，带动高技术产业产值月度增速大多保持在25%~27%的较快增长区间。

经济承压回稳是工业提升内在质量的好时机，陕西适时于6月全面启动建设秦创原创新驱动平台，前9个月，依托秦创原创新驱动平台，围绕23条重点产业链延链、补链、强链，谋划有效储备项目30383个，新开工项目12852个，同比增长6.4%。为陕西进一步打通科技成果转化通道、助力产业转型升级注入强劲原动力。

表1 工业投资和工业技改投资累计增速

时间	工业投资增速/%	工业技改投资增速/%
2020年	-0.4	37.9
2021年1—2月	18.2	270.3
2021年1—3月	23.1	185.3
2021年1—4月	15.1	78.7
2021年1—5月	15.0	63.3
2021年1—6月	11.8	54.2
2021年1—7月	8.5	48.5
2021年1—8月	6.6	42.1
2021年1—9月	2.4	23.3

2021年，陕西实体经济生产经营逐渐走出前两年低负增长的低谷，规模以上工业增加值主营业务收入增速为27%~37%，利润更是呈翻番增长。

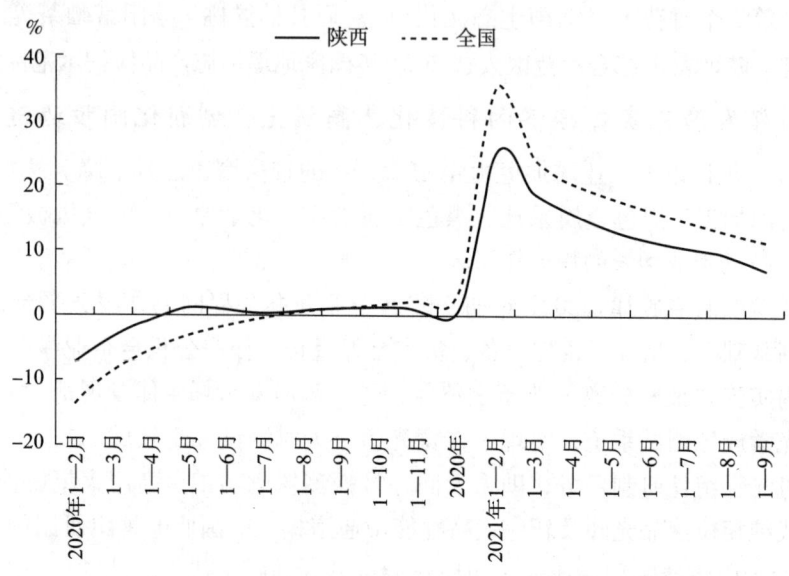

图 2　2020 年以来陕西规模以上工业增加值累计增速

（三）现代服务业多领域取得发展好成效，切实激发陕西经济新动能

2021 年第一季度、上半年和前三季度服务业增加值分别同比增长 13.8%、10.3% 和 8.4%，主要在科学文化、现代物流等领域取得新的进展。西安理工大学工程训练中心智能+自动化工程创客体验科普教育基地成功获批；耀州陶瓷工业遗产群被确定为第四批国家工业遗产；陕西省公众科学素质与文化创新研究中心揭牌，全力、全面推动陕西省公众科学素质建设；陕西省对台交流基地在西安交通大学揭牌；首次推出革命旧址云上展，打造云上爱国主义教育空间；宝鸡、渭南、铜川和安康 4 个市成功创建国家公共文化服务体系示范区。全国第一个县级菜鸟乡村农产品上行中心和共配中心综合体在宜君县试运营；陕西首家本土货运航空公司西北国际货航开航投运。

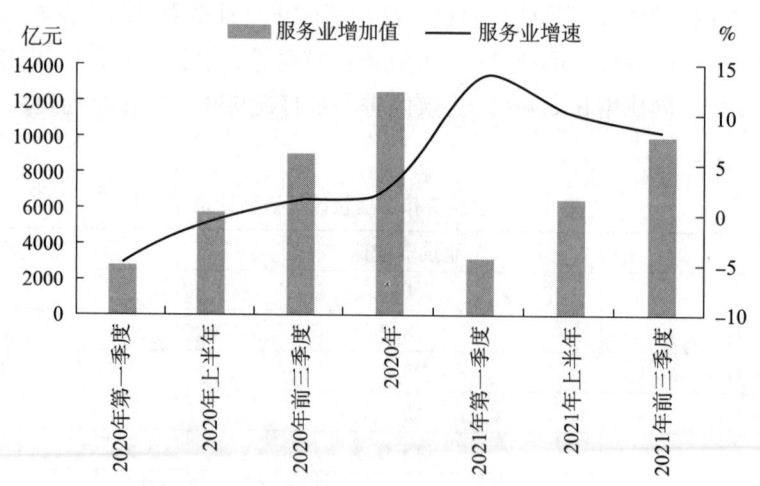

图 3　2020 年以来陕西服务业累计增加值及增速

（四）坚持大抓项目、抓大项目、促大发展导向，为高质量发展赋能

2021 年前 9 个月，陕西 516 个省级重大项目完成投资 3700 亿元，占年度计划的 85%，夯实了"稳"的基础，扩大了"新"的动能，增添了"绿"的底色。

前三季度，陕西各级、各部门围绕省上制定的年度招商引资活动总体安排，精准开展"点对点"叩门招商、小分队招商。对自贸区、综合保税区、经开区、高新区等进一步明晰定位、分类施策，实现园区招商新突破。通过扎实开展的强内力、利长远项目的策划和招商，吸引了诸如总投资3亿元的陕西青云智通流体控制设备有限公司高端微型精密电磁阀生产线一期、正威宝鸡新材料科技城等一批高质量项目；项目建设进展情况也比较好，奕斯伟硅产业季度项目进展顺利，比亚迪高端智能终端产业园部分生产线已安装调试完毕。这些项目成功引领本年施工项目个数、本年新开工项目个数、全部投产项目个数等指标增速扭转了2020年低负增长的局面，呈两位数甚至翻番的恢复性增长。其中工业技改投资增速更是连续16个月保持40%及以上的高增长。前8个月新登记市场主体60.48万户，较2020年同期增长23.36%。市场主体总量达到469.21万户，较2020年同期增长12.47%，市场活力的增强有效激发了民间投资的积极性，民间投资增速年内始终高于固定资产投资10个百分点左右。

（五）消费品市场回升速度逐渐放缓，外贸进出口呈逆势较快增长

2021年第一季度、上半年和前三季度陕西社会消费品零售总额分别同比增长37.2%、22.8%、12%，与全国平均相比分别高3.3个、低0.2个、低4.4个百分点。限额以上消费品零售额中商品零售的23个大类中19类商品零售额回归正增长区间。通过公共网络实现的商品销售保持20%及以上的较快增速，持续高于社会消费品零售总额增速。陕西采取多项措施促进消费：西安大唐西市等5条步行街开展第二批省级试点步行街改造提升；西安市直播电商协会成立，旨在构建直播生态标准、优化产业生态链、整合上下游资源、聚集相同喜好生态集群、细化新业态下的垂直受众、解决供应链销售通道；陕西智慧车联网平台省内充电桩接入率超过83%，初步实现省内充电设施互联互通，助推新型汽车消费；武功西北网红直播基地在原西北农产品体验城基础上升级改造，成为西北首个直播基地。

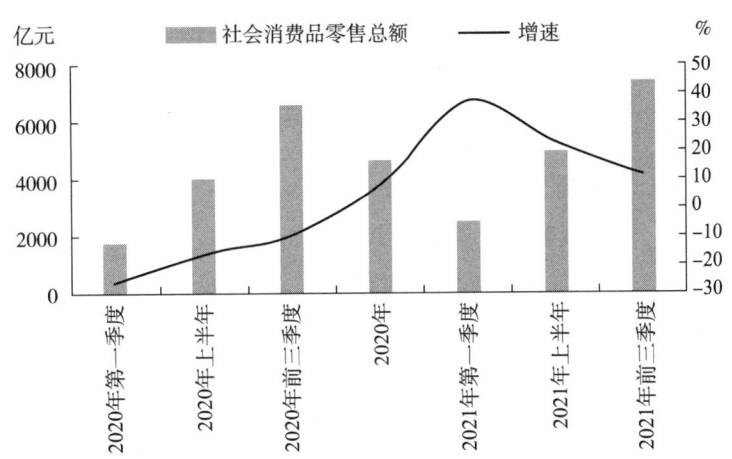

图4　2020年以来社会消费品零售总额及累计增速

进出口增速年内呈现逐月提高之势，特别是出口由前两年的负增长跃升至两位数的正增长。陕西自贸试验区"多元化保险助推现代农业发展"被评为全国自贸试验区第四批18个"最佳实践案例"之一；累计形成创新案例527个，其中28项改革创新成果在全国复制推广，83项成果在全省复制推广，总结形成"三位一体"税务集成服务体系等3项首创性改革创新成果。相继开通4条全货运航线，累计开通数量达37条，其中国际货运航线18条。

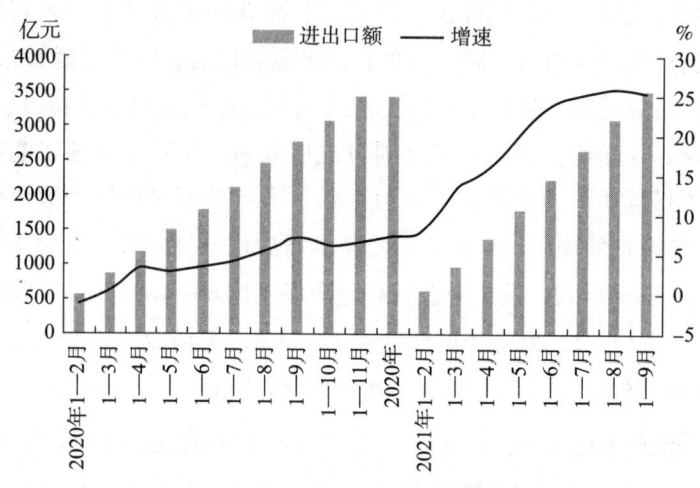

图 5　2020 年以来累计进出口额及增速

（六）经济运行存在的问题

1. 规模以上工业增加值增速回落并低于国家均值

规模以上工业增加值在 2020 年 2% 以下甚至负增长的低水平基础上迅速拉升到 2021 年初 25.4% 的较快增长，但前三季度呈逐月回落态势，且连续 10 个月低于全国平均水平。一是由于陕西超过 2000 家"五上"企业由于收入不达标、停业歇业、破产注吊销等申报退库，预计全年退库数量将超过 2020 年，规模以上企业基数减少是工业增加值增速下滑的重要因素，因此培育中小企业扩大生产经营规模、增强抵御风险能力势在必行。二是虽然陕西拥有诸如国家级先进结构材料（钛）产业集群等一批产业集群，但在走向高质量发展过程中，仍然存在产业链不完善、附加值低、民品开发不足等亟待解决的"瓶颈"问题。

2. 部分行业投资仍处于负增长态势，不利于投资回升

前三个季度，煤炭采选、石油加工、有色采选、黑色冶压、化学原料、汽车制造、铁路船舶、电气机械、仪器仪表、医药制造、纺织服装等投资比重较大的行业投资增速仍为负增长，对投资增长形成较大的制约。特别是国家明确要求陕西严控煤电、煤化工等新增规模，重点削减煤炭消费量。全省在建、拟投产的 12 个项目，多数需要通过对存量淘汰改造、等量或减量替代解决能耗指标问题，项目推进放缓甚至停工，对于陕西投资增长影响较大。民间投资已经占到固定资产投资的 50% 以上，由"五上"企业退库可以推测中小民营企业面临更大的生产经营困难，以切实有效的措施激发民营企业生产积极性、确保民间投资稳定健康发展是稳投资的关键。

3. 消费市场复苏仍面临较多不稳定不确定因素

限额以上社会消费品零售总额累计增速由年初的高增长逐渐向常态回归，电子出版物及音像制品类、通信器材类、煤炭制品类、建筑及装潢材料类等消费品零售额增速尚未稳定在正增长区间，疫情的反复对陕西省消费、商贸、旅游的复苏和稳定增长形成较大影响。

总的来看，新冠肺炎疫情仍在影响国际经济，中国科学统筹疫情防控和经济社会发展，主要宏观指标处于合理区间，全球各大机构对中国 2021 年经济增速的预测普遍在 8% 及以上，可见对中国经济发展前景都充满信心。就前三季度数据来看，陕西省经济恢复逊于全国平均水平，预计 2021 年生产总值增速有望与全国接近。投资增速可望与 2020 年相近，社会消费品零售总额增速在 15% 左右，规模以上工业增加值增速向 10% 努力。

表2　全球各大机构对中国经济增速预测

机构	预测时间	2021年预计增速/%	2022年预计增速/%
国际货币基金组织（IMF）	1月26日	8.1	5.7
	4月6日	8.4	5.6
	10月12日	8	5.6
经合组织	3月9日	7.8	4.9
	5月31日	8.5	5.8
惠誉评级	6月28日	8.4	5.5
	9月17日	8.1	—
亚洲开发银行	9月22日	8.1	5.5
穆迪	6月29日	8.5	—
	8月	8.3	—
标普	6月29日	8.3	5
	10月19日	8.4	—
联合国	1月29日	7.2	—
	3月18日	8.1	—
世界银行	6月29日	8.5	—
摩根大通	6月29日	9	—

二、经济发展内外环境分析

（一）世界主要经济体经济呈现复苏态势，海外需求趋旺利好中国发展

2021年以来，全球经济都处于复苏阶段，市场预期趋于乐观，贸易开始回暖，工业品价格出现上涨。美国生产端稳步恢复，但由于境外疫情反复、供给端仍存在制约因素，因此供给恢复慢于需求复苏进度。基于全球经济复苏下供需仍不平衡，同时疫情期间主要经济体为应对疫情危机，采取了大规模刺激举措，市场流动性极度宽松，引发大宗商品涨价。美国财政刺激计划的外溢效应日益显现，发达经济体加速恢复。日本疫情仍存较大不确定性，印度、巴西等新兴市场国家疫情明显反弹，预计复苏将滞后于中国和欧美发达国家。

（二）"双循环"新发展格局释放中国经济发展具有良好韧性信号

前三个季度，虽然受到国内疫情汛情冲击、2020年同期基数抬升等不利因素影响，但是我国疫情率先得到控制、复工复产节奏加快、转型升级持续推进、创新活力积极释放、就业物价总体稳定、质量效益稳步提高、出口动能趋于强劲等助推经济运行的积极因素更多，使得国内经济运行逐步回归常态，前三季度GDP累计增速分别为18.3%、12.7%和9.8%。预计后期内外需求将继续回升，实体经济对整个经济的带动还会进一步增强。

三、2022年主要指标预测及展望

2021年，陕西主要宏观经济指标均回升到正增长区间，但是多数指标增速还是在全国平均值以下。

考虑到陕西工业生产者出厂价格与工业生产者购进价格均回升到正增长，出厂价格由低于购进价格逐月追赶并高于出厂价格持平的先行指标走势，不仅可以预见中下游实体经济的利润空间有望扩大，而且综合陕西在经济从波谷向上攀升过程中大力推进秦创原、确定23条重点产业链、着力推进新兴产业发展，高度重视吸引资金、强化督导项目建设进程等举措，有理由相信2022年陕西经济发展质量会有更好的表现。预计2022年生产总值增长6.5%~7.5%，规模以上工业增加值增长6%~8%，固定资产投资和社会消费品零售总额增速在10%或更高，居民人均可支配收入增长10%左右。

四、确保经济稳健发展政策建议

（一）以产业链为重点，着力稳定工业在陕西经济发展中的核心支撑作用

一是依托秦创原，着力引导人才、资金等创新资源向主导产业链和龙头企业聚集，完善大中小微企业融通发展产业生态，研究建立推动大中小微企业在产供销、仓储物流、技术交流、信息互通、利益共享等方面的协同发展机制，优化创新生态系统，加快科技研究成果产业化进程。二是落实《陕西省人民政府办公厅关于进一步提升产业链发展水平的实施意见》，及时协调解决龙头企业及其产业链上下游企业的问题及需求，强化产业链招商、定向招商和精准招商，学习借鉴省外、境外在产业链管理创新方面的先进经验，复制推广先进政策，积极开展先行先试，通过引进培育一批产业链关键环节以及重点产业的延伸，在优势产业锻造一些"撒手锏"技术，切实推动23条重点产业链加快强链、延链、补链，实现主导产业链地区性互补融合、集聚发展，壮大特色产业集群。

（二）以项目建设为重点，充分发挥重大项目对经济发展的有效引领作用

一是以强韧产业链、提升价值链为着力点，围绕集成电路、新型显示、增材制造、无人机等重点产业创新和5G、大数据与云计算、人工智能、物联网等新兴产业发展，谋划、招引、推进项目建设。二是在手续审批、土地供应、资金支持、能耗置换等各方面积极协助多途径解决项目推进困难，对能耗、排放标准达到国内外先进水平，工业增加值能耗水平低，亩均税收等效益指标好的项目实行先用先投。三是加快各类项目投资计划执行进度，下达省级产业结构调整引导资金，抓紧谋划2022年中央预算内投资和专项债券项目。四是对标最高最好最优，按照"成熟一批、复制推广一批"的原则，积极开展优化营商环境改革举措复制推广借鉴工作，对照改革目标和改革措施清单，实施好新一轮三年行动计划，全力推进营商环境综合改革重点领域和关键环节取得突破。

（三）以内循环为主体，加快形成国内国际双循环相互促进的新发展格局

一是在学习国内成功经验的基础上，借鉴国内外领先做法，以钟楼商圈"老字号"改造为示范，从引进国内外优质商业品牌，规范整体形象的公共管理、服务及设施，对老年人和儿童更加友好的慢行系统及智能交互设施等方面开拓创新路径，着力打造陕西生活微场景，全力构建"秦风秦韵"的特色商圈，营造时尚生活消费向往地。二是深度激发秦创原承载功能，锻造生产性服务业长板优势产业，构建服务模式新颖、发展生态良好的研发设计、科技服务、现代金融、现代物流、信息服务、检验检测认证、节能环保服务、人力资源服务、商务咨询、售后服务等生产性服务业体系。

[陕西省信息中心　田静莉　江果]

之八：2021年甘肃省经济运行分析及2022年展望

2021年以来，甘肃上下以习近平新时代中国特色社会主义思想为指导，全面落实习近平总书记对甘肃重要讲话和指示精神，把握"三新一高"导向，统筹推进疫情防控和经济社会发展，经济运行保持积极向好、稳中有进、稳步提质的良好发展态势。初步预测，2022年甘肃经济增速有望继续保持在6%左右。

一、2021年甘肃省经济运行分析

前三季度，经济持续稳定恢复，经济运行继续呈现稳中有进、稳步提质的发展态势。农业生产稳中向好，工业生产稳定增长，服务业继续恢复，投资项目建设实现新突破，消费活力不断释放，外贸进出口快速增长，居民消费价格和就业形势总体稳定。实现地区生产总值7401亿元，同比增长8.5%，两年平均增长5.6%。第一产业增加值1041.7亿元，同比增长9.8%；第二产业增加值2453.2亿元，同比增长9.1%；第三产业增加值3906.1亿元，同比增长7.9%。

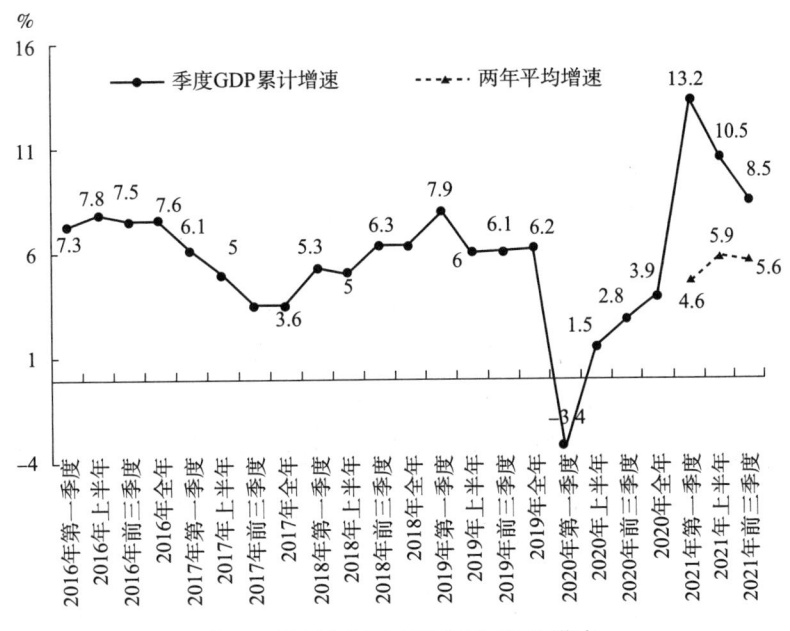

图1 2016年以来季度累计GDP增速

（一）高质量发展政策体系优化健全

省委、省政府着力优化政务服务，激发市场活力，改善发展环境，有效推动全省经济社会高质量发展。大力推动营商环境提质提标，加快数字政府建设，全面推行"不见面审批""不来即享""一网通办""掌上办"。制定出台《关于进一步加强投资项目审批和管理改革工作的意见》等5个实施方案，打出了优化投资项目审批制度改革"1+5"组合拳。创新重大项目建设推进机制，提出了重大项目谋划储备和选取、领导干部包抓推进、要素协调保障、部门协同服务等七大机制。推进"标准地"改革试点，推动项目"拿地即开工"。促进优势特色产业发展，印发实施《关于培育壮大新能源产业链的意见》《关于加快中医药特色发展若干措施的通知》《甘肃省"十四五"数字经济创新发展规划》，推动新能源产业、中医药产业、数字信息产业高质量发展。实施产业链链长制，推进产业基础高级化产业链现代化，全力推进产业链从低端向中高端迈进，加快形成千亿级、百亿级梯次发展格局的产业集群。

（二）现代丝路寒旱农业健康发展

农业生产稳中向好，农林牧渔业增加值1076.4亿元，同比增长9.6%，两年平均增长7.1%。蔬菜、水果产量同比分别增长10%和11%，夏粮总产量同比增长2.7%，秋粮生产总体稳定。猪牛羊禽肉产量94.3万吨，同比增长35.5%。现代农业产业体系加快构建，着力建基地、强龙头、延链条、聚集群、培园区、创品牌，持续提升特色产业规模、质量和效益。已建设重点示范种养基地786个，绿色标准化种植基地面积达到925万亩，建成存栏百万只肉羊大县（区）5个、存栏20万头肉牛大县（区）4个。把扶强龙头企业作为现代丝路寒旱农业倍增行动的突破口，启动实施龙头企业"2512"提升行动，重点打造陇西中药材、安定马铃薯等10个百亿级产业园，带动形成中药材、高原夏菜等一批千亿级产业。

（三）工业生产韧性持续显现

规模以上工业增加值同比增长9.8%，两年平均增长8%，增速稳定高于近三年同期水平。三大门类工业平稳增长，采矿业同比增长7.4%，制造业、电力热力燃气及水生产和供应业"前高后稳"态势明显，分别同比增长9.2%、13.8%。支柱工业较快增长，医药制造业、计算机通信和其他电子设备制造业、化学原料和化学制品制造业、煤炭开采和洗选业、有色金属冶炼和压延加工业、电力热力生产和供应业增加值分别同比增长38.6%、32.5%、18.4%、15.3%、14.1%和12.1%。工业新动能不断增强，规模以上工业战略性新兴产业、高技术产业、装备制造业增加值分别同比增长19.9%、35.8%和11.4%。工业企业效益持续改善，1—8月规模以上工业企业实现利润416亿元，同比增长1.4倍。数字经济加快发展，灾备大数据中心项目和甘肃金昌紫金云大数据产业园项目集中开工，酒泉云计算（大数据）中心项目也正式开园，一体化大数据枢纽建设进展顺利，直连链路布局建设加快。工业生产者价格继续上涨，受煤炭、化工和钢材等大宗商品价格持续上涨影响，PPI涨幅扩大，前三季度工业生产者出厂价格同比上涨14.1%，涨幅比上半年扩大2.8个百分点，工业生产者购进价格同比上涨14.5%，涨幅比上半年扩大2.7个百分点。

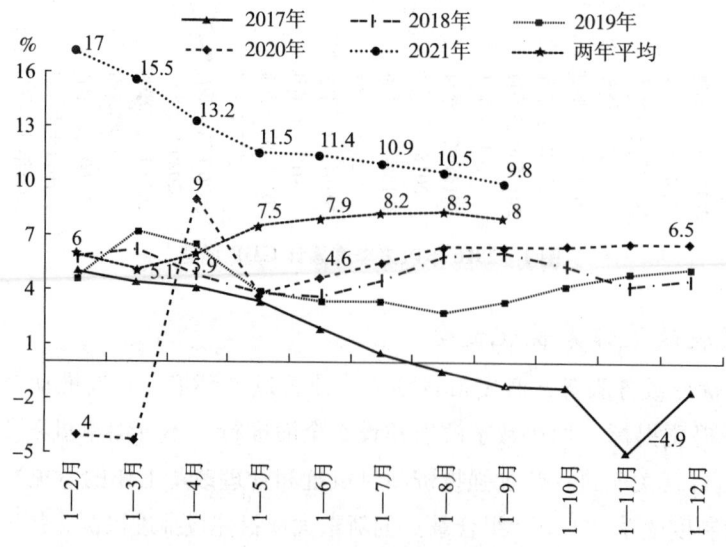

图2 2017年以来规模以上工业增加值累计增速

（四）服务业发展稳定回升

主要商品销售增势良好，商品零售2689亿元，同比增长17%，两年平均增长6.4%。餐饮收入335.7亿元，同比增长26.7%，两年平均增长5.2%。交通货运快速增长，铁路货运量4783.4万吨，同比增长9.6%，两年平均增长10.2%；公路货运量53118.4万吨，同比增长20.1%。文旅新动能持续增强，持续做好"引客入甘"，"交响丝路·如意甘肃"特色旅游商品再创佳绩，在2021中国特色旅游商品大赛上荣获1金、8银、15铜。"一会一节""丰收了·游甘肃""南北过渡带·康养之陇南"等文旅品牌效应持续提升。乡村旅游快速发展，和政县松鸣镇、康县王坝镇、民勤县苏武镇等10个小镇被评为2021年度"甘肃特色气候小镇"，榆中县小康营乡浪街村、渭源县田家河乡元古堆村等6个村入选第三批全国乡村旅游重点村，敦煌市月牙泉镇、康县长坝镇、华池县南梁镇3个镇入选第一批全国乡村旅游重点镇，全国乡村旅游重点村达到38个。

（五）固定资产投资平稳增长

固定资产投资同比增长13.5%，两年平均增长9.9%，保持恢复增长态势。工业投资增势良好，制造业投资同比增长13.3%，连续6个月稳步提高，带动工业投资高位运行，同比增长31.8%。500万元以上工业和信息化项目、生态产业项目、"三化"改造项目分别完成年度计划投资的57.6%、51%、60.7%。重大项目建设成效显著，引洮供水工程主体全线建成，兰州中川国际机场三期扩建工程空管工程项目正式开工，兰州至合作铁路调整初步设计获批。前三季度，208个省列重大项目累计完成投资1478.37亿元，较上年同期增加259.72亿元，增长21.31%，年度计划投资完成率78.7%。民间投资趋稳向好，同比增长16.2%，比上年同期提升6.1个百分点，两年平均增长13.2%。民间投资增速高于全省固定资产投资增速2.7个百分点，高于全国民间投资增速（9.8%）6.4个百分点。

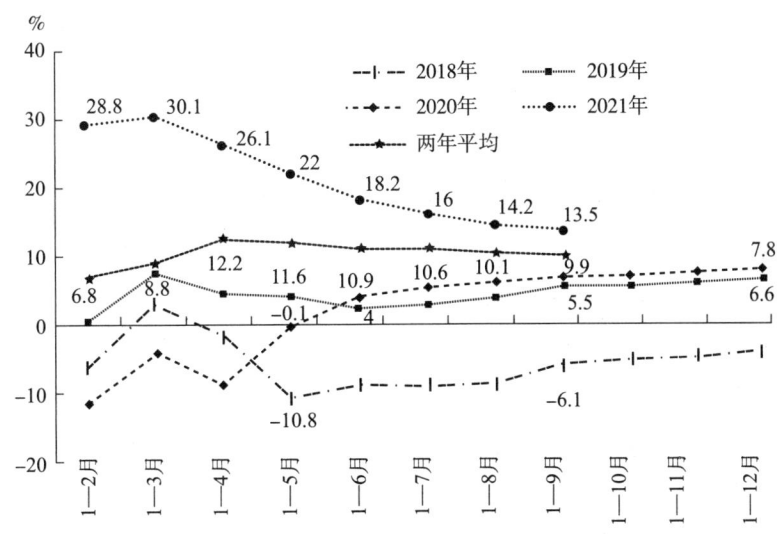

图3　2018年以来固定资产投资累计增速

（六）消费市场保持稳中有进

消费市场活力稳定恢复，社会消费品零售总额增速高于全国、好于预期，实现社会消费品零售总额3024.7亿元，同比增长18%，高于全国1.6个百分点，两年平均增长6.3%，高于全国2.4个百分点。消费新模式新业态进一步提升，大力发展电子商务，全力推动"1+87+N"配送体系建设，支持30个县开展同城配送试点、17个符合标准"中央厨房"建设项目。推荐兰州老街、敦煌夜市特色商业街等7个夜间文化和旅游消费集聚区申报第一批国家级夜间文化和旅游消费集聚区。"甘味"品牌影响力持续提升,加快构建"甘味+市县区域公用品牌+企业商标品牌"三级融合、开放合作的品牌体系。成功举办"畅通市场循环助力乡村振兴"为主题的"甘味"农产品线上产销对接活动,成功举办以兰洽会、浙商(投融资)大会西北峰会、"陇货入蓉"等会议会展。消费价格总体平稳,前三季度居民消费价格同比上涨0.7%,涨幅与上半年持平。

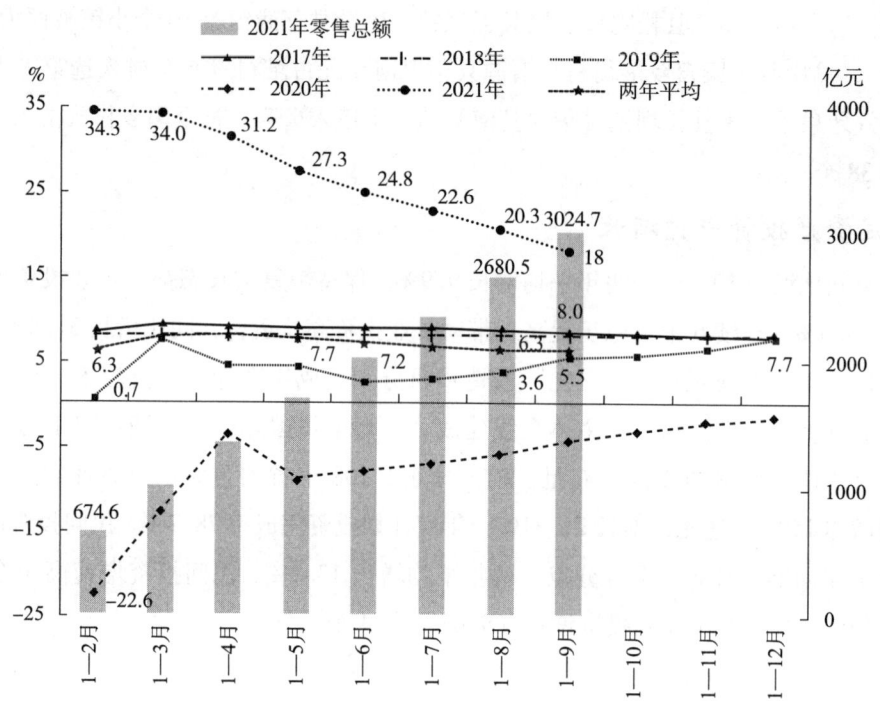

图4 2017年以来社会消费品零售总额及累计增速

(七) 外贸进出口快速增长

不断拓展外贸新业态,持续优化通关流程,做大做强开放平台,促进高水平开放。前三季度外贸进出口总额达到378.3亿元,同比增长36.2%。对"一带一路"沿线国家进出口大幅增长,进出口达到180.6亿元,同比增长40.4%,占全省进出口的47.6%,较上年同期增加2.8个百分点。加工贸易和一般贸易实现双增长,一般贸易进出口额261亿元,同比增长37.4%;加工贸易进出口额81.4亿元,同比增长10.1%,占进出口的21.5%。高水平开放平台作用持续增强,兰州新区综合保税区进出口达到56.7亿元,同比增长3倍,高于全国综保区26.3%的增幅。"中吉乌"国际多式联运班列实现常态化运行,兰州—德国杜伊斯堡中欧班列从(兰州)陆港开行,中国(天水)跨境电商综试区启动运营。服务贸易迈出新步伐,中国国际服务贸易交易会期间,全省有23家企业和机构签订了25项服务贸易合作协议,签约金额1.25亿美元。

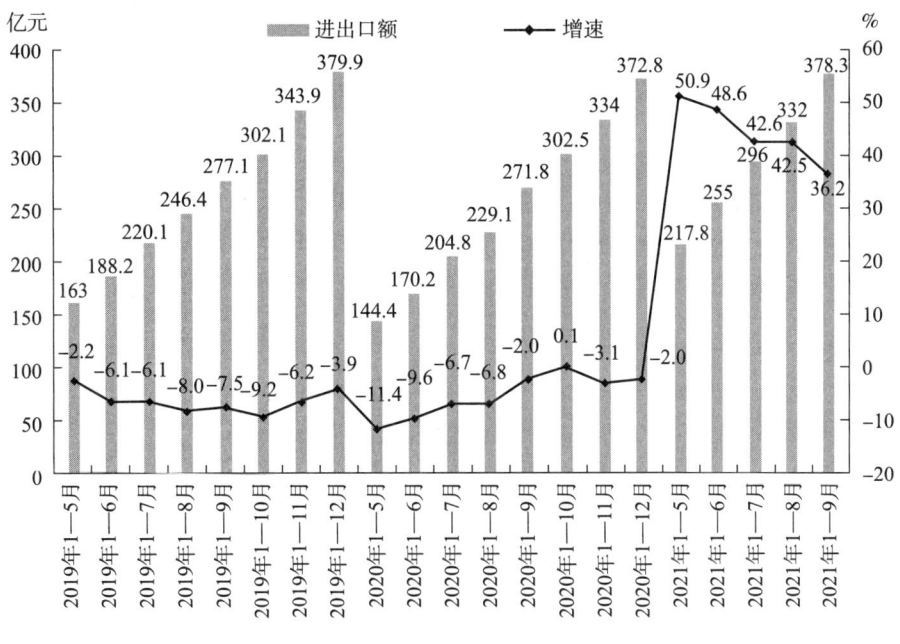

图5 2019年以来外贸进出口额及累计增速

二、面临的挑战和制约因素

一是固定资产稳增长压力较大，基础设施投资下滑幅度明显，前三季度基础设施投资增速较上半年下降10个百分点，成为制约固定资产投资增长的主要因素。民间投资严重依赖房地产，恒大等事件有可能影响民间投资积极性，制约固定资产投资稳定增长。二是消费需求动力不足，居民收入较低，房贷、教育、医疗等刚性支出压力较大，影响居民消费意愿，汽车、石油等大宗商品消费增速回落。电商消费、虹吸效应、大规模城乡富余劳动力省外就业等导致消费外流，新型消费支撑作用不强，制约消费持续回升。三是企业效益恢复不平衡状况依然存在，私营企业和小微企业盈利恢复相对较慢，中下游行业利润改善幅度不如上游原材料制造行业，大宗商品价格持续高位运行严重挤压企业盈利空间，加剧了企业间、行业间利润分化。煤炭采购价格大幅上涨，导致煤电价格倒挂，发电企业亏损较为严重。四是贸易逆差高位运行，进出口结构为84∶17，出口规模小，进口贸易额高增长主要由大宗商品价格上涨引起，进口规模并未有明显提升。五是关键经济指标存在大幅回落风险，前三季度第二产业和第三产业增速均低于全国水平，规模以上工业增加值增速低于全国2个百分点，投资和消费增速高于全国水平，整体上需求侧好于供给侧，兰州本轮疫情严重抑制住宿餐饮、文化娱乐、旅游消费、交通物流稳定恢复，对生产和消费都将产生负面影响。

初步预计，2021年甘肃地区生产总值有望突破1万亿元大关，经济增速在8%左右，两年平均增长5.5%左右，规模以上工业增加值增速9%左右，固定资产投资增速12%左右，社会消费品零售总额增速15%左右，外贸进出口总额有望达到450亿元。

三、2022年经济发展环境分析

（一）世界经济将在不确定中缓慢复苏

世界百年未有之大变局加速演进，新冠肺炎疫情影响广泛深远，世界经济复苏面临严峻挑战，全球疫情反弹，变异毒株德尔塔传播速度快、病毒载量多，各国经济复苏进程受到明显扰动，疫情在未来一段时期持续导致全球经济活动卡壳，影响供需之间循环畅通，原材料供应和芯片短缺持续冲击全球产业链，全面恢复基础薄弱，叠加逆全球化浪潮、大国博弈加剧、国际物流价格高企、"能源荒"等，各国经济政策不确定性升级，或引致世界经济增速放缓，IMF预计2022年全球经济增长4.9%。

（二）全国经济将在构建新发展格局中持续恢复

2022年"三新"导向将更加深刻，立足新发展阶段，贯彻新发展理念，构建新发展格局，深化供给侧结构性改革将迈出新步伐，国家层面加快改革创新步伐，中央和国务院连续印发《关于加快发展外贸新业态新模式的意见》《中共中央　国务院关于支持浦东新区高水平改革开放打造社会主义现代化建设引领区的意见》《关于推进自由贸易试验区贸易投资便利化改革创新若干措施的通知》《关于深化生态保护补偿制度改革的意见》等战略决策，大力支持改革创新，系统塑造高质量发展新优势。"十四五"规划重大项目将加快推进，新型基础设施投资增速将保持快速增长，产业结构升级换代和向绿色低碳经济转型，国内产业投资需求空间较大，消费需求对经济增长的拉动作用将进一步显现，海外产出缺口仍将支撑出口韧性。经济结构持续调整优化，发展质量效益不断提升，动能持续增强，我国经济高质量发展的特点更加鲜明。

（三）甘肃经济将在供给侧结构性改革中稳步提质

随着新型城镇化、黄河流域生态保护和高质量发展、共同富裕等国家重大决策部署和"一带一路"倡议深入推进，将不断提升全省对外开放水平，有效拓宽发展空间。国家加快构建"双循环"新发展格局、推进新时代西部大开发、实施乡村振兴和扩大内需战略、推进"两新一重"建设等重大举措，将有利于全省改善发展条件，不断夯实发展基础。国家"十四五"规划纲要提出"优化区域产业链布局，引导产业链关键环节留在国内，强化中西部和东北地区承接产业转移能力建设"，有利于全省承接中东部地区产业转移，延链、补链、强链，培育更具竞争力的优势产业集群。国家"双碳"战略深入实施，为全省加快推动能源绿色低碳转型和培育新的支柱产业提供了新机遇，甘肃新能源产业发展将进入大有可为的政策叠加期和黄金发展期。抢抓新一轮技术革命和产业变革机遇，积极推进"东数西算""上云用数赋智"行动，加快构建全国一体化算力网络国家甘肃枢纽节点，将极大地促进全省数字经济加快发展，推进产业转型升级。

综合预测，2022年甘肃地区生产总值增速有望保持在6%左右，达到10500亿元，规模以上工业增加值增速8%左右，固定资产投资增速8%左右，社会消费品零售总额增速10%左右，外贸进出口总额保持在400亿元以上。

四、主要对策建议

（一）进一步优化营商环境

构建"亲""清"新型政商关系。继续推进简政放权、放管结合、优化服务改革，优化营商环境。进一步放宽市场准入，再推动取消一批行政许可等事项。严格落实市场准入负面清单，全面清理违规制定的负面清单。坚持平等交往、坚持秉公用权、坚持依法办事，构建市场化、法治化高水平营商环境。优化要素供给环境，坚持要素跟着项目走、跟着企业走，加强对资源要素的统筹整合。完善传统和新型基础设施网络布局，打造系统化、协同化、智能化、绿色化的现代基础设施网络。完善城乡建设用地增减挂钩政策，加大力度清理闲置土地和盘活存量土地。落实好省级出台的财税支持、金融服务、人才培育等若干措施。打造对外开放新高地，推动国家级新区、经济技术开发区、高新技术产业开发区在"放管服"改革方面走在前列。在各类开发区实施"区域评估"，实现集中评价成果共享共用。在兰州新区等重点区域实施"标准地"出让试点。在各类园区推广和深化实施政务大厅一站式服务，实现"最多跑一趟、办事不出园"目标。打造开发区、园区政务超市，由第三方服务机构入驻，开展各类金融、咨询、人才等服务。

（二）不断夯实"三驾马车"动力基础

多措并举促进投资稳定增长。做好项目储备，提高地方债券发行市场化水平，促进投资主体多元化。积极推进实施"十四五"规划确定的重大工程项目，形成清单，有序推进项目实施。把握工业投资良好形势，积极支持先进制造业投资，不断完善和用好"揭榜挂帅""赛马"等机制，引导工业企业加大"三化"改造投资，推进绿色低碳投资。进一步调动民间投资积极性，规范推广政府和社会资本合作（PPP）模式参与市政、交通、生态环境、社会事业等补短板领域建设。落实好《关于建立健全重大项目建设协同推进机制的意见》，缩短项目建设工期，提高投资效率。统筹推动消费提质扩容。推动落实取消二手车限迁政策，扩大二手车消费。促进家电更新消费，刺激家装消费。推动餐饮服务提质升级，加快餐饮企业数字化赋能，提振餐饮消费。鼓励发展智慧商店，加快促进生活服务业上线上云。发展特色街区、特色商圈，培育消费升级载体。抓住节假日"补偿式消费"，组织开展商旅文体融合，释放消费潜力。继续大力实施消费帮扶，积极开展"万企兴万村"消费帮扶行动，培育一批消费帮扶示范企业和社会组织。打造全国一流的消费环境，营造诚信销售网络，持续推进"放心消费在陇原"示范创建活动，着力优化提升旅游消费环境，保证城乡消费者安全消费。降低甘肃日用消费品加价率，适当扩大日用消费品进口量，扩大进口免税范围，优化商品种类。继续扩大进出口总量。持续提升工业品、服务贸易、特色农产品等在"一带一路"沿线国家出口优势，形成"一带一路"沿线国家出口稳定市场。推进落实《国务院办公厅关于加快发展外贸新业态新模式的意见》，加快天水跨境电子商务综合试验区建设进度，鼓励传统外贸企业、跨境电商和物流企业等参与海外仓建设，培育一批优秀海外仓企业。提升中欧班列运营效率，稳定扩大铜精矿、镍精矿、锌精矿、铁矿石等资源性产品进口，保障全省、全国原材料供应链安全稳定。

（三）全面推行产业链链长制

认真贯彻落实《甘肃省产业链链长制工作方案》，不断完善特色农产品及食品加工、有色冶金、航空航天、文化旅游、新材料、核产业、生物制药、信息产业、装备制造、中医药、新能源及装备制造、电子产业、石油化工、绿色环保（含绿色矿山）等14条重点产业链，放大产业集聚效应，构建现代化产业体系。精准绘制产业链图谱。依托已经建立的产业链"链长制"及责任部门名录，由链长制办公室督促责任部门分别精准绘制14个关键产业的产业链图谱，每条产业链形成"1个图谱"和"N张清单"，强化省（市）携手"双招双引"，为精准实施一批延链、强链、补链项目提供具体抓手。强化考核评价，加快建立考核评价机制，执行链长部门尽快制定14条产业链年度、半年度发展目标，细化延链、补链、强链实现路径，把产业链发展水平作为相关干部考核的实绩依据。执行链长部门进一步加强与土地、资金、人才、科技等部门的协同联动，共同打好政策组合拳。执行链长部门、链主企业及时将推动产业链发展中遇到的困难问题反馈给相关链长和链长制办公室协调解决，强化产业链执行链长部门会议和产业链链长会议集中解决共性和关键问题作用。

（四）加快构建绿色电力供应体系

全力做好全社会保供电工作。支持生产煤矿有效落实增产政策，提升煤电供应水平。协调推进停产煤矿恢复生产，缓解区域用煤紧张状况。协调推进"疆煤入陇"增供，稳定提升"蒙煤入甘"能力。跟踪关注省内重点企业、重要用电负荷的发展，积极落实绿色报装供电服务渠道，加快新能源项目建设步伐，积极开展"3+10+X"整县（市、区）分布式光伏开发试点工作，加快建设玉门昌马等抽水蓄能电站，推动提前实现电力低碳转型、安全可靠、经济可承受等多重目标。以市场化方式引导绿色电力消费，体现绿色电力的环境价值，产生的绿电收益用于支持绿色电力发展和消纳，大力推进风光水储一体化，加快构建以新能源为主体的新型电力系统。加快推进陇电外送重大项目建设。积极落实国家"十四五"电力规划，充分发挥西北电网各大直流输电通道作用，积极落实政府间框架协议，保证电量、争取价格、合理测算新能源比例，持续扩大外送规模，减少新能源弃风弃光，进一步提升"双升双降"指标。推动陇东至山东特高压直流输电工程及配套调峰火电前期工作，争取尽早核准开工。加快酒湖直流特高压工程配套火电建设，积极争取国家电网启动"陇电入浙""陇电入沪"工程前期研究工作，为经济平稳运行和健康发展提供有力支撑。

（五）着力打造黄河上游生态安全先行区

坚持把推进高质量发展作为实现经济转型发展的迫切需要和重大机遇，建立生态先于一切、高于一切、重于一切的上游意识，坚定不移走生态优先、绿色发展的路子，突出水源涵养、水土保持两大关键任务，推动高质量发展，为维护国家生态安全、粮食安全、能源安全和保护传承弘扬黄河文化作出甘肃贡献；坚持节约优先、保护优先、自然恢复为主的方针。分区域实施"五水战略"，打造水资源高效节约利用配置体系。统筹推进"山水林田湖草沙冰"综合治理、系统治理、源头治理，协同加强黄河上游生态修复、水土保持和污染防治，打造黄河上游生态安全先行区；深化拓展黄河干流四川、甘肃段（黄河干流甘肃、四川为左右岸）开展首轮试点经验，推动补偿机制向黄河支流白河（又称嘎曲）甘肃、四川段延伸，在与四川达成协议的基础上，与青海、宁夏积极开展协商，加快建立与接壤省份的流域生态补偿机制。

（六）积极推进城市群建设取得新进展

加快推进兰西城市群发展。建立健全兰西城市群毗邻地区横向协调机制，积极提升兰州西宁城市公共服务一体化水平，加快城市间产业链形成垂直一体化高效协同效应。兰州新区主动承担重大产业项目跨区域协同配套，引导兰州、白银、定西、临夏主动寻求分工协作和错位发展，形成城市间产业合理分布和上下游联动的产业集群。加快河西走廊组团发展。强化经济联动发展，促进生产要素自由流动，统筹推进河西走廊地区生态环境治理。加快酒嘉同城化发展，促进金昌武威城乡融合发展，放大敦煌国际文化旅游名城效应，打造兰州与乌鲁木齐之间河西新城市群，建设全国区域性的交通枢纽和物流中心，打造新亚欧大陆桥和中蒙俄经济走廊衔接互动的重要平台。提高城市建设与治理水平。有序推进城市更新，加快改善老旧小区居住条件，推进老旧厂区转型培育新动能，推动老旧街区打造街区经济。提升公共卫生防控救治能力，健全排水防涝设施，建设海绵城市，提升城市发展韧性。推动城市智慧化运行，促进公共数据开放共享，引导社区服务线上办理，建设智慧停车信息平台。促进城市低碳化改造，遏制"两高"项目盲目发展，推进园区循环化改造，推行清洁能源供暖，发展绿色建筑。

（七）统筹做好稳定就业和人才支撑工作

强化就地就近就业。正确面对全省人口减少和人才流失的客观现实，有针对性地出台吸引人才留甘入甘政策。科学推进省外输转就业，创造更多省内优质就业岗位，提升省内劳动力就近就地就业规模，通过推动大项目建设，支持中小微企业蓬勃发展等吸引更多劳动力入甘就业；破解技能人才供需矛盾。加快落实教育部、甘肃省人民政府《关于整省推进职业教育发展打造"技能甘肃"的意见》和人力资源和社会保障部《关于全面推行中国特色企业新型学徒制　加强技能人才培养的指导意见》，为实现高质量发展提供有力的技能人才支撑；着力集聚高层次创新和高质量管理人才。实施更加开放、更加灵活、更加特殊的人才政策，吸引各类人才扎根甘肃发展。推进人才发展体制机制改革，赋予用人单位和创新主体更大的自主权，健全创新激励和保障机制。健全激励干部勇于担当作为的容错纠错机制，坚持用事业引才留人，搭建优越的干事创业平台，有效激发干事创业激情。

[甘肃省经济研究院（甘肃省信息中心）　陈世星　张　帆　马红祥]

之九：2021 年青海省经济运行分析及 2022 年展望

2021 年以来，青海经济保持恢复态势，供给需求逐步复苏，基本民生保障有力，结构调整持续推进，经济发展质量效益不断提升，但在外部环境复杂多变、局部地区疫情反复、基数效应显现等因素影响下，全省主要经济指标增速逐季回落，复苏步伐有所放缓。展望 2022 年，随着疫情反复局面好转、政策举措成效不断显现，生产稳步恢复，需求潜力持续释放，经济平稳增长具备较好基础，但疫情冲击下显现的长短期问题和次生风险仍对全省经济增长形成扰动。初步预计，2022 年青海地区生产总值同比增长 5.5% 左右。

一、2021 年青海省经济运行分析及预测

（一）主要特征

1. 经济恢复稳中趋缓

前三季度，青海地区生产总值同比增长 6.7%，两年平均增长 3.9%，增速较上半年分别回落 2.4 个、1.1 个百分点，分别低于全国同期水平 3.1 个、1.3 个百分点。在基数效应、零星疫情反弹等因素影响下，全省经济恢复稳中趋缓，增速逐季回落，呈前高后低态势。分产业看，三次产业增加值分别同比增长 4.6%、7.1% 和 6.7%，增速较上年同期不同幅度提升；两年分别平均增长 4.5%、5.0% 和 3.0%，平均增速较上半年均有所放缓，其中第二、第三产业增速回落幅度较大。

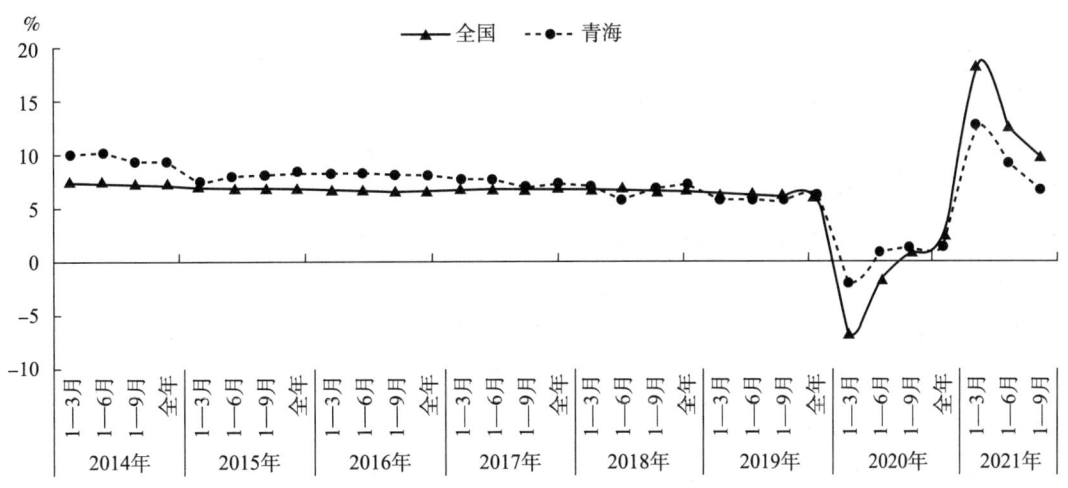

图 1 2014 年以来全国和青海 GDP 季度累计同比增速变化情况

2. 供给水平逐步回升

工业生产稳步恢复。前三季度，规模以上工业增加值同比增长 8.0%，33 个大类行业增长面为 63.6%，占比 40% 的化学原料、有色金属、电气机械和计算机通信业拉动规模以上工业增加值同比增长

7.7个百分点。企业经营效益改善，1—8月规模以上工业企业利润总额同比增长2.5倍，超过70%的行业实现盈利，化学、电力、石油和天然气开采业利润较快增长。新兴产业占比提升，高技术制造、装备制造业增加值分别同比增长40.6%、34.6%，生物、盐湖化工、新能源和新材料等特色优势产业增加值分别同比增长10.3%、20.6%、29.1%和43.1%，占规模以上工业增加值比重提高。

服务业逐步回暖。前三季度，服务业增加值增速较上年同期回升7.2个百分点，延续第一季度以来的回暖态势。旅游带动效应显现，旅游人次及旅游总收入分别同比增长25.1%、31.1%，住宿和餐饮业营业额增长25.6%，同比增速均回升。金融市场平稳运行，9月末金融机构人民币存贷款余额分别同比增长8.5%、1.3%，增速较6月末提高。邮政电信业较快增长，邮政业务量同比增长22.6%，其中，快递业务量及收入分别增长62.3%、34.4%；电信业务总量增长23.0%，增速较上半年提高。

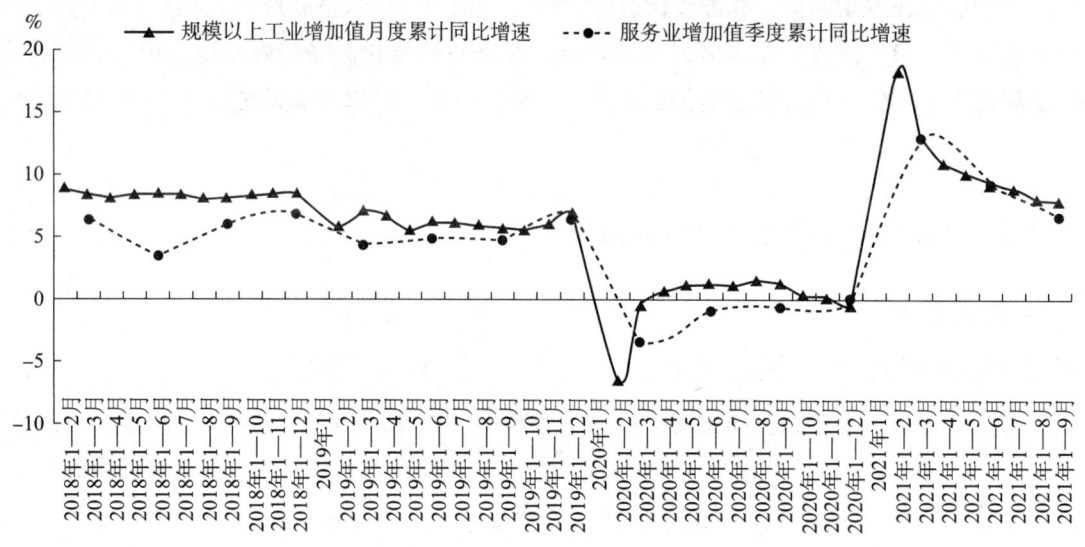

图2 2018年2月至2021年9月工业、服务业增加值累计同比增速变化情况

3. 需求复苏动能趋缓

投资增长压力加大。前三季度，固定资产投资累计同比下降7.8%，降幅较上半年扩大6.3个百分点。重点领域投资增长乏力，工业、新能源、电力和基础设施建设投资同比均下降；房地产开发投资同比增长10.0%，增速较上半年放缓7.2个百分点。三次产业投资分化增长，第一、第二产业投资均下降，第三产业投资增长4.2%，带动投资增长2.6个百分点。制造业投资同比增长13.9%，增速较上半年提高，其中计算机通信和专用设备制造业投资分别增长5.0倍、13.8倍。民间投资活力增强，同比增长15.2%，拉动整体投资增长4.8个百分点。

消费市场逐步复苏。前三季度，社会消费品零售总额同比增长10.5%，增速较上年同期回升19.2个百分点。主要分项消费延续增长态势，零售业、批发业、住宿业和餐饮业零售额分别同比增长8.8%、10.0%、26.8%和27.2%。升级类商品增势良好，通信器材、金银珠宝、体育娱乐用品、文化办公用品和新能源汽车类零售额分别同比增长19.7%、32.9%、48.6%、67.5%和85.1%，带动整体消费回暖。线上消费规模不断扩大，限额以上批发和零售业通过公共网络实现商品零售额同比增长12.3%，两年平均增长1.1倍。

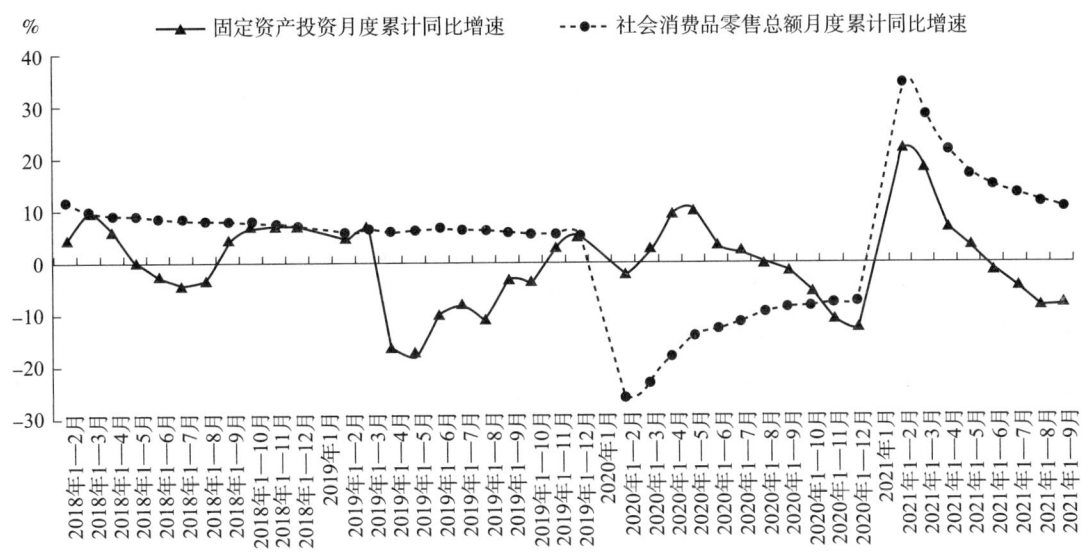

图3 2018年2月至2021年9月投资和消费累计增速变化情况

4. 基本民生保障有力

民生支出稳步增长，前三季度全省财政用于灾害防治及应急管理、社会保障和就业、住房保障等民生领域支出分别同比增长13.2%、14.3%和18.1%；惠民生投资中，教育、卫生社会工作和社会保障投资分别同比增长5.7%、51.4%。居民收入稳步增长，城镇和农村常住居民人均可支配收入分别同比增长6.7%、11.0%，增速较上年同期分别提升2.0个、4.9个百分点。居民消费价格温和上涨，居民消费价格水平同比上涨1.0%，涨幅同比收窄2.2个百分点；八大类商品及服务价格呈"五涨三降"态势，其中，食品烟酒、生活用品及服务、其他用品及服务类涨幅下降。就业总体平稳，城镇新增就业5.6万人，农牧民转移就业106万人次，与上年同期基本持平；城镇登记和调查失业率分别为2.0%、4.9%，较上半年均有所下降。

（二）主要问题

1. 短期问题突出，经济复苏进程趋缓

短期来看，青海经济稳定恢复，但复苏进程有所放缓，前三季度全省地区生产总值两年平均增长3.9%，增速较上半年回落1.1个百分点，低于当前时期青海省潜在经济增长率，工业、投资、消费、服务业增速较第一季度分别回落5.1个、25.9个、17.7个和6.3个百分点，分别低于全国同期水平3.8个、15.1个、5.9个和2.8个百分点，具体来看，一是工业稳定增长动力不足。受宏观环境趋紧、电力供需失衡、能耗"双控"等因素影响，全省煤炭开采和洗选、有色金属矿采选、非金属矿采选等行业增加值同比均下降，工业企业扩投资、增产能意愿不足，信贷需求减弱，生产积极性下降。同时，工业领域重大项目较少，新入库规模以上工业企业增加值占比低，工业稳增长基础不牢。二是投资接续增长难度加大。受土地、环保、资金等因素制约，部分项目无法按期开工，项目建设落地进程缓慢，占比较高的工业和基建投资上半年以来呈下降态势。同时，省内优质投资项目偏少，亿元及以上施工项目同比减少35个，重大项目支撑不足，作为投资新增长点的新能源投资较快下降，加之房地产投资受调控趋紧影响增速放缓，整体投资接续增长动力不足。三是消费需求提振空间受限。2021年4月以来占比较大的汽车类零售额持续下降，其中9月当月同比下降14.7%，前三季度累计增速比上半年回落10.6个百分点，消费回暖程度受到一定抑制。受疫情反复及收入增长放缓影响，居民消费倾向减弱，各项促消费政策拉动效应不明显，百货类企业零售额连续3个月下降，消费回升空间受限。四是服务业恢复力度不及预期。前三季度服务业增加值增速较上半年回落2.6个百分点，占比降低2.8个百分点，对整体经济增长的支撑作用减弱。第三季度初期部分地区零星疫情反弹，旅游业、住宿业、餐饮业均受到较大影响，相关行业复苏进程受阻。占服务业增加值比重近20%的金融业近年来持续处于低位，交通运输、仓储和邮政业增加值增速较上半年回落近20.0个百分点，对服务业稳定恢复形成制约。

2. 长期制约显现，转型升级步伐缓慢

当前青海经济发展处于结构调整阵痛期和动力变革关键期，加之疫情等外生冲击，经济持续稳定增长的基础不牢固，长期积累的深层次结构性问题不断显现，制约经济可持续高质量增长。一是科技创新能力偏低。一方面，研发投入强度不足，2021年研发投入强度为0.71%，与全国水平（2.4%）相比存在较大差距；另一方面，科技创新人才总量较少，企业自主创新能力偏弱，原始创新和基础研究存在短板。同时，企业与科研院所间信息流通不畅，产学研合作意识不强，科技成果转化率较低。二是新旧动能接续不畅。青海省内传统产业多处于产业链上游，产业链偏短、偏粗、偏重问题依然存在，产出附加值不高，产业质量效益偏低，转型升级进程较慢。而新兴产业处于培育成长阶段，相关企业体量小、数量少、聚集度低，上下游产业关联性不足，缺乏一体化产业链条，短期内尚不足以弥补传统行业增长缺口。三是增长路径较为单一。青海省长期以来形成的投资驱动型经济增长方式尚未有效转变，消费需求对经济增长的贡献波动较大、支撑作用不稳定，而进出口体量偏小，易受外部环境变动影响，净出口贡献率持续为负，三大需求尚未形成协同拉动的增长方式。同时，全要素生产率对全省经济增长的贡献率偏低，且总体呈下降态势，在当前要素产出效率无法显著提升的增长路径下，全要素生产率对经济增长的推动作用有限。

（三）2021年主要指标预测

根据青海省近年来经济运行趋势，结合外生冲击对当前经济的影响，预计2021年青海地区生产总值同比增长5.7%左右。第一、第二、第三产业分别增长4.5%、5.7%和6.0%左右；规模以上工业增加值增长6.0%左右；固定资产投资降幅收窄；社会消费品零售总额增长7.0%左右；城镇和农村常住居民人均可支配收入分别增长6.0%和10.0%左右；居民消费价格涨幅在1.3%左右。

二、2022年经济运行环境分析

（一）风险挑战犹存，世界经济缓慢复苏

2022年，全球经济依然面临较多变数：疫情演变不确定和疫苗接种不均或继续影响各地区经济复苏进程；各国财政刺激政策逐步退出，发达经济体货币政策开始转向，世界经济复苏动力可能面临断档风险；供应链扰动持续影响下，物价上涨幅度和持续时间或超过预期。根据主要机构预测，预计2022年全球经济增速将有所放缓，金融市场不确定性增加。从主要经济体看，美国经济生产端扩张受疫情反弹、供应环节受限、能源价格攀升等因素制约，消费需求在就业和增收预期改善支撑下将稳步修复，但未来经济恢复力度仍受制于疫情和通胀这两个重要变量。欧元区经济复苏势头有望延续，但在疫情分化反弹、供应瓶颈限制等因素影响下，复苏前景仍有较多不确定性。日韩经济增长低于预期，2022年在疫苗接种扩大驱动内需反弹和外部需求提振下，经济有望小幅改善。新兴市场国家通胀率大幅上升，价格压力将持续存在，加之疫苗接种率普遍较低，经济复苏基础依然脆弱。

（二）疫情影响走弱，国内经济稳步恢复

展望2022年，国内需求恢复仍取决于疫情走势，在大范围疫情反复出现概率较低的情况下，交通旅

游、住宿餐饮等服务消费回暖具备一定支撑。在地方政府债务压力较大、项目审核趋严、房地产调控趋紧情形下，投资稳增长压力继续存在，但回落趋势或将有所放缓。在海外疫情形势仍较复杂、疫苗接种率偏低以及全球供给产能尚未完全恢复的情形下，转移订单效应短期内仍有利于我国出口改善。供给层面，随着煤炭、电力保供稳价政策落地见效，能源供给紧张局面实质性改善，大宗商品价格高位波动或有所回落，支撑工业企业利润空间逐步回升，加之海外需求仍存缺口，工业生产持续恢复基础较稳固。总体来看，在结构调整稳步推进、宏观政策跨周期调节不断强化、内需潜力不断释放背景下，国内经济稳步恢复、长期向好基本面持续显现，但局部疫情零星散发或将持续、企业融资与经营压力并存、国际政治经济环境复杂多变等因素仍将对下年国内经济增长形成一定制约。

三、2022年经济运行趋势展望及主要指标预测

（一）经济运行趋势展望

前三季度青海经济修复呈趋缓态势，十月下旬本地区疫情反弹对全省供需两端形成较为明显的制约，第四季度及下年第一季度经济下行压力或依然不减，前期拉动经济增长的房地产开发投资、民间投资、工业等指标增速或有所回落，消费、基建投资等恢复程度将是影响经济表现的重要因素。2022年，在疫情总体仍可防可控前提下，全省消费将保持弱复苏态势；随着重点项目提速攻坚、产业政策持续发力，基建投资或有所回暖，制造业投资保持韧性增长，将在一定程度上抵消房地产投资下滑压力，带动整体投资反弹。但疫情演变不确定性将持续影响需求恢复和供应稳定，能耗"双控"压力依然较大，在冲击企业生产的同时推升产品价格，行业恢复不平衡、中小微企业经营融资困难增大、潜在财政金融风险逐步显现以及内生增长动能趋弱等长短期问题仍较为突出。结合计量模型分析结果，初步预计2022年青海经济增长逐步回归至潜在区间，地区生产总值同比增长5.5%左右。

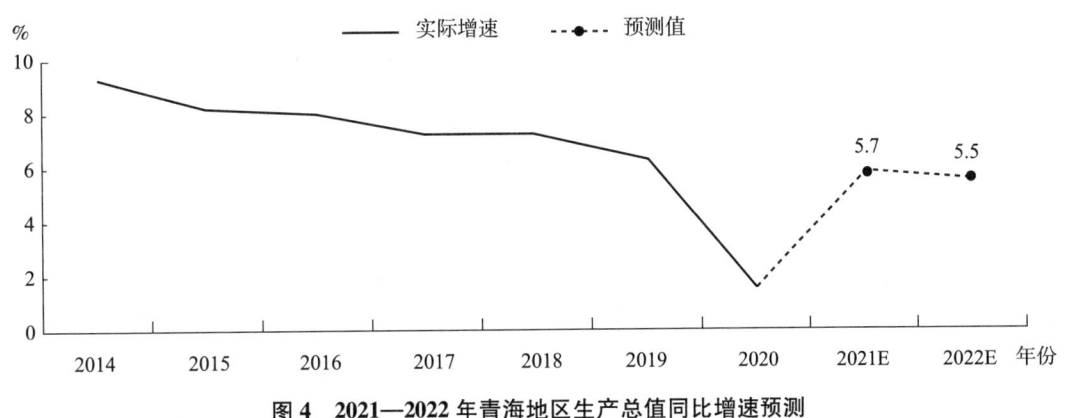

图4　2021—2022年青海地区生产总值同比增速预测

（二）主要指标预测

工业方面：一是工业企业生产需求偏弱，短期内受疫情持续影响，内需恢复仍较缓慢；在主要经济体流动性趋于收紧及海外产能逐步恢复的情形下，外需下行压力将有所显现，省内工业企业或面临订单不足、产能利用下降等困难。二是要素供给保障基础不稳固，传统火电、水电等能源供应趋紧，新能源发电相对缺乏稳定性，电力供需失衡矛盾短期内仍对工业生产形成一定扰动，加之运力紧张和企业请车不足并存状态可能持续，工业货运或延续下降态势。三是在宏观经济增长稳中趋缓、工业中下游行业成本上升压力依然较大的背景下，企业盈利空间和融资需求持续收缩，扩产能、引投资意愿不足，加之存量工业企业产能趋于充分挖掘，新建入库企业对工业经济增长的拉动作用有限，工业稳定增长缺乏有效

接续动能。但同时，随着宏观政策跨周期调节增强，运动式减碳和环保"一刀切"趋于纠正，"两高"行业和项目大幅压减，高技术制造业有望成为工业经济新增长点，从而带动全省工业产业转型升级。初步预计，2022年青海规模以上工业增加值同比增长5.5%左右。

投资方面：一是项目支撑不足，省内投资项目普遍分散、体量小，主体经营管理实力相对较弱，项目预期投资收益率难以匹配专项债等财政资金拨款要求，短期内项目质量难以得到实质性提升，加之统筹协调力度不够，重大项目投资迅速形成实物工作量存在一定难度。二是资金支持力度减弱，地产投资下滑带来土地出让金减少、经济增长趋缓背景下企业经营效益下滑等原因导致的财政增收压力上升，政府资金支持力度趋弱，项目主体自筹资金难度也随着宏观环境趋紧而不断加大。三是公路、林草、公共服务设施、住建等不同类型项目面临无法按规划时序开工建设、实际施工人员和时间缩减、审批手续烦琐等困难，短期内要素保障和经营环境难以有效改善。但同时，2022年疫情反复局面有望好转，宏观政策保持连续性，专项债仍存在相应额度，地方政府部门加大力度统筹推进投资稳增长，加之2021年基数相对较低，全省固定资产投资有望改善。初步预计，2022年青海固定资产投资同比实现正增长。

消费方面：一是2021年以来国内局部地区疫情多次反复，直接影响居民收入恢复，同时也影响居民对宏观经济和就业增收的预期，预防性储蓄意愿不断增强，消费持续复苏的基础不稳。二是汽车芯片供应短缺局面短期内难以有效缓解，石油类消费品价格仍具备一定上涨动力，大宗消费回升或不及预期，对整体消费的带动力趋于减弱。三是局部地区疫情可能再现，或影响旅游、住宿、餐饮等服务消费复苏，而全省服务业从业人员占比较高，"消费疲软—服务业景气度低—服务业从业人员增收难度大—居民消费能力趋弱及消费意愿下滑—消费疲软"的循环或将延续。但随着加强型疫苗接种有序开展，扩内需促消费政策举措成效不断显现，全省居民消费稳步恢复仍有一定支撑。一方面，国内省内科学防控能力不断增强，疫苗覆盖率持续加大，预计2022年发生大范围影响消费活动疫情的可能性较小，有利于人员流动类、接触类、出行类消费的恢复。另一方面，国家和省级层面一系列促消费、稳就业、增收入及支持中小微企业政策不断落地实施见成效，将有助于居民就业增收预期的改善。初步预计，2022年青海社会消费品零售总额同比增长7.0%左右。

物价方面：一是全球供应冲击造成通胀短期内无法快速缓解，世界主要经济体货币超发和财政超支背景下，此轮通胀压力或逐渐从商品价格向服务价格传导，最终可能导致各类要素价格同时上涨。二是能源转型阵痛期内，传统能源产品产能弹性大幅下滑，清洁能源发电系统韧性不足，能源缺口进一步推升供给成本，而疫情影响下的劳动力供给约束和劳动力市场结构性摩擦也逐渐抬升企业生产经营成本。三是省内生猪存栏同比增速已触顶回落，出栏同比继续增长将加快存栏量的降低，本轮猪周期或在2022年第二季度左右结束，CPI低位平稳运行趋势或将改变，食品项价格将在下年新一轮猪周期的影响下有所上涨。但在市场需求持续、全面复苏仍需时日的前提下，省内商品和服务价格可能难以继续走高，加之PPI翘尾因素影响逐渐变弱，生产端价格或将小幅回落。初步预计，2022年青海居民消费价格同比上涨2.1%左右。

四、政策建议

（一）长短兼顾，力促经济平稳增长

一是着力稳定经济增长大局，聚焦当前疫情反复、电力供需失衡、上游通胀等问题可能带来的长短期影响和次生风险，密切跟踪经济形势变化，有效运用大数据技术等信息化手段，加强经济走势模拟预测，强化宏观调度和政策调控，加力稳定居民和市场主体预期。二是夯实"六稳""六保"工作成效，稳

步推进"十四五"规划各项改革举措落地见效,加快"四地"建设方案落实到具体项目,以重点项目为抓手,促短期增长谋长远发展。三是紧抓新一轮更高层次改革开放、西部大开发、"一带一路"、黄河流域生态保护和高质量发展等国家战略(倡议)和政策红利,积极融入"双循环"新格局,锻长板、补短板,加快发展数字经济新业态,稳步启动市场化改革,充分布局高质量发展,不断提升经济发展质量效益。

(二)供需发力,强化内生增长动力

一是持续强化供给带动,加力协调保障能源、货运、价格等要素的工业产能适配,推动工业重点领域节能降碳与加快建设绿色工业体系相结合。从金融服务实体过程中探索创新全省金融业新增长点,充分发挥生态文化旅游扩容提质带动力,加快推进养老康养等新业态发展,有效落实产业扶持政策,推动供给转型升级。二是着力增强需求动能,适度加大扩内需政策力度,统筹共同富裕、就业优先、税收调整等政策形成合力,加快培育新型消费,深入结合国家和青海"十四五"规划具体内容,谋划储备一批高质量重点项目,深化"审批破冰"工程,深挖内需潜力。三是推动传统业态和新经济深度融合,形成需求牵引供给、供给挖掘内需的动态平衡,围绕特色优势产业和产业强链、延链、补链项目,扩大有效投资和消费需求,不断推进供需协同发力,强化经济增长动能。

(三)创新驱动,提升经济增长质量

一是健全政府引导、企业主导的创新体制机制,实施科研项目"揭榜挂帅"和经费"包干制"改革,推动各类创新主体协同互动、创新要素顺畅对接和创新资源高效配置,完善激发创新的利益导向机制和科技创新服务体系,不断优化创新生态。二是聚焦基础研究和"四地"建设应用需求,布局建设重大科技创新平台、基地和实验室,加强清洁能源、新材料、生态环境、现代农牧业等重点领域和关键技术攻关,锚定经济发展中的"卡脖子"问题,持续科技攻坚。三是培育集聚创新型人才,推行以科学与工程技术研究为主导、产学研用结合的创新人才培养模式,优化整合各层各类人才项目,确保人才引得进、用得好、留得住,全方位加强人才引领科技创新作用。

[青海省信息中心 李秀阳 韩 锐]

之十：2021年宁夏回族自治区经济运行分析及2022年展望

2021年以来，宁夏回族自治区（简称宁夏）上下深入贯彻习近平总书记视察宁夏重要讲话精神，坚决落实党中央、国务院决策部署，完整、准确、全面贯彻新发展理念，积极融入新发展格局，持续巩固拓展疫情防控和经济社会发展成果，扎实做好"六稳"工作，全面落实"六保"任务，统筹发展和安全，1—9月，全区经济稳步恢复，经济运行呈稳中有进、稳中向好发展态势，主要宏观指标运行在合理区间，三次产业协调发展，三大需求协同发力，三大收入稳步提升，质量效益持续改善，节能降耗成效显著，人民生活继续改善；但外部环境更趋复杂严峻，国内经济恢复仍然不稳固、不均衡，受上年高基数及疫情防控依然严峻、错避峰生产等因素叠加影响，宁夏经济运行稳中有变、变中有忧，经济仍面临下行压力。

一、2021年宁夏回族自治区经济运行主要特征

（一）经济运行总体平稳，三次产业全面增长

1—9月，宁夏实现地区生产总值3180.64亿元，同比增长8.4%。分产业看，三次产业全面增长。第一产业增加值235.49亿元，同比增长4.2%；第二产业增加值1370.06亿元，同比增长9.4%；第三产业增加值1575.09亿元，同比增长8.2%。从三次产业对经济增长的贡献看，第一产业对经济增长的贡献率为3.9%，拉动经济增长0.3个百分点；第二产业对经济增长的贡献率为45.6%，拉动经济增长3.8个百分点；第三产业对经济增长的贡献率为50.5%，拉动经济增长4.3个百分点。

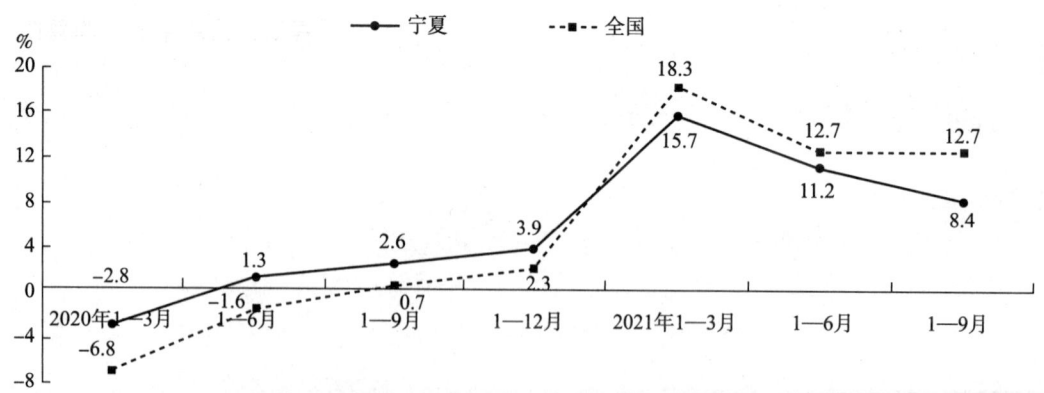

图1 2020年以来季度累计GDP增速与全国对比

（二）重点产业增势良好

一是农业生产稳定增长。1—9月，农林牧渔业总产值502.38亿元，同比增长4.9%。9月末，生猪、肉牛、肉羊分别存栏89.77万头、133.99万头和662.21万只，分别同比增长7.7%、20.3%和10.9%；生猪、肉牛、肉羊分别出栏84.56万头、53.81万头和476.58万只，分别同比增长13.5%、3.7%和4.4%。奶产业发展持续向好。9月末，奶牛存栏64.06万头，同比增长23.9%；牛奶产量200.73万吨，同比增

长29.5%。部分农产品产量稳定增长。猪牛羊肉产量24.1万吨，同比增长6.4%；水产品产量12.4万吨，同比增长2.8%；瓜果产量178.4万吨，同比增长15.9%；园林水果产量45.52万吨，同比增长21.7%。二是工业生产较快增长。1—9月，工业结构调整步伐加快，制造业占全区规模以上工业增加值的比重由上年同期的63.2%提高到64.8%，拉动规模以上工业增长6.8个百分点。规模以上工业增加值同比增长10.2%，其中，轻工业增加值增长13.5%、重工业增长9.9%。

（三）投资结构持续改善，市场消费保持增长，外贸进出口延续较高增速

1—9月，固定资产投资同比下降2.1%。其中，第一产业投资增长34.8%、第二产业投资下降10.0%、第三产业投资增长2.0%。三次产业投资结构由上年同期的4.0∶45.1∶50.9调整为5.6∶41.4∶53.0，第一产业和第三产业比重明显提升。同时，对外贸易也在加快增长。多措并举保持外贸进出口稳定增长。1—8月，进出口额达到104.3亿元，同比增长33.1%。其中，出口额增长44%、进口额增长7.6%。出口产品结构优化。纺织服装出口增幅明显。纺织服装出口额同比增长277.5%。农产品、机电产品、高新技术产品出口额分别同比增长37.4%、83%和33.7%。高新技术产品出口占货物贸易出口总额的比重为30%。民营企业贡献突出。民营企业保持第一大外贸主体地位，国有企业出口呈回升态势。民营企业进出口额同比增长39.6%，占全区进出口总额的比重为68%，国有企业出口额同比增长13%，外商投资企业出口额同比增长27.6%。新兴市场份额扩大。宁夏企业对"一带一路"沿线国家出口同比增长48.6%。其中，对印度、巴基斯坦、俄罗斯、土耳其出口分别增长16.2%、59.7%、101.6%、73.6%。对RCEP成员国出口同比增长61.8%。

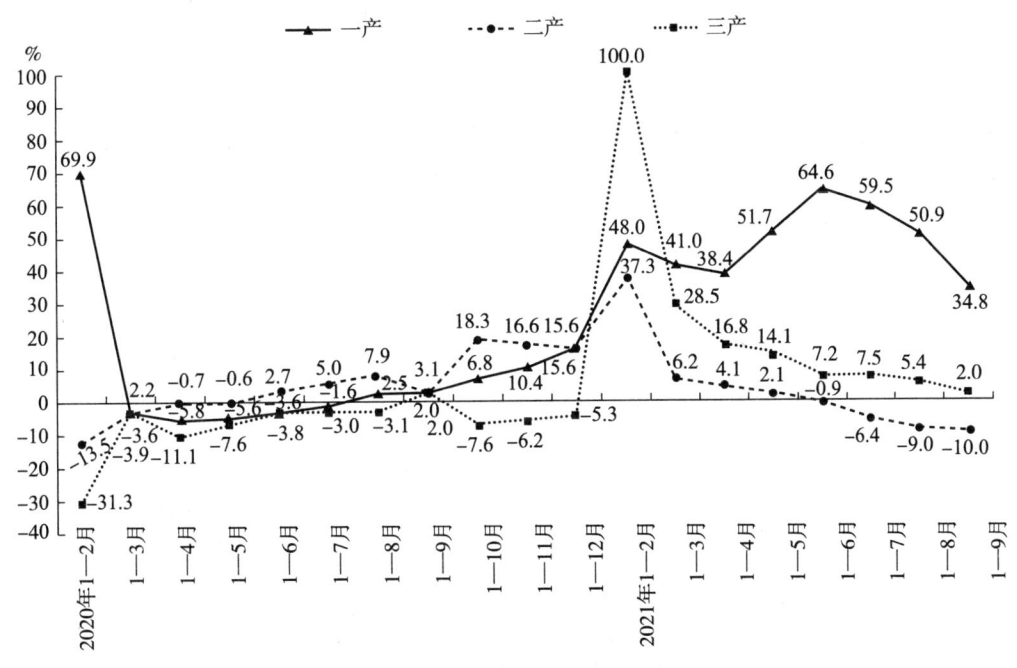

图2　2020年以来一二三产业投资累计增速对比

（四）质量效益稳步提升，民生福祉继续改善

一是财政收入快速增长。1—9月，地方一般公共预算收入344.86亿元，同比增长18.6%。一般公共预算支出1107.31亿元，同比下降1.9%。二是居民收入较快增长。1—9月，全区全体居民人均可支配收入19424元，同比增长10.3%。其中，城镇常住居民人均可支配收入27489元，增长9.1%；农村常住居民人均可支配收入9805元，增长11.9%。三是消费价格涨幅稳定。9月，居民消费价格指数（CPI）同比上涨1.4%，比8月回落0.4个百分点，比全国高0.7个百分点。前三季度，居民消费价格指数同比上涨

1.0%,比全国高0.4个百分点。

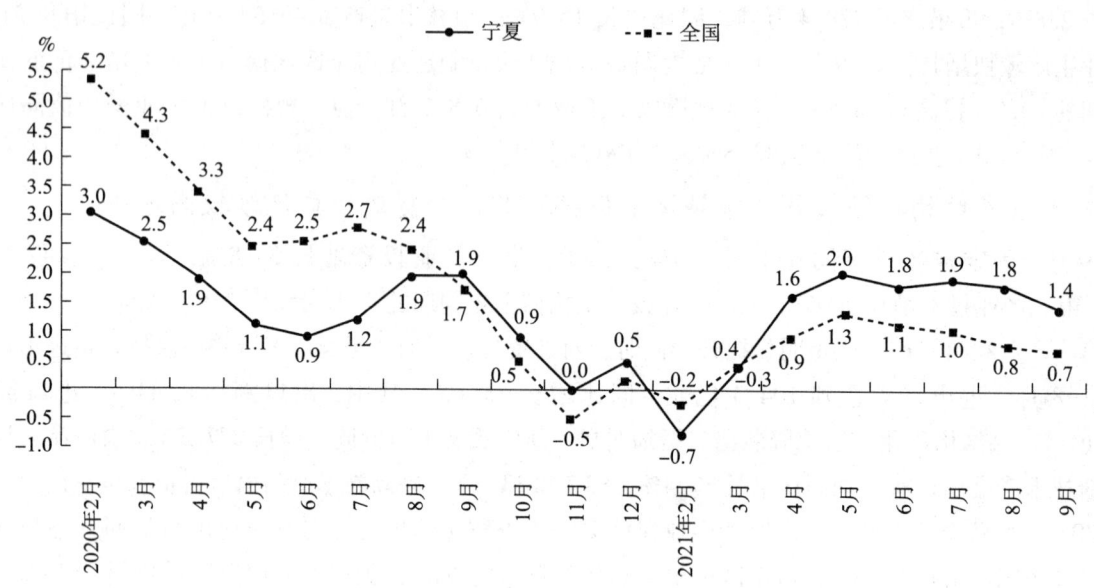

图3 2020年以来当月居民消费价格涨跌幅与全国对比变化

(五)运行环境稳定,供给保障有力

一是企业用电较快增长。1—9月,全社会用电量878.1亿千瓦·时,同比增长16.0%;工业用电量774.7亿千瓦·时,同比增长16.0%。二是交通运输加快恢复。1—9月,铁路、公路、民航完成货运量同比增长15.0%,比上年同期加快15.5个百分点;完成货物周转量同比增长21.8%,比上年同期加快17.2个百分点。三是金融存贷增势平稳。9月末,金融机构人民币各项存款余额7468.23亿元,较年初增加346.92亿元,同比增长6.1%。人民币各项贷款余额8158.33亿元,较年初增加375.74亿元,同比增长6.0%,其中,中长期贷款5186.03亿元,增长7.9%。

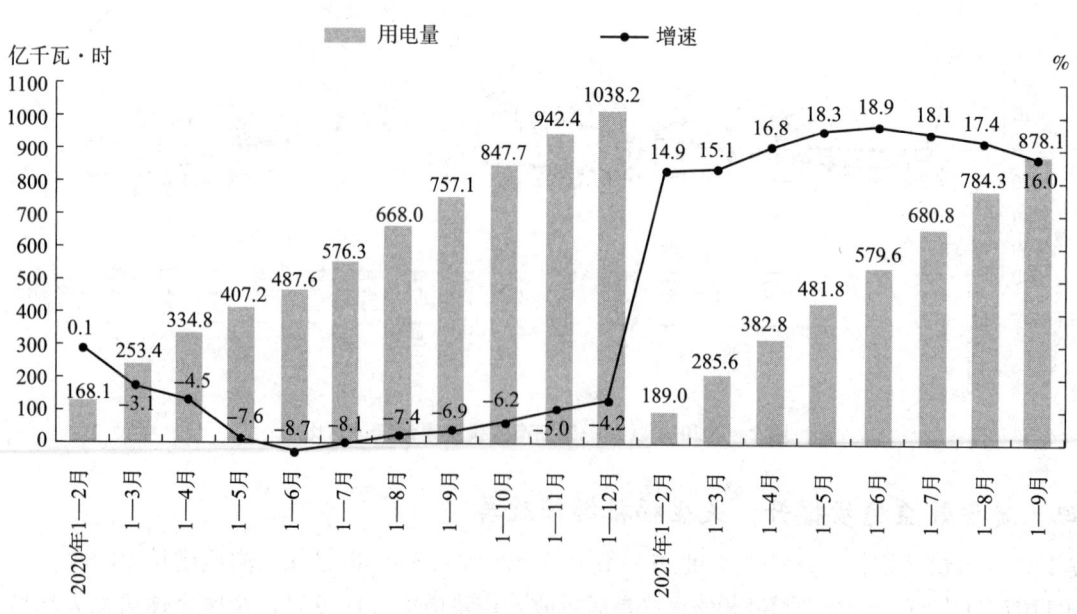

图4 2020年以来月度累计用电量及增速变化

二、经济运行存在的主要问题

（一）投资形势异常严峻，经济下行压力依然较大

2021年前三季度，固定资产投资同比下降2.1%，增速低于全国9.4个百分点，低于西部地区7.6个百分点。在2021年初的高速增长后出现逐月下降，直到9月末出现负增长，且投资动力不足的矛盾仍较为突出。其中，工业投资下降10.1%、基础设施投资下降4.4%、民间投资下降1.8%，均为负增长。与全年预期增长目标尚有较大差距。企业发展还面临不少困难和挑战，特别是中小企业经营压力增大，原材料价格上涨、企业成本上升、活力不足和融资难融资贵等问题依然突出。房地产投资增速逐月下滑。银川加强房地产调控，加快土地出让，实行高价房备案，加之统计入统要求土地出让费与当月投资进度相匹配，房地产投资力度明显减弱。银川房地产开发投资占全区60%以上，受此影响，全区房地产开发投资增速较上半年、1—8月分别回落了14.8个和5.7个百分点。

（二）新产业、新动能培育滞后，对经济扩容提质形成较强制约

提高供给体系质量是推动经济高质量发展的主攻方向。新兴产业作为提高供给体系质量的关键环节，涵盖发展方式、结构、动力的多重转向，是结构高级化、效率最佳化和价值最大化的有机统一。但目前，宁夏尚未摆脱对传统发展方式的路径依赖，传统产业支撑仍占主导，新产业、新动能培育滞后，对经济质量提升形成较强制约。

三、2022年经济预测

2022年，外部环境更趋严峻复杂，国内经济恢复仍然不稳固、不均衡，受上年高基数及疫情防控依然严峻、错避峰生产等因素叠加影响，经济运行稳中有变、变中有忧，经济仍面临下行压力。

从国际看，受疫苗接种情况和新冠肺炎疫情发展形势的影响，全球经济复苏进程继续呈分化之势，国际循环梗阻依然不少。从国内看，我国疫情防控积极有效，经济持续稳定恢复、稳中向好、符合预期，经济发展动力进一步增强。但也要看到，输入性的疫情对旅游服务业的消费影响较大，特别是大宗商品价格大幅上涨抬升企业生产成本，中小微企业生产经营困难较大。预计2022年地区生产总值增长6.5%左右。

四、政策建议

2021年前三季度宁夏在经济下行压力持续加大的背景下，经济保持平稳增长，社会事业全面发展，重点工作扎实推进，取得这样的成绩实属不易。同时我们也应看到，当前国内外经济环境错综复杂，宁夏经济发展面临许多困难和挑战，经济运行稳中有变、变中有忧，经济下行压力加大，投资形势异常严峻。当前经济运行中还存在支撑经济增长的投资后劲不足、稳定经济增长的产业基础不牢、带动经济增长的新兴动能不强等问题。今后发展经济的具体建议如下：

（一）主动融入新发展格局，增强经济发展协同性和高效性

坚持扩大内需这个战略基点，注重需求侧管理，把实施扩大内需战略深化供给侧结构性改革有机结合起来，以创新驱动、高质量供给引领和创造新需求，加快融入以国内大循环为主体、国内国际双循环相互促进的新发展格局。通过加快培育新兴消费、提质升级传统消费、合理增加公共消费、完善消费软硬环境等方式，积极促进消费升级。同时，还要不断扩展投资空间，调整优化投资结构，强化投资要素

保障，激发民间投资活力。

（二）加快经济转型升级，建设特色突出优势明显的现代产业体系

坚持把发展经济的着力点放在实体经济上，推进产业向高端化、绿色化、智能化、融合化方向发展，构建以九大产业为重点的现代产业体系，走出一条高质量发展的新路子。培育壮大先进制造业。推动优势主导产业发展，推进新材料产业先行发展，全链条布局清洁能源产业，打造绿色食品加工优势区，建设现代煤化工产业示范区。推动产业集聚集群发展，建成一批千亿级和百亿级园区，推进石嘴山—宁东产业转型升级示范区高质量发展。自觉站位新发展阶段，坚定贯彻新发展理念，从强化党建引领、完善顶层设计、加快转型升级、狠抓项目谋划、推进改革创新、转换新旧动能、落实"双碳""双控"等方面，把战略部署变成实际行动，把规划蓝图化为发展现实，着力打牢高质量之基、激活竞争力之源、走好现代化之路，推进先行区建设取得实质性突破，推动全区经济社会高质量发展迈上新台阶。

（三）稳增长、调结构，加快产业优化升级，培育战略性新兴产业

以提升产业竞争力为导向，节水、降耗、减排，大力改造提升传统产业，实现传统产业向现代产业转型，为实现更好更快发展腾出环境空间和能源空间。要优化投资发展环境，着力打造投资发展洼地，推进行政审批制度改革，简政放权，提高效能，强化贯彻力、执行力，落实好国家和自治区支持民营经济、科技创新政策，争取国家金融开放优惠政策，集中开展发展环境综合治理活动，解决影响投资发展环境的突出问题。

（四）加强谋划项目建设，发挥好项目投资的支撑引领作用

做好项目谋划储备，深入研究"碳达峰""碳中和"、能源转型发展、先行区建设等重大政策，加大新项目谋划力度，做实项目前期工作，确保接续建设，为投资增长提供有力支撑。要超前谋划一批打基础、利长远、增后劲的重大项目，一个一个盯落实，做到项目不落地不松手，项目没建成不罢休，齐心协力争项目、抓项目。要以项目蓄积发展后劲，抓好符合国家产业政策、有利于长远发展的交通基础设施项目，贫困地区产业及水利、住房、教育、医疗卫生等民生项目，生态修复、防沙治沙和污染防治项目，发挥好项目投资的支撑引领作用。围绕自治区9个产业和规范化种植养殖业等，谋划建设一批补短板、强弱项的项目，通过项目吸引龙头企业，做大做强做优特色产业。

（五）多措并举，全面推进宁夏数字经济发展

一是要找准发力点，抓住"新机遇"，围绕自治区数字经济"十四五"规划主要目标和重点任务，加快产业数字赋能、提高产业创新能力、实施产业基础再造、推进产业链现代化。二是要找准突破点，抢占"新高地"，加快推进自治区数字经济发展规划中的57个重点项目和国家枢纽节点重大项目实施方案中的21个项目落地建设，加强对新基建项目的支持，加大国家重大项目资金争取力度。三是要找准定位点，构建"新格局"，促进数字产业自身和各行业低碳发展，推动清洁能源发展与传统能源的数字化，建设低碳可持续的绿色发展体系。

[宁夏回族自治区发展和改革委员会信息中心　靳　婧　杨晓庆]

之十一：2021年新疆维吾尔自治区经济运行分析及2022年展望

2021年是我国"两个一百年"奋斗目标交汇与转换之年，是"十四五"开局之年，是中国共产党成立100周年。2021年以来，在新疆维吾尔自治区（简称新疆）党委的坚强领导下，全区上下坚持以习近平新时代中国特色社会主义思想为指导，完整准确全面贯彻新时代党的治疆方略，牢牢扭住社会稳定和长治久安总目标，立足新发展阶段、贯彻新发展理念、构建新发展格局，全面贯彻落实自治区党委"3+1"重点工作部署，全力推动经济高质量发展。前三季度，全区经济呈"高开稳走、稳中有进、进中固基"的良好发展态势。

一、2021年新疆维吾尔自治区经济运行分析

（一）宏观经济运行特征

1. 经济运行稳中有进

1—9月，新疆实现地区生产总值11396.14亿元，按可比价格计算，同比增长8.8%，增速较上年同期提高6.6个百分点。分三次产业看，第一产业实现增加值1484.43亿元，增长6.9%，增速较上年同期提高3.1个百分点；第二产业实现增加值4204.69亿元，增长10.4%，增速较上年同期提高3.7个百分点；第三产业实现增加值5707.02亿元，增长8.2%，增速较上年同期提高9.5个百分点。

2. 农业生产大幅增长

1—9月，新疆实现农林牧渔业总产值3243.71亿元，按可比价格计算，同比增长8.3%，增速较上年同期提高4.2个百分点，较上半年提高3.2个百分点。其中，农业产值增长6.6%、林业产值增长7.9%、牧业产值增长13.2%、渔业产值增长30.7%、农林牧渔业及辅助性活动产值增长9.1%。

粮食产量再创新高。2021年，粮食播种面积同比增长5.6%，预计粮食总产量增长10.8%；其中夏粮产量增长7.6%，秋粮产量增长12.7%；小麦播种面积增长6.2%，产量增长7.6%；玉米播种面积增长4%，产量增长13%。

棉花生产稳中有增。2021年，棉花种植面积同比增长0.25%；预计产量增长3.1%。

畜牧业生产总体向好。1—9月，猪牛羊存栏5558万头（只），同比增长7.5%，增速比上年同期提高2.6个百分点。其中，生猪存栏增长24.9%、牛存栏增长14.7%、羊存栏增长5.3%。猪牛羊出栏3349.86万头（只），同比增长7.2%。其中，生猪出栏增长26.9%、牛出栏增长14.3%、羊出栏增长3.7%。

畜产品产量全面增长。1—9月，猪牛羊肉产量117.94万吨，同比增长14.5%；禽肉产量15.62万吨，同比增长18.2%；禽蛋产量29.99万吨，同比增长0.8%；生牛奶产量157.14万吨，同比增长11.8%。

3. 工业生产稳定增长

1—9月，新疆规模以上工业企业增加值同比增长10.8%，较上年同期提高4.7个百分点。其中，轻工业增加值增长8.5%，增速比上年同期提高4.7个百分点；重工业增加值增长11.1%，增速比上年同期

提高 4.7 个百分点。

非公有制经济生产明显快于公有制经济。1—9 月，公有制经济增加值同比增长 8.3%，比上年同期提高 3.1 个百分点；非公有制经济增加值同比增长 15.8%，比上年同期提高 7.6 个百分点，快于公有制经济 7.5 个百分点。

制造业生产明显加快。1—9 月，制造业增加值比上年同期增长 12.6%，增速比上年同期提高 9 个百分点；采矿业增加值同比增长 6.2%，增速比上年同期提高 1.9 个百分点；电力、热力及水的生产和供应业增加值同比增长 14.1%，增速比上年同期回落 5.3 个百分点。

中小企业生产保持较快增长。1—9 月，大型企业增加值比上年同期增长 7.7%，增速比上年同期提高 3.1 个百分点；中小微型企业增加值同比增长 14.9%，增速比上年同期提高 6.2 个百分点。其中，中型企业增长 17.4%、小型企业增长 14.5%、微型企业增长 5.9%。

工业品产销衔接良好。1—9 月，实现销售产值 9948.79 亿元，比上年同期增长 33.7%，产销率 99.4%，比上年同期提高 2.7 个百分点。其中，轻工业增长 25.2%，产销率 97.8%；重工业增长 35.1%，产销率 99.7%。

4. 固定资产投资持续增长

1—9 月，新疆全社会固定资产投资（不含农户）同比增长 23.2%，增速较上年同期提高 5.9 个百分点，比上半年回落 2.4 个百分点。其中，第一产业投资增长 40.7%，增速较上半年提高 13.6 个百分点；第二产业投资增长 24%，增速较上半年提高 4.4 个百分点；第三产业投资增长 21.1%，增速较上半年回落 8 个百分点。

制造业投资大幅增加。1—9 月，工业投资同比增长 23.9%，增速较上半年提高 4.2 个百分点。其中，制造业投资增长 45.5%，增速较上半年提高 10.6 个百分点，高于固定资产投资 22.3 个百分点。

基础设施投资平稳增长。1—9 月，基础设施行业投资同比增长 13%。其中，交通运输、仓储和邮政业投资增长 19.3%，水利、环境和公共设施管理业投资增长 14.3%，电力、热力、燃气及水的生产和供应业增长 4.3%。

民间投资大幅增长。1—9 月，民间投资同比增长 48%，比上年同期提高 36.7 个百分点，高于固定资产投资 24.8 个百分点，占全区固定资产投资的比重为 40.1%，比上年同期提高 6.7 个百分点。其中，制造业民间投资增长 56.8%、农林牧渔业民间投资增长 73.9%。

房地产开发投资快速增长。1—9 月，完成房地产开发投资 1180.89 亿元，同比增长 40%，增速较上年同期提高 19.9 个百分点。商品房销售面积 1693.84 万平方米，同比增长 55.4%。其中，住宅销售面积 1576.46 万平方米，同比增长 60%。商品房销售额 978.54 亿元，同比增长 54.6%。其中，住宅销售额 884.6 亿元，同比增长 60.3%。

5. 消费品市场恢复性增长

1—9 月，新疆实现社会消费品零售总额 2561.23 亿元，同比增长 24.6%，较上年同期提高 44.2 个百分点。其中，限额以上批发和零售业零售 1056.5 亿元，增长 29.7%；限额以上住宿和餐饮业实现营业额 48.7 亿元，增长 23.8%，其中住宿业和餐饮业均增长 23.8%。

城镇市场回升较快。1—9 月，城镇实现消费品零售额 2203.8 亿元，同比增长 24.8%，增速较上半年提高 5.2 个百分点；乡村实现消费品零售额 357.43 亿元，同比增长 23.6%，增速较上半年提高 2.7 个百分点。

九大消费行业八增一降。1—9 月，日用品类同比下降 1.1%；粮油、食品类同比增长 12.5%；烟酒类同比增长5.7%;服装、鞋帽、针纺织品类同比增长28.6%;金银珠宝类同比增长90.8%;家用电器和音像器材类同比增长29.7%;中西药品类同比增长29%;石油及制品类同比增长39.6%;汽车类同比增长36.9%。

新型消费快速增长。1—9月,限额以上批发零售企业通过公共网络实现商品销售同比增长90.4%;限额以上住宿单位通过公共网络实现的客房收入同比增长1.3倍,限额以上餐饮业单位通过公共网络实现的餐费收入同比增长41.4%。

旅游业仍保持高速增长。1—9月,139家4A、5A级景区累计接待国内外游客6662.16万人次,同比增长2.1倍。其中,区内游客增长1.9倍、外省游客增长4.2倍、境外游客增长7.9%。

6. 金融形势稳健,财税收入增长明显

1—9月,一般公共预算收入1172.88亿元,同比增长24%。其中,税收收入802.99亿元,同比增长30.7%。非税收入369.89亿元,同比增长11.6%。一般公共预算支出4134.63亿元,同比增长5.2%。其中,卫生健康支出增长11.8%、社会保障和就业支出增长3.3%、节能环保支出增长21.7%。

1—9月,金融机构人民币各项存款余额26366.84亿元,比年初增加1542.19亿元。其中,住户存款12261.11亿元,比年初增加362.62亿元;非金融企业存款6828.07亿元,比年初增加677.76亿元。金融机构人民币各项贷款余额24475.48亿元,比年初增加2097.86亿元。其中,住户贷款余额5992.63亿元,比年初增加942.08亿元;企(事)业单位贷款余额18466亿元,比年初增加1159.59亿元。

7. 城乡居民收入差距缩小

1—9月,城镇居民人均可支配收入27785元,同比增长9%,扣除价格因素,实际增长7.7%。其中,工资性收入17885元,增长8.1%;农村居民人均可支配收入4864元,增长11.5%,扣除价格因素,实际增长10.2%,其中工资性收入2759元,增长13.7%。农村居民生活消费支出8013元,同比增长25.1%。城乡居民收入之比由上年同期的5.84缩小为5.71。

8. 居民消费价格小幅回落

1—9月,居民消费价格总指数为101.2,较上年同期提高1.2个百分点,涨幅比上年同期回落0.7个百分点,高于全国0.7个百分点。其中,城市和农村均上涨1.2%。

居民消费的八大类商品及服务价格"六涨二降"。食品烟酒类同比上涨0.8%,衣着类同比上涨2%,居住类同比上涨1.2%,生活用品及服务类同比上涨0.4%,交通和通信类同比上涨3.9%,医疗保健类同比上涨0.2%,而教育文化和娱乐类、其他用品和服务类分别同比下降0.5%和0.4%。

1—9月,工业生产者出厂价格指数(PPI)同比上涨15%,涨幅较上年同期提高23.5个百分点;工业生产者购进价格指数(PMI)同比上涨10.8%。

9. 外贸进口总额小幅增长

1—9月,外贸进出口总值实现1107.9亿元,同比增长2.9%,增速较上半年回落16.2个百分点。其中,出口额875.9亿元,增长14.9%;进口额232亿元,下降26%。

(二)2021年主要经济指标预测

2021年以来,新疆大力推进工业强基增效和工业转型升级、民营经济发展、数字经济、创新发展、核心区建设、绿色发展、安全生产等重点工作,工业经济平稳快速增长;紧扣贯彻落实自治区党委重点工作部署,着力扩大有效投资,建立健全"六重"清单、推进"十大机制",有力有序有效推动全区项目建设,固定资产投资保持了较好增长态势;新型消费和升级消费不断拓展,无接触配送、无人零售、直播零售等消费新模式、新方式得到快速发展,推进了新疆消费品市场转型升级和供给结构优化。前三季度,从三次产业来看,农业生产大幅增长,粮食产量再创新高;工业生产稳定,高技术制造业大幅增长;服务业加快回升,交通运输业支撑作用突出。投资、消费和出口均呈增长之势,"三驾马车"对拉动经济增长发挥了各自作用。总的来看,新疆经济运行呈稳中有进、整体向好的良好态势。但也要看到,当前国际环境不确定性因素增多,国内经济恢复仍不稳固、不均衡。下一步,全区上下坚持以习近平新时代中国特色社会主义思想为指导,在自治区党委的坚强领导下,贯彻落实自治区党委"3+1"工作部署,持续加快工业发展、释放消费潜力、扩大有效投资、加大能耗"双控",努力保持经济运行在合理区间,确保完成全年经济社会发展主要目标任务。初步预计,2021年全区生产总值增长9%左右;规模以上工业增加值增长10%左右;固定资产投资完成额增长20%左右;社会消费品零售总额增长15%左右;居民消费价格上涨控制在1.4%以内。

二、2022年经济运行环境分析及主要指标预测

从国际看,当今世界正经历百年未有之大变局,国际环境日趋复杂,不稳定性不确定性明显增加,新冠肺炎疫情影响广泛深远,经济全球化遭遇逆流,世界进入动荡变革期,但和平与发展仍然是时代主题。

从国内看,我国已转向高质量发展阶段,制度优势显著,治理效能提升,经济长期向好,物质基础雄厚,人力资源丰富,市场空间广阔,发展韧性强劲,正在形成以国内大循环为主体、国内国际双循环相互促进的新发展格局,继续发展具有多方面优势和条件。

从区内看,新疆经济社会发展具有重要机遇和优势:一是党中央重视关心关怀。第三次中央新疆工作座谈会为做好新时代新疆工作指明了方向、提供了根本遵循。二是各类政策叠加增效,为推进新疆经济社会发展注入了动力。三是对口援疆优势独特,各方力量对口援疆的工作格局,为援受双方加强产业合作、畅通经济循环奠定了基础。四是区域优势明显。随着扩大对外开放、西部大开发、共建"一带一路"等不断推进,新疆从相对封闭的内陆变成对外开放的前沿,有利于加快构建新发展格局、融入国内国际双循环。五是资源转化潜力巨大。新疆地域辽阔,矿产资源丰富,旅游资源富集,土地、电力、劳动力成本低等优势明显,具有较强的潜在竞争力。六是稳定红利充分释放。综合施策、标本兼治,保持了社会大局持续稳定,为促进经济高质量发展营造了良好环境。

初步预计,2022年全区生产总值增长7.5%左右;规模以上工业增加值增长7%左右;固定资产投资完成额增长15%左右;社会消费品零售总额增长7%左右;居民消费价格上涨控制在2.5%以内。

三、政策措施建议

(一)推进产业基础高端化、产业链现代化,提高经济质量效益和核心竞争力

坚持"稳粮、优棉、强果、兴畜、促特色",突出绿色化、优质化、特色化、品牌化,推动农业供给侧结构性改革,健全产销链接、利益联结机制,推动农业由增产导向转向提质导向,加快构建现代农业产业体系、生产体系、经营体系。实施质量兴农战略,支持建设区域绿色食品、有机农产品地理标志和绿色食品原料基地,健全农产品质量安全监管体系、监测体系、追溯体系,保障农产品安全供给。延伸产业链、打造供应链、提高附加值,建设一批规模较大、设施完善、特色明显的农产品生产基地、加工销售物流基地。

推动工业强基增效和转型升级,全面提升新型工业化发展水平。深化工业供给侧结构性改革,坚持

把发展经济着力点放在实体经济上。加快建设国家"三基地一通道",推动传统产业转型升级。积极发展战略性新兴产业,实施战略性新兴产业发展推进工程,加快壮大数字经济、先进装备制造业、新能源、新材料、氢能源、生物医药、节能环保、新能源汽车等产业,提升产业规模和市场竞争力。

推动产业链供应链优化升级。立足现有产业规模和优势,以建链、延链、补链、强链为主攻方向,推动补短板和锻长板相结合,培育一批产业链核心企业,打造具有更强创新力、更高附加值、更安全可靠的现代化产业链。用足用好国家优惠政策,做大做强服装服饰、农副产品加工、电子产品组装等劳动密集型产业,因地制宜发展地方特色手工业、旅游商品加工业,扩大产业发展规模,增强产业集聚效益。缓解企业的成本压力,打造区域产业集群,提升高科技企业以及基础研究型企业的集聚效应,以产品技术升级"带"动"双循环"更好地"转"起来。提升产品服务的品质,通过技术创新和商业模式创新,提高企业核心竞争力,并注重借力资本市场来进行资源整合,优化产业布局,推动数字化转型。加快绿色低碳先进适用技术研发和推广。聚焦重点领域、重点行业技术攻关,推动"碳达峰""碳中和",促进经济社会发展全面绿色转型。

(二)释放消费潜力,探索智能技术推动消费升级

用好国内大市场,着力扩投资、促消费,推进向西开放,主动融入国内国际双循环,为经济高质量发展提供动力。释放消费潜力,增加有效供给,持续增加智能家居、智能家电以及绿色低碳产品等的生产,有效满足人民对美好生活的需要。

顺应消费升级趋势,完善促进消费体制机制,提升传统消费,培育新型消费,合理增加公共消费,增强消费对经济发展的基础性作用。持续扩大新型消费,大力发展"互联网+"消费模式,发展无接触交易服务,打造新零售全渠道商业模式,促进线上线下消费融合发展,探索智能技术推动消费升级。以打造品牌经济为重点,促进消费向绿色、健康、安全发展,鼓励消费新模式新业态发展。持续扩大旅游消费,加快旅游消费恢复性增长,刺激关联产业扩大生产消费,促进实物消费和服务消费,比如扩大 VR、AR、XR 技术和 5G 支持的消费领域,满足人民群众对更高质量精神消费的需求。

(三)通过资本市场发挥优化资源配置的作用,激发数字经济创新活力

发挥资本市场优化资源配置的作用,用市场的力量把创新活力激发出来,把产业运行效率提起来,把发展动力转到创新驱动上,加快产业结构优化和转型升级,实现经济从高速发展转向高质量发展。数字化是大趋势,新基建是构建双循环的核心。新基建还将持续深化场景互联网的建设,场景互联网和智能供应链将会是投资风口。新基建领域的投资,应主要围绕新能源充电桩、高速轨道交通和 5G 等数字经济基础设施类项目。比如区块链、云服务、人工智能、数据中心,由于数字经济转型十分迫切,在增长压力之下,需要增加新基建投资强度,以便创新科技企业的产出能够尽快填补传统产业减速形成的缺口。新基建在创新驱动发展及行业共性技术难题的攻关上,应坚持市场需求牵引、需求导向、目标导向,进一步推动产业链与创新链融合发展,以企业为主体,打通科技成果转化"最后一公里",激发和释放企业创新力。坚持用改革的办法、市场化运作的方式,统筹传统和新型基础设施建设,发挥政府投资撬动作用,激发民间投资活力,围绕交通、水利、能源、通信等重点领域实施一批重大项目,夯实经济社会发展基础。

(四)以推进丝绸之路经济带核心区建设为驱动,打造沿边和内陆开放新高地,促进"双循环"新发展格局形成

立足新疆资源要素丰富、产业门类齐全、全国对口援疆等优势,主动承接内地发达地区产业梯度转移,加快建立完善产品营销体系,为全国市场提供更加多样、更高品质供给。推进核心区"五大中心"

建设、加快乌鲁木齐国际陆港区建设、推进喀什、霍尔果斯经济开发区高质量建设、加快口岸经济带建设。办好中国—亚欧博览会，大力发展线上线下会展经济。推动设立中国（新疆）自由贸易试验区。深化国际产能合作，加强境外经贸合作园区、边境经济合作区建设，带动商品、技术和装备出口，拓展与丝绸之路经济带沿线国家、RCEP沿线国家和地区多层次、多领域务实合作。充分把握新疆在国内大循环和国内国际双循环中的位置和比较优势，把构建新发展格局同"丝绸之路经济带"核心区、"三基地一通道"建设等有机衔接起来。围绕服务国内大市场，优化供给结构，改善供给质量，不断提高供给体系对国内需求的适配性，以创新驱动、高质量供给引领和创造新需求。充分发挥"西引东来""东联西出"的区位优势，积极参与西部陆海新通道战略、西部省区协调向西开放等省际交流发展，发展开放型经济，拓展开放空间。充分利用国内国际两个市场两种资源，优化出口商品结构、贸易方式，提高出口产品质量，增加优质产品进口，参与国内国际双循环。以推进丝绸之路经济带核心区建设为驱动，把新疆纳入国家丝绸之路经济带建设、向西开放的总体布局中统筹谋划，丰富对外开放载体，提升对外开放层次，创新开放型经济体制，构建更大范围、更宽领域、更深层次的高水平开放新格局。

[新疆维吾尔自治区信息中心　王乾润　马天平]

之十二：2021年内蒙古自治区经济运行分析及2022年展望

2021年是"十四五"规划开局之年，内蒙古自治区（简称内蒙古）以习近平新时代中国特色社会主义思想为指导，坚定不移走以生态优先、绿色发展为导向的高质量发展新路子，巩固拓展疫情防控和经济社会发展成果，经济稳定恢复，转型升级持续推进，质量效益明显提升，长期向好的基本面持续显现。展望2022年，随着国家和自治区系列政策的落地显效，经济复苏动能有望进一步增强，内蒙古经济总体复苏态势仍将继续。

一、2021年内蒙古自治区经济运行特征分析

2021年前三季度，内蒙古地区生产总值达到14491.5亿元，同比增长7.8%。其中，第一产业增加值784.9亿元，增长4.1%，两年平均增长2.1%；第二产业增加值6679.7亿元，增长7.5%，两年平均增长3.2%；第三产业增加值7027.0亿元，增长8.4%，两年平均增长2.6%。由于2020年第三季度基数较大，因此第四季度增速可能有所放缓，预计全年增长速度达到6%左右。

（一）经济稳定复苏，环比逐季放缓

内蒙古经济稳定恢复，发展势头良好，尽管前三季度地区生产总值增速比上半年收窄2.6个百分点，主要经济指标呈现前高后低的总体态势，但与全国平均水平的差距逐步缩小。若能够继续保持这种逐步缩小的趋势，并演化成长期向好的态势，就能够尽快赶上全国步伐。

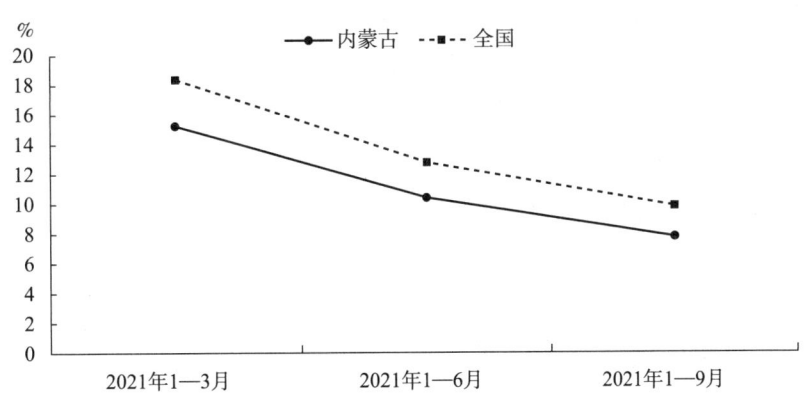

图1 2021年内蒙古与全国GDP增速趋势

（二）三次产业持续恢复，质量效益提升

农业生产稳定增长，畜牧业发展稳步向好。前三季度，农林牧渔业总产值1450.4亿元，同比增长4.8%。猪牛羊禽肉产量172.8万吨，同比增长3.5%。奶业健康有序发展，奶牛存栏147.6万头，同比增长17.8%；牛奶产量388.1万吨，同比增长19.0%。

工业生产保持增长，质量效益明显提升。前三季度，规模以上工业企业增加值同比增长7.4%，两年

平均增长2.6%。制造业快速增长成为拉动工业增长的主要动力，特别是工业战略性新兴产业和高技术制造业增速喜人，前三季度同比分别增长14.4%和27.0%。产销衔接良好，规模以上工业企业累计产品销售率连续7个月超过100%，前三季度，工业企业产品销售率100.4%，同比提高0.6个百分点。

服务业预期向好，增长面扩大，其中，交通运输、仓储和邮政业前三季度的增加值同比增长12.3%，两年平均增长3.2%。1—8月，规模以上服务业企业营业收入同比增长10.5%。29个服务行业大类中，有26个行业营业收入实现同比增长，增长面达89.7%，其中22个行业呈两位数以上增长。

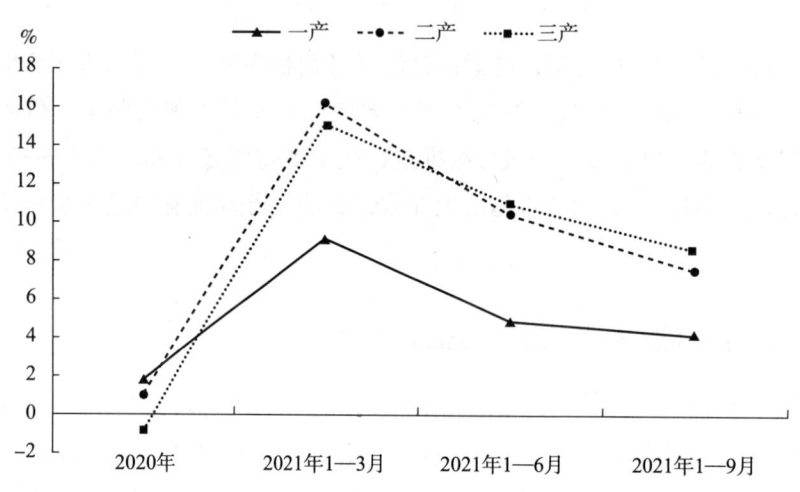

图2 2020年以来内蒙古三次产业增速趋势

（三）有效投资继续回升，重点领域增速较快

投资总额稳步恢复，前三季度，固定资产投资（不含农户）同比增长9.8%。投资结构不断优化，制造业投资比重提高到20.2%，同比提高3.4个百分点，其中高技术产业投资增长40.2%，两年平均增长17.5%，增速高于全区投资30.4个百分点，占全区投资总额的5.9%，同比提高1.3个百分点。分领域看，重点领域投资增长较快，制造业投资实现31.9%的高速增长，基础设施投资同比增长0.4%，社会领域投资同比增长16.0%，房地产开发投资同比增长4.3%。分产业看，第一产业投资同比增长4.6%，第二产业投资同比增长24.2%，第三产业投资同比增长0.9%。资金来源多元化趋势明显，民间投资同比增长17.4%，两年平均增长4.6%。

（四）消费恢复活力，线上销售势头良好

前三季度，消费市场延续了恢复增长的态势，呈运行平稳、恢复向好的趋势，市场规模快速增长，社会消费品零售总额3548.0亿元，同比增长9.2%。从城乡看，城镇消费品零售额同比增长9.6%，乡村消费品零售额同比增长7%。从商品类别看，升级类商品增长较快，限额以上单位金银珠宝类零售额同比增长31.9%，体育娱乐用品类同比增长13.9%，书报杂志类同比增长54.5%。从商业模式看，线上销售保持较快增长，前三季度，实物商品网上零售额216.2亿元，同比增长23.9%；限额以上单位通过公共网络实现的商品零售额同比增长51.6%。

（五）居民收入提高，民生福祉改善

物价水平涨幅温和，前三季度居民消费价格同比上涨0.6%，涨幅较上半年扩大0.1个百分点。八大类价格"五涨三降"，其中，食品烟酒类上涨0.4%、居住类上涨0.2%、交通和通信类上涨3.1%、教育文化和娱乐类上涨0.7%、医疗保健类上涨0.3%、衣着类下降1.1%、生活用品及服务类下降0.3%、其

他用品和服务类下降0.7%。工业生产者出厂价格同比上涨22.4%，工业生产者购进价格同比上涨21.1%，涨幅分别较上半年扩大6.6个和5.3个百分点。民生保障更加完善，脱贫人口纳入低保40.18万人，纳入特困人员救助供养1.6万人。截至2021年9月初，保障城乡低保对象162.41万人，城乡特困人员9.62万人。782名集中供养孤儿、1389名散居孤儿和2839名事实无人抚养儿童的基本生活得到保障。居民收入显著提高，前三季度，全体居民人均可支配收入25132元，同比增长9.5%，其中，城镇常住居民人均可支配收入33767元，增长8.7%；农村牧区常住居民人均可支配收入12031元，增长11.4%。城乡居民人均收入比值2.81，比上年同期缩小0.07。

总体来看，内蒙古全年经济恢复良好，实现了阶段性目标，持续向好、长期向好的基本面没有改变，预计全年增速能完成6%的目标。但基础尚不牢固，经济社会发展的不稳定、不确定因素仍然较多，叠加原材料高位运行，经济增长压力较大。

二、2022年经济运行的环境及因素分析

2022年内蒙古经济运行环境依然复杂多变，特别是大宗商品价格上涨、疫情防控形势严峻等，都对经济产生了严重的影响。从国际上看，全球新冠肺炎疫情不断反复，经济再度下行的可能性较大。若疫情继续反复，国际贸易和投资将萎缩，产业链供应动荡，世界经济或将陷入新一轮危机，这对内蒙古产业发展、对外贸易等将产生较大冲击。从全国来看，尽管也有疫情反弹，但国内经济总体稳定，主要经济指标逐步回升，这对内蒙古经济的企稳回升将形成较强的拉动。

客观分析内蒙古外部发展环境和内部发展条件基础，仍然存在较多促进经济持续回升的积极因素。一是国家宏观经济形势有利于内蒙古经济回升。我国经济呈"V"形反转与稳步复苏的特征，新产业、新业态、新商业模式加快发展，新动能保持高速增长，经济发展好于预期；国内供给和需求逐步回升，经济增长速度也在逐步加快，这些都为内蒙古的发展提供了良好的外部环境。二是"六稳""六保"政策效应会进一步显现，减税降费等政策红利减轻了企业税收负担，经济增长微观基础得到巩固。

但是，也要看到诸多不利因素犹存。一是短期矛盾和中长期结构性问题交织并存，经济持续回升向好的基础尚不稳固，近年来内蒙古经济增长出现较大程度的下滑，经济增长速度低于全国平均水平，经济增长动力不足。二是产业发展不平衡，结构性的复苏特征显著，服务业复苏相对滞后。三是疫情影响仍在延续，消费和投资增长低迷，对经济的拉动作用不明显。四是居民增收压力大，城镇居民人均可支配收入和增速都低于全国平均水平。

三、2022年经济趋势展望及主要经济指标预测

国家扩大内需、提升产业链供应链水平等政策的加快实施，为内蒙古的发展提供了重大的机遇。从前三季度来看，内蒙古的经济总体平稳、稳中有进，高质量发展特征突出。展望2022年，内蒙古要立足自身优势，聚焦"两个屏障""两个基地"和"一个桥头堡"的战略定位，坚定不移走以生态优先、绿色发展为导向的高质量发展新路子，主动融入新发展格局，加快补齐发展短板，内蒙古经济将呈现更高质量的发展态势。从机遇看，新发展格局初步建立，内蒙古作为向北开放的"桥头堡"，随着西部大开发、东北振兴、黄河流域生态保护和高质量发展、京津冀协同发展等重大战略深入实施，将有力推动内蒙古经济社会高质量发展，提高内蒙古竞争力。从挑战来看，受近年来经济增长低于全国平均水平以及疫情冲击双重影响，内蒙古经济增长动能不足，经济下行压力加大；节能减排压力增加，完成能耗"双控"目标任务艰巨，绿色转型发展任重道远；营商环境、政务服务效率亟待提升和改进。综合研判环境

和条件的变化，内蒙古将着力统筹疫情防控和经济社会发展，预计2022年全区主要经济指标继续保持平稳增长，地区生产总值预计增长6%左右，与全国平均水平基本保持同步。

四、政策调控措施建议

（一）扩大投资，全力促进经济稳定增长

稳投资仍然是稳增长的"重头戏"，毫不动摇扩大有效投资，全力抓好在建项目、拟建项目和项目储备。一是要狠抓有效投资。聚焦"两新一重"领域，促进新基建、交通、能源、水利等基础设施建设领域的投资；着力锻长板、补短板，推进清洁能源、先进装备制造、绿色农畜产业加工等领域投资；加大研发设计、现代物流等生产性服务业投资力度。二是狠抓项目建设。强化重大工程项目的管理，细化实化支持政策，确保重大项目如期推进。继续开展重点项目"集中审批周"活动，协调推动项目前期手续办理，加强重点项目建设调度，扩大项目储备，提高绿色、低碳、附加值高的新兴产业项目比重。支持盟市根据实际情况出台招商引资政策，更多地引进新项目、大项目、好项目。三是抓好保供稳价。落实好国家关于释放煤炭产能保障供应的要求部署，进一步释放煤炭优质产能，推动煤炭增产稳价。

（二）促进消费，挖掘释放需求潜力

充分发挥消费的基础作用，有效激发内蒙古内需潜力，分类谋划推出促消费旺市场的政策举措，积极推动消费扩容提质。一是落实纾困惠企政策。培养、保护市场主体，既要关注全区骨干龙头企业，也要扶持帮助中小微企业，释放需求潜力。二是积极培育消费新模式，大力发展体验式商业，引导传统大型百货、购物中心向智能化、多样化新型商业服务综合体转变；积极推动"互联网+医疗健康"、在线教育培训、数字智慧文旅等服务消费新模式发展，引导传统服务企业线上线下融合发展。三是完善农村商业物流和信息基础设施，推动农村电商公共服务体系升级改造，促进农村消费。

（三）扩大开放，深度融入双循环新格局

内蒙古需要不断发挥优势与潜力提升功能定位，才能深度融入新发展格局。一是深化区域合作。深化与京津冀、长三角、粤港澳等地区合作交流，加强与哈长城市群、辽中南城市群、关中平原城市群等区域合作，深度融入共建"一带一路"。设立产业飞地、科创飞地，吸引企业总部和分部、研发机构、行业协会或产业联盟入驻，实现借力发展。二是加快对外开放平台建设。以中蒙俄经济走廊为重点，加快满洲里、二连浩特国家重点开发开放试验区和甘其毛都、额济纳、珠恩嘎达布其自治区级重点开发开放试验区建设，推进中蒙二连浩特—扎门乌德经济合作区、呼伦贝尔中俄蒙合作先导区建设，大力发展泛口岸经济，以高水平开放促进高质量发展。三是创新招商引资方式。制定一批针对性强、有吸引力的差别化政策，强化政策执行和落实，提高招商引资效率。建立招商引资考核激励机制，大力开展以商招商、产业链招商，要积极"走出去"，放眼世界，在京津冀、长三角、粤港澳等重点地区开展常态化招商引资。

（四）深化改革，全力优化营商环境

推动经济高质量发展，必须找准着力点进一步深化"放管服"改革，打造更优质更高效的营商环境。一是改善投资和市场环境。营造公平透明、可预期的营商环境，助力实体经济发展。二是提升政务服务水平。推进和完善相对集中行政许可权改革，推行"一件事一次办""不见面审批"，将出入境、税务、医保、社保等自助服务终端纳入各级综合政务服务大厅，打造"24小时政务超市"。三是加强智慧政务建设。提升线上"一网通办"质量，推动更多公共服务、便民服务事项实现移动端办理。把出台的优化营

商环境三年行动计划和便民利企九条措施等政策切实落到实处,全力压缩审批时限,提高审批效率。

(五)改善民生,大力发展社会事业

一是千方百计做好就业工作。强化就业政策,扩大就业容量,改善就业结构,优化就业环境,坚持经济发展就业导向,推动实现更加充分更高质量就业。深化高校毕业生就业创业推进行动,实施农牧民工返乡创业行动计划,推进京蒙劳务协作常态化、制度化;做好退役军人就业创业工作,加强失业人员帮扶和困难人员就业援助;扩大公益性岗位安置,帮扶残疾人、零就业家庭成员就业;大规模开展职业技能培训,持续加强职业技能培训公共服务能力和职业技能实训基地建设;广泛开展特色公共就业服务专项活动,全面提升就业服务质效,满足劳动者多层次就业需求。二是增加卫生、教育、住房等公共服务供给。聚焦群众健康,加强公共卫生服务能力建设,加强各级疾控中心标准化建设,健全重大传染病监测预警体系;大力实施教育优先发展战略,促进教育资源优质均衡发展;改善居住条件,扩大保障性租赁住房供给,加快棚户区、城镇老旧小区改造,加大改善农村人居环境投入力度。

(六)保障安全,防范化解各种风险

一是严控政府债务风险。坚持政府带头过"紧日子",继续严格控制和压减一般性支出,从严安排"三公"经费预算。进一步健全政府债务风险预警和应急处置机制,评估盟市、旗县政府偿债能力,完善自治区化债奖励政策,促进化债措施落实到位。规范政府债务管理,强化政府债务限额意识,认真落实偿债责任,严控政府债务规模。二是强化金融风险防范化解工作。做好高风险金融机构风险化解工作,督导高风险机构逐步制定风险处置方案,积极稳妥引入不同所有制市场主体的合格投资者对高风险机构进行并购重组,加强事中、事后监管,完善治理机制,强化内控合规管理,稳妥化解中小银行局部性、结构性流动风险。

[内蒙古自治区宏观经济研究中心　佟成元　司咏梅]

之十三：2021 年广西壮族自治区经济运行分析及 2022 年展望

一、巩固"稳"的基础，发展韧性活力持续显现

2021年，面对错综复杂的内外环境，广西壮族自治区（简称广西）砥砺奋进、抢抓机遇、克难前行，聚焦困难问题精准施策，持续巩固疫情防控和经济社会发展成果，全力推动经济社会平稳健康发展，主要宏观指标处于合理区间，经济发展韧性和活力持续显现。

（一）经济回归潜在增长水平，发展韧性活力较强

2021年以来，广西经济延续了自 2020 年下半年以来的快速恢复态势，增速实现两位数以上的高位开局。前三季度，广西地区生产总值分别同比累计增长 16.1%、12.0%、9.0%，但受上年疫情冲击和经济增长基数"前低后高"影响，叠加多种约束性和不确定性因素，经济增速逐季回落态势明显，前三季度经济增速分别比第一季度、上半年回落 7.1 个百分点、3 个百分点。消除同比基数影响后，前三个季度地区生产总值两年平均分别增长 6.0%、6.3%、5.4%，基本与广西"十三五"时期年均增速（6.1%）持平，也接近"十四五"规划纲要提出的年均增速目标（6.5%），表明广西经济恢复性增长的韧性较强。

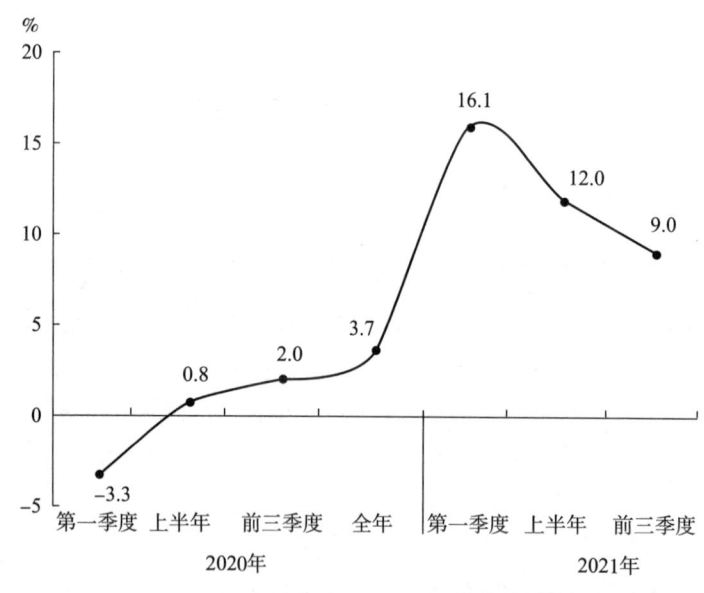

图 1 2020 年以来广西 GDP 累计增速走势

（二）农业生产稳步趋好，增速产量持续创新高

自 2018 年以来，广西第一产业增加值持续保持 5% 以上的快速增长，2021 年前三个季度分别同比增长 7.7%、7.9%、8.7%，前三季度同比增速、两年平均增速（6.2%）均高于全国平均水平。分行业看，种植业产量规模持续提高，2021 年全区春收粮食产量 26.6 万吨，同比增长 2.31%；早稻种植面积 1211.2 万亩、产量 480.0 万吨，分别同比增长 0.29% 和 0.67%。畜牧业产能持续释放，前三季度生猪出栏

2489.90万头，同比增长45.4%，增速比上半年提高26.8个百分点。糖业高质量发展成效显著，广西"双高"基地良种覆盖率达100%，2020—2021年榨季全区糖料蔗种植面积1115万亩，糖料蔗入榨量4921万吨，糖料蔗种植面积和食糖产量连续17个榨季占全国的60%左右。

（三）工业经济承压前行，生产经营持续恢复

2021年以来，工业生产经营面临缺电、缺煤、缺芯、高成本等"三缺一高"问题，加之"双控"约束趋紧等多重考验，部分领域下行压力较大。前三季度，规模以上工业增加值同比增长11.3%，比全国（11.8%）低0.5个百分点，比西部地区（10.2%）高1.1个百分点，居全国第14位、西部地区第四位；两年平均增长4.9%，超过2019年前三季度同期3.1%的增长水平，与"十三五"时期5%的年均增速基本持平。分行业和产品看，前三季度全区行业增长面为64.1%，在39个工业大类行业中，有25个行业增加值实现正增长，其中十大重点行业中有9个行业增加值实现正增长；全区产品增长面为68.4%，在全区生产的452种产品中（不含能源产品），有309种产品保持增长，其中重点监测的27种产品中，有20种产品产量实现正增长。

（四）投资拉动作用强劲，重点领域保持较快增速

2021年以来，广西固定资产投资增速始终保持两位数增长，特别是6月以来增速持续高于全国和西部地区平均水平，前三季度固定资产投资同比增长13.8%，比全国（7.3%）高6.5个百分点，比西部地区（5.5%）高8.3个百分点，居全国第三位、西部地区第二位。分领域看，基础设施投资同比增长29.6%，高于全区投资15.8个百分点，两年平均增长18.7%，拉动全区投资增长7.6个百分点，对全区投资增长的贡献率达55.1%，是全区投资增长的第一拉动力。工业投资稳步增长，前三季度全区工业投资同比增长18.9%，拉动全区投资增长4.2个百分点；其中，制造业投资增长27.1%，拉动全区工业投资增长19.3个百分点，高技术制造业投资同比增长50.3%，新兴行业投资支撑作用不断显现。

（五）消费潜力持续释放，新兴业态增势强劲

受疫情多点散发影响，居民出行、消费动力减弱，加之上年同期基数升高，2021年以来广西消费服务业增势有所回落，但韧性依然充足。前三季度，服务业增加值增速同比增长8.8%，两年平均增长5.9%，接近2019年前三季度同期水平（6.5%）；社会消费品零售总额同比增长12.4%，较2019年同期增长6.6%。分行业看，前三季度，餐饮收入同比增长12.7%，较2019年同期增长0.1%，两者消费规模均已基本恢复至疫情前正常水平；家用电器和音像器材类商品零售额同比增长19.9%；新能源汽车零售额同比增长1.6倍。实物商品网上零售额同比增长26.0%，对社会消费品零售总额增速拉动超过1.8个百分点，新兴消费总体保持较快增长势头。

（六）开放活力大幅提升，枢纽效益持续显现

2021年以来，由于国内疫情防控形势较好，全球市场需求对我国的依赖程度提升，出口增速保持较快增长。前三季度，广西外贸进出口总额同比增长29.3%，其中出口额增长17.2%，自2021年1月起，月均进出口规模接近500亿元，创历史同期最好水平。从贸易类型看，保税物流和一般贸易拉动作用明显，前三季度保税物流进出口额同比增长59.5%，一般贸易进出口额同比增长25.3%，加工贸易进出口额同比增长20.2%，边境贸易进出口额同比增长18.1%。从港口物流看，得益于北部湾国际门户港吞吐能力、铁路疏港运力大幅提升，前三季度北部湾港货物吞吐量增速继续领先全国沿海港口，完成货物吞

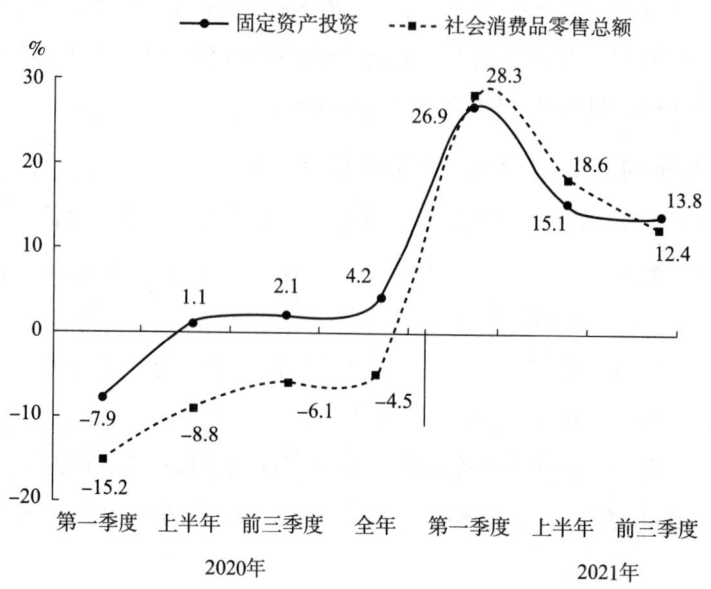

图2　2020年以来广西投资与消费累计增速走势

吐量26554.67万吨，同比增长19.7%，完成集装箱吞吐量418.6万标准箱，同比增长19.11%，货物吞吐量居全国沿海港口第九位，集装箱吞吐量居全国沿海港口第八位。这表明在境外港口拥堵、国际物流补偿、航线运力紧张等背景下，广西积极努力克服困难，在外贸方面表现出强劲活力。

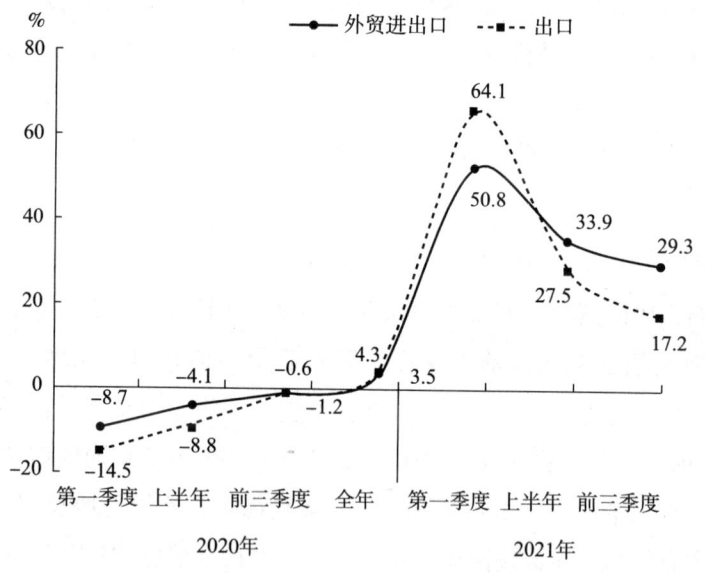

图3　2020年以来广西外贸进出口增速走势

（七）民生保障持续加力，城乡居民稳步增收

广西始终把保障和改善民生放在经济社会发展的优先位置，扎实做好"六稳""六保"工作，大力推进乡村振兴，拓宽脱贫群众增收渠道，经济发展成果更加惠及民生。居民实现稳步增收，前三季度广西居民可支配收入19855元，同比实际增长9.4%，其中，城镇居民人均可支配收入实际增长7.9%，农村居民人均可支配收入实际增长11.3%，城乡居民人均收入比值2.43，比上年同期缩小0.07。就业形势保持稳定，前三季度广西城镇新增就业人数32.63万人，失业人员再就业人数12.39万人，就业困难人员实现就业人数4.85万人，均已提前完成全年目标任务。CPI与PPI剪刀差趋于扩大，前三季度广西PPI与

CPI 剪刀差为 6.8 个百分点，较上半年继续扩大 1.3 个百分点，较第一季度扩大 3.6 个百分点，其中居民消费指数（CPI）同比上涨 0.6%，涨幅比上半年收窄 0.1 个百分点；工业生产者出厂价格指数（PPI）同比上涨 7.4%，涨幅比上半年扩大 1.2 个百分点。

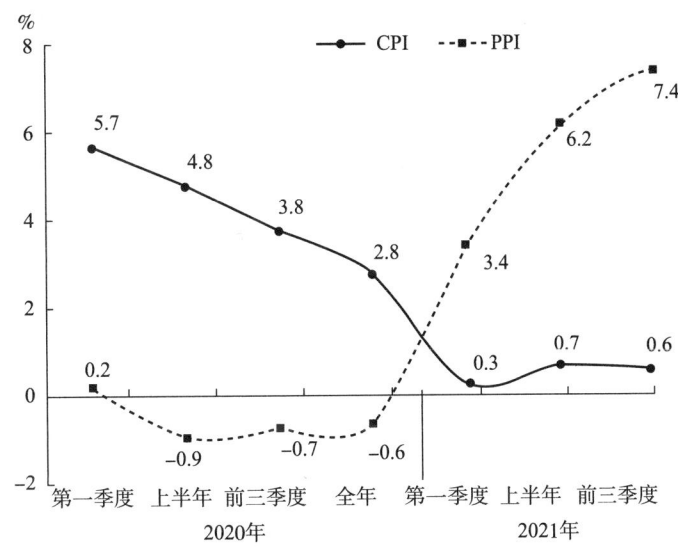

图 4　2020 年以来广西 CPI 与 PPI 累计增速走势

二、关注"变"的风险，抢抓新机遇谋求新跨越

展望 2022 年，广西经济运行既面临诸多风险挑战和不稳定不确定因素，也将迎来诸多重发展新机遇和有利因素，总体上机遇大于变数，经济发展仍将保持总体平稳的态势。

（一）面临的挑战和不利因素

从全球环境看，经济复苏动能有所减弱。当前全球疫情蔓延势头仍在延续，新一波感染和变异毒株加大了经济复苏风险，对全球经济造成的深层结构性影响短期内尚无法消除，一定程度上延缓全球经济复苏进程。主要经济体为了刺激经济纷纷推出基础设施建设计划，对钢铁等原材料需求剧增，引发了国际大宗商品价格暴涨，2022 年全球经济增长仍面临巨大不确定性。从全国形势看，不稳定不确定因素仍然较多。我国疫情"外防输入、内防反弹"压力仍然较大，局部散发态势时有发生，影响各地消费复苏和中小企业、居民就业，加之能源资源约束紧张与原材料、大宗商品价格上涨，企业生产经营风险与阻力较大，政策调控与空间压缩明显，经济仍将承压前行。从广西发展形势看，经济全面恢复的基础仍不牢固。受国内外形势多变影响，广西经济运行也面临着诸多困难挑战，2021 年以来全区能耗强度降低目标和能源消费总量控制目标持续红色预警，叠加芯片资源短缺、电力供应紧张、电煤价格上涨、海运价格呈现超预期飙升，上游原材料价格继续维持高位，房地产调控政策趋紧等影响，给广西企业生产经营带来较大考验，企业盈利压力较大。

（二）面临的机遇和积极因素

一方面，国家跨周期调节政策成效显著，给广西保持平稳较快增长带来信心。在国家一系列精准有力的调度措施下，我国经济稳增长展现出强大的发展韧性和活力，主要宏观指标总体处于合理区间。我国经济在跨周期宏观调控各项举措推动下，总体保持恢复态势，两年平均增速基本平稳，各季度环比均为正增长，预计 2022 年全国经济依然保持加快恢复态势，经济增速总体将逐步回归至正常年份水平。另一方面，国家多重区域发展政策叠加，将为广西加快开放发展步伐带来积极效应。2021 年以来国家领导密集到广西考察指导，为经济稳增长营造了良好环境，同时叠加新一轮西部大开发、西部陆海新通道建设、RCEP 签署、粤港澳大湾区建设、北部湾国际门户港建设、中国（广西）自由贸易试验区建设等区域开放政策，将有效推动广西加快开放发展步伐，提升对外贸易和投资往来，为推动广西高质量发展提供重要支撑。

总的来看，广西经济稳中向好、长期向好的基本面没有改变，2022 年有望延续经济回升向好的态势，主要经济指标将回归潜在增长区间。初步预测，广西 GDP 同比增长 6.5%左右，其中第一、第二、第三产业分别增长 6%、6.5%、7%左右，规模以上工业增加值增长 7%左右，固定资产投资增长 10%左右，社会消费品零售总额增长 9%左右，外贸进出口总额增长 20%左右，CPI 增长 1.5%左右。

三、积蓄"进"的力量，立足新时期展现新作为

（一）积极开展宏观政策"跨周期调节"

根据"十四五"规划年度目标完成情况，以及经济运行的周期性规律，相机而动、适时调控，确保经济平稳较快发展。抓好常态化疫情防控，跟踪分析经济走势，保持宏观政策连续性稳定性，做好预调微调和跨周期调节，加强财政、金融、就业政策联动，稳定市场合理预期。挖掘增收潜力，提高保障能力，加强财源开发、盘活资产、激活存量，大力支持产品附加值高、地方税收收入贡献大的产业和企业发展，正确处理好财政增收与减税降费的关系。

（二）统筹做好"双碳"各项工作

统筹做好"碳达峰""碳中和"工作，把"双碳"目标要求纳入全区发展整体布局，把环境容量作为项目准入的门槛，通过系统性设计"双碳"目标实现方案，进一步完善和强化能耗"双控"制度。引导全区各地扎实有力有序做好工作，坚决遏制"两高"项目盲目发展，兼顾经济绿色转型与平稳增长。通过节能改造、节能监管腾出能耗空间，为上马新项目好项目创造条件，推动新增投资与能耗强度降低目标和长期"碳中和"目标相匹配。

（三）精准施策扶持困难行业企业

针对受疫情影响的旅游、文化、教育服务、餐饮等行业的中小企业及个体工商户，及时提供针对性帮扶，做好前期政策平稳过渡。统筹做好企业煤、电、芯、原材料等要素供给，聚焦电子信息、新能源汽车等龙头企业均面临不同程度的芯片短缺问题，密切关注企业生产经营、投资、能源消耗、主要产品产量及价格等因素，制定科学高效的工业企业错避峰生产方案。加大财政和信贷支持力度，在金融与财政政策上为中小企业提供重点资金、专项资金扶持和融资担保，引导银行业金融机构改进小微企业金融服务，探索建立金融服务联盟和创新金融服务模式。

（四）大力促进消费加快恢复和潜力释放

持续开展形式多样的促消费活动，力争更大成效地激发消费兴趣和消费欲望，助力新兴消费发展壮大，促进传统消费增长。加快补齐生活性服务业短板，健全城乡服务对接机制，推进公共教育服务优质均衡发展，完善区域医疗中心布局，加快发展文化、旅游、体育服务。积极开拓农村消费市场，抓好电

商和产业扶贫，健全和发展农村商业网点，加大农业基础设施建设的投入，完善城乡物流配送网络，加快农商互联农产品供应链建设。培育壮大新型消费，推动重点商贸企业拓展网络营销，积极发展"云消费""直播带货"等新模式，促进消费新业态、新模式、新场景的普及应用。

（五）跑出广西投资和重大项目建设"加速度"

聚焦扩大工业投资，深入推进"双百双新"重大产业工程和"千企技改"项目，加大新一代战略性新兴产业投资力度，扩大制造业设备更新和技术改造投资，进一步提高制造业投资占比。加大新型基础设施投资力度，重点推进百项工业互联网新基建项目建设，推动传统基础设施和公共服务设施数字化改造，将新型基础设施建设与交通、能源、水利、市政等传统基础设施，以及教育、医疗、文化、广电、社保等公共服务设施建设统筹融合，建立跨界融合的产业集群数字生态圈。

[广西壮族自治区宏观经济研究院　张卫华　尚毛毛　李美莲]

综合卷
专题篇

之一：2021年重庆市农村经济运行分析及2022年展望

2021年以来，重庆认真贯彻落实习近平总书记关于"三农"和对重庆的系列重要指示批示精神，积极克服新冠肺炎疫情反复影响，全面推进巩固拓展脱贫攻坚成果同乡村振兴有效衔接，大力发展现代山地特色高效农业，加快建设宜居宜业宜游美丽乡村，着力改善农村基础设施和公共服务，不断增强农村民生保障，全市农村经济总体保持健康发展。预计2021年农业增加值同比增长7.1%左右，农民人均可支配收入同比增长11.1%左右。

一、2021年重庆市农村经济运行分析

（一）总体情况

随着全市乡村振兴战略全面实施和乡村建设行动加快推进，农业农村改革持续深化，农村经济稳中向好趋势明显。1—9月全市第一产业增加值1332.42亿元，同比增长8.3%，两年平均增长6.1%；农村常住居民人均可支配收入同比增长11.7%，城乡居民收入比（2.48）较上年同期缩小0.03。

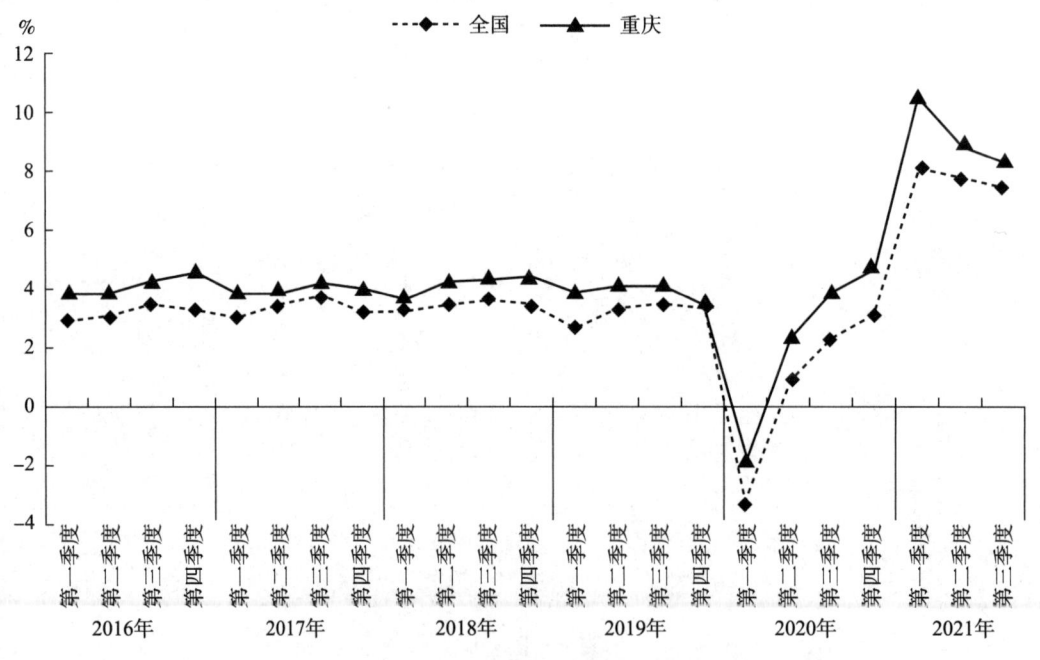

图1 2016年以来全国和重庆农业增加值增速比较

（二）主要特点

1. 农业生产稳定向好

2021年以来，重庆农业生产形势总体良好，夏粮面积产量双增，蔬菜产量稳步提升，畜牧业较快恢

复。一是粮食生产保持稳定。小麦、春马铃薯、胡豆、豌豆等夏粮产量121.1万吨，同比增长1.2%；播种面积557.8万亩，同比增长0.4%，实现16年来首次增加。截至2021年9月，水稻、玉米等秋粮已全部收获完毕，晚秋粮食长势良好。重庆率先在全国探索推进丘陵山区农田宜机化改造，助推水稻机收面积达到700万~750万亩、机收率提高到75%。二是蔬菜产量持续增加。全市积极调整蔬菜种植结构，加强蔬菜病虫害防控防治，助推蔬菜面积、产量"双增"。1—9月，地产蔬菜定植面积840万亩，产量超过1600万吨，分别同比增长3.2%和3.5%，累计防治草地贪夜蛾、红火蚁等重大病虫害367.13万亩次。三是畜牧生产恢复较快。2021年以来，继续推进标准化规模养殖场建设，加强非洲猪瘟、禽流感等重大动物疫病防控，畜牧业生产势头良好。生猪生产稳步恢复，生猪出栏1253.4万头，同比增长35%，产量恢复至2017年正常年份水平。牛羊禽生产平稳增长，牛、羊、家禽出栏量分别达到28.3万头、229.1万只、1.72亿只，分别同比增长3.1%、3.4%、10.2%。

2. 农民收入较快增长

2021年以来，为降低疫情对农民收入的影响，全国各省（自治区、直辖市）均出台稳岗留工政策，加强稳岗、稳产、稳就业措施，确保农民收入稳定增长。1—9月，全市农村常住居民人均可支配收入13700元，同比增长11.7%。其中，工资性收入在市外留岗人员享受当地稳岗就业补贴、过年红包等政策促进下明显增长，占农民收入的40.9%，仍居主导地位；经营净收入在全市乡村振兴全面推进、脱贫产业稳定发展、农村电商快速发展等带动下也保持较快增长，达到3719元，占农民收入比重为27.2%；转移净收入实现4034元，同比增长11.2%，占农民收入比重提高到29.4%，超过经营净收入占比，主要得益于全市"三农"投入资金持续增加，以及农民养老保险、农村低保、特困供养标准提高等。

3. 农村消费稳步增长

加快推进国际消费中心城市和内陆开放高地建设，实施"巴渝新消费"八大行动，优化城乡商业网点布局，推动农村消费扩容提质，大力开展假日促销、夜市经济、乡村旅游等引导城市消费下乡，农村消费潜力持续释放。1—9月，乡村消费品零售总额达到1457.41亿元，同比增长28.2%，两年平均增长13.1%。农村常住居民人均生活消费支出10690元，同比增长14.4%。总体上，农村居民人均生活消费支出稳步回升，比上年同期增加1346元，增速较上年同期提高7.6个百分点。从消费结构看，除医疗保健外，各项支出均保持两位数增长，其中教育文化娱乐、衣着、交通通信、居住、食品烟酒分别同比增长33.8%、24.5%、17.6%、14.1%、13.0%。教育文化娱乐和居住消费占比较高，两者占总消费支出比重达到47.9%。

4. 农业农村投资保持较快增长

2021年以来，农业农村投资保持较快增长，其中农业投资始终保持30%左右的快速增长，显著高于第二、第三产业投资增速，主要得益于乡村建设行动加快落实和脱贫攻坚成果持续巩固，乡村产业、基础设施等领域投资环境不断优化，城市资本下乡积极性有所提高。目前市委、市政府已牵头组建18个指导组加强对原深度贫困乡镇产业发展的帮扶指导，巩固提升843万亩脱贫特色产业，在脱贫区县申报创建国家现代农业产业园2个、实施优势特色产业集群2个、推动3个农业产业强镇建设，同时启动实施"万企兴万村"行动、深入实施"千村宜居"计划，助推乡村在建项目加快推进、乡村振兴招商引资项目签约数量持续增加。

5. 农村改革持续深化

随着乡村振兴战略深入实施和脱贫攻坚成果持续巩固，全市聚焦农村土地、集体经济等领域，持续深化农业农村各项改革，为农村经济持续稳定发展提供动力支撑。一是土地制度改革进一步深化。探索推进合川区（全国）第二轮土地承包到期后再延长 30 年试点，稳慎推进永川、大足、梁平 3 个区农村宅基地制度改革试点，目前大足区已探索建立宅基地"三权分置"等"1+3"政策体系，并在全国率先建成农村宅基地信息化管理电子政务平台，累计退出并复垦宅基地 2734 亩，通过转让、入股、租赁、赠与等方式盘活闲置宅基地 2344 亩，显著提升了土地利用效率。二是新型农村集体经济不断壮大。通过持续巩固农村集体产权制度改革成果，盘活利用集体资源资产。目前，集体经济"空壳村"占比降至 1.5%，约 50%的村集体经营年收入达到 5 万元以上，农民分红收入明显增加。

（三）存在的主要问题

2021 年以来，全市农村经济发展稳中向好，农村改革成效突出，但同时农村经济运行也面临一些困难和问题。

一是农业农村投资持续增长压力较大。在全面推进乡村振兴背景下，农业农村投资项目大幅增加，但由于城乡二元经济结构尚未完全转变，长期以来农村基础设施条件、公共服务水平落后于城市，第一产业比较利益也远低于第二、第三产业，且投资周期长，城市资本引进相对困难，扩大农业农村投资任务重，资金来源有限，持续增长难度大。

二是农村消费短板仍然突出。经过多年发展，全市农村商业体系和消费环境不断改善，但仍然存在诸多短板，制约农村消费潜力释放。由于农民居住分散，加之农村老龄化、空心化问题突出，农村商业和服务网点布局分散，商品品类供给有待丰富，智能电器、电子产品等产品售后服务、维权渠道有待增强；同时以老人、儿童为主的消费群体消费意愿较低，对商品质量辨识能力也较弱，加之农村经营者素质不高、自律意识缺乏，导致农村市场商品价格低廉的同时质量也普遍不高，农村消费环境亟待提升；此外"快递进村"尚未实现全覆盖，制约农村居民网购积极性。

三是价格持续下行影响生猪产业健康发展。9 月底，全市猪粮比跌至 4.93∶1，降幅超过 60%；加之非洲猪瘟疫情防控压力加大，以及玉米价格高位稳定，养殖成本居高不下，自繁自养生猪养殖每头亏损近 200 元，外购仔猪养殖亏损金额更多。尽管各地加大猪肉储备收储力度，但新冠肺炎疫情局部点状反复，各地加强疫情防控管制，居民出行出游受到限制，影响猪肉餐饮消费，加之生猪产能持续释放、屠宰企业猪肉冻品库存较多，供需失衡致使价格继续下跌的可能性较大，不利于生猪产业健康发展。

二、2022 年农村经济发展趋势展望

（一）疫情及自然灾害对全球农业发展和农产品供给的影响将更趋明显

2022 年，在新冠肺炎疫情反复等影响下，全球经济仍将处于恢复期，复苏形势仍较复杂严峻。目前疫情防控、劳动力短缺、货运周期延长、物价高涨等多因素交织，影响全球农产品供需平衡。同时叠加以欧美为主的全球能源危机，导致农业生产成本大幅上升，不利于农业可持续发展。此外，温室气体排放加剧，全球气候持续变暖，进入恶性循环阶段，导致近年自然灾害频繁发生，加之农业生产"靠天吃饭"的局面仍未改变，影响农业生产和农产品产量的不确定性因素增加。如 2021 年 6 月加拿大和美国因极端高温天气引起的干旱、野火等自然灾害，导致渔业、牛羊、水果、小麦等农业生产受损严重，农产品产量明显下降。

（二）巩固拓展脱贫攻坚成果与乡村振兴有效衔接的国家战略部署有利于进一步提升农村地区发展水平

巩固脱贫攻坚成果与乡村振兴有效衔接，是脱贫攻坚与乡村振兴交汇和过渡时期的一项重大战略任

务。2022年，我国乡村振兴战略将在2021年开局起步基础上将持续加码，乡村建设行动全面推进，建设成效逐步显现，必然助推农村交通、供水、能源、信息及农田水利等基础设施短板加快补齐、农村人居环境持续改善、就业和公共服务水平不断提升，农村集聚人、地、钱等资源要素的能力将不断增强，推动乡村振兴活力持续释放。

（三）重庆发展环境总体向好有利于进一步激发乡村发展潜力

2022年是全面落实《成渝地区双城经济圈建设规划纲要》的关键之年，涉及产业发展、基础设施等领域的重大项目将加快实施，有利于推动重庆经济保持恢复性增长态势，为加快构建高质高效现代农业产业体系、全面推进乡村振兴奠定基础。同时，国家城乡融合发展试验区建设将在2021年政策设计基础上，对照改革任务清单进入实质推进阶段，农业农村改革将进一步深化，进而促进城乡加快融合发展。此外，2022年重庆市也将积极推进农业农村现代化"十四五"规划任务落实落地，将重点围绕产业发展、生态建设、基础设施、农田水利等领域，加大农业科技、资金、人才等投入力度，加快农业科技成果转化应用，巩固脱贫攻坚成果，推进高标准农田建设和农田宜机化改造，做强农产品加工业，优化乡村旅游格局，推动农业农村高质量发展。

（四）2022年趋势预测

利用重庆市宏观经济监测预警系统和重庆市宏观经济短期预测系统，综合考虑以上因素，预计2022年全市农业农村经济运行保持稳定运行。脱贫成果持续巩固，城乡加快融合发展，农业总产值和农产品供给质量稳步提高，农村居民幸福感、获得感、安全感不断增强。预计全年第一产业增加值同比增长4%左右，农村常住居民人均可支配收入增速9.7%左右，农村消费潜力持续释放，乡村旅游业逐步回暖。

三、促进重庆农村经济发展的对策建议

（一）全面推进乡村建设投资

统筹优化城乡空间和功能布局，加大城市资本下乡支持力度，全面推动乡村建设和振兴，加快促进城乡融合发展，持续改善乡村投资融资环境。一是鼓励城市资本参与乡村建设。积极开展"多规合一"实用性村庄规划编制，探索构建规划弹性调整机制，增强规划的应变能力以满足镇村合理调整需求，着力解决城市下乡资本在项目选址和项目建设经营过程中的用地难、融资难等问题。二是推动基础设施和公共服务向乡村延伸。推动高铁、高速公路、国省道、县乡道等路网向农村拓展延伸，更多服务农村地区。加强农村公交线路规划布局，推动农村客运"开得通、留得住、通得好"。加强农村饮水安全、节水改造、小型农田水利等水利设施建设和运行管护，加快推进城乡一体化供水。三是持续推进农村人居环境整治。全面推进农村生活垃圾和污水处理，巩固拓展农村厕所革命成果，统筹推进农村人居环境成片整治和"千村宜居"计划，加快建设美丽宜居乡村。

（二）加强农产品供应保障能力

因地制宜推进种植养殖业稳定发展，不断增强农产品稳产保供能力。一是稳定传统种植业生产。加强晚秋粮食水肥管理和病虫害综合防治，积极优化蔬菜种植品种，着力推进标准化生产基地建设，着力提高土地产出效率。推广稻渔综合种养模式，推动水产品养殖绿色转型。二是稳定畜牧家禽养殖。引导畜禽市场有序供应，加快生猪产业转型升级，高度关注家禽生产，加大家禽养殖政策扶持力度。加强对畜禽生产、流通、销售各环节的监测，及时发布畜禽产销变化和价格波动信息，加强预期管理和调节，防止生产供应和价格大起大落。三是加强农业生产信息服务。加强农资市场监测，准确把握农资市场走势，保

障农资供应，稳定农资价格。及时提供农产品市场供求及价格情况，合理引导预期，有效规避市场风险。

（三）积极补齐农村消费短板

积极贯彻落实国家促进消费的各项举措，加快补齐农业农村短板弱项，全面促进农村消费。一是着力提高农民收入水平。围绕乡村产业振兴，加快培育发展新型农业经营主体，吸引更多城市资本参与现代农业产业链建设，扩大农民经营性收入。稳步推进农村集体产权制度改革，壮大村级集体经济组织，提高农民财产性收入。持续巩固脱贫攻坚成果，确保农民转移性收入稳定增加。二是积极改善农村消费环境。以推动城乡基础设施互联互通为契机，加快完善农村交通网络和物流体系，推进电子商务进村和农产品进城良性互动，实现农村生产与城镇消费有效对接。落实国家《关于提振大宗消费重点消费促进释放农村消费潜力若干措施的通知》，推进绿色环保汽车、家电、家具等下乡进村，增加适农消费品有效供给。提升农村教育、医疗健康、养老、文化等领域综合服务与保障能力，促进农村消费升级。三是加强农村消费者权益保护。加强农村地区多元纠纷化解机制建设，加大假冒伪劣涉农产品打击力度，畅通农村消费者维权渠道，提升农村消费者自我防范和保护能力。

[重庆市综合经济研究院（重庆市经济信息中心）宏观经济研究课题组
主研：易小光　丁　瑶　苟文峰　赵炜科　邓吉敏
执笔：邓吉敏]

之二：2021年重庆市工业经济运行分析及2022年展望

2021年以来，全球新冠肺炎疫情反复，世界经济复苏分化；国内经济总体稳定恢复，但不均衡、不稳固现象依然存在。在此宏观背景下，重庆工业经济总体保持恢复态势，八大类支柱产业增长态势良好，工业新动能引领带动作用明显，工业项目有序推进，创新能力不断提升，工业经济智能化数字化发展步伐加快。预计重庆工业经济将呈现前高后低走势，全年规模以上工业增加值同比增长9.7%左右。

一、2021年重庆市工业经济运行情况及主要特点

（一）总体情况

受上年基数影响，2021年以来重庆工业经济增速逐步放缓。1—9月，规模以上工业增加值同比增长14.2%，较上半年回落4.8个百分点，但仍高于全国平均水平2.4个百分点，居全国第七位；两年平均增长9.2%，较全国平均水平高2.8个百分点，居全国第五位，且高于全市疫情前平均水平，总体处在稳定较快增长区间，工业经济延续恢复态势。

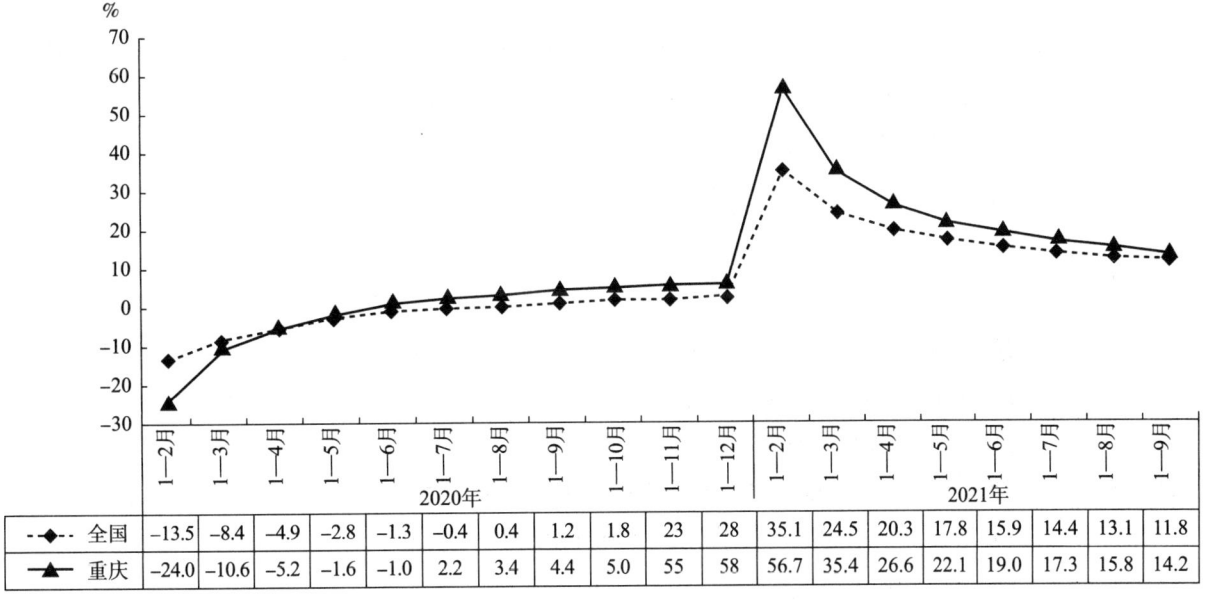

图1 全国和重庆规模工业增加值累计增速情况

（二）主要特点

1. 多点支撑格局进一步巩固

重庆支柱产业增势良好，工业经济多点支撑发展态势较明显。电子、汽车和装备产业是工业经济增长主推力，对全市规模工业增加值增长贡献率近70%。其中，在海外电子产品需求旺盛、国际订单转移

等的支撑，电子产业增加值累计同比增长21.5%；在长城炮等新车型热销、汽车单车均价提升等因素的共同作用下，汽车产业增加值同比增长17.7%；在三一重工等重点企业带动下，装备制造业增加值同比增长21.4%。此外，随着市场需求稳步提升，医药、材料、摩托车、消费品均保持两位数以上较快增长，增加值分别同比增长15.3%、11.3%、11.2%、10.5%，对全市工业经济增长形成有力支撑。但受煤炭行业整体关停的影响，能源工业增加值同比仅增长3.3%。

表1　2021年重庆工业支柱产业增加值增长情况　　　　　　　　　　　　　　　　%

类别	1—2月	1—3月	1—4月	1—5月	1—6月	1—7月	1—8月	1—9月
汽车	100.7	60.9	44.0	33.3	25.3	22.9	20.3	17.7
摩托车	75.1	35.1	24.3	20.4	17.3	15.8	13.1	11.2
电子	95.1	56.3	42.8	35.9	33.0	26.7	24.0	21.5
装备	60.7	39.4	32.1	29.3	26.2	25	23.4	21.4
医药	36.3	17.9	16.7	15.9	15.6	14.7	15.1	15.3
材料	50.4	32.4	23.6	18.7	16.4	15.2	12.5	11.3
消费品	38.6	22.2	15.2	12.0	9.7	9.5	11.3	10.5
能源	13.0	9.7	7.3	7.5	6.2	7.1	5.3	3.3

2. 新动能引领带动作用明显

随着新兴产业的快速发展，重庆工业经济新旧动能加速转换，新动能引领带动作用进一步凸显。2021年以来，集成电路、传感器、汽车电子、工业软件、信息安全、生物医药等6个首批市级重点关键产业园加快建设，战略性新兴产业集群发展态势较好。1—9月，高技术产业和战略性新兴产业增加值累计分别同比增长22.1%和22.7%，分别高于规模以上工业7.9个和8.5个百分点，两年平均增速分别为16.6%和16.7%，分别高于规模以上工业7.4个和7.5个百分点，工业经济新动能引领带动作用明显；对规模以上工业增长贡献率分别保持在27.3%和41.3%的较高水平，其中战略性新兴产业占规模以上工业增加值的比重达到28.7%，较2020年底提高0.7个百分点，工业经济新动能支撑作用增强。

3. 重点工业项目稳步推进

重庆重点工业项目建设有序推进，新投达产项目拉动作用突出，增强了工业经济发展后劲。围绕33条重点产业链，实施"云招商"行动，深入开展"云考察""云洽谈""云签约"，1—9月，新签约亿元以上重点工业项目863个，精准招商成效明显。在"抓项目稳投资"专项行动带动下，1—9月，130个市级重大工业建设项目完成投资494亿元，投资进度高达91.3%。此外，京东方重庆第6代AMOLED（柔性）生产线、博唯生物预防性重组蛋白疫苗产业化等251个新项目投达产，投达产面80.7%，净增产值980亿元，对工业增长贡献率30.9%，新投达产项目拉动作用突出。

4. 工业创新发展能力显著增强

创新主体不断增多，研发投入强度加大，创新体系逐步构建，工业经济创新发展能力进一步提升。截至目前，全市有研发机构和研发活动的规模以上工业企业数量分别占全部规模以上工业企业比重达27.4%、41.3%，高新技术企业、科技型企业分别达到4222家、26371家，国家级专精特新"小巨人"企业、市级专精特新企业累计分别达到118家、659家，工业创新主体数量不断增多。全市研发投入总量超过360亿元，规模以上工业企业研发投入占营业收入比重达到1.61%，研发投入强度居全国前列。已累计培育国家级制造业创新中心1家、国家级企业技术中心37家、国家级工业设计中心6家、市级制造业创新中心6家、市级企业技术中心1014家、市级独立法人新型企业研发机构78家，产学研深度融合的创新体系正加快构建。

5. 智能化数字化发展步伐加快

制造业与新一代信息技术深度融合发展，传统产业智能化数字化改造取得新成效。2021年以来，全市推动实施942个智能化改造项目，认定38个智能工厂和215个数字化车间，累计已推进3722个智能化改造项目，建设数字化生产线4527条，认定105个智能制造工厂、574个数字化车间。经测算，数字化车间和智能工厂建成后生产效率平均提高59.8%，产品不良率平均降低42.3%，运营成本平均降低22.5%，单位生产能耗平均降低19.5%。同时，20个创新示范智能工厂和20个"5G+工业互联网"先导示范应用场景推动建设，累计推动8.7万家企业"上云上平台"。2021年，全市两化融合发展总体水平指数达到60.7，高于全国平均水平5%，居全国第七位、中西部第一位。

（三）主要问题

1. 部分重点产业增长存在隐忧

当前电子、汽车等重点产业增长仍面临困难挑战，影响全市工业经济的持续复苏。一是汽车产业面临"缺芯"困扰。受疫情影响，全球芯片工厂大规模停产，全球芯片产能大幅缩减，导致汽车芯片供应较为紧张。在此背景下，全市汽车产业生产"缺芯"影响较大，汽车产能释放受到较大制约。预计全年20万辆整车排产延后，产值约470亿元，拉低全市工业产值增速约2个百分点。二是电子产业后续增长存在不确定性。全球电子产品需求放缓，欧盟、北美取消普惠制关税加大电子产品出口压力，新兴制造业国家逐步复工复产，部分疫情期间"应急订单"外流，电子产业增速持续放缓，保持稳定增长难度增大。三是传统产业绿色转型压力较大。在能耗"双控"、原材料成本上涨、供应链不畅等背景下，全市化工、材料、装备制造等产业转型发展压力增大，面临的政策风险、市场风险等更加突出。

2. 工业企业经营压力明显增大

国际大宗商品价格不断上涨，工业原材料价格持续高位，工业利润持续受到挤压，全市工业企业运营压力明显加大。一是原材料成本大幅上涨。受国际大宗商品价格持续上涨的影响，国内钢材、铜、铝等工业原材料价格涨幅均超过30%，由于重庆工业企业大多处于中下游加工环节，对原材料价格上涨更加敏感，中小制造企业"增收不增利"。调查显示，长安汽车单车成本同比上涨3000元左右。二是企业经营利润受到挤压。在市场需求总体疲软的背景下，工业品出产价格上涨乏力，PPIRM涨幅持续高于PPI，两者剪刀差由年初的0.5个百分点扩大至9月的3.3个百分点，企业盈利能力不断减弱。同时，工业品海运价格高位运行、人民币汇率持续升值等因素对外向型制造企业影响也较突出。

3. 工业要素保障难度较大

当前全市电力电煤保供压力加大、工业企业结构性招工难现象仍然突出，工业经济发展要素保障难度较大。一是工业用能保障压力较突出。在国家能耗"双控"、电煤保障困难、天然气短缺等背景下，全市工业运行的电力、天然气供需矛盾更加突出，用能保障压力不断增大。其中预计今冬明春全市存在180万千瓦电力负荷缺口。二是企业技能型人才招聘较困难。面向大学生、技能人才的政策欠缺，对专业技能人才政策吸引力不足，企业技术人才招工相对较困难，影响企业转型升级和可持续发展。调查显示，30.5%的企业反映招工困难，48.5%的企业认为符合岗位需求的工人少是招工难的主要原因。

二、2022 年工业经济运行环境分析及趋势展望

（一）国际环境仍然复杂严峻，制造业发展面临较多挑战

虽然全球疫情仍存在较大不确定性，但随着各国经济社会秩序逐步恢复，以及国际需求逐步回升，制造业发展机遇与挑战并存。一是国际工业品市场需求将有所复苏。随着全球疫情的逐步改善，国际需求将逐步恢复，WTO 预计 2022 年全球货物贸易将增长 4.7%，较上次预测提高 0.7 个百分点。国际需求的回升将为全球制造业复苏提供有力支撑。二是制造业跨国投资活跃度有望提升。疫情期间被抑制的国际投资需求逐步释放、全球新一轮科技革命加速推进、全球对低碳环保和卫生健康等领域关注度上升，将带动全球新能源、人工智能、生物医药等产业投资增长；RCEP 等区域经贸平台建设深入推进，中国制造企业"走出去、引进来"面临新机遇。三是全球产业链供应链不确定仍较大。新冠肺炎疫情、能源短缺、经贸摩擦、海运紧张等因素影响仍将持续，全球产业链、供应链依然较为脆弱，关键零部件、原材料供给存在不确定性，将增大全球制造业复苏难度。同时，全球制造业发展还面临全球流动性过剩、大宗商品市场波动等不确定因素影响。总体来看，2022 年制造业面临的国际环境依然复杂严峻，全市稳定产业链供应链面临较大挑战，输入性通胀压力不减，但需求逐步回暖、订单转移等，仍将在一定程度上带动全市工业经济增长。

（二）国内加快经济转型升级，制造业发展面临新机遇

国内持续深化改革开放、优化营商环境，经济保持恢复态势，宏观政策将继续围绕保市场主体尤其是中小微企业、保就业、保民生、稳定市场合理预期，发展环境总体有利于工业经济保持平稳增长。一是制造业重点领域政策倾斜力度将加大。国家将强化芯片、生物医药等关键"卡脖子"领域政策支持，进一步放宽汽车、船舶、飞机等制造业外资准入门槛，有利于生物医药、航空公司航天等国计民生重点产业发展。同时，综合运用财税、金融等政策工具，为中小微制造企业营造良好发展环境。二是工业高质量发展动力将增强。随着我国工业加速向中高端领域迈进，工业数字化、智能化成为工业经济发展新趋势，国家将加大传统产业智能化改造升级力度，促进数字经济与实体深度融合，推动新能源汽车、人工智能、数字经济等新兴产业发展，将进一步拓展工业经济发展空间、获得发展新动力。三是绿色低碳发展步伐加快。为实现碳达峰、碳中和目标，国内经济社会发展全面绿色转型，环保、新材料、新能源等产业发展环境向好，新能源、节能环保等低能耗产品市场空间广阔。但国内工业运行仍面临疫情散点暴发、芯片等关键零部件短缺、原材料价格高位运行、电气煤等能源保障压力大等挑战，下行压力依然较为突出。

（三）市内深入推进创新发展，工业新动能发展壮大

随着成渝地区双城经济圈、西部（重庆）科学城、西部陆海新通道等建设加快，全市开放发展、创新发展动力不断增强，工业经济运行环境将进一步优化。一是制造业高质量发展进入新阶段。《成渝地区双城经济圈建设规划纲要》提出重庆要打造国家重要先进制造业中心。《重庆市制造业高质量发展"十四五"规划（2021—2025 年）》《重庆市推动制造业高质量发展重点专项实施方案》正式印发，将助推重庆聚焦"智造重镇"打造和"智慧名城"建设，加快"数字产业化、产业数字化"，促进产业向价值链高端跃升，全市制造业高质量发展将进入快车道。二是创新要素加快集聚。随着西部（重庆）科学城生物医药产业转化研究院、百度"人工智能产业基地"等创新项目落地重庆，将提升工业创新发展能力，促进科技成果产业转化及工业新业态、新模式发展。三是传统产业转型升级步伐加快。随着重庆传统产

业加速向绿色低碳化、智能化转型升级，将有助于推动产业基础高级化、产业链现代化，工业经济发展空间和市场竞争力将进一步提升。但全市工业经济仍存在工业项目接续不足、企业成本攀升、煤电气保障困难等问题，影响工业经济平稳增长。

（四）2022年重庆工业经济运行趋势展望

2022年，重庆工业经济发展的国际、国内环境总体有利。在此背景下，重庆将继续加强工业项目建设，推动战略性新兴产业发展，着力提升工业创新发展能力，全市工业经济发展动能依然较强。综合看来，受高基数影响，2022年工业经济增长形势将略低于2021年，预计全年全市工业增加值同比增长6.9%左右；其中规模以上工业企业增加值增长6.8%左右，工业投资增长7.0%左右。

三、对策建议

（一）着力增强工业经济发展后劲

针对当前汽车、电子等传统支柱产业稳增长压力较大的问题，需着力完善工业产业链、稳定供应链，培育壮大工业经济新动能，提升科技创新能力，不断增强工业经济发展后劲。一是完善工业产业链、稳定供应链。支持"专精特新"企业建设芯片、半导体、集成电路、电子元器件等领域产业链，强化关键环节及关键领域补短板，促进产业链上下游协同整体发展。强化供应链监测，确保产业链供应链安全。二是不断壮大工业经济新动能。培育高技术产业、战略性新兴产业发展新优势，继续深入推进传统产业智能化数字化改造，推动企业"上云上平台"。引进一批投资规模较大、辐射带动能力强的工业大项目，确保重大工业项目接续。三是着力提升科技创新能力。强化重点领域前瞻性科技创新项目储备，推进行业类创新中心、技术中心建设，培育一批能承担重大科技任务、突破行业关键共性技术的创新型领军企业。

（二）加快推进传统产业转型升级

在传统产业转型升级压力增大的环境下，需以新发展理念为指引，推动传统产业绿色化、智能化、数字化转型，促进节能降耗，质量效益双提升。一是推进传统产业绿色改造。坚决淘汰落后产能，推动以清洁生产、节能降耗为重点的绿色技术改造，打造更加高效、清洁、低碳、循环的绿色制造体系。二是加快推进传统产业智能化发展。以1250项智能化改造项目为重点，全面推广智能制造模式经验，打造一批自主创新能力强、产品市场前景好、产业带动效应大的智能工厂和智能制造示范车间，鼓励企业探索差异化智能制造实施路径。三是促进传统产业数字化发展。推动"5G+工业互联网"先导应用项目建设，促进企业"上云上平台"，通过新一代信息技术、工业互联网平台等，实现生产全过程、经营管理全流程数据互联互通，通过数字化实现提质、降本、增效。

（三）多措并举加大企业帮扶力度

为减轻工业企业运营压力，需强化原材料等重点商品价格调控，全面降低工业企业运营成本，不断优化营商环境。一是强化原材料等重点工业品价格调控。加强重点工业品种价格监测分析，完善工业品价格动态监测预警体系，建立和完善重点大宗商品收储制度和政策保障体系，加强市场价格监管。二是多措并举降低企业生产成本。减少大宗商品中间流通环节及采购成本，支持企业抱团集中采购。深入落实新一轮减税降费政策，积极争取天然气优惠价格、电价优惠。加快发展多式联运，推进通关便利化改革和智慧物流发展，降低出口产品的物流综合成本。三是继续减轻中小微企业融资成本压力。深入落实各项金融支持实体经济政策，督促金融机构落实各项减费让利政策要求，推动新增3000亿元支小再贷款额度等政策落地，继续开展清理拖欠中小微企业账款专项行动。

（四）强化工业生产要素综合保障

针对电力电煤保供压力加大、工业企业结构性招工难的问题，需强化工业原材料及电煤气等要素保障，着力营造良好的用人环境。一是保障工业原材料供应。深入落实原材料保供稳价政策，鼓励和引导产业链上下游建立长期稳定的原材料供应和产供销配套协作关系，坚决打击囤货居奇、恶意炒作、哄抬价格等行为。二是加大电煤气等能源要素保障力度。强化煤炭等大宗商品采购，畅通运输渠道，完善差别电价气价、阶梯电价气价机制，加强电气协调保障和运行调度，重点确保电力、煤炭、天然气等关键要素供应。三是不断优化用人环境。继续完善工业企业人才引进和培养机制，制定工业企业用工专项支持政策，鼓励企业实施技能型人才、高级管理人才股权激励机制，引导企业提升技能型人才和高层次人才的工资、社保、劳动强度、休假等方面待遇水平。

[重庆市综合经济研究院（重庆市经济信息中心）宏观经济研究课题组
　主研：易小光　丁　瑶　苟文峰　张　超　贺诗倪
　执笔：贺诗倪]

之三:2021年重庆市投资形势分析及2022年展望

2021年以来,重庆强化稳投资政策举措,深入实施"抓项目稳投资"专项行动,全市重大项目建设提速推进,投资总体保持恢复性增长态势,对优化供给结构的关键性作用进一步增强。预计2021年全市固定资产投资完成12590亿元,同比增速在7.7%左右。

一、2021年重庆市投资运行情况

(一)总体概况

在"抓项目稳投资"专项行动深入实施下,全市投资保持稳定增长。1—9月,全市固定资产投资同比增长8.4%,较全国水平高出1.1个百分点,增速居全国第16位,排名较第一季度、上半年分别提高16位、6位;两年平均增长5.4%,高于全国水平1.4个百分点,年内稳定回升。分领域看,基建投资仍是支撑全市投资增长的主要动力,工业投资持续保持两位数增长,房地产投资低位运行。

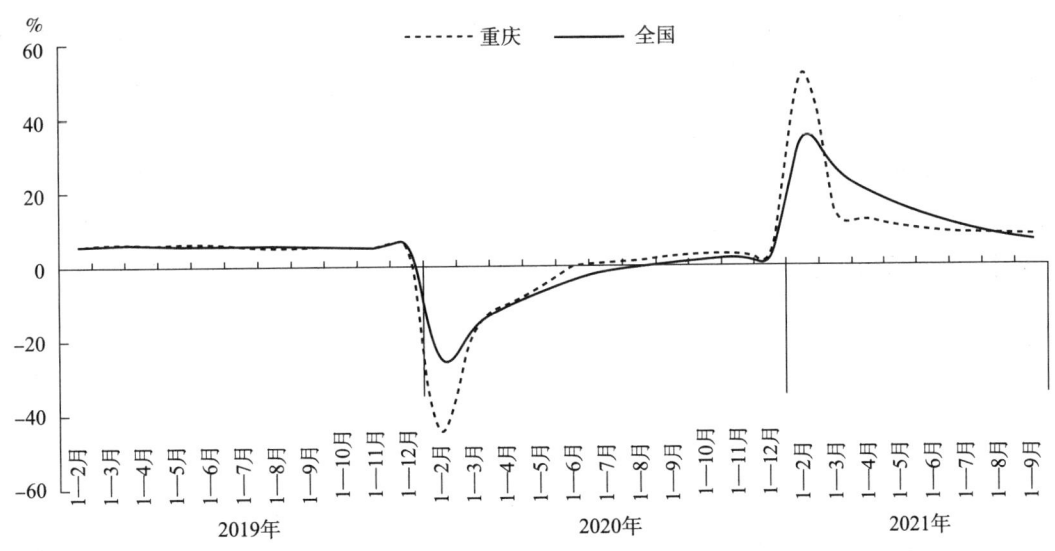

图1 2019年以来全国及重庆固定资产投资累计增速比较情况

(二)主要特点

1. 基建投资稳步回升

在交通、城建等领域重大项目提速推进带动下,基建投资保持较快增长。1—9月,基建投资同比增长11.8%,高于全市投资3.4个百分点;两年平均增长9.9%,增速逐月回升。分领域看,随着郭家沱长江大桥及"两江四岸"治理提升等项目快速推进,城建领域投资同比增长21.7%;在渝湘高铁、渝赤叙高速、轨道交通9号线等加速建设带动下,交通领域投资同比增长8.2%,两年平均增长11.1%,高于基建投资1.2个百分点;受渝西水资源配置工程、开州跳蹬水库等重大项目拉动,农林水利领域投资同比增长27.3%,增速年内均保持在25%以上;邮电领域投资同比增长-16.9%,降幅自下半年以来持续收窄。

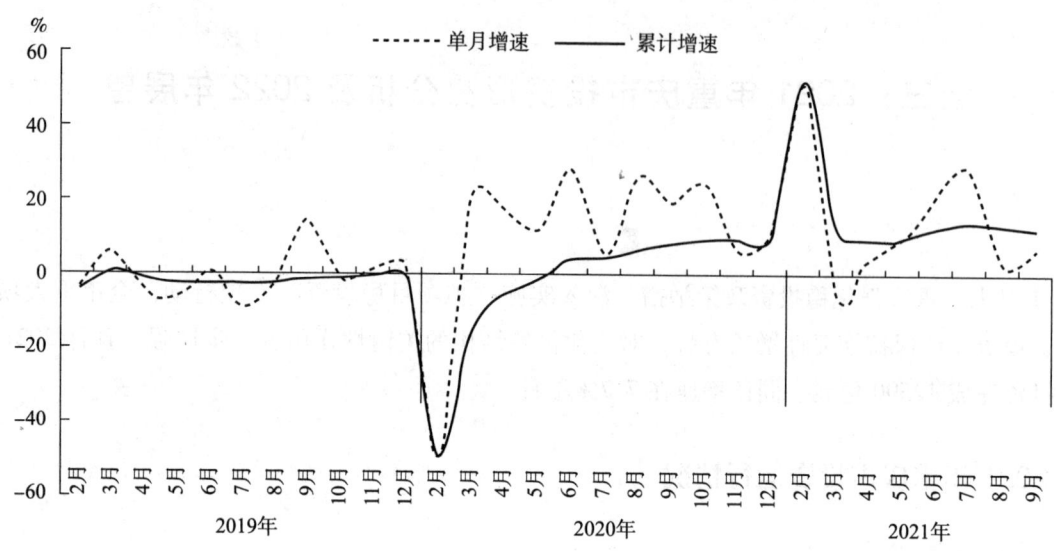

图2 2019年以来重庆基础设施投资运行情况

2. 工业投资平稳增长

随着全市强化工业项目统筹调度,加快项目建设形成实物工作量,工业投资实现平稳增长。1—9月,工业投资同比增长12.3%,两年平均增长7.5%,分别高于全国水平0.1个、3.3个百分点。其中,随着技改投资政策支持力度加大,工业技改投资增长21.4%,8月、9月当月分别增长42.1%和39.5%。分产业看,在京东方、三一重工、华兴玻璃等重大项目建设带动下,电子、装备、消费品等产业投资分别同比增长18.8%、26.5%和15.7%,均快于全市平均水平;随着产业改造升级加快,摩托车产业投资同比增长18.3%,呈现较快回升态势;医药、材料产业投资增势平稳,分别同比增长8.9%和10.6%;能源产业投资平缓运行,同比增长6.0%,增速年内逐季回落;受新建项目支撑不足影响,汽车产业投资同比下降7.5%,自3月以来持续负增长。

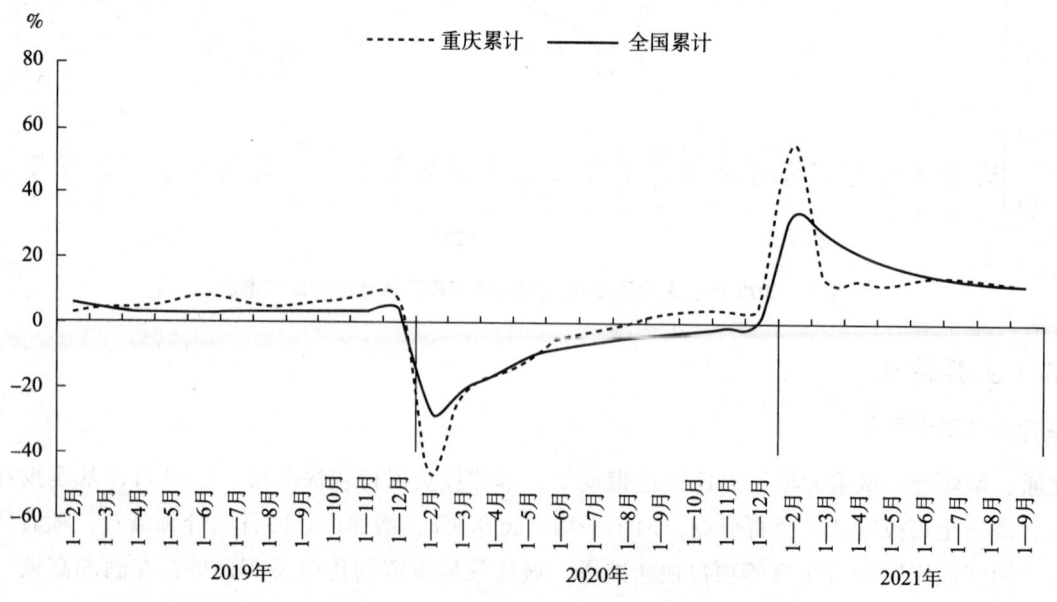

图3 2019年以来全国及重庆工业投资累计增速变化情况

3. 房地产投资低位运行

在房地产企业"三线四档"融资规定、金融机构贷款集中度管理以及集中供地等政策严格实施下，全市房地产开发投资保持低位运行。1—9月，房地产开发投资同比增长0.2%，低于全国水平8.6个百分点；两年平均增长-0.5%，自第二季度以来逐月走低。在当前调控背景下，房地产企业观望情绪浓厚、拿地趋向谨慎，土地购置费同比下降11.7%，已连续5个月负增长。同时，受近年土地供应减少影响，商品房新开工面积持续下降，进一步制约房地产投资稳定增长。分区域投资看，中心城区呈放缓走势，主城新区保持平稳增长，渝东北片区投资增速总体快于渝东南片区。

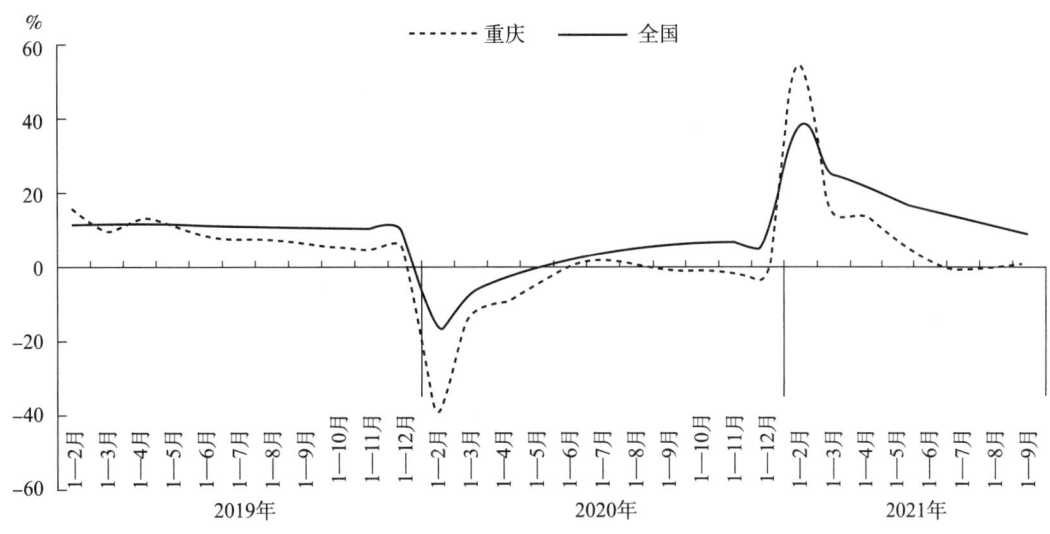

图4　2019年以来全国及重庆房地产投资累计增速变化情况

4. 服务业投资稳步回升

随着全市疫情防控常态化，生产生活秩序逐步恢复，服务业投资呈现平稳回升态势。1—9月，服务业投资同比增长6.9%，较上半年提升0.1个百分点；两年平均增长4.3%，年内逐季回升。分领域看，随着生产生活逐步恢复，租赁商务、教育、文体娱乐、卫生等领域投资分别同比增长31.7%、49%、33.5%和22.6%，均大幅高于服务业投资增速。受上年高基数等因素影响，软件信息、居民服务、批发零售等行业投资分别同比下降13.9%、48.1%和5.4%，年内持续负增长。住宿和餐饮业投资仍保持低位运行，两年平均增长-10.2%，降幅逐步收窄。从项目看，开埠文化遗址公园、江北五宝主题小镇、铜梁西郊田园综合体等农文旅融合项目建设提速，对服务业投资形成增量支持。

5. 民间投资稳步恢复

随着系列惠企助企政策深入实施，市场主体信心逐步增强，民间投资增长加快。1—9月，民间投资同比增长10.6%，高于全国水平0.8个百分点；两年平均增长5.0%，呈逐月回升态势。全市紧扣市场主体需求，持续深化"放管服"改革和优化营商环境，积极落实减税降费、财政资金直达机制、货币政策直达工具和普惠金融等扶持政策，有力增强了市场主体的发展信心，民间投资内生动能稳步增强、投资空间不断扩容。其中，农林牧渔业、制造业、基础设施领域民间投资保持平稳增长。

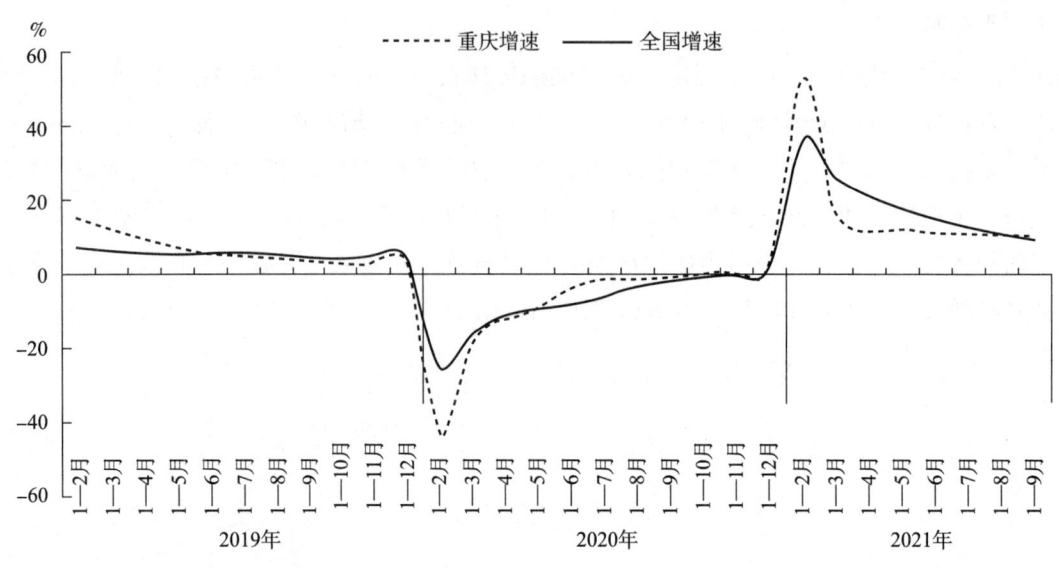

图5　2019年以来全国及重庆民间投资运行情况

（三）存在的问题

1. 基建投资面临较多制约

一是项目投资资金压力凸显。随着地方政府隐形债务管控趋紧，平台企业债务置换渠道有所收窄，面临债务偿还难和项目建设资金筹措难双重压力。同时，受部分领域国有企业逃废债影响，金融机构对国企信用风险更趋谨慎，部分区县弱资质企业发债难度明显上升，基建项目资金保障难度加大。二是新旧项目接续乏力。当前，全市基础设施在建项目数量、储备项目规模均有所缩减，施工项目个数连续6个月减少，备案项目计划投资额持续5个月负增长，且随着郑万高铁、渝黔高速扩能等重大项目陆续进入收尾阶段，基建投资增量支撑较为乏力。

2. 工业投资增长后劲不足

一是制造业企业投资能力及意愿较弱。2021年以来，铜、铝等原材料价格持续高位运行，导致企业成本攀升、利润压缩，中下游企业生产经营压力尤为突出，1—9月规模以上工业企业亏损面达14.1%，亏损额占全部工业利润的近10%，导致企业投资意愿下降、能力受限。二是工业投资缺乏项目支撑。近年来，受经济下行、新冠肺炎疫情等影响，招商引资竞争更趋激烈，同时部分区（县）因长江干支流岸线一千米内禁建化工项目等政策实施后转型适应不足，工业新项目引进、落地难度加大，工业投资面临项目接续压力。

3. 房地产投资压力较突出

一是部分房企资金趋紧。银行"三道红线"、房地产企业"两道红线"、住宅用地"两集中"等政策实施，导致房地产开发贷款和个人住房贷款持续收紧，房地产企业回款速度明显放缓、资金压力凸显，以恒大为代表的房企资金链问题逐步显现，加大房地产投资稳增长压力。二是在建项目规模持续收缩。受土地供应减少以及房地产调控深化等因素影响，全市特别是中心城区在建商品房面积明显缩减，1—9月，主城区商品房新开工面积、施工面积分别同比减少28.7%、2.7%。其中，新开工面积已连续31个月下降，随着商品房在建项目逐渐竣工，房地产开发投资的后续支撑较为乏力。由于目前房地产开发投资占固定资产投资的近30%，短期内可能对全市投资增长产生直接影响，同时，在建项目减少，也意味着未来的商品房供给可能减少，对全市房地产市场的稳定运行以及全市产业与人口集聚需求的满足可能都会产生一定影响。

二、2022年重庆市投资运行环境分析

（一）国际投资形势错综复杂

随着全球经济缓慢复苏，国际投资有望温和回暖，但仍面临疫情反复的不确定性和全球保护主义、单边主义抬头影响。从权威机构预测看，IMF预测2022年全球经济增长4.9%，较2021年下调0.1个百分点，复苏动力将有所减弱。联合国贸发会议预计2021年全球FDI增长10%~15%，2022年将在此基础上继续增长，最乐观情况将达到2019年水平，但疫苗获得、病毒突变和疫情导致的封锁时限等不确定因素仍将影响国际贸易投资复苏势头。从国际投资形势看，得益于强有力的政策支持、疫苗接种面扩大以及众多经济活动的逐步恢复，国际贸易和工业生产活跃度将持续提升，为国际投资增长提供有力支撑。但单边主义、贸易保护主义抬头，经贸摩擦，全球债务高企，地缘政治紧张等沉疴新疾交织，加之疫情反复、病毒变异筑起国际间贸易往来壁垒，将对国际资本流动产生深刻影响。国际投资也将呈现明显的区域差异，在强劲的跨境并购活动和大规模公共投资支持下，欧美等发达经济体FDI增长动力较强；受病毒变异、疫苗接种缓慢等影响，非洲、拉丁美洲等脆弱经济体FDI短期内难以恢复；疫情防控形势相对较好的包括中国在内的大部分亚洲国家FDI将保持韧性，对外资的吸引力将进一步增强。

（二）国内投资延续恢复态势

我国经济发展韧性较强，以国内大循环为主体、国内国际双循环相互促进的新发展格局加快构建，将对投资运行形成有力支撑。同时，我国经济社会对疫情的适应能力将继续增强，换届之年重大工程、重大项目投资也有望得到大力支持。稳投资政策发力显效。投资资金保障持续强化，新增地方政府债券发行提速，将更好保障基建、民生等领域重大项目资金需求。国家财政、货币政策工具更加精准直达实体经济，将进一步缓解企业资金压力，增强市场主体投资信心。新兴增量项目政策支持力度加大，5G、工业互联网、人工智能等新型基础设施将加快储备投建，基础材料、关键芯片等核心技术攻关工程和重大项目建设提速，将对投资稳定增长提供增量支撑。跨区域投资活力增强。深层次改革开放深入推进，RCEP建设、积极加入CPTPP和DEPA等国际协议，将促进跨境经贸投资合作更加紧密。以城市群、都市圈为核心的区域发展战略持续深化，将促进跨区域互联互通、产业联动等相关投资潜力加快释放。但国内投资全面恢复仍面临全球疫情反复、政府债务上升、实体经济经营困难等影响。

（三）重庆投资增长潜力较大

重庆经济保持恢复性增长态势，将以扩内需为重点积极应对疫情及经济下行影响，西部陆海新通道、成渝地区双城经济圈建设等国家重大战略部署将进一步拓展全市投资增长空间。基建投资托底作用增强。随着地方政府专项债券发行提速，专项债资金将加快落地投用，基建项目资金保障力度加大，将助力发挥政府主导类投资对社会投资的托底和带动作用，稳定全社会投资预期。产业转型升级投资加快。全市将继续支持企业扩大技术改造投资，进一步引导和激励传统高耗能高排放制造业转型升级，加大绿色低碳投资力度。同时，将聚焦集成电路、新能源汽车等重点产业链，加快培育和引进上下游核心和基础环节优质企业，以扩大有效投资推动产业链锻长板、补短板。外资吸引能力逐步提升。两江新区、中新项目、自贸区等开放平台引领作用持续发挥，西部陆海新通道、中欧班列等通道功能加速释放，加之成渝地区双城经济圈建设提速，将促进投资环境更加良好便利，外资吸引能力不断增强。但经济放缓、贸易摩擦、疫情演变等仍将对全市投资稳定增长形成制约。

（四）2022年重庆投资预测

展望2022年，成渝地区双城经济圈建设等国家战略深入实施，"一区两群"协调发展、"两江四岸"提升改造以及西部科学城建设等将加快，将有力支撑全市投资延续恢复性增长态势，但受资金保障、项目储备、企业信心等制约，增速将有所趋缓。预计2022年全市投资同比增长6%左右。其中，基建投资将保持稳定增长，仍是稳投资的关键力量；产业投资逐步放缓；房地产投资持续低位运行。

三、对策建议

（一）加大基建项目推进力度

一是强化项目策划储备。聚焦科技创新、开发开放、社会民生、城镇建设、生态环保、乡村振兴等重点领域策划一批支撑高质量发展的基建项目，联动川渝及周边省（市、区）共谋共建跨区域重大交通、公共服务等领域互联互通基础设施。二是增强投资资金保障。规范有序推广PPP模式，发挥政府资金引导带动作用，吸引民间资本参与市政、社会事业等基础设施以及5G网络、数据中心、工业互联网等新型基础设施建设运营。稳妥推进基础设施REITs模式探索，推动PPP与REITs有效结合，通过REITs产品为成熟的PPP项目提供退出渠道，进一步提升PPP项目的建设和运营质量。

（二）促进工业投资稳步增长

一是增强工业项目增量支撑。聚焦全市33条重点产业链，加快招引集聚上下游优质企业，加大生物医药、高端装备、新材料等新兴产业项目培育和引进力度，为工业投资稳定增长提供增量支撑。着力推进智能工厂、数字化车间等智能化改造项目实施，以推动企业技改投资为牵引，促进工业投资放量。二是推动项目加快落地转化。持续实施"抓项目稳投资"专项行动，围绕工业招商引资项目推进难点，加大协调力度，增强资金、人才、能源等要素保障，推动项目尽快落地转化为实物工作量。

（三）稳定房地产投资增长

一是科学推进住宅用地供应。充分做好住宅用地集中供应前调研工作，科学把控土地供应规模、区域和时序，精准制定供地计划，及时、全面、准确公开住宅用地信息，引导市场理性竞争，推动房地产投资平稳增长。二是促进房地产开发投资增量提质。加大闲置土地、"久建不完"房地产项目处置力度，督促已拿地房地产项目按时开工、合理安排投资进度。同时，加快推动精装房、智慧小区、装配式建筑等建设，增加安装工程投资、缩短房地产项目开发建设周期，以此促进建安工程投资增效。

（四）大力提振企业投资信心

一是营造良好发展环境。持续深化"放管服"改革，在工程建设项目审批、涉企收费等环节推进流程优化再造，切实降低企业制度性交易成本。推动建立与国际高标准规则衔接的制度体系，全面落实外商投资准入前国民待遇加负面清单管理制度，营造内外资企业、国有民营企业一视同仁、公平竞争的市场环境，进一步扩大对外开放，加大外资项目引进力度。二是加大助企纾困力度。推动新一轮减税降费、原材料保供稳价等举措落地落实，降低企业生产要素、交通运输等成本，增强企业投资信心。鼓励金融机构加大企业中长期贷款支持，合理安排授信期限和还款方式，提升企业投资建设积极性。

[重庆市综合经济研究院（重庆市经济信息中心）宏观经济研究课题组
　　主研：易小光　丁　瑶　苟文峰　张　佳　施小兰
　　执笔：施小兰]

之四：2021年重庆市消费商贸形势分析及2022年展望

2021年以来，全球环境依然严峻复杂，国内经济稳中向好，但输入性抗疫压力较大、内需偏弱等挑战持续存在。在此形势下，重庆加快推进国际消费中心城市建设，在多项促进消费政策及消费节庆活动的带动下，全市消费品市场回稳向好势头持续巩固。预计2021年重庆社会消费品零售总额约13990亿元，同比增长18.7%左右。

一、2021年重庆市消费商贸运行分析

（一）总体情况

2021年以来，世界政经形势及全球疫情依然严峻复杂，国内加快构建"双循环"新发展格局，疫情防控压力仍较大，经济保持恢复性增长但稳中承压。在此形势下，全国消费品市场运行总体向好，但消费动能尚未完全恢复。重庆成功入选中国首批国际消费中心城市培育建设名单，在经济稳定恢复及各类促消费活动和政策实施的带动下，全市消费品市场保持恢复性增长态势。1—9月，批发和零售业销售额、住宿和餐饮业营业额均保持两位数的高速增长，但受上年基数影响，涨幅呈逐季收窄趋势。从两年平均增速来看，批发业、零售业、住宿业、餐饮业分别同比增长18.1%、12.3%、6.6%、12.9%，除住宿业外的其余行业均已基本恢复至2019年同期水平。

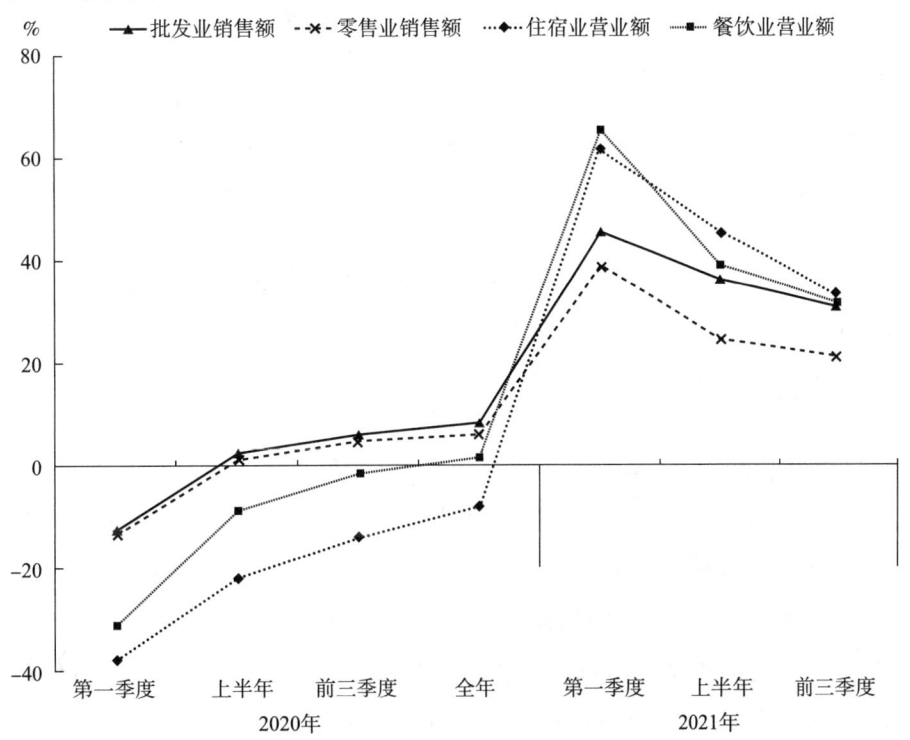

图1 2020年以来批发业、零售业、住宿业、餐饮业季度增长情况（累计）

（二）主要特征

1. 消费品市场持续改善，对经济拉动作用有所提高

2021年以来，重庆持续巩固统筹疫情防控，继续实施扩内需政策和多项主题消费活动，有效激发市场需求，消费品市场呈现稳定复苏态势。1—9月，实现社会消费品零售总额10302.06亿元，名义、实际增长分别为23.7%、22.4%，分别高于全国平均水平7.3个、7.4个百分点。受上年基数影响，2021年以来重庆消费走势与全国保持一致，总体呈现前高后低态势。从两年平均增速来看，1—9月，社会消费品零售总额两年平均增长10.0%，分别高于全国同期和2019年前9月增速6.1个、1.4个百分点，消费规模基本恢复至疫情前水平。消费对经济的促进作用显著，1—9月，批发和零售业、住宿和餐饮业增加值均实现了15%以上的较高增速，领先其他服务业大类，占GDP比重分别为9.6%和2.1%，对GDP的贡献率达到18.3%，共同拉动GDP增长1.8个百分点，较2019年同期大幅提高。

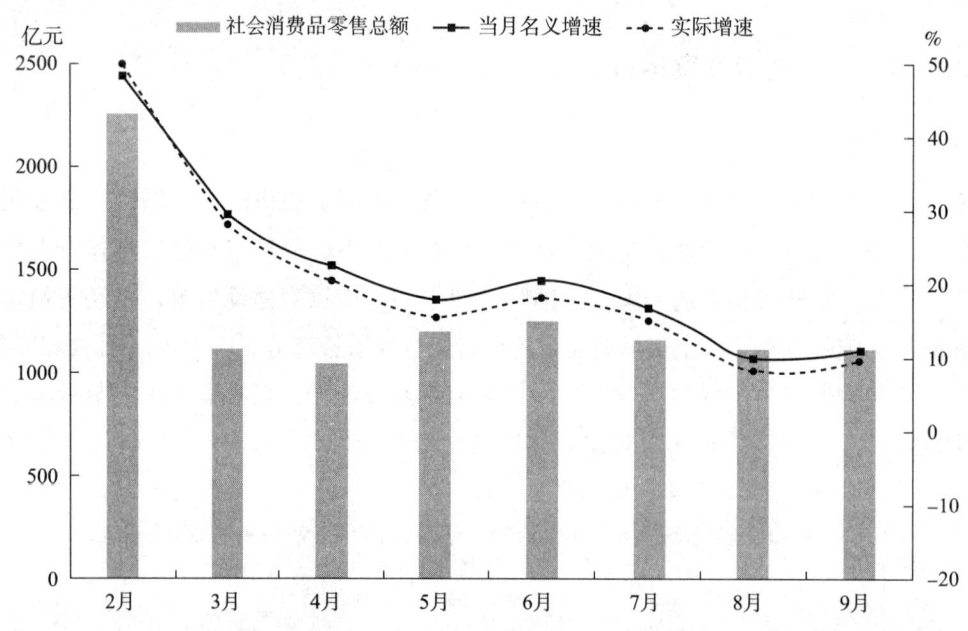

图2　2021年1—9月社会消费品零售总额绝对量及名义增速、实际增速（当月）

2. 城乡市场保持较快增长，节庆活动促消费作用明显

在城乡居民收入持续恢复的带动下，城乡消费市场保持了稳中有进的恢复态势。1—9月，城镇、乡村市场社会消费品零售总额分别同比增长23.0%、28.2%，各月均保持20%以上的较高增速。特别是随着农村"三变改革"深入推进和农村电商、乡村旅游等发展，乡村市场活力加快释放，增速持续快于城镇市场。假日消费、节庆活动的消费拉动作用显著。假日消费持续升温，端午节、"五一"、"十一"节日期间，全市主要商圈和重点监测商贸企业实现零售额分别为62.7亿元、124.75亿元、165亿元，分别同比增长19.9%、26.8%、9.3%，基本恢复至2019年同期水平。同时，举办"爱尚重庆"渝悦赏新季、"爱尚重庆"渝悦消夏季及"成渝双城消费节"等各类活动，激发了消费增长动能。

3. 商贸流通体系不断完善，消费承载力集聚力提升

重庆加快各层级商品交易市场体系建设，市场品质化、便利化、智慧化、特色化程度进一步提高。智慧菜场建设加速推进。积极推动本地市场标准化改造、智慧化建设以及规范化运营，中心城区3个标准化智慧化菜市场完成改造并投入运营。商贸市场继续优化升级。截至2021年6月，商品交易市场（含菜

市场和农贸市场）数量达到 2177 个，经营面积达到 3231 万平方米，分别同比增长 1.9%、12.0%，百亿级市场达到 15 个，龙头骨干作用凸显。品质商业继续提档升级。全年新开业购物中心将超过 50 个，以光环购物公园为代表的商业综合体进一步向个性化、品质化升级；西南首家超五星奢华酒店品牌"康莱德"（CONRAD）正式落户南岸，为品质消费再添新支点。交易市场集聚发展格局初显。初步形成团结村、白市驿、双福、果园港、南彭等 5 个市场集群，消费商贸集聚辐射能力增强。

4. 重点商品消费继续改善，汽车住房消费支撑明显

2021 年以来，主要商品消费总体保持较快增长势头，汽车类和居住类消费对消费品市场支撑作用较强。生活类消费总体保持稳定增长。在商场、超市常态化促销带动下，粮油食品、服装鞋帽类消费保持两位数较快增长，分别同比增长 13.7%、18.8%；日用品类消费受网购分流、上年同期高基数等影响，2021 年来持续负增长，且跌幅不断扩大，1—9 月同比下降 8.3%。高端消费增势良好。在消费回流及消费升级带动下，体育娱乐用品类、金银珠宝类消费分别同比增长 2.2 倍、52.7%，化妆品、文化办公用品消费分别同比增长 22.2% 和 24.4%。汽车类消费支撑作用明显。在新一轮汽车下乡、新能源汽车免征购置税等政策推动下，汽车类、石油及制品类消费同比分别增长 20.4%、25.2%，均较上年同期显著改善。住房类消费持续高增长。受前期房地产销售旺盛带动，家具、家电、建材等住房相关消费同比增速均在 20% 以上，远高于疫情前同期水平。

5. 新兴消费保持活跃，线上消费持续高位增长

线上消费、夜经济、网红经济、首店经济等消费新业态、新模式快速发展，对全市消费促进作用较大。夜经济、网红经济持续活跃。磁器口、美心红酒小镇、矿山公园等网红打卡点保持较高热度，九街、九龙滨江、南滨路、沙磁巷等夜经济集聚区消费人流吸引力增强，促进了餐饮、购物、文化、健身等夜间消费增长。首店经济持续升温，日本高端护肤品牌 POLA、仓储式美妆品牌 HARMAY、上海精品咖啡 Manner 等多个品牌首店落地，消费的时尚度、影响力进一步提升。线上消费持续高速增长。在"2021 重庆 6·18 电商节""2021 爱尚重庆·网上年货节"等网络促销带动下，1—9 月全市限额以上商贸单位通过公共网络实现零售额 352.84 亿元，同比增长 27.2%；两年平均增长 35.6%，比上半年提高 0.5 个百分点。其中，"2021 重庆 6·18 电商节"实现网络零售额 185 亿元，增长 43%。

（三）主要问题

1. 疫情对消费的负面影响持续存在

重庆面临的输入性防疫压力短期内不会改善，对消费的负面影响仍在持续，居民消费预期和信心总体偏弱。一方面，疫情对消费的潜在影响不容忽视。疫情影响下，消费者主动减少了到商场、影院等密集场所的消费，消费者行为的改变客观上削弱了消费倾向。同时，疫情大幅提升了居民的风险感知，催生出较高的预防性储蓄意愿，而居民收入增长尚未恢复至疫情前水平，导致了消费能力有限，并对消费增长形成制约。另一方面，受疫情影响，餐饮、旅游、住宿、会展等行业服务消费较低迷，仍未恢复至疫情前水平。特别是疫情导致人员跨境、跨区域流动不畅，来渝国际、国内游客数量减少。其中国际旅游人数同比降幅超过 30%，与旅游相关的酒店、餐饮等消费受到较大影响，对整体消费的带动力减弱。

2. 消费品市场增长动力有待增强

汽车、住房两大类消费对 2021 年的消费品市场支撑明显，但展望后市，预计这两类消费增长将有所放缓，消费品市场可持续增长动能有待继续挖掘。一方面，受汽车芯片供应紧张影响，经销商汽车销售配额减少，市内部分 4S 店出现无车可售、提货周期延长的现象。受此影响，9 月汽车消费同比下降

2.1%。汽车消费增长面临较大隐忧。另一方面，随着"房住不炒"政策深入贯彻实施，房地产市场发展更趋理性，加之市场对房产税政策试点的猜测，第三季度以来增长态势有一定回落。与房地产有关的家具、建材、家电等消费出现收缩趋势，后续增长动力不足。同时，时尚经济、免税购物等新业态、新模式发展滞后，消费增长缺少新动能支撑。

二、2022年消费商贸行业的环境分析及展望

（一）国际消费环境分析

2022年，国际形势依然严峻复杂，将从多个方面对全市的消费品市场形成影响。一是全球疫情持续制约外来消费释放。尽管全球多国疫苗接种范围持续扩大，但受疫情防控与经济恢复存在两难、疫苗供应短缺、变异毒株频出等因素影响，我国输入性防疫压力依然较大，短期内全面开放国门可能性较低，国际旅游、国际会展等行业将继续受到影响，进而对相关消费形成制约。二是在疫情叠加全球物流运行不畅背景下，芯片等零部件供给短缺态势短期内难以得到彻底改善，汽车等商品供给缺口将依然存在，并制约相关消费能力释放。以AMD为代表的多家芯片厂商、中汽协等都认为芯片短期问题至少将持续到2022年上半年，包括汽车、手机、游戏机、PC等在内的多个产业都将因此受到影响并可能出现供给缺口，相关消费能力难以得到完全释放。

（二）国内消费环境分析

2022年，我国经济将继续稳定复苏，带动内需进一步改善，宏观政策将继续发力促消费，为消费品市场恢复向好发展态势提供支撑，但疫情的负面影响短期内不会消除，消费品市场稳定恢复的基础尚不牢固。一是国家扩内需政策有助于增强消费市场动力。消费仍将发挥推动经济增长的基础性作用，扩大内需仍是宏观政策的重要着力点，国家将在取消部分行政性限制购买规定、放宽服务消费领域市场准入、稳住大宗消费重点消费等方面加大政策力度，重庆消费品市场面临的宏观政策环境向好。同时扎实推进共同富裕，多措并举扩大就业和提高居民收入水平，消费潜力有望进一步释放。二是双循环新发展格局将激发消费市场活力。国家将进一步深化消费体制机制改革创新，加快完善国内商贸流通体系，进一步扩大优质消费品进口，积极推动消费供给优化升级，促进跨境电商、免税购物、直播购物、夜经济等消费新业态、新模式、新场景发展，消费市场发展空间将不断扩大。三是疫情对消费的扰动依然存在。新冠变异毒株在全球范围内加速蔓延，感染传播性更强，输入性抗疫压力以及由此带来的对消费的负面影响不容忽视。总体来看，2022年重庆消费品市场面临的外部环境机遇与挑战并存，增大了消费稳增长的压力。

（三）市内消费环境分析

2022年，重庆将继续坚持稳中求进工作总基调，积极融入双循环新发展格局，加快培育国际消费中心城市，推动消费品市场继续增长。一是国际消费中心城市将加快建设。重庆将高标准推进中央商务区、商圈提档升级和寸滩国际新城消费核心区规划建设，大力改善消费环境。同时国际消费中心城市建设有望吸引更多国际知名品牌入驻，进一步提高零售市场品牌丰富度，消费品供给将更加多样化。二是川渝消费协作将继续发力。《成渝地区双城经济圈建设规划纲要》提出"共同打造富有巴蜀特色的国际消费目的地，共建巴蜀文化旅游走廊"，在此导向下，成渝两地将联手打造高品质消费空间，进一步优化消费供给，推动川渝成为全球消费资源汇聚高地，促进川渝消费市场能级不断增强。三是各类消费促进活动、消费新模式新业态新场景促消费效应将继续发挥。重庆将继续实施"巴渝新消费"八大行动、服务业数

字化赋能行动等促销活动，以九街、解放碑为代表的7个重庆夜间文旅消费集聚区将通过丰富场景、优化业态等方式持续提高夜间消费吸引力，实景逛街、智能配送等无接触消费，剧本杀、密室逃脱等沉浸式消费将继续升温，有望成为消费新热点。但疫情对接触式消费和居民出行的负面影响仍存，房地产调控抑制居住相关消费等负面影响不容忽视，消费市场稳定增长仍面临较大挑战。

（四）2022年消费商贸运行趋势展望及预测

综合分析疫情演变及全市消费品市场的发展环境和发展趋势，预计随着经济恢复和疫情影响的减弱，2022年全市消费品市场有望平稳增长，全年实现社会消费品零售总额约14970亿元，同比增长7.0%左右，居民消费价格指数在2.0%左右。

三、对策建议

（一）加大促进消费政策力度，积极培育消费新热点

一是聚焦重点促消费。强化对消费结构的分析，发挥汽车、家电等大宗商品高价值、经济拉动大的作用，有针对性地开展汽车下乡、家电以旧换新等活动，促进支柱消费稳定增长。二是强化联动促消费。针对常态化疫情防控特点，动员线下企业和线上平台深度融合，联动文化旅游、体育等部门，采取发放消费券、打折促销、满额即减等多种形式，开展一些特色鲜明、成效突出、市民满意、商家获益的促销活动，实现多部门联合、线上线下联动促消费。三是严格防疫促消费。引导各类接触式消费企业落实主体责任，严守疫情防控和安全生产红线，从严从细落实各项疫情防控措施，制定应急预案，严防各类安全事故发生。

（二）加快国际消费中心城市建设，打造引领消费潮流的新高地

一是突出消费载体的品质和特色打造。聚焦"历史、总部、品牌、时尚"四大元素加快国际消费集聚区培育、标志性消费场景打造、重庆特色商业街区建设，提升"重庆消费"的历史底蕴、文化特色以及获得感。二是不断提升重庆的国际化城市品牌影响力和知名度。积极宣传"山城夜景""火锅之都"等重庆既有的城市名片，打造重庆购物节、重庆时装周等新的消费名片，充分挖掘重庆现有的特色消费节庆资源，加强对外营销力度，增强重庆消费的知名度和吸引力。同时加强与国际机构合作，积极引进具有高知名度的高端国际展会、策划在渝举办常设性国际展会，全面提升重庆的国际知名度。三是提升城市服务能力的国际化品质。加强导游、导购等的标准化服务管理，提高酒店、出租车等公共服务质量等。在强化消费人才支撑中，培育消费新职业人群，开展多层次、全覆盖的服务技能和国际语言、服务礼仪培训。同时，充分把握RCEP机遇，利用重庆服务业扩大开放综合试点等机遇，争取探索建立多层次的免退税体系，提升国际国内游客的消费体验。

（三）继续推进供给侧结构性改革，积极培育新兴消费热点

一是多措并举推动新消费扩容提质。瞄准智慧超市、智慧商店、智慧餐厅等新模式，在全面向城市铺开的同时，推动向农村市场下沉，建设线上线下融合的消费平台，进一步优化城乡消费市场供给。二是推进新型城市消费基础设施建设。进一步完善各区（县）居民区、公路沿线、公共停车场、高速公路停车场、单位内部停车场、旅游景区、农村地区等充电设施建设，满足新能源车的充电需求。把智能快件箱（信包箱）、快递末端综合服务场所纳入公共服务基础设施体系建设，推动新建（在建、既有）住宅小区、园区和办公楼宇加强相关配套建设。三是更好发挥数字化对消费的支撑作用。以融合创新为导向，大力推进互联网、移动互联网、物联网、大数据、二维码、VR、射频等新技术在商业领域的运用，促进

电子商务、跨境电商、微商微店、网络团购、网约服务、智能仓储、共同配送、个性化定制等新模式、新业态的普及应用。

（四）实施农村消费促进行动，释放农村地区消费潜力

一是提振大宗消费重点消费。开展新一轮汽车下乡和家电以旧换新活动，推动区（县）组织特色消费促进活动，引导商贸流通企业深入乡镇举办品质商品巡展。二是推动农村商旅文融合发展。鼓励农村立足自然和文化资源禀赋，大力发展星级农家乐、田园综合体、农业观光园等乡村休闲消费产业，吸引城市居民"下乡"消费。三是净化农村市场消费环境。加强与市场监管、农业农村等部门协作，完善城乡联动和消费领域信用信息共享共用机制。开展重要产品质量信息化追溯，提高农村消费产品的质量和水平。

［重庆市综合经济研究院（重庆市经济信息中心）宏观经济研究课题组
　主研：易小光　丁　瑶　张　超　陈　可
　执笔：陈　可］

之五：2021年重庆市对外开放与区域合作情况及2022年展望

2021年以来，在全球疫情依然复杂严峻、国际需求总体疲软的背景下，重庆积极融入国家"双循环"新发展格局，加快内陆开放高地建设，深化开放体制机制创新，积极营造国际化营商环境，扩大服务业对外开放，全市对外贸易持续较快增长，区域合作取得新进展。预计2021年重庆外贸进出口总值在8000亿元左右，实际利用外资保持在100亿美元左右。

一、2021年重庆市对外开放与区域合作情况

（一）主要特点

1. 进出口保持较快增长，电子产品拉动作用大

在电子产品出口及大宗商品进口拉动下，重庆对外贸易持续快速增长。1—9月，实现进出口总额5770.3亿元，同比增长27%，高于全国水平4.3个百分点，连续17个月保持增长态势；其中出口额、进口额分别同比增长27.7%、25.7%。电子产品仍是出口主力。电子产品及零部件出口同比增长24.5%，对全市出口贡献率65.3%。其中，笔记本电脑出口值居全国首位，占全市出口总额的38.7%。同时，平板电脑、手机、汽车等重要商品出口值成倍增长，分别同比增长1.4倍、1.3倍和1.3倍。进口呈多点支撑格局。受汽车、电子等产业芯片需求拉动，集成电路进口值居全市首位，占全市进口总值的40.9%；初级大宗商品进口增势较强，金属矿及矿砂、纸浆进口值分别同比增长1.8倍和3.6倍；在国家扩内需政策、跨境电商发展等带动下，消费品进口值居中西部第一。

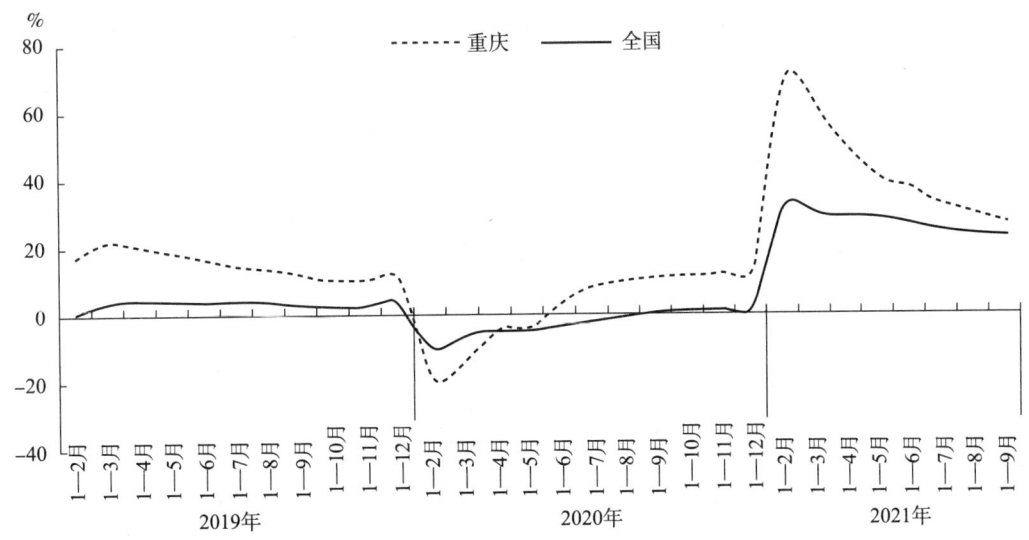

图1　2019年以来重庆及全国外贸出口月度累计增长趋势

2. 对外贸易方式持续优化，内生增长动能不断强化

随着一般贸易、保税物流、跨境电商等快速发展，重庆对外贸易协调性、稳定性持续增强。一般贸易快速增长。在京东方、vivo 等带动下，1—9 月，民营企业进出口额同比增长 57.3%，占全市对外贸易比重提高到 43.6%。受此带动，一般贸易进出口额同比增长 46.2%，高于全国水平 20.6 个百分点，拉动全市外贸增长 13.6 个百分点。服务贸易增长良好。随着重庆物流集聚辐射能力增强，保税物流进出口额 1215.5 亿元，同比增长 34.8%。同时，服务贸易新业态新模式快速发展，跨境电商、离岸服务外包分别同比增长 49.4%、64.9%。加工贸易增速放缓。受笔记本电脑出口增速放缓影响，加工贸易进出口额同比增长 12.9%，较上半年放缓 4.3 个百分点，进出口额占比较上年同期降低 5.5 个百分点。

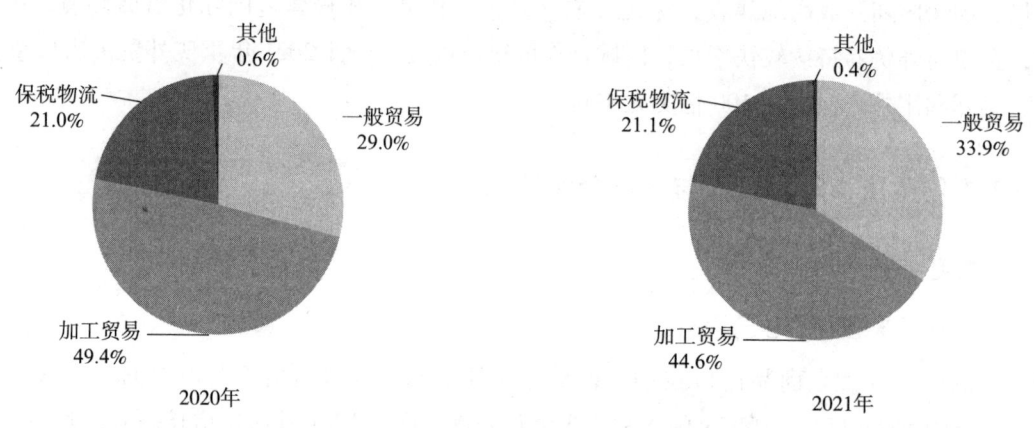

图 2 2020 年、2021 年重庆贸易方式占比情况

3. 重点市场进出口增势良好，新兴市场开发取得新进展

在新冠肺炎疫情、经贸摩擦等背景下，重庆对重点市场进出口均实现逆势增长。重点市场均实现较快增长。1—9 月，重庆对东盟、欧盟、美国进出口分别同比增长 13.6%、24.2% 和 18%。其中东盟仍是重庆第一大贸易伙伴，占全市外贸进出口总额的 25.4%。新兴市场开拓成效显著。在西部陆海新通道、中欧班列等国际物流大通道带动下，1—9 月重庆对"一带一路"沿线国家、RCEP 贸易伙伴进出口分别同比增长 26.5% 和 16.5%，其中对中国香港、中国台湾进出口分别为 449.4 亿元和 437.6 亿元，分别同比增长 1.2 倍和 38.9%。

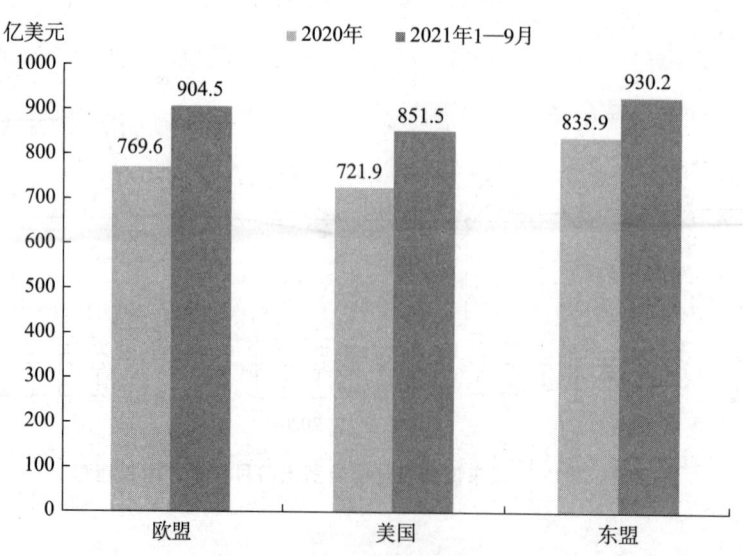

图 3 2020 年和 2021 年 1—9 月重庆对主要贸易伙伴进出口情况

4. 利用外资实现较快增长，企业"走出去"步伐加快

随着重庆全面融入"一带一路"及内陆开放高地建设深入推进，"引进来""走出去"步伐持续加快。外资吸引力不断增强。1—9月，全市实际利用外资73.7亿美元，同比增长11.1%。开放平台对外资集聚效应显著，两江新区、国家级保税区、国家级开发区利用外资达到56.7亿美元，占全市外资利用总量的76.9%；中新项目、自贸区对外资吸引力较强，其中自贸区新设外资企业数占全市的20%。展会平台成为利用外资重要渠道，2021年重庆西洽会、智博会总计签约项目451个，合同金额超过6100亿元。对外投资在疫情下逆势增长。1—9月，重庆对外投资7.85亿美元，同比增长75.2%。其中，国有企业成为"走出去"主力军，占全市对外投资额的75.6%；重点投向第三产业、建筑业，占全市对外投资额的77.7%。受疫情影响，对外承包工程营业额同比下降33.7%。

5. 重点区域合作不断深化，川渝协作迈上新台阶

国内重点区域合作不断深化，对重庆开放发展助推作用显著。跨区域合作领域持续拓展。与长三角、京津冀、粤港澳等东部地区园区共建、产业转移、口岸物流等方面合作互动增多，同湖北、上海等长江经济带省市在物流通道打造、生态保护等领域联动发展加强；渝鲁在乡村振兴、科技创新、产业发展等对口帮扶方面进一步深化合作，两地10家食品龙头企业开展消费品品牌建设合作，烟台加大对巫山转移就业、就近就业及技能培训帮扶力度。毗邻区域融合发展水平提升。与贵州、陕西、四川等周边地区在物流、产业、能源等方面合作更加紧密，区域融合发展水平不断提升。特别是成渝地区双城经济圈在协同开放、平台打造、公共服务一体化、基础设施建设等各领域合作全面推进。其中，1—9月中欧班列（成渝）开行超过3800列，居全国首位；高竹新区、遂潼一体化发展先行示范区等合作平台建设提速，重大共建项目完成投资超过700亿元；累计办理跨省（市）户口迁移超过7万人次。

（二）存在的问题

1. 外贸出口存在较多隐忧

外贸出口下行压力增大，"稳增长、提质量"更加紧迫。一是外贸订单稳定性不足。全球电子产品需求放缓，以及新兴制造业国家逐步复工复产，部分疫情期间"应急订单"外流，外贸企业争取订单难度增大。同时，受全球芯片紧张、国内能耗"双控"等因素影响，汽摩、电子等零部件供应不畅，企业出口订单按时交付难度大。二是笔记本电脑产品出口附加值不高。重庆以办公用笔记本电脑出口为主，附加值相对较低，且近年来出口单价持续下降。1—9月，笔记本电脑出口均价为2434元/台左右，较2010年降低了630元/台。三是出口新增长点培育滞后。重庆出口商品以笔记本电脑、手机等电子产品为主，种类相对单一、抗风险能力弱；跨境电商、保税商品展示交易、免税购物等新业态、新模式培育滞后，对外贸易缺少新动能支撑。

2. 利用外资增长较为低迷

受新冠肺炎疫情影响，全球跨国投资动力减速，重庆利用外资难度有所增大。一是外商投资意愿不强。全球市场需求疲软，投资回报预期不足，跨国公司投资动力较弱，加之重庆外资项目策划与市场对接不够，外资引进较困难。1—9月全市外商直接投资同比下降41.3%。二是外资利用渠道不畅。受新冠肺炎疫情影响，展览、会议等招商引资活动受阻，与外商的接洽、沟通渠道不畅，外资引进受到较大影响。三是利用外资结构有待优化。重庆外资利用以存量外资企业增资为主，超过50%利用外资为外汇借款，外商直接投资占比仅12%左右，外资利用质量仍不够高。

3. 外贸企业生产运营成本持续上涨

在原材料价格上涨、人民币汇率升值、海运紧张等背景下,外贸企业生产经营总体较困难。一是外贸制造企业生产成本增大。受新冠肺炎疫情、经贸摩擦、国际游资炒作等因素影响,铜、钢材、铝等主要原材料价格较年初涨幅均超过20%,外贸企业生产成本增大、利润受到挤压,处于增收不增利的状态。二是海运物流成本大幅上涨。海运集装箱紧张的局面仍未缓解,中国至美国东海岸国际海运集装箱运价在2万美元/箱以上,是2020年同期的10倍,出口企业物流成本大幅攀升。三是外贸出口企业遭遇换汇损失。2021年以来人民币不断升值,1—9月人民币兑美元平均汇率较上年同期升值7.5%,由于重庆外贸人民币结算占比仅26%左右,导致外贸企业出口结汇损失较大,出口利润受到侵蚀。

二、2022年开放经济发展环境及展望

(一)全球经济复杂多变,国际投资贸易恢复仍面临不确定性

全球政经形势依然复杂多变,主要经济体经济复苏乏力,国际投资、贸易增长仍存在不确定性。一是国际贸易增长受到制约。受疫情影响,全球经济恢复动力不足,IMF[①]预计2022年全球GDP、货物贸易将分别同比增长4.9%、5.5%,均低于2021年增长水平,我国对外贸易增长的外需动力减弱。同时,欧洲、北美多国取消中国普惠制待遇,短期内国内部分出口劳动密集型产品和低附加值产品的外贸企业面临关税上升、价格优势减弱等压力。二是全球投资恢复仍面临挑战。新冠肺炎疫情导致人流、资金流等不畅,发达国家投资保护主义强化,跨境投资仍受到较大阻碍。但后疫情时代,多数国家投资合作意愿增强,以及世界新一轮科技革命加速突破和各国对卫生健康、绿色环保等关注度上升,将带动新能源、生物医药、人工智能等领域投资增长,重庆利用外资面临新机遇。三是全球产业链供应链仍面临不确定性。新冠肺炎疫情反复、航运紧张、能源短缺、经贸摩擦等影响仍会持续,全球产业链、供应链修复时间将延长,重庆对外贸易、产业发展等仍面临较多风险挑战。此外,RCEP、CPTTP等经贸平台建设持续推进,将有利于增强区域内部投资、贸易活力。

(二)国内实施新一轮扩大开放,开放经济加快转型升级

我国将推动商品和要素流动型开放向规则、管理、标准等制度型开放转变,在更大范围、更宽领域、更深层次扩大对外开放,着力保持对外贸易、外资利用总体稳定。一是对外贸易发展空间扩大。我国将着力构建"双循环"新发展格局,拓展东盟、非洲等"一带一路"沿线国家及RCEP国家新兴市场,促进跨境电商、保税物流、服务贸易等新模式、新业态发展,在国际形成品牌、技术等竞争新优势;更加注重进口的拉动作用,加大国际优质消费品、国内紧缺商品进口,将有效激发重庆对外贸易潜力。二是外资利用进入新阶段。依托自贸区、自由港等开放平台,继续深化投融资、知识产权保护等创新,放宽服务业、高端制造业外资准入,将进一步增强国际高端资本的吸引力。同时,鼓励开展产能转移、资源开发等国际合作,更多中国企业将走向国际市场,重庆外资"引进来"、企业"走出去"将面临新机遇。三是国内区域开放合作深化。加快推进西部陆海新通道、中欧班列等国际大通道建设,完善内陆地区自贸区、综合保税区等开放平台布局及功能,引导产业向中西部地区有序转移,推动形成"陆海内外联动、东西双向互济"开放新局面,将有助于重庆扩大国内区域合作,更好地带头开放、带动开放。同时,发达国家投资贸易保护主义针对性更强,对关键技术、核心零部件等管控力度加大,我国国际贸易、投资

---

① IMF于2021年10月发布《世界经济展望》预测报告。

面临更多风险挑战。

（三）市内深化内陆开放高地建设，开放新动能不断壮大

重庆将继续深化内陆开放高地建设，全市开放经济发展动力、活力将不断增强。一是大通道、大平台的开放引领作用将增强。重庆将统筹推进西部陆海新通道、中欧班列、长江黄金水道等通道建设，加快完善"1+2+7+9"开放平台功能，打造内陆国际物流枢纽和口岸高地，开放大通道、大平台对全市物流、经贸、产业等发展的带动作用将进一步增强。二是国际化营商环境将优化提升。围绕自贸区、中新项目、国际消费中心城市、中西部国际交往中心等建设，深化投资、贸易、通关等体制机制创新，推进扩大服务业开放试点，重庆对全球产业、资金、人才等吸引力不断提升。三是开放经济新动能加快发展。重庆将着力培育跨境电商、保税加工、保税商品展示交易、免税购物等新业态、新模式发展，激发开放经济发展活力。同时，全面推进成渝地区双城经济圈建设，加强川渝两地开放通道建设、开放平台打造等合作，提升区域一体化发展水平，在西部地区带头开放、带动开放作用将更加突出。

（四）2022年重庆开放经济发展展望

2022年，全球投资、贸易逐步复苏，国内对外开放不断扩大深化，开放经济转型升级持续推进，国内、国际双循环新发展格局加快形成。重庆将深入推进开放大通道、大平台、大枢纽建设，扩大国际、国内区域经贸合作，营造国际化营商环境，提升产业、资金等开放要素吸引力、承载力，推动开放经济高质量发展。预计2022年重庆外贸进出口总值8800亿元左右，实际利用外资保持在100亿美元左右。

三、对策建议

（一）多措并举稳定外贸出口

加强国际新兴市场开拓，加快培育开放新优势、新动力。一是积极开拓海外市场。充分发挥中欧班列、西部陆海新通道等大通道优势，稳定东盟、欧盟、美国等主要市场，大力拓展东欧、中亚等"一带一路"沿线新兴市场。同时，积极对接国内市场需求，扩大全球特色食品、优质日用品等进口。二是加快培育外贸新优势。加快培育国际知名品牌，提升出口产品附加值。着力推动海外仓建设，加快推动跨境电商、整车进出口、市场采购贸易等新业态发展。三是加大外贸企业政策支持。深入落实外贸企业融资、保险等政策，支持重点龙头企业稳定产业链、供应链，引导金融机构开展应收账款、仓单、订单等质押融资和中小微外贸企业直贷业务，增强外贸企业发展信心。

（二）积极扩大外资利用水平

全面优化营商环境，拓展外资利用渠道，提升外资吸引力。一是培育利用外资新增长点。抢抓成渝地区双城经济圈建设、服务业扩大开放综合试点等重大机遇，围绕现代服务业、先进制造业，谋划和储备外资招商项目，培育外资新增长点。二是拓展外资利用渠道。加大招商引资力度，强化电子、汽车等产业链项目的国际宣传、推广，利用进博会、智博会等平台开展精准招商，常态化开展"云展览""云对接""云签约"，加大外资新项目引进。三是强化外资精准服务。全面实施准入前国民待遇加负面清单管理，深化外商投资"放管服"改革，加强外资项目对接、服务，让外商市场主体愿意来、留得住、发展得好。

（三）着力降低外贸企业成本

加强外贸企业政策支持力度，多渠道降低生产经营成本。一是加大对外贸企业减税降费力度。落实好外贸企业减免税政策，精简优惠政策办理手续，积极落实企业税收缓缴政策，帮助经营困难企业渡过

难关。二是推动降低外贸结汇风险。通过允许设立本外币自由贸易账户、简化人民币结算审批程序、便利化人民币收入境内使用等跨境金融创新，外贸企业使用人民币结算订单。引导企业加强汇率风险研判，鼓励引导企业运用远汇、套期保值等金融工具，提前统筹谋划，有效化解汇率波动风险。三是多渠道降低外贸企业经营成本。积极推动大宗商品市场建设，支持企业抱团开展大宗商品集中采购，降低企业原材料购进成本。深入推进国际物流通道建设及多式联运发展，着力降低高速通行费、港口作业费、报关费等物流费用。

（四）深化国际国内区域合作

以扩大投资贸易为重点，深化国内、国际合作，着力构建全方位开放新格局。一是扩大国际经贸合作。发挥西部陆海新通道、中欧班列（成渝）等国际开放大通道作用，深入开展产业发展、资源开发、海外仓建设等国际合作，进一步提升国际经贸合作水平。二是积极开展国内跨区域合作。加强与长三角、粤港澳、京津冀等城市群经贸交流，加大异地园区共建、产业转移、科技创新等方面战略合作；深入开展与山东等省的对口支援活动，强化对口支援省（市）对重庆乡村振兴、科技创新、产业发展等带动作用，助推重庆经济社会发展。三是深化毗邻区域合作。强化与周边省（市）的通道建设、平台打造、产业发展等方面的协作，重点推进川渝自贸区协同开放示范区建设，增强开放平台对区域经济发展带动作用。

[重庆市综合经济研究院（重庆市经济信息中心）宏观经济研究课题组
　主研：易小光　丁　瑶　罗丛生　张　超
　执笔：张　超]

之六：2021年重庆市财政金融形势分析及2022年展望

2021年以来，重庆坚持疫情防控和经济发展统筹推进，充分利用财政金融工具稳定经济运行，实现财政收入与经济同步保持恢复性增长态势；以专项债为主的财政支出力度加大，融资规模稳步扩大，对重点领域的资金需求形成良好保障。预计2021年重庆一般公共预算收、支分别同比分别增长7.4%、1%左右，金融机构人民币存、贷款余额分别同比增长6.6%、13.8%左右。

一、2021年重庆市财政金融运行分析

（一）财政运行特点和问题

2021年，重庆财政收支总体保持稳定增长态势。1—9月，一般公共预算收入完成1675.8亿元，同比增长10.9%，较2019年同期增长3.4%，收入规模已超疫情前水平。其中，税收收入增长较快，对财政增收的支撑明显；非税收入同比增长5.1%，较2019年同期增长10.5%。一般公共预算支出同比增长2%，低于全国水平0.3个百分点。

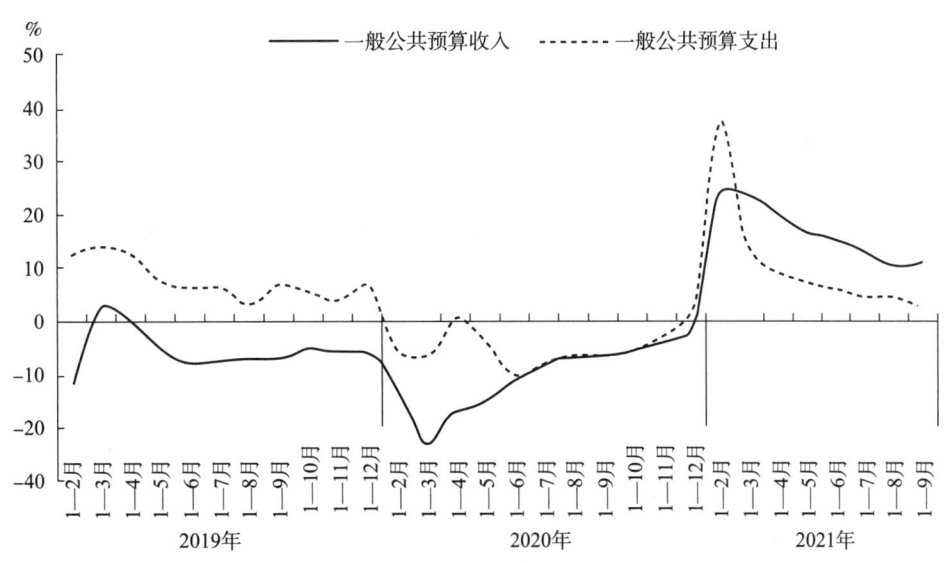

图1　2019年以来重庆一般公共预算收支累计同比增速比较

1. 税收收入稳定增长，主体税种支撑明显

1—9月，重庆税收收入完成1172.1亿元，同比增长13.6%，已连续8个月保持两位数增长；较2019年同期增长0.5%，收入已超疫情前水平。主体税种增势较好。随着汽车、电子、装备等制造业企业生产加快以及经营效益明显改善，增值税、企业所得税分别同比增长17.7%、23.1%，较2019年同期分别增长2.8%、17.3%；税收合计占比由前两年同期的54%左右提升至57%。在居民收入稳步增长的带动下，个人所得税同比增长24.8%，增速已连续7个月保持在20%以上。伴随重庆商品房市场交易逐步降温，

契税收入增幅由高走低，两年平均增长 4.3%，低于上半年 5.7 个百分点。

2. 土地市场明显降温，基金预算收入增长放缓

2021 年以来，在房地产企业融资"三条红线"以及集中供地等政策调控影响下，重庆土地市场呈明显降温迹象。由于开发商土地购置行为更趋谨慎，前两次集中供地成交面积仅为 2020 年的 51.6%，特别是第二次土拍成交规模大幅缩减，受此影响，土地出让收入增长明显放缓。1—9 月，土地出让收入完成 1338.9 亿元，同比增长 4.3%；两年平均增长 3.9%，低于上半年 15.6 个百分点。在此影响下，基金预算收入完成 1522.7 亿元，同比增长 9.7%；两年平均增长 2.2%，低于上半年 12.2 个百分点。

3. 财政预算支出有所放缓，地方债发行规模扩大

1—9 月，一般公共预算支出完成 3343.5 亿元，同比增长 2%；较 2019 年同期下降 5.7%，已连续 4 个月负增长。基金预算支出完成 1510.8 亿元，同比下降 29.7%。一般公共预算支出中，文化旅游体育与传媒、社保就业、教育等领域保障较好，支出增速均快于全市平均水平。地方政府债券发行规模扩大，全年新增债务限额 1341 亿元，较 2020 年增加 117 亿元，其中，专项债券 1215 亿元，对重大基础设施项目和民生工程建设形成有力支持。

4. 需要关注的问题

财政收支矛盾突出。前 9 个月重庆一般公共预算收入、基金预算收入同比增幅均低于全国平均水平，各类减税政策持续实施以及房地产市场深度调整，对财政增收形成较大压力。政府债券是地方财力的重要补充，但当前债务率已高达 110%，继续举债的空间明显收窄。同时，财政支出结构相对固化且呈刚性增长，部分区（县）"三保"支出面临压力，财政收支运转难度较大。

财政资金使用效益不高。重庆专项财政资金使用仍普遍存在资金分配零散、补助项目小而多的情况，缺乏对关键领域重点项目的大力支持，导致财政资金的规模效应和撬动作用未能得到充分发挥。同时，部分项目绩效管理尚不规范，存在绩效指标设置不合理、绩效跟踪监控不到位等问题，影响财政资金使用效益。

（二）金融运行特点和问题

2021 年，央行通过全面降准以及多次公开市场操作释放流动性，在此环境下，重庆金融市场运行总体稳定，融资规模稳步扩大。截至 2021 年 9 月，全市人民币存、贷款余额分别为 4.4 万亿元和 4.5 万亿元，同比分别增长 6.2% 和 14.1%。

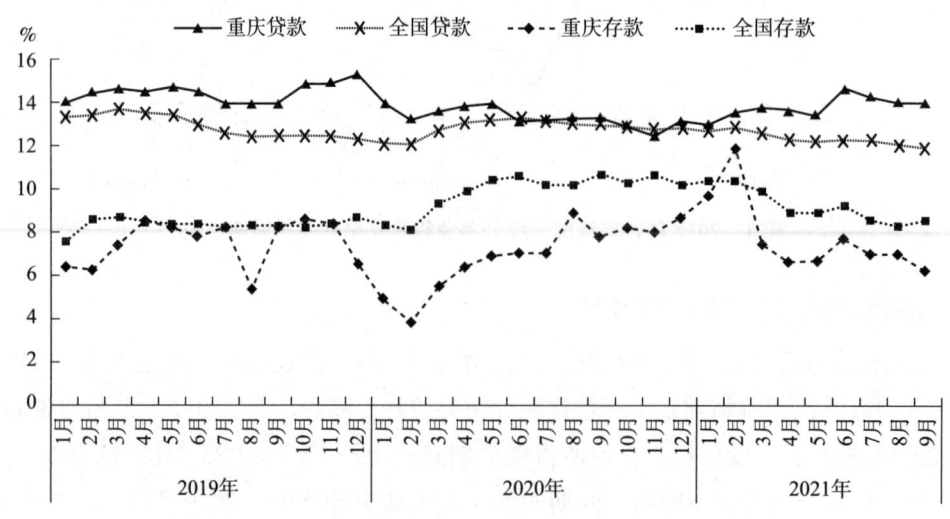

图 2 2019 年以来重庆和全国人民币存、贷款余额同比增速比较

1. 信贷投放保持稳定，短期贷款增长较快

截至2021年9月，重庆人民币贷款余额同比增长14.1%，分别高于全国水平和上年同期2.2个和0.8个百分点，显现出当前信贷资金对实体经济的支持力度不减。从期限结构看，在企业经营周转资金需求带动下，短期贷款余额同比增长16.4%，增速自年初总体走高，并高于上年同期5.3个百分点。受居民购车、信贷消费等带动，个人贷款及透支同比增长18.4%，高于贷款平均增速4.3个百分点。在企业中长期经营性贷款需求支撑下，中长期贷款余额同比增长11.6%，继续保持较快增长势头。

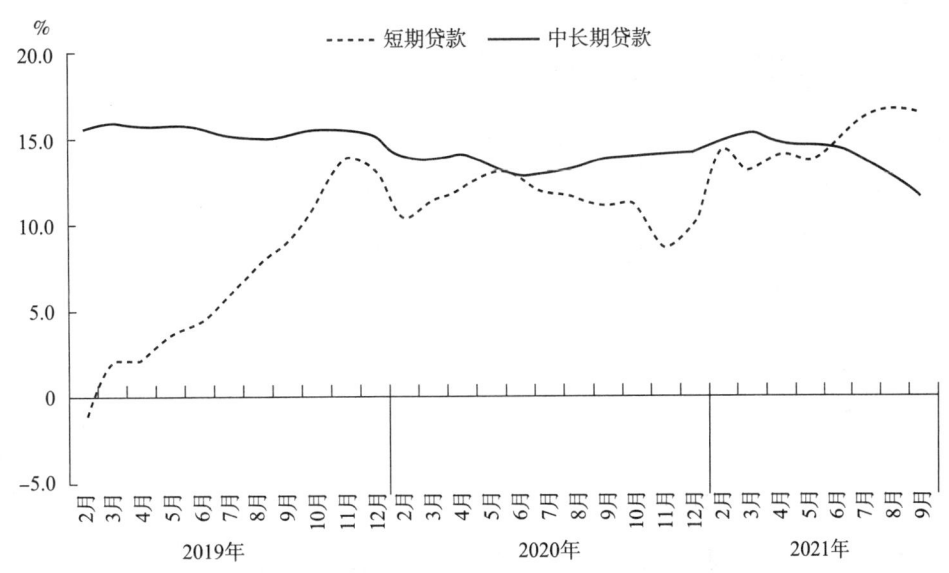

图3　2019年以来重庆人民币短期贷款和中长期贷款余额同比增速比较

2. 存款增速有所放缓，企业和居民存款增长乏力

截至2021年9月，重庆人民币存款余额同比增长6.2%，分别低于全国水平和上年同期2.4个和1.6个百分点。分不同主体看，受全国性企业资金归集力度增强以及企业偿债导致资金沉淀减少等因素影响，非金融企业存款同比下降1.7%，已连续6个月负增长，低于上年同期14.6个百分点。由于理财产品、基金股票等对居民存款形成较大分流，住户存款同比增长9.5%，低于上年同期3.8个百分点。随着政府资金支出加快，政府存款同比减少0.9%。非银行业金融机构存款增势较好，同比增长31.5%，高于上年同期32.9个百分点，对全市存款增长起到有力支撑。

3. 重点领域金融服务稳步推进，金融生态持续优化

重庆绿色金融、普惠金融、科技金融等重点领域取得积极进展。绿色金融提速发展，全市70余家金融机构完成气候与环境信息披露，全国首个省域绿色金融改革创新试验区有望年内获批。1—9月，银行间市场发行绿色债券超过100亿元，其中"碳中和"主题债券占比达到48%左右；绿色贷款余额同比增长33.2%。中小微企业融资支持力度持续加大，截至2021年9月，重庆普惠小微贷款余额同比增长27.8%，高于各项贷款增速15个百分点；贷款平均利率5.67%，较年初下降0.2个百分点。针对科技型企业的信贷支持和股权投资推进较好，截至2021年8月，重庆知识价值信用贷款改革试点区域增至39个，累计向6986家企业发放贷款203.7亿元，其中首贷企业占20%；重庆科技创新投资集团旗下创投基金规模达到293亿元，累计支持项目1394个，投资金额174.8亿元。

4. 需要关注的问题

融资难与融资需求不足问题并存。当前重庆经济运行仍面临较大压力，中小企业经营困难，融资需

求较为疲软，且随着局部领域金融风险暴露，市内银行风险偏好降低，放贷能力和意愿不足导致企业融资难度有所上升。同时，由于重庆科技型企业数量偏少，股权融资渠道相对较窄，科创板、主板等挂牌上市与成都相比仍有较大差距。

部分领域金融风险上升。在政府隐性债务监管趋严的环境下，部分国企逃废债对重庆金融生态造成不良影响，导致弱资质企业发债难度增加、发债成本上升，平台公司债务置换渠道明显收窄。房地产开发商面临严峻的资金链考验，随着融资难度增大以及市场交易趋冷，房地产市场风险有向金融领域扩散的迹象。市内部分民企经营困难并面临较大的债务违约压力，相关债务风险化解情况亟须重点关注。

二、2022年财政金融运行环境及展望

（一）世界经济形势复杂严峻，金融市场波动加剧

新冠肺炎疫情演变对全球经济、经贸投资等持续产生深刻影响，经济复苏动力减弱叠加全球流动性收紧，将对全球金融市场形成明显冲击。发达国家较高的疫苗接种率将有力提振生产和消费活动，美欧经济将保持稳定复苏，但财政赤字和公共债务仍将保持高水平；日本经济仍将面临收入增长低迷、巨额财政赤字、人口老龄化等挑战，除中国以外的新兴经济体由于疫苗接种缓慢，经济复苏难度较大，特别是非洲、拉丁美洲等经济脆弱地区将面临较大的主权债务危机。全球货币宽松推升资产泡沫、导致全球通胀水平快速上升，美联储货币政策收紧预期增强，将加剧全球股市、汇市、债市、大宗商品市场波动。特别是新兴经济体将受到较大的资本外流、货币贬值、债务压力等外溢影响，经济和金融脆弱性将明显上升。国际地缘政治冲突也将加剧全球金融市场震荡风险。

（二）我国经济注重跨周期调节，实施积极的财政和稳健的货币政策

我国经济延续复苏态势，但复苏基础尚不牢固、不均衡，疫情以来采取的稳增长政策空间有限。下一阶段，为保持经济运行在合理区间，宏观政策将注重系统集成和跨周期调节，保持政策的连续性、稳定性和可持续性。积极的财政政策将统筹做好两年财政政策衔接，落实好常态化财政资金直达机制，加快财政预算资金支出进度；继续深入落实中小微企业减税降费政策，稳定市场主体预期，强化地方政府专项债资金对扩大基础设施投资的保障作用。稳健的货币政策将保持定力、以稳为主，增强信贷总量增长的稳定性，大力发展科技金融、绿色金融、供应链金融，继续通过结构性货币工具强化对涉农、小微、民营企业的资金支持；将密切关注美联储货币政策调整进程，加强跨境资本流动监测力度，警惕防范外部输入性风险。财政货币政策的协同联动，将助力增强重庆涉企政策的储备空间和手段，有效提振实体经济发展的信心和预期。

（三）重庆稳增长和促转型持续推进，资金需求较旺盛

重庆将抢抓成渝地区双城经济圈、西部陆海新通道、西部金融中心建设等重大战略机遇，大力推动经济稳增长和转型发展，重点领域资金保障需求将更为迫切。从资金需求看，西部（重庆）科学城、两江协同创新区等创新平台建设，以及各类创新载体、创新型企业和项目的外引内培，均需要财政金融给予有力的资源匹配支持；"双碳"目标下产业向绿色低碳转型发展、制造业价值链提升、现代服务业扩大开放，以及"两新一重"项目建设、成渝地区双城经济圈多领域合作等，均需要财政和社会资本给予大力支持和方向引导。从资金供给看，专项债等债券发行将有力促进重大项目投资建设，中新项目金融合作和自贸区制度创新将持续增添金融开放动力，促进跨境投融资、跨境结算便利化；重庆科技金融、绿色金融等业态和服务场景不断丰富，金融科技、QDLP等试点建设加快，将进一步增强金融要素吸引力。

（四）2022年重庆财政金融运行趋势展望及主要指标预测

财政收入将低位运行，财政支出有所加快。2022年，重庆汽车、电子等支柱产业和战略性新兴产业

稳定运行将为财政增收增长形成支撑。但随着房地产市场调整、减税降费政策持续实施，叠加上年同期高基数影响，全市财政收入将保持低位运行态势。财政支出方面，将切实加强对"三保"、科技创新、公共设施等领域的支持力度，地方债券发行规模将保持稳定。预计2022年重庆一般公共预算收、支分别同比增长5.3%和6%左右。

金融运行将总体向好，融资规模稳步扩大。2022年，重庆将继续加大对中小微企业和个体工商户的融资支持力度，强化对科技型企业的上市培育和股权投资支持。随着中新项目金融服务联盟成立、区域股权市场改革创新被纳入证监会试点、省域绿色金融改革创新试验区加快落地，以及全国首批专属商业养老保险和中西部首个QDLP等试点起步建设，重庆金融开放创新活力将得到明显增强，有利于新兴金融业态集聚发展，提升多元化金融服务能力。预计2022年重庆金融机构人民币存、贷款余额分别同比增长6.0%和13.5%左右。

三、对策建议

（一）稳定拓宽财政收入渠道

一是充分发挥减税降费稳定和引导市场预期的政策效应，加强对制造业、金融业、房地产业等重点行业、重点企业的运行监测，最大限度保证存量税源稳定。二是提前谋划做好消费税征收环节后移及收入下放改革，稳步推动非税收入划转征收改革，促进税收稳步增长。三是合理安排地方债发行规模和发行节奏，加大政府债券资金、存量资金、专项资金的统筹力度，强化财政资金与产业基金、信贷资金、社会资金联动，增加资金有效供给。

（二）提高财政资金使用效益

一是加快推进财政预算管理一体化建设，增强财政部门预算统筹安排、资金统一分配能力，完善常态化直达资金使用机制，强化预算执行，加快财政支出进度。二是瞄准重点领域和关键环节，加大专项资金整合力度，通过重点扶持、集中投入方式，提升财政资金使用的有效性和针对性。三是加强预算绩效管理，加快完善预算安排与绩效目标、资金使用效果挂钩的激励约束机制，加强项目后期动态跟踪管理和监督评价，倒逼提升财政资金使用效益。

（三）强化重点领域融资支持

一是加强对专精特新等科技型企业的融资对接服务，拓展知识价值信用贷款、投贷联动、股权投资等融资渠道。切实加大对科技型企业的上市辅导和培育力度，增强企业直接融资能力。二是完善银行和政府性担保协同联动机制，加大对支小再贷款资金的产品创新，持续强化对中小微企业、个体工商户的融资支持力度。三是引导金融机构大力发展绿色金融和供应链金融，丰富金融产品供给和场景应用，加强对经济绿色低碳转型和产业链供应链的金融服务。

（四）防范化解各类金融风险

一是加强区（县）债务常态化动态监控，密切跟踪市内平台新增融资和债券兑付情况，引导平台公司多元化拓展融资渠道，化解债务偿还压力。二是加强对市内房地产企业及在建项目的资金监测，及时督促高债务和资金流紧张企业提前做好资金筹措安排，避免资金链断裂风险。三是发挥全市债委会作用，加强对市内经营困难的民营企业债务风险排查，引导金融机构加大对企业兼并重组的支持力度。

[重庆市综合经济研究院（重庆市经济信息中心）宏观经济研究课题组
主研：易小光　丁　瑶　苟文峰　罗丛生　张　佳
执笔：张　佳]

之七：2021年重庆市社会事业发展情况及2022年展望

2021年以来，重庆立足新发展阶段，贯彻新发展理念，积极融入双循环新发展格局，持续做好"六稳"工作、落实"六保"任务，深入推进成渝地区双城经济圈建设，经济保持恢复性增长，社会民生领域公共支出稳步增长，社会事业重点领域改革稳步推进，就业形势总体稳定，教育、医疗、文化供给更加均衡，社会保障水平不断提升，社会事业高质量发展态势进一步显现。

一、2021年重庆市社会事业发展现状

（一）社会事业发展特点

1. 各阶段教育事业全面提质发展

1—10月，重庆一般公共预算支出中教育支出完成601.9亿元，同比增长3.9%，有力支撑了全市教育事业高质量发展。一是学前教育普及普惠发展。《重庆市普惠性民办幼儿园管理办法》实施，优化发展公办幼儿园与扶持发展普惠性民办幼儿园协同发力，积极落实民办幼儿园在分类定级、教师培训等方面与公办幼儿园享有同等待遇，引导更多的民办幼儿园提供普惠性服务，"入园难、入园贵"的突出问题得到缓解，普惠性学前教育公共服务体系质量不断提升。截至2021年9月，全市公办园（点）3922所，在园幼儿100.78万人，较好满足了人民群众对优质学前教育资源的需求。同时，严格执行"先证后照"幼儿园审批制度，逐步完善以游戏为主的课程体系，幼儿园"小学化"问题得到有效纠正。二是基础教育改革不断深化。落细落小落实"双减"①和"5+2"②系列改革举措，出台了《关于进一步减轻义务教育阶段学生校外培训负担工作的通知》等文件，校外培训不断规范，义务教育阶段学生的学科类校外培训机构规模得到有效限制，应用定期监测、动态监测、专项监测等方式，逐步引导学校聚焦教育教学质量、提高办学水平，片面追求升学率现象得到纠正，全市义务教育质量不断提升。深入推进集团化办学、创新实践学区制管理，优质教育资源覆盖面逐步扩大，"择校热""大班额"等教育热点问题得到基本破解。截至2021年10月，全市中小学学区化管理、集团化办学学校覆盖率超过60%，义务教育优质资源不断拓展。三是职业教育创新发展势能持续累积。《重庆市深化职业教育改革实施方案》等系列文件出台，政策支撑和有效投入不断强化，在全国率先建立了覆盖中高职、公民办的生均经费拨款制度，高职生均经费拨款超出国家标准水平，达到1.44万元，财政性职业教育投入连续八年保持5%的增速。构建"1+2+4+N"③职业教育发展格局，全市职教布局结构持续优化。成渝地区双城经济圈职业教育协同发展，第三季度成渝毗邻地区职教联盟"订单式"培养职业技能人才1000人，职业教育川渝统筹发展示范区、渝西川南产教融合发展试验区加快建设。紧密对接重庆"一区两群"规划，优质职教资源覆盖面不断扩大，第三季度有

---
① "双减"：指要有效减轻义务教育阶段学生过重作业负担和校外培训负担。
② "5+2"：即学校每周5天都要开展课后服务，每天至少开展2小时，结束时间要与当地正常下班时间相衔接。
③ "1+2+4+N"：指主城职教核心区，万州区、永川区两个职教基地，黔江区、涪陵区、江津区、合川区4个职教区域中心。

10所高职院校入选国家"双高计划"建设单位,数量居西部第一。四是高等教育实力不断增强。截至2021年第三季度,全国共新增8所专科层次高等学校,其中重庆新增1所,在渝高等学校总数为75所。大力支持"双一流"高校建设,包括西南大学、四川美术学院、重庆交通大学、重庆医科大学等在内的13所在渝高校新增了56个博士硕士授权点,目前重庆高校获批国家级一流本科专业建设点增至198个,高等教育支撑科技创新的优势不断增强。

2. 医疗卫生服务能力不断提升

1—10月,一般公共预算支出中,卫生健康支出完成348.9亿元,同比增长1.9%,较好支撑了全市医疗领域深化改革与惠民服务。一是疫情防控社会防线不断巩固。坚持"外防输入、内防反弹",注重新发疫情流调溯源和核酸检测,快速响应和应急处置能力不断提升。疫苗接种有序推进,截至2021年10月,全市新冠疫苗累计接种5436.2万剂次,疫情防控成果得到有效巩固。二是医药卫生体制改革取得新成效。积极推动疾控体系改革和药学服务改革,《重庆市加强医疗机构药事管理促进合理用药实施意见》等文件相继印发,建立了临床药师工作制度,开展上下级医疗机构用药衔接改革,药师在促进合理用药中的重要作用得到进一步发挥,患者用药的安全性和合理性进一步提升。建立起等级医院动态调整机制,推进等级医院"能上能下"。"三通"医共体建设加快推进,基层医疗卫生服务能力不断增强,目前全市"三通"医共体试点已达25个区(县),县域内就诊率达91.6%,年末"三通"医共体建设将覆盖全市所有区(县)。三是医疗服务质量不断提升。"美丽医院""智慧医院"示范建设持续深化,硬件设施和就医环境实现优化,市级医学影像云中心和基层卫生信息系统全面建成,群众就医体验得到改善。提请审议的《重庆市中医药条例》,将具有中医疗效和成本优势的中医医疗服务项目纳入医保,明确提出实现中西医同病同效同价,将有力推动中医药事业传承创新发展。全生命周期健康管理体系持续构建,全市居民健康素养水平达到23.01%,四大主要健康指标①均优于全国平均水平,处于西部地区领先地位。四是医学人才培养力度加强。突出需求导向、梯队建设、政策激励,以"医学领航""医学枢纽""医学守门"三大人才工程为引领,搭建了三级梯队培育架构,实现基层人才能力提升培训"全覆盖",医疗卫生事业人才支撑保障不断夯实。

3. 文化事业发展迈上新台阶

1—9月,政府性文化体育与传媒支出42.9亿元,同比增长17.7%,在保障文化事业健康发展的同时,较好吸引了社会投资进入文化领域助推发展。一是公共文化服务阵地提档升级。公共服务设施加快新建步伐,阵地基础得到不断夯实。第三季度不断创新老城空间,先后利用传统文化街区打造、老旧小区改造新增了"西泠书房艺术体"、戴家巷步道等一批具有鲜明特色、人文品质的新型公共文化空间,"好座重庆城·城墙故事会"诗歌朗诵会等文化活动亮点突出、品位独特,文化服务能力有效增强。文体活动全媒体传播工程加快实施,数字文化资源不断丰富。新增数字资源10.2TB,馆藏数字资源量达到302.476TB。依托重庆群众文化云等平台,市、县、乡、村四级公共文化服务体系线上网络初步形成,便捷的"公共文化服务圈"日趋完善。二是公共文化服务体系持续完善。围绕建党100周年通过线上线下联动方式,精心组织囊括舞剧、文艺演出、重大展览在内的主题特色鲜明、内容形式新颖的群文活动,营造了良好的文化氛围。深入对接群众公共文化需求,策划了公益演出、公益电影进社区等基层公共文化服务活动,有效促进了文化惠民。目前全市各区结合特色资源策划了文博展览、非遗展销、文艺展演、国潮市集、巴渝美景等1200余场文旅消费系列活动,发放惠民补贴4228万元,惠及729.2万人次文旅消

---

① 四大主要健康指标:人均预期寿命、孕产妇死亡率、婴儿死亡率、5岁以下儿童死亡率。

费。成渝两地文化合作走向深入，培育了"成渝地·巴蜀情"区域文化品牌，文化馆等服务平台在打造巴蜀文化旅游走廊中的积极作用逐步显现。三是文物保护利用水平不断提高。历史文化名城、名镇名村、历史风貌街区的保护利用力度持续加大，夏布、安陶等非物质文化遗产和川剧、梁山灯戏、秀山花灯、酉阳阳戏等地方戏曲剧种的保护与传承同步推进，"五大文物保护工程"① 稳步推进，历史、抗战、革命、工业、自然"五大博物馆群"基本构建，全市文化和自然遗产保护体系逐步完善。

4. 就业创业形势稳中向好

1—10月，一般公共预算支出中，就业和社会保障支出完成810.5亿元，同比增长13.2%，保障水平持续提升。一是就业形势总体稳定。2021年以来，重庆全力应对疫情冲击，打出减负稳岗扩就业政策"组合拳"，不断完善统筹推进疫情防控和就业稳定取得积极进展。1—10月，城镇新增就业64.8万人，同比增长18.03%，提前完成全年目标任务。城镇调查失业率同比有所下降，低于年度控制目标；高校2021届毕业生达24.3万人，比2020届增加0.8万人，重庆户籍高校毕业生综合就业率91.3%；全市帮扶困难人员就业10.75万人，完成全年目标8万人（人力资源和社会保障部下达）的134.4%，同比增加34.4%。二是创业动力不断增强。深入实施"渝创渝新"创业行动计划，落实创业担保贷款贴息、免费创业工位等政策，开展创业培训、创业孵化等活动，从科研项目、创业融资、荣誉待遇维度进行支持，有效激发青年人才创新创业动力。截至2021年10月，新增市场主体45.4万户，同比增长14.6%，就业创业氛围浓厚。三是就业创业培训和服务逐步优化。放开创业担保贷款户籍限制，截至10月，全市发放创业担保贷款43.5亿元，扶持创业2.4万人，带动就业7.2万人。积极适应疫情防控常态化和智能就业新形势发展需要，采取"公共+市场""线上+线下""主播+导师"新模式，在全国首创"重庆英才·职等您来"网络直播招人招才公共服务，职业技能培训41.9万人次，其中新职业培训1.6万人次，"重庆英才·职等您来"直播招聘累计帮扶就业14.8万人。

5. 社会保障能力持续增强

2021年9月，调整最低生活保障标准和特困人员供养标准，惠及全市86.63万低保对象、18.21万特困供养人员。其中，城市低保标准较上年同期提高16元，增长2.6%；农村低保标准较上年同期提高19元，增长3.8%；特困人员基本生活标准较上年同期提高21元，增长2.6%。一是基本民生兜底保障制度不断健全。城乡最低生活保障标准分别提高至636元、515元；特困人员基本生活标准提高到每人每月827元，社会救助服务能力有所提升。市、区（县）、乡镇、村居四级未成年人保护网络不断健全，按时发放4300万余元基本生活保障金，未成年关爱服务持续增强。推进生活无着的流浪乞讨人员救助管理质量大提升专项行动，已累计救助流浪乞讨人员5000余人次。落实残疾人"两项补贴"制度，已发放2.03亿元，惠及51.1万名残疾人。二是养老服务品质持续提升。积极应对老龄化社会到来，持续实施社区居家养老服务全覆盖工程，推行"机构建中心带站点进家庭"可持续发展模式，发展乡村养老、结对互助、流动上门养老等新型养老服务模式，社区居家养老服务品质全面提升。已建成街道养老服务中心220个、社区养老服务站2912个，城市社区养老服务设施基本实现全覆盖。推进医养结合和长期护理保险试点扩面提质行动，老年人口获得感、安全感、幸福感显著增强。三是民政事业管理精细化水平稳步增强。出台了《重庆市改革完善社会救助制度的重点举措》，制定37条具体措施，群众救助更加便捷精准高效。实施社会救助兜底脱贫专项行动，精准监测信息平台对易返贫致贫人口开展"一对一"监测，"两不愁三保障"及饮水安全问题实现了及时发现、全面动态清零。

---

① 五大文物保护工程：革命文物及抗战遗址、石窟寺及石刻、古建筑、大遗址、三峡后续。

（二）存在的问题

1. 稳就业压力有所增大

一是结构性矛盾依然突出。就业难和招工难并存，制造业、服务业等行业普工难招，智能产业人才缺口较大，技能型人才仍然紧缺，职业技能培训体系难以满足产业结构升级对电商等新兴技术工种的紧迫需求，失业人员因性别劣势、年龄偏大、文化素质不高、技能单一等原因实现再就业的难度加大。二是就业不确定性风险有所加大。在疫情影响下，企业生产经营方式发生变化，也更加依赖网络、平台、数字技术、自动化和智能化技术，企业用工需求特别是新增用工需求仍受到不同程度的抑制。疫情的反复使得生活性服务业恢复较慢且行业发展不平衡，餐饮、住宿、旅游、家政、文体等行业恢复仍面临一些困难，就业扩容提质仍面临不确定性。三是新业态劳动者权益保障问题值得关注。灵活就业者工作时间、工作场所界限比较模糊，随着灵活就业业态的丰富和就业人数的不断增加，灵活就业形式的合同签订率低、社保缴纳率不高等问题凸显，需要进一步规范灵活就业群体的劳动关系界定和劳动者权益保护，特别是工伤认定、社保缴纳与转移接续还存在制度缺位。

2. 教育发展不平衡现象突出

一是普惠性学前教育制度有待完善。幼儿园建园标准不统一，各档次梯度的收费标准缺乏分层分级规范，同级公立幼儿园之间收费存在一定的差距，幼儿园教师数量不足、待遇偏低、专业素质不高等问题也较突出。二是职业教育产教融合有待深化。产教双向融合培养机制与市场对技能型人才的需求仍有差距，尤其是智能制造领域产教融合的规模和质量均有待提升。面向大数据智能化创新、数字经济与实体经济融合发展的职业教育培训导向和高等教育创新导向需要同步加强。职业教育对新兴产业工匠技能型人才的培养规模较小、师资力量薄弱。"双一流"建设提升空间较大，对高端人才和创新产业吸引集聚作用不足。三是师资不足、课程不新短期内难以根本解决。雇员制、兼职制教师的专业培训不足，教育质量、管理和安全保障存在诸多隐忧，教学工作难以达到理想效果。农村学校骨干教师比例偏低，体育、艺术专任教师配置不足。中小学课程结构学科本位，缺乏整合性，课程内容缺乏时代性，课程评价过于强调选拔功能，对学生的兴趣调动不足。

3. 医疗卫生服务供给有待优化

一是基层医疗机构服务能力不足。"小病不出乡、大病不出县"的分级诊疗保障体系不健全，巩固完善"三通"医共体建设的任务依然较重。部分基层诊所医生培训不足，影响疾病的诊治效果。基层部分医疗机构设备陈旧、老化，设备长期得不到更新，不能满足人民群众日益增长的健康需求。医疗、防疫、康养相融合的大卫生大健康服务格局构建较为滞后。二是公共卫生防控体系建设有待优化。分层、分级、分流的纵横一体化综合应急防控构建还不完善，公共卫生管理尚未形成"防治并重""医防融合"的发展模式，疾控机构与基层预防保健机构的组织建设协调不够，医疗卫生机构疾病预防控制的责任不明，公共卫生突发事件的监测预警体制机制还有待健全。三是医养融合服务的供需不匹配。"医养融合"市场化程度还不高，社会民办资金投入较少，融资渠道较为单一。社区、乡镇医养机构普遍存在医疗卫生服务水平较低、设施不完善、护理队伍人员不足、高素质人才留不住、智能化发展滞后等情况，难以承接为居家老人提供综合性、连续性、高质量的医疗卫生服务的重任。

4. 文化事业和文化产业的融合发展不够

一是文化事业和文化产业融合发展的体制机制不优。政府多层次多元化购买普惠性文化服务的潜力有待释放，对中小文化企业的带动效应不显著。国有文化企事业单位市场化改制推进仍较缓慢，市场化管理激励机制有待完善，参与文化市场的竞争能力仍显不足。引入社会资本和专业市场主体参与改造、经营、管理部分闲置性公益文体设施的力度不足。二是文化资源的市场价值挖掘不力。红岩文化与地方文化融合不足，资源优势转化为产业优势不充分，博物馆文创产品总体呈碎片化特征，内容原创能力不强，缺少大众喜闻乐见的红色纪念品、伴手礼开发。文化资源与生产、生活、科技等结合不充分，缺乏实用性，市场吸引力有限。三是文化投入力度偏弱。与新增财力增长速度及同期教育、卫生等其他社会事业投入增长相比较，文化事业经费财政投入不足，公共文化设施建设和运行尚未建立长效的财政投入保障机制。投融资体系不够健全，大量的外资和社会资金由于机制、平台、投资环境等因素的制约，尚不能顺利地进入文化产业领域。

二、2022年社会事业发展环境分析及前景展望

（一）新冠肺炎疫情加剧全球经济社会风险，社会民生领域挑战与机遇并存

新冠肺炎疫情给全球稳定与发展带来冲击，社会不公平问题更加凸显，由此引发的群体冲突增多、利益纷争加剧将导致各国社会治理难度加大，相关国家的政策导向将进一步聚焦促进公平就业、社会保障和弱势群体利益关怀。全球老龄化群体在新冠肺炎疫情中面临的生命健康风险不断增加，对公共卫生服务的需求更加迫切，将进一步促使各国加大公共卫生领域投资保障力度。发达国家生育意愿降低与欠发达国家人口增长较快持续并存，国际劳动力流动日趋频繁，对公共服务跨国、跨区域配置的需求将不断增长，以欧盟、东盟等为代表的区域合作组织社会政策协同创新水平将不断提升。全球社会治理数字化水平加快提升，将为欠发达国家精准高效供给医疗、教育、就业等社会服务提供新机遇。

（二）我国进入高质量发展新阶段，更加关注社会民生发展不平衡不充分问题

我国进入高质量发展新阶段，民众对高品质生活的追求更加迫切，教育、医疗、文体等优质公共服务供给不平衡不充分的问题更加凸显，社会民生领域将依然面临增量与提质的双重挑战。国内经济稳增长压力有所加大，"六稳""六保"相关政策举措将进一步压实压细，就业优先政策实施力度将不断增强，特别是对新就业形态劳动者劳动保障权益的相关制度体系将加快完善。随着长江经济带、西部大开发、成渝地区双城经济圈建设等战略深入实施，将更加注重促进区域协同和城乡融合，社会领域区域合作联动效应将进一步显现，城乡基本公共服务均等化、社会保障一体化水平将不断提升。促进共同富裕的相关政策举措将加快落地，社会兜底保障力度将不断提升，慈善事业发展政策红利将加快释放。

（三）重庆加快打造高质量发展高品质生活新范例，更多民生红利将不断显现

成渝地区双城经济圈建设持续深入推进，川渝两地间社会保障、人才流动、就业创业等领域政策联动不断增强，公共服务共建共享体制机制将加快完善。以"一区两群"区域协同发展为引领，主城都市区将加快释放民生领域同城化共享红利，渝东北三峡库区城镇群、渝东南武陵山区城镇群教育、医疗、交通出行等领域城乡融合水平将不断提升。全市将更加积极应对老龄化挑战，着力提高生育服务水平，针对"一老一小"的政策布局和项目支撑将进一步优化。深入实施健康中国重庆行动，"三通"医共体改革成效将持续显现，基层医疗服务水平和公共卫生防护能力将不断提升。城乡公共基础设施加快实现智能化数字化改造升级，公共服务资源将更好实现集约化便捷化利用。一批涉及群众切身利益的民生实事工程将加快落地，社会政策跨周期调节作用不断增强，将为扩大内需注入有效动力。

（四）2022年重庆社会事业发展展望

2022年，重庆将继续深入实施以需求为导向的保障和改善民生战略行动计划，加快释放社会领域改

革惠民、兜底支撑的政策红利。分领域看，优质教育资源将不断增加，学校办学质量将整体提高，城镇学校学位供给合理有序扩大，义务教育将实现更加优质和均衡发展；继续把就业作为"六稳""六保"的首要任务，减负稳岗扩就业政策"组合拳"更精准，新职业培训、以工代训、新型学徒制培训持续推进，就业水平不断提升；深入实施健康中国重庆行动，公共卫生防护网更健全，成渝合作优化医疗体系"大布局"基本形成，群众就医体验得到全面改善，医疗卫生建设水平将进一步提升；现代文化产业体系加快构建，文化和旅游朝着更深度融合发展，文化体育服务设施更加健全，民众日益提升的精神文化需求将得到更好满足；通过深入实施积极应对人口老龄化国家战略，加强和改善基本社会服务，基本社会保障体系将更加完善。

三、对策建议

（一）加快提升就业创业政策绩效

一是积极贯彻落实就业创业促进政策。针对受疫情影响突出的餐饮娱乐、旅游、外贸、线下生活服务等行业，重点实施就业稳岗帮扶政策。发挥小微企业就业主渠道作用，细化实化失业保险稳岗返还、以工代训、新型学徒制培训等各项政策措施，支持承压能力弱的小微企业和个体工商户等企业稳定岗位。加大金融和技术支持，从优化创业融资环境、支持创业载体建设等方面，鼓励返乡创业。二是保障重点群体就业。针对失业人员、农民工等重点群体，开发协助管理类岗位和公共服务类岗位，帮扶贫困劳动力就业。结合高校毕业生学历和专业特点，通过公务员招录、事业单位招聘、基层项目招募、企业吸纳、征兵入伍、升学扩招、科研助理、社区岗位等多就业渠道联动，全力促进高校毕业生尽早就业。进一步完善劳动力市场人力资源信息服务和发布体系，拓宽重点群体就业渠道。加大职业技能培训力度，确保企业吸收就业的职业培训补贴、见习补贴、社保补贴等扶持政策落实到位。三是加快完善灵活就业保障制度。启动平台灵活就业人员工伤保障制度试点，探索开展新就业形态劳动者就业登记，逐步取消参保限制，推动灵活就业人员应保尽保。规范各行业灵活就业人员的最低工资标准、合同条款和社保缴纳制度，加大劳动保障监察执法、争议调解仲裁力度。

（二）着力促进教育全面均衡发展

一是推动普惠性学前教育优质均衡发展。加快构建以公办园和普惠性民办园为主体的学前教育公共服务体系，采取"新建一批、移交一批、回收一批、回购一批、改建一批、登记一批"等灵活多样的措施，不断增加公办学前教育资源供给。优化保教工作，开展幼儿园收费专项治理，促进幼儿园规范管理，提升办园水平。积极引进优质学前教育资源入驻区（县）及重点镇，实现区域学前教育资源均衡发展。科学规划幼儿园布局，发挥优质幼儿园示范辐射作用，完善强园带弱园、城乡对口支援等办学机制。二是全面推进各类教育高质量发展。着力化解现有义务教育阶段大班额问题，引导生源合理流动，合理划分学区，全面实行均衡编班。扩大优质高中教育资源覆盖面，推动渝东北、渝东南等重点区（县）高中教育办优办强，提升全市普通高中办学层次和水平。实施职业教育提质培优行动，优化职业教育布局结构、学科专业结构，促进职普融通，推动共建渝西川南职业教育产教融合发展试验区。三是加强基础教育阶段师资队伍的建设。大力推行学区化管理、集团化办学，通过合作办学、培养培训骨干教师、教师干部双向交流任职等多种途径，促进区（县）域内优质资源共享，带动薄弱学校和新建学校教育质量不断提升。开展教师全员培训，建立培训学分银行，推行培训自主选学，推动信息技术与教师培训的有机融合，实行线上线下相结合的混合式研修，促进教师终身学习和专业发展。

（三）强化医疗卫生服务能力提升

一是提升医疗服务质量。健全完善医疗质量安全管理制度，加强质控中心建设，减少医疗事故。深化"美丽医院""智慧医院"建设，改善医院环境、优化医疗流程，改善群众就医体验。着力推动医疗卫生基础设施的现代化、标准化、智慧化建设，全面提升医疗服务能力。二是织密公共卫生防护网。完善市、区（县）、乡镇、村四级传染病救治网络，创新医防协同机制，加强农村、社区等基层防控能力建设，推动防控资源下沉、预防关口前移。建立突发公共卫生事件监测预警处置机制，提升应急处突能力，做到"平战结合、无缝转换"。三是稳步推进医养结合发展。坚持医防融合、中西医结合，针对预防、康复、养老等薄弱环节，补齐短板弱项。针对贫困群众、慢病患者、老年人等弱势群体，提供公平可及、系统连续的健康服务。倡导养老机构与周边的医疗机构开展多种形式的签约合作，建立健康指导、急救急诊、预约就诊、定期巡诊、业务指导等合作机制。实施社区医养结合能力提升工程，利用现有资源在社区卫生服务机构内部改扩建一批社区医养结合服务设施。

（四）推动文化服务供给高质高效

一是促进文化产业和文化事业融合发展。高水平打造钓鱼嘴音乐半岛、九龙美术半岛等一批具有国际标准和重庆特色的文化平台载体，推动文化创意、旅游体验全链条式发展，提高文化消费供给水平。持续推进政府向社会力量购买公共文化服务，引入市场竞争机制充分调动社会力量参与公共文化建设，促进公共文化提质升级与文化产业市场发展良性互动。二是加大高质量文化产品挖掘力度。推动文化类公益性事业单位创新服务方式，顺应市场需求开发多元化商业服务。协同提升大众电影观赏、精品艺术演出等市场消费空间。引导大型商业购物中心、宾馆饭店、体育设施等引入特色文化资源，打造一批商业服务与休闲文化高度融合的综合消费场所。三是建立公共财政文化投入稳定增长机制。积极探索文化建设财政投入新机制，不断完善政府采购、立项管理等公共文化服务模式，加大政府采购文化服务力度，引导和鼓励社会力量通过兴办实体、资助项目、赞助活动等形式参与文化服务。

[重庆市综合经济研究院（重庆市经济信息中心）宏观经济研究课题组
主研：易小光　丁　瑶　苟文峰　赵　伦　杨琇涵
执笔：赵　伦　杨琇涵]

之八：2021年重庆市就业创业发展情况及2022年展望

2021年，面对错综复杂的国际形势、艰巨繁重的发展稳定任务特别是新冠肺炎疫情的严重冲击，重庆以实现更加充分更高质量就业为主要目标，深入实施就业优先战略，就业形势总体保持稳定。预计2021年城镇新增就业人数将超过60万人，城镇调查失业率将低于年度控制目标。

一、2021年重庆市就业创业发展情况分析

（一）总体情况

2021年以来，重庆认真落实党中央、国务院决策部署和市委、市政府工作要求，精准实施就业优先政策，目标任务完成情况超过序时进度。1—9月，城镇新增就业59.7万人，同比增长21.3%，完成全年目标的99.5%；9月末调查失业率同比有所下降，低于5.5%的年度控制目标，就业形势总体稳定、稳中向好。

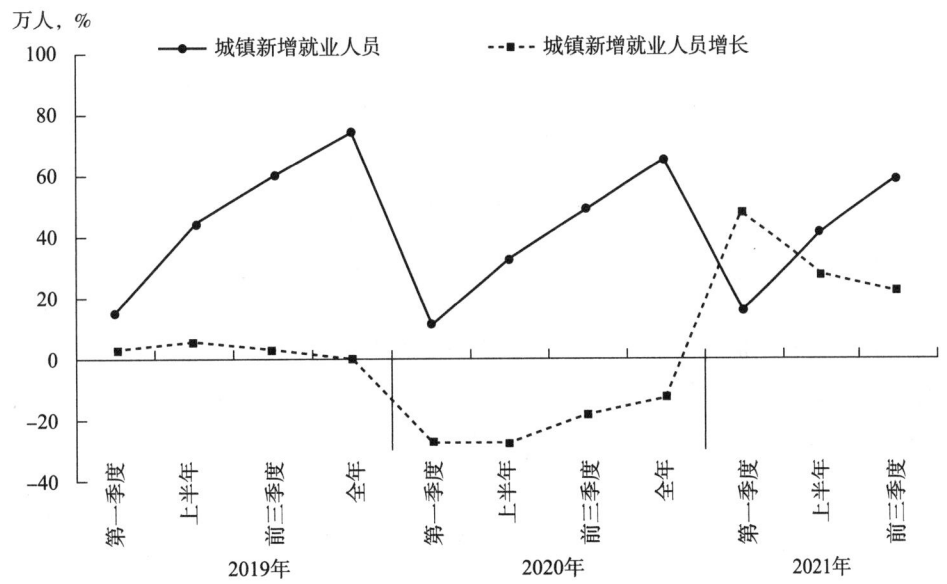

图1 2019年以来城镇新增就业及增长情况（累计）

（二）主要特点

1. 大学生、农民工等重点群体就业稳定

在重庆市就业工作领导小组框架下，成立重点群体"稳就业"专班，统筹推进农民工、高校毕业生、淘汰煤炭落后产能职工、退捕渔民等群体就业。针对高校毕业生实施公务员招录、事业单位招聘、基层项目招募、企业吸纳、征兵入伍、升学扩招、科研助理、社区岗位开发"8个扩大"措施，顺利筹集政策性岗位5.4万个。截至2021年9月，24.2万应届高校毕业生去向落实率86.5%，较上年同期高出14.5个

百分点，与2019届同比上升2.65%。农民工群众就业形势稳定，为1.4万家企业发放"春节留岗红包"4000余万元，58.6万市外员工留渝过年实现"愿留尽留"，400余万农民工返岗复工实现"应返尽返"。扎实抓好脱贫人口兜底就业，已促进76.6万农村脱贫人口就业，居全国第五位。1.05万退捕渔民实现"退得出""稳得住"，转产就业率、养老保险参保率、技能培训覆盖率、兜底保障率保持"四个100%"。

2. 人力资源市场供求保持动态平衡

1—9月，公共人力资源市场用工需求101.6万人，同比增加24.5万人。截至2021年9月，全市3117家监测企业在岗员工113.9万人，同比基本持平，较2019年同期增加8000人。中小企业用工也持续好转，监测的1700家企业从业人员同比增长5.6%，增速比上年同期高10.7个百分点。58同城发布的2021年第三季度人才流动报告显示，成渝地区双城经济圈求职活跃度与招聘活跃度呈高度匹配趋势，重庆对求职者吸引力较大，环比增速超过30%；第三季度重庆企业支付月薪达到9254元，居城市平均月薪前十位。此外，成功举办第一届全国人力资源服务业发展大会和158场创新产品路演宣讲，重庆签约金额5.65亿元，有效促进人力资源服务供需对接。

表1 2020年以来公共就业服务机构市场供求情况

	2020年				2021年		
	第一季度	第二季度	第三季度	第四季度	第一季度	第二季度	第三季度
求人倍率	2.13	1.22	1.39	1.58	2.03	2.58	2.42
第二产业需求（%）	66.7	44.9	44.7	46.0	52.1	38.6	37.2
第三产业需求（%）	32.8	53.8	53.9	52.1	46.5	59.7	61.1

注：求人倍率为岗位空缺与求职人数的比率。

数据来源：中国人力资源市场信息监测中心对85个城市的公共就业服务机构市场调查。

3. 专项职业技能培训有力开展

实施专项培训破解就业结构性矛盾，开展职业技能提升"质量年"活动，1—9月开展政府补贴性培训41.9万人次，创历史新高。围绕"互联网营销师""电子竞技运营师"等新职业，与腾讯云计算（北京）有限责任公司签署了《"智能+技能"高新技能人才培养战略合作协议》，探索"智能+技能"高新技能培训，推动技能人才智能化提升。联合顺丰开展"新就业形态技能提升和就业促进项目"试点，与华为、百度、创新奇智等龙头企业签订技能人才培养战略合作协议，组织1100余名院校、培训机构专兼职教师和企业一线专家参加互联网营销师、数字化管理师等10个新职业讲师培训班。1—9月累计开展新职业培训1.6万人次。

4. 智能就业信息服务全面提升

成功打造专业信息化模式，破解服务保障难题，广泛推广"智能就业"服务平台，在全国率先建成重庆就业大数据中心和就业预警监测体系。采取"公共+市场""线上+线下""主播+导师"新模式，在全国首创"重庆英才·职等您来"网络直播招聘，开播一年多来已帮助14.8万人就业，入围"重庆市2020年十大线上服务品牌"。开展就业援助月、"春风行动"、民营企业招聘月等专项活动，实行点对点就业服务，提供就业岗位78.3万个。举办成渝地区双城经济圈就业创业活动周，开展会、展、赛、研等10项配套活动，吸引近10万人次参与。

5. 创业带动就业活力持续增强

深入打造"渝创渝新"创业品牌，举办"渝创渝新"系列活动170余场，吸引创业项目近10万个。

实施"留创计划"和"启航计划",资助留学人员创业创新项目141个,大学生创业项目84个,线上服务创业17.6万人次,打造多类型多层次创业载体,累计建成创业型城市17个(其中国家级创业型城市1个)。成立重庆小微企业融资担保有限公司,开发"政策性+商业性"组合贷款,利用人力资源社会保障信用评价模型试点双无信用贷款,推广从申请到贴息全流程的创业担保贷款APP。1—9月累计为企业发放贷款40.7亿元,直接扶持2.2万人创业,带动6.7万人就业。

(三)存在的问题

1. 重点群体就业压力依然存在

1—8月,结存登记失业人员21.3万人,加之淘汰煤炭落后产能职工需分流安置,就业总量压力不容忽视。特别是全市高校毕业生同比增加0.7万人,再创历史新高。截至2021年8月,未就业高校毕业生3万人,就业帮扶压力较大。此外,第三季度以来随着教培行业、互联网平台企业、网络游戏行业和房地产等行业监管政策加强,行业性生产经营和用工受到一定影响,部分企业员工出现流失率抬升、减员增多等问题。

2. 新就业形态劳动权益保障有待增强

随着互联网技术进步,新就业模式更加普遍,而去雇主化、平台化的特征使新就业形态的劳动关系更加复杂多变。目前,重庆新业态等灵活就业人员达到210万人,平台监管亟待规范,用工关系有待理顺,权益冲突有所增加。特别是外卖小哥等体力型劳动者群体较大,知识技能水平储备不足,职业转型和抗风险能力较差。

3. 企业经营压力向就业传导风险加大

2021年以来,大宗商品价格、物流成本维持高位,产业链中下游企业原材料价格高企,出口企业运输难、运价高现象突出,PPIRM、PPI剪刀差由年初的0.5个百分点扩大至9月的3.3个百分点,特别是中小企业反映生产经营压力进一步增大。生产端企业经营压力持续增加,可能通过降薪裁员等方式传导至就业领域。调查显示,计算机、通信和其他电子设备制造业规模以上企业就业人员较第二季度减少1.7万人。

二、2022年就业创业发展环境及趋势展望

(一)世界经济复杂严峻对就业的潜在冲击需要警惕

世界经济仍处于疫情反复期,病毒变异持续挑战世界经济复苏的稳定性、持续性和平衡性,经合组织(9月)预测2021年全球经济增长5.7%,复苏动力将有所减弱,对就业的潜在冲击需要警惕防范。一是新冠肺炎疫情影响广泛深远。受疫情对国际传导产生的不利影响,部分大宗商品价格持续上涨,加重下游行业负担,对实体经济恢复和健康发展造成压力,给就业也带来不利影响。国际货币基金组织(IMF)将2021年全球经济增长预期从7月的6.0%下调至10月的5.9%。据国际劳工组织预测,2022年全球失业人数将达到2.05亿人,大大超过2019年1.87亿人的水平,相当于5.7%的失业率。此外,部分疫情严重的国家纷纷采取封闭管制、禁止入境等措施,导致国际工程受阻、国际用工不畅,加大了劳务输出的不确定性。二是大国之间竞争博弈日趋激烈。全球货币宽松导致的金融风险外溢性增强、地缘政治局势复杂化和恐怖主义问题等也将拖累全球经济复苏进程。部分主要经济体复苏不及预期,对我国采取取消普惠制待遇等针对性打压措施,将对国内外向型经济导向的就业产生不利影响。

（二）国内经济持续向好为促进就业提供了重要支撑

我国经济将继续保持恢复发展态势，促进就业的积极因素和有利条件将进一步增多。一是统筹疫情防控和经济社会发展成效持续显现，将强化宏观政策的跨周期调节，带动企业预期有望稳中向好。一些支持实体经济发展的政策有利于缓解企业的成本压力，如最近央行出台3000亿元的支小再贷款额度，促进中小企业发展，这些都有利于企业预期稳定，巩固就业"蓄水池"。二是推进就业与经济社会发展良性互动和政策相继出台，就业创业政策红利将不断得到释放。国务院出台《"十四五"就业促进规划》，强化对重点人群、困难群体的就业帮扶；将加强与其他宏观政策的协同联动，持续实施提升就业服务质量工程，支持劳动力市场、人才市场、零工市场建设，促进就业基本盘更加稳定。三是以互联网为核心的新一轮科技和产业革命深刻影响我国产业和就业结构的变化，将创造和带动大量新的就业领域和就业形态。"互联网+传统行业"的发展模式在各领域持续发酵，以网上购物、共享单车等为代表的新产业、新经济、新业态如"雨后春笋"般兴起。数字经济开拓了就业的新领域，极大地放大了创业带动就业的效应，满足了我国在经济转型过程中许多新增劳动力的就业需求，也为广大劳动者提供更加多样化的职业选择。

（三）重庆经济保持恢复性增长为稳就业注入新动能

市委、市政府始终坚持经济发展就业导向，强化就业优先政策，将"保就业、稳就业"工作作为各项工作的重中之重，为就业工作提供了有力的政策支持。一是全市经济发展韧性较强，有利于促进经济增长与扩大就业联动。重庆积极融入双循环新发展格局，深入推进成渝地区双城经济圈建设，着力稳定投资和消费增长，努力扩大开放，加快培育创新发展动能，经济运行保持在合理区间内，能够为保持全市就业长期稳定创造良好条件。二是更高水平对外开放持续推进，有利于创造更多、更稳定、更高质量就业机会。重庆积极顺应新一轮高水平开放大潮，深入参与长江经济带、乡村振兴、西部大开发等重大战略和"一带一路"倡议，以两江新区、中新项目、自贸区等开放平台为支撑持续扩大开放，成功获批首批国际消费中心城市，将为全市拓展更广阔的就业空间。三是川渝两地劳动力市场协同性增强，区域就业承载能力进一步提高。重庆主动融入成渝地区双城经济圈建设，加快与四川毗邻区（县）共建人力资源服务产业园，打造高校就业创业联盟、川渝技工教育联盟，提高两地群众便捷生活水平。促进劳动力要素跨区域、城乡有序自由流动，助力人力资源配置效率提升。

（四）2022年重庆就业创业发展趋势及展望

2022年，重庆将继续坚持经济发展就业导向，强化就业优先政策，健全有利于实现更加充分更高质量就业的促进机制，完善政策体系、强化培训服务、注重权益保障，千方百计扩大就业容量，努力提升就业质量，着力稳定重点群体就业，缓解结构性就业矛盾，补齐就业服务短板，确保全市就业大局总体稳定。预计2022年全面完成城镇新增就业60万人，城镇调查失业率将低于5.5%。

三、对策建议

（一）完善就业服务体系，精准施策保障大学生等重点群体就业

坚持把高校毕业生就业作为重中之重，完善就业支持服务体系。一是持续做好高校毕业生和青年就业工作。在适应高校毕业生等青年就业特点和需求上强化支持，多方面拓宽毕业生就业渠道。进一步落实选调生、"三支一扶"、志愿服务西部计划、教师特设岗位等项目招录学生优惠政策，适度扩大基层就业地方专项计划，确保高校毕业生工作有平台，待遇上有保障。围绕乡村振兴战略，扩大基层教育、医

疗卫生、社区服务、农业技术等领域就业空间。二是加快完善全方位公共就业服务信息网络平台，及时收集、发布涉及劳动者就业的企业岗位需求、法律法规、创新创业等各类服务信息，提供快捷精准全方位的公共就业社会保障服务。加强对灵活就业、新就业形态从业者等群体的就业帮扶和权益保障，增强新就业形态从业者社会获得感，夯实基层就业服务力量。

（二）不断夯实就业基本盘，完善中小微市场主体持续支持机制

根据疫情常态化防控阶段经济社会发展特征，抓住政策窗口，适时出台有利于稳定和扩大就业的政策措施。一是支持就业容量大的产业行业优先发展。支持吸纳就业能力强的劳动密集型行业发展，稳定开发社区超市、便利店、社区服务和社会工作服务岗位，充分释放服务业就业容量大的优势。二是构建常态化援企稳岗帮扶机制，持续减轻中小微企业和个体工商户负担。将对中小微企业和个体户提供的财政、信贷、专利、政府采购等优惠政策系统化长期化，及时根据疫情进展情况调整优化现有涉企政策，激发中小微企业和个体工商户活力，增强就业岗位创造能力。三是对企业新招录员工或采取"共享用工"方式吸纳就业的，给予就业补贴等支持性措施，促进就业稳定。

（三）提升劳动者职业技能，构建面向所有劳动者的职业培训体系

全面提升劳动者能力素质，为建设知识型、技能型、创新型劳动者大军注入持续动力。一是充分发挥企业在技能培训中的主体作用，开展岗前培训、在岗培训、订单式定向培训等多种形式的职业培训。推动培训链向产业链聚集，引导职业技能培训更适应产业升级和企业岗位需要，增强培训的针对性和有效性。二是深化教育培训体制改革，建立学科专业设置、职工培训项目与产业发展急需的动态调整机制。深化产教融合，构建校企合作的多级培养体系，注重教育分流后横向沟通，促进职前职后教育培训纵向衔接。三是推广"互联网+"职业技能培训新模式，增强职业技能培训的适应性和灵活性，提高培训质量。加强职业技能培训基础设施建设，推动培训资源共建共享，鼓励更多优质民办培训机构参与培训服务，不断提升职业技能培训基础能力。

（四）积极应对部分行业风险，守住不发生规模性失业底线

积极应对教育培训行业、互联网平台企业、网络游戏行业和房地产等行业监管政策加强，行业性生产经营和用工受到一定影响的叠加效应，做好宏观调控和政策引导。一是加强对重点行业领域的统计调查，分行业、分层次、分区域，全面摸清全市教育培训行业、互联网平台、网络游戏等劳动者从业情况和劳动保障情况。做好对已经关停企业失业员工的安抚和生活保障工作，维护社会稳定。二是做好培训行业员工分流工作。支持部分培训人员通过合规的方式有序进入现有公立教育体系，解决当前中小学教育体系中素质教育人才短缺问题。鼓励出台行业性就业支持措施，组织教育培训行业人才专场招聘会，鼓励市内部分教育培训行业人员向重庆"两群"地区或者农村偏远地区实现转移就业。

[重庆市综合经济研究院（重庆市经济信息中心）宏观经济研究课题组
主研：易小光　丁　瑶　苟文峰　李　林　曲　燕
执笔：曲　燕]

之九：2021年重庆市信息化发展情况及2022年展望

2021年，重庆持续实施以大数据智能化为引领的创新驱动发展战略，通过建设"智造重镇""智慧名城"，推进新旧动能转换，提升信息化发展水平。一年来，制造业和信息化融合发展，电子信息产业保持稳定增长，农村信息化应用水平明显提升，电子商务发展势头强劲，电子政务建设取得积极进展，智慧城市建设加快推进，新一代信息基础设施不断完善，经济高质量发展之路越走越宽广。

一、2021年重庆市信息化发展情况

（一）制造业与信息化融合发展

两化融合发展水平稳步提高。《重庆市两化融合发展数据地图（2021）》显示，2021年重庆两化融合发展水平达60.7%，高于全国平均水平5个百分点。高新技术产业和战略性新兴产业对工业增长贡献率分别达到37.9%、55.7%。渝北、九龙坡、渝中、江北、沙坪坝融合发展水平均超过65%，"一区两群"协同发展态势明显。中小企业两化融合发展水平增幅超过4%，重庆企业两化融合向更高阶段发展基础不断夯实，两化融合综合能效进一步凸显。

工业互联网创新发展。一是工业互联网标识解析成效逐步显现。作为五大国家顶级节点之一，工业互联网标识解析顶级节点（重庆）已服务8个省份，充分发挥西部地区数字底座核心作用。二是平台企业创新发展，产业生态加速集聚。以5G为发力点，积极布局物联网创新发展，夯实工业网络基础；实施企业"上云上平台"计划，推动企业实现业务系统向云端迁移，降低智能化改造成本。三是区域协同持续深入，成渝地区工业互联网一体化发展示范区成功获批，2021年建设13个工业互联网二级节点和20个"5G+工业互联网"项目。

制造业转型发展加快。一是新兴产业发展进入"加速跑"阶段。前三季度，高技术产业和战略新兴产业增加值分别增长22.1%、22.7%，增速分别高于全市平均水平7.9个、8.5个百分点，对全市规模以上工业增长贡献率分别为27.8%、41.3%。新兴产品保持较快增长，新能源汽车、光缆、锂离子电池、集成电路、工业机器人同比分别增长2.2倍、73.4%、38.2%、20.9%、16.6%。二是智能化改造项目取得较好成效。截至2021年8月，累计推动建设3485个智能化改造项目，建成105个智能工厂和574个数字化车间，生产效率平均提升59.8%；1500家已实施智能化改造的规模以上企业平均产值增长46.8%，对全市工业增加值贡献达到60%。三是市政府连续出台5个重点实施方案，围绕制造业产业链供应链现代化水平、创新能力提升、智能化赋能、绿色发展和培养领军企业等方面，为"十四五"重庆制造业高质量发展奠定基础。

（二）电子信息产业保持稳定增长

电子信息制造业增速明显。前三季度，电子产业增加值同比增长21.5%，对全市规模以上工业增长贡献率达到23.9%；计算机、通信和其他电子设备制造业出口2634.2亿元，同比增长24.5%，占同期出口总值的72%，其中，笔记本电脑、集成电路、平板电脑分别出口1413.4亿元、255.3亿元、168.3亿

元,分别增长13.9%、54%、1.4倍。

软件信息服务业发展稳定。一是全市软件行业规模不断扩大,前三季度规模以上软件信息技术服务企业营业收入同比增长41.2%,企业实力不断增强,工业软件发展态势良好。截至目前,全市共有7个市级软件产业园,软件企业超过2.5万家,年收入超过2000万元的规模以上企业超过600家。二是工业和信息化部与重庆市政府签署《部市协同开展中国软件名城创建工作合作备忘录》,重点发展工业软件、信息安全软件、基础软件、行业应用软件、新兴技术软件等,集聚软件产业资源,培育龙头软件企业,优化产业发展布局,引入和培育一批行业领军人才,推动产学研用深度合作,构建良好产业发展生态。

(三)农村信息化应用水平明显提升

智慧农业建设进程加快。一是加大对智慧农业的投入。近两年,投入市级财政资金6000万元,对84个智慧农业项目实施奖补,撬动社会资本近2亿元。二是加快智慧农业基地建设。重庆已累计建成智慧农业示范基地200个,建成的农业智能化全产业链生产试验示范基地,节本增效均达到10%以上,可复制可推广性强。三是新技术应用加快智慧农业发展。国家级重庆(荣昌)生猪大数据中心智慧畜禽养殖(生猪)试点区建设实现了生猪养殖的智慧管理,"工厂化高效鱼菜共生系统精准测控技术"获评农业农村部全国十佳智慧农业新技术应用模式。四是重庆市"三农"大数据平台正式上线运行。平台汇聚整合涉农信息8800余万条,建立农业农村专项主题15个,建成区域性单品种大数据管理平台7个。

数字乡村赋能乡村振兴。一是乡村居民信息服务便捷。中国电信的综合信息服务"智慧大屏"与智能终端普及,打通了乡村居民信息服务的"最后一公里"。二是农村网络建设有序推进。中国移动累计建设农村基站超5万个,宽带网络覆盖6900个行政村,建成超过200个"智慧平安乡村"示范村。三是各区(县)数字乡村建设各具特色。涪陵区推出平安乡村"千里眼"工程,大足区通过智慧养老平台为4600余名农村困难老人购买居家服务。

(四)电子商务发展势头强劲

电子商务发展更趋活跃。一是网络零售收入持续增长。1—9月,实物商品网上零售额同比增长20.1%,高于全国平均水平4.9个百分点,两年平均增长24.3%。二是市场主体持续壮大。1—9月,新增电子商务企业近1500家,累计超过1.28万家。三是传统商贸企业加速转型升级。1—9月,限额以上商贸单位通过公共网络实现零售额352.84亿元,同比增长27.2%,两年平均增长35.6%。四是新业态新模式不断涌现。直播电商加快发展,商旅文深入融合,网络营销力度加大。截至目前,中心城区以外区(县)建成或在建直播电商基地26个,累计开展直播带货近2万场,带货金额超过21.4亿元。

跨境电商产业和规模逐步形成。一是跨境电商进出口快速增长。1—8月,跨境电商进出口(包括海关平台、一般贸易B2B部分、快件)169.5亿元,增长49.4%。二是实施跨境电商提升行动。实现跨境电商企业9710①一站式数字化报关和跨境电商收货人在线身份认证功能,有效提高企业申报时效和降低成本。三是加快培育跨境电商主体。1—9月,开展跨境电商峰会、人才培训等活动346场,培训跨境电商人才9400余人,新增入驻跨境电商平台企业650多家。

农村电商发展成效显著。一是农村电商发展加快。2021年增加4个国家电子商务进农村综合示范区(县),累计达到17个。农村电商平台"村村旺"累计实现交易结算规模超过81亿元,交易大宗农产品30.9万余吨。二是公共服务体系基本形成。中心城区以外的区(县)已建成农村电商公共服务中心28个、电商产业园(集聚区)33个、镇乡及村电子商务服务站点超过5500个。三是快递物流配送体系全覆

---

① "9710",全称"跨境电子商务企业对企业直接出口",简称"跨境电商B2B直接出口",适用于跨境电商B2B直接出口的货物。

盖。中心城区以外的区（县）已建成电商快递物流仓配送中心29个，乡镇快递覆盖率达到100%。四是电商扶贫目标任务全面完成。各区（县）累计培育电商扶贫带头人达到5500余人，培育区域主打农产品近110款，培育电商扶贫典型网店、网点超过600个。

（五）电子政务建设取得积极进展

电子政务云服务体系基本形成。一是政务信息加速"云聚合"。出台《重庆市电子政务云平台管理暂行办法》，建成全市统一的政务云承载平台"数字重庆"，构建起以5家云服务商为支撑、134项云服务清单为内容的政务云服务体系。截至2021年9月，累计推动2548个政务信息系统迁移上云，上云率达99%。二是大数据"聚通用"持续提升。新型智慧城市运行管理中心接入88个市级部门178个业务信息系统，市级政务数据共享达9261类信息。三是电子政务服务积极推进。截至2021年9月，"渝快办"在线办理事项达1875项，用户突破2200万人；"渝快融"注册用户超过26.5万个，服务中小微企业融资373亿元；"渝快政"在38个单位试点应用，省级政府网上政务服务能力评估排名进入全国前十①。

数据标准及共享开放体系逐步完善。一是出台《重庆市大数据标准化建设实施方案（2020—2022年）》，《重庆市大数据发展管理条例》进入市人大审议环节，发布《重庆市公共数据分类分级指南（试行）》（地方标准），研究制定《重庆市数据安全管理暂行办法》。二是在全国率先建成"国家—市—区县"三级政务数据共享体系，实现76个市级部门、38个区（县）及两江新区和万盛经开区的政务数据共享互联。川渝数据共享系统互联互通，实现首批政务数据跨省共享，两地共享的政务数据增长至9280类，数据调用量达到127.7亿条。三是重庆市公共数据资源开放系统上线，作为全市公共数据唯一的开放服务门户，首批汇聚了48个市级部门、20个主题、800余类数据。

公共信用体系建设持续推进。一是信用法律法规体系基本形成。审议通过并正式施行《重庆市社会信用条例》，制定异议处理、信用修复等配套制度。二是市公共信用信息平台建设成效明显。截至2021年9月，累计归集5223项共5.2亿条公共信用信息，建立涵盖全市100万家存续企业、208万户个体工商户，以及36类550万重点人群的信用档案。三是信用监管机制初步形成，信用奖惩覆盖面进一步扩大。截至2021年9月，"重庆市告知承诺系统"归集信用承诺信息127万余条；全市38个区（县）、51个部门和单位累计查询"联合2021年奖惩对象名单"2700万余次，触发并实施联合奖惩超32万次。四是信用应用场景不断拓展。截至2021年9月，20家中资商业银行入驻"信易贷"平台，帮助12927家企业获得信用贷款164亿元，"信用+普惠金融"在各区县落地开花。

政务服务质效提升。一是区块链公共服务平台"渝快链"2.0、"渝快办"3.0全新上线，出台《2021年政务服务工作要点》，印发《重庆市政务服务事项管理办法》。二是建设市打假情报工作大平台，完善全国公安机关首个打假业务综合信息系统，加强智慧监管执法，提升打击侵权假冒效能。三是运用大数据技术提升社保基金审计实效，实现业务数据市内集中核查和跨区域核查。四是推进财政电子票据改革，在全市5000多家单位推广使用电子票据。

（六）智慧城市建设加快推进

"智慧名城"建设提速。一是市城市管理大数据平台已初具规模。截至2021年9月，全市共享公共安全视频15万余点位，中心城区建成化粪池危险源智能监控处置点位3700余个、市政跨江大桥桥梁结构运行状态监测系统15座，完成路内停车泊位智能化改造2万个，新增智慧公厕百余座，两江四岸核心区城市照明智能化控制程度达到100%。二是初步建成市城市信息模型（CIM）平台。CIM平台涵盖城市运

---

① 《省级政府和重点城市一体化政务服务能力（政务服务"好差评"）调查评估报告（2021）》排名。

行等多领域的城市数据资源体系,构建了覆盖全市域8.24万平方千米的地形实景三维模型,为城市的数字化表达和管理提供城市数字底座,并在生态保护、规划建设、社会治理、数字经济等方面形成系列创新应用场景。三是智慧医疗建设积极推进。国家医疗保障局与重庆市共建国家智慧医保实验室建设完工,国家医疗保障信息平台在全市上线运行。全市评选出智慧医院建设示范单位44家,占全市公立医院总数的19.47%。

"智慧住建"建设驶入快车道。一是建成BIM①项目管理平台和BIM数据中心。推动BIM技术在1300余个项目中应用,实施工程项目数字化试点项目58个。二是推进智能建造。累计建设智慧工地3330个、智慧小区244个、智能物业756个。三是全市"智慧电梯"生态系统逐步建成。建设"智慧电梯"物联网系统,扩大电梯智慧监管试点范围,在27个区(县)推广应用。四是"智慧住建"方面的多个做法和案例入选住房和城乡建设部印发的《智能建造与新型建筑工业化协同发展可复制经验做法清单(第一批)》。

(七)新一代信息基础设施建设提速

5G建设和应用保持在全国第一梯队。一是5G覆盖率和基站规模全国领先。实现5G异网漫游和全市城市重点区域5G网络全覆盖,累计建成5G基站5.3万个,基站规模居全国第六、西部第一,开通399个乡镇的5G网络,乡镇5G网络到达率50.1%。二是5G广泛应用。5G+智慧教育资源应用服务平台、5G+城市基础设施智慧监测、5G+智能交通基础设施安全监测等一大批5G融合应用示范项目相继落地,上百个5G项目进入规模应用;5G与物联网、边缘计算(MEC)、人工智能(AI)、云计算等技术融合发展,在智慧城市、自动驾驶、视频直播、医学诊断诊疗、智慧教育、智慧旅游等领域加速应用。

数据中心建设持续推进。京东云大数据中心完成技术验收,西部(重庆)科学城先进数据中心一期项目启动招标,中国移动—亚德(重庆西永)高等级数据中心落户西部(重庆)科学城,中国移动(重庆江南)数据中心一期落地广阳岛智创生态城,中国移动(重庆)数据中心二期建设即将竣工,腾龙5G巴南产业园的西部在建最大单体数据中心开始试运行。截至目前,两江国际云计算产业园汇聚了腾讯、浪潮、联通、移动、电信、两江云计算、重庆有线、腾龙、万国、远洋等十大数据中心,形成30万台服务器的数据中心规模。

中新数据通道取得较大成效。中新(重庆)国际互联网数据专用通道已接入更多国内和东南亚企业,在跨境电商、国际金融、数字内容等领域开展合作应用,促成10余家中新企业联合开发新应用,建成"中新数通"一站式企业服务云平台发展数字贸易,正在建设中新(重庆)国际超算中心,与新加坡国家超算中心深入开展技术研发、业务委托、国际市场开发合作。

二、2022年信息化发展环境及展望

(一)全球信息科技发展加快,各国合作与竞争并存

5G网络、IPv6、量子技术、人工智能等新一代信息技术加速发展。一是美国、中国、欧盟、韩国等多个国家和地区在工业、AR/VR、医疗、车联网和智慧城市等领域加快5G网络应用,并积极开展6G网络研究。二是部分国家和地区IPv6部署超过40%,成为传统产业和新兴产业创新发展的坚强基础和重要引擎。三是美国正在研发量子位数量达到1000个以上的量子计算机,德国在化学和制药、汽车等领域推动"量子产业化",中国发布首款国产量子计算机操作系统,并在超导量子和光量子计算方面取得重要进

---

① BIM(Building Information Modeling)即建筑信息模型。

展。四是谷歌、脸书、苹果、百度等科技巨头加快布局人工智能，大数据处理和多重知识处理成为人工智能的两类核心技术，相关产业链迈向日益成熟与分工合作的新阶段。

世界各主要大国在加强信息科技合作的同时又相互竞争。一方面，美国与欧盟成立美欧贸易与技术委员会，在数字化、技术供应链、数据治理和技术标准等方面达成合作；美国、英国、德国和日本等国合作开发开放无线接入网（Open RAN）技术，以实现软、硬件设备的广泛兼容性。另一方面，美国为保持在信息技术领域的领先优势，加大投入积极研发人工智能、下一代互联网、量子计算等相关领域的核心技术；法国、德国、英国等欧洲国家发布一系列投资计划，发力布局量子技术；韩国为争夺全球芯片制造主导地位，计划在未来十年内斥资约2.9万亿元人民币建立全球最大的芯片制造基地；中国在5G、人工智能应用等领域与美国开展竞争并取得部分优势。

（二）国内信息技术与实体经济深度融合，电子信息产业发展面临考验

我国加快信息技术与实体经济的融合步伐，数字经济、共享经济蓬勃发展，信息化创新应用不断催生新业态、新模式，形成发展新动能，驱动经济高质量发展。一是社会消费服务模式加速向互联网迁移，各类社会活动线上线下深度融合，智能家居、在线新零售、智能出行等服务市场迎来新增长，"智能+"对于产业发展的带动作用显著增强。二是传统行业持续发力智能制造和工业互联网，加快推动设备换芯、生产换线、机器换人，智能制造水平保持稳步提升。三是数字经济推动新商业模式、新型业态迭代升级，淘宝、天猫平台优势显著，网易严选、云集等电商平台崭露头角，盒马鲜生、天猫智慧门店等新业态加速崛起，电子商务、移动支付等融合新模式新业态全球领先。四是数字经济催生农业全链服务，持续深化"互联网+农业"建设，生产领域的智慧应用加速提高农业企业效率。

但是，我国电子信息产业发展还存在薄弱环节，基础软件、芯片、传感器、智能控制等关键核心技术积累不足，产业发展面临考验。一是服务器、手机、PC和笔记本电脑、可穿戴设备制造等领域每年向美国付出高昂的"芯片税""OS税"，当前还面临被美国"卡脖子"的窘境；二是应用类基础软件虽然已经有数百家国产产品，但大部分市场仍被国外软件占据甚至垄断；三是近年来美国等西方发达国家陆续发布相关禁令，全方位打压我国高科技企业。

（三）2022年重庆信息化发展展望

2022年，重庆将围绕政务信息化、工业互联网、数字产业、新基建等相关领域，多措并举加快全市信息化发展进程，在现有信息化基础上争取在关键技术、关键领域实现跨越式发展。一是推进川渝政务数据互联互通。加强"双城经济圈+政务服务"线上线下融合创新，以"渝快办""天府通"为基础，推动政务服务"川渝通办"，完善跨区域服务模式，强化数据交换共享，推动公共服务普惠便利，推动同一事项两地"无差别受理、同标准办理、审批结果互认"，形成两地企业和群众办事"标准统一、异地受理、协同联动、无差别办理"的"成渝通办"政务服务新模式。二是推动工业互联网一体化发展。计划实施5000家企业智能化改造，建设10个具备国内竞争力的工业互联网平台、50个智能工厂、500个数字化车间，创建25个行业级智能制造标杆企业以及12个智能制造示范园区，基本建成覆盖重点行业的工业互联网生态体系。三是打造数字产业新高地。重点发展集成电路、新型显示、智能终端、大数据等领域，培育具有竞争力的数字产业集群；围绕视听平台、电竞、游戏、直播、MCN等数字内容热点产业方向，突破核心技术；充分发挥以5G、大数据、云计算、人工智能、物联网等为代表的信息技术驱动作用，以"一城多园"方式建设西部科学城。四是开展全国算力枢纽节点建设。构建数据中心、云计算、大数据一体化的新型算力网络体系，加速数据要素流通应用，实现数据中心绿色高质量发展，为国家实施"东数西算"工程添砖加瓦。

三、对策建议

（一）加快推进新型信息基础设施布局

以技术创新为驱动，以信息网络为基础，加快新型信息基础设施建设，为全市数字转型、智能升级、融合创新等信息服务提供保障。一是部署低轨卫星移动通信、空间互联网和量子通信网等未来网络设施，进一步提升城市物联感知、国际数据专用通道能力，尽快建成太空互联网基地，形成"空天地一体化新型网络体系"。二是加快构建以数据存储、高性能计算为基本架构的智能计算基础设施体系，全面提升区域数据存储、计算、处理能力与数据资源利用效率，建设国内领先的西部计算中心。三是建设全市统一的安全监测平台，加快布局各行业、领域安全防护平台，探索部署安全试验平台，打造基于区块链、人工智能等新兴技术的安全可信新型基础设施生态环境，形成集态势感知、防护、监测于一身的信息安全体系。

（二）积极构建软件产业体系

围绕成渝地区双城经济圈和国家数字经济创新发展试验区建设契机，积极出台软件企业入园和人才落户的优惠政策，通过引进和培育等方式做大做强软件产业，力争将重庆打造成为全国的软件企业集聚高地。一是发展高端工业软件和高端行业应用软件，重点研发设计类、生产调度和过程控制类、业务管理类等工业软件，以及政务、民生、金融、电子商务、信用消费等行业应用软件，加强大数据、人工智能、区块链等新一代信息技术在软件中的融合应用。二是加速布局自主基础软件和新兴软件，特别是发展操作系统、数据库、中间件、嵌入式软件等基础软件，以及大数据、云计算、人工智能、区块链、5G等新兴软件及小程序。三是促进软件产业集聚发展，在两江数字经济产业园、重庆高新区软件园、渝北仙桃国际大数据谷、中国智谷重庆软件园等园区基础上，进一步优化产业布局和空间布局，提升成渝地区双城经济圈软件产业集约发展水平。

（三）为重庆营商环境创新试点做好信息化保障

一是依托互联网和电子政务外网建设重庆市营商环境信息平台，从数据和应用层面打通相关行业主管部门，推动更多行政审批事项网上办一次办，切实解决市场主体办事难问题。二是通过建立统一的政务数据归集、共享、应用、管理、维护等配套制度，实现相关政务信息系统的融合联通，特别是推动与部分重要贸易伙伴口岸间相关单证联网核查，以及部分客货运输电子证照跨区域互认与核验，进一步破除区域分割和地方保护障碍，促进对外开放水平的提升。三是采用大数据分析、人工智能等信息技术完善市场监管，清理取消企业在资质资格获取、招投标、权益保护等方面的差别化待遇，重点在食品、药品、疫苗、安全等关系人民群众生命健康领域，以及纠正中介机构垄断经营、强制服务等方面开展创新应用，全面遏制乱收费、乱罚款、乱摊派等现象，维护市场公平竞争。

[重庆市综合经济研究院（重庆市经济信息中心）宏观经济研究课题组
　主研：易小光　丁　瑶　鲁英杰　熊　姝　裴　多　黄建洪　崔　苗
　　　　张　京　崔　艳
　执笔：黄建洪　崔　苗　张　京　崔　艳]

之十：2021年重庆市生态绿色发展情况及2022年展望

2021年，重庆进一步强化"上游意识"，担起"上游责任"，聚焦生态绿色发展方向，稳步推进生态环境治理工作和绿色示范工程，生态环境质量持续提升。生态绿色发展体制机制持续完善，生态资源价值转化、产业生态化发展步伐加快。全市生态绿色发展态势良好，在长江经济带绿色发展中的示范作用进一步加强。

一、2021年重庆市生态绿色发展概况

（一）生态环境稳步向好

1. 生态环境质量持续提升

1—9月，各项生态环境保护重点工程有序推进，大气水土壤环境进一步改善。水环境方面，河流水环境质量、城乡生活污染治理、畜禽水产养殖污染治理、饮用水安全、农村黑臭水体整治等水环境整治专项行动深入开展，水环境持续向好。长江干流重庆段水质总体为优，全市监测的48个县级城市集中式生活饮用水水源均达标。大气环境方面，大气污染防治力度持续加大，专项资金投入达到1.27亿元。以"主城提升、两群提质、工程减污、川渝联动"为重点，深化五大举措，前三季度全市空气质量优良天数247天，"重庆蓝"成为常态。土壤治理方面，以农业面源污染防治为重点的土壤治理深入开展，各区县辖区内农业面源污染的摸底工作已完成，防治工作积极推进。噪声治理方面，在夜间施工环境违法行为专项整治行动带动下，噪声治理取得阶段性成效，全市施工噪声投诉呈明显下降趋势。生态环境保护投入方面，上半年，全市生态环境保护投入超过470亿元，同比增长20.5%，占GDP比重为3.66%，环保投资稳定增长有力支撑各项环境治理。

2. 生态保护和环境治理持续推进

"农村改厕"是2021年全市重点民生实事，1—10月建成各类农村厕所3.3万座，在财政补贴带动下，70余万户农村户厕完成摸排整改，农村环境质量进一步改善。排污权交易取得积极进展，上半年全市9200余家企业参与排污权交易，累计交易3.6万手，交易额超过7亿元。生态项目有序推进，广阳岛山水林田湖草生态保护修复重点项目生态修复二期工程、广阳湾生态修复、"长江风景眼·重庆生态岛"、"两岸青山·千里林带"等一批生态修复重点工程加快推进，雅巴洞湿地公园、花溪河湿地公园等"两江四岸"项目加快实施。"街头绿地提质"深入推进，"公园长"制深入落实，城市绿化水平持续提升。第一批市级示范河流建设工作正式启动，潼南区琼江、渝北区御临河等10条河流加快创建"河畅、水清、岸绿、景美、人和"的首批示范河流。

（二）绿色示范工程稳步推进

1. "无废城市"建设领先西部

目前，全市共建成投运59座生活垃圾处理设施，分类处置能力2.9万吨/日，生活垃圾无害化处理率

保持100%，生活垃圾分类监管不断加强，重庆生活垃圾分类工作完成情况连续7个季度保持西部第一，中心城区实现原生生活垃圾全焚烧、零填埋。生活垃圾"碳减排"量持续增加，上半年全市生活垃圾填埋处理和焚烧发电"碳减排"总量为48.68万吨，同比增长2.2%。成渝地区双城经济圈"无废城市"共建工作正式启动。

2. 节能减排深入开展

"双碳"示范项目启动，在全国率先发布"规划环评"和"建设项目环评"的碳排放技术指南，为促进重点行业及园区绿色低碳循环发展、引导相关企业履行碳减排义务和建立碳管理机制提供了参考依据，"重庆市经济开发区生态环境导向的开发项目"被生态环境部纳入"生态环境导向的开发（EOD）模式试点"。"碳汇通"生态产品价值实现平台落地经开区，全市碳市场累计交易额已突破1.9亿元。碳金融加快发展，重庆农商行发行西部首单"碳达峰""碳中和"绿色金融债10亿元，三峡银行签署联合国《负责任银行原则》并发布《碳达峰、碳中和金融行动方案》，重庆银行等金融机构开展碳排放权补充质押贷款，帮助企业融资1.7亿元。以新能源为主体的能源系统加快构建，重庆首座加氢站在两江新区建成投用，川渝电网一体化发展、川渝千亿立方米天然气基地和中国"气大庆"等清洁能源重大项目加快推进，重庆与四川外输骨干管网互联互通的直径最大天然气输气管道（江津—南川）工程正式开工建设。

（三）生态绿色发展体制机制持续完善

1. 绿色发展立法取得较大突破

重庆发布生态绿色发展领域的政策法规超过10项。环境治理和生态修复领域，《重庆市生态环境保护督察工作实施办法》出台，生态环境保护督察工作进一步规范。为全面落实《中华人民共和国长江保护法》，出台了《全面推行"河长+检察长"协作机制的意见》，标志着自2019年开始探索的检察官联络制度进入全面推行阶段。《长江重庆段"两岸青山·千里林带"规划建设实施方案》发布，长江重庆段两岸森林植被恢复和三峡库区生态环境和水域生态功能修护加快推进。出台《重庆市人民代表大会常务委员会关于促进和保障长江流域禁捕工作的决定》，细化长江"十年禁捕"。资源循环利用领域，《新建住宅项目生活垃圾收集厢房设计导则（试行）》《重庆市中心城区生活垃圾分类转运和资源化处理实施方案》出台，有力促进生活领域的资源循环利用。绿色经济领域，出台《加快推进全市产业园区高质量发展的意见》，进一步明确了未来全市产业园"智慧赋能水平提升""绿色发展本底夯实"的发展目标。为进一步推动渝东北三峡库区城镇群生态优先、绿色发展，发布了《"三峡库心·长江盆景"跨区域发展规划》。《重庆市绿色建筑"十四五"规划（2021—2025年）》《重庆市"碳汇通"生态产品价值实现机制管理暂行办法》等多项绿色发展领域政策进入公开征求意见阶段。

2. 川渝两地生态环境保护领域合作不断深入

嘉陵江、琼江等流域生态环境保护合作更加紧密，重庆和四川两省市人大积极推进嘉陵江流域生态环境保护等协同立法，推动《中华人民共和国长江保护法》精神贯彻落实。两地生态环境保护部门推动琼江流域水生态环境保护联防联治机制全面建立，五大类42项水生态环境保护项目加快实施。国土空间生态修复合作取得突破，川渝两地联合发布《关于推进成渝地区双城经济圈建设共同开展国土空间生态修复工作的实施意见》，两地相关部门围绕长江、嘉陵江、乌江、岷江、涪江和沱江等重点流域加强政策布局，共同打造生态廊道。

（四）绿色经济稳步发展

1. 广阳岛绿色示范引领作用显现

广阳岛入选全国第四批"绿水青山就是金山银山"实践创新基地名单。广阳岛智创生态城聚焦"绿色+"，积极推动产业、金融绿色创新，作为主要产业载体的"广阳岛智创生态城·长江绿色创新产业园"正式揭牌，南岸区、重庆经开区联合发布了广阳岛绿色发展基金，基金规模 30 亿元。广阳岛加快打造"中国碳谷"，被纳入全市首个零碳示范区建设，已完成绿色生态建筑导则编制，积极做绿色技术创新先行者。

2. 生态资源价值转化加快

五里坡国家级自然保护区申遗成功，奉节白帝城·瞿塘峡景区、巫山巫峡·神女景区等创建国家 5A 级景区步伐加快，武隆芙蓉洞入选"全国五佳研学旅游洞穴"，武陵山文旅发展联盟正式成立，优势生态旅游资源的经济价值不断提升，"生态+旅游"模式引领两群区（县）绿色高质量发展。受长江"十年禁渔令"影响，生态养殖渔业迎来新的发展机遇，在健康养殖"五大行动"带动下，发展水库生态养殖 52 万亩。

3. 产业生态化发展步伐加快

工业绿色智能化发展加快，在 2021 年市级绿色工厂创建工作的带动下，工业企业技改投资力度加大，推动企业"智能化""绿色化"发展，实施智能化改造示范项目的企业能源利用率普遍提高 8 个百分点以上。全市汽车产业瞄准氢能源领域加快转型发展，长安汽车首款燃料电池 SUV 入选工业和信息化部新产品公告，上汽红岩首批装载有氢燃料电池的重卡——杰狮 H6 进入调试阶段，庆铃氢动力首批氢能商用车交付使用，国内首个国家氢能动力质量监督检验中心在两江新区开工建设，重庆氢能源汽车产业链加快"补链成群"。新建建筑加快绿色化发展，1—8 月城镇新建建筑面积占比超过 60%，可再生能源建筑应用面积突破 1500 万平方米。随着公共建筑由节能改造向绿色化改造转变和绿色建筑的推广，绿色节能建材企业达到 800 余家，绿色建筑产业年产值约 400 亿元。节能环保产业稳步增长，上半年重庆市环保产业营业收入约 569 亿元，营业利润约 81 亿元，较 2020 年分别增长 22.60% 和 38.63%，较 2019 年分别增长 11.94% 和 22.22%。部分优势领域成绩突出，"重庆造"垃圾焚烧装备国内市场占有率超过 1/3，并已应用到全球近 100 个项目。

二、值得关注的问题

（一）长江生态环境问题仍需高度重视

重庆作为长江上游重要的生态屏障，水环境保护的上游责任尤为明显，但全市水环境还存在一些突出短板。一方面，水生态水环境保护与修复任务艰巨，部分主要城市江（河）段近岸水域存在污染带，山体滑坡泥石流等自然灾害频繁，进一步加剧了水土流失。人为导致的流域天然连通性降低、生境条件改变对水生物的多样性、完整性构成威胁。另一方面，水灾害防治存在薄弱环节，长江干流部分河段和长江重要支流、湖泊堤防防洪能力偏低，城市给排水基础设施不完善等，使得部分区（县）、城区在夏季汛期内涝严重。2021 年初重庆市一区因为长江经济带突出生态环境问题整改不力被生态环境部约谈，进一步敲响了长江流域生态保护治理的警钟。

（二）绿色低碳发展的短期矛盾依然较为突出

重庆市"十四五"规划纲要明确了生态绿色发展大方向，但生态保护与产业发展之间的短期矛盾仍较为突出。受国内外疫情的扰动和海外出口需求大幅提升影响，高耗能工业用能明显提升，重庆以煤电为主的火电呈现大跨步增长，上半年全市火电发电同比增长30.3%，增幅居全国第五位。由于"两高"项目仍是经济增长的主要支撑之一，而近年来重庆高耗能工业行业能源消费居高不下，经济稳增长和能源消费控增长矛盾突出，"双控"压力仍较大。随着重庆实施最严格的水资源管理制度，以及严格落实长江保护法关于"1公里、3公里"的管控政策，部分区（县）短期内产业项目招商引资难度将增大，财政收入缺乏项目支撑，特别是绿色产业占比不高的区（县）财政收支压力将进一步凸显。

（三）实现"碳达峰""碳中和"目标亟须优化能源结构

现阶段，重庆碳强度下降主要依靠能耗强度下降（贡献率超85%）实现，在"十三五"提前释放减排空间的背景下，未来全市减碳压力较大。重庆作为制造业大市，当前化石能源消费占全市一次能源消费的比重接近90%，其中煤炭占能源消费总量的一半以上；非化石能源（一次电力及其他能源）占比刚刚超过10%，非化石能源消费占比低于全国平均值4.3个百分点。由于重庆是全国风能、太阳能最贫乏的地区之一，水电项目受前期项目储备不足、长江上游生态保护约束等因素影响，清洁能源发电装机量占比仅35%，低于全国平均水平8个百分点。较长时期内，优化能源结构应是重庆实现"双碳"目标和稳步推进碳减排的着力点。

三、2022年生态绿色发展的环境及预测

（一）全球各国实施应对气候变化计划将面临挑战

应对气候变化仍将是全球重点关注的生态环境问题，且挑战巨大。一是根据国际能源署（IEA）分析，全球能效提升进度自2015年起开始放缓，而已经滞后的能效提升进程在疫情中进一步受阻，而能效提升被认为在未来20年的温室气体减排中承担着40%的重任。目前我国能源强度是世界平均水平的1.3倍左右，未来我国要实现"2030年碳达峰，2060年碳中和"的国际承诺，节能减排的压力依然较大。二是全球清洁能源价格将呈现上升态势。2021年，天然气成为年内涨幅最大的大宗商品，欧洲地区电价也持续飙升，其中西班牙电价上涨了两倍，并引发了政治危机。极端气候和欧美国家的净零经济转型，是导致电价、天然气价格快速上涨的主要原因，但清洁能源价格上涨直接影响居民生活和企业生产成本。在全球经济复苏形势仍较复杂严峻的背景下，这些都将对全球气候计划产生负面影响。在"双碳"目标约束下，全国天然气消费量将持续增长，国际市场价格大幅波动将波及国内市场，同时也将带动我国天然气产业发展。

（二）我国绿色发展政策引领性不断增强

绿色低碳发展政策布局不断完善，将持续推动我国经济社会高质量发展。一是"碳达峰""碳中和"目标正在深刻影响我国经济社会各个领域，实现"碳达峰""碳中和"是一场广泛而深刻的经济社会系统性变革。《"十四五"循环经济发展规划》的发布意味着发展绿色低碳的循环经济已经上升至国家战略高度，《关于加快建立健全绿色低碳循环发展经济体系的指导意见》等的发布使"双碳""1+N"政策体系不断健全完善。我国首个国家绿色技术交易中心在浙江正式启动，全国碳排放权交易市场正式上线交易，碳排放统计核算工作组成立，将进一步发挥技术优势和市场机制在减碳方面的作用。二是国家将持续加大对长江经济带绿色发展的支持力度。随着《关于全面推动长江经济带发展财税支持政策的方案》等多项支持长江经济带绿色发展的政策落地，中央财政转移支付资金将持续向长江经济带倾斜。通过明显提高转移支付系数、加计生态环境保护标准支出等方式，加大重点生态功能区的资金投入，进一步推动长

江经济带高质量绿色发展。国家开发银行将积极发挥开发性金融功能和作用，其募集的 100 亿元"长江经济带发展"专题绿色金融债券将为长江经济带的节能环保产业和基础设施绿色升级等相关项目提供贷款支持。

（三）重庆将继续加快建设山清水秀美丽之地

重庆将继续积极探索生态优先、绿色发展新路子，努力在长江经济带绿色发展中发挥示范作用。一是将继续贯彻落实国家《中华人民共和国长江保护法》。加快研究出台《中华人民共和国长江保护法》的地方实施细则，落实《重庆市人民代表大会常务委员会关于促进和保障长江流域禁捕工作的决定》，开展"长江禁捕、打非断链"专项行动，有力促进开展多种形式的法律宣传学习活动。二是将守住长江上游经济带生态环境风险底线。抓住"水生态问题仍然是长江流域的主要问题"这个牛鼻子，系统梳理和掌握各类生态隐患和环境风险，按照山水林田湖草沙生命共同体理念，分类施策，筑牢长江上游重要生态屏障。三是绿色发展道路探索将进一步加快。全市进一步推动无废城市、广阳岛生态绿色发展、碳交易、碳中和园区建设等工作，加快生态绿色发展步伐，打开绿色经济新局面。

（四）2022 年重庆生态绿色发展展望

2022 年，生态环境投资将保持稳中有增态势，生态环境质量持续改善，生态经济体系加快构建，全面稳步实施全市碳达峰行动方案，环境保护产业将保持较快增长。预计 2022 年全市环境保护产业营业收入约为 1350 亿元。

四、对策建议

（一）加强长江流域生态环境综合治理

一是加快水环境保护的立法工作。以牢筑长江上游生态屏障为目标，贯彻落实《中华人民共和国长江保护法》。聚焦三峡库区水环境等突出问题，启动《重庆市三峡水库消落区管理暂行办法》《重庆市三峡水库管理条例》的制定工作。推进水污染物排放标准等地方标准的修订工作，为实施最严水资源管理制度提供强有力支撑。二是弥补基础设施短板。加快城镇生活污水管网、污水处理厂、城市排水防涝设施、城镇生活垃圾等基础设施建设。三是加强"人防"与"技防"相结合。充分发挥全市在大数据智能化领域的优势，逐步加强"技防"在生态环境领域的运用，尽快完善在线自动监测、红外视频监控、网格化管理、社会监督立体监管体系。

（二）全面推进全市绿色发展

一是建立绿色低碳的产业体系。加快发展电子信息、现代装备制造等先进制造业，大力发展金融、物流等现代服务业，不断提升高技术产业在全市产业中的比重，优化产业结构。加快推动优质生态资源价值转化，以耕地质量保护提升、农业面源污染防治、农药化肥管控为重点，积极发展生态农业；以乡村振兴带动生态旅游体验、生态体育、生态康养等生态旅游产业发展。二是加大对传统产业尤其是高耗能产业的升级改造。鼓励氢能、储能、智能电网、零碳炼钢、零碳化工、CCS 和 BECCS、CDR 等深度脱碳技术研发和产业化发展。三是构建绿色低碳的消费习惯。在交通领域大力推广低排放汽车，大力发展公共交通，在适宜地区打造自行车等慢行交通出行系统。大力推进绿色建筑，加快农村地区建筑的节能化改造。提倡勤俭节约的传统美德，鼓励市民选购使用绿色低碳的消费品。

（三）加快优化能源结构

一是促进煤电高质量发展。加强陕煤、疆煤入渝保障，推进全市煤电企业技术改造，提升煤炭发电效能。二是加快天然气开发利用。完善天然气、页岩气集输管网与跨省市国家骨干天然气管道连接线，提高民用天然气普及率。三是加快风电、光伏、生物质能、氢能等新能源产业发展，从供给端加快能源消费结构调整，逐步改善重庆以煤炭为主的能源消费结构。推动智能电网、储能基础设施、新能源充电桩，以及光伏、风电和水电相关的新基建项目建设。四是积极推动重庆与西部其他省市在清洁能源领域的深度合作，形成多元化、多方式的能源保障体系。特别是积极对接水电、风电和光伏发电量较大的新疆、西藏等西部地区，在"新时代西部大开发战略"背景下，共同推进跨省跨区的可再生能源电力消纳。

[重庆市综合经济研究院（重庆市经济信息中心）宏观经济研究课题组
主研：易小光　丁　瑶　赵　伦　黎　慧
执笔：黎　慧]

之十一：2021年重庆市社会信用体系建设情况及2022年展望

2021年，重庆市社会信用体系建设迈向法治化规范化新阶段，信用平台及相关系统功能日益完善，信用应用场景不断拓展，以信用为基础的新型监管机制初步形成，诚信环境进一步改善。

一、2021年重庆市社会信用体系建设情况

（一）社会信用体系建设迈向法治化规范化新阶段

《重庆市社会信用条例》正式发布。2021年7月，《重庆市社会信用条例》（以下简称《条例》）经市五届人大常委会第二十六次会议审议通过，正式施行，成为西部地区率先发布的社会信用体系建设地方法规。《条例》的出台对于加强全市社会信用体系建设、保护信用主体的合法权益、规范信用服务市场发展、提高全社会的诚信意识和信用水平、进一步优化营商环境，将起到重要的促进作用。

《条例》配套制度逐步建立。在市场主体权益保障方面，制定《重庆市信用信息异议处理办法（草案）》，明确错误、遗漏、争议等信用信息申诉渠道和具体的责任单位、责任事项；制定《重庆市信用修复管理办法（草案）》，对失信主体的修复渠道、方法和相关材料要求做出了相应的规定。在规范信用服务市场发展方面，制定《重庆市信用服务机构管理办法（草案）》，对区域内从事信用服务活动的准入条件及监管方法作出相应规定。

失信惩戒措施逐步规范。重庆市政府办公厅出台《关于落实〈国务院办公厅关于进一步完善失信约束制度构建诚信建设长效机制的指导意见〉》，对全市已实施的信用惩戒措施进行全面梳理。截至2021年9月，全市共清理废止无法律、行政法规和地方性法规作为依据的失信惩戒措施20余条，修订不规范的失信惩戒措施10余条。

（二）信用平台及相关系统功能日益完善

重庆市信用信息平台发挥重要枢纽作用。重庆市信用信息平台与国家信用平台、58家市级部门信用系统、所有区（县）信用平台实现对接，涵盖信用目录管理、信息归集共享、数据清洗比对、信用信息查询、"红黑名单"触发反馈、信用大数据分析等核心功能，全面对接全市法人基础数据库、自然人基础数据库，基本实现5223项公共信用信息目录应归尽归。截至2021年9月，累计归集全市信用信息5.2亿条，实现全市100万户存续企业、208万户个体工商户应收尽收，并建立了36类、550万重点人群的信用档案，为政务部门精准监管和市场个性化服务提供了基础支撑。"信用重庆"网站、"信用重庆"微信公众号访问量超6000万次。

城市信用监测系统进一步优化。在指标设定方面，重庆市发展改革委发布《城市信用状况监测预警指标（2021年版）》，设立信用制度和基础建设、营商环境、信用监管、权益保护4个一级指标，14个二级指标、22个三级指标和39个四级指标。在系统功能方面，优化了在线填报、及时报警和提前预警功能。

国家企业信用信息公示系统（重庆）稳定运行。系统全年无故障提供企业信息查询、信用查询、市

企业年度报告公示及填报信息等服务。截至2021年9月，全市共有80万户内资企业、5921户外资企业、1.9万户农民专业合作社、7.2万户个体工商户已报送2020年度年报，企业年报率为92.75%。

重庆市"双随机、一公开"综合监管平台作用凸显。重庆市市场监管局加大对安全生产、生态环境、食品药品等领域监管力度，有效维护了市场秩序。截至2021年9月，共开展"双随机"抽查71次，发现并处置问题1037余起，12.97万户企业被列入"经营异常名录"或"严重违法失信企业名单"，并将守信联合激励和失信联合惩戒对象名单、行政审批、行政处罚等信息在平台实现集中统一公示。

（三）以信用为基础的新型监管机制初步形成

以信用承诺推进审批事项改革。重庆市政府办公厅出台《重庆市全面推行证明事项告知承诺制实施方案》和《重庆市全面推行涉企经营许可事项告知承诺制实施方案》，以行政机关清楚告知、企业和群众诚信守诺为重点，促进办事流程优化和行政效率提升。截至2021年9月，全市已有20个部门和自贸区的73个事项实现告知承诺方式办理，有效提高了市场主体满意度。

以信用评价推进分级分类监管。重庆市发展改革委按照国家"互联网+监管"指标模型，对全市100万余个企业开展公共信用评价，供税务领域、生产领域、工程建设领域等重点行业使用。重庆市生态环境局依据《重庆市企业环境信用评价办法》，将全市812家污染物排放总量大、环境风险高、生态环境影响大的企业强制纳入环境信用评价范围，以实际参评的760家企业提供的公开环境信息为基础，评出环保诚信企业213家、环保良好企业526家、环保警示企业15家、环保不良企业6家。重庆市税务局开展纳税人信用等级管理，对信用等级高的纳税人实施多项激励措施，包括主动向社会公告年度A级纳税人名单、及时办理发票申领、实施"以信换贷"、免交第三方抵押评估保险及担保费用、贷款利率低于银行同类贷款利率近1个百分点。

以信用奖惩实现事后阶段监管。深化拓展联合奖惩措施在"渝快办"及部分审批部门业务系统中的广泛应用，基本实现行政审批、行政给付、行政补贴等办理事项的市场主体信用查询、"联合奖惩对象名单"触发、奖惩措施反馈等闭环化管理。截至2021年9月，全市38个区（县）、51个部门和单位累计查询"联合奖惩对象名单"2700万余次，触发并实施信用奖惩32万余次。

探索建立信用监管机制。两江新区建成市场主体空间网格化与分级分类监管平台，以市场主体的信用数据为核心，按照市场主体行为状态，将市场主体分为A、B、C、D四类，制定分级分类监管办法并实施重点监管。渝中区建设市场主体信用风险分类监管平台，通过构建大数据模型，科学制定风险分类指标，建立风险分类体系，划定风险分类等级，对市场主体经营活动进行预测预警，实施差异化、精准化监管。大足区开展2020年度企业劳动保障守法诚信等级评价工作，并将评价结果向社会公布，辖区内共302户企业纳入评定，共评定A级（守法诚信）企业40户、B级（基本诚信）企业260户，C级（违法）企业2户。

（四）信用应用场景不断拓展

"信易贷"搭起助银惠企新桥梁。市发展改革委与市银保监局签订《"信易贷"合作协议》，共推"信易贷"应用。截至2021年9月，建行重庆分行、招商银行、重庆银行等20家商业银行入驻"信易贷"平台，帮助12927家企业获得信用贷款164亿元。

"信用+普惠金融"在各区（县）落地开花。大足区134家科技型企业申请1.7亿元知识价值信用贷款，银行审批通过42户，总金额4170万元，其中10家科技型企业首次获得640万元贷款支持。南川区组建1000万元的知识价值信用贷款风险补偿基金，开展知识价值信用贷款业务，已有超群工业、嘉蓝悦霖、特珍食品、大众能源等30家企业申请知识价值信用贷款，其中华瑞标准件、博双建材、泽齐传动、金渡中药材等10家企业获得知识价值信用贷款1030万元，商业贷款740万元。璧山区设立"璧山小微企业融资增信"风险补偿金，叠加担保增信机制，为信用好的中小微企业提供不超过1%的担保费优惠支持。

各区（县）多角度开拓信用场景。江津区信用承诺审批服务系统实现"告知承诺、诚信预警、失信公示"，推出82个可开展信用承诺审批服务的政务事项，压缩近60%审批服务时间。武隆区打造旅游信用服务平台，构建"信易游"交互场景，符合条件的"红名单"人群享受门票全免、优先安排讲解员、会员优惠房价、免收押金快捷入住等"绿色通道"服务；开展仙女山国家旅游度假区信用一条街试点，通过签承诺、贴信用二维码等形式，服务诚信消费者3200余人次。南川区实施"信用获得感提升"工程，发布信用十大重点任务，包括加快培育信用服务机构，开放多个激励场景，信用报告使用量、信用承诺数、信用贷款发放额在2020年基础上均增长30%。

（五）信用环境进一步改善

信用体系建设的行动指南出台实施。《重庆市社会信用体系建设"十四五"规划（2021—2025年）》正式发布，以打造"智城智信"的"重信之城"为目标，围绕建设全国信用高地和支撑优化营商环境"两大主题"，重点推进筑牢信用高质量发展法治基础、夯实社会信用体系建设信息化基础、促进数据治理水平迈上新台阶"三大任务"，部署实施信用服务城市品质提升、服务西部金融中心建设、促进信用服务市场发展、打造信用建设城市典范"四个战略"，为"十四五"期间全面推动全市社会信用体系建设，创新监管机制、提升监管能力、促进营商环境优化和社会治理现代化等提供了重要依据。

国家试点示范城市申报实现零突破。巴南、铜梁、江津围绕创建全国社会信用体系建设示范区目标，以"夯实基础，强化监管，服务市场，争先进位"为工作导向，紧盯难点堵点、弱项短板，部署推进"双公示"、统一社会信用代码纠错、"信用承诺"改革、"信易贷"四项攻坚行动，全面夯实创建全国社会信用体系建设示范城市的基础工作，并顺利入选全国第三批社会信用体系建设示范区。

信用服务市场日渐活跃。一是信用服务企业逐步增多，华龙信用、云微股份、重庆征信等公司先后获得人民银行颁发的征信牌照，并积极开展相关业务。二是信用服务产品有序推广应用，第三方信用报告作为市场主体的"信用名片"应用于工程招投标、政府采购、财政补贴等事项中，信用评级评价结果在促进融资贷款、企业发债、股票上市、企业合作等经营活动中发挥重要作用。

诚信文化宣传深入人心。诚信教育进机关，南岸、忠县等区县政府机关工作人员集体签订"诚信为民服务承诺书"，强化守法履约践诺意识，与办事群众零距离、面对面地讲诚信故事，带动全社会广泛参与、共同推进社会信用体系建设。诚信教育进校园，重庆大学、西南大学等高校将诚信教育融入校园文化建设中，引导学生"从我做起，从今天做起，创建诚信校园"。诚信教育进企业，高新区、渝中等区县在企业入行进会、审批纳税过程中开展诚信教育宣传，培育"诚信兴业、以信立业"的企业家精神，进一步增强广大市民的知信、用信、守信意识。

（六）存在的问题

一是信用数据还不够丰富。如判别市场主体信用状况的税收缴纳、社保缴纳、司法判决、海关进出口、信贷担保以及水电气讯等数据还未完全归集，导致信用评价、信用画像等相关工作还难以推进。二是《条例》配套措施还需完善。如守信联合激励和失信联合惩戒名单的认定及使用、信用服务机构管理、社会信用服务机构及其从业人员基本行为准则和业务规范管理办法等还需逐步完善。三是信用信息应用范围还需扩大。当前信用信息主要应用在相关政府部门的行政事项办理过程中，市场化应用还不充分不广泛，信用产品不丰富、针对性不强，信用对经济社会发展的赋能作用还未充分体现。四是信用监管机制尚未完全建立。一些部门还存在事前信用承诺事项范围较窄、事中分级分类评价不够精准、事后奖惩措施的震慑力不够等问题。

二、2021年重庆社会信用体系建设环境及展望

（一）信用体系建设成为优化营商环境的重要抓手

全球新一轮技术革命、产业变革和应用场景重塑，对社会体系建设提出了更高的要求，市场主体守信履约、相互信任形成良好的信用链条，已成为维系错综复杂的市场交换关系和正常有序的市场秩序的必要条件。世界银行发布的营商环境评价指标的核心和基础是信用，从2020年全球营商环境排名靠前的国家来看，美国、德国、新加坡等地相对完善的信用体系建设为其构建全球一流营商环境发挥了重要作用。我国要打造市场化、法治化、国际化的营商环境，必须围绕"放管服"改革要求进一步加快社会信用体系建设，以高水平政务诚信打造一流政务服务，提升招商引资竞争力和国际多边治理话语权，健全完善企业诚信体系，为企业"走出去"增信赋能，提升企业国际竞争力。

（二）社会信用体系建设迈向法治化规范化新阶段

近年来，在依法治国总体要求下，国内社会信用体系建设正向法治化、规范化方向迈进。一是国家层面，2019年起，国家相继印发《国务院办公厅关于加快推进社会信用体系建设 构建以信用为基础的新型监管机制的指导意见》（国办发〔2019〕35号）、《国务院办公厅关于进一步完善失信约束制度构建诚信建设长效机制的指导意见》（国办发〔2020〕49号）和《国务院办公厅关于全面推行证明事项和涉企经营许可事项告知承诺制的指导意见》（国办发〔2020〕42号）等文件，要求建立以信用为基础的新型监管机制，确保信用奖惩措施有法可依、过罚相当。二是地方层面，立法推动信用体系建设，上海、浙江、湖北、重庆等省（市）纷纷出台社会信用地方性法规，呈现出以政府为主导、以失信惩戒为特色、以监管治理为抓手的社会信用管理新格局，为国家信用立法提供了丰富素材和经验借鉴。

（三）2022年重庆社会信用体系发展展望

2022年，重庆将按照全面建设社会主义现代化国家的总体要求，深化落实新时代西部大开发战略、推动成渝地区双城经济圈建设，以高水平信用体系建设助力"山水之城、美丽之地"建设，实现全市高质量发展和高品质生活。一是组织《条例》的宣传贯彻和实施，制定出台相关配套政策措施，引导各地区、各行业合法、规范、科学开展社会信用体系建设工作。二是实施信用承诺制，特别是在行政审批、工程项目建设、资质资格认定等领域，让市场主体的守信"获得感"明显增强。三是持续推进"信易贷"助企惠民，充分共享海关、税务、社保、住房公积金等信用信息，为金融机构开展信用风险评估、实施信用画像提供更加丰富、质量更高的基础数据。四是进一步丰富信用应用场景，利用"渝信码"构建"商户、商品、支付"信用应用生态，广泛应用于旅游、住宿、租赁、溯源等领域。五是完善信用信息化基础设施，启动"信用平台三期"建设，提升市信用应用平台和"信用重庆"门户网站在信息归集、治理、存储和公共服务等方面的智能化水平。

三、对策建议

（一）多措并举归集信用基础数据

丰富的信用基础数据是实施守信激励和失信惩戒的基础，数据量越多、数据维度越丰富，对市场主体信用状况判断越准确。一是按照《条例》要求规范信用信息归集范围，以全国公共信用信息基础目录

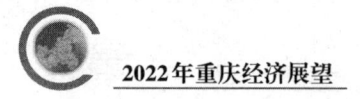

为基础,编制形成《重庆市公共信用信息目录(2022年版)》,确保信用信息归集合规合法。二是建立更灵活的公共信用信息归集机制,通过引入新技术、完善考核制度、建立多部门协调机制等措施,确保纳税信息、社保信息、司法判决、海关进出口以及水电气讯等数据及时归集。三是探索建立市场信用信息收集渠道,通过网上大数据收集、自行填报、与市场机构合作共享等方式归集市场主体信用信息,丰富数据维度,提高信用信息的精准性。

(二)建立完善《条例》相关配套制度

确保各项工作有法可依、有法必依是信用体系建设的必备条件。一是根据国家相关文件要求及现阶段工作中急需解决的问题,加快出台重庆市信用修复管理办法、重庆市信用信息异议处理办法、重庆市信用信息应用平台管理办法、重庆市信用服务机构管理办法等配套制度。二是积极引导各行业、各部门依据国家法律法规制定各领域信用相关管理办法,如政府采购、招标投标、环境保护、市药品安全等领域,为各部门进行信用监管、实施联合奖惩提供制度保障,确保信用监管措施法治化、规范化。

(三)充分发挥信用的赋能作用

一是出台政策鼓励市场主体开展第三方信用评级(评价),以评价结果支撑各类"信用+"应用场景,如"先享后付""信易行""信易游",深化"信用免押金"、"信用融"、信易租、信易贷等惠企惠民产品应用,使守信主体享受便利优惠,提升守信获得感。二是推进公共信用报告广泛应用,在行政审批、政府采购、贷款补贴等事项中推广信用报告制,提高市场主体的可获得性和便利性。三是扩大"信易贷"平台接入范围,充分发挥公共信用信息的基础作用,使其成为金融机构融资贷款的重要支撑。

(四)加快构建以信用为基础的新型监管机制

以信用为基础的新型监管机制具有全流程、数字化、规范化等特征,可以有效提升监管效能、维护公平竞争、降低市场交易成本。一是在事前环节,进一步完善"重庆市告知承诺系统"功能,将其建成能汇聚主动公开、信用修复、行业自律等类型信用承诺的综合管理系统。二是在事中环节,健全完善重庆市公共信用评价模型,设立明确、易懂、可控的评价指标,供各级监管部门结合各自特点开展行业评价,实施差异化监管措施。三是在事后环节,探索建立奖惩有度、权责相宜的奖惩措施,确保奖惩的合法化、合理化和规范化。四是探索信用监管在民生领域的广泛应用,例如在预付式消费领域,以市公共信用信息平台为基础对发卡企业实施备案登记、风险预警和信用识别等管理,及时更新相关经营和监管信息,提高消费者和发卡者的信息对称性。

[重庆市综合经济研究院(重庆市经济信息中心)宏观经济研究课题组
主研:易小光　丁　瑶　鲁英杰　李雪梅　张　锐　莫　平
执笔:张　锐　莫　平]

之十二：2021年重庆市物价形势分析及2022年展望

2021年，重庆经济保持恢复性增长但稳中承压，居民收入增速逐季放缓，消费复苏基础仍不稳固，居民消费价格（CPI）总体低位运行；受煤炭、铜铝等上游原材料供应偏紧等因素影响，工业生产者价格持续高位运行。为此，重庆积极开展保障电煤调运、储备肉收购等各项工作，推动全市物价保持平稳运行态势。预计2021年重庆城市居民消费价格指数（CPI）同比上涨0.3%左右，工业生产者出厂价格指数（PPI）同比上涨3.0%左右。

一、2021年重庆市物价运行情况

（一）居民消费价格处于较低区间

受猪肉价格持续下行、翘尾因素大幅下跌等因素影响，1—9月重庆CPI与上年同期持平，低于全国平均水平0.6个百分点；累计涨幅较上年同期收窄3.2个百分点，在全国31个省（自治区、直辖市）中居第27位，在西部12个省（自治区、直辖市）中居第10位。其中，翘尾因素影响-0.6个百分点，新涨价因素影响0.6个百分点。

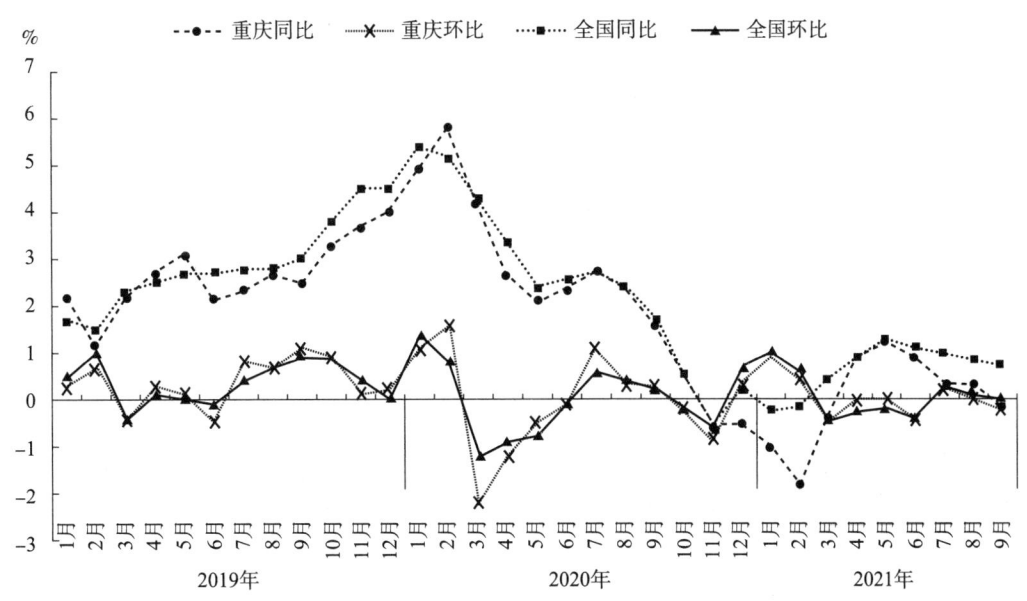

图1 2019年以来全国与重庆CPI指数月度同比、环比变化趋势

1. CPI低位运行

2021年以来，重庆CPI运行态势与全国基本一致，持续处于较低区间。具体看，前三季度CPI当季同比涨幅分别为-1.0%、1.0%和0.3%。其中，第一季度低于上年同期6.0个百分点，第二季度和第三季度分别低于上年同期1.4个和2.0个百分点。从单月看，当月同比增速呈现冲高回落态势。受上年同期同

比基数较高影响，2月、3月CPI同比增速分别为-1.8%、-0.3%，其中2月创2010年以来新低。工业消费品价格明显上涨、"五一"假期消费拉动CPI快速转正，4月、5月同比增速冲高，分别为0.9%、1.2%。受猪肉价格回落及翘尾因素回落等因素影响，食品价格持续下行，加之新冠肺炎疫情零散发生影响服务价格涨势趋缓，6—9月重庆CPI同比增速逐步回落，分别为0.9%、0.3%、0.3%和-0.2%。

2. 价格上涨面减少

1—9月，重庆各项商品及服务价格上涨动力较弱，八大类商品和服务价格"五涨三降"，上涨面较上年同期减少2项。具体看，交通及通信、衣着、教育文化和娱乐、生活用品及服务四大类消费品同比价格上涨。其中，受成品油价多次上调等因素影响，交通及通信类价格同比涨幅最高，达到4.2%。在涤纶长丝、坯布等上游原材料价格上行带动下，衣着类价格同比上涨1.9%。受教育需求热度不减、人工成本上涨等因素影响，教育文化和娱乐、生活用品及服务类价格分别同比上涨1.5%和0.6%；居住类价格同比微涨0.1%。其他用品及服务、食品烟酒和医疗保健三大类价格同比下降。其中，新生儿数量大幅下滑，叠加疫情影响下旅游住宿等行业降价促销，共同推动其他用品及服务类①价格下行，累计同比下跌3.2%，跌幅最大。受生猪产能集中释放等因素影响，猪肉价格持续下行，拖累食品烟酒类价格连续6个月同比负增长，累计同比下降2.6%。新版医保目录公布，多家药企为参与医保谈判提前主动降价，医疗保健类价格同比走低，同比下降0.2%。

（二）工业生产者价格涨幅扩大

受铜、铝、钢材等主要工业原材料价格大幅上涨带动，重庆工业生产者价格总体上行。1—9月，重庆PPI和PPIRM分别同比增长2.3%和5.6%，涨幅较上年同期分别扩大3.3个和5.8个百分点；其中，9月PPI和PPIRM分别上涨4.5%和10.1%，分别创2018年、2009年以来新高。PPIRM-PPI剪刀差由年初的0.5个百分点扩大至9月的2.9个百分点，下游企业利润持续受到挤压。

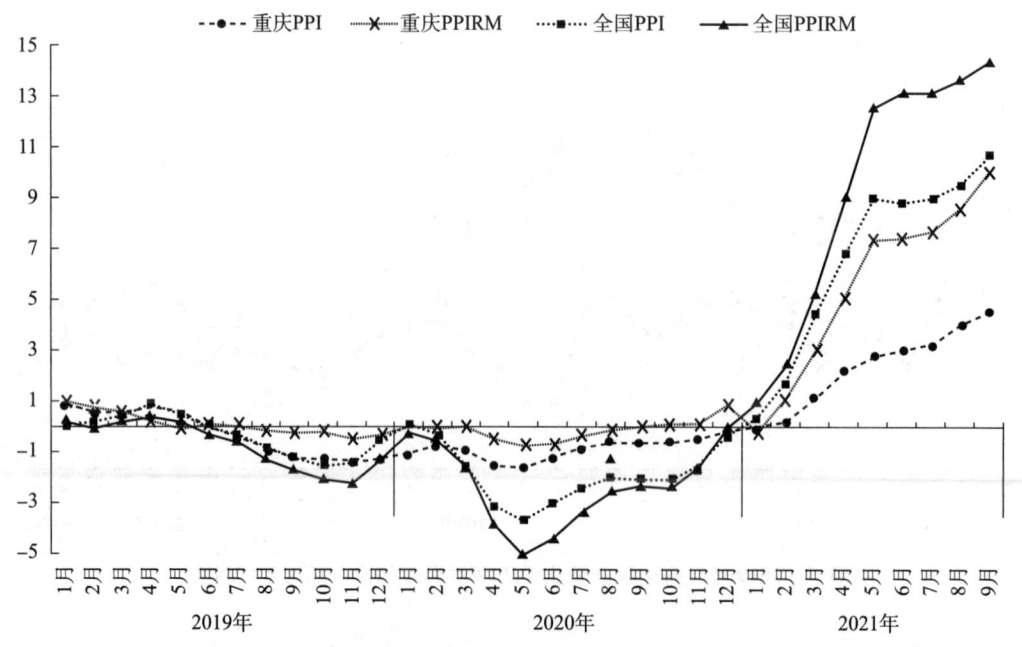

图2　2019年以来全国与重庆PPI和PPIRM月度同比变化趋势

---

① 其他用品及服务类由中介服务、养老服务、旅馆住宿、美容美发洗浴、金融保险、首饰手表、母婴用品、眼镜、箱包等构成。

1. 生产资料行业价格涨幅明显高于生活资料行业

1—9月，重庆生产资料、生活资料行业出厂价格分别同比上涨3.2%和0.1%，其中生产资料行业价格影响全市工业生产者出厂价格总水平上涨2.3个百分点，是影响PPI上涨的主要因素。生产资料行业中，采掘类、原材料类、加工类出厂价格分别同比上涨1.2%、9.3%和2.3%；生活资料行业中，食品类价格同比上涨1.9%，衣着类、一般日用品类和耐用消费品类价格分别同比下跌1.9%、0.7%和0.4%。

2. 上游原材料价格上涨是工业生产者价格上行主因

受能耗"双控"、新冠肺炎疫情等因素影响，煤炭、原油、铁矿石以及铜铝等上游原材料供给偏紧，加之经济稳定恢复、终端需求改善等，上游原材料价格大幅上涨，成为工业生产者价格加速上行的主要因素。其中，由于石油、煤炭以及铜等部分有色金属供需缺口较大，以及限产导致螺纹钢等产品价格仍然较高等因素影响，原材料工业出厂价格指数持续走高，累计同比上涨8.8%，较第二季度提升1.3个百分点；同期采掘及加工行业同比分别上涨1.0%和2.0%。具体到重点品种，重庆动力煤、铝、原油、螺纹钢等原材料价格均呈快速上涨态势，9月较年初分别上涨48.5%、47.8%、40.4%和33.6%。

（三）需重点关注的方面

1. 猪肉价格下行压力依然较大

2021年以来，受生猪产能持续释放、疫情冲击导致需求改善不及预期等因素影响，猪肉价格持续低位运行。1—9月，猪肉价格同比下跌32.8%，拖累食品价格下行4.7个百分点。从具体数据看，9月末猪后腿肉、三线肉分别为20.8元/千克、24.4元/千克，已回落至2018年同期水平。目前虽已启动政府猪肉储备收储工作，但由于生猪存栏量持续走高，短期内猪肉价格企稳回升难度较大。同时，全市猪粮价比已跌至4.8:1，生猪养殖亏损空间进一步扩大。

2. 煤炭等能源价格大幅上涨

受煤炭主产区产能受限和煤炭进口量同比减少等因素综合影响，国内煤炭、天然气等上游大宗能源商品价格大幅上涨。加之煤炭生产全面退出，重庆电煤供应形势极为严峻，5500K动力煤现货价格指数同比涨幅超过30%，电厂发电成本急剧上涨，电力保障风险极高。在国家能耗"双控"力度加强、清洁能源供应量保障难度大等背景下，重庆电煤保供任务更为艰巨，工业用电保障压力持续增加。

二、2022年物价形势展望

（一）宏观环境分析

2022年，重庆物价运行的国内外宏观环境影响总体有限，价格平稳运行的基础较为牢固。一是价格平稳运行的基础比较牢固。财政政策将保持连续性、稳定性、可持续性，稳健的货币政策将更加积极宽松，总体有利于经济保持稳中向好态势，加之国内粮食产量连续7年保持在6500万亿千克以上，库存总量充足，为国内物价平稳运行奠定基础。二是外部输入性通胀压力可控。随着疫情后经济刺激政策加快抬高公共债务和通胀水平，以美国为首的发达国家货币政策将面临收缩调整，原油、铁矿石、天然气等大宗商品价格涨幅有望回落，输入性通胀压力总体可控。三是新冠肺炎疫情仍将处于反复期。全球新冠肺炎疫情将持续反复，挑战世界经济复苏的稳定性、持续性和平衡性，社会总需求很难得到持续改善，难以形成推动物价稳定上涨的持续性动力。此外，非洲及亚洲部分地区出现蝗灾，全球粮食价格有出现"黑天鹅"的可能性，将在一定程度上增加保障物价平稳运行的难度。

（二）推动物价上行的因素

一是食品价格同比涨幅回升。由于上年同期基数较低，2022年猪肉价格同比增速将明显回升，推动食品价格同比涨幅回升。二是极端天气影响农业生产流通。随着全球逐渐变暖，整体气候发生变化，极端性天气出现的概率会越来越高，譬如2021年的郑州超历史极值降雨、山西普降暴雨等极端天气事件频发。未来极端天气对生猪、蔬菜等农副产品生产流通造成较大影响的可能性较大。三是政策性调价助推物价上行。受能耗"双控"以及上游原材料价格暴涨等因素影响，天然气、电力领域将推出价格改革政策，天然气淡季、旺季阶梯价格变化幅度扩大，将在一定程度上拉升物价。四是CPI翘尾因素影响增强。初步测算，2022年重庆CPI翘尾因素影响为1.3%，较上年增加0.8个百分点。

（三）抑制物价上涨的主要因素

一是商品和服务业消费需求偏弱。新冠肺炎疫情影响仍未完全消退，商品和服务业的消费需求很难快速恢复到疫情前，尤其是文旅娱乐、餐饮住宿等消费需求，服务类价格总体将保持平稳态势，有助于物价保持平稳。二是上游原材料价格将有所回落。美欧等发达经济体宽松货币政策逐步退出，铁矿石等大宗商品价格有望回落，以及在国家政策引导下，国内煤炭、天然气等能源价格将逐步回落，工业品价格上涨压力将有所减弱。三是农资产品价格涨幅回落。随着天然气等上游原材料价格回落，加之国家加大对哄抬农资价格行为的处罚力度，化肥、薄膜等农资产品价格涨幅将收窄，有利于降低粮食、蔬菜等农副产品价格上涨压力。

（四）2022年主要趋势预测

2022年重庆经济发展韧性总体较强，在新时代西部大开发、成渝地区双城经济圈、西部陆海新通道等战略加持下，经济有望保持平稳运行，但仍将面临疫情反复、产业链供应链不稳定、内需不足等诸多挑战。在此宏观经济背景下，重庆价格运行虽总体保持稳定可控，但天然气、电力等领域价格改革进入深水区，对稳定物价运行提出了更高要求。需关注猪肉价格波动、极端性天气、政策性调价对重庆城乡居民消费价格的冲击影响，以及煤炭、天然气、铜、铝等原材料价格高位运行对重庆工业生产者价格的持续影响。

综合以上分析，在不发生较大灾害或重大事件的情况下，初步预计2022年重庆CPI将继续保持温和运行态势，全年同比上涨2.0%左右；工业生产者价格方面，预计2022年重庆PPI全年同比增长5.0%左右。

三、有关建议

（一）探索建立生猪价格稳定长效机制，缓解生猪市场价格周期性波动

当前重庆猪粮比已跌至5∶1以下，养殖户亏损严重。为保障生猪生产平稳运行，避免猪肉价格大起大落，建议：一是稳定猪肉价格。强化猪肉价格过度下跌情况下的储备响应，适时扩大政府储备肉收储规模，促进生猪和猪肉市场供求基本均衡，夯实保供稳价基础；同时引导养殖户加强生猪市场形势研判和后市分析，适时调整能繁母猪和仔猪存栏量，不断优化养殖结构，避免生猪集中出栏。二是开展生猪生产逆周期调节。密切监测生产发展动态，以能繁母猪存栏为核心调控指标，通过保障养殖用地、强化信贷和保险政策等方式引导市场主体合理安排生猪生产节奏，尽最大可能避免陷入传统"猪周期"。三是提升储备猪肉调节调控能力。完善生猪产业冷链物流体系，优化储备库布局，利用好可租用的社会库点，增强政府储备猪肉常规调节和应急调控能力。

（二）强化大宗商品价格调控，保障经济社会平稳运行

在大宗商品价格持续快速上涨的形势下，为强化大宗商品价格调控体制机制，保障经济社会平稳运行，建议：一是强化大宗商品价格监测预警。密切跟踪铁矿石、有色金属、粮食等大宗商品价格走势，加强重点品种价格监测分析，发现苗头性、倾向性问题，及时提出预警。二是完善大宗商品价格调控机制。加强对重点企业及行业协会的调研，掌握市内企业对大宗商品的需求信息，针对市场价格波动频繁、市场风险突出的重要品种，建立和完善大宗商品收储制度，完善相关政策调控体系。三是做好电煤和入冬后工业用天然气供应保障。加大电煤采购力度，协调增加进口煤资源，提高主力电厂电煤库存，确保冬季城乡居民用电有基本保障。建立健全冬季天然气稳定供应机制，科学调度建立有序用气机制，在确保安全生产的前提下推进本地天然气增产，加快推进多元化供气体系建设。

（三）聚焦民生重点，提升价格监管工作水平

在新冠肺炎疫情存在诸多不确定性，重庆经济恢复增长尚存压力的背景下，为继续聚焦民生重点、提升价格监测水平，建议：一是强化数据质量和动态反应。认真执行价格监测报告制度，确保数据上报及时、准确、迅速、全面；深入开展市场调查，第一时间发现市场情况，第一时间反映市场异动，做到早发现早报告。为保持今冬明春特别是两节期间的物价稳定，提供及时准确有效的动态信息。二是加强部门间监测信息共享互通。整合生产、流通、零售各环节"量""价"信息，强化与大型企业及各类行业协会的信息共享，加强形势研判和信息报送。三是不断创新工作方式方法。加强对大数据、人工智能等新技术新方法的学习，不断更新数据挖掘、清洗、处理等领域工作方式方法，切实提高价格监测工作水平。

[重庆市综合经济研究院（重庆市经济信息中心）宏观经济研究课题组
主研：易小光　丁　瑶　罗丛生　赵　飞
执笔：赵　飞]

之十三：2021年重庆市民营经济发展情况及2022年展望

2021年以来，重庆持续巩固拓展疫情防控和经济社会发展成果，加快建设成渝地区双城经济圈，不断培育发展新动能，民营经济运行稳中加固、稳中向好，主要经济指标大幅增长，市场信心不断增强。预计2021年重庆民营经济增加值同比增长10.5%左右，民间投资增长9.5%左右。

一、2021年重庆市民营经济运行情况及特征

（一）民营经济呈现稳步发展态势

2021年以来，重庆民营经济发展呈稳中向好态势，民营经济主要指标保持较快增长。1—9月，重庆民营经济实现增加值11821.5亿元，同比增长11.6%，高于全市GDP增速1.7个百分点。中小企业信心平稳，市场预期稳定向好。市经信委调查显示，1—9月新增或追加资产投资的意愿较上月增强的企业占6.9%，投资意愿与上月相同的占85.3%；预测下月企业总体生产经营状况良好和正常的占91.4%，预测下月行业总体经营状况良好和一般的企业占92.5%。企业资金压力略有缓解，融资需求一定程度上得到满足。1—9月，反映流动资金充裕或基本正常的企业占75.5%，较上月提高4.1个百分点；反映资金很紧张（缺口20%以上）的占7.7%，同比下降5个百分点。反映有融资需求的企业占45.1%，其中得到满足的近70%，较上月提高3.1个百分点。

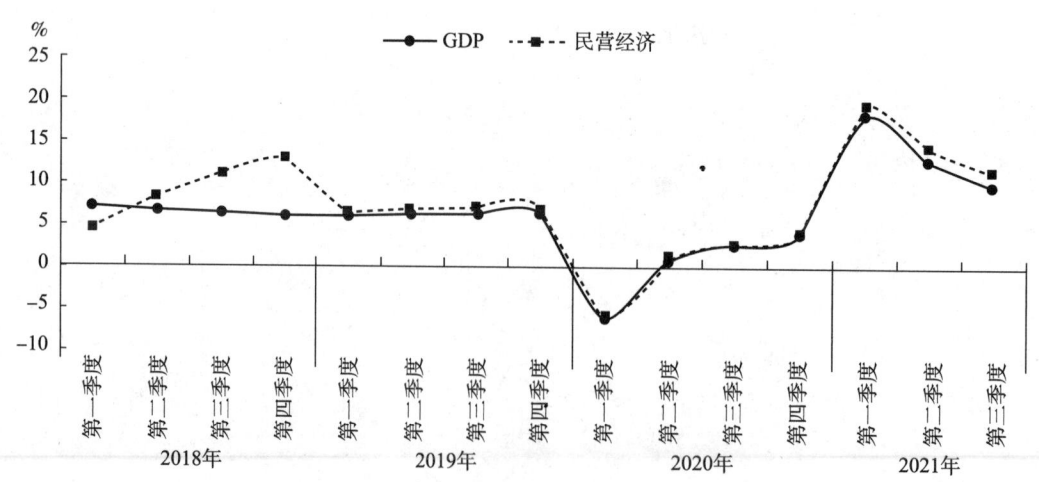

图1 2018年以来重庆GDP及民营经济增速情况

（二）民间投资稳定增长

受"两新一重"项目建设的快速拉动，民营企业发展信心有所提升，民间投资增速与疫情前基本持平。1—9月，民间投资同比增长10.6%，高于全市固定资产投资增速2.2个百分点，高于全国民间投资增速0.8个百分点。具体来看，受工业大项目少、投资回报预期不足等因素影响，工业投资增长后劲不足，其中汽车、摩托车、医药产业等民间工业投资尚未恢复到疫情前水平。受银行房贷"两道红线"、房

企融资"三条红线"以及"集中供地"等政策影响,房地产投资逐步趋缓,1—9月同比增长0.1%,较上半年下降1个百分点。

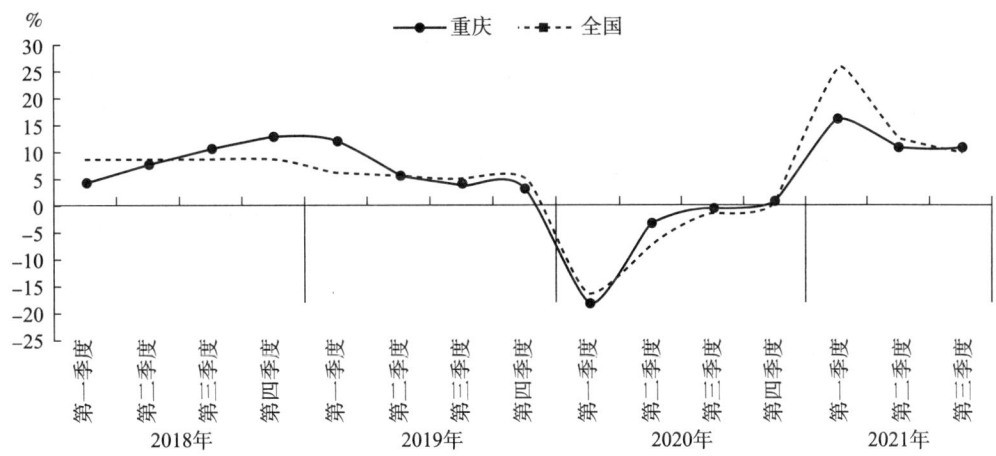

图2　2018年以来重庆及全国民间投资增速情况

(三)外贸进出口持续高速增长

受国际需求回升及订单回流带动,重庆民营经济进出口保持快速增长势头。1—9月,民营企业实现出口额1647.6亿元,同比增长58.7%,分别高于外资企业出口、国有企业出口增速50.6个、8.8个百分点;民营企业实现进口额869.1亿元,同比增长54.7%,分别高于外资企业进口、国有企业进口增速53.9个、10.8个百分点。2021年以来,随着欧盟、美国等相继推出经济刺激计划,主要出口市场经济体生产和消费需求回暖,重庆对东盟、欧盟、美国进出口保持良好增长态势。

(四)民营市场主体稳定增长

受支持民营经济各项政策持续发力和营商环境不断优化影响,民营企业信心加快恢复,民营市场主体保持稳定增长态势。1—9月,重庆新设立中小企业12.5万户,累计达到98.1万户,同比增长9.2%,占全市企业总量的99.9%。民营市场主体快速增长,全市制造业和现代服务业市场主体增长较快,如制造业,科学研究和技术服务业,信息传输、软件和信息技术服务业分别同比增长约56.2%、35.4%、8.6%。

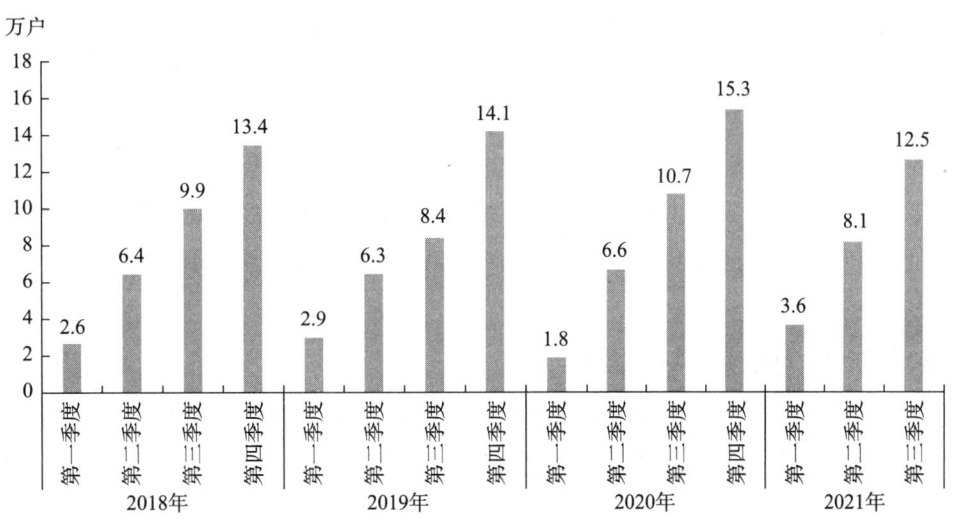

图3　2018年以来重庆新设立中小企业情况(累计)

（五）中小企业发展态势持续向好

重庆中小企业生产经营状况持续回升，总体发展态势持续向好。一是企业效益持续改善。1—9月，中小企业营业收入同比增长20.8%，两年平均增速达10.3%；利润总额同比增长28%，两年平均增速为20.1%。二是创新企业运行良好。1—9月，659家监测"专精特新"企业营业收入835.0亿元，同比增长31.3%，高于全部监测企业[①]17.2个百分点；利润同比增长45.2%，高于监测企业17.2个百分点。三是就业形势保持稳定。1—9月，中小企业吸纳就业855万人，其中新增中小企业就业人员约42.0万人，占新增城镇就业人数近70%。此外，1700户监测企业数据显示，92.9%的企业用工人数比上年增加或与上年持平。

二、需要关注的问题

（一）民营经济发展动能不足

当前宏观经济环境复杂多变，民营工业经济发展困难依然较多。一是民营制造业成本压力增大。全市汽车、计算机、装备制造、食品制造等中小工业企业百元收入成本85.14元，高于全国平均水平1.66元，其中反映原材料购入价格上升的占43.1%，反映下降的占2.9%。据估算，成本"剪刀差"影响中小工业企业利润175亿元，相当于少增长56个百分点。二是汽车产业"缺芯"持续存在。受产能不足等因素影响，全球汽车芯片紧缺问题仍未缓解，全市汽车产业生产受到较大影响。调查显示，全市民营汽车行业因芯片紧缺影响产量约10万辆。三是民营服务业仍受到较大冲击。当前疫情仍然复杂严峻，人员跨境、跨区域流动不畅，来渝国际、国内游客数量减少，全市旅游业民营企业发展受到较大冲击，其中国际旅游人数同比降幅超过30%，与旅游相关的酒店、餐饮等民营企业也受到较大影响。随着"双减"政策落地，尤其是对学科类教育培训民营机构的严格限制，不少民营机构面临转型甚至退出，未来发展存在较大不确定性。

（二）民营企业对外贸易仍存隐忧

受新冠肺炎疫情导致全球物流、资金流、人流等循环不畅影响，全市民营企业对外贸易发展不确定性增大。一是民营外贸企业发展不确定性较大。受新冠肺炎疫情在全球蔓延影响，部分国家经济增长乏力、需求不振，加上人员跨境流动受阻，民营企业巩固传统市场及开拓新市场难度增大。同时，部分民营企业进口设备的外籍安装调试人员难以及时到位，部分新项目建设受到一定影响。二是海运对民营企业出口影响仍未缓解。2021年以来，全球海运运力持续紧张、集装箱一箱难求，外贸企业出货较为困难。同时，海运运费持续上涨，亚洲标准集装箱运费较2020年第三季度上涨1万美元以上，全市民营外贸企业物流成本负担加重。三是出口民营企业换汇损失增大。受美国超宽松货币政策影响，2020年6月以来人民币兑美元汇率持续升值，人民币兑美元平均汇率同比上涨8%左右。同时，由于全市外贸人民币结算水平相对较低（约占12%），与上年同期相比全市外贸出口结汇损失超过140亿元，全市民营外贸企业利润严重"缩水"。

（三）要素保障"瓶颈"制约依然突出

在经济逐步复苏背景下，要素供给短板对民营经济稳定恢复的制约有所凸显。一是部分民营企业用工短缺。市经信委调查结果显示，33.5%的企业反映需要招工，较上个季度下降13.5个百分点。其中，

---

① 纳入重庆市经信委监测平台的1700户监测中小企业。

招工不到一半的企业占比 36.4%，较第一季度提高 1.6 个百分点；招工达到 90% 以上的企业占 33.2%。二是中小制造企业融资难、融资贵问题依然突出。全市供应链金融、天使投资、风险投资等发展滞后，中小企业融资渠道较窄，融资难现象仍较普遍。调查显示，部分企业由于抵押物不足，在需要担保公司担保的情况下，综合融资成本高达 10%。三是能源保障压力增大。由于碳达峰、碳中和目标和"能耗双控"政策、进口煤总量偏少等叠加影响，全国煤炭资源供需矛盾十分突出，全市电煤及电力保障压力凸显，民营经济能源保障面临较大压力。在国家重点保冬季北方民用供暖用气背景下，工业用气将受到管制，以天然气为原料或燃料的化工、材料等民营企业面临停产停工风险。

三、2020 年民营经济发展环境及展望

（一）世界经济复苏形势复杂严峻，发展不确定性增大

全球仍处于疫情反复期，病毒变异持续挑战世界经济复苏的稳定性、持续性、平衡性，民营企业对外贸易市场发展不确定性加大。一是投资贸易保护强化将影响民营企业海外市场拓展。在全球疫情冲击下，贸易摩擦和投资保护进一步强化，全市民营企业走出去开展国际产能合作、拓展国际市场将面临更强的市场壁垒，民营企业国际经贸合作难度将有所增大。同时，"技术封锁"和"卡脖子"技术等可能阻碍民营企业开展国外先进适用技术、项目等合作和外资的利用，制约民营企业的转型升级。二是民营企业面临的外部不确定性依然较大。世界经济复苏的不稳定性和难以持续对全球贸易格局、投资格局、社会治理等方面影响仍将深化，市场需求动力持续减弱，全市民营企业将面临更加激烈的国际市场竞争。三是全球金融和商品市场波动加大民营企业发展风险。为抢占新一轮全球科技主导权，大国科技竞争和战略博弈更趋激烈，美国等西方国家对我国的科技和高新产业将持续打压，国际地缘政治冲突和安全局势更加紧张，全球金融市场、大宗商品市场波动或将面临较大波动风险，将可能引起民营企业出口汇率风险损失，增大民营企业大宗原材料进口成本。

（二）国内民营经济政策持续发力，发展空间加快拓展

我国将着力强化民营企业政策支持，优化民营企业发展环境，增强全市民营经济发展动力。一是新发展格局将拓展民营经济发展空间。我国将着重构建以国内大循环为主体、国内国际双循环相互促进的新发展格局，深入推动长江经济带建设、成渝地区双城经济圈建设等国家重大战略，在逆周期调控中更加注重稳增长与防风险之间的平衡，将进一步完善吸引外资政策，优化营商环境，拓展民间投资新空间。二是新旧"红利""混合动力"转换与有效利用带来的新活力。传统劳动力资源和人力资本的新旧"红利"并存，有助于产业体系的多元化和多层次化。随着创新驱动发展战略的深入实施，企业技术创新能力不断提升，对传统产业转型升级和数字经济等新兴产业发展支持力度加大，有助于整体提升产业能级，促进全市民营经济发展质量。三是国家对民营经济政策支持力度将更大。国家财政政策将持续优化，中小微企业减税降费政策深入落实，地方政府专项债资金对扩大基础设施投资的保障作用进一步强化。货币政策将增强信贷总量增长的稳定性，继续强化对涉农、小微、民营企业的资金支持。产业政策将更加注重创新驱动和"双碳"目标下的产业转型升级，强化北京证交所服务创新型中小企业功能，对"专精特新"中小企业的支持力度将进一步加大；将持续推进产业链供应链优化提升和安全稳定，强化传统产业链重组再造，补齐产业链短板，为民营企业发展营造良好的融资环境，增强民营企业发展信心，激发民间资本投资活力。

（三）市内民营经济发展环境优化，发展质量不断提升

重庆将着力优化民营经济发展环境，深入推进民营企业发展转型升级，促进民营经济高质量发展。

一是包括国家"十四五"规划、《成渝地区双城经济圈建设规划纲要》等在内的国家政策文件中，对成渝地区双城经济圈、西部国家城乡融合发展试验区、成都重庆至上海沿江高铁、西安至重庆高铁等做了系统部署，将进一步拓展重庆民营经济发展空间，推动全市民营企业在外部竞争中实现更高质量发展。二是民营经济发展环境将更加完善。随着"放管服"改革深化，减税降费等融资支持力度将持续加大，全市民营企业发展环境更加优化，民营企业运行成本负担进一步减轻，民营经济发展活力将得到有效激发和快速释放。三是创新驱动战略深入实施将有助于培育全市民营经济高质量发展新动能。推进以大数据智能化为引领的创新驱动发展，加快西部（重庆）科学城、两江协同创新区等创新平台建设，强化创新政策优化、创新生态营造、创新主体培育，促进创新链与供应链、产业链融合发展，助推民营经济转型升级。数字经济推动产业转型升级，将推动数字经济和实体经济深度融合，引导汽车、电子、装备制造、生物医药、消费品等产业向价值链中高端延伸，提升金融、物流、科技研发等生产性服务业支撑能力，更好地为民营经济赋能、为民营企业添彩。

（四）2022年重庆民营经济发展趋势及预测

适应构建国内国际双循环新发展格局要求，围绕成渝地区双城经济圈建设和推动民营经济高质量发展，重庆将进一步优化营商环境、强化平台支撑，促进民营经济发展总体平稳、稳中有进。2022年民营经济预计实现增加值同比增长9.5%左右，民间投资同比增长8.5%左右。

四、政策建议

（一）推动绿色创新发展，增强民营工业经济增长动力

深入实施科技创新发展，加大民营工业企业研发投入，推动民营工业低碳绿色发展，增强民营工业发展后劲。一是深入推进科技创新发展。积极落实科技创新财政金融政策30条，实施一批科技创新重大项目，解决产业链关键领域"卡脖子"技术难题。支持民营企业加大研发投入和新产品推广应用，支持研发能力强、有核心技术和发展潜力的创新型企业发展。二是推动工业低碳绿色发展。围绕"双碳"目标，加大对碳排放重点行业和企业跟踪调研，推动建立科学合理的碳排放指标评估、分配体系，及时化解优质企业用能和扩产增效面临的困难。三是加快工业智能化升级改造。围绕汽车、电子等产业强链补链延链需要，加快策划、引进、实施一批带动力强的工业大项目，继续加大工业智能化改造力度，增强民营工业投资增长后劲。

（二）提升风险抵御能力，促进民营企业外贸稳定增长

支持民营企业降低外贸物流成本，拓展国际市场，提升风险防御能力，促进民营企业对外贸易稳定发展。一是支持民营企业拓展国际市场。支持企业参加各类线上云展会，利用阿里巴巴、亚马逊等全球在线购物平台扩大销售，密切跟踪电子等重点出口产品订单情况，稳定东盟、欧洲等重点出口市场，加快"一带一路"沿线国家新兴市场开发。二是支持民营企业降低外贸物流成本。充分发挥西部陆海新通道、中欧班列等国际物流通道优势，加快铁海、铁水等多式联运发展，推进通关便利化改革和智慧物流发展，降低民营外贸企业物流综合成本。三是支持民营企业应对汇率波动风险。积极扩大跨境贸易人民币结算规模，鼓励银行指导民营企业运用远汇、套期保值等金融工具，化解汇率波动风险。支持民营外贸企业出口转内销，扩大国内市场销售规模。

（三）降低企业运营成本，稳定民营企业市场发展预期

切实降低民营企业生产要素成本，缓解融资难融资贵，增强产业链供应链稳定和安全，营造民营企

业良好的市场发展预期。一是降低生产要素成本。积极推动大宗生产资料现货、期货市场建设，支持民营企业抱团开展大宗生产物资集中采购，提升民营企业原材料议价能力。落实新一轮减税降费政策，争取本地天然气使用大户更高的价格优惠，继续推动降低一般工商业电价。二是破解中小企业融资难题。大力引进和发展股权投资、创业投资等风险投资基金，扩大供应链金融、知识产权质押等融资规模，支持金融机构开发面向中小企业的首贷、信用贷、无还本续贷等金融产品，提高中小企业贷款贴息标准。三是增强原材料及关键零部件保供能力。推动民营企业"上云上平台"，引导汽车、电子等产业链上下游民营企业加强产销配套协作，增加汽车芯片等关键零部件保供能力，提升产业链、供应链稳定水平。

（四）提升服务效能水平，切实提升民营企业发展信心

优化提升民营企业服务体系和服务水平，着力打造集聚发展载体，营造良好营商环境，进一步激发全市民营企业发展活力。一是建立健全服务民营企业长效机制。以优化营商环境为重点，在非公有制经济工作联席会议制度框架下，进一步完善民营企业困难问题交办制度，对在集中走访活动和日常工作中收集掌握的困难问题，督查督办、定期通报，建立发现解决问题、优化营商环境的长效工作机制。同时，健全领导干部联系民营企业制度，结合走访活动具体实践，进一步完善政商交往正负面清单，着力构建"亲""清"政商关系。二是提升民营企业服务平台功能。支持创建国家民营企业公共服务示范平台，进一步完善民营企业公共服务体系，集聚服务资源、完善服务功能、提升服务能力，为广大民营企业提供信息、融资、技术、创业、培训等服务。打造领航人才培训、渝企赋能学堂、专家进园区等服务名片，为全市民营企业提供"找得着、用得起、有保障、可依赖"的服务平台。三是打造民营企业集聚发展载体。大力推进市级中小企业集聚区建设，继续实行重点培育的楼宇产业园入驻企业"三个一点"的方式减轻企业租金成本，对新增企业数量和提供就业机会多的市级楼宇产业园和小企业基地给予一定绩效奖补，支持园区做大做强，推进大中小民营企业协同发展。

（五）落实惠企纾困政策，赋能服务型民企高质量发展

落实落细惠企纾困政策措施，加大对民营企业尤其是服务业民营企业租金、社保、用工、税费等支持力度，切实解决全市服务型民企发展困境。一是提升涉企政策精准性灵活性。针对当前疫情防控常态化及服务型民营企业发展实际需求，加大惠企政策兑现落实力度，及时调整延长援企政策，增强服务业民营企业防御风险能力。继续推动国有房产阶段性减租政策，按照经营面积等不同类别进行阶梯性减租。对于向承租的服务型民营企业采取合理减免租金及物业管理服务费等措施的出租方，地方政府根据其减免额度给予适度财政补贴，助力服务型民营企业走出发展困境。二是继续阶段性地暂缓缴纳部分税费。针对受疫情冲击较大的服务业民营企业，社保、公积金等费用继续阶段性延缓缴纳。对增值税小规模纳税人继续阶段性减征增值税，为民营企业增加一定数量现金流，持续推动服务业恢复发展、高质量发展。三是强化人才支撑保障。发挥行业主管部门和企业主体作用，进一步落实服务业领域企业家、创新创业人才和高层次管理人才引进培育政策，增强高层次人才住房保障、就医、子女入学等方面优惠政策的吸引力。适当放宽主城新区、"两群"地区的人才认定标准，推动生产性服务人才专业化、生活性服务人才职业化发展，畅通民营经济组织人员和自由职业者职称申报渠道。支持市内高校、职业学校加强服务业相关学科专业建设，探索订单式人才培养机制。

[重庆市综合经济研究院（重庆市经济信息中心）宏观经济研究课题组
主研：易小光　丁　瑶　李　林　李　霞
执笔：李　霞]

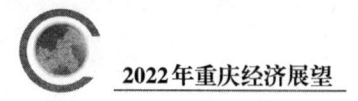

之十四：2021年重庆市市场监管情况及2022年展望

2021年是中国共产党成立100周年，也是"十四五"开局之年。重庆市场监管系统深入贯彻落实习近平总书记关于市场监管重要论述，全面落实党中央、国务院决策部署和市委、市政府工作要求，牢记"国之大者"，以党的建设统领严守安全底线创造高品质生活、优化营商环境推动高质量发展，以优异成绩庆祝建党100周年，为经济社会发展营造了良好市场监管环境。

一、2021年重庆市市场监管环境形势

（一）深化商事制度改革，市场活力不断增强

1. 开办企业便利度大幅提升

畅通市场准入，推行开办企业线上"一网通办"、线下"一窗综办"，开办企业实现"一日办结""零成本"。创新"E企办"改革，实现开办企业全流程"掌上办""指尖办"，得到国务院第八次大督查第十三督查组充分肯定。财政部公布的第三方评估报告显示，重庆与杭州、深圳、广州优化营商环境创新试点城市相比，办理营业执照环节手续最少、耗时相对最短。1—10月，新设立市场主体45.5万户，同比增长14.63%，总量达到315.41万户。

2. "证照分离"改革持续深化

完善准营制度，"证照分离"改革实现全覆盖，对涉企经营许可事项实施清单管理，1—10月，办理涉企经营许可事项22.92万件、惠及企业15.51万户，占全市新登记市场主体的31.27%。加快产品准入改革，推进食品相关产品和化肥产品实行告知承诺。坚持放管结合，厘清"证""照"关系，建立"双告知、双跟踪、双反馈"许可办理机制和"双随机、双评估、双公示"监管协同机制，坚决堵塞监管盲区、漏洞。

3. 市场退出渠道畅通高效

企业简易注销登记改革全面推行，企业简易注销容错机制加快建立，企业注销"一网通办"平台建成，实现多部门注销业务"一网通办"，市场监管、税务、社保、海关、商务等跨部门业务"同步指引、一网注销"。截至2021年10月，共有13.04万户企业发布简易注销公告，9.8万户企业通过简易注销登记程序退出市场。市市场监管局与市高院联合会商解决企业强制清算、破产清算的注销登记问题，截至2021年10月，已有4036户企业通过强制清算、破产清算退出市场。

（二）防范化解重大风险，安全形势稳中向好

1. 风险防控体系逐步形成

运用"五个专项""四见四有四化""四个一两个专"排查整治较大以上风险隐患229条，形成餐饮安全监管12条措施、检验检测监管10条措施、压力管道监管10条措施，制（修）订应急操作规程44

个。聚焦疫情防控，建设进口冷链食品可视化监管首仓 8 个，加强进口冷链食品新冠肺炎疫情应急处置演练，已妥善处置进口冷链食品涉疫事件 24 起。

2. 食品药品安全监管全面加强

率先出台督促落实食品药品安全监督管理责任工作办法（试行）。推动国家食品安全示范城市创建，开展校园及周边食品、农村假冒伪劣食品等专项整治，食品监督抽检 8.7 万批次、不合格率 3.4%，食品生产信用监管处于全国领先水平。以"小切口"带动"大实践"服务"大民生"，开展"餐饮安全你我同查""食品安全你点我检"。出台全面加强药品监管能力建设若干措施，检查药品生产经营企业 5.76 万家次，开展研判 436 次，排查风险 1279 个。6 个单位和 11 名个人获全国食品安全工作先进集体和先进个人表彰。

3. 特种设备安全监管持续发力

有序推进市场监管领域安全生产专项整治三年行动 111 项任务。排查整治采用鼓式制动器电梯 3.89 万台。电梯 96333 热线应急救援处置平台认领电梯 20.92 万台，达到在用电梯的 99.27%，平均到达救援现场时间少于国家规定近 2/3，救援成功率 100%。改造更新老旧电梯 587 台，超额完成办实事任务 67 台。率先开展提升长输管道和燃气管道检验率三年行动，年底长输管道定期检验率将达到 92%，燃气管道定检率将达到 77%。其中，高压、次高压燃气管道定检率将达到 90%，居全国前列。1 名特种设备监管执法人员获评全国"最美公务员"（全国 32 人，重庆市、全国市场监管系统仅 1 人获此殊荣）。

4. 工业产品质量安全形势总体平稳

开展成品油、危险化学品及其包装物容器等专项整治，加强建筑用钢筋、儿童和学生用品等 12 大类重点工业产品质量安全监管。指导长安福特公司提出 4 项产品质量改进措施和 3 项服务质量提升措施。

5. 消费环境更加安全放心

制定线下无理由退货服务承诺、消费环节经营者赔偿先付制度工作指引（试行），率先出台支持消费者集体诉讼工作导则，提起全市首例消费者个人信息保护民事公益诉讼案，登记处理咨询投诉举报 57.78 万件，为消费者挽回经济损失 2.67 亿元。

（三）促进市场公平竞争，市场秩序日益规范

1. 竞争政策基础地位不断强化

建立反垄断反不正当竞争部门联席会议制度，在全国率先制定网络社区团购合规经营指南，社区团购投诉举报月平均量下降 50%。加强公平竞争审查，制定公平竞争审查举报处理办法、公平竞争审查会审工作规范，将公平竞争审查工作纳入市委督查项目，审查新增政策措施 1517 件，修改调整 47 件。倡导公平竞争文化，行政约谈 15 家网络平台。

2. 新型监管机制基本建立

部门联合"双随机、一公开"监管首次实现全覆盖，企业和监管执法人员实现双减负。对 8 家仿冒出租车非法营运涉事公司依法作出吊销营业执照、变更登记等处置。严格落实"双减"工作要求，开展校外培训机构专项整治，立案查处案件 209 件。归集涉企信息 1015.79 万条，1803 人次失信被执行人在注册登记环节受到任职资格限制。累计 11.4 万户企业被列入经营异常名录，13751 户企业被列入严重违法失信企业名单，6.52 万户企业完成信用修复。首创"山城有信"企业信用码，服务企业 2.7 万户，消

费者扫码9.1万次；"重庆阳光餐饮"APP已有6.4万家餐饮经营单位纳入智慧监管；气瓶质量安全追溯系统全面上线运行，140余家气瓶单位建成自有追溯系统终端平台，76个充装单位已接入并登记气瓶7万余只；初步建成智慧化农贸市场19个；"渝溯源"平台注册用户6645家，智能运用在各领域不断拓展。

3. 综合行政执法成效明显

聚焦中介机构、行业协会商会、交通物流、水电气公用事业4个重点领域，开展"治理涉企收费减轻企业负担"专项行动，检查单位1042家，退还金额2169.24万元。开展民生领域案件查办"铁拳"行动、"长江禁捕打非断链"等多个专项行动，加强粮食市场秩序整治专项执法，加大反垄断反不正当竞争执法力度，共查处案件1.57万件，同比增长43.31%，一批案例入选全国典型案例。

（四）服务高质量发展，职能作用充分彰显

1. 质量强市建设扎实推进

制定6个方面61项措施深入学习贯彻习近平总书记致中国质量（杭州）大会重要贺信精神。将质量提升纳入经济社会发展实绩考核指标体系，将开展质量提升行动纳入真抓实干成效明显的地方激励支持事项。2020年重庆市公共服务质量满意度居全国第五位。重庆秋田齿轮有限责任公司党建项目创新工作室获第四届中国质量奖提名奖。新增质量强镇51个、质量强园84个、质量强企588个。

2. 质量基础设施加快完善

推动出台《重庆市标准化条例》。推进智能电能表延期使用和燃气表、水表"二检合一"等试点工作，发布全国首个消防用无人机地方标准，开展小微企业质量管理体系认证提升行动。获批3个国家市场监管重点实验室（技术创新中心）、国家铝产业计量中心。加强质量基础设施"一站式"服务，为1232家中小微企业、民营企业开展现场指导和管理诊断，为企业节约费用392万元、增加利润1222万元、新增就业岗位1176人。

3. 知识产权综合实力稳步提升

全市万人发明专利拥有量12.79件，有效注册商标总量69.69万件，地理标志商标总量283件，驰名商标总量161件。江津花椒、酉阳茶油入选国家地理标志产品保护示范区名单。第二十二届中国专利奖实现重大突破，重庆企业获得专利金奖1件、银奖1件、优秀奖9件，获奖数量、质量均创历史新高。

4. 区域合作走深走实

深化川渝市场监管一体化合作，建立"市场准入异地同标"机制，探索实施46个市场主体经营范围主题式套餐服务，允许合作园区内企业自由选择注册地，最大限度便利企业投资创业。两地28家检验机构成立食品检验机构联盟，国家食品药品检测基地建设加快推进。川渝两省市质量管理专家库、缺陷产品评审专家库全面建成，入库专家240名。贯彻落实对口援藏工作要求，推进9项措施对口支援西藏昌都。

二、2022年市场监管环境形势分析

（一）基础更加坚实

市场监管体制得到历史性重塑，由分段、分领域监管转向统一、综合监管，市场监管规范化建设稳步实施，服务"一区两群"协调发展的市场监管体制基本形成。商事制度发生根本性变革，市场主体总量突破300万户。竞争政策基础地位加强，食品安全、质量强市、标准化、品牌、知识产权战略创新突

破,安全形势稳中向好,市场经济秩序持续规范。市场监管、药品安全、知识产权、计量等专项规划编制一体推进,成渝地区市场监管一体化合作事项强势开局,为"十四五"市场监管改革事业发展打下了坚实基础。

(二)环境复杂多变

商事制度改革从解决市场主体"准入难"进入解决"准营难"的攻关期,从促进市场主体"生得下"进入促进市场主体"长得大""活得好"的窗口期。出于多方面原因,经济面临新的下行压力,企业竞争失序风险、产品质量安全问题等可能抬头。构建新发展格局,内需潜力将得到进一步释放,产品和服务供给质量与消费需求间的不平衡问题亟待解决。新技术、新产业、新业态、新模式迭代升级,新冠肺炎疫情起伏反复,给市场监管环境带来不确定性风险。

(三)机遇挑战并存

当前,正值"两个大局"交织、"两个百年"交汇的历史节点,我国进入新发展阶段,人民群众对公平正义、质量安全等方面需求更加迫切,市场环境、质量品牌、标准规则、知识产权等成为影响营商环境的重要因素,数字化、网络化、智能化深入发展给市场监管理念、方式、手段等带来深刻变革,这些新情况既为市场监管注入了新动力、拓展了新空间,也对完善现代化市场监管体系提出了新要求。

三、对策建议

(一)深化改革优化营商环境

开展"一照多址""一证多址""一企一证"改革,深化企业简易注销登记改革。落实公平竞争审查制度,加强反行政垄断专项执法,加快废除妨碍公平竞争有关规定。治理涉企收费,实施综合监管,完善市场监管领域"免罚清单"制度,探索建立不予实施行政强制措施清单。

(二)坚守安全底线红线

深化国家食品安全示范城市创建,推进食品安全放心工程建设攻坚行动,市场监管系统食品及食用农产品抽检监测量达3.5批次/千人,食品评价性抽检合格率98%以上。加强防疫用品、儿童和学生用品等重点产品监管。推进市场监管领域安全生产专项整治三年行动,完善特种设备双重预防体系。健全风险监管制度,做好疫情防控,提升应急处突能力。

(三)加快推进质量强市建设

深入实施质量提升行动,推进质量强区(县)、强镇、强园、强企活动,推动打造质量品牌。完善推动高质量发展的标准体系。夯实计量基础,加强认证认可检验检测,深化质量基础设施"一站式"服务,优化提升国家技术标准创新基地(重庆)。

(四)强化消费者权益保护

完善消费者权益保护工作联席会议制度。加强新型消费监管,探索在食品、药品、疫苗等领域实行惩罚性赔偿和内部举报人制度。开展放心消费创建,培育发展在线消费纠纷解决企业。强化消费领域信用信息归集公开,健全消费后评价体系,大力推行消费投诉信息公示。

(五)深化区域协同监管

推进市场监管领域经济区与行政区适度分离改革。加快建设食品药品检测基地、国家检验检测高技术服务业集聚区和食品药品等重点产品溯源公共服务平台。促进长江经济带、川渝毗邻区域市场监管协同,推动成渝地区与京津冀、长三角等区域市场监管合作。

(六)完善新型监管机制

推动市场监管领域法规规章的立改废释。健全以问题为导向的抽检监测机制。深化"双随机、一公开"监管,加强重点领域监管,强化信用监管,推行包容审慎监管,深化智慧监管,提升市场综合监管效能。

[重庆市市场监督管理局　周家鹏]

之十五：2021年重庆市自然资源开发利用分析及2022年展望

2021年，重庆规划自然资源系统深学笃用习近平生态文明思想，严格按照市委、市政府和自然资源部工作要求，学好用好"两山论"、走深走实"两化路"，开拓创新，求真务实，推动自然资源保护和利用取得新进展，生态优先、绿色发展日益成为重庆发展的主旋律。

一、2021年重庆市自然资源开发利用情况

（一）不断强化规划引领作用

《成渝地区双城经济圈国土空间规划》通过自然资源部审查。深化《重庆市国土空间总体规划（2021—2035年）》核心重要内容，并完成公示。完成生态保护红线评估调整，努力优化调出有矛盾的用地空间比例超过22.5%，调出应予保护的耕地和生态保护红线内90%原住居民，解决保护与发展的矛盾。探索以"场景营城"方法推进"山水之城·美丽之地"规划建设，深化实施"三峡库心""五城六名片"等一批重点专项规划。坚持以轨道交通引领城市发展格局，报市政府审批《主城都市区轨道交通线网规划》。

（二）资源要素保障提质增效

坚持"要素跟着项目走"，用好空间规划国家审批前过渡期政策，做好新老征地补偿政策衔接，及时满足市级重点项目用地需求。开展节约集约用地研究，改进新型产业用地规划管理，鼓励优质工业项目通过改扩建方式扩大产能，支持低产能项目转型升级。加大存量土地盘活和"增存联动"，处置批而未供和闲置土地4244万平方米，使用市级"增存挂钩"计划指标1816万平方米，占全市新增建设用地计划指标的32%。严格落实稳地价、稳房价、稳预期调控目标要求，立足市场形势变化优化土地出让方案，住宅用地"两集中"出让实施严控溢价率、明确租赁住房比例等多项稳控措施，中心城区住宅用地集中出让总体平稳有序。前三季度中心城区新增土地储备60.43万平方米，全市出让土地4003.15万平方米，土地出让入库1441.97亿元，同比增长2.3%。出让采矿权49宗，合同金额15.75亿元。新产页岩气58.77亿立方米，同比增长16.4%。全市建筑砂石累计产量10264万吨、累计销量9621万吨，分别同比增长26.7%、30.1%，砂石材料供应充足，价格稳中略降。

（三）绿色发展示范作用日益凸显

深入开展生态保护修复，优化完善《重庆市国土空间生态保护修复规划》（2021—2035年），跨部门联合印发《重庆市重要生态系统保护和修复重大工程总体规划（2021—2035年）》；跨区域联合编制《"六江"生态廊道建设规划》，印发《共同推进成渝地区双城经济圈国土空间生态修复工作的实施意见》。长江上游生态屏障（重庆段）山水林田湖草生态保护修复工程国家试点289个项目基本完成，入选自然资源部和世界自然保护联盟联合公布的中国十大特色生态修复案例。全面完成长江经济带废弃露天矿山生态修复。广阳岛、铜锣山两个修复案例入选联合国《生物多样性公约》缔约方大会公布的18个中

国生态修复典型案例。完成历史遗留废弃矿山生态修复387万平方米，12个全域土地综合整治试点项目有序推进。前三季度全市矿山生态修复面积达424.71万平方米。完成"四山"管控区规划优化方案并通过市规委会审议。"四山"违法建设整治完成阶段性目标，完成违建整治871.3万平方米。印发《关于加快推进中心城区"四山"保护提升工作的通知》，加快推进中心城区"四山"保护提升和优化。严格落实最严格的耕地保护制度，前三季度补划永久基本农田1870公顷，确保耕地数量不减少、质量不降低、布局更集中，坚决遏制新增违法占用耕地问题。持续保障矿产资源合理开采和可持续利用，累计建成绿色矿山264个，前三季度全市共发现并制止违法无证采矿点89个，同比减少67%。

（四）城乡自然资本加快增值

高质量完成国土"三调"和2020年度变更调查，市级"三调"成果将按照全国统一部署进行发布。基于"三调"成果，在全国率先开展森林资源、湿地资源专项调查。获批成为自然资源领域生态产品价值实现机制西部唯一试点省（市），积极推进广阳岛片区生态产品价值实现、林票制度改革等7项试点内容。推进所有权委托代理机制试点，试点实施方案已通过市政府常务会议审议并报自然资源部审批。积极开展全民所有自然资源资产清查试点，有序推进国有土地、矿产和全民所有森林、草原等实物量清查。持续完善地票制度，前三季度交易地票1.54万亩、31亿元，交易废弃矿山复垦指标568亩、1.15亿元，交易农村产权9.4万亩、2.73亿元。

（五）城乡规划建设品质持续提升

开展国土空间规划城市体检，《重庆市中心城区城市更新规划》通过市政府审批，完成《重庆东部生态城规划（2020—2035年）》《广阳岛智创生态城规划》。印发实施《中心城区高度强度密度分区管理办法》，出台《关于进一步规范建筑限高规划管理的通知》《重庆市建筑项目海绵城市景观设计导则》，构建城市形态管控体系，引导城市品质、安全、韧性等整体优化提升。进一步加大历史文化名城名镇名村保护力度，持续推进两江交汇核心区、山城步道、磁器口、金刚碑等重点项目和重点历史文化风貌街区的实施，十八梯传统风貌区已开街，打造城市更新"窗口"。指导17个市级乡村振兴重点帮扶乡镇全面开展乡镇国土空间规划编制，持续强化实用性村庄规划对乡村振兴项目的建设指引，全市累计入库村庄规划1036个。印发重庆市乡村规划设计导则、全域全要素村庄规划编制指南，图文并茂引导乡村建设品质提升。推进规划师进乡进社区试点，强化社区和乡村品质提升的人才支持。

（六）改革创新向纵深推进

稳妥推进农村集体经营性建设用地入市改革，明确先行推进入市区县工作任务和入市关键政策路径。积极探索推进工业项目标准地出让，指导试点区县开展标准地实践，已成交工业项目标准地5宗。自然资源资产产权制度改革取得阶段性成果，83项改革任务已完成34项。探索自然资源常规监测与市级卫片深度融合机制，推进自然资源变化滚动提取、实时下发，实现违法行为早发现、早制止、严查处。印发《关于深化规划自然资源"放管服"改革工作的通知》，从深化简政放权、服务产业发展、促进城市更新等5个方面，推出24条"放管服"新举措。全面推进测绘资质改革，制定出台《重庆市测绘资质管理办法》以及相关技术审查规定，完成全市测绘资质改革设计、办法制定、系统调试与审批流程再造。持续深化不动产登记改革，着力推进减环节、减时间、减材料、减成本，全市共办理不动产登记329.77万件，同比增长21.1%，支持企业融资5515.46亿元，二手房过户"一窗办"平均耗时45分钟。支持法院远程查控，试点法院查控用时从平均5天缩减为1天。重庆登记财产指标综合评分全球排名前20位，为东亚及太平洋地区最优，改革成效获自然资源部肯定和推广。成功申报"国土空间规划监测评估预警重点实验室"，川渝共建"古生物和古环境协同演化重庆市重点实验室"正式揭牌，积极争取创建国家页岩油气科技创新和产业中心,"页岩气高效绿色开发关键技术与应用示范"重大项目纳入全市科技创新"十四五"规划,新获国土资源科学技术奖二等奖4项。

(七)民生服务保障做好做实

聚焦群众"急难愁盼"问题,扎实开展"我为群众办实事"实践活动,承担的3项市级重点民生项目完成2项,剩余1项进度达到83%,部门谋划的25项民生实事已完成10项,剩余事项进度均达70%以上。编制《中心城区轨道步行可达性提升规划》,切实提升居民出行品质。用好红色资源,协同开展全市革命文物保护利用规划,加快开埠遗址公园、红岩文化公园、长征国家文化公园重庆段建设,传承红色基因。落实落细地灾防控责任措施,强化"人防"和"技防"有机衔接,推进新生地质灾害风险点排查,前三季度全市共发生地质灾害险情286起,成功预警23起,避免群众伤亡637人,避免经济损失8090万元。

存在的问题和不足:一是规划的科学性、精准度还有待提升。二是自然资源节约集约利用程度不够,耕地保护形势日益严峻。三是推动城乡自然资本加快增值的路径和方式还不够多,制度体系还不够完善。四是在当前国土空间规划编制审批前的过渡阶段,一些涉及占用永久基本农田的建设项目一定程度上存在审批障碍。

二、2022年重庆市自然资源开发利用展望

(一)提高规划科学性,进一步突出规划引领

2022年将积极对接自然资源部报批《重庆市国土空间总体规划(2021—2035年)》,印发实施《成渝地区双城经济圈国土空间规划》。完成区(县)国土空间总体规划和分区规划编制,推进川渝高竹新区等一批跨行政区域国土空间规划。同时统筹并精准划定落实永久基本农田、生态保护红线、城镇开发边界,深化优化城乡功能空间布局,以"场景营城"方法推进城市更新。完善国土空间信息平台,实施国土空间监测预警和绩效考核机制,开展常态化国土空间规划城市体检评估。建设交通综合信息平台。健全国土空间法规政策和技术标准体系,开展国土空间规划地方立法工作。建立国土空间规划弹性留白机制和动态优化调整机制。协同推进5G通信、能源、交通、水利、市政基础设施等规划。

(二)用好生态和人文两个"宝贝",彰显独特魅力

全力抓好"四山"保护提升,统筹完善"四山"生态保护、居民生活、城镇发展协调关系,开展"四山"规划优化和违法建设问题分类整治,为市民呈现高品质城中生态山地空间。着力塑造城乡特色风貌,加强城市设计和历史文化保护,突出"山城""江城"规划,统筹产业园区、城市街区、景区景点建设,完善强度、高度、密度分区管控体系,打造"近者悦、远者来"的美好城市。持续推进两江四岸核心区、大田湾—文化宫—大礼堂、开埠遗址公园、红岩文化公园等重点项目规划实施,编制实施江城江镇江村滨江地带品质提升专项规划。系统开展巴蜀历史文化资源研究和资源普查,抓好历史文化名城名镇名村保护工作。加强实景地理信息建设,深化地理地图文化建设应用。

(三)用"长牙齿"的硬措施,严格耕地和自然资源保护

加快推进土地管理地方立法工作。根据"三调"底图,优化核定耕地和永久基本农田保护目标任务,确保应划尽划、应保尽保,责任落实到区(县)政府。推动建立"田长制",完善巡查监督和动态监管机制,遏制耕地"非农化",防止"非粮化"。加强土地综合整治,严格落实耕地占补平衡制度,提升补充耕地质量,积极推进"旱改水"试点,确保"占优补优、占水田补水田"。加大挂牌督办、公开通报违法

案件力度，对违法占用耕地、永久基本农田等行为"零容忍"，按期完成督察反馈问题整改。印发《重庆市国土空间生态修复规划（2021—2035 年）》《长江、嘉陵江、乌江、岷江、涪江、沱江生态廊道建设规划（2021—2025 年）》，持续推动实施重要生态系统保护和修复重大工程，鼓励社会资本参与生态保护修复，增加碳汇，减少碳排放。

（四）狠抓土地科学供应，促进内涵发展

用好国家建设用地审批权委托试点，完善土地计划按项目配置机制，实行建设用地计划与消化存量、吸纳人口、农村建设用地复垦"三个挂钩"，确保大项目、好项目及时落地。转变土地利用方式，坚持以轨道交通引领城市发展格局、城市规划引领土地出让，加强土地储备整治和出让统筹管理，促进土地和房地产市场平稳运行。扩大国有土地有偿使用范围，完善城乡统一的土地市场，促进土地二级市场加快发展。完善促进存量产业用地加快利用政策，促进壮大现代产业体系，推动实体经济更好发展。落实最严格的节约集约用地制度，探索新增建设用地指标项目化、具体化、预算式管理，继续实施新增建设用地计划与批而未供和闲置土地处置数量挂钩机制，完善政府引导市场参与的城镇低效用地再开发政策体系。

（五）全面深化改革，推动城乡自然资本加快增值

以"三调"成果为基础，统筹全市地理国情、森林、草原、水、湿地等专项调查，完善自然资源调查监测体系。统筹推进自然资源资产产权制度改革，开展全民所有自然资源资产清查、自然资源统一确权登记，推进全民所有自然资源资产所有权委托代理试点，构建统一完善的自然资源资产处置、配置及相应的收益管理制度，探索多元化生态产品价值实现路径。深化土地管理制度改革，对接自然资源部农村集体经营性建设用地入市指导意见，研究完善重庆市集体经营性建设用地入市制度。总结两江新区、重庆高新区和永川区三区工业项目标准地出让经验，指导有条件的其他区（县）开展工业项目标准地出让试点。完善农村综合产权交易体系，争取建成全国性建设用地、补充耕地指标跨区域交易平台。深入推进规划师进社区进乡村。继续争取开展增减挂钩结余指标跨省调剂，增强地票、国土整治、退耕还林等政策协同性、落地性。

（六）牢守安全底线，全力防范风险隐患

坚持人民至上、生命至上，突出抓好地灾安全，聚焦"隐患在哪里""灾害何时发生"等关键问题，深入推进地质灾害防治体系建设，完成上千个专群结合 GNSS 监测预警项目建设，做好地质灾害治理和避险搬迁，汛前完成所有灾后重建项目，进一步织密地质灾害防治"四重"网格。加快落实基于"隐患点+风险区""双控"的地质灾害管控体制机制建设。深入推进扫黑除恶常态化工作中自然资源领域整治，完善以矿业权勘查开采公示信息抽查、矿产督察、露天矿山遥感监测、执法巡查为核心的矿山监管体系，建设地下开采矿山井下测量基准点，严厉打击无证、越界采矿行为，确保矿产资源勘查开发秩序持续向好。

[重庆市规划和自然资源局　熊仪俊　张艺扬]

之十六：2021年重庆市城乡居民收入状况分析及2022年展望

2021年以来，重庆市全面贯彻落实党中央、国务院决策部署，持续巩固拓展疫情防控和经济社会发展成果，着力推动"十四五"开好局、起好步，全市经济社会恢复成效明显，内生动力稳步增强，发展质量效益持续改善，就业形势恢复向好，城乡居民收入增长势头良好。

一、2021年重庆市城乡居民收入增长特点

（一）城乡居民收入增长基本恢复正常

前三季度，重庆全体居民人均可支配收入达到26133元，同比增加2594元，增长11.0%，两年平均增长8.7%（两年平均增速是指以2019年相应同期数为基数，采用几何平均方法计算的增速，下同），较"十三五"时期年均增速低0.2个百分点，已接近正常年份水平。其中，城镇常住居民人均可支配收入为33962元，同比增加3128元，增长10.1%；农村常住居民人均可支配收入为13700元，同比增加1435元，增长11.7%，二者两年平均增速分别为7.8%、9.8%，前者较"十三五"时期年均增速低0.2个百分点，后者已高出0.5个百分点。

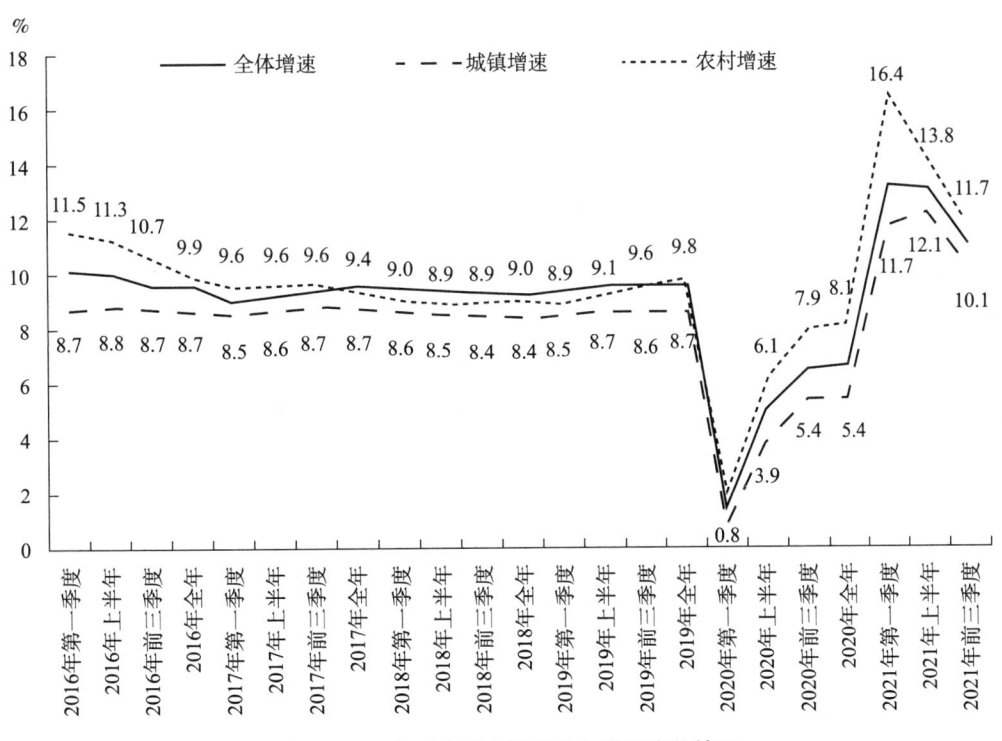

图1 2016年以来城乡居民收入增长变化情况

（二）收入增长快于全国，绝对额与全国平均水平的差距逐步缩小

与全国平均水平相比，前三季度，重庆全体居民人均可支配收入增速比全国平均水平高0.6个百分点，在全国31个省（自治区、直辖市）、西部12个省（自治区、直辖市）中分别排第八位、第四位；城镇常住居民人均可支配收入增速比全国平均水平高0.6个百分点，在全国31个省（自治区、直辖市）、西部12个省（自治区、直辖市）中分别排第八位、第三位；农村常住居民人均可支配收入增速比全国平均水平高0.1个百分点，在全国31个省（自治区、直辖市）、西部12个省（自治区、直辖市）中分别排第12位、第五位。受此影响，前三季度重庆全体居民人均可支配收入绝对额已达全国平均水平的99.5%，较上年同期提高0.5个百分点，与全国平均水平的差距进一步缩小至132元，绝对额在全国31个省（自治区、直辖市）、西部12个省（自治区、直辖市）中分别排第十位、第一位。

（三）四大类收入持续较快增长，工资性收入增收贡献最大

从增长速度来看，前三季度，重庆全体居民人均工资性收入、经营净收入、财产净收入和转移净收入分别为14248元、4082元、1576元和6227元，分别同比增长11.4%、11.2%、15.0%和9.1%，两年平均分别增长8.9%、8.2%、9.7%和8.5%，继续保持较快增长势头。从增收贡献来看，前三季度，重庆全体居民人均工资性收入、经营净收入、财产净收入和转移净收入对居民可支配收入增长的贡献率分别达56.1%、15.9%、7.9%和20.1%，工资性收入仍然是居民增收的"压舱石""顶梁柱"。

表1　2021年前三季度重庆全体居民人均可支配收入情况

指标	本年/元	上年/元	增加额/元	同比增速/%	贡献率/%
可支配收入	26133	23539	2594	11.0	100
工资性收入	14248	12793	1455	11.4	56.1
经营净收入	4082	3671	412	11.2	15.9
财产净收入	1576	1370	206	15.0	7.9
转移净收入	6227	5706	521	9.1	20.1

（四）收入结构持续优化，收入倍差逐年缩小

从收入结构来看，前三季度，重庆全体居民工资性收入、经营净收入、财产净收入和转移净收入所占比重分别为54.5%、15.6%、6.0%和23.8%，与上年同期相比，工资性收入、财产净收入占比分别较上年同期提高0.2个百分点，经营净收入占比与上年同期持平，转移净收入占比较上年同期回落0.4个百分点。从收入倍差来看，前三季度，重庆城乡居民收入倍差为2.48∶1，较上年同期下降0.03个百分点。

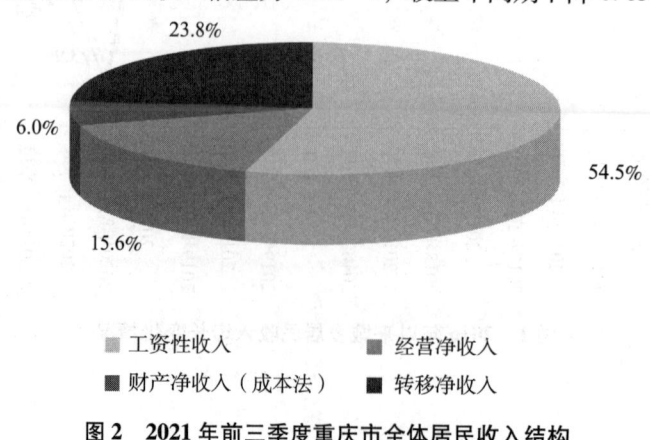

图2　2021年前三季度重庆市全体居民收入结构

二、2021年城乡居民收入增长原因分析

（一）宏观经济稳步复苏，为城乡居民增收奠定坚实基础

2021年以来，重庆立足新发展阶段，贯彻新发展理念，加快推动成渝地区双城经济圈建设，社会生产稳定恢复，需求持续复苏，经济发展韧性逐步增强。前三季度，实现地区生产总值19951.89亿元，同比增长9.9%，规模以上工业增加值同比增长14.2%；服务业稳定恢复，同比增长25.0%；农业和畜牧业生产总体向好；消费市场延续复苏态势，社会消费品零售总额10302.06亿元，同比增长23.7%；新兴制造业快速发展，高技术制造业增加值同比增长22.1%，为城乡居民收入增长提供坚强后盾。

（二）就业形势持续向好，为城乡居民增收提供有力支撑

1—9月，就业形势稳定恢复、稳中向好，城镇新增就业59.7万人，同比增长21.3%。为破解重点群体就业难问题，2021年重庆建立专班机制，实现高校毕业生、农民工、长江退捕渔民等就业帮扶全覆盖，24.2万应届高校毕业生去向落实率比上年同期高出14个百分点；58.6万市外员工留渝过年，实现"愿留尽留"；400余万农民工返岗复工，实现"应返尽返"；脱贫人口就业77.3万人，超过上年全年规模；农村转移劳动力数量825.7万人，同比增长4.2%。就业形势持续向好为城乡居民增收提供了有效支撑。

（三）政策支持精准发力，为城乡居民增收注入强大活力

为促进社会经济快速恢复发展，围绕重点人群，政府采取一系列措施，带动居民收入增加。一是再次上调养老金，采取"定额调整、挂钩调整、适当倾斜"相结合的调整办法，从2021年1月1日起调整企业和机关事业单位退休人员基本养老金，以2020年12月基本养老金为基数，每人每月增长0.7%。二是提高社会救助金标准。从2021年9月起，城市最低生活保障标准提高到每人每月636元，农村最低生活保障标准提高到每人每月515元，特困人员基本生活保障标准提高到每人每月827元。三是全市机关及事业单位目标绩效奖和离退休人员健康休养费的标准上调。

（四）激发市场主体活力，为实体企业营造良好营商环境

2021年上半年，新设立市场主体26.43万户，同比增幅高达16.8%。截至2021年6月30日，重庆市市场主体总量达到308.24万户，再创历史新高。一是出台《促进生产经营稳定发展若干措施》，从减税降费降成本、促进科技创新、金融惠企支持、持续扩大内需等4个方面，提出27项政策措施，优化创新主体要素保障、强化制造业中长期贷款服务、加大技术升级改造项目支持力度，提高小规模纳税人增值税起征点等，进一步促进生产经营稳定发展，减少市场主体负担。二是重庆市税务局、工商联、经信委联合启动"春雨润苗"行动，发布惠苗政策进万家、助苗服务优体验、护苗成长促发展三大类13条措施，助力小微企业发展。三是出台《加快发展新型消费释放消费潜力若干措施》，从加强消费新模式创新应用、推动重点消费品更新升级、促进消费新场景赋能提质、塑造安全友好的消费环境等4个方面，提出28项政策措施，激发全社会消费活力，促进消费潜力释放。

（五）乡村振兴引领发展，带动农村一二三产业快速发展

按照"十四五"农业农村发展规划，重庆聚焦高标准农田、农产品仓储保鲜冷链物流设施、现代农业园区、乡村建设等领域，加大农业农村投资建设力度，前三季度，第一产业投资同比增长29.0%。农村电商发展迅猛，深入实施"互联网+"农产品出村进城工程，推进重庆品牌农产品网销行动，"巴味渝珍"农产品电商平台上线农业企业2176家、7132款产品，培育了恒都牛肉等爆款电商品牌，前三季度全市农产品网络零售额达到108亿元，同比增长20.8%。乡村休闲旅游持续回暖升温，已经基本恢复到正常

年份水平,乡村振兴的大力实施带动农村全面发展,给农民增收创造有利条件。

(六)惠农政策全面落地,促进农村居民收入快速增长

2021年以来,重庆进一步落实政策扶持保障,及时兑付耕地地力补贴21.72亿元、2021年实际种粮农民一次性补贴3.3亿元和农机购置补贴0.72亿元,继续实施230元/亩种粮大户补贴,并扩面实施主要粮油作物政策性农业保险,有力调动了农户种粮积极性,促进农民增收。出台《关于继续大力实施消费帮扶巩固拓展脱贫攻坚成果的实施意见》,从持续扩大产品和服务定向消费、加快完善农产品流通销售体系、强化预警妥善应对农副产品滞销、提升特色农副产品市场认可度和竞争力、促进文旅休闲等服务业提质增效、深入推进消费帮扶重点产品认定和平台建设等6个方面出台18条政策措施,着力建立健全消费帮扶长效机制,带动脱贫人口增收致富。在脱贫区(县)申报创建国家现代农业产业园2个,实施优势特色产业集群2个,推动3个农业产业强镇建设。持续深化产销对接和消费帮扶,上半年销售脱贫地区帮扶产品14.6亿元。

三、2022年城乡居民收入增长形势展望

从当前来看,重庆城乡居民收入增长已基本恢复正常,增收形势好于全国平均水平,但后续积极因素和消极因素并存,全市居民增收面临新的形势,预期随着基数渐次走高,城乡居民收入增速或将有所放缓,总体呈现平稳增长态势。

(一)积极因素

一是宏观经济保持平稳运行为城乡居民增收提供基本面。下阶段,随着统筹疫情防控和经济社会发展的成效不断显现,全市经济发展动能增强,工业产业结构持续优化,新兴服务业快速发展,消费市场回暖加快,就业形势总体稳定,为城乡居民增收提供良好的经济保障。二是成渝地区双城经济圈建设为城乡居民增收带来新机遇。推动成渝地区双城经济圈建设,完善现代基础设施网络,在开放、创新、产业、改革、城市、人才、治理、生态、党建9个方面广泛合作,共同营造一流的营商环境,促进经济协同发展,为城乡居民增收提供新契机。三是乡村振兴助力农村发展为城乡居民增收增添新动力。目前,全市多管齐下,持续巩固脱贫攻坚成果,大力发展乡村振兴,推动农村产业融合发展,加强乡村人才开发,以消费帮扶带动产业发展,促进城乡统筹互补互促,加强和改进乡村治理,为农村居民增收提供了广阔前景。

(二)消极因素

一是经济发展仍面临一定下行压力。虽然全市经济发展延续恢复态势,但经济恢复仍然不稳固不均衡,GDP和开发投资等面临一定的下行压力,加之全国疫情时有发生,一定程度上抑制国内需求快速回升,且疫情导致中低收入群体增收困难、就业压力加大,对城乡居民增收形成一定制约。二是原材料价格上涨推动工业成本上行。煤炭、化工、钢材等大宗商品和原材料价格上涨对制造业形成冲击,工业成本上涨挤占企业利润空间,并推高工业消费品价格,会影响城乡民留存收入。三是谨防生猪养殖出现亏损。2021年2月以来,猪肉价格已连续七个月下降,并且受玉米价格高企、生猪价格持续下行影响,猪粮比价持续走低,至8月已低于5.0:1,逼近预警区,影响养殖户收益。四是主要农资价格涨幅较大提高农业生产成本。由于疫情持续蔓延,全球农资生产受挫,国内生产企业环保设备升级改造,原油、煤炭、硫黄等农资原材料价格和企业生产成本上涨,导致化肥、柴油、种子、饲料等农资价格上涨,不利于农民增收。

[国家统计局重庆调查总队 吕 靖]

之十七：2021年重庆市创新发展情况及2022年展望

2021年，重庆科技创新工作坚持以习近平新时代中国特色社会主义思想为指导，深入学习贯彻党的十九大和十九届二中、三中、四中、五中、六中全会精神，全面落实习近平总书记关于科技创新的重要论述和对重庆提出的重要指示要求，抢抓成渝地区双城经济圈建设战略机遇，认真落实市委五届十次全会精神，聚焦加快建设具有全国影响力的科技创新中心目标，大力推进以大数据智能化为引领的创新驱动发展，科技创新保持持续向好势头，高质量发展的新动能蓄势发力。

一、2021年重庆市科技创新发展情况

（一）战略科技平台提速建设

西部（重庆）科学城建设取得新突破。中科院汽车软件创新研究平台加快建设，北京大学重庆大数据研究院（集聚高层次人才70人）、西安电子科技大学重庆集成电路创新研究院、北京理工大学重庆微电子中心、电子科技大学重庆微电子产业技术研究院建成投用。高校和科研院所落地非常规油气研发创新中心、智能装备研究院等项目33个，累计引进建设新型高端研发机构26个、市级以上研发机构538个。联合微电子中心获批全市首个国家制造业创新中心，新认定复杂环境通信等15个重庆市重点实验室，市级以上重点实验室累计91个，布局建设科技创新基地184个。实施"金凤凰"人才政策，重庆英才卡持卡人数增至527人，建成博士后工作站33个。两江协同创新区打造取得新成效。引进国内外知名高校院所设立研发机构37家，新增新体制民用雷达、精密光学、绿色航空能源动力等3家市级重点实验室，启动建设分布式雷达天体成像测量仪验证试验场、钛合金精密铸造技术创新中心等一批重大创新平台。组建智能网联产业创新联合体，中红外光纤激光器、柔性复合防爆装备等高新产品进入市场化阶段，孵化培育产业化公司58家。广阳湾智创生态城创建取得新进展。新建成2家新型研发机构，重庆邮电大学"三院"建成投用，市级以上科技创新平台累计198个，加快建设国家绿色产业示范基地、国家智能产业密码应用示范与科技创新基地和重庆软件园。高新区创新发展取得新提升。13个高新区引进中科曙光国家大数据中心等重大项目726个、总投资额3461亿元，大力发展新一代信息技术、高端装备、生物医药、新能源汽车等高新技术产业，工业总产值突破8300亿元，科技型企业累计7500家，占全市的22.4%，高新技术企业1455家，占全市的34.5%。

（二）基础前沿研究加快推进

加快建设基础研究平台。超瞬态实验装置、长江模拟器、中国自然人群生物资源库重庆中心、长江上游种质创制科学装置、分布式雷达天体成像测量仪、无线能量传输与环境影响科学工程等重大科技基础设施加快建设。与张江国家实验室、广州国家实验室达成合作意向，加快编制国家实验室重庆基地建设方案。获批建设金佛山喀斯特生态系统、雪峰山能源装备安全国家野外科学观测研究站，累计建设国家级科技创新基地97个。"一室一策"优化重组国家重点实验室10个，新认定市级重点实验室38个，累计210个。大力开展基础前沿研究。编制《重庆市基础研究行动计划（2021—2030年）》，修订《重庆

市自然科学基金项目管理办法》，完善市自然科学基金项目体系和组织管理模式，实施自然科学基金项目1512项，较上年增长15.4%，用于基础研究的财政经费较上年增长14.9%。截至目前，获国家自然科学基金项目909项、资助经费4.27亿元，国家杰青、优青项目较上年增长45.5%。国家自然科学基金委联合基金额度由上年的4000万元增加至8000万元，经费翻一番。不断涌现基础研究成果。在肿瘤免疫、干细胞移植、觉醒睡眠与学习记忆等医学领域，镁塑性变形、金属强化、低能电子显微镜开发等材料领域取得重大原创性理论突破，相关成果发表在 Nature、Science 等国际顶级期刊。国家应用数学中心实现应用数学与人工智能深度结合，将伪造检测技术准确率提升至94.1%，于2021年9月登上深度伪造知名学术榜单 FaceForensics Benchmark 榜首。

（三）经济发展活力持续增强

重庆科学研究服务业营业收入同比增长22%，高于全国2个百分点。实施科技企业成长工程。科技型企业35117家，同比增长33.2%；高新技术企业预计突破5000家，同比增长18.4%。重组科技投资平台，知识价值信用贷款214.6亿元，同比增长46.3%。种子、天使、风险基金投资项目1406个，金额177.15亿元。成立科创板上市专项工作组，遴选100家培育企业、10家重点企业，清单化推进科创板上市。打造创业孵化平台。建设环大学创新生态圈10个，入孵企业团队3275个，孵化企业746家，带动4852名大学生创业就业。新获批国家大学科技园1家、国家级科技企业孵化器3家，累计分别为3家、22家，新认定市级科技企业孵化器31家，累计99家，累计建设国家"双创"示范基地8个、孵化平台406家，集聚"双创"团队2万余个。促进科技成果转化。遴选20家单位开展职务科技成果所有权或长期使用权改革试点，出台成果转化"24条"，举办供需对接活动26场（次），科技成果登记747项，技术合同登记成交额129.07亿元，同比增长199%。

（四）产业技术创新不断突破

引进建设新型研发机构。立足产业技术创新需要，大力实施引进科技创新资源行动，新引进中科院软件所、机械研究总院等知名高校院所企业15家，累计103家，落地建设研发机构63家，会聚高层次人才1700人，搭建市级重点实验室、博士后科研工作站等科研平台50余个，完成技术攻关600余项，实施高新技术产业化项目137个，加快与本地产业融合发展。推进关键核心技术攻关。编制科技进步路线图，梳理7个领域、37个产业（行业）、601个关键核心技术攻关路径，聚焦紧迫、重大、急需"三大问题"构建快速响应机制，制定技术、机构、人才"三张清单"，以"快速响应+精准服务"实施硅基光电子、新能源汽车、轨道智能机器人、山地农业机械等技术创新项目，以"揭榜挂帅""赛马"机制实施锰渣综合利用、自动驾驶等重大项目7个。提升产业发展能级。联合微电子中心获批成为国家级制造业创新中心，市畜科院获批建设全国农业领域首个国家生猪技术创新中心，实现国家制造业创新中心、国家技术创新中心"双突破"。高技术产业增加值同比增长22.1%，占工业增加值比重19%，六大战略性新兴产业增加值增长22.7%，占工业增加值比重28.7%。突破远程无人泊车、氢耗优化等关键技术，开发C385全新纯电动汽车、CS75燃料电池SUV，开展智能新能源汽车、C385F燃料电池汽车等研发，推动汽车产业高端化、智能化、绿色化发展。突破车规级芯片设计、5G通信射频芯片设计等核心技术，加快研发智能电控汽车芯片等产品，着力推进超高速高端模数转换器IC技术等研究，掌握一批集成电路关键技术。加快建设新一代人工智能创新发展试验区，推进"十大新基建""十大应用场景"工作，突破视频定位等核心技术，推动智能产业自主可控。促血小板生成、治疗晚期实体瘤等23个Ⅰ类新药进入临床试验，HPV九价疫苗等4个Ⅰ类新药进入三期临床试验，生物科技产业快速发展。同时，加速布局轻金属材料、镁储能等技术创新。

（五）民生领域科技创新稳步推进

推进疫情防控科技攻关。智飞生物的新冠病毒疫苗、中元汇吉的核酸检测试剂盒获批上市，重庆医科大学快速检测试剂盒在重庆高新区试产，耐德工业的移动CT检查方舱投产。加快生态环保领域技术突破。突破三峡库区消落带特拉锚垫生态修复、"天—空—地"一体化协同动态监测等技术，在万州、涪陵、忠县、巫山等区（县）开展示范应用，面积超过400亩。突破挥发性有机物（VOCs）低温催化分解技术，制备工业级蜂窝陶瓷整体催化剂材料，实现重庆市首个汽车涂装VOCs全过程管控。研发生物处理+电渗析的耦合工艺，实现榨菜废水化学需氧量、氨氮、总氮、总磷去除率均超过99%，废水处理费用降低16%，增加每吨废水7.2元的副产值。开展卫生健康技术应用示范。建立川渝重点传染病智慧监测预警平台，在川渝两地5家疾控中心、10家医院上线运行。"互联网+分级诊疗"在重医附属永川医院正式运营，实现基于互联网的基层首诊、双向转诊、急慢分治、上下联动的分级诊疗运行机制，惠及永川区等4个区（县）300余万居民。胎儿先天性心脏病早期超声筛查平台在武隆区人民医院等11家医院开展技术推广应用，完成17728例胎儿心脏超声检查。科技赋能乡村振兴。建设农业科技园区22个、市级以上"星创天地"26个、农业科技专家大院65个。选派科技特派员3448人次，选派范围由33个区（县）拓展到36个区（县），举办科技特派员网络公开课82期，受众超过70万人次。制定国家生猪技术创新中心建设方案和支持政策，"南方区地方猪新品种（配套系）培育及良繁"项目被纳入科技部"十四五"重点专项，获国拨经费5000万元，完成2个地方猪血缘新品种4个世代和3个外种猪专门化新品系两个世代的选育，建立七类22个荣昌猪标准体系。

（六）科技创新人才队伍日益壮大

完善人才发展政策。制定高水平创新平台人才发展措施，实施博士"直通车"、博士后定额资助科研项目，联合微电子中心、国际免疫研究院、康佳光电研究院、国家应用数学中心试点"一企一策"人才政策。开展科研人员"减负行动2.0"，实行科研项目经费"包干制"。不断强化人才服务保障。开展"为科技工作者办实事、助科技工作者作贡献"行动，筹集1万套人才公寓、6万套青年人才公租房，落实406位重庆英才科技工作者子女入学等工作。加大人才引育力度。实施"重庆英才计划"，遴选重庆英才计划高层次人才430人、团队100个，新增外国高端人才（A类）265人，累计1180人。

（七）科技开放合作全面深化

强化川渝协同创新。共同出资6000万元，联合实施人工智能等科研项目45项。新认定川渝共建重点实验室5个，累计6个，建成川渝科技资源共享服务平台、开放共享科研仪器设备12498台（套），成立成渝地区高新区联盟、技术转移联盟和协同创新联盟。川渝两地20多个区（市、县）签订科技合作协议，荣昌与内江共建现代农业高新技术产业示范区，綦江与自贡高新区共建"川渝产业合作示范园区"，遂宁与潼南协同建设科技创新走廊，北碚与绵阳合作建设国家军民两用技术交易中心（重庆分中心）和四川军民融合大型仪器共享平台重庆分中心。强化国际交流合作。高标准举办第四届智博会，8位国外科学家线上出席活动，举办论坛6场、大赛5场、线下发布16场。作为主宾省参加"2021浦江论坛"、全球技术转移大会。与新加坡科技研究局、匈牙利创新与技术部签订合作协议，举办中匈创新合作大会，签约合作项目8个。与四川省科技厅共同谋划建设"一带一路"科技创新合作区和国际技术转移中心。中国—韩国工业物联网"一带一路"联合实验室获科技部批复建设，为重庆首个国家级"一带一路"科学实验平台。强化区域科技合作。签署沪渝科技合作协议，双方将在科技创新中心建设等七个方面开展深度合作，促进长江经济带高质量发展。对接广州国家实验室，积极争取建设广州国家实验室重庆基地，建立重庆市与粤港澳大湾区科技创新合作的新纽带。鲁渝合作更加紧密，建设鲁渝中医药康养产业技术创新中心等4个创新平台，引进推广实用技术127项、特色作物和畜禽品种59个，组织精准扶贫专题培训班13期，培训基层科技管理干部、乡土科技人才及致富带头人1047人次，现场培训农户4983人次，带动建卡贫困户2889人增产增收。与乌鲁木齐市共同举办第二届跨区域协同创新合作视频会，深入开展技术、成果项目合作。加强与重庆市援藏工作队合作，通过实施科技合作项目、人才交流等方式，提升昌都市科技创新能力。强化军民融合创新。发挥国防科技创新快响小组（重庆）作用，23个科研项目被纳入中央军委科技委立项，支持经费达到2亿元。加强与军委装备发展部的协同联动，组织"慧眼行动"创新成果征集，遴选推荐项目34个。通过四川军民融合大型科学仪器共享平台（17共享网）重庆中心等载体，推动成渝两地近300台（套）军民科研仪器设备开放共享。

二、面临的主要问题

2021年，重庆科技创新迈出了新步伐，取得了积极进展。同时，也要清醒地看到，重庆科技创新存在短板和不足，主要体现为六个"欠缺"。

（一）重大引领性的基础研究原创成果欠缺

重庆在基础前沿学科领域的整体研究能力较弱，缺少"从0到1"的重大引领性的基础研究原创成果，缺少重大引领性基础研究成果，国家自然科学奖获奖项目以及最高科学技术奖获得者尚未实现突破。比如，2019年重庆获得国家科学技术进步奖数量（12项）仅为北京（71项）的16%、上海（52项）的23%、四川（25项）的48%，技术发明奖数量（2项）仅为北京（13项）的15%、上海（33项）的6%，与北京、上海等重点省（市）差距较大。

（二）带动性强的科创企业欠缺

目前，重庆科技型企业虽然超过2.9万家，但普遍规模小、实力弱，既缺乏像华为、腾讯、阿里那样创新能力强、带动示范优、引领辐射广的龙头企业，又缺少发展潜力大的"独角兽"企业。2020年重庆市有效期内高新技术企业4222家，远少于北京的2.9万家、上海的1.7万家；"独角兽"企业仅特斯联1家，与北京（93家）、上海（35家）差距较大。

（三）影响力大的科创平台欠缺

目前，重庆尚无国家大科学装置、国家实验室等国家科创平台，也缺少类似于深圳鹏城实验室、杭州之江实验室等新型高端研发平台，这成为制约其科技创新的突出瓶颈。大科学装置方面，北京、上海、四川、合肥分别已有14个、7个、4个、8个，重庆尚未实现"零的突破"。国家实验室方面，北京、上海、合肥和深圳各有1个，重庆尚未实现"零的突破"。重点实验室方面，重庆拥有国家重点实验室10个，仅为北京的1/14、上海的1/4。

（四）领军型的科创人才欠缺

目前，重庆缺乏能带领团队攻克核心关键技术"瓶颈"的科创领军人才。截至2019年底，重庆国家级科技创新人才累计608人。"两院"院士16人，仅为北京（756人）的2.12%、上海（182人）的8.79%、成都（30人）的53.33%。国家"万人计划"专家39人，仅为北京（682人）的1/18。"国家杰出青年"获得者47人，仅为北京的6.59%、上海的17.60%。

（五）高水平的科研机构欠缺

截至2020年底，重庆拥有68所高等学校，少于北京（92所）、武汉（83所），"双一流"高校仅2所，远少于北京（31所）和上海（14所）。中央在渝科研院所仅4家，远低于北京的347家、上海的52

家；新型研发机构 84 家，数量上低于广东 34%、湖北 33.6%。同时，重庆多数新型研发机构仍处于初创期，存在研发方向不明、自身造血能力不足、机构研发资金紧张等问题。

（六）完备顺畅的科技创新体制机制欠缺

科技创新投入机制不完善，科技资金整合力度不够，政府和市场投资边界不清，社会化投入机制不健全。科技成果转化机制存在科研成果与市场需求匹配度不足、高水平科技成果转化服务机构不足、专业技术转移人才不足等问题。

三、2022 年科技创新发展重点展望

2022 年，重庆科技创新系统将坚持以习近平新时代中国特色社会主义思想为指导，深入贯彻习近平总书记关于科技创新的重要论述和对重庆提出的重要指示要求，立足新发展阶段、贯彻新发展理念、融入新发展格局，抢抓成渝地区双城经济圈建设战略机遇，深入推进以大数据智能化为引领的创新驱动发展，加快建设具有全国影响力的科技创新中心。

（一）加快建设战略科技平台，着力打造科技创新中心的核心载体

大力建设代表国家水平、参与国际开放合作的科技创新高地，推动形成一城引领、多园支撑、点面结合、全域推进的创新格局。

一是高水平建设西部（重庆）科学城。按照"建平台、兴产业、聚人才、优环境、提品质"思路，深化五区联动工作机制，促进科学城和大学城协同互动，依托既有平台和产业，加大筑巢引凤力度，打造"科学家的家、创业者的城"。高定位建设成渝综合性科学中心，强化科学策源、技术发源、产业引领等核心功能，以建设中科院重庆科学中心为牵引，推进超瞬态实验装置等重大科技基础设施建设，谋划建设国家实验室及其基地，集聚一批大平台、大团队、大项目，建设代表国家水平、体现国家意志、承载国家使命、发挥区域作用的综合性科学中心，打造原始创新集群和科技体制机制改革试验田。

二是高标准建设两江协同创新区。突出产业创新示范，瞄准新兴产业设立开放式、国际化高端研发机构，大力引进国内外顶尖高校、院所，推动分布式雷达天体成像测量仪验证试验场、东方红低轨卫星通信系统、水土生物医药创新基地等项目建设，打造产业创新联合体，推动产业高端化、智能化、绿色化发展。

三是高起点创建广阳湾智创生态城。加快建设长江模拟器、长江流域野外科学观测研究站，加强生态保护修复和绿色低碳循环技术攻关，形成一批可视、易应用科创成果。培育壮大数字经济、节能环保等绿色产业，形成更多绿色发展示范。加快建设智慧生态、智慧建造、智慧风景、智慧管理四大应用场景，以智慧化引领推进减污降碳协同增效。

四是高质量推进特色产业园区发展。聚焦"高"和"新"推进高新区建设，加快集聚高端创新资源，培育壮大高新技术企业，打造战略性新兴产业集群。突出"智"和"绿"支持重庆经开区建设，依托中国智谷（重庆）科技园、重庆软件园、重庆 5G 产业园等平台，推动大数据智能化产业创新发展。注重"特"和"优"促进各类园区创新转型，支持完善创新服务功能、集聚高端创新资源，提升园区综合实力。

（二）加快突破关键核心技术，着力凸显科技创新中心的策源能力

围绕产业链部署创新链、围绕创新链布局产业链，打好关键核心技术攻坚战，不断增强支撑引领新发展格局的能力。

一是面向世界科技前沿实施基础研究行动计划。强化基础研究的战略性和引导性，实施基础研究行动计划，谋划建设国家实验室及其基地，"一室一策"优化提升现有国家重点实验室。推进大科学装置、中科院汽车软件创新研究平台建设，组建生命健康领域"重庆实验室"，创建大数据智能计算国家重点实验室，轻金属国家技术创新中心和病理诊断、感染性疾病等国家临床医学研究中心。瞄准人工智能、量子信息、集成电路、生命科学、生物育种、空天科技等前沿领域，加快原创性和颠覆性创新，提升基础研究和原始创新能力。

二是面向经济主战场实施关键核心技术攻关工程。聚焦电子信息、汽车、高端装备、新材料、生物医药等重点产业发展，对照科技进步路线图，梳理形成产业清单、平台清单、人才清单、技术清单、项目清单，加快建设产业技术创新中心等高水平研发平台，围绕产业链补齐创新链，组织实施一批重大科技创新项目，依托龙头企业突破一批"卡脖子"技术问题。加快建设国家新一代人工智能创新发展试验区，持续推进智能制造应用示范，推动智慧政务、智慧医疗等场景应用示范，打造"智造重镇""智慧名城"。

三是面向国家重大需求主动争取承担重大科技任务。瞄准国家有需要、重庆有能力的领域，梳理一批创新清单，力争在集成电路、移动信息网络、新材料、智能制造、长江上游生态环境修复等方面，承担更多的国家重大项目，推进战略高技术、装备和系统集成攻关，在国家科技进步中展现重庆担当。

四是面向人民生命健康实施民生保障科技专项行动。围绕建设国家医学中心，加快临床医学研究中心、P3实验室等创新基地建设，推进生物医药、医疗器械、重大传染病防治等技术攻关。实施现代种业提升工程，开展种源"卡脖子"技术攻关。实施农业科技创新支撑工程，新举措、高标准建设国家生猪技术创新中心，深入推进科技特派员制度，打造农高区、农业科技园区。实施污染防治攻坚战科技创新行动，推进环境绿色治理技术开发，促进生态文明建设。强化公共安全科技支撑。

（三）加快壮大优势创新力量，着力夯实科技创新中心的基础支撑

引进培育更多的科技"主力军"、创新"先锋队"，促进产学研深度融合。

一是提升企业技术创新能力。实施科技型中小企业创新发展三年行动计划，聚焦"赋能""增量""升规""上市""提质"五大目标，在高能级技术加快突破、高价值产品不断涌现、高成长性特征明显、高竞争力快速形成、高效治理成效显著上下功夫，提升企业技术创新能力，加速科技成果转移转化，强化企业创新政策支持，优化企业营商环境，推动企业文化建设。力争到2023年全市新培育科技型中小企业1万家以上，高新技术企业达到8000家以上；"小升规"企业达到2000家以上，高成长科技企业达到1000家以上；动态建立100家科技企业上市储备库，推动企业在科创板上市5家以上；培育隐形冠军企业10家以上。

二是提升高校原始创新能力。加快推进重庆大学、西南大学建设"双一流"大学，支持市属高校建设高水平大学和优势学科，强化信息、生命、新材料、新能源、工业互联网、微纳制造、人工智能等新兴交叉学科建设，推动更多学科进入A类学科。推动高校与中科院所属院所等深化合作，支持发展一批科教融合、产教融合平台，建设一批前沿科学中心，更好发挥高校服务发展、引领未来作用。

三是提升科研机构技术转移转化能力。发挥好新型研发机构的创新作用，着力扶持壮大一批研发力量强、人才集聚度高、发展前景好的高端研发机构，按照"一院一策、精准服务"思路，制定出台支持高层次人才团队集聚、高起点科研平台建设、高水平科研成果转化等的政策举措，推动已落地的研发机构又好又快发展，力争打造10个高水平示范研发机构。深化市属科研院所市场化改革，支持中央在渝科研机构做大做强，引进国内外顶尖高校院所合作共建研究院和研发中心。

（四）加快激发人才创新活力，着力培育科技创新中心的关键依靠

深入贯彻中央人才工作会议精神，牢固树立人才是第一资源的理念，全方位培养、引进、用好人才，争取在关键核心技术领域拥有一大批战略科技人才、一流科技领军人才和创新团队。

一是以更实举措培育人才。落实"塔尖""塔基"人才政策，深入实施重庆英才计划、院士带培计划和博士后倍增计划。更加重视优秀青年科技人才成长，搭建更高更大的平台，让优秀青年科研人员挑大梁，独立承担科研任务，牵头组织重大项目，培养一批未来能够领军挂帅的青年后备军。实施"科技人员兴园兴企兴乡村"行动，对接市级以上高新区、农业科技园区和其他特色科技园区的科技创新需求，选派科技人员开展精准服务，传递需求、导入资源、解决问题、促进发展，发挥科技人员纽带作用，探索产学研深度融合新模式，靶向服务园区发展、企业创新和乡村振兴。

二是以更好服务引进人才。深入开展"为科技工作者办实事、助科技工作者作贡献"行动，开展"一对一""点对点"定制服务，发挥好"金凤凰"人才政策的示范引领作用，制定各具特色的人才政策，精准引进"科技帅才"和"关键先生"。实施引进高端外国专家倍增行动计划，建立海外引智工作站，引进海外高层次创新人才。

三是以更优政策用好人才。深化人才发展体制机制改革，让各类优秀人才和创新团队立住脚、安下心、扎下根、发展好。根据需要和实际向用人主体充分授权，发挥用人主体在人才培养、引进、使用中的积极作用。积极为人才松绑，完善人才管理制度，持续开展减负专项行动，构建充分体现知识、技术等创新要素价值的收益分配机制，完善科研人员职务发明成果权益分享机制，做到以人才为本，信任人才、尊重人才、善待人才、包容人才。赋予科学家更大技术路线决定权、更大经费支配权、更大资源调度权，同时要建立健全责任制和军令状制度，确保科研项目取得成效。深化科研经费管理改革，优化整合人才计划，让人才静心做学问、搞研究，多出成果、出好成果。完善人才评价体系，加快建立以创新价值、能力、贡献为导向的人才评价体系，持续开展"四唯"清理行动，形成并实施有利于科技人才潜心研究和创新的评价体系。

（五）加快营造优良创新生态，着力增强科技创新中心的内生动力

厚植创新创业的社会土壤，聚众智、汇众力、创众业。

一是深化科技体制改革。围绕优化创新生态主任务，深入推进全面创新改革试验，持续深化科技体制"放管服"改革，转变科技管理职能，优化科研项目和科研经费管理，创新关键核心技术攻坚机制，完善成果评价机制，探索科技金融新模式，健全科技创新监管机制，形成支持全面创新的基础制度，以改革"小切口"实现创新"大红利"，让各种科技资源有效聚集起来、创新主体充分活跃起来、创新引擎全速运转起来。

二是提高成果转化效能。突出成果产生转化应用主抓手，积极创建国家科技成果转移转化示范区，深入开展科技成果进区县活动，壮大创投基金规模，推进知识价值信用贷款扩面放量。支持重庆国际生物城在成果转化激励、市场化技术交易平台建设、国际MAH持证平台打造、科技人才股权激励等方面先行先试，打造生物医药科技成果转化的首选地。建设面积10万平方米以上的大型科技企业孵化器，重点打造10个布局科学、特色鲜明、整体协同的环大学创新生态圈。加快建设中科院"重庆产业技术创新与育成中心"，使其成为中科院系统科技成果在渝转化孵化产业化的主管道。

三是推动创新开放合作。深入实施成渝科技创新合作计划，加强创新资源互联互通，促进科技成果双向转化。推进建设"一带一路"科技创新合作区和国际技术转移中心，策划举办"一带一路"科技交

流大会。促进军民融合科技创新。

四是强化科技创新服务。大力引育技术转移服务、知识产权服务、科技咨询服务等专业机构，布局建设高水平研发服务集聚区，强化资源共享、专利导航、金融支撑、科学普及等综合服务，持续开展科技创新政策服务。

[重庆生产力促进中心　杨　艳]

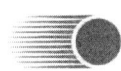

之十八：2021年重庆市知识产权发展情况及2022年展望

2021年，重庆知识产权系统深入学习贯彻习近平新时代中国特色社会主义思想，全面贯彻习近平总书记视察重庆重要指示要求和关于知识产权工作系列重要指示论述精神，认真落实市委、市政府和国家知识产权局安排部署，以及重庆市市场监管局党组要求，坚持稳中求进工作总基调，坚持将知识产权发展融入全市经济社会发展大局，奋力推进知识产权强市建设，知识产权发展取得较好成效，有力支撑高质量发展。

一、2021年重庆市知识产权发展情况

（一）强化知识产权创造运用，推动创新驱动发展

一是知识产权综合实力稳步提升。截至2021年9月，重庆万人发明专利拥有量12.79件，有效注册商标总量69.69万件，地理标志商标总量283件，驰名商标总量161件。江津花椒、酉阳茶油入选国家地理标志产品保护示范区名单。获批建设重庆知识产权保护中心和重庆知识产权运营中心等重大平台。建成全国首批省级知识产权综合业务窗口，实现专利申请、商标注册等知识产权业务"一窗通办"。第二十二届中国专利奖实现重大突破，重庆企业共获得专利金奖1件、银奖1件、优秀奖9件，获奖数量、质量均创历史新高。

二是知识产权创造能力显著增强。聚焦拟上市、科技创新型、"专精特新"企业，深入推进知识产权优势企业培育。制定市级优势企业评价指标，发布重庆市企业知识产权创新百强榜，开展上市、拟上市企业知识产权辅导。实施2021年度企业技术创新专利导航项目，支持30家、引导500余家企业运用专利信息支撑技术研发和经营发展。加强试点示范高校建设，重庆大学入选国家知识产权示范高校，西南大学、重庆理工大学入选国家知识产权试点高校。深化"产学研服"协同创新，聚焦关键技术领域核心专利布局，实施高价值专利培育计划项目，新立项12个，已实施项目共产出高价值专利400余件。

三是知识产权运用促进扎实有效。启动企业知识产权百亿融资行动计划。会同市科技局等八部门制定《重庆市实施专利转化专项计划工作方案》，与人民银行重庆营管部签订《推进知识产权金融合作框架协议》。举办高校院所高价值专利转移转化供需对接活动，推动重庆知识产权运营基金参与投资生物医药、电子信息等产业项目8个。推动江北区、两江新区、璧山高新区开展知识产权证券化试点。截至2021年10月，全市办理知识产权质押融资83笔，涉及专利、商标528件，融资金额10.6亿元；新增发放知识价值信用贷款42.9亿元，惠及科技型企业2386家。

四是知识产权品牌培育持续加强。积极发挥商标品牌职能，服务全市粮食安全、国际消费中心城市建设、质量强市战略、工业消费品品牌建设等，大力推动三峡柑橘、重庆火锅、重庆小面、荣昌猪、巫山脆李等区域品牌打造。积极发挥农产品商标和地理标志在助推乡村振兴中的作用，与四川等西部12省（市）地理标志管理部门签署《西部地理标志产业发展战略合作协议》。举办"地标优品·酉阳行"直播助力乡村振兴活动，累计参与38万人次。新增农产品商标1.74万件，总量达到11.65万件；新增地理标

志商标 5 件。

（二）加大知识产权保护力度，助力优化营商环境

一是知识产权保护体系更加完善。推动市政府建立知识产权保护联席会议制度，全市知识产权保护统筹协调力度进一步提升。支持设立重庆市涉外知识产权调解中心，吸纳首批 40 位专家担任调解员。联合市检察院、市经济信息委开展"保自主产权、护知名品牌"专项行动，共建知识产权综合保护联系点 51 个。支持 30 家重点企业开展知识产权风险预测预警。

二是知识产权行政保护持续用力。深入开展"铁拳"等知识产权保护专项行动，区（县）查办专利和商标案件 827 起，涉案金额 3516.5 万元。与市公安局等五部门共同签订《关于加强知识产权行政执法和刑事司法衔接合作协议》，实现知识产权行政执法和刑事司法信息互联互通。重庆"'小天才'电话手表系列专利侵权纠纷案"入选全国专利行政保护十大典型案例。开展 2020 年度重庆市知识产权行政保护典型案例评选活动，发布具有代表性的十大典型案例。重庆被纳入首批全国知识产权侵权纠纷检验鉴定技术支撑体系建设试点、第二批全国知识产权信用分级分类监管试点以及第二批全国专利侵权纠纷行政裁决示范建设工作试点，永川、万州、沙坪坝等 10 个区（县）开展专利侵权纠纷行政裁决试点工作。

三是知识产权专项整治成效明显。开展打击"非正常专利申请"和"商标恶意注册"专项整治行动，对不以保护创新为目的的非正常专利申请和代理行为、不以使用为目的的恶意商标注册和代理行为等重点违法行为进行整治。对国家知识产权局转办的近 7000 件非正常专利申请线索进行核查处理，召开全市专利代理机构集体约谈会，核查专利申请人 981 个、专利代理机构 240 家，撤回非正常专利申请 4734 件。摸排上报疑似恶意注册商标线索 8 条，全部进行及时整治。

（三）注重知识产权顶层设计，完善治理体系、提升治理能力

一是知识产权地方法规制度建设不断强化。加快推进《重庆市专利促进与保护条例》修订立法工作，启动《重庆市知识产权保护条例》立法调研。召开征求意见座谈会 7 场，会同市人大常委会等单位赴广州等地实地调研，学习借鉴先进地区经验。全面加强行政规范性文件制定和监督管理，开展优化营商环境领域地方性法规配套规范性文件专项审查，确定现行有效行政规范性文件 24 件。

二是《重庆市高价值发明专利质量提升行动方案（2022—2024 年）》加快制定。立足重庆建设具有全国影响力的科技创新中心需要，聚焦全市战略性新兴产业集群，紧扣"十四五"期间每万人口高价值发明专利拥有量达到全国平均水平（12 件）的目标，围绕高价值发明专利产出率、授权量、实施率、维持率、占有率，研究制定《重庆市高价值发明专利质量提升行动方案（2022—2024 年）》。

（四）深化知识产权区域合作，助推成渝地区双城经济圈建设

一是加强两地知识产权部门沟通交流。召开川渝知识产权合作推进会，在共同建立中国西部地标产业发展联促联动协同工作机制、共同支持建设知识产权运营平台、共建共享专利信息资源和公共服务资源等方面进一步达成共识，确定"组建跨区域知识产权联盟"等 9 项年度重点任务。与国家专利审查协作四川中心达成合作框架协议，在高价值专利创造等 4 个方面开展多层次、宽领域合作。

二是积极构建两地知识产权大保护格局。与重庆市高级人民法院、四川省高级人民法院、四川省知识产权局共同签署《成渝地区双城经济圈知识产权保护合作机制备忘录》，建立知识产权保护会商研讨等 6 项合作机制。与四川省市场监管局共同制定发布《关于联合开展知识产权行政保护专项行动的通知》，首次开展省级层面知识产权行政保护联合执法，围绕川渝第一批知识产权重点保护名录等商品和领域，推动跨区域知识产权保护应急联动、协同处置。

三是持续推进两地知识产权协同发展。深化知识产权军民融合，成功举办首届川渝两地知识产权军民双向转化研讨会。积极推动两地知识产权服务业对接合作，与四川省知识产权服务促进中心联合主办2021年天府知识产权峰会知识产权服务业发展专场。开展两地知识产权干部和人才交流合作，全市32名专家进入四川省知识产权专业高级职称评审委员会专家库。

（五）深入推进"放管服"改革，不断提高知识产权服务水平

一是着力完善知识产权公共服务体系。西南大学知识产权信息服务中心成功获批高校国家知识产权信息服务中心，重庆江北知识产权运营有限公司等3家单位获得国家知识产权局公共服务网点备案。重庆大学高校国家知识产权信息服务中心等2个单位入选知识产权信息赋能中小企业创新发展十大案例。2项行政权力和4项公共服务事项被纳入"渝快办"政务服务平台，专利资助实现全流程零纸件网上办。

二是积极促进知识产权服务业健康发展。市专利代理师协会、商标协会等行业组织开展违规行为调查，服务机构行业自律水平不断提升。扎实开展"双随机、一公开"和专利代理机构年检工作，全市69家专利代理机构全部提交年检报告。开展"知识产权服务万里行"活动，举办知识产权师职业前景宣讲等专题活动8场。

三是大力加强知识产权人才培养。举办专利申请商标注册受理业务讲解网络直播活动，在线观看人数突破13万人次。扎实开展"为科技工作者办实事、助科技工作者作贡献"行动，制定《重庆市知识产权局对外业务指引》，设立保护维权等3个服务小组，累计为1万余名科技工作者提供专利数据查询分析等服务。

二、存在问题

重庆知识产权发展仍存在以下问题：在知识产权创造运用方面，全市高价值高质量发明专利不多，亿元研发投入高价值发明专利产出绩效还需提升；知识产权质押融资金额少、模式单一，企业惠及面还不够广；高校院所知识产权成果转化运用效益不明显等。在知识产权保护方面，综合性知识产权保护地方法规尚未出台、基层知识产权行政执法力量不足、知识产权涉外风险防控能力偏弱、知识产权保护激励奖励机制缺乏等。在知识产权服务方面，便民利民的知识产权公共服务体系有待完善、知识产权信息化服务水平有待提升、品牌服务机构培育力度不够、知识产权服务专业人才比较匮乏等。

三、2022年知识产权发展计划

2022年，重庆知识产权系统坚持以习近平新时代中国特色社会主义思想为指导，深入学习贯彻党的十九届六中全会精神，全面落实市委、市政府安排部署和重庆市市场监管局党组要求，积极倡导"知研合一"理念，以知识产权高质量发展为主题，以"十四五"期间全市每万人口高价值发明专利拥有量达到全国平均水平为目标，以加强知识产权保护、大幅提高科技成果转移转化成效为重点，以深化知识产权领域改革创新为动力，以持续提升知识产权治理和服务效能为保障，加快推进知识产权强市建设，为服务全市创新驱动发展和经济高质量发展作出新的更大的贡献。

（一）大力培育高价值发明专利

一是印发实施《重庆市高价值发明专利质量提升行动方案（2022—2024年）》。联合市级有关部门和区县，坚持做大增量和转化存量"双向发力"，促进高价值发明专利创造及运用，壮大知识产权密集型产业，培育一批高新技术企业、"专精特新"企业和上市企业。二是实施高价值发明专利培育计划。紧扣

战略性新兴产业"卡脖子"技术，整合龙头企业、高校院所优势学科和知识产权品牌服务资源，围绕关键核心技术培育高价值发明专利组合，建设一批高价值发明专利培育中心。全面推广以产业数据、专利数据为基础的专利导航机制，提高研发创新起点，做好专利精准布局。三是加大知识产权海外布局培育力度。会同市科技局强化对重大科研项目知识产权实施海外布局的导向性要求，充分利用PCT途径加快抢占海外知识产权高地。支持本地知识产权服务机构开展PCT专利申请相关服务，促进国际专利的培育引导。建立健全企业海外知识产权维权援助体系，实施海外知识产权纠纷风险预警项目，重点引导涉外企业加快海外知识产权布局。

（二）切实加强知识产权协同保护

一是充分发挥市知识产权保护联席会议制度作用。认真履行联席会议办公室职责，强化统筹协调，加强沟通联络，增强部门之间知识产权保护合力。二是加快推进中国（重庆）知识产权保护中心筹建。认真做好场地建设、业务准备、人员培训、经费保障等各项前期工作，力争顺利通过国家知识产权局验收并正式投入运行。三是强化执法保护协作。深化川渝两地知识产权协同保护，制定发布第二批川渝知识产权合作重点保护名录，共同打击跨区域知识产权侵权违法行为。

（三）加快推进知识产权转化运用

一是加强知识产权运营转化。加快建设重庆知识产权运营中心，培育一批知识产权转化运营机构。加强与人民银行重庆营管部、重庆银保监局协同联动，共同支持一批高价值发明专利获得大额知识产权融资，指导和支持创新资源丰富、运营要素集聚的区（县、开发区）开展知识产权证券化融资试点。实施专利转化专项计划，推动高校院所存量专利高效转移转化，鼓励和支持高校院所围绕区域产业布局和学科优势，建立区域或产业知识产权运营中心。指导和支持全市重点产业专利导航中心规范高效运行。二是提升知识产权服务业水平。贯彻落实国家知识产权代理服务标准，进一步完善专利代理师培训体系，启动遴选一批市级知识产权品牌服务机构。加强知识产权服务业监管，持续开展"蓝天"专项行动，加大对违法违规行为的打击力度，营造规范有序的行业环境。三是持续推动商标品牌和地理标志建设。加快推进重庆商标品牌培育中心建设，修订《重庆市商标品牌奖励评审办法》，制定全市地理标志品牌培育指南，引导地理标志规范管理和品牌化发展。

（四）全面提升知识产权公共服务能力

一是持续深化知识产权领域"放管服"改革。深化知识产权服务"一窗通办"，优化功能布局和窗口设置，不断提升业务服务质量和效率。深入开展"为科技工作者办实事、助科技工作者作贡献"行动。二是强化知识产权信息公共服务网络体系建设。推动市级服务平台发挥示范引领作用，完善技术与创新支持中心、高校专利信息服务中心等信息服务骨干节点的辐射带动功能，释放全国知识产权信息服务备案网点的拓展补充作用。三是持续抓好知识产权培训和人才培养。推动市级知识产权培训基地建设，组织遴选一批由高校院所、行业协会和服务机构共建的市级培训基地。深化成渝地区知识产权人才培养合作，继续互派人员参加双方知识产权培训活动。

（五）不断夯实知识产权事业发展基础

一是启动实施知识产权强市建设纲要和"十四五"规划。推动市委、市政府印发《重庆市知识产权强市建设纲要（2021—2035年）》（以下简称《纲要》），启动实施《知识产权保护和运用"十四五"规划（2021—2025年）》（以下简称《规划》）。发挥好牵头抓总作用，会同市级有关部门和区（县）共同推动《纲要》和《规划》落地落实。二是提高知识产权法治化水平。全力推动《重庆市专利促进与保护条例》立法修订工作，为顺利纳入市人大2022年立法审议项目做好充分准备。积极推进重庆市知识产权保护条例调研。三是加强知识产权文化理念传播。积极开展知识产权宣传，组织办好世界知识产权日、全市知识产权宣传周等大型活动，对外讲好重庆知识产权故事。广泛开展知识产权普法宣传活动，深入推进中小学知识产权普及教育，培育一批知识产权教育试点学校。

[重庆市知识产权局　王　佳　黄　艳　周建超]

之十九：2021年重庆两江新区经济运行分析及2022年展望

一、2021年重庆两江新区经济运行分析

2021年以来，新区统筹抓好疫情防控和经济社会发展，以建设"两高两区"十大工程为统领，推动实施产业功能区和"链长制"，深化大数据智能化创新，推进重点领域改革，全面优化营商环境。前三季度，新区主要经济指标保持较快增长，总体呈"高位回稳、稳中趋缓"态势，10余项指标继续领跑全市，经济运行呈现以下亮点。

（一）工业能级持续提升

工业总产值对全市的增长贡献率超过1/3，工业增加值对直管区GDP的增长贡献率超过30%，工业税收占直管区入库税收总额的比重超过20%。产业规模增势强劲。前三季度，直管区完成工业总产值3161亿元，同比增长29%；完成工业增加值约540亿元，同比增长22%。汽车产业完成产值1153亿元，同比增长26%，电子产业完成产值1649亿元，同比增长32%，装备产业产值同比增长超50%。产业结构持续优化。高技术制造业产值同比增长31%，占直管区工业总产值的53%，高于全市平均水平约20个百分点。累计生产整车超过65万辆，同比增长近50%，占全市比重超过40%，其中新能源汽车完成3.2万辆。智能手机、微型计算机、液晶显示屏、集成电路产量分别同比增长2倍、22%、32%和22%。产业发展亮点纷呈。长安福特1—9月热销20.9万辆，其中中高端车型销量占比超过60%，林肯系3款国产SUV销量超过5.8万辆。长安UNI系列热销9.1万辆，月均销量稳定破万辆。赛力斯SF5加快入驻华为门店，阿维塔首款车型E11即将亮相。

（二）创新动能持续增强

加快推进科技创新"一号工程"，出台"1+2"科技创新政策体系，加快建设两江协同创新区、礼嘉悦来智慧园、两江数字经济产业园等科创平台。两江协同创新区加快完善创新生态。引进大学大院大所达38家，获批市级新型高端研发机构15家，集聚院士团队12个、高端创新人才1200余人，西工大重庆科创中心投入运营，分布式雷达试验场等科技基础设施启动建设，国家"万人计划"科学家工作室和国家工信安全中心西部中心落户新区。礼嘉悦来智慧园场馆批量建成投用。成功举办中国—上海合作组织数字经济产业论坛、2021智博会等重大展会活动，礼嘉智慧馆惊艳亮相，礼嘉智慧公园新打造"智慧生活的一天"、两江工业互联网体验中心、故宫沉浸艺术展等展示应用场景，悦来国际会展城建成悦·设创艺展示中心。创新主体加快壮大。1—9月新区新增入库科技型企业855家，累计3074家，同比增长38.5%。"专精特新"企业达到90家，占全市的13.7%，其中国家和市级"小巨人"企业24家，居全市第一。推动组建智能网联及新能源汽车、新型显示等产业创新联合体。

（三）市场活力有效激发

直管区实现限额以上商品销售额1858亿元，同比增长9.7%，社会消费品零售总额534亿元，同比增长25%，人民币存贷款余额同比增长7.3%，规模超过3万亿元，居全市第一。市场主体加快壮大。推出

以区块链技术为基础的"E企办",整合联通社保、公安、税务、人民银行等信息化系统,为办事群众和企业提供高效率"分时"服务。新增市场主体1.9万户,同比增长36%,市场主体总量达到11.4万户,同比增长17%,新增外资企业数量位居全市第一。消费活力不断增强。加快推进国际消费中心城市核心区建设,成功获批全国"一刻钟便民生活圈"试点,创新发展"五夜"夜间经济新业态,打造"不夜两江"新地标。限额以上社会消费品零售额网上销售同比增长43%,限额以上住宿营业额同比增长57%。新型贸易加快发展。服务贸易产业园已聚集企业超过200家,服务贸易总额30.66亿美元,同比增长104%,离岸服务外包执行额1.86亿美元,同比增长85%,均处全市首位。博腾智能化制剂外包服务基地项目开工,建成后将为全球客户提供"端到端"医药研发生产外包服务。

(四)开放发展取得突破

加快推进更深层次改革、实行更高水平开放,推动"三外"经济联动发展,加快打造内陆开放门户。开放型经济不断壮大。外贸进出口总额2119亿元,同比增长37.5%,外贸占全市比重超过37%,同比提升4个百分点。一般贸易占比达到56%,同比提升9个百分点。利用外资22亿美元左右,保持正增长,规模稳居全市第一。开放通道建设有力。果园港国家物流枢纽区货物总吞吐量1589万吨,同比增长58%。果园港中欧班列到发240班次,陆海新通道班列到发177班,分别增长71%、4.7倍。开放合作卓有成效。深度融入双城经济圈发展,与天府新区组建八大产业联盟,与广安、宜宾等地区深化战略合作,推动组建"川渝港航物流有限公司"。加强与万州区在产业、创新、开放、人才等方面对口协同发展,推动10余家企业入驻两江数字经济产业园万州园,两江新区万州企业研发中心揭牌。两江至长寿快速通道开工建设,南川至两江"南两高速"建成通车。

(五)数字经济蓬勃发展

直管区数字经济实现增加值444.5亿元,同比增长47.3%,占全市数字经济的比重为1/3,新增市场主体760家,累计近6000家。智能产业发展有力。智能网联汽车增长1.3倍,滴滴出行、啄木鸟等新业态持续发力,推动大数据产业同比增长56%,万塘信息、腾讯、锐云科技等重点软件企业高速增长,拉动软件服务业同比增长50%。智能制造加速转型。紫光华智数字工厂、三一(重庆)智能制造等项目加快建设或投产,长安汽车、渝江压铸等5G融合创新应用示范工程加快建设;工业互联网标识解析国家顶级节点接入二级节点19个、企业节点1551个,注册量突破58亿次,注册量、解析量增速均居全国第一;累计建成5G基站4298个,居全市前列。智慧场景全面拓展。城市大脑打造"十大工程""链长制""公园长制"等十一大场景;礼嘉智慧社区努力打造国内一流智慧社区;果园港智慧港口集装箱智能理货系统识别率达96%;智慧环保大数据平台上线运行,获得国家环保监测创新试点。

(六)项目投资提速增效

直管区前三季度固定资产投资完成额为1075亿元,规模居全市第一,实现正增长。招商引资成绩亮眼。前三季度,纳入市招商局统计签约项目66个,合同投资额1367亿元,居全市第一,其中,工业项目861亿元,占总额的63%。康宁玻璃基板熔炉、赣锋新型电池科技产业园及先进电池研究院等重大项目落地。投资结构优化提升。推动轨道交通15号线一期工程、轨道五号线北延伸段工程项目入库,基础设施投资由负转正同比增长4.1%,增速较上半年提高16.9个百分点。工业投资同比增长26%,高于全市约14个百分点。82个市、区两级重大项目加快推进,前三季度完成投资266亿元,接近完成全年计划目标。民生投资持续强化。社会事业投资同比增长10%,其中卫生和社会工作投资增长54%,文体娱投资增长9.6倍,龙兴亚洲杯足球场加快建设,新建成投用礼嘉实验小学、云锦小学等学校,第一人民医院扩建项目加快建设,礼嘉康养中心建成投用。

二、存在的主要问题

各部门结合自身职能职责,狠抓龙头企业强化运行监测调度,狠抓有效投资推动项目开工建设,狠抓企业服务夯实能源要素保障,但受宏观环境和行业周期等因素影响,仍存在以下突出问题。

(一)GDP关键指标支撑力度不足

从前三季度的情况看,GDP增速与预定增长目标还有差距。具体来看,工业方面,工业总产值和工业增加值虽完成前三季度既定目标,但面临着制造业生产成本持续上涨、"缺芯缺电缺工缺柜"等因素制约。服务业方面,人民币存贷款余额已达高位,增速低于全市平均水平,猫宁、盛安通略、苏宁等结算类企业下滑影响限额以上商品销售额增速。建筑业方面,受房地产调控政策持续收紧影响,新区第二次集中土地使用权拍卖遇冷,出让地块偏少,加上近期恒大、蓝光等龙头房企资金链断裂及延期交房等因素影响,房地产新开工面积下滑和销售走弱。

(二)固定资产投资下行压力较大

前三季度固定资产投资与既定目标有差距。房地产投资仍不景气,前三季度下降15%,新开工入统房地产开发项目计划总投资242亿元,同比下降67%;新开工面积同比下降41%。工业投资增速放缓,受2020年下半年基数较高和京东方投资余量减少等因素影响,预计全年工业投资增速将回归到10%左右,对固定资产投资的拉动作用进一步降低。

(三)外贸进出口存在隐忧

受新冠肺炎疫情、国际货运需求回升等因素影响,海运运力紧张、集装箱一箱难求,海运费持续上涨,加重新区外贸企业物流成本负担。同时,随着国外放松疫情管控,欧美、东南亚、印度等地生产逐渐恢复,外贸订单的转移将带来进出口增速放缓。

三、2022年经济发展展望及下一步工作建议

展望2022年,新区经济运行机遇与挑战并存。机遇方面,一是招商引资项目有望加快转化形成新支撑,京东方六代线、紫光华智等建成投产,三一重机、瑞声科技、奥特斯等加快放量;二是预计疫情影响进一步减弱,旅游、交通、住餐等行业将加快复苏;三是新增OPPO等一批总部结算项目,寸滩国际新城、果园港枢纽等平台快速发展将给商贸、物流带来新的增长。挑战方面,一是能耗"双控"、"缺芯限电"等问题仍对工业增长形成制约;二是金融业受政策及基数影响较大,增速落入中低速区间;三是信息服务业受龙头企业影响较大,万塘信息占比超过2/3,基数较大且进入政策兑现尾期,加上蚂蚁金服整体业务转移,未来存在较大不确定性。

(一)狠抓龙头强工业

继续发挥工业经济增长主引擎作用,以落实产业功能区和"链长制"为抓手,签约一批、开工一批、投产一批,推动重点产业高质量提升、集群式发展。推动2021年底2022年初开工建设昭衍新药GLP和CDMO项目、锐石创芯、明天氢能、上都科技、捷米机器人等项目,投产京东方六代线、紫光华智、四联智能装备、万国数据中心等项目。高度重视整车企业统计规则调整,通过合理分解重庆总部与省外基地的利润、员工工资、年度折旧等方式,尽最大努力提高重庆基地的增加值率。全力协调芯片、电力、用工、物流等要素保障,积极应对"双碳"和能耗"双控"压力,与"三北"行政区建立能耗指标协调机制,优先发展低能耗、高产出项目。完善企业入统工作机制,推动企业升规入库,提升招商引资项目转

换率，推动企业尽快投产达效。

（二）强化调度稳投资

按照重庆"抓项目稳投资"专项行动工作要求，在项目储备、前期工作、建设实施等全周期加码用力，扩大有效投资。开工方面，重点聚焦2020年底到2021年上半年期间摘地的房地产项目，清单化明确责任部门或平台公司，督促业主尽快开工，推动土地出让金入库和形成实物投资量。入库方面，经济运行局要会同园区、街道清理项目动工情况，确保动工项目第一时间入统；持续积极对接上级统计部门，争取两江出资的市级重大项目统计入库。保障方面，各行业主管部门统筹做好要素保障，规建管部门推动落实项目建设条件，经济运行局会同财政局统筹抓好中央预算内投资、地方政府专项债券等申报争取工作，夯实项目投资资金保障。

（三）内外联动扩需求

紧盯金融机构存贷款余额、房地产销售面积、信息服务业营业收入等重点指标增长速度，加强与市级行业部门沟通协调，在市级部门提供的金融、交通等行业核算指标中确保两江的份额应得尽得。抓住用好疫情平稳窗口期，继续在"双十一""双十二"等消费旺季开展系列大力促消费活动，提升新区消费热度。支持企业开拓海外市场，利用各类线上展示交易平台抢抓订单，积极开拓"一带一路"沿线国家等新兴市场。充分发挥西部陆海新通道、中欧班列等国际物流通道优势，加大集装箱调度力度，降低外贸企业物流成本，促进外贸经济稳定增长。

（四）深化改革优环境

大力营造营商环境就是核心竞争力、人人都是营商环境、每件事都体现营商环境的氛围和理念，深入贯彻实施《重庆市优化营商环境条例》，对标营商环境考核评价要求，围绕提效率、降成本、便利化，扎实推进审批管理和服务事项改革。在企业服务中贯彻"客户思维"，把解决市场主体的"急难愁盼"作为管理和服务的出发点和落脚点，做实"亲""清"政商关系，大胆与企业家交朋友，善用告知承诺制、双随机一公开等制度。实质性推进成渝地区双城经济圈、自贸试验区、中新示范项目等相关工作，推动规则、规制、管理、标准等制度型开放，持续完善开放体制机制和配套政策，打造高水平开放环境。

[重庆两江新区管委会　欧阳建明]

之二十：2021年中新（重庆）战略性互联互通示范项目建设情况及2022年展望

2021年以来，依托中新互联互通项目三级合作机制，重庆和新加坡充分发挥"双枢纽"作用，中新（重庆）战略性互联互通示范项目（简称中新互联互通项目）合作稳步推进。金融服务、航空产业、交通物流、信息通信四大重点领域合作持续深化，科技、教育、医疗、生活服务、文化旅游等更多领域合作不断开拓，各领域合作进一步取得实质性成效，中新互联互通项目辐射带动作用显著增强。

一、2021年中新互联互通项目运行分析

2021年是"十四五"开局之年，中新互联互通项目实施也进入第二个五年时期，在新冠肺炎疫情防控常态化背景下，中新双方经贸等领域合作取得显著成效。截至2021年9月底，在中新互联互通项目框架下，累计签约商业合作项目118个，总金额约214亿美元。

（一）合作机制平稳运行，统筹引领更加有力

充分发挥三级合作机制优势，深化拓展绿色金融、贸易数字化、绿色经济、多式联运、供应链保障等新合作，有效推动中新互联互通项目"拓空间、扩领域、建平台、促创新"取得新进展。重庆与新加坡相关部委深化对接，共同推动陆海新通道建设，加快促进贸易数字化发展，有效提升互联互通水平，陆海新通道的知名度和带动力不断增强，通道效应加快显现。中新互联互通项目联合实施委员会第6次会议审议通过《中新（重庆）战略性互联互通示范项目总体发展规划（2021—2025年）》及金融服务、航空产业、交通物流、信息通信等领域专项规划，规划衔接水平不断提高，对项目实施的引领作用不断增强。渝新常态化视频沟通联络机制正式启动，双方政府部门、商协会、重点企业等机构之间的交流更加顺畅。

（二）重点领域合作深化，发展成效持续显现

金融领域合作水平持续提升。以重庆服务业扩大开放综合试点、合格境内有限合伙人（QDLP）对外投资试点等为契机，中新金融领域合作不断深化。金融项目合作有序实施，渣打银行中新互联互通项目金融服务中心、星展银行重庆分行入驻来福士，中新金融科技产业示范基地等项目加快推进。跨境融资取得积极成效，中新重启海外发债，助力南岸城建集团成功发行5亿美元狮城债券；新加坡ICH集团获得重庆QDLP的试点资格，成为首家获批中国QDLP试点资格的新加坡企业，中新跨境投融资通道"双向"开启。目前，累计签约跨境融资类项目177个，金额约161亿美元，跨境融资项目已辐射至西部10个省区。

航空领域合作加快恢复。疫情常态化下，渝新保持航空客货互联互通，双方客运航线更换为宽体客机，两地人员往来更加便捷。航空领域项目合作稳步推进，中新航空产业园建设有序开展，已引进顺丰、普洛斯、万科物流等大型物流企业。

交通物流领域合作有序开展。以陆海新通道建设为着力点，中新互联互通项目交通物流领域合作持

续深化。陆海新通道国际交流合作不断增强，《陆海新通道国际合作规划》编制加快推进；首届陆海新通道国际合作论坛成功举办，印度尼西亚、越南、老挝与中国西部12省区市、海南省、广东省湛江市联合发起陆海新通道国际合作（重庆）倡议，陆海新通道覆盖范围持续扩大。交通物流项目建设加快，中新（重庆）多式联运示范基地、重庆国际集装箱中心站、铜梁冷链物流中心等项目建设有序推进，中新国际贸易"单一窗口"对接持续深化，渝新跨境无纸化电子提单试点探索持续推进。

信息通信领域合作持续深化。聚焦中新（重庆）国际网数据专用通道（IDC）建设与应用，中新互联互通项目信息通信领域合作持续深化。信息通信覆盖范围进一步扩大，川云贵桂加入中新国际数据通道，数据通道加快覆盖西部地区。将新加坡智慧城市建设先进经验引入重庆，并推广到四川、云南等地。信息通信领域项目合作持续深化，中新国际超算中心、万国重庆数据中心等重点项目建设提速，以仙桃数据谷为载体的中新（重庆）大数据智能化产业示范基地加快打造，中新（重庆）大数据智能化展示促进中心启用，"中新数通"品牌打造成效明显，信息通信支撑服务不断强化。

其他领域合作不断拓展。教育培训、医疗健康、现代农业、城市建设等领域合作持续深化，有效丰富了中新互联互通项目合作内涵。在教育培训领域，新加坡（重庆）青年人才驿站、中新互联互通人才交流培训等项目有序推进，"一带一路"中新创新创业交流合作不断深化，新国大重庆研究院重庆地区博士生定向培养有序开展。在医疗健康领域，中新（重庆）肿瘤医院已投入试运营，中新·豪立国际温泉康疗小镇落户綦江。在现代农业领域，中新食品生态产业园等建设有序推进。在城市建设领域，弹子石金融中心楼宇和铜元时光小镇启动建设，广阳岛智创生态城、重庆高铁东站等新方企业参与建设项目加快推进。中新互联互通项目·砂之船国际生活艺术节签约落地两江新区，中新能源服务（重庆）有限责任公司成功组建，生活服务、能源等领域合作加快探索。

（三）合作共建打开新局面，平台打造成效初显

重点区（县）、开发区的主体作用得到充分发挥，"两中心四园区"合作平台加快打造，中新互联互通项目合作的深度和广度不断扩大。以来福士广场为载体，联合渝中区打造中新互联互通项目运营中心，现代服务业和跨国企业总部集聚加快。以中国西部（重庆）科学城和重庆两江协同创新区为载体，打造中新国际科技协同创新中心，科技要素双向流动持续加强。围绕打造国际消费中心城市核心承载地，与两江新区合力打造的中新（重庆）战略性互联互通示范项目核心区建设加快。中新（重庆）互联互通国际合作示范区落户南岸区，国际产业资源集聚和国际化生态新城建设步伐加快。聚焦推动"专精特新"企业集聚化、国际化发展，与北碚合建的中新（重庆）国际中小企业产业园提速推进。中新（重庆）绿色循环智能低碳示范园区落户潼南，绿色循环产业发展载体加快打造。

（四）下一步工作关注点

物流通道建设能力有待加强。一是通道基础设施有待完善。沿线铁路和物流仓储等基础设施薄弱，港口设施和服务能力仍有不足，通道物流体系尚不完善，通道运营能力有待提升，交通物流核心枢纽功能尚未形成。二是多式联运"一单制"推广力度有待加大。多式联运面临设施设备与不同运输方式装备标准不统一、不兼容问题，承运人、托运人之间的责任划分、保险、理赔等也存在不同规定，国际多式联运标准体系和一体化多式联运服务规则探索有待加快。此外，通道与产业、贸易等融合发展水平不高等问题也较突出。

国际规则创新引领示范有待增强。一是与国际经贸规则对接有待加强。新加坡是RCEP、CPTPP、DEPA等国际经贸规则的缔约方，是国际经贸规则探索的先导者，在国际经贸规则体系建设中发挥着举足轻重的作用。但由于对国际经贸规则研究应对不足、前瞻性制度创新不够和国际化营商环境不优等叠加

影响，中新互联互通项目制度对接水平仍有待提升，对推动重庆内陆开放高地建设、扩大制度型开放的引领作用也有待增强。二是陆上贸易规则等探索推广力度有待进一步加大。铁路提单的信用证、托收单据、电汇单据等均沿用海运提单的模式，但与海运提单相比，铁路提单的国内国际法律保障体系尚未成形，应用场景和领域仍较有限，仅限于与中资银行的境外分支机构、中国的物流公司合作，未得到国际社会的普遍认同，跨国应用范围有待进一步拓宽。

中新互联互通项目对企业"引进来"和"走出去"的带动性有待加强。一是外资企业"引进来"难度加大。中新互联互通项目是全市重要的外资引进平台，但受到新冠肺炎疫情反复、国际环境复杂多变、招商引资竞争激烈等因素制约，外资引进的规模和质量有待提高，部分引进项目存在推进缓慢的问题。二是推动中资企业"走出去"力度有待加大。中新互联互通项目推动西部企业跨境融资取得一定成效，但中资企业参与中新互联互通项目面向东盟第三方合作力度有待加强，中资企业"走出去"积极性有待提高。

二、2022年中新互联互通项目环境及展望

（一）世界经济复苏势头不稳，国际形势仍复杂严峻

世界经济复苏不稳定不平衡，国际产业链供应链布局深刻调整，中新互联互通项目发展面临的外部环境仍然错综复杂。世界经济复苏动力有所减弱，IMF预测2022年全球经济增长4.9%，较2021年下调1个百分点。全球经济体之间的合作与竞争升级，产业链供应链之间的协同与竞争加剧，疫情反复将加快全球产业链供应链多元化和区域化进程，RCEP、CPTPP等区域性经贸合作将更加紧密，区域间产业链供应链的韧性将不断增强，有利于发挥中新互联互通项目的联通引领作用，更好参与同东盟等地区的产业分工和世界经济大循环。但病毒变异、疫苗接种进展不一等仍将影响经济复苏基础，贸易和投资保护主义、地缘政治冲突、社会动荡、政治危机等将对产业链供应链重构以及世界经济复苏产生深刻影响，国际市场需求疲软、跨境贸易投资增长乏力等也将给中新互联互通项目下投资合作带来挑战。

（二）我国持续提升对外开放水平，开放发展迎来新机遇

以国内大循环为主体、国内国际双循环相互促进的新发展格局加快形成，将持续推动更高水平的对外开放。国际合作持续深化，中国将深度参与绿色低碳、数字经济等国际合作，通过RCEP建设以及推进加入CPTPP、DEPA等国际协议，加强与国际高水平自由贸易协定规则对接，增强我国在国际规则制定中的话语权。高水平开放加快推进。上海自贸区临港新片区、海南自由贸易港等高水平开放平台建设加快，外资准入负面清单将进一步缩减，电信、医疗等服务业领域开放将有序扩大，为中新互联互通项目建设提供更多经验做法，合作领域也将进一步扩大。区域协调发展水平持续提升，京津冀协同发展、粤港澳大湾区建设、长三角一体化发展、成渝双城经济圈等城市群建设加快，叠加长江经济带发展、新时代西部大开发等国家重大战略机遇，国家将更加重视通过中新互联互通项目深化与东盟等地区的合作，更好统筹国际国内两个市场、两种资源。

（三）重庆扩大开放步伐加快，高水平推动互联互通

重庆加快开放平台、通道和试点示范建设，持续推动高水平对外开放。通道发展迎来新机遇。国家高质量推动西部陆海新通道建设，明确要求推动重庆物流和运营组织中心建设、发挥其对通道运营的集聚辐射作用等，有助于提升通道能级和互联互通水平。开放平台加快打造，将持续提升两江新区、中新互联互通项目、自贸区等平台开放引领功能，发挥制度创新优势，最大限度释放政策红利，提高开放发

展整体效能。先行先试加快推进，重庆拥有服务业扩大开放综合试点、国际消费中心城市、国家数字经济创新发展试验区、QDLP对外投资试点等先行先试优势，有利于统筹各类开放试点，积累高水平开放经验，推动开放经济实现高质量发展。

（四）2022年展望

2022年，全球经济将在曲折中加快复苏进程，但仍具有较大的不确定性，中国将依托国内市场优势，全面提高对外开放水平，重庆将加快建设内陆开放高地，提升开放平台能级，加快开放试点示范，提高开放型经济发展质量，实行更高水平开放。中新互联互通项目将继续发挥三级合作机制的统领作用，以《中新（重庆）战略性互联互通示范项目总体发展规划（2021—2025年）》及系列专项规划为遵循，把握RCEP生效带来的机遇，深入推动金融、航空、物流、信息等领域合作，不断拓宽现代农业、文旅、科技教育、城市建设等领域合作，加快推进中新（重庆）金融科技合作示范区、中新航空产业园、中新（重庆）多式联运示范基地、中新（重庆）国际超算中心等项目建设。RCEP生效也有利于重庆与新加坡开展东盟第三方市场合作，渝新将充分发挥"双枢纽"作用，推动重庆—新加坡"点对点"合作向中国西部—东盟"面对面"合作拓展。

三、相关建议

（一）持续完善项目运行机制，确保中新项目合作不断深化

一是保障合作机制有序运行。不断优化工作机制，更好发挥三级合作机制统领作用，紧扣国际大势和国内战略布局，形成更多开创性会议成果，同时，探索推动体制机制和商业模式创新，推动会议成果落实落地。二是加快合作平台建设。高水平办好智博会、中新金融峰会、陆海新通道国际合作论坛等，加快推进中新（重庆）国际航空物流产业示范区、中新（重庆）金融科技产业示范基地、中新（重庆）多式联运示范基地、中新（重庆）大数据智能化产业示范基地建设，搭建投资服务、科技服务、信息服务等平台，提升中新互联互通项目支撑能力和服务水平。

（二）"引进来"与"走出去"并重，丰富中新项目内涵

一是加大对外招商力度。以智博会、西洽会、新加坡中新（重庆）互联互通促进周等活动为媒介，加大宣传推介，聚焦汽车、电子、信息技术、高端装备、现代服务等领域，大力开展产业链招商、定向招商，引进和培育一批龙头企业、专精特新"小巨人"企业，增强招商引资实效。积极探索第三方合作，共建海外分拨中心、产业园区，落实一批供应链产业链项目。二是推动市场主体积极"走出去"。鼓励企业在新材料、节能环保、高端制造、生物医药等领域开展对外投资合作，通过实物投资、股权置换、联合投资以及设立联合基金、研发合作等多元化投资方式，参与全球产业分工合作。三是加强投资服务保障。建立健全项目招商引资保障机制，加大项目引进和落地协调力度，积极探索在中新互联互通项目框架下开展跨境金融服务创新，提升跨境金融服务效率，降低企业跨境金融服务成本。

（三）加强物流通道建设，增强通道辐射带动力

一是加强通道基础设施建设。加快推进铁路、高等级公路等基础设施建设，提升主通道干线运输能力，加快进出口冷链基地、陆海新通道重庆无水港、陆海新通道贸易综合服务平台等项目建设，着力补齐通道短板。二是加快发展多式联运。开展铁水、公铁、公水、公空、空铁等多类型联运，高标准建设中新（重庆）多式联运示范基地等国家级多式联运示范项目，加强果园港、新加坡港"双枢纽港"联动，提高物流中转效率。三是促进开放通道与产业深度融合。加强通道沿线资源整合、产业培育合作，聚焦

智能装备、生物医药、农副产品加工、汽摩等产业，加大通道沿线产业园区共建力度，以通道带物流、物流带经贸、经贸带产业，做大通道经济、枢纽经济。

（四）持续强化制度创新，发挥中新项目创新引领作用

一是积极对接国际经贸规则。充分发挥自贸区、中新互联互通项目等叠加优势，积极对接RCEP、CPTPP等国际经贸规则，深化服务贸易、涉外服务、知识产权等领域的制度创新。对标DEPA等国际高标准贸易规则，开展跨境数据自由流动的先行先试，促进数据自由流动和安全可控。二是持续完善铁路提单规则。进一步丰富铁路提单的应用场景和融资功能，从国际跟单信用证拓展到托收、汇兑等结算应用，强化铁路提单及其融资产品市场化运用。三是持续推进多式联运服务规则创新。加快推动国际多式联运"一单制"试点，逐步建立和完善全程服务模式，推动在跨境公路运输方面开展探索。与新加坡开展国际贸易"单一窗口"合作，并逐步扩大到"一带一路"沿线国家。

[重庆市综合经济研究院（重庆市经济信息中心）宏观经济研究课题组
主研：易小光　丁　瑶　苟文峰　赵　伦　杨　梅
执笔：杨　梅]

之二十一：2021年中国（重庆）自由贸易试验区建设情况及2022年展望

2021年以来，中国（重庆）自由贸易试验区（简称重庆自贸试验区）坚持以制度创新为核心，深入开展首创性、差异化改革探索，在体制机制改革、投资贸易便利化、开放合作、营商环境优化等方面取得积极进展。随着我国加快推进自贸试验区高质量发展，重庆自贸试验区将进一步统筹扩大要素流动型开放和规则等制度型开放，加快提升创新发展水平，更好地服务全市改革开放大局。

一、2021年重庆自贸试验区建设推进情况

（一）总体建设情况

1. 制度创新取得新进展

以制度创新为核心，自贸区特色化、差异化探索成效突出。一是改革试点任务持续推进。国家部署的复制推广经验案例和深化改革创新措施落实率超过90%，自主培育重点创新成果88项，其中，创新涉外商事诉讼、仲裁与调解"一站式"纠纷解决机制入选国务院部际联席会议办公室第四批"最佳实践案例"，建设领域"一本报告管全域"改革、整车保税仓储"三个一"监管模式、税费电子缴库跨省通办、构建东盟国家法律查明与适用机制、构建自贸试验区案例评价指标体系等率先创新探索的经验案例正争取向全国复制推广。二是向国家积极争取赋权。全国第四个进口药品和生物制品口岸、过境144小时免签证、启运港退税、跨境电商B2B出口、本外币合一银行账户体系、QDLP等试点政策相继获批，开放型经济发展提速。三是改革创新合力持续增强。出台《中国（重庆）自由贸易试验区联动创新区建设方案》，支持具备条件的区域联动推进改革创新，一批跨区域、跨部门、跨层级的改革创新成果加速形成。

2. 投资贸易便利化程度持续提升

投资和通关便利化举措持续优化，跨境投资、对外贸易更加活跃。一是对外投资便利度稳步提升。正式启动合格境内有限合伙人（QDLP）对外投资试点，发布《重庆市合格境内有限合伙人对外投资试点工作暂行办法》，毅德基金、瀚华慧泰基金获批参与试点建设，跨境资金流动更为便捷。二是多式联运模式创新持续推进。形成西部陆海新通道铁海联运"一单制"试点工作推进方案，铁海联运"一单制"试点有序开展。"铁路原箱下海、一箱到底"全程多式联运模式推广加快，实现通关时间压缩40%。与上海自贸试验区联动，探索水运口岸进出口货物江海联运一体化便利通关新模式，开行渝申集装箱直达快线，江海联运效率有效提高。三是海关监管创新水平不断提升。海关监管创新举措76项，并提炼形成7项监管创新制度、8个改革经典案例。其中，"一保多用"、中欧班列（渝新欧）邮件集运智能化监管等创新举措推广加快，口岸通关效率显著提高。

3. 金融服务能力明显增强

跨境结算、物流金融等有序推进，川渝自贸试验区金融合作步伐加快。一是融资结算创新有序推进。上线全国首个跨境金融区块链西部陆海新通道融资结算应用场景，支持银行在审核运费支付时批量查询

校验企业提供票据的真实性,实现企业办理时限由2~3天缩减为10分钟。跨境人民币更高水平贸易投资便利化试点扩大至全市,有力促进了跨境结算扩量,前三季度全市跨境人民币实际收付金额为1514.4亿元,同比增长超过30%,结算量居中西部首位、全国第九位。二是陆上贸易规则探索取得新突破。铁路提单国际信用证实现批量化运用,截至2021年9月底累计签发铁路提单563笔,货值约3200万欧元。三是川渝自贸试验区金融合作加快。在《川渝自由贸易试验区协同开放示范区总体方案》指引下,川渝两地自贸试验区金融合作进展较快,金融科技创新监管、本外币合一银行结算账户体系等试点试验联合推进,外汇管理改革创新、外汇监管互认有序开展,双城经济圈科创母基金已实现1.1亿元项目投资。

4. 优质营商环境构建提速

随着"放管服"改革深入推进,自贸试验区营商环境不断优化。一是行政服务水平和效率不断提高。"互联网+政务服务"深入推进,注册登记全程电子化有序开展。退税办理效率不断提高,自贸试验区内正常出口退税办理时限仅5个工作日。二是商事制度改革扎实推进。对自贸试验区内523项中央层面和14项地方层面设定的涉企经营许可事项实行全覆盖清单管理,"多证合一""证照分离"改革和"基层注册官"制度实施较好,企业开办时间压缩至1个工作日以内。三是市场监管能力持续强化。制定了《加强事中事后监管若干措施》,对市场主体实施综合分类、逐户标注、区别监管。试点建设自贸试验区市场综合监管平台,实现了空间可视化监管、大数据集成化监管、网格分类化监管、任务精细化监管、风险预警化监管、内外一体化监管六大功能。积极推动与四川自贸试验区政务服务事项跨省通办,已共同形成一批深化涉企经营许可事项改革举措上报国务院。

(二)存在的问题

1. 制度特色化、集成化创新不够

重庆自贸试验区仍需围绕数据跨境流动、海关协同监管等领域开展探索,创新意识仍待增强。一是数据跨境流动规则亟须健全。虽然当前全市与新加坡初步建立了贸易数据交换池,但与深圳、上海等发达地区相比,缺乏在我国《中华人民共和国数据安全法》赋权范围内的数据跨境流动的体系化顶层设计,难以支撑跨境电子商务、货物贸易等领域快速发展。二是海关监管政策协同不足。各口岸部门制定的管理措施缺乏配合交流,一定程度上影响了"先进区、后报关"等政策的实施效果。"一带一路"沿线国家负责海关、检验检疫、标准认证业务的部门和机构之间执行不同的数据标准,且效力水平不一,造成协同监管实施效果不佳。三是创新意识有待提升。部分自贸片区以建设开发区的观念推进自贸试验区建设,仅限于给予政策优惠等,难以跳出传统制度框架。此外,对标国际高标准经贸规则进行压力测试的意识不足,影响自贸试验区发挥改革创新"试验田"、风险压力"测试区"的作用。

2. 自贸试验区协同联动不足

当前,自贸试验区内部合作互动和横向协同联动不充分、政策效应体现不足。一是对改革创新经验复制推广的针对性不强。虽然改革试点经验的复制推广率和典型案例的推广率已超过90%,但是有针对性、常态化地向高新区、经开区等开放平台复制推广的改革创新经验仍显不足,比如对跨境电商零售进口退货中心仓模式、知识产权证券化等方面复制推广不够,难以满足其高质量发展要求。二是开放平台之间合作互动不够。重庆自贸试验区与中新(重庆)战略性互联互通示范项目、西部(重庆)科学城等重点平台项目在政策联动、信息互动、成果共享方面力度不够,自贸试验区的示范引领作用发挥不充分。三是川渝自贸试验区协同开放示范区联动能力有待增强。当前,协同开放示范区建设面临改革赋权授权不足、政策协同性不够、统筹推动力度有限等问题,制约协同开放示范区在重大政策、重大改革、重大项目等领域深化合作。比如税收政策方面，川渝两地《中西部地区外商投资优势产业目录》存在一定差异，进口设备免税、企业所得税减免等政策红利无法充分释放。

3. 营商环境仍需进一步优化

目前，重庆自贸试验区税收政策不优、配套设施短板明显、政务服务水平不高等问题较为突出。一是税收政策支持力度不足。自贸试验区内企业主要享受西部大开发相关税收优惠政策，但优惠政策仅覆盖一定产业范围，对产业发展支持有限。此外，与海南自贸港相比，自贸试验区高端人才、紧缺人才不能免征个人所得税实际税负超过15%的部分，人才税收优惠力度不足。二是配套设施亟待完善。片区内涉外医疗、教育、保险等配套条件不足，国际学校、涉外医院较少，国际人才服务功能不健全，缺少如上海国际人才网、国际人才服务港等能够为国际人才提供综合便捷服务的机构场所。三是政务服务便利化水平有待提高。川渝自贸试验区协同开放示范区企业登记"网上办"智能化协同化程度不够，电子营业执照在商务领域的应用还有待拓展，证照自动获取涉企行政许可事项的功能亟待完善。

二、2022年重庆自贸试验区发展环境

（一）国际政经格局深刻变化，经贸规则加速重构

在全球疫情持续演变、经济复苏动力减弱以及大国战略博弈加剧的背景下，国际贸易和投资形势依然严峻。一是全球经济复苏乏力且明显分化。疫情反复持续影响全球经济增长的稳定性和可持续性，疫苗接种率的差异将加剧经济复苏分化态势，发达经济体复苏形势明显好于新兴经济体。随着全球经济复苏乏力，国际地缘政治冲突将明显加剧，大国之间特别是中美之间的战略博弈将更趋激烈，新的高传染性新冠病毒变种也可能导致人流、物流面临新的限制，影响全球产业链供应链重构，增加区域经贸合作障碍。二是对国际规则主导权的竞争日趋激烈。国际规则体系将持续加速演变，美国等西方发达国家选择性遵守现有国际规则，并继续推动制定有利于自身利益的新规则。新兴经济体努力争取与其不断上升的国际地位相符的制度性话语权，防止在新规则制定中被边缘化。三是国际经贸关系发生深刻变革。全球保护主义、单边主义持续升温，区域性经贸合作将更加紧密，我国正式核准《区域全面经济伙伴关系协定》（Regional Comprehensive Economic Partnership，RCEP），申请加入《全面与进步跨太平洋伙伴关系协定》（Comprehensive and Progressive Agreement for Trans-Pacific Partnership，CPTPP），将进一步深化区域经贸合作，强化自贸试验区风险和压力测试。

（二）我国坚定推动高水平开放，自贸试验区将获得更大自主权

我国将坚定不移推动高水平开放，自贸试验区改革开放排头兵的示范引领作用将更加凸显。一是自贸试验区发展新格局加快构建。全国自贸试验区已扩容至21个，覆盖东西南北的改革试点格局加快形成，自贸试验区将进行更大范围、更广领域、更深层次的改革探索，在投资、贸易、金融、人员流动等方面深入开展一系列先行先试，打造国际合作与竞争新优势。二是自贸试验区对外开放水平更高、程度更深。我国将通过进一步缩减和完善全国和自贸试验区外资准入负面清单，实现自贸试验区负面清单制造业条目清零，支持外资加大中高端制造等领域和中西部地区投资，自贸试验区外商投资空间将更加广阔。全国首张跨境服务贸易负面清单——《海南自由贸易港跨境服务贸易特别管理措施（负面清单）（2021年版）》施行，在提升海南服务贸易开放水平的同时，也有助于我国以海南为试点，研究制定自贸试验区跨境服务贸易负面清单，进一步推动服务贸易自由化、便利化。三是自贸试验区新一轮制度创新将深入推进。新发展格局对充分利用国际国内两个市场、两种资源提出了新要求，我国《"十四五"商务发展规

划》明确提出推动自贸区（港）高质量发展的相关重点，浙江、上海、湖南、重庆等多地也陆续出台自贸试验区建设"十四五"规划，将推动自贸试验区对标高标准国际经贸规则，因地制宜深化制度型开放探索。

（三）重庆全面深化改革开放，自贸试验区制度型开放将提速推进

以川渝自贸试验区协同开放示范区建设为契机，重庆自贸试验区将持续探索首创性、差异化的制度创新改革，加快推动更高水平开放型经济体制建设。一是川渝自贸试验区协同开放示范区建设将进一步加快。随着成渝地区双城经济圈建设持续深入，国家层面将加强对川渝自贸试验区协同开放示范区的顶层谋划和积极支持，推进金融、科技、医疗和数字经济等重点领域开放，探索更加便利的外汇管理和贸易监管制度，加大制度型开放力度。二是服务业扩大开放将塑造国际合作和竞争新优势。重庆获批开展服务业扩大开放综合试点，将推动服务贸易、数字贸易、科技创新等重点领域深化改革开放，有利于自贸试验区进一步释放新的发展动能。三是自贸试验区发展路径更加明确。《重庆商务发展"十四五"规划（2021—2025年）》提出，将在投资贸易、金融、国际运输、数字经济、人才等重点领域深化改革开放，引导各片区差异化发展，推动自贸试验区全面建成改革开放新高地、西部地区高质量发展的重要增长极。

（四）2022年重庆自贸试验区发展展望

2022年，世界经济和贸易投资环境复杂严峻，我国将坚定不移高水平扩大开放，大力推进自贸试验区高质量发展。重庆自贸试验区将持续围绕投资、贸易、金融、人才、数据跨境流动、国际运输等多个领域开展先行先试，各片区差异化、特色化发展将更加显著，自贸试验区与两江新区、西部（重庆）科学城、中新（重庆）战略性互联互通示范项目协同发展加快，川渝自贸试验区协同开放示范区建设提速，要素流动型开放和制度型开放将以更大力度推进。

三、相关建议

（一）持续推进制度集成化特色化探索

一是建立数据跨境流动规则体系。在我国《中华人民共和国数据安全法》的框架下创新数据跨境流动规则，建立数据分级分类保护制度，选择自贸试验区金融、商贸、卫生数据作为试点场景，打通"一带一路"沿线国家和地区重点城市的国际数据专用通道，搭建满足监管与业务需求的数据安全流通平台，探索金融、商贸和卫生数据跨境共享机制。二是完善海关协同监管体制机制。参照WTO《贸易便利化协定》等国际海关规则条款，在通关便利、协同监管、风险管理等方面同步配套推进，加快推动与"一带一路"沿线国家在货物通关、贸易统计、贸易供应链安全与便利化合作、检验检测认证等方面进行合作，共同提升监管智能化水平。三是多措并举提升创新意识和能力。对标国际先进水平和国际经贸规则，加强对公平竞争、劳工标准、环保要求以及政府采购等国际惯例的压力测试。加快制定符合自身实际的容错纠错机制和激励具体办法，鼓励在自贸试验区依法积极开展各类创新。

（二）提升自贸试验区协同发展水平

一是推动改革试点经验复制推广。积极向国家争取，对在部分自贸试验区内已获批准的改革试点任务，应视同自动授权，由其他各自贸试验区自行制定实施方案，强化自贸试验区改革自主权。结合高新区、经开区等开放平台发展需求，针对性梳理总结自贸试验区发展经验和典型案例，建立定期推广机制。二是增强开放平台协同联动性。加强自贸试验区与两江新区、西部（重庆）科学城、中新（重庆）战略性互联互通示范项目等平台联动合作，围绕服务业扩大开放综合试点、国际消费中心城市建设等推动产

业、投资、贸易等领域跨境合作与先行先试。三是争取川渝自贸试验区协同开放示范区更大改革自主权。联合争取国务院自贸试验区工作部际联席会议办公室对协同开放示范区建设的指导和政策支持，探索推进金融、科技、医疗和数字经济等重点领域开放，试行有利于促进跨境投资贸易便利化的外汇管理政策。

（三）加快营造国际化营商环境

一是实施更有竞争力的税收政策。争取国家支持，共享川渝两地自贸试验区外商投资鼓励类项目目录，消除两地税收优惠政策和产业政策差异。比照海南自贸港，对高端人才、紧缺人才等免征个人所得税实际税负超过15%的部分，探索试行西部大开发税收优惠负面清单管理制度。二是完善国际化配套服务。加快健全教育、医疗、生活等国际化配套设施，持续优化国际人才引进政策，成立专门负责实施海外人才工作许可、永居推荐和配套服务的机构部门，加大对国际化高层次人才引进力度。三是提高政务服务水平和效率。探索川渝自贸试验区协同开放示范区审批许可事项清单合一、证照资质互认，加快建设示范区一体化平台电子证照共享服务系统，实现各自贸试验区板块、各部门政务服务平台对各类市场主体电子营业执照文件的查询、存档、校验等功能。

[重庆市综合经济研究院（重庆市经济信息中心）宏观经济研究课题组
主研：易小光　丁　瑶　苟文峰　张　佳　郑淑媛
执笔：郑淑媛]

产业卷
第一产业篇

之一：2021年重庆市农业发展及2022年展望

2021年，重庆积极贯彻落实中央一号文件和中央农村工作会议精神，紧紧围绕实施乡村振兴战略，加快推动农业农村现代化。在各项稳产保供、惠农强农政策作用下，粮食生产实现丰收，重要农产品供给充足，农业发展呈现"生产稳、供给足、发展好"的良好态势。预计全年重庆农业增加值增长7.1%左右，粮食产量稳定在1080万吨以上。

一、2021年重庆市农业经济运行分析

（一）总体情况

重庆大力发展现代山地特色高效农业，把保障粮食安全作为首要任务，聚力抓生产、优结构、抓融合、增效益，抓政策、促增收，粮食和重要农产品量质齐升，第一产业增加值同比大幅提升。1—9月，第一产业增加值1332.42亿元，同比增长8.3%，增速超过全国平均水平1.1个百分点，两年平均增长6.1%。

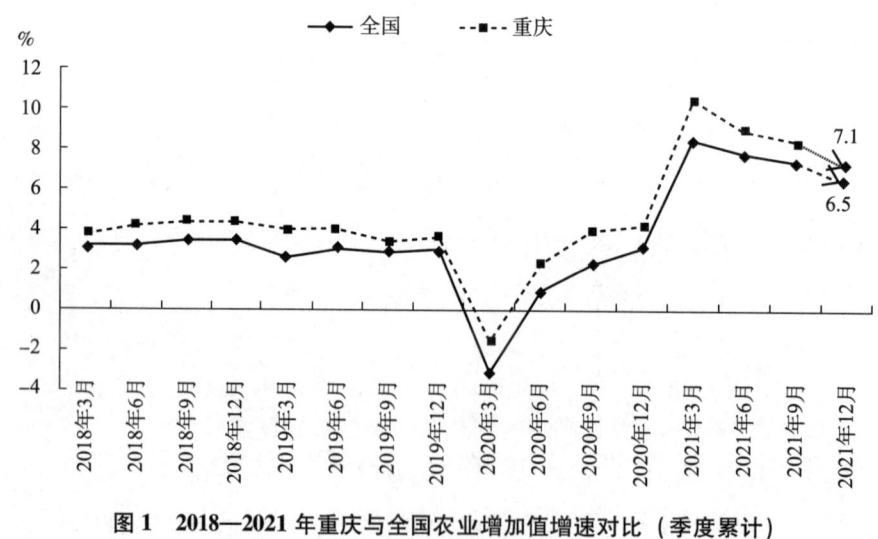

图1 2018—2021年重庆与全国农业增加值增速对比（季度累计）

（二）主要特点

1. 粮食生产实现"三增"

粮食安全各项措施扎实落地，粮食生产保障有力，实现播种面积、总产量、单位面积产量"三增"。2021年夏粮（主要包括小麦、春马铃薯、胡豆、豌豆等）种植面积超过556万亩，同比增加1万亩，实现16年来首次增加。夏粮产量121.06万吨，同比增加1.42万吨。秋粮生产开创"多备、多育、多栽、多收"的良好局面，播种面积2464.72万亩，同比增加15.58万亩；单产达到394.18公斤/亩，同比增加1.47公斤/亩；总产量971.53万吨，同比增加9.75万吨。2021年，粮食播种面积3020.7万亩，同比增

长0.54%；总产量1093万吨，同比增长1.11%；单位面积产量361.8公斤/亩，同比增长0.53%，总产量实现近十年来最大增长。

表1 2018—2021年重庆粮食生产情况

年份	粮食产量/万吨	增幅/%	播种面积/万亩	增幅/%	单位面积产量/公斤/亩	增幅/%
2018	1079.3	-7.52	3026.7	-9.90	356.6	2.62
2019	1075.0	-0.40	2998.5	-0.93	358.5	0.54
2020	1081.0	0.56	3004.5	0.20	359.8	0.40
2021	1093.0	1.11	3020.7	0.54	361.8	0.53

2. 重要农产品保障有力

蔬菜产业增量提质。重庆加强重点蔬菜基地改造升级，持续推进蔬菜生产"药肥双减"，蔬菜供应总量充足、品种丰富。1—9月，蔬菜种植面积达到835.6万亩，同比增长2.4%；产量1690.8万吨，同比增长4.3%，增幅与上年同期持平。生猪产能全面恢复。近两年重庆市强力推进生猪养殖，生猪产能加快释放，势头强劲。1—9月，生猪出栏1253.4万头，同比增长35.0%；期末生猪存栏1195.2万头，同比增长17.1%，生猪生产恢复到2017年正常水平。牛羊禽生产平稳增长。1—9月，肉牛、山羊、家禽出栏量分别达到28.3万头、229.1万只、1.72亿只，分别同比增长3.1%、3.4%、10.2%。预计2021年肉类总产量同比增长30%左右。生态渔业加快发展。重庆大力实施水产绿色健康养殖"五大行动"，加快发展稻渔综合种养，水库生态养殖达到51.9万亩。1—9月，水产品产量42.4万吨，同比增长3.5%。

3. 农业"接二连三"融合发展

农产品加工业加速发展。出台农产品加工企业综合指标考核奖补政策、出台农产品加工示范园区和示范企业创建管理办法，累计培育7个100亿级、8个50亿级农产品加工示范园区。截至目前，重庆规模以上农产品加工业总产值1833亿元，同比增长17.9%。1—8月，规模以上农副食品加工业增加值同比增长13.3%。乡村休闲旅游持续恢复。加强乡村休闲旅游景区景点提档升级，按季度持续推出精品线路和休闲景点，与四川共同谋划推出"川渝精品线路"。1—9月，乡村休闲旅游业接待人次和经营收入较上年同期均有较大幅度回升。农村电商提速发展。深入实施"互联网+"农产品出村进城工程，扎实推进重庆品牌农产品网销行动，着力提升益农信息社电商服务能力，聚力打造"巴味渝珍"、"三峡柑橘"等区域公用品牌，1—9月农产品网络零售额达到108亿元，同比增长超过20%。

4. 农产品价格①有涨有落

粮油价格稳中略涨。1—9月，重庆粮油零售综合均价总体稳定，大米价格微幅回落，麦面和油类价格略有上涨，玉米价格涨幅明显。普通大米、标准粉零售价格和玉米批发价格分别在4.8~5元/公斤、4.7~5.1元/公斤、2.7~3.1元/公斤波动。蔬菜价格总体略升。1—9月，蔬菜价格走势节气效应和季节效应依旧明显，同比总体有所上涨。产地价格环比逐月回落，同比大幅增长，至第三季度同比下降超过20%。零售价格在6.6~9.1元/公斤波动，总体较2020年有所提高。进入第四季度，蔬菜价格上涨势头明显。生猪价格大幅回落。第一季度延续2020年以来的生猪价格高位，仔猪和猪肉价格分别最高达到85.87元/公斤、57.34元/公斤。第二季度以来，生猪价格环比和同比均冲高回落，9月仔

---

① 采用重庆市农业农村委定期发布的《重庆市大宗农产品产销形势分析月报》数据。

猪和猪肉价格分别跌至35.32元/公斤、30.58元/公斤。养殖户由盈转亏，猪粮比从1月最高的14.05：1跌至9月的4.93：1。水产品价格涨幅较大。淡水鱼价格总体上涨，1—9月产地综合均价同比涨幅超过30%，批发均价涨幅也超过20%，其中第二季度零售均价涨幅超过30%。入夏后价格稍有回落，9月产地均价、零售均价分别为15.66元/公斤、22.94元/公斤。水果价格稳中略降。李子、柑橘、枇杷等水果在关键采摘期遭遇气象灾害，产量和品质受到影响。1—9月，水果零售均价环比先涨后跌，同比总体略降，价格在8.54~10.91元/公斤波动。

表2 2021年1—9月重庆猪肉价格和猪粮比变化情况

月份	仔猪价格/元/公斤	同比增减/%	猪肉价格/元/公斤	同比增减/%	猪粮比
1	85.87	48.80	57.34	21.69	14.05
2	85.44	36.21	56.18	9.45	11.94
3	85.26	28.98	50.47	-17.01	10.26
4	80.75	7.11	44.39	-20.46	8.68
5	71.96	-9.08	38.86	-24.42	7.17
6	56.48	-29.77	32.53	-35.50	5.31
7	47.47	-43.85	31.65	-45.56	5.26
8	41.94	-53.16	31.34	-48.58	5.17
9	35.32	-62.41	30.58	-50.22	4.93

5. 农业发展要素支撑能力增强

农业招商投资硕果累累。重庆市充分挖掘农村新产业、新业态投资潜力，拓展与发达国家、发达省份农业合作新空间、新领域，积极储备农业投资项目，1—9月招商引资项目签约金额690.5亿元，同比增长34.8%。中国榨菜城等一批农业新改扩建项目加快推进，1—9月重庆第一产业固定资产投资增幅达到29%，在三次产业中增幅最大。农业科技创新明显加强。国家生猪技术创新中心等6个科技创新平台加快建设，10个方面农业技术创新全面推进，分产业组建农业科技创新联盟，与中国农科院开展了深度合作。农业人才服务能力持续提升。重庆出台乡村人才振兴26条措施，组建"订单式+组团式"专家服务团，组织近700名专家服务基层。组织参加全国乡村振兴职业技能大赛，重庆斩获3金、6银、2铜、6优胜，奖牌数居全国第二位。

6. 农村综合改革持续深化

土地制度改革稳慎推进。根据全国的土地改革年度重点任务，着力开展合川区（全国）第二轮土地承包到期后再延长30年试点，稳慎推进永川、大足、梁平3个区农村宅基地制度改革试点。农村"三变"改革扩面深化。鼓励有条件的区（县）选择1~2个乡镇全域推开，截至目前，已有68个乡镇全域推开，试点村累计达到2196个，占全部行政村比重为27.5%。新型农村集体经济发展壮大。巩固农村集体产权制度改革成果，盘活利用集体资源资产，预计2021年底基本消除集体经济"空壳村"①。目前，重庆市集体经济"空壳村"占比下降到1.5%，年集体经营收入5万元以上的村增加到50%左右，农民分红收入明显增加。新型农业经营主体培育加强。深入实施家庭农场培育计划，持续开展农民合作社规范提升

---

① 指集体经济薄弱、财政亏空的村子。

行动，加快构建以家庭农场为基础、农民合作社为纽带、龙头企业为引领的新型农业经营体系。

（三）存在的问题

1. 农业"接二连三"项目用地需求未得到有效满足

在乡村振兴战略深入实施背景下，农业农村投资项目策划和储备加快，但处于农业产业链中后端、农业价值链中高端的"接二连三"项目，如农产品加工、电商物流、休闲农业等产业项目用地需求难以得到有效满足。一方面，农村存量建设用地大多单块面积小，分布零散，且大多与宅基地混杂，需协调的利益主体较多，盘活利用难度较大。另一方面，尽管农村"三块地"改革稳步推进，但与土地利用密切相关的"多规合一"推进深度和广度都还不够，尚未出台项目准入条件方面的相关指导意见，项目实施落地难度仍然较大。

2. 猪价持续下行影响生猪产业稳定发展

经过两年多不懈努力，2021年重庆生猪产能恢复到常年正常水平。但随着新建生猪项目生猪大规模出栏，5月开始，生猪价格持续大幅下跌，6月跌破盈亏平衡点。9月末，重庆生猪收购价13.73元/公斤，猪粮比跌至5以下，同比分别下降64.2%、69.5%，头均亏损900元左右。一方面，"猪周期"谷底持续时间稍长，导致养殖户和龙头企业亏损加剧，严重影响其养殖积极性；另一方面，"猪周期"的波动不利于物价水平稳定和猪肉供给稳定，阻碍生猪产业持续健康发展。

3. 农产品加工企业持续规范发展困难较大

受成本上升、CPI下行双重挤压，当前部分农产品加工企业经营困难。尤其2021年化肥农药等农资价格上涨明显，其中，农药和柴油价格同比上涨分别超过30%和20%。与此同时，近两年全国包括重庆在内，大力推进农产品加工企业"升规纳统"①，促进产业高质量发展。但由于配套支持政策尚不完善，成为"规上企业"后，适用税率有所提高，规范财务管理、编制每月报表等要求反而增加了企业成本负担，导致企业"升规纳统"积极性普遍不高，影响农产品加工业高质量发展。

二、2022年农业经济发展展望

（一）全球谷物产量再创新高，食品价格大幅上涨

产量方面，据联合国粮农组织（FAO）预测，2021/2022年全球谷物产量28.17亿吨，比2020/2021年高出1.7%或4780万吨，仍将是历史新高。全球粗粮产量预计为15.13亿吨，大米产量将达到创纪录的5.195亿吨，比2020/2021年增长1.0%。贸易方面，2021年全球包括运输费用在内的粮食进口总额将达到1.715万亿美元，高于2020年的1.530万亿美元。物流成本高企，2021年全球粮食进口成本将上升12%，达到纪录水平。2022年全球供应链不稳定性、不确定性依然较强，预计物流成本维持高位。价格方面，2021年全球食品价格指数②一路大幅上扬。5月价格指数升至近五年最高，达到128。肉类、奶类、谷物、食糖价格均呈现上涨势态，植物油价格大幅拉升后于5月开始高位震荡。在各项成本大幅推高状态下，预计2022年全球食品总体价格先扬后抑、总体回落。尽管国际粮食供应充足，但因国际贸易形势不稳、价格波动较大，将对我国部分农产品在局部地区的进出口造成一定负面影响，也容易加剧国内农产品价格波动，需提前做好战略储备和应对预案。

---

① 即推动中小企业升级为规模以上企业，纳入统计范围内，建立现代企业管理制度。
② 联合国粮农组织的全球食品价格指数是国际市场五大食品类商品价格的贸易加权指数，包括谷物、肉类、奶制品、植物油和食糖。

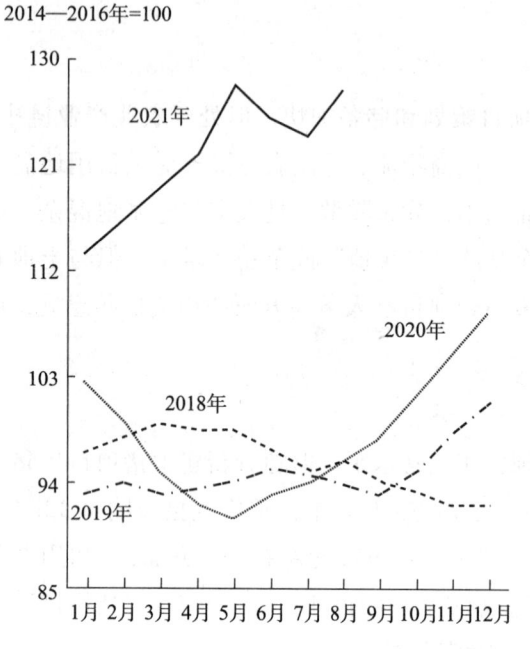
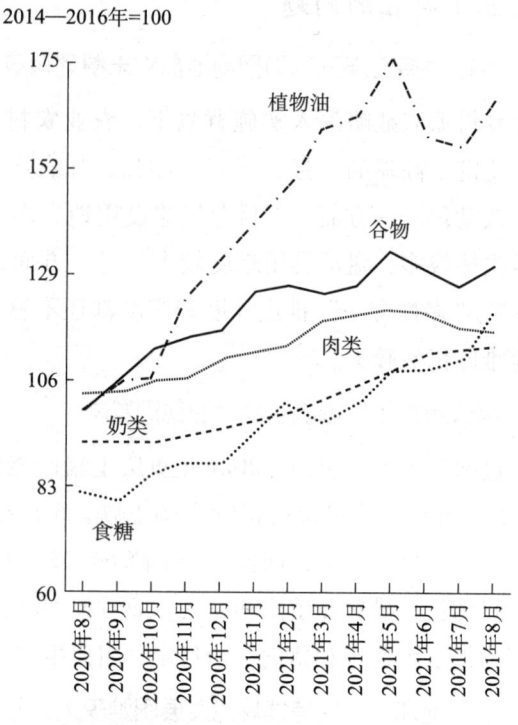

图 2 联合国粮农组织食品价格指数走势

（二）我国坚持创新驱动，以推动高质量发展为主题，统筹农业发展和安全

"十四五"时期，农业农村现代化规划启动实施，更加突出粮食安全、创新驱动和绿色发展三大主题。一是国家深入实施以粮食为首的重要农产品保障战略，继续完善粮食安全省长责任制和粮生产保护支持政策，严格实施《关于防止耕地"非粮化"稳定粮食生产的意见》，确保各省份粮食种植面积保持稳定，促进单产面积持续提升。二是国家先后出台《关于提升5G服务质量的通知》《5G应用"扬帆"行动计划（2021—2023年）》，5G商用有望促进农业机械装备、生产基础设施的智能化水平大幅提高，与传感器、大数据相结合的智慧农业将真正被激活赋能，农产品质量安全追溯这一痛点有望逐步得到有效解决，国内农业综合生产能力将迈上新台阶。三是国家把"碳达峰""碳中和"纳入生态文明建设整体布局，我国首部农业绿色发展专项规划——《"十四五"全国农业绿色发展规划》正式出台，我国将加强农业资源保护利用、农业面源污染防治和农业生态保护修复，打造绿色低碳农业产业链，农业绿色发展水平将显著增强。

（三）重庆现代山地特色高效农业持续发展，全产业链建设逐步发力

重庆将加快农业高质量发展步伐，更多农业资源投放将聚焦到以下两个领域：一方面，在稳定粮食生产基础上，进一步推动粮经结构优化，着力发展"多品种、小规模、高品质、好价钱"的现代山地特色高效农业。"多品种"就是扩大品种供给，促进农业多样化发展；"小规模"就是基于重庆耕地中山地面积占比大、地块细碎的市情，发展小而精的产业产品；"高品质"就是狠抓品质、品种、品牌建设，提升产品附加值；"好价钱"就是畅通农产品流通网络，力争卖得远、卖得好。另一方面，强化农业"接二连三"，突出全产业链建设。重庆将集成农业科技、农业资本、农业人才等力量着力发展农产品精深加工业，以农产品加工为突破口延伸产业链条，以乡村旅游和农村电商为重点带动农业全链化发展，着力提升全产业链竞争力。

（四）2022年趋势预测

2022年是我国全面开启社会主义现代化建设新征程和全面实施乡村振兴战略的关键年。综合考虑宏观环境和现实基础，在乡村振兴战略、城乡融合发展、大数据智能化赋能现代农业等政策举措下，重庆农业短板加快弥补，农业高质量发展态势进一步凸显。预计2022年全市农业增加值同比增长4%左右，力争粮食产量保持在1080万吨以上，成渝现代高效特色农业带提质增效，三产融合业态对农业农村发展的支撑带动作用更加突出。

三、对策建议

（一）推动农业稳产提质

一是持续强化稳产保供。坚持"旬会商、月调度、季研判"机制，加强农产品生产形势研判和跨省调度，确保重要农产品供给量足价稳。盯紧粮食、生猪、蔬菜、农产品加工4张任务清单，推动各区（县）补短补缺，确保完成稳产保供任务。二是保障产业项目用地需求。坚决遏制耕地"非农化"、防止"非粮化"。推动"多规合一"广泛覆盖到乡镇层面，打造农业"标准地"地理图和项目库，出台各类土地利用的项目准入条件，制定专门办法解决农业"接二连三"产业项目用地需求，确保各类乡村产业项目精准落地。三是持续强化科技创新。分产业、分专业加快组建一批农业科技创新联盟。争取国内优势科研单位和权威专家定向指导，推进与中国农科院战略合作事宜，协调完善土壤研究所组建方案。以国家生猪技术创新中心建设为突破口推进市畜科院科技体制市场化改革。四是持续强化产业提质。加强农产品加工市场主体培育、金融服务对接、对外开放合作，加快出台减轻农产品加工企业成本负担的切实举措，切实加强一对一指导，扎实开展企业"升规纳统"工作，推动重点企业上规上市和加工产业高质量发展。整合乡村旅游资源，探索建立市级乡村旅游营销推广平台。借鉴"三峡柑橘"品牌整合经验，加快整合打造绿茶、红茶、沱茶三类茶业品牌。

（二）着力抑制缓解"猪周期"

一是巩固生猪生产恢复成果。防止出现政策"翻烧饼"现象，营造有利于生猪生产稳定发展的良好环境。加强技术指导服务，推广饲料精准配方和配制工艺，严防抽贷断贷，帮助养猪场户在低谷期节本增效、渡过难关。二是加强非洲猪瘟的常态化防控。对养殖户、防疫员等进行分类指导、全覆盖培训，压紧压实防疫责任。强化养猪场、屠宰场、运输车辆、出入通道、生猪交易市场、冷鲜肉经营场所等日常排查和消毒工作。广泛宣传动物防疫法律法规、生猪疫情防控知识，营造浓厚防疫氛围。三是建立稳定生猪产能的调控机制。进一步加强生产与市场的监测预警，加强信息发布服务，使养殖场户能够及时准确掌握市场信息，理性调整养殖规模。特别是推动以能繁母猪存栏变化率为核心的调控指标，建立生猪生产逆周期调控的触发机制。四是促进生猪产业高质量发展。按照国务院办公厅印发的《关于促进畜牧业高质量发展的意见》要求，加快建设现代生猪养殖体系，实施生猪遗传改良计划，继续推进标准化规模养殖，支持龙头企业帮带中小养殖户改变传统养殖方式、发展适度规模经营。

（三）持续扩大农业投资

一是扩充农业项目储备。结合农业农村领域"十四五"专项规划，动态完善农业农村投资项目库，长短结合做好项目储备和滚动衔接，积极争取农业农村部支持，实施一批农田水利设施和农业强链补链项目。二是推进项目建设实施。建立农业农村投资项目管理台账，落实重点工程建设进度月报告、季通报制度，推动高标准农田建设、农田宜机化改造、灌溉水利设施、生鲜冷链仓储物流、智慧农业装备设施、农产品精深加工等补短板任务有力实施，尽快形成投资实物量。三是强化财政投入保障。优先保障"三农"投入，大力支持乡村振兴项目建设。鼓励区县争取地方政府债券投入，包括专项债、一般债、特别国债等，拓展资金来源。四是吸引社会投资。加快城乡融合体制机制改革探索，吸引城市居民、城市资本投资农业项目。重拳出击整治农村营商环境，加大查处力度整治基层干部违规违法工作行为，将优化城市营商环境的制度体系和工作机制延伸到农业农村。

[重庆市综合经济研究院（重庆市经济信息中心）产业经济研究课题组
　主研：易小光　丁　瑶　余贵玲　王　利　邹於娟
　执笔：邹於娟]

产业卷
第二产业篇

之一：2021年重庆市第二产业发展及2022年展望

2021年以来，重庆在疫情防控常态化背景下，抓住国家战略机遇，深入推进成渝地区双城经济圈建设和全市"一区两群"协调发展，围绕建设国家重要先进制造业中心目标，坚持科技创新引领，加快培育战略性新兴产业，着力提升优势支柱产业，积极推动制造业产业基础高级化、产业链现代化，工业经济和建筑业均保持较快增长，支撑全市第二产业实现平稳发展。预计2021年全市第二产业增加值将达到11300亿元左右，同比增长8.1%左右；其中，工业增加值有望实现7850亿元左右，同比增长10.0%左右。

一、2021年重庆市第二产业运行情况

（一）总体运行情况

在上年受疫情影响第二产业增速较低的情况下，2021年以来，重庆积极出台制造业高质量发展意见，加快推动制造业重大项目建设，着力培育战略性新兴产业，推动建筑业稳步发展，第二产业总体保持较快增长。1—9月，第二产业累计实现增加值7888.34亿元，同比增长9.7%，两年平均增长6.8%，在地区生产总值（GDP）中的比重为39.5%。其中，工业实现增加值5609.64亿元，同比增长11.9%，在GDP中的比重为28.1%；建筑业实现增加值2278.70亿元，同比增长4.1%。

（二）呈现的主要特点

1. 工业经济增长较快，效益大幅提升

工业经济增长较快。在汽车、电子、装备等产业快速增长带动下，全市工业经济保持较快增长态势。1—9月，规模以上工业增加值同比增长14.2%，高于全国2.4个百分点，两年平均增长9.2%，高于全国2.8个百分点。从工业经济逐月累计运行轨迹来看，在上年因新冠肺炎疫情影响基数出现波动的情况下，规模以上工业增加值月度累计增速呈现由高到低走势，从1—2月同比增长56.7%逐步放缓至1—9月的14.2%，总体呈较快增长态势。

工业经济效益持续改善。虽然年初以来原材料价格上涨导致企业利润空间被压缩，但在国内外需求拉动等利好因素刺激下，加上2019年、2020年同期基数较低，汽车、冶金、化工、电子等产业利润仍实现大幅增长，带动全市规模以上工业企业盈利能力持续改善。1—8月，规模以上工业利润总额实现1078.85亿元，同比增长53.4%，高于全国3.9个百分点，两年平均增速30.7%，高于全国11.2个百分点；规模以上工业营业收入利润率6.4%，同比提高1.1个百分点；工业税收完成596亿元，同比增长25.4%，两年平均增速13.4%，分别高于全市7.4个、11.4个百分点。

2. 重点行业保持较快增长，多点发展格局持续强化

汽车产业贡献突出。得益于近年来重庆坚持"乘商并重""整零并举"，强力推进汽车产业结构调整，长安UNI-K等自主中高端车型加速上市，全市汽车产业加快向高端化、智能化、绿色化转型，市场竞争

力显著提升。1—9月，汽车产量达到144.11万辆，同比增长34.5%，其中运动型多用途乘用车（SUV）产量达到69.39万辆，同比增长54.1%；汽车产业增加值同比增长17.7%，两年平均增速达12.9%。

电子产业支撑有力。在抢抓笔记本电脑、手机和智能手表等智能终端订单，集成电路、新型显示器等核心部件培育效果明显带动下，全市电子产业实现快速增长。1—9月，生产微型计算机设备7817.28万台，同比增长22.2%，其中平板电脑901.87万台，同比增长42.5%；电子产业增加值同比增长21.5%，两年平均增速达16.8%。

装备产业增势良好。在通用、专用设备以及电气机械等行业较快增长带动下，1—9月，全市装备制造业增加值同比增长21.4%，两年平均增速10.8%。其中，电气机械和器材制造业增加值同比增速达到27.7%。

其他支柱产业增势稳定。1—9月，医药、材料、摩托车、消费品、能源产业增加值分别同比增长15.3%、11.3%、11.2%、10.5%、3.3%。特色产业发展成效明显，1—8月，通机、陶瓷、调味品等细分特色产业产值同比分别增长20.2%、34.0%、25.5%，两年平均增速均超过14%。

3. 新兴产业接续发力，工业经济新动能加快培育

高技术和战略性新兴制造业持续发展壮大。1—9月，高技术制造业和战略性新兴制造业增加值分别增长22.1%和22.7%，分别高于规模以上工业水平7.9个和8.5个百分点，分别占规模以上工业增加值的19.0%和28.7%，占比较上年同期略有提高，有力推动工业经济结构转型升级。分领域看，新一代信息技术、新能源及智能网联汽车、高端装备、新材料、生物技术、绿色环保等六大战略性新兴产业均实现较快增长。新兴产品增势强劲，1—9月，全市新能源汽车、光缆、锂离子电池、集成电路、工业机器人等产品产量同比分别增长2.2倍、73.4%、38.2%、20.9%、16.6%。

大数据智能化助推制造业提升发展。2021年以来，重庆加快推动新一代人工智能创新发展试验区和国家数字经济创新发展试验区建设，促进数字经济和实体经济深度融合，优化完善"芯屏器核网"全产业链、"云联数算用"全要素群、"住业游乐购"全场景集，倾力打造"智造重镇""智慧名城"，全市数字经济规模占GDP比重超过25%。智能制造成效显著，2021年新认定38个智能工厂和215个数字化车间，累计认定、建设智能工厂105个和数字化车间574个。

4. 建筑业实现较快增长，行业转型升级步伐稳定

建筑业整体保持较快增长。在房屋建筑、交通基础设施建筑（公路、铁路、轨道交通等）等推动下，建筑业总体实现较快增长。1—9月，全市建筑业实现总产值6917.07亿元，同比增长12.3%，增速较上年同期提高3.4个百分点；实现增加值2278.70亿元，同比增长4.1%，增速较上年同期提高0.3个百分点。从产值构成看，1—9月建筑工程产值、安装工程产值、其他产值分别实现6240.14亿元、448.55亿元、228.33亿元，同比分别增长12.0%、16.3%、12.2%，增速分别较上年同期提高2.7个、9.7个、8.7个百分点，占建筑业总产值比重分别为90.2%、6.5%、3.3%，建筑工程仍是带动建筑业增长的主体力量。

行业转型升级步伐稳定。建筑业行业资质加快提升，行业竞争力进一步提高，全市本地所属建筑企业超过1.5万家，其中一级资质以上企业815家。装配式建筑、智慧小区继续引领全市建筑业转型升级，2021年新增1家单位为重庆市装配式建筑产业基地，累计达到23家；新增打造智慧小区120个，累计将达到364个。智能建造加快实施，全市目前应用BIM技术的项目达1300余个，累计建设智慧工地3330个。绿色建筑得到大力推广，1—9月新增绿色建筑1960万平方米，组织建设高星级绿色建筑83万平方米。

5. 行业投资继续分化，第二产业投资总体平稳

工业重点项目投资支撑有力。在三一重庆智能装备产业园、ABB 重庆两江新区变压器智能制造基地迁建等 21 个市政府重点关注项目快速推进带动下，1—8 月 130 个市级重大工业项目完成投资 453 亿元，投资进度达到 83.7%。在此带动下，1—9 月，工业投资增长 12.3%（其中工业技改投资增长 21.4%），有力支撑全市第二产业投资实现同比增长 11.3%。分行业看，装备、电子、摩托车、消费品投资实现较快增长，同比分别增长 26.5%、18.8%、18.3% 和 15.7%；材料、医药、能源工业投资保持平稳增长，同比分别增长 10.6%、8.9%、6.0%；汽车产业投资负增长，同比下降 7.5%。

建筑业投资保持较快增长。2021 年以来，重庆公路、机场、桥梁隧道等基础设施重点项目建设投资情况较好，带动全市建筑业投资保持较快增长态势。1—9 月，建筑安装工程投资额同比增长 12.9%，增速较上年同期提高 13.3 个百分点。其中，基础设施投资同比增长 11.8%，比上年同期提高 3.7 个百分点，成为建筑业投资增长的重要支撑；房地产开发投资同比增长 0.2%，与上年基本持平，对建筑业投资增长的贡献减弱。

（三）存在的主要问题

1. 原材料价格持续高位运行导致企业经营压力增大

2020 年底以来，原材料价格持续大幅上涨，上游原材料制造业 PPI 涨幅显著高于中下游行业。2021 年 1—9 月，全国钢铁、石化等领域 PPI 同比上涨超过 22%；通用设备、食品、纺织等中下游行业 PPI 同比涨幅均低于 3%，尤其是纺织服装、汽车、医药等 PPI 同比处于下降状态。上游有色、钢铁、化工、石化等原材料制造业受价格快速上涨和需求回暖带动，利润增长较快；中游仪器仪表、金属制品、通用设备等行业利润两年平均增速低于制造业平均水平；下游家具、纺织、皮革制鞋等利润仍未恢复至 2019 年的水平。由于重庆化工、采矿、有色金属等受益于涨价的行业占全市工业的比重低于全国平均水平，在本轮价格上行周期中，重庆工业总体处于承压状态。受此影响，中间制成品行业和终端消费品行业面临较大经营压力。

2. 产业链供应链稳定性面临挑战

由于全球新冠肺炎疫情带动消费类电子需求和智能化升级对芯片需求猛增，同时新冠肺炎疫情导致半导体生产减少，原材料大宗商品、汽车芯片等供应紧张，价格大幅上涨，对制造业稳定运行造成一定影响。同时，美国进一步收紧"购买美国货政策"，强化国内供应链能力，且联合欧盟、日本等发达国家地区，推动供应链"去中国化"，对我国及重庆产业链供应链安全形成一定压力。此外，由于重庆电煤供应全部需要依靠外购，受全国煤炭需求持续旺盛、煤炭主产区产量增速不高、进口煤总量偏少等影响，全市电煤保供任务十分艰巨。

3. 建筑业竞争力仍需进一步提升

全市建筑业高资质企业数量不多，具有特级资质的总承包企业仅 10 家，占全市总承包企业数量的比重仅为 0.3%，与江苏等发达地区差距较大。同时，重庆建筑企业在基础设施方面的承包能力弱，承担轨道等全市重大基础设施建设的建筑企业大多来自市外。本地企业在市外拓展业务的能力也不强，仅有约 1/5 的建筑业产值来自市外业务。同时，建筑业智能化水平仍不高，智慧工地利用率低，科技创新带动建筑业发展的能力不足。

二、2022年第二产业发展环境及展望

（一）世界经济复苏形势仍然复杂严峻，制造业平稳发展基础不稳固

世界经济仍复杂多变，疫情反复、病毒变异持续挑战世界经济的稳定性和持续性。美国、欧盟、日本等发达经济体经济复苏前景仍有较多不确定性，俄罗斯、南非、印度等新兴市场国家复苏态势较明显，但仍面临疫情冲击等负面影响。受全球大宗商品价格攀升和贸易保护主义盛行影响，国际市场需求将会受到较大影响，预计2022年全球经济增速将较2021年明显放缓。

2022年，全球制造业面临的机遇和挑战并存：一是全球供应链布局加快调整，多元化、区域化和本地化趋势明显。受疫情影响，供应链安全重要性更加凸显，全球供应链体系将面临重构，一些跨国公司将推动供应链企业回归本土，并推动供应来源多元化。二是新科技革命深入发展将加剧高科技领域的全球竞争。战略性新兴产业和未来产业代表着产业发展方向，发达国家为了巩固其在高科技领域的地位，不断加大对后发国家的打压和遏制，科技方面的竞争将更加激烈。三是全球制造业价值链呈现"缩短"趋势。受发展中国家创新能力提升、国内配套能力增强、本地市场规模扩大等带动，工业品就地销售规模扩大，国际市场采购需求呈现下降趋势，加上人工智能、工业互联网、智能制造等技术的成熟，产业链布局本地化趋势明显，同时，"逆全球化"、制造业回流仍将持续，生产制造将更加贴近市场以增强供应链韧性，这些均导致全球制造业价值链呈"缩短"趋势。总体看，预计2022年全球制造业总体将保持缓慢增长态势。

（二）国内经济延续复苏态势，制造业稳定发展环境总体良好

我国将继续保持宏观政策连续性、稳定性和可持续性，通过精准实施财政、货币、就业等调控政策，加快构建新发展格局，着力推动高质量发展，经济在恢复中将达到更高水平均衡，进而实现稳定增长。

工业方面，总体将呈现稳中趋缓态势。一是将加快提升产业链供应链水平。疫情导致全球产业链供应链发生的变化将继续影响我国制造业的产业链供应链安全。我国将更加注重提升产业基础高级化、产业链现代化水平，将更加重视产业链关键核心技术的突破和供应链环节的安全。二是将提速发展战略性新兴产业和高技术产业。国家将更加重视新一代信息技术、生物技术、新材料等战略性新兴产业发展，谋划一批未来产业，尽快形成新增长点。三是将更加重视低碳循环产业发展。国家碳达峰、碳中和目标将进一步引导工业向低碳循环发展，高耗能行业和高碳排放行业将更加重视改造升级，推动工业向绿色发展转型。但同时，也应关注大宗商品原材料价格变化等对我国工业发展产生的影响。

建筑业方面，总体将保持稳步增长。一是"两新一重"建设将继续发力。国家将更加重视"两新一重"建设，特别是将加大新基建投入力度，带动基础设施建设保持较快发展，支撑建筑业保持较快增长。二是城市更新等投资将加快。国家将继续大力推进老旧小区改造等政策实施，加大城市更新投资力度，为建筑业发展带来新的动力。三是建筑安装投资将会呈现一定下行压力。受房地产行业调控影响，房地产投资将受到较大压力，建筑安装投资等将受到一定影响。总体看，建筑业发展将保持平稳增长。

（三）市内经济稳步增长，动力和压力并存，第二产业将继续成为增长动力

西部陆海新通道、成渝地区双城经济圈建设将持续增强重庆发展动力，重庆将集中资源、聚焦重点、全力推进经济稳步发展，全市经济将保持恢复性增长态势。

工业方面，将聚焦双碳目标，加快推进产业结构调整升级。一是将加快创新平台建设，提升产业创新能力。将加快推动西部（重庆）科学城、两江协同创新区建设，聚焦智能制造、生物医药、新材料、

新能源等领域，强化产学研用融通创新，推动产业基础高级化、产业链现代化，提升全市产业创新能力。二是将继续加快培育战略性新兴产业。全市将继续按照"十四五"规划要求，加快实施战略性新兴产业集群发展工程，围绕新一代信息技术、新能源及智能网联汽车、高端装备、新材料、生物技术、节能环保六大重点领域，集中优势资源培育一批产业集群和基地。三是将以"双碳"目标为导向，加快产业转型。全市将继续推动高耗能、高排放产业转型升级，聚焦全市重点产业链图谱，加快培育和引进上下游核心和基础环节优质企业，推动产业链锻长板、补短板。

建筑业方面，全市将加快新型基础设施建设，推动重大基础设施项目加快实施，以渝中区、九龙坡区入选全国首批城市更新试点为契机，加大全市城市更新推进力度，建筑业稳定增长仍有较强支撑。但受住宅用地供应量减少影响，新开工面积大幅下降，施工面积增长乏力，建筑安装投资增长将趋缓，建筑业安装工程等维持较低速度增长。

（四）2022年第二产业发展主要指标预测

2022年，重庆第二产业将面临复杂多变的国际环境，国内环境总体较好，通过继续加快推动制造业高质量发展，以新兴产业推动产业发展新旧动能转换，全市工业和建筑业发展仍将会保持平稳增长，但增速会有所减缓。预计2022年重庆第二产业增加值将达到12280亿元左右，同比增长6.3%左右，其中工业增加值8470亿元左右，同比增长6.6%左右。

三、对策建议

（一）统筹协调，助力大宗商品保供稳价

一是加大大宗商品保供力度。积极争取各方支持，重点确保煤炭、铝锭、铜材、钢材四大原材料入渝供应，加快替代澳大利亚铁矿石进口，确保大宗商品供应。积极向国家争取增加在渝天然气供应量，增加三峡电、川电、贵电、藏电等入渝额度或指标，满足重庆能源需求。二是抓好国际物流协调。加强与上海、江苏、浙江、广东、广西等协调，调增重庆出口物资海运资源（集装箱和船舱），稳定运价。优化中欧班列（重庆）运输计划，保障重庆制造商品顺利出口，促进沿线国家矿产资源进口到重庆。

（二）多措并举，稳定产业链供应链

一是增强供应链韧性。瞄准全市产业发展供应链紧缺环节和产品，支持企业寻找国内外新供应商，积极稳定供应链，增强供应链体系的韧性。重点提高重庆制造芯片产量，支持企业做好芯片等关键电子核心器件战略储备，解决好制造业"缺芯"困境。二是提高产业链控制能力。继续推动全市33条产业链补链强链延链，完善全市产业链条。支持汽车制造、装备制造、有色金属材料制造、高端电子材料或元器件制造等行业龙头企业进行产业链企业并购，提高产能集中度，提升产业链控制力。三是积极培育新兴产业。瞄准产业发展趋势和方向，加大招商引资力度，引进落地一批重大项目，大力培育氢能源汽车、创新药物、航空航天等战略性新兴产业，尽快形成新的产业增长点。

（三）提高效率，增强企业竞争能力

一是支持企业加快智能化改造。加快推进重庆智能制造实施方案工作进度，支持企业加大智能化项目、数字化车间、智能工厂建设改造力度，提升全市智能制造水平。二是支持企业开发新产品。加大财政政策支持力度，着力扶持一批企业强化产品创新，鼓励企业把科技和绿色含金量高的新产品尽早推向市场，抢占市场份额。三是支持企业提升精细化管理水平。鼓励企业利用5G、工业互联网、大数据、区块链等新一代信息技术丰富场景应用，提升企业精细化管理能力，降低企业经营成本。

（四）内外兼修，加快提升建筑业竞争力

一是积极培育龙头骨干企业。瞄准国内高资质建筑企业，加快引进一批特级资质建筑企业，支持矿山、轨道等建筑施工企业做大做强，打造一批企业集团。二是加快大数据智能化的应用。加强大数据智能化在建筑业的应用，积极推广智慧住建、智能建造等组织模式，大力推广智慧小区、智慧工地等，提升全市建筑业现代化水平。三是出台政策支持本地建筑企业发展。借鉴上海等地经验，研究出台相关政策措施，支持本地企业承接本地重点基础设施项目。继续优化完善支持政策，鼓励现有本土建筑企业发展壮大，提升企业竞争力。

[重庆市综合经济研究院（重庆市经济信息中心）产业经济研究课题组
主研：易小光　丁　瑶　余贵玲　李　权　王　利
执笔：李　权]

之二：2021年重庆市高技术、战略性新兴产业发展及2022年展望

2021年以来，全球新冠肺炎疫情进入防控常态化阶段，以全球化资源配置为主的芯片等高技术产品供应链受到严峻考验。国内经济延续稳定恢复态势，但我国高技术产业、战略性新兴产业受全球技术链断裂以及新冠肺炎疫情导致的生产受阻影响，恢复性发展基础尚不牢固。预计全年全市高技术产业、战略性新兴产业保持较快增长，其中，高技术制造业增加值、战略性新兴制造业增加值分别同比增长20%、21%左右。

一、2021年重庆市高技术、战略性新兴产业运行情况分析

（一）运行特点

1. 高技术制造业、战略性新兴制造业继续实现恢复性高速增长

2021年以来，重庆强力打造"智造重镇"，建设"智慧名城"，高技术和战略性新兴产业发展态势良好。在电子产品制造业和高端装备制造业的带动下，1—9月，重庆高技术制造业和战略性新兴制造业增加值同比分别增长22.1%和22.7%，增速分别高于全市规模以上工业7.9个和8.5个百分点，两年平均增速分别为16.6%和16.7%。

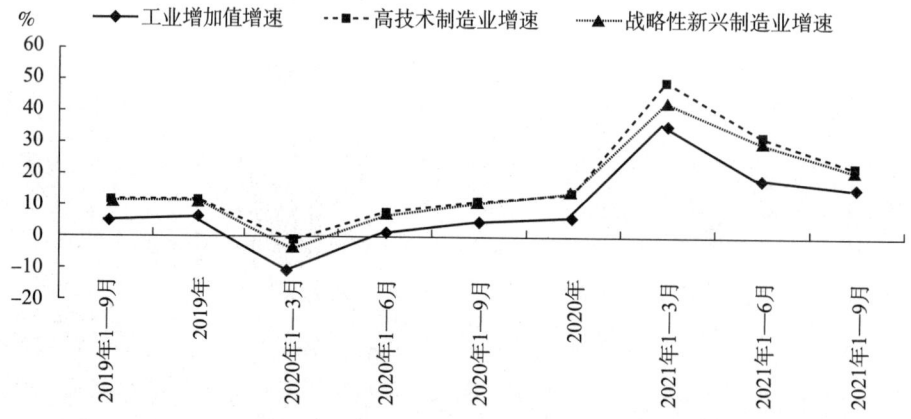

图1　2019年以来重庆高技术制造业、战略性新兴制造业与工业增速比较

电子产业继续发挥工业增长"第一动力"作用。重庆已形成完整的计算机整机及配套、手机整机及配套体系，笔记本电脑产量连续七年位居全球第一，集成电路、新型显示等核心部件规模稳步提高。1—9月，在疫情防控常态化背景下，全市电子信息产业新订单争取、新项目以及新增长点培育成效明显，规模以上电子产业增加值同比增长21.5%；主要电子产品产量继续增长，微型计算机设备产量同比增长22.2%，智能手机产量同比增长33.1%，液晶显示屏产量同比增长30.1%，集成电路产量同比增长20.9%。在京东方重庆第6代AMOLED（柔性）生产线等重大项目带动下，电子产业固定资产投资保持较高增速，达到18.8%。

生物医药产业呈稳健发展态势。1—9月，在全球医疗防疫产品需求大幅增长的带动下，全市医药产业增加值同比增长15.3%，其中，医药和生物技术研发外包成为全市知识流程外包的重要部分，占比达

到15%。全市生物医药重点集聚区——巴南区国际生物医药城聚力招大、引强、选优，引进优质项目，在提高产业规模的同时着力提升产业创新能力，快速推进建设重庆国际免疫研究院和国际生物城创新中心等重大创新项目，已初步实现生物制药、化学药制剂、现代中药、医疗器械等产业集群化发展。

新能源及智能网联汽车进入快速发展轨道。1—9月，全市新能源汽车产量同比增长2.2倍，智能网联汽车产业增加值同比增长1.4倍。其中，氢燃料电池汽车规模化示范应用加快，上汽红岩、庆铃汽车、长安汽车均已进入氢汽车领域。两江新区已入驻氢能质检中心、明天氢能等项目，规划7平方千米氢能产业园，力争打造集氢能制造、储运、研发、检测、添加和燃料电池为核心的氢能产业集群。同时，新能源汽车配套设施建设加快推进。国网重庆电力公司已经加快推进集约式移动储能技术应用，构建电动汽车分布式充换储一体化运营平台；两江新区、九龙坡区以及成渝高速、渝万高速等高速公路沿线正加快推进建设一批加氢站。

其他战略性新兴产业发展取得新进展。航空航天制造蓄势待发。目前重庆已经集聚了零壹空间、金世利、丰鸟等航空航天项目，基本形成通用航空航天"整机+核心部件+配套制造+运营+服务+金融"全产业链雏形。国内首条卫星电源产品自动化柔性生产线即将投产。机器人等高端装备制造产品快速增长。1—9月，全市工业机器人产量同比增长16.6%。发布《重庆市推动机器人产业高质量发展工作方案（2021—2025）》，加速推进全市机器人制造补链强链进程，加快建设国内一流机器人应用示范基地。

2. 高技术服务业快速发展

2021年以来，在全市强力推进特色软件名城创建带动下，软件产业呈加速发展态势。1—9月，全市规模以上软件和信息技术服务业营业收入1800.2亿元，同比增长24.5%；利润总额208.4亿元，同比增长15.4%。

软件产业集群式发展态势明显。渝中软件园、永川大数据产业园、合川网络安全产业城获批市级第二批软件产业园；仙桃数据谷已聚集吸引各类科技创新人才5000余人和1114家企业，其中，推动汽车智能化转型的软件研发企业数量超过10家，智能网联汽车可在建成的5千米长5G自动驾驶开放道路循环路线上进行示范运营，正着力打造"重庆市汽车软件产业基地"①。川渝一体化工业软件服务平台、麒麟软件（重庆）、华为（重庆）工业软件创新中心等10余个重点软件项目集中入驻重庆。

工业互联网加快发展。企业应用工业互联网迈入快车道，15个国家级跨行业、跨领域"双跨"工业互联网平台中已有11个在重庆布局区域性总部，全市已集聚平台服务、解决方案、大数据服务等企业197家，本地研发人员5000多人，引导8.7万家企业"上云"。工业互联网每日解析量达到1400万次，是上年同期的96倍。成立重庆市工业互联网大数据产业发展联盟，启动建设成渝地区工业互联网一体化发展示范区。得益于全市数字化、网络化、智能化和发展新模式的强力推进，2021年重庆两化融合发展水平指数达60.7%，连续6年居中西部第一。

5G等新基建积极推进。截至2021年7月，重庆每万人拥有5G基站数达到10.05个，比全国平均水平（7.2个）高出近3个，居全国第一梯队。此外，数据中心等新型数字基础设施建设加快推进，水土两江国际云计算产业园形成了30万台服务器的数据中心规模，汇聚中国电信、中国移动、中国联通、浪潮及腾龙等十大数据中心；巴南的西部最大单体数据中心开始试运行。

工业设计服务加快发展。沙坪坝启动建设工业设计产业城，巴南工业设计产业园开园，大足、璧山等区县先后成立工业设计促进中心。全市市级工业设计中心达到71家，其中国家级工业设计中心6家。

---

① 2021年6月7日，渝北区政府与重庆市经信委、长安软件公司及软通动力、北斗星通、武汉光庭等多家汽车软件企业签署《共建汽车软件产业高地 推动汽车软件产业发展框架合作协议》，共同打造市级汽车软件产业基地。

3. 自主创新能力建设得到强力推进

2021年，全市继续实施科技型企业成长工程和企业研发机构倍增计划，持续推进新型研发机构建设。科学城科技创新项目建设加快，开工建设全市首个重大科学超瞬态实验装置、中科院重庆科学中心，新引进种质创制大科学中心和航天科工新一代通信技术研究院、国家地方共建硅基混合集成创新中心和重庆（两江新区）国家级车联网先导区等科研院所。中国自然人群资源库重庆中心、北京大学重庆大数据研究院年内投入运营。

4. 高新技术产品进出口大幅增长

得益于国际物流通道畅通及疫情宅经济催生的需求增加，全市高新技术产品进出口回归正常轨道。1—9月，全市高新技术产品进出口总额4068.4亿元，同比增长20.8%。出口方面，高新技术产品出口总额2683.54亿元，同比增长24.5%。其中，电子信息产品对出口支撑作用明显，重庆计算机、通信和其他电子设备制造业出口2634.2亿元，增长24.5%，占同期重庆出口总值的72%，对同期重庆出口增长的贡献率为65.3%；仅笔记本电脑出口额就达到1413.44亿元，占高新技术产品出口总额比重达到52.7%。进口方面，高新技术产品进口总额1384.86亿元，同比增长20.3%，其中集成电路进口总额865.9亿元，同比增长13%。

（二）当前值得关注的问题

1. 电子信息产业的后续增长动力减弱

近年来，在计算机出口带动下，传统电子产品的快速增长促使电子产业成为全市高技术和战略性新兴产业的中坚力量。但是电子信息产业发展的主要推动力来自出口，增长的天花板现象日益显现。1—9月，全市仅生产打印机84.94万台，同比下降81.7%，仅为2019年同期的1/10；计算机出口占全市高新技术产品出口比重持续下降，从2019年的56.7%降为52.6%；智能可穿戴产品规模仍然偏小。

2. 行业盈利能力值得关注

由于全球新冠肺炎疫情形势依然严峻，以及美国主导的芯片产业链割裂，全市部分行业高端核心部件保供存在风险。未来电子信息产业抢抓订单难度增加，汽车产业芯片保供存在困难，车用芯片价格普遍上涨5~10倍，个别产品上涨几十甚至上百倍。除智飞生物等疫苗生产核心企业外，全市医药产业受集中带量招标采购政策冲击较大，未来增长或将乏力。1—9月，医药产业投资同比增速8.9%。同时，美元超发引发的输入性通货膨胀压力、大宗商品价格依然处于高位将会挤压以制造为主的新兴产业盈利空间。

3. 科技成果转换渠道不畅

历年来，重庆同全国一样，不同专利权人的科技成果转化率差距巨大，其中企业的有效专利产业化率相对较高，在50%左右；高校的有效专利产业化率和有效专利转化率均低于5%；科研院所有效专利产业化率为10%~15%，有效专利转化率低于5%[①]。这源于高校科研成果以论文、著作为主，科研目的职称导向较强；而科研院所多为国有资本性质，科研人员职务科技成果赋权推进力度不大。目前，包括转制公司型科研院所在内的重庆市属133家重点国有企业中，仅有3家企业在推行创新团队激励示范。

二、2022年重庆市高技术、战略性新兴产业环境分析及展望

（一）前沿技术竞争更加激烈，全球日益重视网络数字监管及绿色低碳等新兴产业培育

新冠肺炎疫情导致世界经济复苏缓慢，经合组织预测全球经济增长复苏动力减弱，但全球前沿技术

---

① 数据来源：国家知识产权局战略规划司发布的《2020年中国专利调查报告》。

竞争更加激烈，新兴产业发展竞争加剧。一是全球"缺芯"的畅通修复时间不确定将影响高技术及战略性新兴产业的发展。当前，全球"缺芯"现象日益加重，预计全球芯片供需平衡时间将推迟到2022年甚至2023年，电子信息、智能网联汽车、高端装备制造等芯片需求大的产业发展将受到不利影响。二是数字经济和低碳经济将更受重视。各国空前重视数字安全监管，美国、欧盟、日本均在快速完善数字领域安全立法，数字经济的创新发展环境将会更加规范。各国日益重视氢能及其相关产业发展，欧盟、日本、韩国的氢能路线图均对氢能在移动端和固定端的应用、加氢站建设和氢气供应方面作出规划。新能源汽车将会获得快速发展机会，纯电动汽车和氢燃料汽车所需电池等关键零部件技术成为热门攻关技术。三是大国竞争更加注重科技保护和创新。美国大力推进创新及技术保护，筹组的科技联盟集合其本国各部门及盟友国的各方科技力量，正发挥越来越重要作用，其通过的《2021年美国创新和竞争法案》表明了其重塑国家创新体系、维护先进技术全球领先地位的决心。9月，欧洲议会表决通过的《新欧中战略报告》突出中欧是"制度性对手"，在未来将对中国采取遏制措施，并将新兴技术列为重点防范领域。

（二）"双碳"目标的推进及数字经济的发展将推进战略性新兴产业高质量发展

受国际环境影响，我国更加重视自主创新，将出台更多政策支持创新及新兴产业发展。一是低碳绿色、智能制造加快推进。"碳达峰""碳中和"目标将对全国产业结构调整形成倒逼机制，新能源、节能环保、新能源汽车等战略性新兴产业将获得国家大力支持。《碳排放权登记管理规则（试行）》《碳排放权交易管理规则（试行）》《碳排放权结算管理规则（试行）》将促进完善绿色创新产品交易体系，为相关产业发展提供新机会。出台的《国家智能制造标准体系建设指南（2021版）》将不断完善先进适用的智能制造标准体系，助力智能制造装备发展。二是数字经济成为稳增长的基石。当前，数字技术正全面融入我国经济社会发展各领域和全过程。5G、人工智能、工业互联网等新型基础设施建设进程加快和数字经济相关法律法规的完善将进一步推动数字经济进入良性发展轨道。《中华人民共和国数据安全法》《中华人民共和国个人信息保护法》等法律的出台及实施将显著提升我国网络空间治理能力，进一步促进数据经济规范发展。5G将带来超级移动世界，创造新商业模式、新服务模式，云计算、边缘计算等算力基础设施成为新基建重点。

（三）重庆市新兴产业发展环境进一步完善

成渝地区双城经济圈建设强力推进，区域科技合作发展氛围持续优化，重庆更加重视软环境和软件服务业的环境优化，助力全市新兴产业发展。一是成渝合作发展新兴产业将形成新局面。川渝联合签署《建立成渝双城经济圈知识产权保护合作机制备忘录》；成渝地区工业互联网一体化发展示范区建设，将培育20个综合型、特色型、专业型工业互联网平台，全年推动两地企业"上云"数量累计达30万家。重庆两江新区、四川天府新区两大国家级新区合作打造电子信息产业旗舰联盟，共同助力成渝地区建设"两中心两地"。二是市内推进制造业高质量发展、发展数字经济力度加大。2021年重庆出台的《重庆市"十四五"时期重点发展的33条产业链关键重要技术需求》《重庆市制造业高质量发展"十四五"规划（2021—2025年）》《支持制造业高质量发展若干政策措施》《重庆市软件产业高质量发展"十四五"规划》《工业互联网创新发展行动计划（2021—2023年）》以及与工业和信息化部签署的《部市协同开展中国软件名城创建工作合作备忘录》将助推全市制造业高质量发展，加快打造中国软件名城的步伐。同时，重庆出台的《打造全国一流新能源和智能网联汽车应用场景三年行动计划（2021—2023年）》也将促进智能网联汽车、智能家居等智能化产品应用场景建设提速，有利于全市新能源和智能网联汽车加快发展。

（四）2022年重庆高技术产业、战略性新兴产业发展展望

综上所述，2022年重庆高技术产业和战略性新兴产业虽然面临发达国家的竞争压力和国际形势不利的局面，但随着国内政策支持和产业发展生态的改善，以及全市智造重镇、智慧名城的带动，预计2022年全市高技术产业、战略性新兴产业的增长速度不会低于新冠肺炎疫情发生前，高技术制造业、战略性新兴产业增加值均同比增长15%左右。

三、对策建议

（一）以智造重镇、智慧名城建设带动新兴产业发展质量加快提升

一是持续推进智能制造。加快推进全市智能化改造项目实施，通过智能工厂、数字化车间、智慧小区等场景建设，扩大智能化的检测类、控制类、显示类等高新技术产品和工业软件等服务产品的消费市场。加快二级节点建设和接入，继续推动"5G+工业互联网"先导应用项目建设，加快企业"上云上平台"。二是推进产业链式集群式发展。由全市集成电路、新型显示等33条重点产业链带动，以链主企业为核心建立产业联盟，以"链长制"为抓手统筹协调产业链上下游问题，推进产业链整体发展。三是推进工业互联网平台和二级节点建设。实施基础网络设施升级、标识解析建设应用、工业互联网平台培育等多个专项行动，加快推动更多中小企业"上云"。

（二）以科技创新成果交易平台载体建设推进科技成果高效转化

一是建立西部科技创新成果交易中心。推进成渝地区创新成果交易与区域内转化，联合打造西部科技创新成果交易中心，一方面展示川渝地区企业技术需求，通过科研机构参与投标，构建订单式技术研发渠道；另一方面科研机构可路演或转化已中试熟化的科研成果给企业。二是打造以新型研发机构为纽带的科技成果转化平台。突出新型研发机构的企业主体作用，强化市场需求的应用技术研发重点方向，通过参股、并购等方式，将相对成熟的技术或专利成果进一步市场化、产品化之后转移给有需求的企业，打通科技成果转化节点。三是加快落实《重庆市进一步促进科技成果转化的实施细则》。大规模开展赋予科研人员职务科技成果所有权或长期使用权试点，促进科技成果转化。

（三）以增加新兴产业重大项目投资提升产业发展后劲

一是进一步加快招商引资，瞄准"芯屏器核网""云联数算用"，加大招商引资力度，力争引进一批新一代信息技术、新基建、新能源汽车、数字经济等重点领域的重大项目，增强新兴产业发展后劲。二是实施重大智能产品应用示范工程。选择一批处于快速提升阶段的产业领域，实施生命健康、智能制造、智能家居等重大应用示范工程，创造新的消费需求。同时，积极拓展新产品应用市场，加快石墨烯显示屏等一批在研技术含量高、具有引领作用的新产品产业化、规模化进程。三是支持优势企业兼并重组、做大做强。综合运用产业政策、规划、标准、资金等多种手段引导支持优势企业做大做强，在重点行业确定一批领军企业培育对象，以"一企一策"方式集中各类资源予以支持。

[重庆市综合经济研究院（重庆市经济信息中心）产业经济研究课题组
主研：易小光　丁　瑶　余贵玲　李　权　蒋安玲
执笔：蒋安玲]

之三：2021年重庆市汽车摩托车产业发展及2022年展望

2021年以来，重庆主动融入"双循环"新发展格局，积极抢抓成渝地区双城经济圈建设机遇，汽摩产业围绕产业链部署创新链，围绕创新链布局产业链，以高端化、智能化、新能源化为主攻方向，加快转型升级步伐，全市汽摩产业呈较快发展态势。预计2021年汽摩产业增加值分别同比增长12%、8%左右。

一、2021年重庆市汽摩产业运行分析

（一）总体运行情况

2021年以来，重庆汽摩产业不断提升自主创新能力，加快中高端产品导入，推动新能源化和智能化转型，聚力新能源和智能网联汽车应用场景打造，增强汽摩产业竞争力，同时出台系列政策助力汽摩企业稳产能、拓市场、抓订单、促消费，有效促进了全市汽摩产业持续回升。1—9月，全市汽摩产业增加值分别同比增长17.7%、11.2%，两者对全市规模以上工业增加值增长贡献率达20%左右。

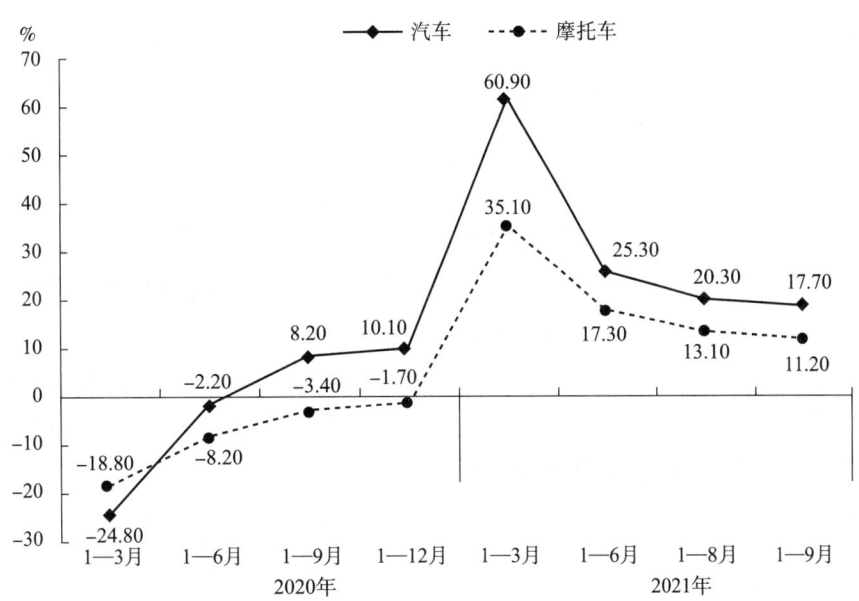

图1 2020年以来重庆汽车、摩托车产业增加值增速情况

（二）主要运行特点

1. 产业发展提速

重庆围绕汽摩产业关键环节，以强链、延链、补链为主攻方向，加强政策引导和支持，促进转型升级，提升产业链供应链水平，带动了汽摩产业快速复苏。汽车产业加速回升。重庆汽车产业在2020年7月结束长达30个月的下滑后加速反弹，1—9月，汽车产量144.1万辆，产量、增加值分别同比增长

34.5%、17.7%，分别快于全国25.1个、8.3个百分点；汽车消费快速增长，汽车类商品零售额同比增长20.4%，快于全国4.9个百分点，其中长安汽车销量达173.2万辆，同比增长26.4%，居国内自主品牌销量前列。摩托车产业持续反弹。重庆摩托车产业从年初以来扭转上年负增长局面，快速进入上行通道，1—9月，摩托车产量321.5万辆，产业增加值同比增长11.2%；品牌竞争力日趋巩固，隆鑫、宗申、力帆、银翔等龙头摩托车（燃油）生产企业销量分别为94万辆、73.3万辆、71.2万辆、60.2万辆，分别连续多月稳居全国摩托车品牌销量第二位、第三位、第四位和第六位。

2. 集群效应提升

全市以推动汽摩产业集聚、企业集中、配套集成为抓手，加快放大产业集群效应，产业发展能级持续提升。整车企业持续集聚。全市汽车生产企业增至41家，具备年产400万辆的综合生产能力，已形成以长安汽车为龙头，以上汽红岩、东风小康、长城汽车等10家整车企业为骨干，以上千家零部件配套企业为支撑的"1+10+1000"汽车产业集群；长安、东风、上汽、长城等国内领先汽车集团，以及美国福特、韩国现代、日本五十铃等国际知名汽车集团在渝集聚发展，迪马、金冠等改装车企业在国内运钞车、中高端房车等细分市场初具竞争优势，北汽银翔、力帆等企业实现有序重整优化。摩托车整车企业36家，规模以上零部件企业超过400家，具有年产1000万辆整车和2000万台发动机的综合生产能力，隆鑫、宗申、力帆、银翔等企业市场实力稳居国内前列。产业配套更趋集成。全市拥有规模以上汽车零部件企业近千家，具备发动机、变速器、车身、底盘、内外饰等各大系统较为完善的产业链，汽车零部件本地配套率超过70%，集聚了美国江森和李尔、德国博世和大陆、日本电装和矢崎、加拿大麦格纳和利纳马、韩国现代摩比斯和万都、英国吉凯恩和邦迪、法国佛吉亚、西班牙海斯坦普等全球汽车零部件百强企业，以及比亚迪、潍柴、华域、延锋、敏实、中信戴卡等国内百强零部件企业。

3. 产品层次提档

重庆以高端化为引领、新产品为突破，突出市场主体引培，加快产品开发上市，有效推动了汽摩产业向中高端迈进。高端车型加快布局。长安汽车的UNI-T、UNI-K等UNI系列上市即热销，迅速跻身国内自主品牌中高端乘用车系列；长城汽车的长城炮连续多月销售量破万辆、"坦克300"车型订单爆仓，备受市场热捧；小康集团的中高端产品华为智选金康赛力斯SF5供不应求，成为国内电动汽车产品的标杆之一；林肯汽车的冒险家、航海家、飞行家等系列产品陆续投放。隆鑫的无极500AC和街道运动、公路赛车、冒险休闲系列车型，以及宗申赛科龙的RX6、RG3、RX500拉力系列和复古街车RZ3S、舒适踏板RT3等一批大排量摩托车产品加速上市。产品单价稳步上升。全市汽车平均每台价格增至约10.5万元，售价10万元以上整车产品占比提升至42%左右，其中国产型林肯"飞行家"售价达50余万元至70余万元，成为重庆生产的单价最高的豪华品牌汽车。

4. 新兴动能提级

重庆实施打造全国一流新能源和智能网联汽车应用场景三年行动计划，推动汽摩产业向电动化、智能化、网联化发展，为产业转型升级提供了原动力。新能源汽车增长迅猛。1—9月，全市新能源汽车产量9.7万辆，超过上年全年规模，同比增长2.2倍；龙头车企持续发力，长安新能源汽车月产销突破1万辆，累计销量排名全国前十；配套设施逐步改善，建成70多座换电站，本地首座加氢站即将建成投用，首个国家氢能动力质量监督检验中心加快建设。智能网联汽车布局加速。1—9月，智能网联汽车增加值增长约1.4倍；智能化产品优势渐显，长安U-NIT率先实现自主品牌L3级自动驾驶乘用车量产上市，金康与华为联合推出的赛力斯华为智选SF5在国内量产交付并获欧盟认证，备受业内关注；创新平台更加充实，长安与华为、腾讯等联合建立了智能化研发实体，重庆车检院联合高校共同研发设计了C-V2X规模测试平台。摩托车智能化水平提升。隆鑫基于物联网的大排量摩托车整车制造应用平台加速建设，宗申依托忽米网使摩托车总装生产线整体效率提高了4倍，力帆摩托开发了"智能摩托"系统——机车卫士，并实现了人、摩托车和手机互联互通。

5. 对外合作提效

在成渝地区双城经济圈建设带动下，重庆加快汽摩产业协同发展，对外合作成效显著。川渝合作持续升温。在政策链上，共同印发《川渝汽车产业产业链供应链协同工作方案》《汽车产业高质量协同发展实施方案》等政策文件，政策协同取得新突破；在产业链上，正放开两地新能源汽车推广应用市场，联合申报国家氢燃料示范城市，共建成渝高速自动驾驶测试示范线路；在创新链上，长安汽车等企业与四川电子科技大学等高校建立了博士、研究生产业实践基地；在供应链上，长安汽车、小康集团、吉利汽车（成都）、一汽大众（成都）等整车企业持续扩大开放采购市场，两地相互配套零部件企业数量和采购金额逐渐增加。汽摩出口量值攀升。在全市一系列稳外贸政策措施支持下，汽摩外贸企业加强与"一带一路"国家地区市场对接合作，抓订单、拓市场取得了积极成效，1—9月，全市汽车出口量、值分别为14.8万辆、90.9亿元，分别同比增长1.3倍、1.2倍；全市摩托车出口量、出口额分别为311.2万辆、108.9亿元，分别同比增长38.5%、46.3%。

（三）当前值得关注的问题

1. 产业增长压力仍大

一是产业规模不大。1—9月，重庆汽车产业增速虽快，但产量（144.1万辆）仅占现有产能（400万辆）的36%，产能闲置问题依然突出，并且规模与同期先进地区仍有差距，低于广东（227.7万辆）、上海（187.5万辆）、吉林（169.8万辆）等地。二是增速逐月回落。2020年疫情影响下低基数是汽摩产业快速增长因素之一，但随着后期基数效应削减，回归常态，汽摩产业增速回落，增加值增速分别从第一季度的60.9%、35.1%降至前二季度的25.3%、17.3%，再降至前三季度的17.7%、11.2%。三是投资后劲乏力。受汽车产业大项目储备不足影响，1—9月，全市汽车产业投资同比下降7.5%，分别低于全市固定资产投资和工业投资增速15.9个、19.8个百分点，两年平均增速下降19.2%。四是生产成本激增。2021年以来国内钢材、铜、铝等生产原材料价格涨幅均超过30%，车用芯片价格上涨5~10倍，摩托车车架、油箱、覆盖件、消声器等均涨价20%~30%，加之集装箱供应紧缺、运价飙升，企业综合成本抬高，如长安汽车单车成本同比上涨3000元左右。

2. 技术创新仍需强化

一是缺"芯"情况持续存在。目前国内汽车芯片自供率不足10%，超过90%的芯片依赖进口，受新冠肺炎疫情、产能不足等因素影响，全球汽车芯片生产受阻、供应紧缺仍在延续，对全市汽车生产企业冲击加大，如2021年以来长安汽车因缺芯片导致生产掉量近10万辆。二是核心技术短缺。高比能量电池和高安全电池、高密度驱动电机、高性能动力电控系统等"三电"核心技术短缺，高速轴承、高端材料、智能汽车所需的毫米波雷达、软件、传感器等关键零部件对外依存度高，核心"卡脖子"技术依然受制。三是创新产品量小。1—9月，全市新能源汽车产量仅占同期全国（216.6万辆）的4.5%，不足上海的（约39.3万辆）1/4；电动摩托车龙头企业宗申集团电摩销量仅为27.3万辆左右，与江苏雅迪科技集团（72.3万辆）、浙江绿源（52.5万辆）等企业差距仍大。

3. 产品竞争实力不强

一是高端车型较少。全市高端汽车产品开发及投放相较广东、上海等地不多，尤其缺少具有市场影响力的自主品牌高端车型,如全市新推出的长城炮、林肯冒险家等高端车型均为市外品牌;摩托车产品以小排量跨骑车、弯梁车等中低端传统产品居多,且部分产品可靠性、耐久性不强,电动摩托车、中大排量摩托车等高端车型处于初级开发阶段,规模小。二是产品单价不高。全市汽车平均单车售价虽升至10.5万元,但仍落后于全国平均水平(约15万元),其中长安汽车平均单车售价为10万元左右,仍不及比亚迪(15.2万元)、传祺(13.5万元)、长城(12.3万元)等国内自主品牌汽车。三是主打品牌欠优。1—9月,长安汽车逸动系列品牌轿车销量(13.8万辆)比上汽通用五菱销量(28.6万辆)少近50%,全市销量最高的隆鑫燃油摩托车销量(94万辆)不足广东大长江(170.4万辆)的60%。

二、2022年重庆市汽摩产业运行环境及展望

(一)技术革新化成为全球汽摩产业格局重构的重要推动力

全球新一轮科技革命和产业变革蓬勃发展,新材料、大数据、人工智能、5G等新兴技术正与汽摩产业深度融合,引起生产方式、商业模式、产业生态等发生巨变,正以前所未有的步伐推动全球汽摩创新链、产业链和供应链重构。从技术研发看,动力总成、新能源"三电"、智能网联等核心技术攻坚及广泛应用正加快赋能汽摩产业深层次的技术革新。从产品制造看,生产方式正从"制造"加速向"智造"跃升,电动化、网联化、智能化和共享化汽摩产品正成为新潮流、新趋势。从消费市场看,随着消费主体多元需求不断升级,汽摩消费市场正加快向场景化、娱乐化、社交化和个性化方向演进。但同时,当前新冠肺炎疫情起伏不定,世界经济艰难复苏,逆全球化、贸易保护主义等抬头,全球产业链供应链稳定风险增多,叠加全球原材料、能源、海运等价格高企的扰动,我国及重庆汽摩产业发展面临的外部挑战依然较大。

(二)政策集成化成为国内汽摩产业潜力释放的重要支撑力

当前我国持续巩固拓展疫情防控和经济社会发展成果,经济运行持续稳定恢复,稳中加固、稳中向好,汽摩产业利好政策频出,带动产业潜能加速释放。从宏观层面看,"双循环"新发展格局正加快形成,国家"十四五"规划纲要、成渝地区双城经济圈建设规划纲要等对汽摩产业发展思路和方向的科学谋定将为汽摩产业中长期的高质量发展提供根本遵循和行动指南。从微观层面看,国家出台新能源汽车产业发展规划、提振汽车等大宗消费和培育新型消费等系列政策文件,叠加新能源车免征车辆购置税延期、汽车年检改革、汽车驾驶自动化分级标准发布和摩托车驾驶证全国"异地通办、一证通考、全国通考"等新政刺激将有利于推动汽摩产业转型、扩大消费。但同时,在国家能耗"双控"、新能源汽车补贴政策持续退坡、汽车国六标准全面实施、部分城市"禁摩令"延续等政策倒逼下,汽摩产业转型发展面临的考验依然较多。

(三)转型常态化成为重庆汽摩产业提档升级的重要驱动力

当前全市经济运行质量效益稳步提升,发展韧劲持续增强,汽摩产业发展新动能加快集聚,产业转型升级步伐将进一步提速。从创新平台看,拥有汽车行业国家级的企业技术中心、重点实验室、技术创新示范企业、质量检测中心等15个,建成工业和信息化部智能网联汽车示范区、国内首个5G自动驾驶开放道路场景示范运营基地,两江新区成功创建国家级车联网先导区,中国西部首座风洞实验室、氢能源检测中心等在渝落成,全国首个汽车软件产业基地启动建设,将有利于增强汽车产业创新动力。从产品开发看,以长安、隆鑫等为代表的汽摩企业不断加快产品改进和新产品开发,L4级、L5级自动驾驶车型等多款新品正陆续量产及投放上市,新的消费增长点将持续形成。从政策保障看,国家赋予重庆建设

国际消费中心城市先行先试地位，重庆"十四五"规划纲要将汽摩产业创新发展列入重点任务，将为产业转型升级、产品消费扩容提供有力政策支撑。从川渝合作看，川渝共建世界级汽车产业集群持续发力，川渝两地汽摩在产业共育、技术共研、资源共用、项目共建、成果共享等领域合作步伐加快，将有利于提升全市汽摩产业国内外影响力。

（四）2022年重庆汽摩产业发展趋势预测

充分考虑疫情复杂形势、国内外及市内宏观经济和汽摩产业发展环境，2022年在长安、金康等一批新能源智能化市级重大项目落地建设，以及全国和全市汽车消费系列政策持续发力带动下，有望促进汽摩产业投资回升和消费扩容，推动汽摩产业进一步转型升级。预计2022年重庆汽摩产业继续保持平稳增长态势，增加值分别同比增长10%和6%左右。

三、对策建议

（一）新兴与传统并抓，提升产业规模高度

一是增强新兴产业动能。深化新能源、大数据、人工智能等技术在汽车领域融合渗透，促进新能源汽车与信息通信、能源、交通深度融合，推动其向移动智能终端、储能单元和数字空间转变，加快发展纯电动、插电式混合动力（含增程式）、氢燃料电池的智能乘用车和商用车，争取新能源汽车开发数据库和智能网联汽车场景数据库在渝布局，带动新能源及智能网联汽车扩量。二是加快传统产业转型。引导本土自主品牌企业加强新一代模块化高性能整车平台、高效内燃发动机等技术改造，加快高端乘用车和商用车新车型开发及上市，提升产品档次及市场竞争力；积极面向个性化需求开发一批高性能新品，重点发展越野车、公路巡航车、赛车和电动摩托车，做大中大排量摩托车产品规模；提升变速器、转向系统、盘式制动器等产品规格，构建更为完整的汽摩关键零部件本地配套体系。

（二）自研与协同并推，增加技术创新强度

一是提升自主研发能力。引导龙头企业参与车规级芯片的基础研究、应用研发、标准制定，实现基础研究、技术研发、工程应用及产业化整体创新链的无缝衔接，增强自主可控能力；加快高强度、轻量化、高安全、长寿命的动力电池新品开发，扩大氢燃料电池布局，培育高密度驱动电机、高性能动力电控系统解决方案供应商；加强复杂环境融合感知、智能网联决策与控制等智能网联技术研发，大力开发车用传感器、车用操作系统等关键零部件及系统，次第形成部分有条件自动、完全自动驾驶本地提供能力并实现更大规模应用。二是加大技术联合创新。支持本土汽摩与四川及国内龙头整车企业、高等院校、科研院所等深度协作，共建技术创新中心、联合体和战略联盟，开展定制化研发，提升汽摩核心零部件供应稳定性；瞄准汽车芯片、"三电"等关键零部件"卡脖子"技术，主动对接发达国家和沿海先进省市，吸引国内外拥有核心技术的汽摩及关键零部件企业来渝建设研发中心、实验室等，协同带动技术攻关。

（三）内循和外循并举，拓展市场空间广度

一是延伸国内市场。深耕川渝市场，落实《川渝汽车产业产业链供应链协同工作方案》，加强与四川汽摩市场需求链、服务链共建共融，增强两地利益捆绑，延伸两地合作广度，推动两地售后服务、出行等环节融合发展，促进汽摩物流信息、资源共享，共建世界级汽摩产业集群；鼓励本土自主品牌汽摩企业业务向京津冀、长三角、粤港澳大湾区，以及向长江经济带和关中平原、兰州—西宁、北部湾、滇中、黔中城市群等重点区域市场延伸，加快新品开发和质量档次提升，建设汽摩产品展示体验、销售、维保

修售后服务中心，拓展消费市场。二是开拓国际市场。充分利用多边和双边国际合作机制，以服务业扩大开放综合试点为契机，积极对接RCEP，依托中欧班列（成渝）、西部陆海新通道等建设，加大对东盟市场布局，重点推动优势汽摩企业在"一带一路"沿线国家和地区布局海外生产和营销网络，建立境外生产加工基地，培育本土跨国企业，加快融入全球汽摩产业链、供应链和价值链。

（四）投资和消费并促，加大政策支持力度

一是拓展投融资渠道。用好、用足国家对汽摩产业发展支持政策，加大汽摩产业重大项目储备，优选更多投资规模大、科技含量高、辐射带动强的项目争取国家各专项资金支持；整合市工业和信息化专项资金和新能源汽车专项资金，鼓励各区（县）统筹专项资金安排，引导和撬动汽摩企业加大关键技术研发、智能化改造、设备更新投入，积极引导债券资金、保险资金、公募基金等社会资本更多参与汽摩产业技术创新等重点领域建设，畅通转型升级资金链。二是完善消费政策体系。落实好国家和重庆市稳定、扩大汽摩消费相关政策，重点加大对汽摩产品更新换代、新能源汽车购置及推广应用、充电桩（站）建设等支持力度，鼓励生产企业和有条件的区县开展新一轮汽车下乡和以旧换新活动，持续释放汽摩消费潜力；优化消费金融服务，鼓励银行业金融机构创新抵质押模式，开发更多汽摩消费信贷产品，稳步提升居民消费能力。

[重庆市综合经济研究院（重庆市经济信息中心）产业经济研究课题组
主研：易小光　丁　瑶　余贵玲　王　利　简华球
执笔：简华球]

之四：2021年重庆市电子信息产业发展及2022年展望

2021年以来，全球电子信息产业从新冠肺炎疫情造成的衰退中呈现不平衡复苏态势，面对复杂多变的国际环境，重庆电子信息产业积极抢抓机遇，表现出较强的发展势头，为"十四五"实现高质量发展奠定了较好的基础。预计2021年全市电子信息制造业增加值增速约20%。

一、2021年重庆市电子信息产业运行情况分析

（一）总体运行情况

2021年以来，重庆电子信息产业保持稳定增长态势。受基数效应减弱影响，电子信息制造业增速呈现"前高后低"走势，第一季度延续2020年底以来的增长态势，产业增速表现强势，第二季度增速有所放缓，1—9月产业增加值累计同比增长21.5%，两年平均增速为16.8%。软件信息服务业增速保持稳定，1—9月累计实现营业收入1800.2亿元，同比增长24.5%，两年平均增速为18.9%。

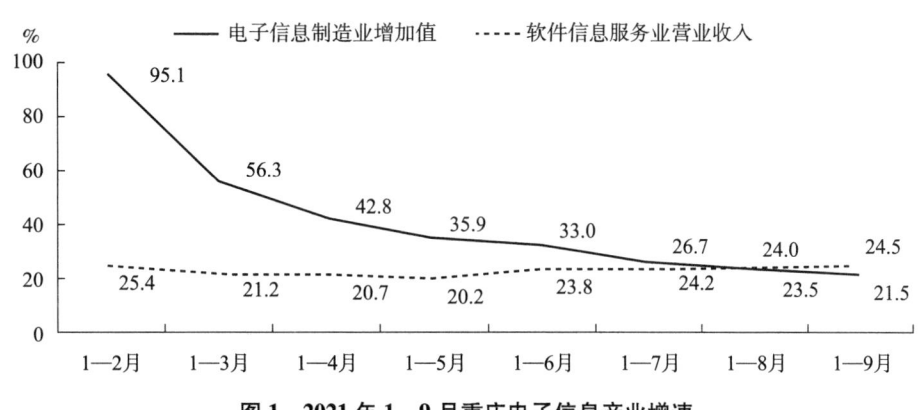

图1 2021年1—9月重庆电子信息产业增速

（二）产业运行主要特点

1. 电子信息制造业发展态势良好

得益于抢抓笔记本电脑、手机订单，加上重庆防控疫情有力，产业体系及配套生产服务体系作用发挥良好，国内国际双循环相互促进成效明显，产业发展呈现"三快"特点。一是重点产品增长快。前三季度，全市微型计算机设备产量同比增长22.2%，其中，液晶显示屏同比增长30.1%、智能手机同比增长33.1%、锂离子电池同比增长38.2%、集成电路同比增长20.9%。二是产业投资增速快。在京东方重庆第6代AMOLED（柔性）生产线、华润微电子12英寸功率半导体晶圆生产线、比亚迪重庆锂电池生产基地（二期）、中电科·吉芯科技、摩尔精英重庆先进封装创新中心等项目带动下，前三季度重庆电子信息制造业固定资产投资增速达到18.8%，超过全市工业固定资产投资增速6.5个百分点。三是外贸出口增长快。重庆向"一带一路"沿线国家（地区）、东盟国家出口金额保持较高增长水平，前三季度，全市计算机、通信和其他电子设备制造业出口2634.2亿元，同比增长24.5%，占同期重庆出口总值的72%。其

中，笔记本电脑、集成电路、平板电脑分别出口 1413.4 亿元、255.3 亿元、168.3 亿元，分别增长 13.9%、54%、1.4 倍。

2. 数字经济高速发展

2021 年，重庆加快推进大数据智能化发展，成功举办"2021 中国国际智能产业博览会"，"智慧名城"和"智造重镇"建设取得新成绩。截至 2021 年 7 月，全市数字经济园区产业规模超 8000 亿元，聚集重点数字经济企业 351 家。一是大数据发展取得新佳绩。全市开放政府公共数据突破 1000 类；2021 年中国国际数字和软件服务交易会评定仙桃数据谷为最佳服务平台，重庆云谷·永川大数据产业获突出贡献奖；中新（重庆）战略性互联互通示范项目"万国数据重庆数据中心"年内正式投入运营。二是网络电商助力消费增长。网红经济、直播带货、社区团购等线上消费新业态活跃，前三季度限额以上单位网络零售额 352.8 亿元，同比增长 27.2%，其中，两江新区跨境电商交易额同比增长近九成。三是工业互联网释放规模效应。工业和信息化部优选的 15 家跨行业跨领域工业互联网平台中，已有 11 家落户重庆，聚集平台服务、解决方案、大数据服务等企业 197 家，引导 8.7 万家企业"上云"，累计标识解析总量超 4.8 亿次。四是区块链发展成效显著。国家层面的两个区块链公共基础设施网络星火·链网及区块链服务网络均来渝落户，区块链产业头部企业趣链科技、浪潮等在重庆加大基础设施建设力度。重庆市区块链数字经济产业园综合竞争力全国排名第五，已聚集 IBM、浪潮、趣链、中科星泰等领军企业 110 余家，建成全国首个省级数字版权区块链保护中心、全市首个区块链测试认证中心等服务体系，涉及工业软件、信创产业、数字内容服务等领域，数字经济年产值超 160 亿元。五是离岸服务外包快速增长。得益于供应链服务、国际工程咨询、汽摩生产设计、医药生物技术研发外包的增长，前三季度，重庆企业承接离岸服务外包合同额 15 亿美元，离岸执行额 10.9 亿美元，同比分别增长 100.5% 和 64.9%，比 2019 年同期分别增长 76.7% 和 64.5%。

3. 产业高质量发展动力持续增强

2021 年，重庆市委、市政府发布《深入推动科技创新支撑引领高质量发展的决定》，持续推动完善产业链创新链，为全市电子信息产业创新发展、高质量发展提供新动力。一是科技创新动力持续增强。引进小康智能新能源研发总部、中国网安区块链技术研究院等高端研发机构，重庆微电子产业技术研究院具有完全自主知识产权的新一代射频滤波器芯片已经具备量产条件，联合微电子中心国内首个硅基光电子芯片全流程封装测试实验室成为国内领先、拥有国际先进的光电集成高端特色工艺平台，具备面向全球客户提供光电微系统解决方案的能力。二是新基建支撑有力。截至 2021 年 9 月，全市累计建成 5.3 万个 5G 基站，工业互联网顶级节点开放接入西部五省（市）二级节点 19 个、企业节点 1266 家，两江新区腾龙数据中心聚集 10 万台服务器，正在推进国际高性能计算中心、水土国际数据港等新基建项目。三是产业补链强链步伐加快。重庆市发布集成电路、新型显示器、被动元件、计算机、智能手机、PCB 印制电路板、MEMS 传感器、软件等重点产业链需要补强的关键技术需求，实行产业链"链长制"，强化各级部门之间协同配合，共建融合创新生态链，重点推动引进联想智能终端制造基地、华润芯片封测、英业达重庆服务器研发中心等重大产业链项目。四是特色产业园区建设迈上新台阶。集成电路、汽车电子、传感器、工业软件、信息安全等首批市级重点关键产业园建设顺利推进，"十四五"期间重庆形成特色引领、创新驱动、智慧赋能、绿色发展的电子信息产业园区高质量发展新格局将迈上新台阶。

4. 区域产业协同发展步伐加快

2021 年，重庆深入推进电子信息产业区域协作，加快构建区域协调发展新局面。一是川渝深入推进产业链合作。成渝地区双城经济圈建设启动以来，川渝两地达成电子信息产业协作，共建具有国际竞争力的电子制造业集群。两地出台《成渝地区双城经济圈电子信息产业链供应链工作方案》，进一步推动产业精准对接，强化平台构建。重庆两江新区和四川天府新区联合成立电子信息产业旗舰联盟，共同打造全国重要的电子信息产业基地和全球电子信息高端研发制造基地。川渝高竹新区、重庆荣昌高新技术产业开发区、四川德阳经济技术开发区等20个产业合作示范园区授牌，协同打造电子信息等重点产业集群。川南渝西大数据产业联盟在永川成立，大力促进大数据产业高质量一体化发展。二是两江新区率先携手万州区推进"一区两群"区县电子信息产业对口协同发展。7月，两江新区和万州区协同发展的首个落地项目重庆两江数字经济产业园万州园投入运营，这将有力推动万州江南新区"数字产业化、产业数字化"先行示范区建设，通过"飞地建园"带动万州数字产业起飞。

（三）存在的主要问题

1. 电子制造企业面临大宗原材料商品价格和物流价格上涨压力

2021年，受国内外多重复杂因素的影响，原材料价格和电子零部件价格大幅上涨，对电子制造企业生产成本产生巨大压力。部分电子制造龙头企业反映，由于铜、铝等原材料价格上涨，且价格波动幅度大，企业无法进行备货；碳酸锂、碳酸钠、碳酸钾等原材料价格同比上涨100%~200%，大大增加液晶显示屏制造成本。电子外贸企业反映，2020年下半年到2021年9月，受出口欧美国家物资激增影响，海运和铁路运价平均增幅在300%以上，急需缓解车位、舱位、箱位难求的困境。

2. 全球芯片短缺对重庆市电子产业供给链造成持续影响

受国外疫情下工厂停工、美国对我国高科技产品出口限制、电动汽车芯片市场需求挤压等因素影响，我国芯片供应链呈现高风险不稳定状态，严重影响重庆汽车电子、消费电子制造企业生产计划。2021年5月以来，马来西亚等国家受疫情管控影响，半导体芯片、逻辑IC、功率二极管和其他用于个人电脑和大众市场的功率元件等制造厂被关闭或保持较低的开工率，对重庆汽车电子、汽车芯片、手机芯片等供应链影响比较大。虽然9月重庆部分汽车芯片、手机芯片供应紧张状况略有缓解，但仍不能满足订单生产需要。芯片供应短缺对重庆手机生产造成巨大影响，2021年1—9月全市手机产量8624万台，比2019年同期减少4414万台。

3. 数字经济市场监管效能有待提升

2021年，维护数字经济领域公平竞争市场环境的议题引发社会广泛关注，重庆数字经济市场监管效能还存在短板。主要表现在：一是地方促进数字经济发展条例尚未出台；二是相关行政部门对互联网平台垄断企业依法合规经营指导有待加强，互联网公司外卖员违反交通法规、互联网公司员工社会保障不到位、互联网支付平台限制支付方式等现象仍时有发生；三是工业和信息化部公开通报侵权APP名单中涉及重庆相关互联网公司，市级主管部门督促互联网应用软件公司整改未完全到位。随着重庆数字经济快速发展，迫切需要完善监管长效机制，促进数字经济良性发展。

二、2022年电子信息产业发展环境及展望

（一）全球信息科技创新在大国竞争背景下更趋复杂

全球经济复苏面临新冠变异病毒冲击、供应链中断等严峻挑战，信息科技创新在大国竞争背景下更趋复杂。一是新一代信息技术产业竞争更加激烈。大国科技竞争将进一步聚焦人工智能、先进通信技术等新兴和颠覆性技术。美国对中国信息技术领域打压态势持续升级。发达国家将优先实施5G网络、智能电动汽车、7纳米/5纳米制程芯片的规模化部署。二是芯片短缺对全球半导体产业格局和电子信息制造业

产业链供应链的影响持续深化。美国、中国、欧盟将加速半导体产业链自主布局，推动供应链安全、可控。但由于芯片产能扩张缺乏全球合作，无法满足制造业智能化、数字化升级强势需求，供应链将持续呈紧张状态，甚至断供。三是全球将加强反垄断监管国际合作。发达国家之间将深化监管合作，加大对数据产权、个人隐私、维护公平竞争的保护，加强对跨国互联网巨头公司滥用市场支配地位的监管。

（二）我国将着力构建电子信息产业发展新局面

我国将坚持高水平科技自立自强，加快部署实施新一代信息技术产业，抓实能耗"双控"目标，推动制造强国和网络强国建设。一是打造产业创新发展新优势。将实施国家制造业创新网络建设工程和关键核心技术攻关工程，建设开放协同高效的共性技术平台，着力突破第三代半导体材料等一批重大标志性技术、产品和装备，推动新一代信息技术与绿色低碳产业深度融合。二是增强现代信息产业链竞争力。将增强集成电路、通信设备、大数据等新兴产业链竞争力，大力发展产业数字化和数字产业化，前瞻布局人工智能、6G、量子通信等前沿产业技术，严控能耗强度倒逼电子信息制造业升级转型。三是夯实信息基础设施。将推动京津冀、长三角、粤港澳大湾区、成渝等国家枢纽节点加快5G、工业互联网、新型数据中心建设，深化云网协同。四是优化区域产业布局。将支持京津冀、长三角、粤港澳大湾区等重点区域布局国家创新中心，打造集成电路、人工智能、智能网联汽车、智能装备、5G等全球先进制造业基地，支持中部地区建设智能制造产业基地。五是加大科技对外开放合作力度。我国将积极塑造科技向善理念，力促中美科技进入良性竞争，进一步加强与发达国家在信息技术产业方面的交流合作。

（三）重庆将着力增强电子信息产业发展新动能

重庆将坚定实施大数据智能化创新发展战略，按照"十四五"规划部署，落实国家能耗"双控"目标，打造数字经济升级版，培育智能时代的重庆新动能。一是强化科技创新对数字产业的支撑。全市将围绕计算机、智能手机、智能家电、软件、机器人、数控机床等核心产品，着力突破集成电路、新型显示、被动元件、MEMS传感器、基于大数据的数控机床智造等产业关键技术，以产业数字化推动传统制造业转型升级，为产业发展注入强劲动力。二是全力打造国际一流的信息通信枢纽城市。重庆将加大5G、工业互联网、数据中心等新基建建设力度，加强战略性、先导性信息基础设施保障能力，借助中新国际数据通道，面向西部地区和东盟国家提供国际信息服务和数字经济合作。三是深入参与数字经济国际合作。全市将对标国际先进水平，提升数字经济对外开放水平，深度参与数字经济国际合作，创新和完善市场监管长效机制，加快建设"智造重镇""智慧名城"，开创数字经济新局面。

（四）2022年重庆市电子信息产业展望及主要指标预测

2022年是全面推进"十四五"规划建设之年，在全球信息产业不平衡复苏和新冠肺炎疫情起伏反复的背景下，重庆市电子信息产业将抓住机遇，努力保持高效益稳健发展态势。预计2022年全市电子信息制造业增加值增速和软件业收入增速均将保持在20%左右。

三、对策建议

（一）加强科技创新为高质量发展赋能

把科技创新作为电子信息产业高质量发展的主动力，以数字产业化、产业数字化、智慧城市为支撑，着力把电子信息制造业打造为国家级先进制造业集群。一是加快打造数字产业集群。加快培育壮大人工智能、大数据、区块链、云计算、网络安全、5G等新兴产业，打造一批具有全国影响力的数字产业集群。二是着力推动产业数字化转型。面向汽车、电子信息、装备制造等重点行业，深入实施智能制造工程，推动数据赋能全产业链协同转型。三是加快智慧城市建设。聚焦教育、医疗、养老、抚幼、就业、文体、助残等领域，提供智慧便捷的公共服务，推动各类生活场景数字化，构筑全民畅享的数字生活。

（二）强化产业链供应链安全保障

做好发展与安全的统筹工作，加强产业链、供应链、创新链协同，推动产业高质量发展。一是着力完善产业链。引导电子制造优质企业加快在关键环节、中高端领域、配套环节入渝布局，支持核心企业整合产业链资源，联合专精特新中小企业建设集成电路、电子元器件、智能硬件等产业链。二是千方百计稳定国际供应链。顺应中美发展形势，面向重点企业合法合规维护供应链关系。加强与欧盟国家、日本、韩国、东盟国家和中国台湾地区合作，保障订单生产及运输通畅。三是推动软件产业创新发展。加快培育发展一批工业软件产品为数字化提供支撑，围绕汽车摩托车、电子信息、装备制造等重点产业，加快工业软件集成适配优化，加大行业应用与试点示范力度，培育一批龙头企业和具有核心竞争力的软件产品。

（三）加快新一代信息技术场景应用，创新升级信息消费

着力发挥新型信息消费促进数字经济发展的重要潜力，为扩内需、稳增长探索新路径。一是创新消费新模式。用人工智能、人机交互等技术，在渝中区、江北区建设信息消费示范区和智慧商店、智慧街区、智慧商圈，加大 AR 虚拟试穿、VR 虚拟购物等体验式消费场景应用，发展数字零售、社交电商、在线健身、在线诊疗、云旅游、云展览、云演出等数字经济新模式，促进传统商圈向体验式、参与式、互动式转变。二是推进线下消费与线上相融合。推进商超、便利店、餐饮等线下商业网点拓展数字化规范化营销新渠道，实现消费渠道、流量、信息、数据的智能融合。三是培育文化消费新业态。促进基于5G的智能终端、可穿戴设备、智能家居等新型信息产品升级消费，扩大网络文化等信息服务。围绕大数据、人工智能、下一代广播电视网等关键技术，培育发展新兴影视业态。

（四）完善数字经济监管长效机制

在对重庆数字经济监管保持宽松、包容、审慎的同时，需要重点围绕反垄断、跨行业无序扩张、数据安全与合法合规应用、数字税、公司员工权益等方面，进一步完善监管长效机制。一是加快数字经济促进条例地方立法，为数字经济高质量发展提供明确的法律规范和立法保障。二是在公平监管原则下，加强市、区（县）市场监管部门、行业主管部门与国家相关部门的监管协同性，做好整改督促、依法征税等工作。三是认真贯彻国家《中华人民共和国数据安全法》，建立和完善执法机制，提升数据安全的保障能力和数字经济的治理能力。

[重庆市综合经济研究院（重庆市经济信息中心）产业经济研究课题组
主研：易小光　丁　瑶　余贵玲　李　权　罗宇航
执笔：罗宇航]

之五：2021年重庆市装备制造业发展及2022年展望

一、2021年重庆市装备制造业发展情况

（一）1—9月主要指标完成情况

1—9月，装备制造行业1135家规模以上企业工业增加值同比增长21.4%（占全市规模以上工业14.2%）；完成工业总产值1754亿元，同比增长20.3%（占全市规模以上工业19.6%），较2019年同期增长23.7%，两年平均增长11.2%；实现出口交货值112亿元，同比增长25.4%。在全市工业八大主要支柱产业中，装备制造业增加值累计增幅排名第二（电子累计增幅21.5%，排名第一），产值累计增幅排名第三（材料累计增幅30.7%、汽车累计增幅20.4%）。

累计实现利润126亿元，同比增长16.6%；亏损企业136家，亏损面为12%，同比降低3.6个百分点。实现营业收入1815亿元，同比增长22.7%。资产2291亿元，同比增长11.2%，负债1302亿元，同比增长11.1%；应收账款同比增长20.3%，产成品同比下降1.3%。

按国民经济行业分类相同口径，重庆市装备制造行业五个主要子行业中有四个工业增加值增幅高于全国，其中电气机械和器材制造业增长27.7%（全国21.4%），金属制品业增长31%（全国21.2%），专用设备制造业增长30.5%（全国15.5%），铁路、船舶、航空航天和其他运输设备制造业（含摩托车制造业）增长12.2%（全国11.3%），通用设备制造业增长11.9%（全国17.1%）。

表1　2021年1—9月装备制造业增加值累计增幅对比

项目	规模以上工业	通用设备制造业	铁路、船舶、航空航天和其他运输设备制造业	电气机械和器材制造业	金属制品业	专用设备制造业
全国工业增加值增幅/%	11.8	17.1	11.3	21.4	21.2	15.5
重庆市工业增加值增幅/%	14.2	11.9	12.2	27.7	31.0	30.5

注：表中"通用设备制造业"含文化办公用机械制造；"铁路、船舶、航空航天和其他运输设备制造业"含摩托车制造业；"电气机械和器材制造业"含电线电缆、电池、家用电力器具、照明器具制造业等；"金属制品业"含建筑安全用金属制品、搪瓷制品、金属日用品制造；"专用设备制造业"含电子和电工机械专用设备制造、医疗仪器设备及器械制造。包含的这些行业数据不归入重庆市装备制造业总计。

主要产品中，累计产量上升的主要有：钢结构263万吨，同比增长125.3%；金属切削机床9290台，同比增长78.1%（其中数控金属切削机床7758台，同比增长111.3%）；电梯及升降机2.2万台，同比增长4.2%；气体压缩机356.5万台，同比增长9.8%；阀门14.6万吨，同比增长19.9%；建筑工程用机械2025台，同比增长8.8%（其中装载机1869台，同比增长7.7%）；塑料加工专用设备1.3万台，同比增长75.2%；农产品初加工机械2万台，同比增长21.6%。工业机器人2137套，同比增长16.6%；城市轨道车辆304辆，同比增长2%；民用钢质船舶20.3万载重吨，同比增长29.6%；变压器3835万千伏安，同比增长49.7%；发电机组216万千瓦，同比增长62.9%；铸铁件17.9万吨，同比增长19.4%；锻件12.6万吨，同比增长29.1%。

累计产量下降的主要有：金属成型机床919台，同比下降42.8%；铸造机械651台，同比下降68.4%；起重机2.3万吨，同比下降25.3%；泵31.9万台，同比下降37.5%；风机14.3万台，同比下降6.1%；矿山专用设备5.5万吨，同比下降57.6%；机械化农业及园艺机具52.7万台，同比下降7.6%；环境污染防治专用设备1486台（套），同比下降28.2%；服务机器人2.8万套，同比下降10.8%；电动机340万千瓦，同比下降14.7%。

（二）存在的主要问题

重庆市装备制造工业较长时期存在龙头效应不强、本地配套不足、高端装备不多、基础件及通用机械"卡脖子"问题突出的情况（关键技术产品来源于海外）。2021年经济运行中的主要问题：一是钢板、铝锭、铜排等金属原材料价格上涨幅度较大，对盈利构成压力，也使资金需求加大；二是部分企业反映水运集装箱紧张，陆运成本较高；三是9月后电力等能源供应趋紧。

（三）2021年预测

预计2021年产值2490亿元，同比增长18.5%。

二、2022年趋势展望

考虑到2021年较快增长导致基数较高、金属等原材料成本上涨制约企业发展、疫情反复和电力等能源供应紧张等不确定因素，预计2022年重庆市装备制造工业将适度增长，增幅和2021年相比回落较大。

三、对策建议

重点围绕七大领域强化措施，推进装备制造业高质量发展。

一是智能制造装备。工业机器人：加强与国际、国内知名品牌企业合作，重点发展机器人整机、系统集成及关键零部件，培育壮大两江水土、永川、大足机器人特色产业基地；数控机床：加快永川中德（重庆）智能产业园建设，发展精密、高速、高效、柔性制造和系统集成；增材制造：提升3D打印设备研制和上游原材料研制水平，初步形成增材制造装备本地生产能力。

二是轨道交通装备。组建重庆轨道交通装备工程集团，提升总承包能力，加快As车、双流制等优势车型开发投放。建设APM全自动胶轮旅客捷运系统研发中心、运营中心及产业制造基地。

三是航空航天装备。航空产业：突出整机制造和试飞，发展通航发动机产品，推进长鹰无人机、蜂巢航宇无人机等项目；卫星及其互联网产业：围绕宽带接入、移动通信、航空监测、导航增强、物联网"五大功能"开发，带动手持终端、宽带终端、导航终端产业做大做强。

四是能源和环保装备。推动海装风电加强叶片设计、风力发电机智能控制等关键技术研发，继续推进ABB变压器迁建项目；推动环保装备向系统设计、设备制造、工程施工、运维管理一体化的综合服务方向发展。

五是新型专用装备。发展新型农机，重点研发制造适应重庆市丘陵山地的小型农机和针对经济作物的特色农机；引导通机企业探索以网络协同、柔性制造、智能服务等为特征的智能制造新模式和新业态；构建"冷链装备制造+冷冻仓储+物流运输+终端消费+市场服务"产业体系；引导电梯制造企业向"产品制造+运维服务"转型。

六是工程机械。重点推动"三一西南智能制造"项目,加快工程机械企业智能化改造,建设生产、销售、使用、运维一体的服务型制造体系。

七是装备基础件。推进基础件装备产业创新,聚焦产业基础共性技术和关键产品短板,组织实施产业科技重大研发计划,支持大型企业由单机制造向成套设备集成发展。

[重庆市经济和信息化委员会　王　刚]

之六：2021年重庆市生物医药产业发展及2022年展望

生物医药产业是关系国计民生的基础性产业，是具有较强成长性、关联性和带动性的朝阳产业，亦是重庆市重点发展的战略性新兴产业。新一轮生物技术正在驱动医药产业全面提速，产业发展迎来爆发式增长的窗口期，站在"十四五"开局新起点上，重庆生物医药产业要抓住发展机遇，加快实现转型升级，以产业平台为载体，打造医药产业发展新生态，以创新能力提升带动产业发展成为当前产业发展的工作重点。

一、2021年重庆市生物医药产业运行基本情况与特征

（一）产业发展平稳增长，重点企业加速壮大

1—9月，医药产业产值同比增长12.3%。重庆现有规模以上企业210余家，其中年产值10亿级的企业13家。截至2021年10月，重庆在沪深交易所上市11家生物医药企业，市值近3500亿元，市值和数量在重庆所有行业中均排名第一。太极集团、华邦健康荣获中国医药工业信息中心制造业百强企业称号。博腾制药市值突破500亿元，已发展为国内医药CRO/CDMO领域龙头企业。中元汇吉主营业务收入创新高，跃入国内体外诊断行业前列。

（二）研发创新势头迅猛，重点项目取得阶段性成果

1—9月，医药产品获批上市超过230个，其中医疗器械占比达95%以上。截至2021年9月，共有440多个新研发产品向药品监管部门提交注册申请。4价、9价宫颈癌疫苗项目完成Ⅲ期临床试验入组并顺利通过与进口产品的免疫原性对比试验，研发进度居全国领先水平。精准生物Car-t细胞治疗药物、智翔金泰IL-17抗体药物、博唯佰泰长效胰岛素项目、复创医药靶向小分子抗肿瘤药物、药友制药肝癌治疗药物等20余个创新药项目处于临床试验阶段。

（三）产业能级亟待提升，创新要素供给仍需加强

1. 产业规模依然较小，子行业结构需进一步调整

一是重庆生物医药产业整体规模较小，仅占全国生物医药产业工业产值的2%，缺乏龙头企业引领，仅两家企业进入全国工业百强榜。二是子行业结构不合理。未来发展潜力巨大的生物药、医疗器械等产业占比分别在4%和13%左右，远低于全国水平（全国占比分别为10.0%和23.1%）。

2. 产品竞争力不强，受国家医改政策冲击大

一是具备市场优势的大品种数量稀少，重庆仅有1个产品年销售收入突破10亿元。二是重点产品以抗生素、辅助用药为主，与国家医改政策导向不相匹配。三是创新产品仍在研发阶段，产业新动能不足。四是医疗器械产品数量少，远少于产业发达地区品种规模，技术水平低，难以支撑产业快速发展。

3. 研发投入少，创新软环境支撑不足

一是创新研发投入少。重庆市医药产业R&D约2.5%，低于全国3.13%的整体水平，与东部产业发

达地区和四川等周边省市差距更大。二是人才资源匮乏。高端人才严重缺乏，在重庆全职工作的以院士为代表的高端人才不足10人。三是研发实力不强。科研平台以企业自建技术中心为主，国家级企业技术中心数量少；已引进培育的CRO药物研发平台大多尚在筹建之中，还未真正发挥作用。四是资本活跃度不高，缺乏生物医药产业专项的政策性投资基金，融资额低。五是东部及周边产业发达省市对重庆市人才及创新项目已经产生一定虹吸效应。

二、2022年地区经济运行环境及因素分析

（一）鼓励创新推动重庆医药产业加速新旧动能转化

一方面，上市许可持有人制度（MAH）的实施有效实现了产品与生产企业的分离，减轻企业的固定资产投资压力，促进资源更加聚焦创新研发，降低了创新门槛。另一方面，2021年中国药品审评中心发布了新的抗肿瘤药物临床政策，强调"药物研发应以患者需求为核心，以临床价值为导向"，对创新药研发提出新要求，反对伪创新。重庆医药产业在抓住有利时机，围绕生物药、高端仿制药、体外诊断、高值耗材等产品的引进和培育，加快产品结构升级的同时，更要有勇气进入蓝海，布局双抗、ADC、Protac、mRNA、细胞治疗、基因编辑领域。

（二）控费降价政策常态化倒逼产业持续升级

医保基金和医疗机构均面临支出压力，控费降价持续常态化包括医疗费用总额控制、集中带量采购范围进一步扩大、合理用药政策、DRG和DIP制度等政策。企业核心竞争力由渠道资源向产品价值和生产技术能力回归。短期内企业可能经历阵痛，长远看会推动企业创新升级高质量发展。以传统生产企业为主的重庆医药产业必须加快自身产业结构转型：本地龙头企业要通过优质产品、产能甚至股权的整合，快速扩充品种数量和扩大产能规模；中小型企业逐步向"专精特新"小巨人企业发展。"换道超车"的需求加速工业互联网、智能制造、新零售等新技术、新模式的引入。

（三）成渝地区双城经济圈建设促进两地产业资源共享，有助于快速补齐重庆市产业短板

成都地区相对完善的创新体系及较为丰富的研发机构、高校资源有助于弥补重庆市医药产业创新资源相对不足的劣势；四川地区相对广大的产业空间布局能够有效补充重庆市在化学原料药、中药材等领域的需求供给；两地企业在产能资源上的合作能够快速弥补重庆市在高端产能上的不足，并降低在集采竞争模式中的投资风险；两地产业互动也有利于共同争取国家产业政策的支持。

（四）突破国际供应链与技术壁垒，重庆医药要抓住新机遇、迎接新使命、展现新作为

当前，我国包括医药产业在内的制造业发展面临着严峻的形势。一方面，新冠肺炎疫情使得国际供应链承受巨大压力，各国复工情况、交通及物流行业仍存在不确定性风险。另一方面，受到来自美国的供应链打压和技术壁垒阻断。因此，重构安全稳定的供应链体系和基础研发体系迫在眉睫。重庆医药行业要从服务全局出发，主动承担使命的同时，抓住产业发展新契机。一是立足自身产业基础，推动医药产业配套行业发展。加速发展化学原料药产业、高端辅料、药用包材等具备一定产业基础的领域；布局大分子药物生产设备、耗材和试剂的产业化项目以及体外诊断、血液透析等医疗器械重点发展领域的核心部件、原料试剂。二是主动承接基础研发体系建设任务。争取国家重大科技基础设施和实验平台落地重庆市，鼓励重点企业和科研院所承担国家级攻关任务，建设具有重要影响力的研发机构。

三、2022年趋势展望及主要指标预测

虽然新冠肺炎疫情、原材料价格上涨、能源供应紧张等不确定因素仍然存在，但随着创新环境的不断改善和产业链的持续补强，重庆市生物医药产业将继续维持平稳增长的发展态势，产业结构有望得到进一步优化，行业投资将继续维持高增长状态。预计2022年重庆医药产业将继续保持11%左右的增速。在药品制造领域，随着集采政策不断完善，化学药制剂生产行业产值增速将趋于平稳，化学原料药生产行业将保持10%左右的增速；受制于国家集中采购、国家医保管控的加强、医联体的推进和重点监控药品目录的执行，中药产品增速将出现放缓的趋势。在医疗器械领域，由于新冠肺炎疫情和新产品的快速扩增，行业将保持高速增长的势头，但受IVD集中采购的影响，增速将有所下滑。

四、政策调控措施建议

（一）加快创新资源集聚，大力培育产业发展新动能

一是瞄准前沿细分领域谋篇布局。支持发展细胞治疗、基因治疗、分子诊断等精准医疗，布局核酸药物、多肽药物、溶瘤病毒、新型疫苗研发，加大高通量测序、3D打印、微流控、智能高端康复辅具等领域产品开发。二是引进创新主体。面向国内外生物医药尖端领域Top级研究团队、创新团队和Biotech公司精准招商，鼓励其来渝发展或建立分支机构、投资项目、开展合作。支持本地企业与高水平科研所合作，推动AI技术和生物信息学等前沿技术赋能重庆市创新药研发，争取高校科技成果来重庆市转化。三是完善创新支撑体系。搭建覆盖从药物发现直到新药注册的全过程公共服务体系，大力推进昭衍新药、泰格医药、博骥源等研发公共服务平台加速建设。

（二）加快提升转化能力，不断完善产业孵化体系

一是强化临床资源对科技创新的基础支撑作用，鼓励本地医疗机构深度参与产业临床验证服务，打通从实验室到产品上市许可的关键通道，支持企业与医疗机构共建临床资源样本库，鼓励探索新型个体化生物治疗产品的标准化规范化应用。二是强化产业金融支撑。研究建立市、区、园区多级专项产业基金，充分发挥政府产业基金的投资引导作用。三是加大专业人才引育。本地高校面向生物医药发展科学规划学科设置和制定人才培养计划；制定生物医药高层次专业人才认定和待遇政策；支持临床医生开展临床研究和成果转化，制定升职晋级、成果转化奖励等方面的激励政策。

（三）加快推动高质量产品倍增，持续提升产品市场竞争力

在创新药领域，支持生物大分子创新药和靶向小分子创新药研发增量提质，加快在研创新药项目顺利推进，鼓励涌现更多新机制和新靶点化学药、抗体偶联药物、全新结构蛋白及多肽药物、新型疫苗、临床优势突出的创新中药及个性化治疗药物。在高端仿制药领域，支持企业开展生物类似药引育和仿制药一致性评价工作。在中药领域，加快推进中药配方颗粒试点项目建设，围绕重庆市重点道地中药材品种，开展"定制药园"建设，构建"标准化种植、精深化加工、品牌化营销"可追溯一体化中药材产业体系。在医疗器械领域，鼓励中元汇吉、科斯迈、德美医疗等器械企业加大AI、3D打印领域和微创骨科耗材等创新产品研发力度，布局引进高端康复装备产品。

（四）加快提升规模化生产能力，不断强化产能支撑体系

一是加强融合发展。加快医药产业园区工业互联网基础建设，推动医药企业"上云、上平台"，鼓励有实力的企业争取建设互联网标识解析二级节点；积极推动数字化车间和智能工厂建设，加快传统生产

线智能化改造。二是做大委托生产。推动药物制备、工艺技术开发、原料药生产、中间体制造、制剂生产包装等服务专业化，支持有条件的制剂企业开展代工业务，组成共享生产线的产能联盟，支持博腾建设百亿级智能化制剂生产服务平台，积极引育大分子生物药CDMO平台。

（五）延伸布局上游核心环节，增强供应链自主可控能力

一是保障上游原材料供应。包括绿色原料药、中间体、高端辅料、包材以及抗原、抗体、酶等。支持秀山、开州等区县依托当地资源优势发展中药饮片生产、中药材提取物加工、生物制品制造等上游原材料生产项目。引导大渡口区等区县布局上游生物制品原辅材料项目。二是保障装备产品配套元件供应。包括化学发光技术元器件、激光器、柱塞泵、采样针等关键部件。三是积极引进生物医药制药设备企业落地重庆。加快高端制药设备国产化，重点关注大规模生物反应器、柔性化无菌制剂生产线等。

（六）构建绿色低碳生产体系，增强可持续发展后劲

严格执行环保、安全、节能准入标准。支持开发低环境风险产品，开展绿色技术创新，采用新型技术和装备来提高传统生产效率，开发和应用微反应连续合成、生物转化等绿色化学技术。加大化学原料药绿色制造支持力度，建设高标准国家级绿色原料药产业集群。坚决落实碳达峰、碳中和要求，引导企业采用循环型、低碳化生产方式，支持企业开发应用节能技术和装备，推广使用清洁能源与环保原料。深化废弃物无害化处理和污染物综合治理。

（七）树立开放共享理念，融入全球生物医药产业发展

融入全球生命健康创新生态和医药产业制造网络，充分发挥重庆在"一带一路"、RCEP、"长江经济带"中的重要战略位置优势，整合国际国内两种市场资源，提升面向"双循环"新格局的供给能力，推动产业高水平开放发展。全面接轨成渝地区双城经济圈，加快机制融通、创新资源共享、产业协同布局进程，支持本地企业充分利用两地研发创新资源，打造跨区域产业链体系，建立产能和市场渠道共享平台，支持合川、广安等地园区联合布局化学原料药及制剂产业集群。

[重庆市经济和信息化委员会　胡　睿　马改妮　文　玉]

之七：2021年重庆市材料工业发展及2022年展望

一、2021年重庆市材料工业发展情况

2021年1—9月，重庆市材料工业规模以上企业1168家，完成规模以上产值3034亿元，同比增长31.2%，增加值累计贡献率14.2%，占比16.9%。预计全年规模以上产值3730亿元，同比增长12.1%（增速下降主要考虑到可能受到今冬明春控制高耗能行业用电影响），实现"十四五"开门红。

（一）主要工作开展情况

1. 做好材料工业高质量发展"十四五"规划编制工作

根据碳达峰、成渝双城经济圈发展相关政策，确立材料工业发展重点方向，编制规划初稿，并开展规划环评编制，征求意见环节已完成，目前正在开展规划环评专家评审工作。

2. 推动重点项目投资建设

做好重点开工投产项目服务工作，上半年材料工业28个市级重点项目总体进展顺利，共完成投资56.7亿元，完成进度计划的57%，九龙万博新材、重钢、合川与长寿气凝胶项目4个市政府重点关注项目推进顺利。

3. 持续增强行业创新能力

中铝高端制造公司已成立重庆国创轻合金研究院有限公司，并筹备创建制造业创新中心，西南铝2800毫米高精度铝板生产线投产，形成飞机蒙皮板、汽车铝车身板生产能力；鑫景玻璃突破"卡脖子"技术，新建纳米微晶玻璃生产线，成为国内知名智能终端厂家供货商；金世利航材开发生产钛合金管材、锻件新产品，成为我国军工领域和商飞公司重要供应商；西工大成立重庆两航金属公司，为航空航天供应钛合金精密铸造件。

4. 推动行业高质量发展

与中铝高端制造公司及九龙坡区建立工作对接机制，多次商讨推动中铝高端制造公司在渝投资项目；大力推动新材料产业发展，先后两次组织气凝胶现场推广活动，帮助企业拓展应用场景；中科润资合川气凝胶项目已建成30条生产线，后续60条生产线正在安装；长寿气凝胶项目正在进行厂房建设；梳理钢铁、轻量化材料和装配式建筑的产业链图谱，明确链主企业、领军企业及配套政策，进一步壮大产业链规模。推动红狮集团、中国建材集团、海螺集团等行业龙头企业兼并重组整合低效水泥企业生产线工作。

5. 巩固行业供给侧结构性改革成效

严禁钢铁、水泥、平板玻璃、电解铝等产能过剩行业违规新增产能，做好钢铁去产能"回头看"专项检查、反馈意见、整改各项工作，按照国家部署开展压减粗钢产量工作；开展钢铁行业执行差别电价设备甄别工作；创新性地与四川协同部署区域水泥错峰生产，在全国率先出台跨省市协同错峰文件《关于做好川渝地区水泥常态化错峰生产工作的通知》，落实成渝地区双城经济圈生态共建环境共保重点任

务，进一步巩固水泥行业去产能成果。

6. 做好全市锰污染综合治理各项工作

推动全市电解金属锰企业 2021 年底前全部关停，会同市科技局引导电解锰渣综合利用，指导城口县在锰矿关闭后推动本地铁合金产业有序发展。目前已完成全市锰行业落后工艺设备淘汰，出台电解锰渣综合利用支持政策。

7. 做好行业减碳降耗和有序用电工作

按照国家"双碳"目标工作要求，坚决遏制"两高"项目盲目发展，引导钢铁、有色、水泥等领域减碳降耗，推动重钢股份超低排放改造；配合有关部门做好今冬明春精细化有序用电工作预案，科学降低高耗能行业用电负荷，降低对行业发展的不良影响。

（二）存在的问题

1. 双碳目标对材料工业发展提出更高要求

严控两高项目和能源短缺对材料工业特别是新材料产业发展造成一定影响，行业招商引资和项目落地难度加大，不利于材料工业先立后破通过"腾笼换鸟"实现转型发展。

2. 用能成本上升

材料产业链绝大部分企业均属高耗能行业，电价上浮不受20%的限制，面临较大的电价上浮和有序用电压力，用煤用气等成本近一年来也大幅飙升，行业企业用能成本大幅提高。

3. 降耗控煤减碳压力大

材料工业水泥、钢铁、氧化铝等行业受限于技术水平、现有装备和成本等因素，大规模降耗控煤减碳难度高。

4. 有序用电影响行业稳定运行

今冬明春用电高峰期限电企业多数为材料工业企业，将对企业稳定运行、原材料市场供给、行业稳增长造成一定影响，预计将造成 2021 年产值减少 380 亿元。

5. 水运物流压力大

未来随着一批产业链重大项目相继投达产，材料工业将面临较大的长江航运压力。

二、2022 年材料工业发展环境及因素分析

（一）发展机遇

新一轮科技革命和产业变革为重庆材料工业优化升级指明了有效路径。"材料基因组"计划、增材制造等新技术新模式蓬勃兴起，叠加运载工具、能源动力、新一代信息技术、生命健康等领域对新材料需求的日益增长。同时，大数据智能化加速与传统产业深度融合。西部地区加快工业化、城市化进程，为国内大循环发展提供了广阔市场空间；西部陆海新通道、中欧班列（成渝）等国际贸易大通道，为国际大循环要素集聚和产品输出提供了便利条件。成渝地区双城经济圈发展战略的实施，将有效促进国内两大制造业基地生产要素资源合理流动、高效聚集、优化配置，实现产业链、创新链和供应链深度融合，进一步放大区域优势，增强对新材料乃至前沿新材料产业的吸引力，推动重庆材料工业产业升级。

（二）面临的挑战

制造业发展面临的国际环境复杂多变，国际少数发达国家的遏制和打压逐步加剧，新兴经济体的分

流效应逐渐显现，对材料工业提升产业链供应链安全性和承接产业转移带来新的挑战。资源环境约束不断趋紧，"碳达峰""碳中和"目标以及能耗"双控"等，对重庆材料工业绿色低碳发展提出了更高要求。企业创新能力不强，创新投入特别是基础研发领域投入不足，有研发机构和研发活动的企业占比不高；产业链整体发展水平不高，中低端产品供给过剩、高端产品供给不足问题依然突出，特殊钢、汽车及电子产业用钢等高附加值先进钢铁材料基本依赖市外，铝加工初级产品占比较高，高附加值精深加工以及特种铝材加工亟待培育壮大，玻璃纤维产业链下游复合材料研发和应用规模有待进一步壮大；石墨烯、气凝胶等前沿新材料仍处于起步期。重庆材料工业转型升级高质量发展仍任重道远。

综合判断，重庆材料工业已具备实现更高水平、更有效率发展的基础和条件。未来几年，是重庆材料工业跨关口、培优势、上台阶的战略决胜期，必须紧紧抓住当前难得的战略契机，积极应对挑战，加强统筹谋划和系统推进，加快材料工业高质量发展，为重庆国家重要先进制造业中心建设提供材料基础支撑。

三、2022年材料工业趋势展望

2022年，全市材料工业将以深化供给侧结构性改革为主线，把握全球新一轮科技革命和产业变革重大战略机遇，全面深化改革扩大开放，主动融入新时代西部大开发、"一带一路"、长江经济带和成渝地区双城经济圈建设，落实"一区两群"协调发展部署，做大做强先进有色合金、高性能纤维及复合材料两大新材料产业，做优做精先进钢铁材料、绿色建材两大先进基础材料产业，培育壮大气凝胶、石墨烯、未来材料三大前沿新材料产业，着力构建现代产业体系，实施创新发展、集群发展、融合发展、绿色发展、协同发展五大工程，推动产业基础高级化、产业链现代化，有力支撑全市打造国家重要先进制造业基地。

到2022年底，全市材料工业高质量发展态势更加巩固，经济规模保持平稳增长，总量规模持续壮大，重点行业创新能力、产业基础能力和产业链水平明显提高，轻合金、先进钢铁材料、装配式建筑三大重点产业链补短板、锻长板初显成效，新材料产业在全国竞争优势加速构建。预计2022年材料工业规模以上产值3800亿元，同比增长1.9%（增速较低主要是受2021年基数较高和大宗原材料价格回落影响）。

四、2022年材料工业发展政策措施

（一）大力引导材料工业高质量发展

做好行业服务工作，助力企业、项目投达产；出台材料工业高质量发展"十四五"规划；提升材料工业智能制造和数字化水平，培育重庆钢铁、西南铝、国际复合等一批智能制造标杆企业；加快新材料产业发展，推动工业设计与新材料产业的融合，组织企业参加第六届新材料博览会。

（二）抓住供给侧结构性改革主线

扎实做好锰污染综合整治工作；夯实供给侧结构性改革成果，严防产能过剩行业违法违规新增产能，做好粗钢压减产量工作；增强产业链供应链自主可控能力，推进中铝高端制造等重点项目建设，在装配式建筑、钢铁等领域补齐短板，在有色合金、高性能纤维等领域锻造长板；配合做好今冬明春材料工业有序用电工作。

（三）推动行业绿色低碳转型

结合能耗"双控"以及"碳达峰""碳中和"等有关工作部署，配合有关部门及时出台本地区钢铁、

水泥等行业"碳达峰"实施方案；坚决遏制"两高"项目盲目发展，在规划布局、项目引进上对高载能和高耗煤项目严格把关，注重引进一批新材料项目；严控水泥熟料产能，严禁市外水泥熟料产能转入，"十四五"期间水泥熟料产能保持在"十三五"时期峰值以内。鼓励中心城区水泥熟料产能转移退出，鼓励企业通过市内兼并重组和技术改造等方式退出低效水泥熟料产能，不再新增独立水泥粉磨生产能力；鼓励水泥企业积极探索能源替代，使用电力、天然气、氢能替代煤炭，鼓励水泥企业利用水泥窑协同处置城市生活垃圾、污泥并扩大水泥窑协同处置城市废弃物和生活垃圾规模和范围；做好川渝地区水泥行业错峰生产；鼓励企业加快推进超低排放改造，鼓励发展短流程炼钢和再生有色金属，不断提升产业绿色低碳水平。

[重庆市经济和信息化委员会　赵俊远]

之八：2021年重庆市消费品工业发展及2022年展望

2021年，重庆消费品工业立足新发展阶段、贯彻新发展理念、融入新发展格局，以《重庆市推动消费品工业高质量发展行动计划（2020—2022年）》为指引，以创新驱动和品牌建设为牵引，深入实施"三品"战略，强化特色产业链培育和提升，加快转型升级，推动"十四五"全市消费品工业发展开好头、起好步。

一、2021年重庆市消费品工业运行情况

（一）总体情况

1—9月，规模以上消费品工业产值同比增长15.7%，两年平均增长8.3%；工业增加值同比增长10.5%，累计贡献率14.7%，占全市工业的18.6%；食品、轻工、纺织服装行业产值均实现正增长，百亿级子行业整体态势良好，饲料加工业同比增长29.5%，植物油加工业同比增长39.3%，屠宰及肉类加工业同比增长12%，调味品和发酵制品制造业同比增长25.6%，家具制造业同比增长17.4%，塑料制品业同比增长20.4%；主要产品产量总体稳定，玻璃包装容器同比增长34%，塑料制品业同比增长11.6%，纸制品业同比增长17.3%，家具业同比增长21.4%，服装业同比增长50.7%，乳制品业同比增长17.7%，白酒业同比增长8.3%。1—8月，规模以上企业营业收入利润率8.7%，高于全市2.4个百分点。

（二）主要特征

1. 新的产业增长点不断积累

1—9月，消费品领域新签约招商项目323个，协议引资超1200亿元，其中十亿级项目21个；累计完成工业投资同比增长15.7%，占全市的18.5%。26个市级重点项目有力推进，11个新建项目按序已开工9个，开工率81.8%。市政府重点关注的华兴玻璃轻量化项目（一期）如期投产。

2. 大数据智能化应用提升有效供给能力

新创建重庆市智能工厂6个、数字化车间43个、智能制造标杆企业1家、市中小企业技术研发中心26家、市级工业设计中心5家，其中玛格家居、登康口腔获批国家级工业设计中心。16个企业产品被认定为重庆市重大新产品，30个产品入选首批"重庆好设计"产品。

3. 特色产业链培育增强产业韧性

特色食品产业链中重庆小面率先进行产业化，美食工业化发展进入新阶段；以理文纸业为链主的绿色包装产业链形成区域百亿级集群，华兴玻璃一期投产有力提升本地玻璃包材配套能力；个护美妆产业链全力发展，铜梁区"西部美谷"项目加快建设，累计签约项目33个。

4. 两地合作开启新篇章

江津区携手泸州市在产区建设、原料基地、技术研发、质量检测、酒旅融合等领域进行合作，两地

服装协会达成战略合作，西华大学与西南大学共建川渝特色食品重庆市重点实验室。潼南、安岳共同推动川渝柠檬产业一体化发展。2021年中国（成渝）美食工业化博览会成功举办，搭建美食工业化合作平台。

5. "一区两群"协调发展总体稳健

綦江工业园区、建桥工业园区分别创建重庆市调味品产业园（建设基地）、重庆市小面产业园（建设基地）。江津区深化智库合作建设"重庆酒城"，共同打造"渝酒振兴"核心承载区。梁平区积极推进休闲食品特色产业基地建设。1—9月，主城都市区、渝东北、渝东南规模以上消费品工业产值分别同比增长14.4%、23.3%、13.5%。

6. 品牌建设引领"三品"持续深入

联合央视、高铁、轨道、户外等渠道，扩大品牌推广"朋友圈"。强化"渝见美品"集合品牌形象塑造，联合多平台启动"渝见美品"2021年度重庆消费品品牌推广主题活动，创新性将品牌推广与城市营销相结合，多场直播活动吸引消费者关注，线上专区及线下活动持续推动品牌建设。

7. 新模式新业态运用带来新活力

大渡口区与平台合作探索深化C2M新智造模式，共同打造重庆小面产业化示范区。阿里巴巴、快手科技、美团科技、市旅游集团、重百新世纪超市、永辉超市等发起成立重庆消费品工业品牌创新服务联盟，共同支持行业发展。研学活动推动特色旅游进工厂，增强消费者体验。

8. 加速培育时尚和生态产业

同期举办2021中国重庆国际时尚周及2021时尚中国（重庆）峰会，渝派服装向时尚化方向不断发展。第四届中国四大名陶（4+N）荣昌展挖掘和彰显了文化本底。玖龙纸业应对进口废纸新规，启动废纸可替代技术改造项目，巩固西南地区包装原纸产能优势地位。强化源头减量，共同推进塑料污染治理。

（三）存在的问题

1. 区（县）特色化发展定力不够

消费品工业存在行业点多面广、轻资产、企业规模普遍不大的特点，部分区县对消费品工业的培育路径研究不够，在顶层设计、特色化培育、集群式招商等发展模式方面，缺乏系统性规划和精准施策，缺乏一张蓝图绘到底、久久为功的定力。

2. 产业同质化严重、拳头产品缺乏

重庆市消费品创新不足，同质化较严重，区域差异化程度不高。以调味品行业为例，调味品知名品牌绝大部分为火锅底料和方便食品，酱油、味精、醋等基础调味品知名品牌不多。智能家居、时尚美妆、美食工业化等潜力大的市场标志性项目缺乏。

3. 产业生态体系尚需不断完善

消费品工业直接面向终端消费者，市场竞争充分，需要有完善的产业链和完备的产业生态支撑特色化集群化发展，当前在研发、营销、管理等领域人才相对匮乏。企业家适应新形势的创新思维不够，参与打造特色产业集群的主动性有待进一步提高。

二、2022年经济运行环境因素分析

2022年，全球经济复苏不平衡，不确定性仍然存在，面对世界政治经济格局的深刻复杂变化，面对

百年不遇的全球疫情大流行与多种全球性危机叠加的严峻挑战,在建设以国内大循环为主体、国内国际双循环相互促进的新发展格局和推动成渝地区双城经济圈建设形成优势互补,高质量发展区域经济布局统筹下,消费品工业发展机遇与挑战并存。

(一)国际贸易不确定性加剧

全球经济增速放缓,主要发达国家内需不振,加之疫情持续影响,居民消费优先以满足生存型消费和医药卫生等需求为主;疫情导致国际贸易普遍受阻,主要国家产业链尚未完全恢复,全球供应链面临重塑,贸易紧张局势及其不确定性加剧;生产材料成本价格波动带来预期影响。

(二)消费呈现结构需求变化

绿色、健康、品质、个性化等新消费需求特征更加明显,对"提品质"和"增品种"提出更多要求,存量市场的消费升级潜力尚未完全释放;随着人口老龄化进一步加剧,符合我国人群特点的老年食品、特医食品、功能性服装、生活辅助器具等市场需求旺盛。

(三)创新驱动发展态势向好

大众创业、万众创新纵深推进,市场主体不断扩容,创新指数跃升,中小企业创新能力与专业化水平持续提升。新业态新模式持续活跃,新一代信息技术加速向网络购物、移动支付等新型消费领域渗透,线上消费快速发展。"专精特新"中小企业的特色交易所的搭建,为企业可持续发展提供新平台。

(四)"碳达峰""碳中和"提出新要求

"碳达峰""碳中和"给我国产业结构调整带来新课题,也为产业结构优化升级创造了新的机遇。消费品类的传统产业能源效率提高空间巨大,传统制造业碳排放将陆续达峰并转入平台期,先进制造业和现代服务业的比重将持续提升,新一代信息技术和绿色低碳技术应用日益广泛并向各产业领域渗透,将为实现碳达峰、碳中和创造条件,并带来巨大的绿色低碳转型收益。

三、2022年趋势展望及主要指标预测

2022年,全市消费品工业将立足新发展阶段,完整、准确、全面贯彻新发展理念,服务和融入新发展格局,以推动高质量发展、服务高品质生活为统领,以深化供给侧结构性改革为主线,以创新为根本动力,以特色产业链为重点,深入实施"三品"专项行动,创新品牌培育新赛制、拓展新赛道、抢下新赛点,完善产业创新生态,促进产业融合,增强区域协同,提质增效传统优势产业,加快培育新兴消费品产业,塑造时尚和生态的高质量发展产业符号。力争全年规模以上消费品工业产值同比增长8%左右。

(一)科技创新能力提升是实现可持续发展的根本动力

发挥川渝共建特色食品重庆市重点实验室等平台作用,增强健康食品开发能力,丰富产品品类。联合高校、科研院所搭建美妆成分研究中心。推动一批骨干企业创建市级及以上重点实验室、工程技术研究中心。协同有关部门加强对登康口腔、汇达柠檬、玛格家居等企业上市培育工作。加快推进区域品牌培育标准制定工作。

(二)推动特色产业链稳链补链延链更加突出

以重点产业链为主攻方向,加大对重点方向、关键环节、薄弱产业招商的培育力度,推动"西部美谷"科创交易平台和品牌孵化基地落地,加快项目集聚;推动大渡口重庆小面产业示范园、江津"重庆酒城"建设,以玖龙纸业、理文纸业为链主,稳定包装原纸供应,策划产业用纺织品产业园招商项目、

原创设计师合作平台。

（三）品牌建设是连接供给侧改革和需求侧管理的有效途径

开展重点培育品牌第一批试点项目复审，继续开展品牌推广服务工作，深化"渝见美品"集合品牌形象塑造。围绕"十个一"拳头产品策划品牌故事。举办第三季品牌集中推广活动。制定"重庆小面"区域品牌认证、使用规范，搭建"重庆小面"线上品牌专区。支持举办中国重庆国际时尚周、"渝派家居"推广活动。开展品牌创新培训、企业家沙龙等活动。

（四）深化新模式新业态应用、完善产业生态，为行业转型助力

以"西部美谷"为重点，策划美妆超级工厂实施方案。围绕小面、粉条等产品策划推进共享工厂建设。加快创新生态区建设，丰富服务内容，提升服务水平。支持建设重庆小面产业化数字营销服务中心、梁平休闲食品创新服务中心、工艺美术信息服务平台，探索搭建家居设计信息共享平台。强化产业带理念，联合平台资源，推动新品开发和品牌孵化。举办消费品创意设计大赛。深化工旅融合发展。

（五）区域合作和协同联动为建设特色消费品产业集群夯实基础

推进川渝两地消费品产业战略合作，共同支持举办 2022 中国（成渝）美食工业博览会。以汇达柠檬为龙头，推动潼南、安岳深化柠檬产业一体化合作。推动江津与泸州在白酒领域开展合作。支持市纺织服装联合会与四川省服装行业协会探索建立原创设计师合作平台。组织开展渝东南区（县）与对口协同区项目对接，推动民俗消费品、旅游消费品开发、推广。

（六）乡村振兴战略全面实施为行业在城乡统筹发展中实现更大作为提供广阔空间

稳定和增强市内果蔬、畜禽生产和保障能力，完善农产品冷链物流体系，开展农产品初加工，为食品加工、特色纺织品、特色轻工提供优质原料和初级产品供应。推进 C2M 模式应用，推动农产品向商品转化。建立市区联动机制，探索试点推动特色消费品下乡合作模式，丰富乡村市场供应。

[重庆市经济和信息化委员会　柏　潇　余　菲]

之九：2021年重庆市能源工业发展及2022年展望

2021年，受疫情下通货膨胀、海运价格上涨以及全球供应链中断等多种因素影响，世界能源供应体系出现局部失衡，天然气、煤炭、石油价格持续上涨，进一步放大了国际能源市场的波动。作为能源消费大国，我国社会能源和环境的可持续发展面临巨大挑战，能源结构迫切需要向低碳、环保、清洁化转型。重庆加快落实国家节能减排和环境保护的政策，在保障市内能源稳定供应的同时，全面关停市内所有煤矿，能源行业发展进入新的阶段。预计全年电力装机容量2030万千瓦，同比增长1.1%；发电量780亿千瓦·时，同比增长12.6%；天然气产量110亿立方米，同比增长13.1%。

一、2021年重庆市能源工业运行分析

（一）总体情况

2021年以来，重庆积极应对市内煤矿全部关停对能源供应造成的冲击，通过巩固电煤多元化供应渠道，加快储煤基地建设，保障火电稳发满发；提升水电发电设备利用率，增强电网资源配置能力；拓展乡镇燃气市场，建设集加注、储备、内河接收于一身的长江上游LNG中心等，推动全市能源工业继续较好地支撑了全市经济社会发展对能源的需求。1—9月，全市能源工业增加值同比增长3.3%，能源投资同比增长6.0%。

（二）主要特点

1. 电煤多元化供应渠道不断巩固

电煤保障得力。随着陕渝能源战略合作深入推进，陕煤已成为重庆电煤保供重要渠道。1—9月陕西向重庆供应电煤773.40万吨，同比增长83.25%。同时，重庆积极拓展电煤来源渠道，除四川和新疆出现小幅下滑外，海进江煤同比增长69.53%，贵州同比增长61.47%，山西同比增长126.67%，甘肃同比增长57.82%，全市电煤多元化供应渠道日益稳定通畅。但受全国煤炭供应结构性短缺和电煤价格大幅上涨等因素影响，全市主力火电厂存煤出现下滑。9月底，重庆主力电厂存煤194.35万吨，同比下降136.37万吨，降幅为41%，可用天数为19.27天，对第四季度和迎峰度冬电煤保障造成一定不利影响。

2. 电力保障形势加快向好

统调发电量快速增长。2021年以来，随着疫情基本得到有效控制，全市经济加快复苏，工业用电快速增长，特别是入夏以后，受连晴高温天气影响，全市统调最高负荷一度达到2388万千瓦，创历史新高，同比增长9.14%，推动电力需求快速增长。由于电煤供应充足，火电稳发满发，再加上外购电力保障到位，重庆电力供需总体平衡。1—9月，全市统调发受电量806.99亿千瓦·时，同比增长17.09%，未出现拉闸限电。其中，火电394.89亿千瓦·时，同比增长44.08%，占全市统调发受总量的50.1%；水电161.19亿千瓦·时，同比增长12.02%，占全市总量的20.4%；风电17.61亿千瓦·时，同比增长64.1%，占全市总量的2.2%；太阳能发电3.39亿千瓦·时，同比增长6.09%，占全市总量的0.4%。同

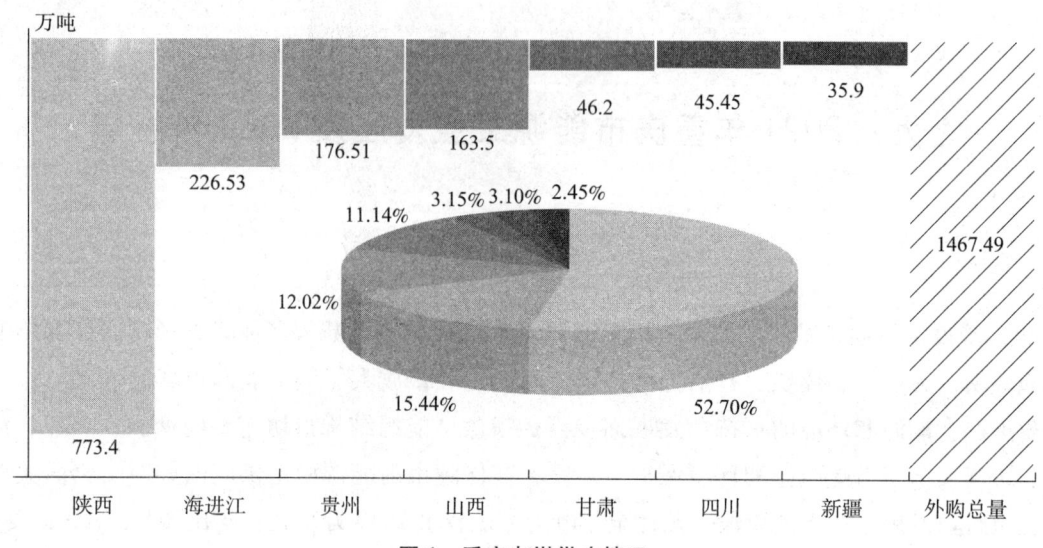

图1 重庆电煤供应情况

期,全市外购电小幅下降,外购电210.86亿千瓦·时,同比下降8.48%,占全市总量的26.8%。截至2021年9月,统调发电设备利用小时数2862小时,同比增加726小时。其中,水电达到3334小时,高于全国540小时;风电1713小时,高于全国74小时。

电源装机小幅增长。2021年1—9月,全市新增统调装机容量22.92万千瓦,其中,垃圾发电9万千瓦,风电13.92万千瓦。全市统调装机容量达到2027.2万千瓦。其中,火电1373.65万千瓦,占比67.76%;水电483.42万千瓦,占比23.85%;风电110.46万千瓦,占比5.45%;光伏发电59.67万千瓦,占比2.94%,发电能力进一步提升。

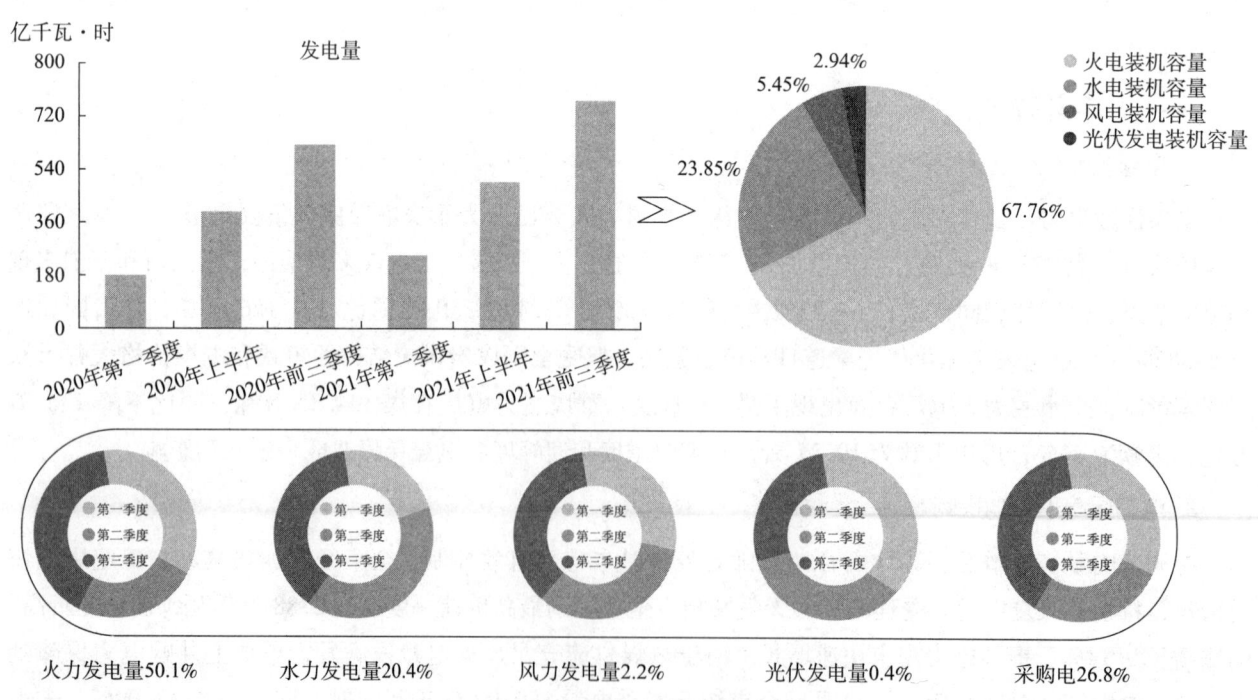

图2 重庆电力保障情况

电网结构更趋完善。在加快电源建设的同时,重庆继续加大对电网改造升级的投入,成效明显。随着220千伏孔目变电站、官山站输变电工程,220千伏大玉、大鸿、坪环三、镇云线路送出工程等投运,全市电网220千伏及以上变压器共计272台，变电容量78140兆伏安。其中，500千伏变电站16座，变压器38台，变电容量342500兆伏安；220千伏变电站138座，变压器234台，变电容量43890兆伏安。500千伏线路共计59条（含川渝、鄂渝联络线），线路长度合计3618.7千米；220千伏线路共计396条，线路长度合计8237.6千米。

3. 天然气供应稳中有升

随着涪陵、南川、大足、永川的页岩气开始稳产，重庆天然气供应能力稳步提升。1—9月，全市天然气累计供用量88.85亿立方米，同比增长13.59%。从供应结构看：中石油供应61.3亿立方米，同比增长15.14%；中石化供应27.55亿立方米，同比增长10.29%。天然气管线系统不断完善。基本建成"四环二射"天然气输气管道网络，西南地区最大天然气库——相国寺地下储气库已实现常态运行。2021年，随着江津至南川天然气输气管道工程、铜锣峡储气库、黄草峡储气库等重大项目开工建设，重庆天然气供应保障能力得到进一步提升。

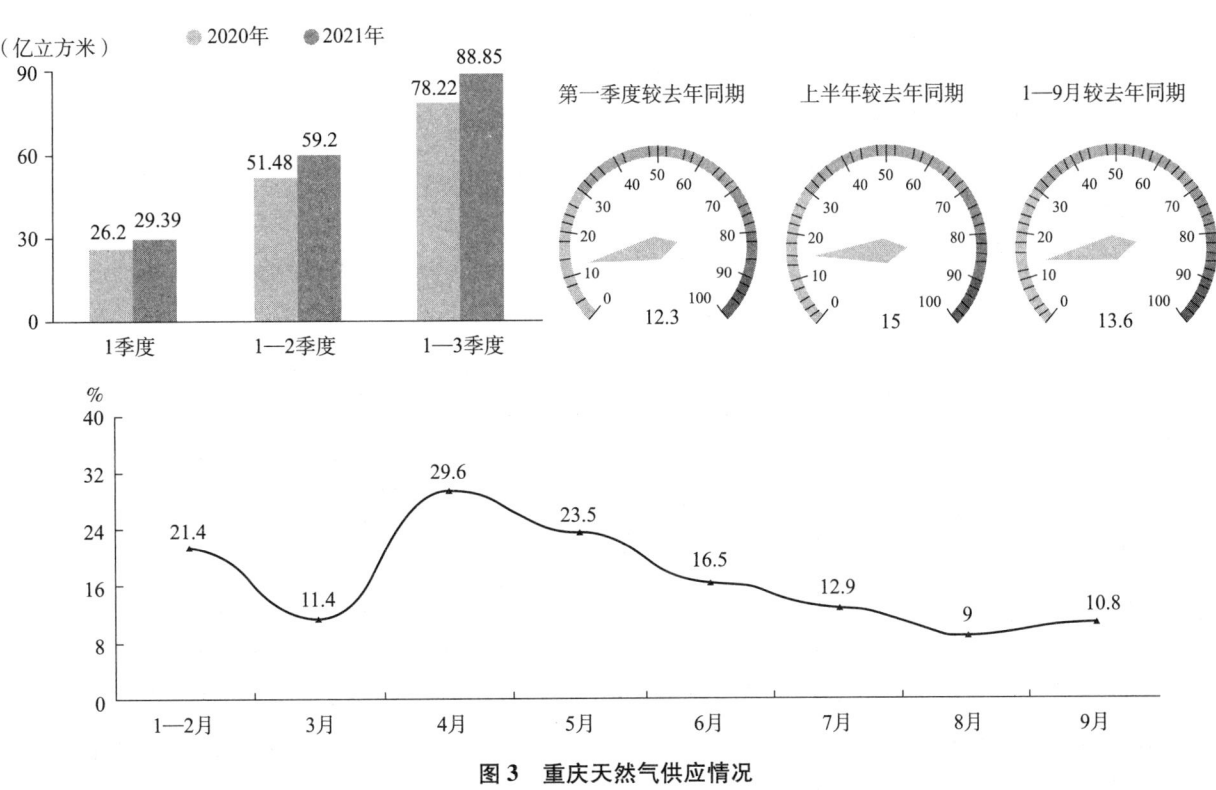

图3 重庆天然气供应情况

（三）存在的主要问题

1. 能源供给清洁转型空间受限

受地理气候条件制约，重庆风电和光伏发展面临较强的资源禀赋约束，全市仅渝东南、渝东北局部区域风力满足发电项目要求，光伏规模化推广难度大。截至2020年底，重庆累计风电装机98万千瓦，排全国倒数第六位，累计光伏发电装机67万千瓦，排全国倒数第二位。为全面贯彻国家有关政策，严格落实长江经济带生态环境保护，重庆已关闭市内所有煤矿，并且严控新建水电项目，全市现有水电装机进一步扩容受限。同时，核电发展制约因素多、政策不确定性大，国家尚未放开内陆核电站建设，重庆规划建设核电站尚处研究阶段，因此，全市清洁能源未来发展空间受限的问题仍然突出。

2. 特高压输电通道建设滞后

重庆与西部其他省（市）相比，其电网为典型受端电网，是国家"西电东送"主通道之一，但目前尚无特高压直流、交流落点，缺乏区域特高压环网布局，向家坝—上海±800千伏、锦屏—苏南±800千伏、白鹤滩—江苏±800千伏三大"西电东送"特高压输电通道仅穿越重庆。与江苏、山东和上海等沿海省（市）相比，重庆特高压输电通道建设落后，重庆连通"新陕甘青"等能源输出重点区域的电力通道规划还没有被纳入国家规划，现有输电通道数量紧缺、能级不高，在电力负荷不断增长的情况下，已无法满足用电需求，因此，电网输入通道不足的问题需要重视。

3. 常规天然气和页岩气上产增效面临压力

由于重庆天然气老产区拓展挖潜难度大、新区产能建设接替不足，"十三五"期间，重庆常规天然气年产量在40亿~50亿立方米频繁波动，气田稳产上产压力较大。随着开发不断深入，涪陵页岩气田工程与地质复杂情况增多，老井产量递减加快、产气周期逐渐缩短，影响页岩气产能释放；渝西深层页岩气开发受到技术与经济的双重制约，规模化有效开发难度大，限制了重庆页岩气快速上产。

二、2022年能源工业经济运行环境分析及展望

（一）世界能源市场局部失衡，能源安全风险更趋复杂

新冠肺炎疫情影响持续发酵，世界经济增速明显放缓，全球能源需求增长乏力，但随着各大经济体复工复产持续推进，主要发达国家工业生产和外贸快速回升，能源需求出现恢复性反弹。由于全球疫苗接种不平衡，疫情反复导致全球能源供应链恢复较慢，国际运输、航运仍然受到影响，造成世界能源供应失衡，再加上美国等发达国家继续推行货币宽松政策，推高以石油、天然气为代表的能源价格，亚洲的液化天然气价格暴涨近600%，欧洲天然气涨幅超过1000%，石油价格飙升至几年来的最高点，创2018年10月以来的三年最高。世界能源市场价格暴涨，对国内能源市场冲击将进一步加大。同时，世界各国纷纷为应对全球气候变化调整自身的能源战略和能源政策，持续加大对新能源和可再生能源投资力度，加速资源开发和基础设施建设，加强低碳和无碳能源的开发利用技术研发，传统能源投资面临萎缩，因此，国内能源供应仍面临价格持续波动、减排、能源转型这三大挑战。

（二）我国"双碳"目标引领清洁能源加快发展，行业升级转型仍面临诸多挑战

随着我国发展面临的资源和环境约束更加严峻，国内能源行业将围绕落实"碳达峰""碳中和"目标，开展绿色低碳转型，坚持以供给侧结构性改革为主线不动摇，在稳定供应、低碳转型、科技创新、惠企利民等方面加大改革力度，持续推动能源高质量发展。国家先后出台《关于引导加大金融支持力度，促进风电和光伏发电等行业健康有序发展的通知》《关于做好新能源配套送出工程投资建设有关事项的通知》《关于2021年新能源上网电价政策有关事项的通知》等文件，大力发展清洁能源，培育新模式新业态和新的消费市场，为国内能源行业转型升级注入新动力。此外，国内能源行业整合加快，国际化步伐加大，深入落实创新驱动战略，加快能源领域科技创新，运用5G、大数据、人工智能、区块链等技术增强国内能源行业发展的内生动力。同时，我国能源对外依存度持续走高，能源安全风险不容忽视，加之煤炭在一次能源中消费占比依然较大，受疫情等不确定性因素影响，国内能源行业发展仍面临诸多挑战。

（三）重庆发展势能和潜力加速释放，能源发展基本面保持良好

"碳达峰""碳中和"正深刻影响工业、电力、交通和建筑等传统高碳排放行业，重庆行业兴衰更替已加速演变。"十四五"期间，全市已明确加快构建以新能源为主体的新型电力系统，全市以风能、光

伏、氢能、生物能和储能等为代表的新能源产业将迎来难得的快速发展机遇期。成渝地区双城经济圈建设加快推进，为重庆能源工业高质量发展赋予了新优势，带来诸多政策利好、投资利好、项目利好，极大提振市场预期。"一区两群"协调发展机制不断健全，有助于全市各片区发挥优势、彰显特色、协同发展，将进一步释放全市能源需求的潜能，对全市能源工业发展形成良好支撑。同时，国家能源产业布局战略西移，新疆、内蒙古、陕西、甘肃、宁夏迅速崛起，扩大了重庆能源合作的空间，再加上西部陆海新通道使重庆和煤炭资源丰富的越南等地区连成一体，都极大强化了重庆能源区位优势，利好重庆能源输入。当然也应看到，重庆在全国能源战略中长期处于后发弱势地位，资源与环境双重制约日益加大，加之市内能源对外依存度不断加大，将使全市能源保障承压较大。

（四）2022年能源工业运行趋势展望

综合考虑国际能源市场局部失衡、我国能源行业转型升级加快、重庆能源发展基本面保持良好等因素，预计2022年，重庆发电量850亿千瓦·时左右，同比增长约8.9%；天然气产量达到120亿立方米左右，同比增长约9.1%。

三、相关政策措施建议

（一）深化体制机制改革，加强能源宏观调控

顺应我国能源转型升级大趋势，严格落实党中央、国务院关于能源行业的各项改革政策，稳定保障重庆能源供应。一是落实国家能源调控政策。积极关注国家能源控制政策和动向，加快制定实施能源消费总量和强度"双控"工作方案，制定重庆能源消费总量和强度目标及分解方案，健全节能标准体系，建立目标责任制。二是稳步推进体制机制改革。进一步落实天然气体制改革、电力体制改革等国家能源改革要求，正确处理好企业、市场、政府之间的关系，充分发挥市场在资源配置中的决定性作用，更好发挥政府的作用。三是提高能源应急保障水平。加快健全能源战略储备和应急保障体系，完善各类应急预案，建立完善预警预防、应急响应、应急保障、后期处置等机制，加强能源基础设施和公共服务体系建设。

（二）优化电源电网结构，加速清洁能源替代

立足重庆实际，加快提升清洁能源供应保障能力，不断优化电源电网结构，加快构建以新能源为主体的新型电力系统。一是促进煤电清洁高效发展。严控新增煤电产能，逐步减少煤电在全市电力供应中的占比。深入推进燃煤电厂节能与超低排放改造，推广示范高效发电技术和特殊煤种利用技术，进一步降低全市火电机组供电煤耗。二是加快完善市内外送受电通道。积极争取国家支持，尽快推进川渝特高压电网一体化、"疆电入渝"特高压直流工程建设，力争2025年实现"一交一直"两个特高压落点，初步形成川渝特高压环网布局，后续争取加快同西北清洁能源送端电网实现特高压交流联网，进一步增强中远期成渝负荷中心用电保障。同步完善优化市内500千伏电网主网架，提升重庆电网接纳和消纳能力。三是积极推动电网侧储能和智能电网发展。科学推进抽水蓄能电站建设，不断完善全市电网侧储能布局，提高重庆电网削峰填谷、调频调相和事故备用能力，提升电力供应可靠性水平。加快完善智能输配电和智能用电端基础设施建设，充分发挥智能电网的调度作用，促进"源网荷储"协调互动，提升电力系统灵活性。

（三）培育壮大天然气产业，确保天然气稳定供应

充分利用重庆的天然气资源优势，积极争取更多发展空间，不断夯实全市能源保障基础。一是增强

天然气供应保障能力。挖掘常规天然气田的增储上产潜力，发挥好涪陵国家级页岩气示范基地作用，推动渝西深层页岩气尽早实现商业化开采，建设川渝天然气千亿立方米产能基地。加快完善全市输气管网规划布局，加强储气设施建设，提升国家输气干线、市域管网、储气库配套管网和城镇燃气管网的互联互通水平。二是培育壮大天然气产业。积极利用成本优势，以分布式能源、车船应用、化工与原材料为重点方向，拓展延伸产业链条，提升天然气终端渗透率，降低高碳化石能源消费比重。利用气电具有的灵活性电源优势，积极发挥气电调峰作用，推动天然气调峰机组与抽水蓄能电站、煤电灵活性改造、电力需求侧响应和储能等供需措施的相互协同，提高全市电力系统的灵活性和可靠性。三是营造良好市场环境。以天然气价格改革为重点深入推进天然气体制机制改革，加强上中下游市场监管，强化土地、财税、科技创新等要素支撑，不断完善相关法律规范。依托重庆石油天然气交易中心的平台优势，推动油气交易平台创新发展，不断深化其在资源配置、价格发现等领域的基础性作用，激发天然气市场活力。

[重庆市综合经济研究院（重庆市经济信息中心）产业经济研究课题组
　主研：易小光　丁　瑶　余贵玲　赵炜科　陈　殊
　执笔：陈　殊]

之十：2021年重庆市化工产业发展及2022年展望

2021年，重庆市化学工业行业以高质量发展为主要工作，继续围绕"调结构、促转型"的行业主线，坚持创新驱动，大力培育合成材料产业链，推动行业发展。

一、2021年重庆市化学工业发展概况

重庆市是西南地区重要的综合性化工基地，历经60多年的发展，已形成具有一定规模的化学工业体系：拥有天然气化工产品和技术优势；形成了以长寿、涪陵化工园区为主，其他特色园区为辅的产业格局；培育发展了天然气化工、盐化工、精细化工等产业集群。

（一）行业基本情况

截至2021年9月，全市规模以上化工企业263家，主要分布在基础化学原料制造业（68家）、专用化学制造业（55家）、橡胶制造业（25家）和肥料制造业（28家）。

经过多年的发展，重庆市化学工业拥有一批具有国内影响力的优势产品。华峰化工有限公司己二酸产能已达75万吨/年，是全球最大的己二酸生产基地。昌元化工高锰酸钾一直保持全国产量和出口量领先地位，力宏精细化工有限公司是我国羧甲基纤维素钠的主要生产企业。中国石化重庆川维化工醋酸乙烯产能50万吨/年，是国内第二、世界第四大醋酸乙烯生产厂商。

（二）运行基本情况

截至2021年9月，重庆化工行业完成工业生产总值808.6亿元，同比增长29.3%；完成工业销售产值789.5亿元，同比增长36.2%；完成出口交货值37.1亿元，同比增长46.2%；实现营业收入783.1亿元，同比增长39.6%；完成利润116.8亿元，同比增长1.7倍，利润率14.9%。

预计全年完成产值1080亿元，同比增长22.0%。

1. 产品价格大幅上涨

2021年化工产品价格大幅上涨，8月价格达近3年顶点，预计第四季度价格将保持高位。8月甲醇价格为4000元/吨左右，醋酸9000元/吨左右，几乎都是同期的2倍。

2. 产值利润双增长

随着产品价格上涨，行业产值、利润双增长，10个子行业中，9个子行业产值同比增长，且保持盈利。产值和利润增幅最高的都是基础化学原料制造业（行业产值占比52.1%），产值较同期增长50.4%，增速高于行业平均21个百分点；利润达到86.6亿元，行业利润占比74.2%，利润率高于行业平均5.5个百分点。

3. 龙头企业带动效益明显

55家重点企业完成产值539.6亿元，占行业总量的66.7%。其中38家企业同比正增长，实现利润89.2亿元，占行业总利润的76%，重点企业带动效益明显。领军和链主企业的引领作用更加凸显，8家

领军和链主企业完成产值246.7亿元，占行业产值的30.5%，同比增长86.9%；实现利润57.7亿元，是上年同期的5倍以上，占行业总利润的49.4%，利润率达到23.0%，高于行业平均8.1个百分点。

4. 产业集群效益显现

长寿区和涪陵区前三季度化工行业产值占全市化工产值的54.3%，同比增长42.8%。

5. 化工行业投资下滑

化工行业2021年投资进展缓慢，完成投资86亿元，同比下降17.2%。12个市级重大建设项目1—9月完成投资29.5亿元，占计划投资的60%。

（三）存在的问题

1. 在建项目推进放缓

受长江干支流岸线"一公里"政策以及能耗"双控"政策影响，化工项目建设进度放缓、投资下降。12个市级重大建设项目1—9月完成投资29.5亿元，仅完成计划投资的60%。

2. 主要化工原料需从市外采购

一是缺少烯烃、芳烃等重要原料。重庆资源"富气、无油、少煤"，没有大型炼油项目，煤全部需要外购，导致其化工缺乏烯烃、芳烃等重要化工原料产品。二是原料物流运输体系需要进一步优化。重庆短期及中期将大量外购苯、PX、PTA等重要原料，周边公路情况复杂，多数化工园区暂未建立危化品火车专线，水运既受三峡船闸检修影响，又有船舶泄漏影响水生态环境的风险，针对化工原料的综合物流体系有待优化。

3. "双碳"目标对化工发展提出更高要求

为实现"碳达峰""碳中和"目标，能耗政策逐步收紧，化工作为高能耗行业受到一定限制。能耗指标、单位能耗强度将成为影响化工项目落地的重要因素。

二、2022年化工行业发展环境及态势研判

当今世界正经历百年未有之大变局，新冠肺炎疫情突发和全球持续大流行，使得这个大变局更为复杂；国际力量对比深刻调整，新一轮科技革命和产业变革深入发展，国际生产方式和分工格局面临重大调整。我国正在构建国内国际双循环经济体系应对全球经济发展新格局。在此新格局之下，化工行业面临新机遇和新挑战。

首先，面临着难得的机遇。一是中国经济长期向好的趋势没有改变，中国有14亿人口，中等收入群体超过4亿人，是全球最大和最有潜力的消费市场，市场潜力大、韧性足，国内化工行业需求将随着双循环体系的构建进一步增加。二是制度型开放深入推进。"十四五"期间，中国将在持续深化商品和要素流动型开放的同时，大力拓展制度型开放，构建与国际通行规则相衔接的制度和监管模式，营造更加便利的国际产能合作环境，化工产业国际产能合作将进一步深化。三是RCEP的签署是中国—东盟统一大市场形成的重要一步，能源类化工产品进口关税基准税率相对较低，同时中国、马来西亚、泰国、文莱、越南等国都把发展石油和化工产业列为优先选项予以政策支持，中国化工产业与东盟各国的合作将会进一步加深。

其次，面临着新的挑战。一是国际经济形势复杂，不稳定性、不确定性明显增加。疫情给世界经济中长期发展带来的负面冲击不容低估，疫情后世界经济虽有望重回增长轨道，但由疫情衍生的各类风险

不容忽视。二是经济全球化遭遇逆流成为畅通双循环最大的难点。国际经贸摩擦和新冠肺炎疫情导致能源等重要战略资源领域竞争激烈，全球石化产业链供应链面临冲击。三是结构性矛盾突出，给国内大循环造成断点和堵点。大宗基础化学品过剩、高端材料和化学品短缺的结构性矛盾长期制约中国石化产业的整体竞争力，高端合成材料、高端膜材料、高端电子化学品等大量依靠进口，其中包括部分"卡脖子"的材料，国内高端制造业、战略性新兴产业将面临此类材料短缺。四是"双碳"目标下，一方面存量企业面临碳减排压力，合成氨、电石、炼油等重点行业部分企业需要进行节能技改达到标杆企业水平；在冬季能源供应紧张的情况下，部分中小企业可能会难以负担冬季能源消费成本。另一方面，新建项目受能耗"双控"政策影响，项目数量相比往年将大幅减少，化工产业增量难以为继。

三、2022年化工行业趋势展望及主要指标预测

2021年化工行业产值、效益双增长主要得益于产品价格上涨，2022年化工产品价格继续上涨可能性较低，预计2022年将与2021年持平，甚至同比略有降低。

四、措施和建议

（一）加强运行监测

一是继续关注重点产品（醋酸、甲醇、己二酸等）价格走势变化，关注国际油价和化工产品价格的走势，对下一步价格变化做出预警。二是继续关注重点企业天然气、煤炭等生产要素成本、用电成本对企业的影响，做好服务工作。三是加强对"双百企业"和成长型企业的运行监测。

（二）实施产业链提升行动

召开领军、链主、配套企业工作会议，探讨如何打造新材料产业集群，做强优势产业。协助企业解决重大项目建设中遇到的问题，推进项目建设，补齐、补强聚酰胺、聚酯等产业链。深入推进鲁渝产业协作，促进两地化工新材料产业链上下游协同发展。

（三）谋划"十四五"化工产业发展

与企业、园区、区（县）共同研究长江大保护、"双碳"和"双高"要求下重庆市化工产业发展思路和路径，制定化工行业"十四五"高质量发展行动方案，指导区（县）培育化工新材料产业集群，推动基础化工产品转型升级。

（四）推进科技创新及智能化改造工作

推进华峰化工、涪陵化工、双象超纤等企业在智能制造方面的工作。以领军企业和链主企业为抓手，推进行业技术研发中心的建立，关注五条产业链上的重点企业的技术创新产业联盟的创建工作。推动行业技术研发中心的建立，做好重大新产品申报工作。

[重庆市经济和信息化委员会　尹　玲]

之十一：2021年重庆市建筑业发展及2022年展望

2021年，重庆建筑业以创新驱动发展战略为引领，抢抓成渝地区双城经济圈建设战略机遇，着力统筹疫情防控和行业发展，加快绿色化、智能化转型升级，产业总体实现稳健发展，但下行压力较大。预计2021年建筑业增加值同比增长3.6%左右。

一、2021年重庆市建筑业运行情况

（一）总体情况

2021年，受房地产投资增速放缓、上年基数前低后高等因素影响，重庆建筑业总体呈逐季放缓的发展态势。1—9月，建筑业实现总产值6917.1亿元，同比增长12.3%。实现增加值2278.7亿元，同比增长4.1%，较第一季度、上半年分别回落5.6个、2.7个百分点，回落态势较为明显；增加值占全市GDP比重为11.4%，虽低于疫情前同期0.1个百分点，但继续维持在10%以上，建筑业仍是重庆经济的重要组成部分。

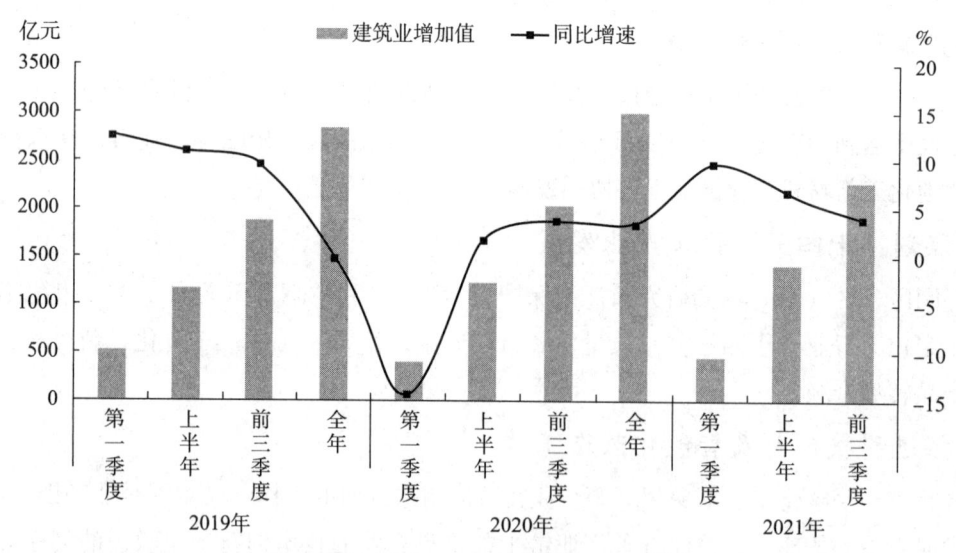

图1　2019年以来重庆建筑业增加值及增速

（二）主要特点

1. 建筑投资较快增长，基建投资带动有力

2021年以来，重庆建筑投资总体呈快速增长趋势。1—9月，建筑安装工程投资同比增长12.9%，分别较上年和2019年同期高13.3个、7.3个百分点。得益于全国疫情防控成果持续巩固、提前批专项债下达到位等因素影响，渝湘高铁、渝赤叙高速以及郭家沱长江大桥等交通、城建领域重大项目建设提速，全市基建投资明显加快。1—9月，基建投资同比增长11.8%，高于上年同期3.7个百分点，带动全市建

筑安装工程投资加快增长。受市场调整、集中供地以及融资收紧等影响，自第二季度以来全市房地产投资增速大幅收窄。1—9月仅同比增长0.2%，较第一季度、上半年分别回落15.1个、0.9个百分点，使得建筑安装工程投资较第一季度整体有所回落。

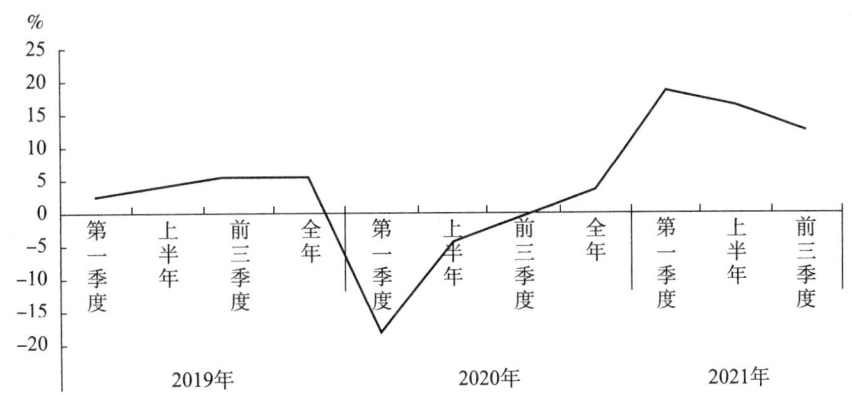

图2　2019年以来重庆市建筑安装工程投资季度累计增速变化

2. 重点行业发展态势较好，建筑工程支撑力较强

1—9月，受基础设施投资加快、上年同期基数较低等因素综合影响，重庆建筑业各行业板块增势较好。在房屋建筑施工稳步推进，公路、铁路、轨道交通等基础设施工程加快建设的带动下，重庆建筑工程实现产值6240.1亿元，同比增长12.0%，占全市建筑业总产值的比重为90.2%，虽较上年回落0.2个百分点，但依旧是全市建筑业稳定增长的重要支撑。安装工程和装饰装修等其他产业均呈明显回升态势，产值同比分别增长16.3%和12.2%，占全市建筑业总产值的比重分别为6.5%和3.3%，增速与上年同期水平基本持平。

3. 房屋建筑开工总体稳定，新签合同额增长较快

2021年以来，重庆房屋建筑开工量总体稳定，成为建筑业稳健运行的重要保障。1—9月，重庆房屋建筑施工面积达31803.4万平方米，同比下降5.7%，但较2019年同期增长8.4%。受房地产开发投资放缓影响，全市房屋建筑新开工面积同比下降14.2%，是施工面积增速回落的主要原因。同时，随着成渝地区双城经济圈建设加速，推动相关建设项目加快落地，重庆建筑业新签合同额实现较快增长。1—9月，全市建筑企业共签订合同额14259.2亿元，同比增长7.4%。其中，本年新增合同额6810.1亿元，同比增长10.9%，产业持续发展的基础不断巩固。

4. 智能建造稳步推进，数字化转型进展明显

在创新驱动发展战略引领下，重庆智能建造与建筑工业化协同发展有序推进，大数据智能化技术与建筑业深度融合取得积极进展。截至目前，重庆工程项目数字化建造试点成果突出，腾讯云联合"微瓴智能建造平台"上下游生态企业已推行85个工程数智化试点项目，全市应用BIM技术的项目达1300余个，累计建设智慧工地3330个。与智能建造相关的制度、标准、管理体系建设成效显现。重庆美好天赋、绿地新里秋月台、万科四季花城三期成为住房和城乡建设部首批智能建造试点项目，形成的先进经验和做法在全国推广，全市建筑业智能化发展水平明显提升。

5. 绿色建筑加力推广，低碳发展稳步推进

重庆以贯彻新发展理念为指引，近年来不断加大绿色建筑推广力度，积极把绿色发展理念融入工程建造的全过程。1—9月，重庆新增绿色建筑1960万平方米，绿色建筑占城镇新建建筑比例达到65.7%，

较上年增加9.5个百分点。绿色建筑星级水平提升深入推进，全市组织建设高星级绿色建筑83万平方米，绿色生态住宅小区838.06万平方米，两江新区悦来组团C分区望江府一期项目获住房和城乡建设部绿色建筑创新三等奖。此外，既有公共建筑节能改造升级加快，全市积极引导公共建筑由节能改造向绿色化改造转变，悦来生态城、仙桃数据谷等区域集中供能项目加快建设。

（三）存在的主要问题

1. 建筑投资增长后劲不足

当前重庆建筑投资面临基建投资稳定增长制约多、房地产投资不断下行等挑战。一是基建投资稳定增长仍面临一定压力。当前重庆基础设施在建项目数量和储备项目规模均有所缩减，施工项目个数和备案项目计划投资额呈现逐月减少趋势，基建投资增量支撑减弱，不利于建筑投资稳定增长。二是房地产开发投资明显放缓。重庆房地产建筑安装投资占建筑安装工程投资的30%左右。2021年第二季度以来，重庆房地产开发投资放缓，第三季度已为负增长；同时商品房施工面积和新开工面积增速明显下降，影响重庆建筑投资稳定增长的可持续性。

2. 建筑企业经营承压

受建筑市场人工价格及主要建筑材料价格上涨影响，加之回款难问题凸显，重庆建筑企业经营压力进一步增大。一是人工价格及主要建筑材料价格上涨不断推升企业成本。2021年以来，全市建设工程人工价格持续上涨，其中建筑综合、装饰综合、土石方综合等工种人工价格普遍高于上年同期水平。此外，钢筋、水泥等主要建筑材料价格明显上涨，9月末，重庆钢筋和水泥（32.5级）价格同比涨幅分别超过40%和30%，加大了建筑企业经营成本压力。二是建筑企业回款压力不减。由于建筑企业多是垫资建设，加之房地产开发投资放缓，工程款结算难、回收慢等问题更加凸显，导致个别企业出现严重资金问题。如重庆市鑫格建筑工程有限公司、重庆元飞建设（集团）有限公司等一级资质企业申请破产。

3. 建筑业市场竞争力不强

重庆建筑业规模相对较小，本地企业实力偏弱，市场竞争力整体不强。一方面，重庆建筑业整体规模效应不强。1—9月，全市建筑业总产值增速低于全国1.6个百分点，占全国建筑业总产值的3.62%，较上年同期降低0.05个百分点。建筑业总产值仅为江苏省的29.9%、浙江省的45.1%以及广东省的49.3%。另一方面，本地所属建筑企业"小、散、弱"现状突出。重庆高资质企业数量偏少，带动力强的特级资质企业仅10家，占本地建筑企业总数的比例不到0.1%。此外，重庆本地企业对外拓展能力不强，在市外完成产值仅占总产值的1/5左右，与江苏、浙江等建筑大省差距较大。

二、2022年建筑业发展环境与展望

（一）建筑业加快向数字化绿色化转型

在智慧城市建设、低碳理念普及的背景下，建筑业数字化、绿色化转型正成为整个行业发展主旋律。当前国家正开展智能建造试点工作，加之各地加快推进智慧城市建设，对建筑之间的信息互联互通提出了更高要求，尤其在BIM、5G、大数据、物联网、云计算等新技术的推动下，建筑业的数字化转型拥有了市场空间与技术支撑，必将带动重庆建筑业加快转型升级。同时，全国正积极推动碳排放、碳达峰行动，特别是《绿色建筑创建行动方案》等政策的出台落实，将有力推动建筑业加快绿色化转型发展。随着《重庆市绿色建筑"十四五"规划（2021—2025年）》《重庆市绿色建筑创建行动实施方案》加快制定落实，重庆建筑能源资源利用水平有望得到切实提升；装配化建造方式、新型建材，以及钢结构建筑、

被动式超低能耗建筑、近零能耗建筑等绿色建筑,将在重庆迎来较大发展空间。

(二)建筑业发展面临的宏观环境机遇挑战并存

伴随国家区域协调发展战略、以人为核心的新型城镇化战略加快推进,建筑业发展面临的宏观环境整体较好,但也将面临诸多挑战。在跨周期调节的宏观政策背景下,国家更加注重财政政策效能提升,重大工程、基本民生项目等基建将加快推进。尤其是随着《"十四五"新型基础设施建设规划》的实施,信息基础设施建设,交通、物流、能源、市政等基础设施智慧化改造将加快推动,有利于支撑建筑业平稳发展。同时,制造业的稳健运行将促进工业建筑需求增长,建筑修缮业正处于快速发展阶段,都将增强建筑业持续增长预期。但随着银行房贷"两道红线"、房地产企业融资"三条红线"以及"集中供地"等政策持续实施,"房住不炒"调控政策得以持续强化,房屋建筑市场需求增长将受阻;加之国内经济下行压力大,地方债务率高,建筑业稳健发展面临较大制约。

(三)建筑业仍将拥有诸多新的增长点

随着成渝地区双城经济圈建设、"一区两群"协调发展加快推进,重庆将继续推进城市提升工程,优化重大基础设施布局,加快完善基础设施网络,全市建筑业新增长点将增多。在《推动成渝地区双城经济圈建设 加强交通基础设施建设行动方案(2020—2022年)》实施的带动下,高铁、城市轨道、机场、港口等一大批重大交通基础设施建设项目将加快开工或接续建设;同时,重庆能源网、水利网加紧完善,渝西水资源配置工程等多个重大项目建设正加快推进,将有力促进重庆建筑业稳定发展。加之,重庆正滚动实施和储备新基建重大项目,5G网络、城市智能中枢、数字乡村等新型基础设施建设加快推进,将为建筑业持续发展提供新动能。此外,重庆抢抓渝中区、九龙坡区作为国家首批城市更新试点契机,加快推进城镇老旧小区改造和社区建设等,也将是全市2021年建筑业发展的重要增长点。

(四)2022年建筑业发展趋势展望

展望2022年,重庆建筑业将加快高质量发展,绿色化和数字化转型持续深入,行业发展环境得到进一步优化,城市更新试点等将有助于建筑投资稳定增长,但同时也将面临基建投资稳增长压力大、房地产投资放缓、建筑企业经营承压等挑战。预计2022年全市建筑业增长整体稳中有压,增加值将接近3810亿元,同比增长5.8%左右。

三、对策建议

(一)力促基建与房地产投资加码,稳定建筑投资增长

一是推动基建投资稳定增长。动态完善重大项目储备,加速交通、能源、水利、生态环保、信息化等领域重大基建项目落地,保障项目开工稳定有序。用好政府专项债券工具,深入探索推进基础设施REITs试点,科学推进项目库建设,完善配套支持政策体系,强化运营管理支撑,拓展基础设施投融资空间。搭建完善"政金企"对接平台,畅通项目融资对接渠道,加强重大项目与企业债券、地方政府专项债券项目储备对接匹配,增强重大项目资金保障。二是着力稳定房地产投资。坚持贯彻落实"房住不炒"方针,在合法合规且风险可控的前提下,引导合理刚性需求释放,积极稳定市场预期。科学推进住宅用地供应,优化完善价格与配套制度设计,提升开发商拿地积极性。督促已拿地项目加快开工,合理推进项目进度。三是积极培育建筑投资增长新动力。紧抓城市更新试点机遇,强化管理与运营保障,做好项目规划设计,有序推进项目建设,盘整、盘活存量资产,积极拓展新的投资增长空间。

（二）助力建筑企业减负增效，降低企业经营压力

一是优化工程项目建设审批体系。总结两江新区试行经验，深入推行施工许可告知承诺制，加强申报平台建设，持续完善实施方案，有序扩大适用范围，进一步优化审批流程、缩减申报材料、提高审批效率，有效促进项目早开工早建设。二是深入推行工程担保和施工过程结算。持续完善工程建设领域保证金制度，提高工程保函覆盖率，减少企业资金占用。在全市房屋建筑和市政工程中深入推行施工过程结算，发挥好政府投资项目的示范引领作用，不断扩大适用范围。加强工程施工合同履约和价款支付监管，完善防范账款拖欠长效机制，切实减轻企业资金负担。三是大力发展装配式建筑。加快全市建筑工业化升级步伐，不断提高装配式建筑在新建建筑中的比例，助力企业节省劳动力、缩短工程建设工期。积极推动BIM、物联网、大数据、云计算等信息技术在建造全过程中的创新应用，推动部品部件少人化、无人化生产。

（三）支持本地企业加快发展，促进行业规模扩大

一是推动本地企业增实力强品牌。鼓励本地建筑企业跨行业、跨专业兼并重组，整合优势资源，加快形成一批在全国有竞争力的龙头企业和品牌。借鉴前期中建桥梁有限公司和中建隧道建设有限公司引进经验，着力发展总部经济，进一步推动更多大型建筑企业在重庆注册落户。二是支持企业参与市内建设。在坚持全市建筑市场统一开发、保障公平竞争的前提下，提高本地优势建筑企业在市内重大建筑工程项目中的参与度，支持本地建筑企业和央企、市外大型建筑企业以联合体的形式共同参与市场竞争。三是鼓励企业"走出去"发展。鼓励本地建筑企业积极承接外省市建造项目，不断拓展国内市场空间。通过政策扶持和重庆对外建设（集团）有限公司、中冶建工集团、远海建工（集团）有限公司等企业的示范带动，引导更多市内优质建筑企业积极参与"一带一路"及周边国家重大基础设施建设，进一步扩大海外市场业务规模。

[重庆市综合经济研究院（重庆市经济信息中心）产业经济研究课题组
主研：易小光　丁　瑶　余贵玲　罗丛生　王　利　李　俊
执笔：李　俊　罗丛生]

产业卷
第三产业篇

之一：2021年重庆市第三产业发展及2022年展望

2021年以来，我国疫情除局部零星波动外整体得到有效控制，服务经济稳定恢复。重庆积极融入国家双循环新发展格局，大力推进国际消费中心城市、西部金融中心、内陆国际物流枢纽、西部（重庆）科学城等重点项目建设，加快服务业扩大开放综合试点改革，第三产业整体呈现稳中向好发展态势，数字经济、国际物流、科技服务等服务业新业态展现较强发展活力，但旅游、餐饮住宿、文体娱乐等人群聚集类行业仍未完全摆脱疫情影响，第三产业稳增长与防风险压力并存。预计2021年重庆第三产业将实现增加值约14870亿元，同比增长约9.0%。

一、2021年重庆市第三产业运行情况

（一）运行特征

1. 第三产业保持恢复性增长，规模和效益有效提升

2021年以来，随着疫情整体得到有效控制以及疫苗接种率提高，第三产业加快恢复，现代金融、国际物流、数字经济、科技服务等服务业新动能持续壮大，推动全市第三产业克服疫情波动带来的负面影响，保持正增长。1—9月，第三产业实现增加值10731.13亿元，同比增长10.3%，增速高出全国平均水平4.9个百分点；占全市GDP比重53.8%，较2020年末提高1个百分点，继续保持对全市经济的重要支撑地位。产业投资稳步增长，1—9月，第三产业固定资产投资同比增长6.9%，高于全国平均水平1.9个百分点。服务业经营效益明显提升，1—8月，规模以上服务业企业实现营业收入3323.64亿元，同比增长25%；实现营业利润232.23亿元，同比增长27.6%。

2. 服务业开放合作不断深化，服务贸易较快增长

在重庆一系列"稳外资"政策、深化"放管服"改革、鼓励外商投资现代服务业等举措推动下，全市服务业对外开放力度持续加大。1—9月，重庆服务业实际利用外商直接投资占全市总额比重超六成。其中，高技术服务业实际吸收外商直接投资同比增长超过30%。充分发挥中新（重庆）示范项目和自贸区建设优势，全市积极推进服务业扩大开放综合试点，服务贸易实现较快增长。1—9月，重庆离岸服务外包合同额15亿美元、离岸执行额10.9亿美元，同比分别增长100.5%和64.9%，增速均远高于全国平均水平。

3. 各行业特色化发展，第三产业内部结构不断优化

金融业稳健运行，重点改革试点加快落地。在全市制造业高质量发展、高技术服务业快速增长等带动下，重庆融资需求保持平稳增长，金融业发展呈现稳中有升的良好态势。1—9月，全市金融业实现增加值1829.92亿元，同比增长4.5%。9月末，本外币各项贷款余额同比增长12.8%，高于全国1.4个百分点。一是信贷结构不断优化，重点领域金融支持力度加大。普惠小微贷款快速增长，通过持续开展"金融服务中小微企业能力提升行动"、推进"1+5+N民营小微企业和个体工商户金融服务港湾"建设等

举措，9月末全市普惠小微贷款同比增长27.8%，高于各项贷款增速15个百分点。制造业中长期贷款稳步增长，深入发挥制造业企业"白名单"机制作用，持续推动制造业领军企业和"链主"企业融资对接，强化政银企融资对接服务，9月末全市制造业中长期贷款同比增长23%，高于各项贷款增速10.2个百分点。绿色信贷较快增长，通过实施"绿易贷"再贷款、"绿票通"再贴现专项支持计划，加快实施"长江绿融通"大数据平台应用对接等举措，9月末绿色贷款同比增长33.2%，高于各项贷款增速20.4个百分点。二是重点改革试点加快落地，金融创新示范影响力持续扩大。全国首批专属商业养老保险、中西部首个合格境内有限合伙人（QDLP）等试点起步，中西部首家区域股权市场改革创新被纳入证监会试点，中保登功能中心正加快落地，产品登记规模达1.79万亿元；知识价值信用贷款改革试点顺利推进，累计发放贷款203.7亿元；创新开发了"央行再贷款+科创贷"等系列专项产品，对科技型企业融资形成较大支持。三是跨境融资不断拓展。上半年跨境融资17亿美元，增长1.2倍。依托中新（重庆）示范项目金融合作，推动5亿美元"狮城债"成功发行；上线全国首个跨境金融区块链西部陆海新通道融资结算应用场景，为物流企业融资超过4亿美元。1—9月，全市跨境人民币实际收付达1514.4亿元，同比增长超三成，结算量居中西部首位、全国第9。

物流业较快增长，通道经济加快形成。在企业生产趋于活跃和外贸进出口快速增长带动下，全市物流业呈现较快增长态势。前三季度，全市交通运输、仓储和邮政业实现增加值797.94亿元，同比增长11.2%。一是货物运输活跃度有效提升。1—9月，全市货运量105719.7万吨，同比增长21.7%。其中，公路运输货运量89381.5万吨，同比增长24.4%；水运货运量15152.2万吨，同比增长11.4%；航空货运量10.9万吨，同比增长20%；铁路货运量1175万吨，受大宗商品价格上涨影响，同比降低15.8%。二是国际物流通道持续发力。1—8月，中欧班列（渝新欧）累计开行1757列，同比增长25%；首发直达乌克兰班列，通往欧洲地区贸易通道进一步扩展。1—9月，西部陆海新通道铁海联运班列累计开行1493列，同比增长77%，开行数量已超2020年；新增长寿直达班列，开行站点达到7个，跨境公路班车线路增至10条，"一主两辅多节点"的物流枢纽体系进一步完善。三是物流枢纽平台加快建设。长江上游首个万吨级码头——重庆新生港开港投运，果园港携手成都经开区建无水港，中新（重庆）国际航空物流产业示范区启动建设，物流枢纽功能持续增强。

信息服务业快速发展，数字经济影响力不断提升。在智慧生产、生活应用面不断延伸拓展的背景下，信息服务业保持较快发展速度，全市数字经济规模占GDP比重超过25%，数字服务新业态企业、从业人员分别超过2.6万家、210万人。一是两化融合水平保持西部领先。智博会发布的《重庆市两化融合发展数据地图（2021）》显示，2021年重庆市两化融合发展水平达到60.7%，高于全国平均水平5个百分点。工业互联网规模不断壮大，截至2021年8月，全市已集聚197家工业互联网服务企业、47个第三方服务平台，累计推动8.7万家企业迈上"云端"。数字化车间加快建设，2021年以来再添38个智能工厂、215个数字化车间，累计共建成105个智能工厂、574个数字化车间，有效推动企业运营成本平均降低15%以上，生产效率提高10%以上。二是数字经济服务体系不断完善。重庆每万人拥有5G基站数达到10.05个，比全国平均水平高出近3个百分点，城市重点区域实现5G网络全覆盖。数字经济平台服务功能持续增强。两江国际云计算产业园汇聚了中国电信、中国移动、腾龙等十大数据中心，形成了30万台服务器的数据中心规模。区块链数字经济产业园聚集IBM、浪潮、趣链、中科星泰等领军企业110余家，综合竞争力居全国第五位。物联网加快拓展，全市物联网相关企业达到1000余家，形成了大中小企业聚集发展的物联网产业生态。

科创主体加快集聚，科技服务水平明显提升。在创新驱动战略引领下，全市科创服务平台、项目等主体数量快速提升,科技服务水平迈上新台阶。一是科创集聚加速形成。科学城建设初具规模,超瞬态实验装置、中国自然人群生物资源库重庆中心、中科院重庆科学中心等一批大装置、大平台、大院所落地,电子科技大学、北京理工大学、西安电子科技大学重庆研究机构开院揭牌,截至目前,科学城核心区聚集了市级以上重点实验室91个、国家重点实验室5个、市级以上研发机构294个,签约落地高校、科研院所、重点企业研发平台类项目36个,创新动能持续增强。两江协同创新区累计培育引进科创项目约60个,成果转移转化近百个,逐步形成"科创+产业"创新集群。二是川渝科研服务合作更加紧密。落实成渝地区双城经济圈建设,川渝科普基地创新发展战略联盟、成渝地区双城经济圈高新技术产业开发区协同创新战略联盟等合作机构相继成立,川渝科技资源共享服务平台正式开通并上线试运行,川渝科技资源共建共享持续深化。

商贸消费整体延续复苏态势,新兴消费发展较好。2021年以来,在国际消费中心城市建设带动下,各类主题消费活动、扩内需政策相继出台,重庆消费市场持续回暖。1—9月,全市社会消费品零售总额10302亿元,同比增长23.7%,两年平均增长10%,分别高于全国水平7.3个、6.1个百分点。新兴消费持续活跃。随着全市加快消费新场景、新模式和新业态培育,网红经济、夜间经济、社区团购、电商直播等得到快速发展,对消费拉动作用不断增强。1—9月,全市限额以上单位网上零售额352.84亿元,同比增长27.2%,连续9个季度保持两位数增长。

文化旅游波动性复苏,消费模式加快创新升级。在特色美食、红色旅游、都市旅游、文娱休闲等业态持续打造下,2021年全市文化旅游业保持较高热度,整体呈波动性复苏态势。1—9月全市接待境内外游客共计3.22亿人次,实现旅游收入3090亿元,同比分别增长30%和37%,分别恢复到2019年同期的71%和78%,高于全国总体水平。一是旅游模式创新升级。红色旅游、乡村旅游增速明显,研学、节会、非遗等主题旅游兴起,私家团小团模式崛起,自驾游成为主流旅行生活方式,全域旅游、休闲度假观念逐渐深入人心。二是数字文化产业加快培育。新闻信息服务、内容创作生产、创意设计服务和文化传播渠道等数字文化产业高速增长,近两年平均增速高于文化产业整体增速约4个百分点。游戏产业蓬勃发展,入选2021年全国电竞城市发展指数综合得分前十,腾讯、网易、罗布乐思等一批头部企业相继落户,重庆软件园·数字文创产业园加快建设,重庆逐渐成为国内游戏产业发展的新兴代表性城市。

房地产市场运行稳中趋缓,住房租赁市场加快培育。受房地产调控政策收紧影响,全市房地产开发活动稳中趋缓。1—9月,房地产开发企业房屋施工面积26093.16万平方米,同比增长1%。其中,住宅施工面积17169.96万平方米,同比下降0.2%。房屋新开工面积3867.05万平方米,同比下降8.2%。其中,住宅新开工面积2577.37万平方米,同比下降13.4%。但由于商品房价格上涨预期影响,商品房销售仍保持较快增长。1—9月,全市商品房销售面积4763.70万平方米,同比增长10.3%,其中住宅销售面积增长16.3%。住房租赁市场加快引导培育。7月,重庆发布国内首部"商改租"建设标准,加快推进住房租赁市场发展试点建设。累计筹集租赁住房14.13万套,其中新建改建5.47万套、盘活存量8.66万套,支持房地产开发企业从开发销售向租售并举模式转变。

(二)存在的主要问题

1. 服务业投资下行压力较大

受政府财政紧张、投融资创新不足、大项目较少、企业投资信心不足等影响,服务业整体投资增长形势不容乐观。1—9月,全市第三产业固定资产投资虽然实现同比6.9%的平稳增长,但增速分别低于全市固定资产投资增速和第二产业固定资产投资增速1.5个和4.4个百分点。特别是随着国家生态环保、安全等政策趋紧,项目落地难度、投资成本相应增大,投资增长仍存在较大不确定性。其中,占服务业投资较大比重的房地产投资增长明显乏力，1—9月全市房地产开发投资仅增长0.2%，自2019年下半年以来全市商品房新开工面积同比持续负增长，将进一步影响后续房地产投资和服务业整体投资增长。

2. 受全球疫情影响，部分服务业发展面临挑战

一是商贸、文旅等消费持续增长面临较大不确定性。境外疫情输入压力依然较大，国内局部地区仍有零星散发疫情，疫情期间出台的消费政策呈现边际效用递减。同时，受宏观经济增长乏力、疫情不确定性等影响，全市社会就业、城乡居民收入等增长形势不容乐观，据调查，第二季度市内仅35%的居民表示当前愿意"更多消费"，全市消费持续复苏的需求支撑不足。人员跨境、跨区域流动不畅，来渝国际、国内游客数量减少，与旅游相关的酒店、餐饮、交通等消费受到较大影响，对整体消费的带动力减弱。二是国际物流存在成本上涨压力。受新冠肺炎疫情、国际货运需求回升等因素影响，2021年以来全球海运运力紧张、集装箱一箱难求，海运运费持续上涨，第二季度以来亚洲标准集装箱运费较上年第三季度上涨1万美元以上，外贸企业物流成本负担加重。三是商务会展市场活动受到抑制。国际会展数量、参展人数、会议规模等较疫情前大幅缩减，部分中小型会展企业经营困难，并拖累住宿、餐饮等关联产业消费下滑。

3. 金融、居民服务等领域产业短板仍然突出

一是金融业服务中小企业融资能力仍显不足。全市供应链金融、天使投资、风险投资等发展滞后，中小企业融资渠道较窄，"融资无门""融资贵"现象仍较普遍。有企业反映，由于抵押物不足，在需要担保公司担保的情况下，综合融资成本高达10%。二是高品质居民服务建设滞后。家政、育儿、养老服务、美容美发等各类居民服务业品质化升级步伐较慢，标准化、规范化建设滞后，高品质服务供给缺口较大的问题长期存在，制约提振消费、扩大内需动力。

二、2022年第三产业发展环境分析及全年预测

（一）世界经济复苏形势仍较复杂严峻，服务业全球化发展受限

世界经济仍处于疫情反复期，疫情反复、病毒变异持续挑战世界经济复苏的稳定性和持续性。10月，国际货币基金组织（IMF）鉴于各国复苏分化、通胀和债务三大风险下调了此前作出的2021年全球经济增速6%的预期，预测2022年世界经济增速将放缓至4.4%。在此背景下，服务业生产要素全球流动性仍然受限，对服务业整体发展形成制约。同时，当前全球货币宽松以及供应链受阻导致全球通胀压力上升，随着美国等发达经济体货币政策正常化预期增强，全球股市、汇市、债市、大宗商品市场或将面临较大波动风险，新兴经济体将承受较大资本外流压力，不利于经济复苏和金融稳定。为抢占新一轮全球科技主导权，大国科技竞争和战略博弈更趋激烈，美国对我国的科技和高新产业将持续打压，国际地缘政治冲突和安全局势或将持续紧张，阻碍区域经贸合作进程，对全球服务业增长形成负面影响。但同时，大数据、物联网、人工智能、区块链等前沿技术正处于爆发阶段，多元化的技术路线和商业模式探索持续开展，为全球服务经济增长创造新动能。

（二）国内服务经济稳定恢复，但仍面临诸多挑战

在连续、稳定、可持续的财政和货币政策作用下，以及更加精准的就业政策和开放创新产业政策驱动下，我国服务经济将延续稳步复苏态势。一是坚持扩大内需战略仍将是2022年工作重点。商务部和有关部门近期针对农村消费和物流体系建设出台了一系列政策，包括《关于加强县域商业体系建设　促进农村消费的意见》《商贸物流高质量发展专项行动计划（2021—2025年）》等，多个中央部委和地方层

面均表示将推出更多扩内需举措，推动加快形成强大国内市场。二是数字经济发展将获得更多支持，创新驱动作用更加凸显。《物联网新型基础设施建设三年行动计划（2021—2023年）》等数字经济建设支持政策相继出台，"5G+智慧教育"应用试点等创新项目获得国家部委大力支持，数字技术与医疗、教育、交通、零售、制造业等各行业深度融合，数字经济将继续提升服务业发展质量和竞争力。三是服务业对外开放加快推进，将进一步强化RCEP建设，开展国际高水平自由贸易协定规则对接，跨境服务贸易负面清单将加快实施，更大力度的产业开放将有力带动服务业提质增效。总体来看，2022年我国服务业发展拥有来自政策支持、科技赋能、需求带动等多重利好，有望保持较快速度复苏。但面临全球疫情反复、政经博弈加剧、美联储货币政策转向预期升温等外部不确定性影响，以及部分实体经济经营困难、房地产市场和部分金融领域风险积聚等内部挑战，复苏基础尚不牢固、不均衡，仍需在继续做好常态化疫情防控的同时，注重稳增长、防风险平衡，保持服务经济运行在合理区间。

（三）重庆获多项政策利好，服务业发展迎来新机遇

2021年以来，重庆陆续获国务院批准开展服务业扩大开放综合试点和国际消费中心城市培育建设，重庆服务业发展迎来更多机遇。服务业扩大开放综合试点领域，QDLP试点、外债登记改革试点等部分任务已先行先试、初见成果，市政府也结合重庆实际出台了《重庆市服务业扩大开放综合试点工作方案》，对各项试点任务进行了具体分工安排，服务业扩大开放将对2022年全市服务业高质量发展起到重要推动作用。培育建设国际消费中心城市。目前重庆正在实施国际消费集聚区打造工程、国际消费品牌集聚工程、渝货精品打造工程等十大工程。下一步全市将组织开展消费中心城市建设试点示范工作，着力培育国际消费核心区，打造一批国际消费中心、区域消费中心、商旅文融合发展试点示范城市，将有效加快重庆消费升级及新动能培育。另外，数字经济持续得到重视和培育，以科学城、两江协同创新区为引领的科技创新将持续深化，西部陆海新通道、成渝地区双城经济圈等建设将持续增强重庆服务业发展动力，2022年重庆服务业形势整体向好。但国内外形势复杂多变、疫情不确定性持续、重庆内需动力不足以及产业转型缓慢等情况客观存在，全市第三产业发展仍面临较大压力和挑战。

（四）2022年重庆第三产业发展展望及主要指标预测

面对国际国内宏观环境，重庆将深化落实"两点"定位、"两地""两高"目标、发挥"三个作用"，加快融入"一带一路"建设、新时代西部大开发、成渝地区双城经济圈建设等国家和区域战略，推动数字经济、现代物流、科技创新、现代金融等现代服务业加快发展。预计2022年全市第三产业将保持平稳增长态势，全年第三产业同比增长9%左右。

三、对策建议

（一）强化项目招引和建设支持，加快形成有效投资

一是强化项目策划与储备。围绕国际消费中心城市、西部金融中心、具有全国影响力的科技创新中心等建设领域，加大项目包装策划和招商引资力度，加快引进一批投资量大、影响力大的项目，推动服务业投资稳定放量。二是加强重大项目运行调度。继续深化实施"抓项目稳投资"专项行动，全面做好项目前期、新开工阶段的用地指标、征地拆迁等协调调度工作，确保土地、资金和审批程序按进度开展。三是着力拓宽重点项目融资渠道。扩大专项债发行规模，探索推进专项债用作资本金，推进永续债、REITs等权益类融资。四是着力稳定房地产投资。在"两集中"等政策背景下，充分做好土地供前调研工作，科学把控土地供应规模、区域和时序，加大项目开工促进力度，以及闲置土地、"久建不完"房地产

项目处置力度，推动房地产投资平稳增长。

（二）多措并举，减轻疫情对服务业运行的负面影响

一是积极培育消费新增长点，激发消费增长潜力。以国际消费中心城市建设为契机，加快引进高端定制店、品牌首店、跨境电商体验店、免税店等品牌，运用大数据、智能交互等新技术构建教育、医疗、文娱等消费新场景，提升消费市场活力。进一步研究提出促进汽车、家具、家电等重点商品消费的政策措施。二是加快推动旅游消费恢复。整合川渝两地特色旅游资源，加快构建巴蜀文化旅游走廊，加大旅游专项资金支持力度，推行景区门票减免、淡季免费开放等措施，充分挖掘全市乡村旅游资源，打造一批乡村旅游精品。三是加快会展业态创新，打造产业生态链。鼓励会展企业充分利用网络资源和信息技术手段，增强线上线下融合服务功能，开拓数字会展新空间。鼓励建立健全中小会展企业联盟，形成会展生态链，提高整体应对风险的能力。四是充分发挥西部陆海新通道、中欧班列、国际航空等国际物流通道优势，助力企业降低外贸物流成本。加快铁、水、公、空多式联运发展，积极推进通关便利化改革和智慧物流发展，降低外贸物流综合成本。

（三）加快金融创新，缓解中小企业融资难题

一是深化普惠金融建设。加强政府与金融机构合作，共同推出面向中小微企业的首贷、信用贷、无还本续贷等金融产品，加大对企业贷款贴息和信用贷款支持力度，支持金融机构积极利用信息技术提高对中小企业融资服务的精准性。支持金融机构加快信贷产品创新和信贷模式创新，扩大供应链金融、知识产权质押等融资规模，依托中新（重庆）战略性互联互通示范项目开拓中小服务企业境外融资渠道。二是拓宽直接融资渠道。大力培育壮大直接融资市场，帮助中小企业拓展股市、发债等直接融资渠道，推动做好优质中小企业上市培育工作。积极引进发展股权投资、创业投资等风险投资基金，营造良好创新创业环境。

（四）推进居民服务业规范化、标准化、品质化建设，增加高品质服务供给

一是加快制（修）订一批居民服务业标准，推动服务产品、品质、流程、方式的标准化建设。重视发挥行业协会等行业性组织在优化行业治理中的监督、约束作用，支持行业协会制定行业发展规划和服务标准，鼓励通过政府购买服务方式把适宜行业协会承担的行业管理事务委托给行业协会。二是推进生活性服务业职业化发展。加大政府对生活性服务业培训体系和职业教育能力建设的支持力度，强化中高端人才进入生活性服务业的激励机制。加大力度落实从业人员社保政策，适当加大政府对中小居民服务企业职工参保资金补贴。三是鼓励居民服务业积极运用现代信息技术创新服务业态和商业模式，优化服务供给。支持服务企业创新开展众筹定制、众包设计、柔性供应链等定制服务模式，精准对接居民需求，增强个性化服务功能。四是抓好"一刻钟便民生活圈试点"示范建设。充分发挥两江新区作为全国首批试点建设机遇，围绕水竹苑社区等5个社区精品化打造便民生活服务体系，优先配齐基本保障类业态，发展品质提升类业态，为全市居民服务业高品质建设提供示范标杆。

[重庆市综合经济研究院（重庆市经济信息中心）产业经济研究课题组
　主研：易小光　丁　瑶　余贵玲　李　权　夏　月
　执笔：余贵玲　夏　月]

之二：2021年重庆市金融业发展及2022年展望

2021年，全球经济形势复杂严峻，世界主要央行货币政策持续宽松。我国经济运行稳中承压，货币政策注重跨周期调节，金融政策有力支持实体经济发展。重庆市金融业持续健康发展，行业综合实力稳步增强，对重点领域支持力度进一步加大，改革创新步伐不断加快。预计2021年金融业增加值同比增长4.6%左右。

一、2021年重庆市金融业发展基本情况

（一）总体情况

在经济稳定恢复但下行压力加大背景下，2021年重庆金融业总体运行平稳，行业规模持续扩大。1—9月，重庆金融业增加值达到1829.92亿元，同比增长4.5%，近两年平均增长5.0%，占GDP比重达到9.2%，高于全国平均水平0.8个百分点，对全市经济发展贡献度仍较高。

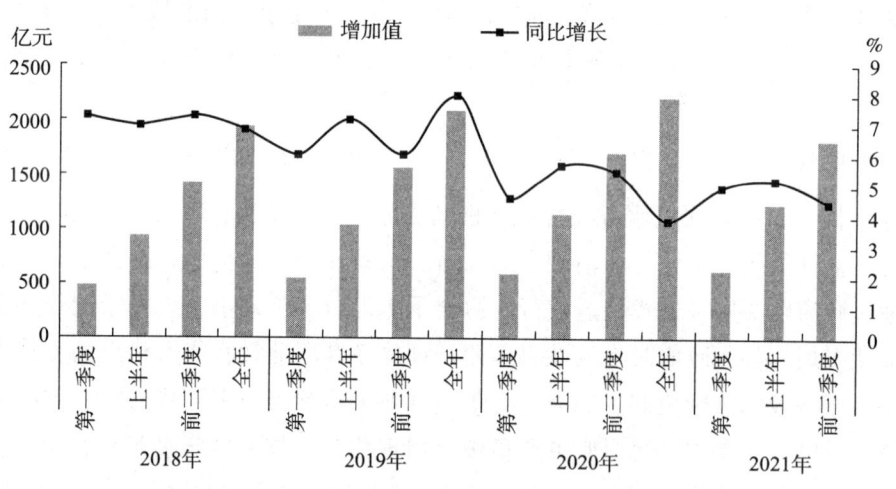

图1 2018—2021年重庆市金融业增加值及增速变动情况

（二）主要特点

1. 金融机构加快集聚，行业发展稳健向好

金融机构体系不断完善，金融服务能力提升。重庆各类金融机构数量为1880家，已形成种类齐全、竞争充分的完备金融机构体系。一是银行业金融机构体系不断完善，重庆市法人机构数量达到57家，较2020年同期新增2家新型农村金融机构，银行业金融机构网点布局进一步下沉。二是资本市场服务机构体系持续壮大，重庆市证券公司及分公司达到50家，较2020年同期新增7家；随着创元期货重庆分公司成功落户，重庆市期货分支机构达到33家，直接融资金融机构体系更趋完善。三是金融文化服务实现零突破，重庆金融博物馆成功开馆，金融文化软实力得到重视。

金融资产规模稳步增长,行业发展稳健向好。截至2021年9月,重庆金融行业机构资产规模达到7.3万亿元,同比增长11.3%,较上年同期提升3.3个百分点,贡献税收和实现行业利润同比增速持续提升,金融业运行保持稳健。一是银行业运行平稳,银行业金融机构总资产达到6.46万亿元,同比增长10.8%,高于全国平均水平2.6个百分点,重庆农商行、重庆银行入围英国《银行家》杂志发布的"2021年全球银行1000强",银行业资产规模持续扩大。二是资本市场服务功能持续完善,西南证券获证券公司A类券商评价,重庆股转中心升级挂牌企业服务体系,直接融资服务能力持续增强。三是金融要素市场持续完善,随着重庆联交所集团成为两大国家级交易资质的产权交易机构,重庆市金融资源配置能力持续增强。

2. 存款余额增长放缓,信贷增长态势良好

政府和非银存款增势较好,企业及居民存款增长乏力。9月末,人民币存款余额4.4万亿元,同比增长6.2%,增速较2020年同期回落1.6个百分点。一是在财政收入持续向好、政府前期资金支用进度较慢等支撑下,财政性存款余额持续扩大,同比增速达到25.3%,较2020年同期提升35.5个百分点。二是非银行金融机构存款余额保持良好增势,同比增长31.5%,是存款增长的主要支撑。但受疫情拖累居民收入增长、资本市场产品对居民存款分流加快等因素影响,住户部门存款余额同比增长9.5%,低于2020年同期3.8个百分点;受跨地区企业资金归集力度增强,叠加工业原材料涨价、平台企业偿债高峰年等多重因素制约,企业存款同比下降1%,企业存款增长基础不牢。

信贷结构持续优化,重点领域贷款增长较快。9月末,人民币贷款余额4.5万亿元,同比增长14.1%,较2020年同期提升0.8个百分点,高于全国平均水平2.2个百分点。一是企业经营贷款较快增长,企业经营贷款余额同比增速为近三年同期最高,制造业中长期贷款余额同比增长22.9%,高于各项贷款增速10.2个百分点,信贷结构持续优化。二是普惠小微贷款较快增长,普惠小微贷款余额同比增长27.8%,新增量是2020年同期的1.2倍,小微企业融资呈现良好发展态势。三是企业贷款成本维持低位,随着贷款市场报价利率改革稳步推进,企业实际贷款利率持续下行,1—9月企业贷款加权平均利率为4.59%,较2020年同期下降0.2个百分点,处于有统计以来低位。

3. 证券市场交易活跃,直接融资稳健增长

证券交易活跃度持续提升,优质企业上市步伐加快。受股票及基金市场交易投资活跃带动,1—9月,重庆市上证、深证证券总交易金额达到10.32万亿元,同比增长45.3%,较2020年同期提升6.4个百分点,证券市场交易活跃度大幅提升。市场主体上市挂牌数量持续增加,截至2021年9月,境内上市公司数量为59家,较2020年同期新增2家,总市值、总股本同比增速分别达到28.8%和13.1%。区域性股权市场服务实体经济能力不断提升,截至2021年9月,在重庆股份转让中心挂牌托管企业数量达1948家,较2020年同期增加365家,更多优质企业登陆资本市场。资本市场服务能力持续提升,重庆市与深交所签署的战略合作框架协议加快落地生效,上交所资本市场服务重庆基地不断创新发展,全方位、多层次的资本市场服务体系逐渐形成。

直接融资运行稳定向好,绿色融资成为亮点。在加大对拟上市企业财税奖补力度等政策支持下,1—9月,重庆非金融企业境内股票融资增量为114.1亿元,是2020年同期的2.6倍,居西部首位。企业债券发行稳定增长,2021年以来重庆市非金融企业共发行债务融资工具179单,同比增长25.2%,企业获得债务融资金额达到1196.5亿元,同比增长27.9%,债券发行期限较短,且发行利率相对较低。绿色融资加快,1—9月,重庆市金融机构和企业在银行间市场发行绿色债券超100亿元,"碳中和"主题债券占绿色债券的比例提升至48%以上,重庆市首单民营企业绿色债务融资工具成功落地,金融支持实体经济绿

色低碳发展能力持续提升。

4. 保险行业稳步发展，风险保障功能持续增强

保险行业规模不断扩大，保费收入增长放缓。保险业稳健发展，截至2021年9月，重庆保险机构总资产达到2362.9亿元，同比增长13.1%，高于全国水平0.8个百分点。前三季度，在居民收入增长放缓影响下，重庆市保险保费收入增长乏力，同比下降2.3%，较2020年同期大幅回落13.7个百分点。从保费来源看，受非车险领域监管趋严等因素影响，财产险保费收入同比下降7.8%，较2020年同期回落16.7个百分点；受寿险和健康险保费收入增长放缓影响，人身险保费收入同比下降0.8%，较2020年同期大幅放缓12.9个百分点，保费收入稳定增长压力较大。此外，人身险仍是重庆市保费收入的主要支撑，占原保费收入的82.2%，占比较2020年同期提升1.1个百分点。

保险赔付支出稳定增长，风险保障水平持续提升。重庆市保险赔付支出实现较快增长，风险保障能力增强。在人身险赔付支出放缓影响下，前三季度，重庆市保险赔付支出达到228.9亿元，同比增长5.9%，增速较2020年同期小幅回落。其中，为应对新冠肺炎疫情、自然灾害等，财产险赔付支出增多较为明显，同比增速达到19.7%，较2020年同期提升12.0个百分点；受寿险和健康险赔付支出放缓拖累，人身险赔付支出同比增速为-4.0%，较2020年同期回落9.3个百分点。重庆市保险业为经济社会发展提供风险保障392.6万亿元，保险责任准备金稳步增长，偿付能力充足率持续高于全国水平，风险抵御能力进一步增强。

5. 金融业改革创新实现重大突破，对外开放持续深化发展

金融改革稳步推进，金融创新深化发展。成渝共建西部金融中心有序推进，重庆市多项金融改革方案成功被纳入《成渝地区双城经济圈建设规划纲要》。重点改革试点加快落地，重庆全辖71家金融机构率先完成气候与环境信息披露，全国首批专属商业养老保险、中西部首个合格境内有限合伙人（QDLP）等试点加快推进，中西部首家区域股权市场改革创新被纳入证监会试点，非金融企业外债登记改革试点、跨境金融区块链平台试点等成效明显。金融创新持续深化，通过开展"科技型企业首贷户培植行动"、建设"央行再贷款示范基地"、实现对科技型企业贷款数据颗粒化采集等，持续增强金融服务实体经济能力。

金融业开放力度持续加大，跨境金融结算中西部领先。重庆市金融开放政策体系持续完善，与东盟各国、"一带一路"沿线国家和地区金融合作不断扩大。跨境人民币结算便利化成效明显，更高水平的跨境人民币贸易投资便利化试点已由重庆自贸试验区扩大至全市，1—9月，全市跨境人民币实际收付达1514.4亿元，结算量居中西部首位、全国第九位，同比增长33.3%，高于全国平均增速0.4个百分点；重庆与"一带一路"沿线58个国家发生人民币实际收付，累计收付结算量达到305.7亿元，同比增长26.6%，跨境人民币业务稳步发展。跨境融资渠道不断拓展，跨境融资累计突破135亿美元，带动西部10个省（区）企业累计获得境外资金逾56亿美元，综合融资成本低于境内1.35个百分点，跨境投融资区域辐射作用持续增强。

6. 金融风险总体可控，市场主体风险持续化解

金融监管数字化进程提速，金融风险防控有力。重大金融风险防范处置协同能力持续增强，金融生态环境持续优化。重庆市地方金融综合监管信息平台成功上线运行，地方金融组织实现跨地区、跨部门、跨层级协同办公，监管数据报送、风险线索下发等更加精准及时。不良资产加快处置，前三季度，重庆市银行业共处置不良贷款454.8亿元，同比多增144.4亿元；银行机构拨备覆盖率为228.1%，较年初上升39.2个百分点，高于全国水平35.6个百分点，金融风险抵御能力增强。市场主体风险持续化解，通过司法重整、发挥债委会作用等，有效化解了部分大型企业的债务风险问题，基本稳住了重点企业资金链。涉众风险防控有力，非法集资陈案化解与增量防范取得明显成效，新发案件金额、涉案人数均大幅减少，金融生态环境持续优化。

二、存在的问题

（一）实体经济融资难问题依然存在

一是小微企业融资难现象依然突出，仍有部分小微企业因自有资本少、营业规模小、营运风险大、固定资产少和担保体系不完善等，无法获得以抵质押为主的传统金融机构信贷产品资金供给，全市普惠小微贷款余额同比增速低于全国平均水平。二是直接融资对实体经济的支持作用持续减弱，2021年以来，受部分企业逃废债影响，金融机构对企业信用风险持更加谨慎态度，部分弱资质企业发债难度明显上升，人民银行重庆营管部统计数据显示，上半年重庆市推迟及取消债券发行的笔数、金额分别同比增长45.5%和20.7%，债券融资对实体经济支持略显不足。

（二）成渝共建西部金融中心发展步伐有待加快

一是两地总部金融机构缺乏，成渝两地虽然涵盖了全国主要的金融机构，但多以分支机构为主，而业务范围覆盖全国的总部金融机构严重缺乏，落后于北京、上海、深圳等金融中心地区。二是区域金融服务及产品供给不均衡，两地金融服务大多停留在传统金融服务层面，且金融服务区域主要集中于成都市、重庆市这两座特大城市，服务对象也重点集中于两地国有企业及大型企业，成渝双城间的中间塌陷地带及农村地区金融服务供给不足。三是区域内金融市场发展落后，缺乏全国性的股权交易场所，对区域经济社会发展服务不足。

（三）重点领域金融风险防控压力加大

一是地方政府债务风险向金融领域传导压力增大，在持续防范化解地方政府隐性债务风险背景下，部分地方融资平台转型适应有所不足，叠加财政收入增长乏力，地方政府债务风险存在向金融领域传导压力。二是部分房企财务风险有向金融领域扩散风险，在房住不炒政策定位下，民营地产商发债融资渠道收窄，部分房企财务风险持续显现，目前市内金融机构已监测到部分地产开发企业出现欠费情况，相关金融风险应予以重点关注。

三、2022年金融业发展环境及展望

（一）国际货币政策维持低利率，金融体系脆弱性加剧

全球疫情仍在持续演变，对经济的冲击将更加持久，全球经济有望持续复苏但势头趋缓，美元指数、国际大宗商品价格大幅波动，主要经济体通胀形势严峻，外部环境更趋复杂。为应对空前的疫情冲击，全球主要央行实施超低的基准利率水平和大规模量化宽松政策，大幅改善全球流动性状况，但这也进一步推升了全球性资产泡沫、债务压力和系统性金融风险。未来高通胀压力下，随着世界主要央行量化宽松政策退出与正常化进程加快，全球跨境资本流动和汇率波动将加大，金融市场估值面临大幅调整风险，全球金融体系脆弱性将加剧。这将给重庆金融业平稳运行、金融风险防控带来不利影响。

（二）我国货币金融环境良好，金融开放进一步提速

我国将继续深化金融供给侧结构性改革，持续提高金融开放水平，形成金融体系和实体经济相互促

进、共同发展的良性循环。我国将增强宏观政策自主性，坚持实施正常的货币政策，促进稳健的货币政策更加灵活精准和合理适度，强化政策衔接，注重跨周期政策设计，保持政策的连续性、稳定性、有效性，这将为全国及重庆市经济高质量发展营造适宜的货币金融环境。同时，高水平的金融对外开放将稳步推进，我国将主动对标金融开放国际标准，进一步推动形成以负面清单为基础的更高水平的金融开放，持续优化外资银行、保险等金融机构准入门槛，创新外资参与境内金融市场的渠道和模式，这将有利于推动重庆市金融开放拓展到更广领域、更深层次。

（三）重庆金融开放迈上新台阶，持续为经济发展赋能

重庆市金融业将以推动高质量发展为主题，以深化金融供给侧结构性改革为主线，加快打造内陆国际金融中心，积极构建具有经济带动力、区域辐射力的现代金融体系，为加快构建新发展格局提供有力金融支持。深入贯彻落实稳健的货币政策，持续提升金融服务实体经济效能，加大对普惠小微、科技创新、绿色发展、乡村振兴等重点领域的金融支持。加快建设国家金融科技认证中心，深化金融标准创新建设试点。持续深化绿色金融改革创新，建设绿色金融改革创新试验区。充分发挥中新（重庆）战略性互联互通示范项目辐射带动效应，进一步推进贸易投资便利化，加大跨境人民币结算创新试点，积极打造私募基金西部高地，推动形成金融开放新格局。

（四）2022年重庆金融业运行展望

2022年，金融服务重庆市经济社会高质量发展的作用会进一步凸显，金融与科技深度融合，绿色金融产品更加丰富，金融开放水平不断提升，跨境人民币结算和跨境融资服务创新发展，金融风险防范化解能力持续提高。预计金融业增加值同比增长6.5%左右。

四、对策建议

（一）加大普惠金融发展力度，拓宽直接融资渠道

一是持续扩大普惠金融覆盖面，各银行业金融机构均应单列小微企业专项信贷计划并严格落实，根据中小微企业融资需求和特点，持续改进和丰富信贷产品；有效运用税务、工商等非信贷信息以及交易结算信息，综合评价中小微企业信用水平，切实提高小微企业信用贷款发放比例。二是积极推动债券市场融资，鼓励优质大中型企业发行公司债、可转债、企业债和中期票据、短期融资券等债务融资工具，支持中小型企业发行中小企业集合票据、中小企业集合债券、私募债等融资产品；持续完善全市债券融资重点企业储备库，打造拟发债企业与中介机构常态化对接平台，拓宽企业直接融资渠道。

（二）聚焦同城化金融服务，共建西部金融中心

一是积极推进设立一体化金融机构，支持成渝地区双城经济圈内有条件的金融机构试点设立一体化管理总部或分支机构，积极推进跨区域金融服务业务的统筹管理及同城化开展，加大对中间塌陷地带及农村地区金融服务力度，进一步降低资金流动成本，营造跨区域良好金融环境。二是积极推进川渝两地同城化结算服务，鼓励区域内金融机构打破区域界限，取消跨域收费，共同推动对公、对私金融结算同城化服务创新发展。三是积极争取设立西部证券交易所，支持区域内科创类企业赴科创板上市融资，鼓励两地企业在银行间债券市场、交易所债券市场发行债券融资。四是加快建设一体化公共信用信息共享平台，进一步完善跨区域信用信息共享机制，加大信息归集共享和开发利用力度，增强西部金融中心资源集聚能力。

（三）加大重点领域金融风险防范，有效化解金融风险

一是建立健全地方党政主要领导负责的财政金融风险处置机制，完善金融风险预防、预警、处置、问责的长效机制，落实地方政府属地责任，提升风险应急处置能力。二是加大重点领域金融风险防范，依法推动重大案件处置，坚决取缔非法金融组织，严厉打击非法金融活动。三是支持地方法人银行机构多渠道充实资本金，综合运用核销、清收、批量转让等方式处置不良资产，稳步推进风险处置工作。四是加强监管科技运用，探索建立基于大数据、人工智能、区块链等技术的科技监管和智能监管体系，实现实时数据采集、自动风险识别，坚决守住不发生系统性、区域性金融风险底线。

[重庆市综合经济研究院（重庆市经济信息中心）产业经济研究课题组
　主研：易小光　丁　瑶　余贵玲　赵炜科　成秋明
　执笔：成秋明]

之三：2021年重庆市物流业发展及2022年展望

2021年，新冠肺炎疫情影响广泛深远，海外港口拥堵、集装箱有效运能供给不足等多重因素推动国际物流费用大幅上涨，对全球经贸产业链、供应链和物流链均造成了严重影响。我国成功应对疫情，经济快速复苏，以国内大循环为主体、国内国际双循环相互促进的新发展格局加快构建，带动国内物流需求保持较快增长。在物流强国等战略支持下，重庆进一步加快建设国际物流枢纽和口岸高地，畅通出海出境大通道，打造区域物流组织平台，推动全市物流业发展稳步向好。预计2021年全市社会物流总额达到3.5万亿元左右，增长约11.0%；物流业增加值增长约15.0%，占全市GDP比重保持在5.0%左右。

一、2021年重庆市物流业运行情况分析

（一）总体情况

2021年以来，疫情防控和经济社会发展统筹推进，全市经济稳步恢复，发展质量进一步提高。在此背景下，重庆物流业恢复态势持续，主要指标保持在较快增长区间。1—9月，全市交通运输、仓储和邮政业实现增加值797.9亿元，同比增长11.2%，低于全国平均水平4.1个百分点；占全市GDP、第三产业增加值比重分别为4.0%、7.4%，较上年同期分别增加0.2个、0.3个百分点。据此估算，1—9月全市物流业增加值约为1000亿元，占同期GDP比重约为5.0%，占第三产业比重为9.3%。

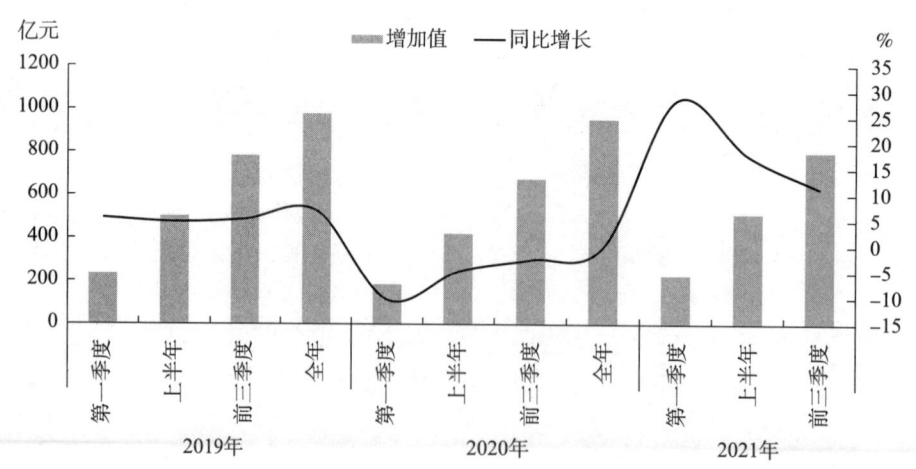

图1　2019年以来重庆交通运输、仓储和邮政业增加值及增速

（二）呈现的主要特点

1. 货运规模快速恢复

2021年以来，重庆社会物流总需求温和增长，工业物流稳定恢复，进口物流较快增长，共同带动全市货运量持续平稳增长。1—9月，重庆货物运输量10.57亿吨，同比增长21.7%，高于全国同期水平4.9个百分点；两年平均增长4.2%，高于全国平均水平5.0个百分点，显示全市货物运输已基本恢复至疫情

前同期水平。

表1　2021年重庆市货物运输主要指标

指标	第一季度		上半年		前三季度	
	绝对值/万吨	增速/%	绝对值/万吨	增速/%	绝对值/万吨	增速/%
货物运输总量	31439.23	39.0	68691.63	29.2	105719.69	21.7
铁路	407.78	1.6	806.02	-5.3	1175.01	-15.8
公路	26873.16	43.0	58150.11	33.3	89381.53	24.4
水运	4154.66	21.1	9728.2	12.1	15152.21	11.4
航空	3.63	40.0	7.29	23.3	10.94	20.0

2. 公路货运需求旺盛

在电商物流持续较快增长、重庆公路物流基地枢纽功能进一步完善等因素共同带动下，全市公路物流对货物的集聚能力不断提高。1—9月，全市公路货运总量达到8.94亿吨，同比增长24.4%，高于全国同期平均水平4.6个百分点；两年平均增长4.8%，高于全国同期平均水平7.2个百分点。全市平均公路物流运价指数较上年同期增长1.4%，达到102.86，在中西部地区19座主要城市中位列第2。

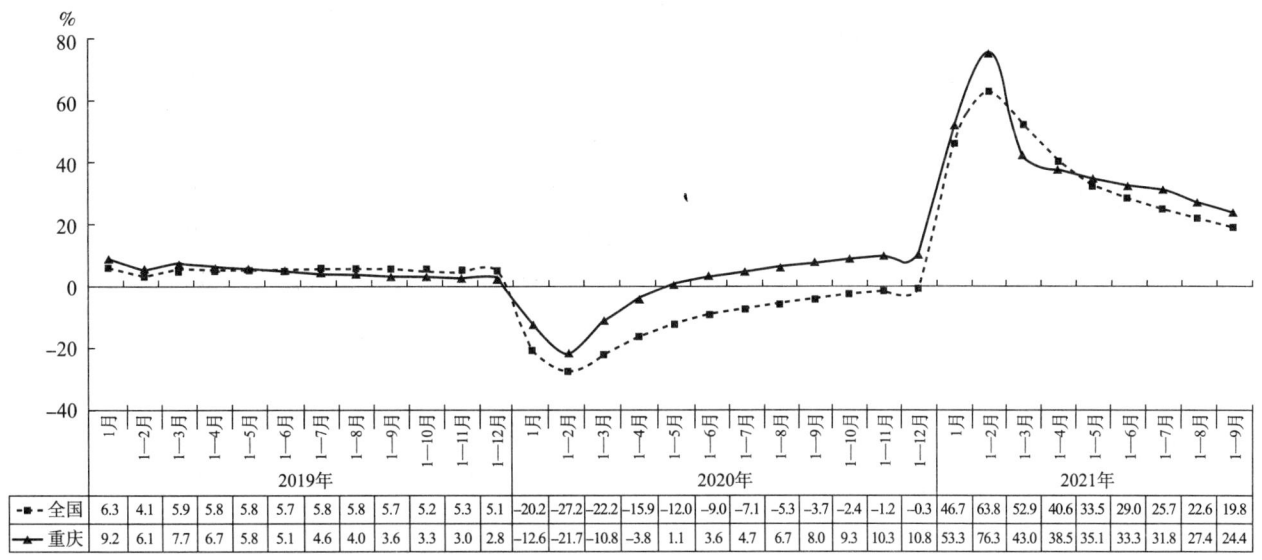

图2　2019年以来全国、重庆公路货运量增速

3. 航空物流强势增长

2021年以来，重庆航空货运抢抓海运运力受限机遇，依托江北机场国际货运网络西部领先优势，强化货运中转、"窄改宽"、"客改货"政策支撑，货运量实现了快速增长。1—9月，全市航空货运总量达到10.94万吨，同比增长20.0%，高出全国平均水平5.7个百分点，占全市货运总量比重由上年同期的0.105‰提升至0.135‰。空港货物吞吐量达到35.03万吨，同比增长23.1%，尤其是国际以及中国香港、澳门、台湾的货物吞吐量增速达到38.3%。

4. 口岸物流稳中向好

得益于铁、公、水、空立体交通网的进一步高效衔接，以及国际物流大通道建设加快推进，全市口岸物流发展呈现稳中向好态势。西部陆海新通道增量提速，1—9月，重庆累计开行西部陆海新通道铁海联运班列

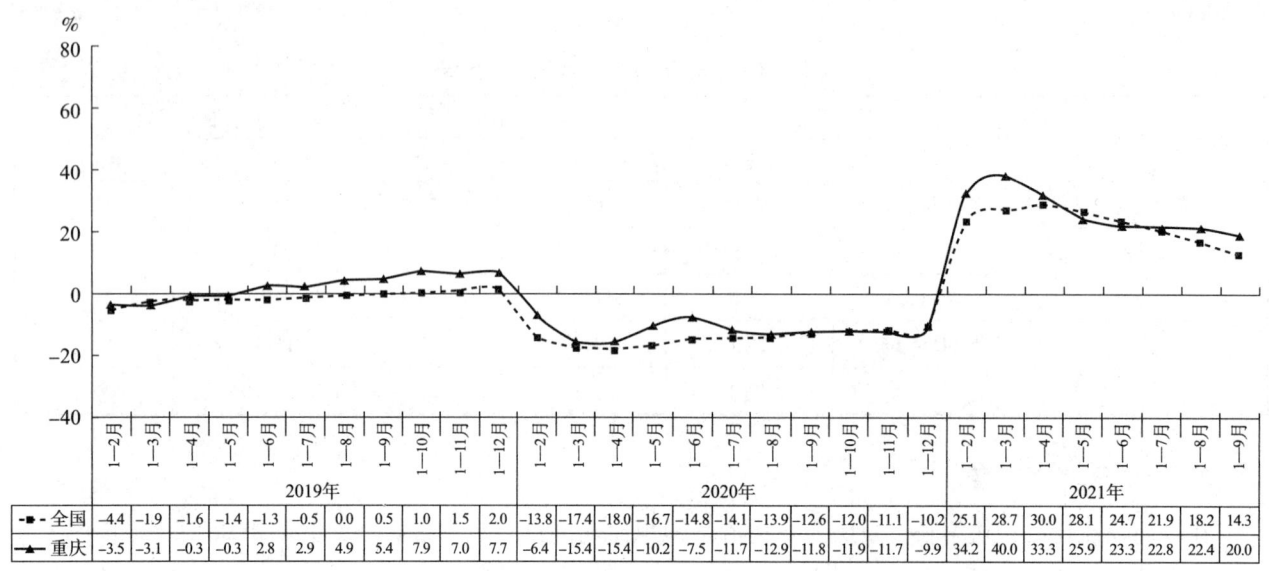

图3　2019年以来全国、重庆航空货运量增速

1493列，同比增长77%，运送货物7.5万标准箱，运输货值达98亿元，1—9月班列开行数量已超过2020年全年（1297列），发展势头持续向好。中欧班列（渝新欧）进一步强化北欧、中亚等新兴市场开发，开行规模持续扩大，1—9月累计开行超1800列，重庆通过中欧班列（渝新欧）进出口货物增长超50%。

5. 快递物流业加快发展

在市场下沉、直播寄递、冷链生鲜以及跨境直送次日达等新兴业态快速发展带动下，重庆快递物流业持续快速发展。1—9月，全市快递服务企业业务量累计完成6.93亿件，同比增长40.8%；业务收入累计完成76.18亿元，同比增长33.6%。同时，随着内陆国际物流分拨中心进一步完善，重庆对头部快递企业的集聚能力逐步增强。2021年以来，极兔、顺丰相继在重庆设立中国总部、西南运营总部，未来有望带动全市快递业发展进一步加速。

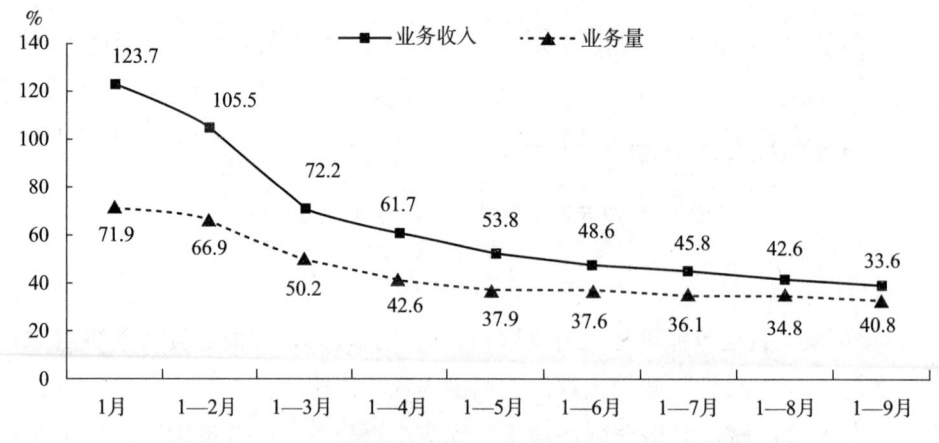

图4　2021年重庆快递服务企业业务量和业务收入增速

二、存在的主要问题

（一）"公转铁"成效不明显

2021年以来，全市公路货运量保持较快增长，占总货运量比重由上年同期的83%提升至85%，同时铁路

货运降幅持续扩大，"公转铁"发展存在困难。一是铁路线网供给能力不足抑制铁路运输需求。当前重庆铁路密度不到3公里/百平方公里，东向沿江的铁路货运主要依赖襄渝铁路，对渝利、宜万铁路的货运能力利用不够，南向川黔铁路、渝怀铁路等老货运线路运能有限，黔桂铁路增建二线等新线路尚未开工。二是公铁联运功能尚不完善，联运成本未能有效降低。目前，全市仍有较多大型工矿企业、港口和物流园区等未接入铁路专用线，"门到门""最后一公里"问题对"公转铁"的成本和便捷性形成较大制约。

（二）冷链物流建设仍然滞后

近年来，在居民消费需求不断升级、食品安全意识不断提高的带动下，重庆冷链物流也呈现出快速增长态势，但是由于发展起点低，目前与发达地区相比仍存在较大差距。一是专业冷链运输企业较少。重庆目前共有冷链物流企业373家，但专业冷运企业只有14家，冷储兼冷运仅有9家，且整体规模较小，干线运输以省外冷运企业为主。二是高端冷库建设不足。虽然冷库数量多，但超低温库、变温库、冷鲜库库容占比低，生产性冷库数量不足，全市大多数冷库库容都在5000吨以下，且缺乏自动温度、湿度控制设施。三是行业信息化程度较低。当前大多数冷藏车尚未与全国、全市农产品冷链监控平台联网，冷藏情况未能实现实时、全程监控，行业冷藏品质量不能得到有效保障。

（三）物流业发展软环境需进一步改善

当前，重庆现代物流业发展软环境建设当中仍然存在着一些问题或不足。一是物流协同运作机制尚不完善。如多式联运仍面临运输方式规制要求不同的现实障碍，多式联运规则、票证单据、承运人识别、责任划分、保险赔偿等方面的规定尚未统一。二是物流金融生态环境有待优化。针对物流行业的金融创新和支持政策相对较少，物流行业重大项目投融资还十分受限，难以支撑全市重要物流枢纽、口岸通过多渠道融资提升发展动力。三是物流政策法规体系仍待健全。物流设施和服务标准化推进不够深入，市场秩序不够规范，已经出台的一些政策措施有待进一步落实。

三、2022年物流业发展环境分析及展望

（一）供应链不稳定性、不确定性因素明显增加，国际物流面临环境将更加严峻

世界百年未有之大变局加速演进，逆全球化思潮涌动，单边主义、贸易保护主义抬头，大国竞争博弈加剧，新冠肺炎疫情蔓延，使国际流通体系遭受重创，国际物流通道受阻，现代物流业发展面临的国际环境更加复杂。一方面，地区间贸易复苏不均衡、服务贸易持续疲软、疫苗在全球尤其是贫穷国家的延迟接种等因素将增加全球贸易的不确定性，未来国际贸易环境将更加严峻。另一方面，中美贸易摩擦、中国要素成本上升、新冠肺炎疫情持续反复等因素将加速欧美国家产业链、供应链本土化发展趋势，并推动全球供应链朝着多元化和分散化的方向转变，这也将给中国供应链的全球发展格局带来新的挑战。

（二）国内物流运行的需求基础将进一步巩固，带动物流业发展持续向好

多项国家战略的加快实施将为国内物流业发展提供更多动能。一是交通强国战略将推动物流网络加快完善。加快建设现代化综合交通运输体系，完善综合运输大通道，将有利于构建互联互通的现代化物流网络和高效快捷的物流运作体系，增强物流要素聚集和创新发展。二是扩大内需战略将促进民生物流快速增长。在加快构建以国内大循环为主体、国内国际双循环相互促进的新发展格局下，与居民生活相关的即时物流、冷链物流、电商快递以及城市配送等领域将继续较快增长。三是乡村振兴战略将推动农村物流市场加速发展。当前，脱贫攻坚战取得决定性成就，"三农"工作重心转向全面推进乡村振兴，农业和农村物流作为农业产业化的重要支撑，未来发展将步入快车道。

（三）重庆物流业进入快速发展阶段，对经济社会发展的支撑作用将进一步增强

重庆将顺应全球经济发展新趋势，把握新发展机遇，加快推动物流业迈上高质量发展新台阶。一是"一带一路"建设、长江经济带发展、成渝地区双城经济圈建设、西部陆海新通道建设等国家重大区域发展战略加快实施，将有利于继续推动重庆畅通国际物流大通道、完善物流枢纽节点设施网络，促进开展规模化、通道化的物流运作，提升重庆国际物流枢纽地位。二是《重庆市物流业发展中长期规划（2021—2035年）》《重庆市物流业发展"十四五"规划》等政策正在加快编制，将对全市物流规划布局与功能定位进行科学谋划，为未来重庆物流业高质量发展明确方向、提供行动纲领。三是疫情以来，《关于推动物流高质量发展的实施意见》《重庆市加快推进多式联运发展工作实施意见》《重庆市物流降本增效综合改革试点实施方案》等一批专项政策举措陆续落地见效，将有利于全市进一步打通流通堵点，补齐物流业发展短板。四是人工智能、区块链、云计算、大数据、5G、物联网等现代信息技术的广泛应用，将带动全市多式联运、冷链物流、智慧物流等重点领域物流业加快发展，促进全市物流服务突破升级。

（四）2022年物流业发展趋势展望

2022年，重庆将继续发挥西部大开发的重要战略支点、"一带一路"和长江经济带的联结点、西部陆海新通道运营中心重要作用，同时加强成渝地区物流的协同发展，促进国家政策叠加和资源汇聚，增强两地间产业基础、要素资源、创新活力的竞争优势，进一步提升开放型经济水平，支撑全市物流业继续呈现向好发展态势。预计2022年，全市社会物流总额达到3.8万亿元左右，增长约9.0%，物流业增加值占地区生产总值的比重达到5.1%。

四、对策建议

（一）深入实施铁路货运增量行动

一是提升铁路干线运输能力。加快推进兰渝高铁建设，释放兰渝铁路货运能力；扩大渝甬等沿江班列开行规模，逐步恢复沪汉渝蓉铁路货运功能；探索推动重庆东、重庆西、重庆北等动车所（存车场）和江津小南垭站等开展高铁快运（货运）业务。二是推进铁路专用线建设。推动大宗货物年运量150万吨以上的大型工矿企业、新建物流园区建设铁路专用线；加快江津珞璜、万州新田、涪陵龙头等枢纽港口和港区铁路专用线以及小南垭、鱼嘴等铁路物流基地建设。三是丰富铁路货运服务供给。开行大宗货物直达列车等多频次、多样化班列；深化铁路"门到门"接取送达网络建设，吸引大宗货物"公转铁"；加快发展"一单制"联运服务。

（二）加快补齐冷链物流发展短板

一是加快推进关键性冷链物流基础性建设。对接生物医药、现代农业、食品加工等产业，重点针对医药品、低温食品、肉类、果蔬、水产品等适冷商品，大力推进关键冷链设备、设施新建及升级改造，并给予企业专项资金补贴支持。二是加快培育专业化冷链供应链企业。在加大对本土冷链物流企业扶持的同时，积极引入一批省外先进的"采购+冷链+加工+配送"全产业链冷链物流企业在重庆设立区域性中心和示范园区。三是加快建设重庆冷链物流公共信息平台。充分利用现代信息技术，打造集电子商务、交易结算、物流配送、流通加工、产品溯源、信息服务于一身的冷链产业供应链信息服务平台，为全市冷链物流提供全面信息服务。

（三）持续改善物流业政策制度环境

一是推进完善物流协同运作机制。加快推进"1+5+N"物流信息平台建成投用，建立全市物流信息

互联互通共享共用机制；加快推动公、铁、水、空多式联运体系技术标准、单证票据、服务规范、作业流程、运输规则等有效接轨。二是加快创新物流金融环境。引导银行等金融机构对物流企业开展直接信贷业务，降低融资成本；搭建数字化的供应链金融公共服务平台，实现银行间、企业间、平台间、政府间数据互联互通，构建行业信用评价体系，提升企业融资的有效性和便捷性。三是逐步健全物流政策法规体系。制订全市通用基础类、公共类、服务类及专业类物流标准，推进物流标准化、规范化建设；完善物流设施用地规划，加强对物流园区、配送中心等仓储类物流设施的用地保障。

[重庆市综合经济研究院（重庆市经济信息中心）产业经济研究课题组
主研：易小光　丁　瑶　余贵玲　王　利　夏梁颖
执笔：夏梁颖]

之四：2021年重庆市房地产业发展及2022年展望

2021年，重庆市深入贯彻落实党中央、国务院部署，坚持"房住不炒"定位，着力稳地价、稳房价、稳预期，房地产市场发展总体稳定。预计2021年重庆市商品房销售面积同比增长8%左右，房地产开发投资与上年基本持平。

一、2021年重庆市房地产业运行情况

（一）总体情况

在国家强调房住不炒、融资政策趋紧的背景下，重庆市严格落实国家集中供地、"三道红线"等宏观调控政策，上半年房地产业发展呈现恢复性反弹走势，下半年随着调控深入，房地产业发展总体趋向稳定。1—9月，重庆市房地产业实现增加值1228.01亿元，同比增长7.7%，占地区生产总值的6.2%，与上年基本持平。

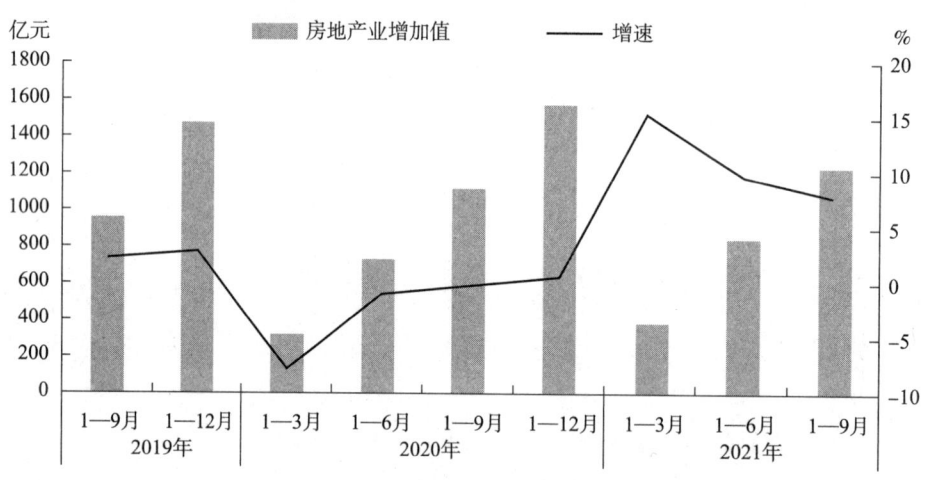

图1 2019年9月以来重庆市房地产业增加值及其增速变化趋势

（二）主要特点

1. 房地产开发投资平稳运行

2021年以来，围绕"稳地价、稳房价、稳预期"目标，重庆市积极落实国家的金融、土地等房地产调控长效政策，推动房地产供给结构升级，房地产投资保持平稳运行态势。1—9月，重庆市完成房地产开发投资3291.01亿元，同比增长0.2%，两年平均下降0.5%。其中，住宅投资2466.03亿元，同比增长3.6%，两年平均增长1.0%。住宅投资占房地产开发投资的比重为74.9%。办公楼、商业营业用房投资分别完成61.79亿元、309.68亿元，分别下降7.9%、9.5%，两年平均分别下降10.6%、11.7%。

远郊区县房地产投资增长明显。重庆市加快推进"一区两群"协调发展，中心城区新开发项目减少，

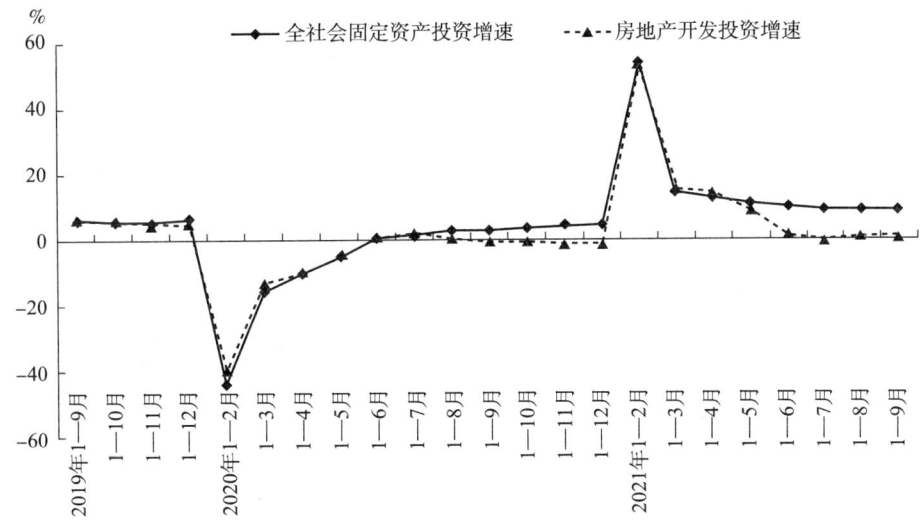

图2　2019年9月以来重庆市房地产开发投资增速变化趋势

进入城市更新阶段，远郊区县新型城镇化继续推进，房地产开发投资增长较快。1—9月，重庆主城新区完成投资803.72亿元，同比增长18.06%；渝东北、渝东南城镇群分别完成投资361.78亿元、106.69亿元，同比分别增长13.38%、12.78%。中心城区房地产投资下滑明显，1—9月，中心城区完成房地产投资2018.86亿元，同比下滑7.2%，占全市房地产投资的61.3%。

2. 房地产竣工节奏总体较快

2020年受新冠肺炎疫情影响，重庆市房地产建设进度滞后。2021年以来随着市场行情反弹，开发企业资金回笼速度较快，带动企业加快在建项目建设投入，竣工面积大幅增长；但受房地产业发展转型影响，企业新增开发缩量提质，新开工面积延续下降趋势。1—9月，重庆市商品房施工面积2.61亿平方米，同比增长1.0%，两年平均下降0.7%。其中，住宅施工面积1.72亿平方米，同比下降0.2%，两年平均下降0.6%；办公楼施工面积735.36万平方米，同比增长11.9%；商业营业用房面积2809.45万平方米，同比下降3.6%。商品房新开工面积3867.05万平方米，同比下降8.2%，两年平均下降11.6%。其中，住宅新开工面积2577.37万平方米，同比下降13.4%，两年平均下降12.7%。商品房竣工面积2632.62万平方米，同比增长22.5%，两年同比增长6.1%。其中，住宅竣工面积1743.33万平方米，同比增长20%。

3. 供给结构向中高端产品升级

近年来重庆市积极调整商品房供给结构，加大低密度商品住宅用地的供应，引导供给结构向小高层、洋房、别墅等中高端产品升级，提高供给质量，满足居民对高品质生活的需求。1—9月，重庆市出让的土地中，80%以上容积率低于2.0，其中60%容积率低于1.5。"小高层、洋房产品+小面积+低总价"逐渐占据市场主流。洋房普遍以70~90平方米的小面积段洋房为主，总价也基本控制在150万元左右，满足刚需、刚改产品需求。

4. 商品房销售总体保持平稳

随着成渝地区双城经济圈一体化发展，西部（重庆）科学城等一批国家重大项目推进，重庆影响力和吸引力提升，带动房地产市场呈现反弹走势，但随着6月以来央行对房地产贷款政策收紧，加之整顿、抑制房地产投机需求举措实施，7月开始重庆市房地产市场更加理性，前三季度总体平稳。1—9月，重庆市商品房销售面积4763.7万平方米，同比增长10.3%，两年平均增长2.2%。从商品房类型看，商品住宅销售面积 3904.02 万平方米，同比增长 16.3%，占商品房销售面积的 82.0%；办公楼销售面积 87.42 万平方米，同比增长 8.4%；商业营业用房销售面积 269.89 万平方米，同比下滑 29.9%，商业地产需求仍然较弱。

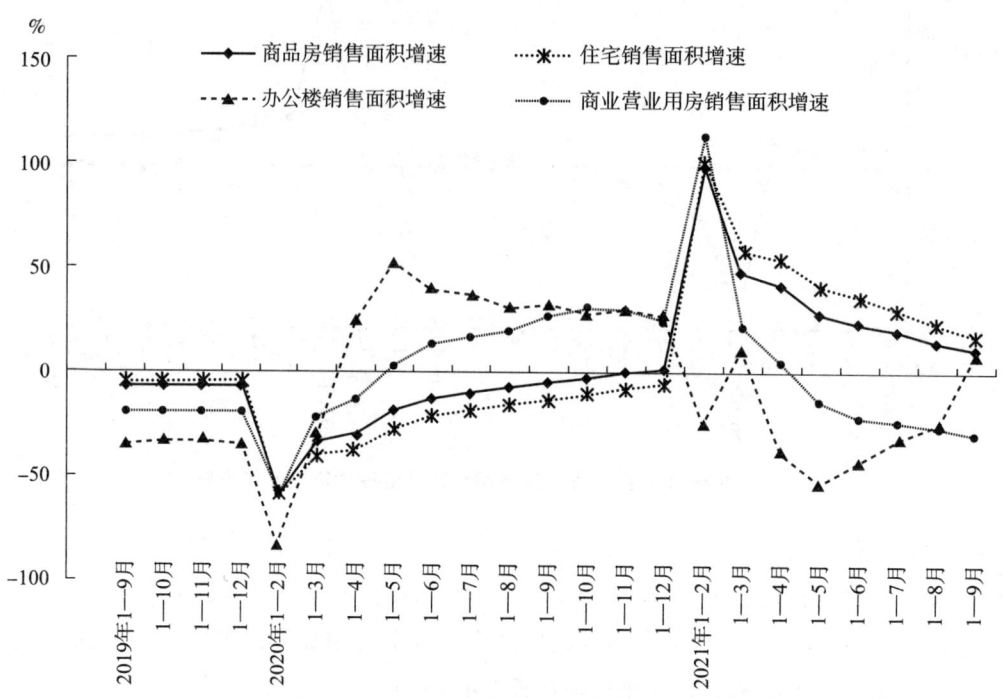

图 3　2019 年 9 月以来重庆市商品房销售面积增速变化趋势

购房群体结构以本市为主。购房群体中，市外人员占比 15%，与上年相比下降 2 个百分点，主要缘于就业需求变化，其中四川籍占比 50%，有利于成渝地区双城经济圈建设。户型结构以中小户型为主。成交商品房中，90 平方米以下成交占比 62%。从区域看，中心城区市场成交波动较大，远郊区县成交量总体稳定。由于远郊区县城房价相对较低，返乡进城农民工在县城购房定居的相对较多。

5. 租赁居住趋势日益明显

公租房保障力度较大。2021 年重庆市已摇号配租市级公租房 2.7 万套，涉及樵坪人家、缙云新居、民安华福等 21 个小区。截至目前，重庆市已累计分配公租房 56.34 万套，其中中心城区 37.7 万套，帮助 140 余万中低收入群体解决了住房问题。同时，作为中央财政支持住房租赁市场发展试点城市之一，近年来重庆市通过发展租赁住房、人才安居保障工程等方式，加快建立多主体供给、多渠道保障、租购并举的住房制度。截至目前，累计筹集租赁住房 14.13 万套，其中新建改建 5.47 万套，盘活存量 8.66 万套，各阶层新市民、青年人居住条件明显改善。

6. 房地产行业整体竞争力提升

随着房地产市场进入供需平衡阶段，企业竞争日趋激烈，部分竞争力较弱的企业逐步退出市场，重庆市房地产行业集中度和整体素质进一步提升。目前开发企业数量从最高时期的 3000 家左右减少至 2600 余家。一级、二级资质的房地产开发企业数量分别为 64 家、732 家，合计占比由 2016 年的 19% 提高到目前的 30%，在全国处于领先水平。重庆本土企业竞争力增强。根据中国房地产业协会、上海易居房地产研究院中国房地产测评中心联合主办的"2021 中国房地产 500 强"测评结果，龙湖、金科、东原、华宇、新鸥鹏、飞洋、俊豪、中科、康田、贵博、两江置业、来新居等 12 家房地产开发企业上榜，较 2020 年增加 4 家。龙湖继续位列全国第七，新增上榜中科、康田、贵博、两江置业和来新居 5 家，重庆协信和渝开发跌出榜单。

（三）存在的问题

1. 房地产开发企业投资积极性减弱

由于全球新冠肺炎疫情持续，国内外宏观经济下行压力加大，房地产利率上调和贷款资金限制，重庆市房地产市场预期受到较大影响，新开楼盘销售放缓，资金回收不及时。同时，改善型住房资金需求量大，多数改善型住房需求满足要以二手房出售资金为支撑，但进入第三季度，二手房贷款周期延长，二手房变现难度加大，对改善型住房需求形成一定制约，进而影响企业扩大开发投资的积极性。

2. 房地产市场再次进入观望状态

随着一系列调控组合拳的实施，重庆市新建商品房销售量明显下滑。7月重庆中心城区商品房成交193.1万平方米，较6月环比减少27.8%，相比5月的318.08万平方米减少约40%。8月成交量仅相当于2013年、2014年的最低水平。同时，重庆市待售二手房数量快速增加，目前逼近16万套，二手房市场进入横盘观望状态。根据调查，9月房屋中介到访量较前几月下降一半，交易量也下降四至五成。

3. 核心区域公租房供需矛盾较大

随着重庆市对人口吸引力的增强，租赁需求逐渐旺盛，中心城区公租房出现供不应求状况。3月、6月、9月市级公租房开展了三次摇号，全市21个市级公租房项目可申请房源分别为9709套、8453套、10177套，摇中概率分别仅为9.08%、7.5%、8%。公租房区域供需结构差异明显。康庄美地、民心佳园等核心区域中签率低，如康庄美地、民心佳园第三次中签率分别仅为1.5%、1.8%，而城西家园、樵坪人家、九龙西苑等相对偏远区域项目第三次中签率分别为100%、80.5%、63.5%。

二、2022年房地产业发展环境及趋势展望

（一）国家房地产市场调控的政策力度将更有弹性

国家"房住不炒"政策总基调不会改变，房地产长效调控机制逐步完善。一是行政手段调控强化。国务院及相关部委陆续实施的国有土地使用权出让收入征收机构改为税务部门、县城新建住宅以6层为主、加快发展保障性租赁住房、持续整治规范房地产市场秩序以及在实施城市更新行动中防止大拆大建等一系列房地产行政调控和规范监管举措，对房地产规范发展将发挥积极作用。二是金融调控政策力度加大。国家坚持"稳"字当头，始终重视防范和化解房地产市场金融风险。中国人民银行、中国银保监会继续严格执行《关于建立银行业金融机构房地产贷款集中度管理制度的通知》中"三线四档"和房地产贷款集中度要求，强调保持房地产金融政策连续性、一致性、稳定性，维护房地产市场的健康发展，维护住房消费者的合法权益。三是土地供给调控更为严格。国家在全国22个城市开展试点，住宅用地实行"两集中"出让，从土地供给端对房地产市场采取调控举措，进一步明确单宗地溢价率不得超过15%等供地要求，严控城市楼面地价新高。此外，近期中央提出要积极稳妥推进房地产税立法和改革，做好试点工作。诸多调控政策举措将有力促进全国及重庆房地产业实现健康稳定发展。

（二）国家战略在重庆实施支撑房地产市场稳定发展

近年来"一带一路"共建和长江经济带、西部陆海新通道、成渝地区双城经济圈、国际消费中心城市等一系列国家战略在重庆实施，进一步提升了重庆的国际国内影响力。重庆战略地位、区位优势进一步凸显，城市发展将进一步加快，对外吸引力将进一步增强，加快建设中国西部（重庆）科学城，对房

地产业发展形成支撑。成渝地区双城经济圈建设加快推进。近期中共中央、国务院印发了《成渝地区双城经济圈建设规划纲要》，对成渝地区未来发展作出战略部署，成渝地区双城经济圈将加快一体化发展，四川人口大省优势对重庆市房地产业发展支撑增强。国际消费中心城市建设提升重庆影响力。7月，经国务院批准，重庆市等5个城市率先开展国际消费中心城市培育建设，未来国家可能围绕建设国际消费中心城市，给予重庆更多的政策扶持。人口平稳增长支撑住房消费。根据重庆市第七次全国人口普查结果，截至2020年底，全市常住人口共3205.42万人，比2010年增加320.80万人，增长11.12%，10年来重庆市人口保持平稳增长态势。随着重庆国内外影响力提升，对人才的吸引力显著增强，流入人口规模进一步扩大，10年来跨省流入人口增加115.16万人。同时，随着国家"三孩"政策实施，重庆市人口数量和结构将得到优化，进而带动住房需求量和结构发生变化，对重庆房地产市场持续稳定发展形成较强支撑。

（三）2022年房地产业发展趋势展望

在国家"房住不炒"大背景下，考虑国家"三孩"政策实施效应、对重庆部署的新战略带动效应、国际消费中心城市建设等积极因素，以及全球疫情持续、国际环境复杂对居民收入预期影响，未来重庆房地产业将呈现平稳调整走势。预计2022年，房地产投资增速将放缓，开发投资略有下滑；开发企业促销力度可能加大，商品房成交量保持稳定；商品房价格将继续呈现调整走势。

三、促进房地产业健康稳定发展的对策建议

（一）控制供给总量，优化房地产产品结构

积极增加有效供给，促进供需平衡。减少商业营业用房和办公楼供给，加大招商力度，积极消化这两类商品房存量；稳定住房供给，积极满足改善型住房需求。优化住房供给结构，主要从加大中心城区供地量和加大已供地项目开工力度等方面增加有效供给。适应国家"三孩"生育政策实施和高品质生活追求，满足改善型住房需求增长，因地制宜地对宗地规模、容积率、建筑密度、限高、竣工时限等主要指标进行个性化、精细化的灵活管理，推进房地产产品结构调整，严格控制超高建筑，减少高层建筑供给，大幅提高多层花园洋房、小高层等低密度住宅和精装修房供给比重。

（二）推广新技术应用，提高房地产供给质量

顺应疫情背景下居民对住房健康元素要求增加的新趋势，在确保建筑质量的基础上，引导开发企业从提高住户舒适健康的居住体验出发，积极推广建筑相关新技术，扩大装配式建筑应用比例，增加绿色、智能家居、居家办公、防返溢地漏设计、小区门禁测体温设计、代收快递、消毒设施、新风系统等配套，建设智慧小区。推动存量商业营业用房和办公用房改造升级，应用AI+5G技术，导入智慧商业，打造智慧商业综合体以及智能科技与人体工学有机结合的智慧办公空间，提高存量商品房招商吸引力。

（三）培育租赁市场，满足新市民住房需求

完善住房供应体系，补齐租赁短板。加大租赁试点力度，扩大保障性租赁住房供给，缓解住房租赁市场结构性供给不足。持续开展住房租赁市场秩序专项整治。培育专业住房租赁公司，鼓励国有企业进入住房租赁市场。鼓励房地产开发企业拓展业务范围，从单一的开发销售向租售并举模式转变，利用库存商品房或新建商品房开展租赁业务。加大住房租赁需求的培育，向符合要求的新引进人才发放租房补贴。建立全市统一租赁平台，为企业和个人提供房源发布、检验、网签租赁合同、信用评价和信息查询等服务。

（四）加强房地产市场规范，化解市场风险

大力开展房地产市场秩序整治，加强行业监管，维护住房消费者的合法权益。持续开展专项整治，严肃查处各类违法违规行为。加强施工过程监管，切实减少房屋质量问题。持续打击"首付贷""消费贷""经营贷"等乱象，防范房地产金融风险。切实规范开发经营行为，防范化解风险。深入开展房地产领域信访稳定问题专项治理，分级分类指导区（县）、房地产企业落实防范化解风险隐患相关责任，加强对预售资金的监管，完善守信激励和失信惩戒机制，促进企业诚实守信经营，营造良好的房地产业健康发展环境。

[重庆市综合经济研究院（重庆市经济信息中心）产业经济研究课题组
　主研：易小光　丁　瑶　余贵玲　赵炜科　王　利
　执笔：王　利]

之五：2021年重庆市文化旅游产业发展及2022年展望

2021年，全球新冠肺炎疫情持续蔓延，国内疫情呈现散点式暴发和区域内扩散趋势，在严格疫情防控措施和保障安全、良好、有序的文化和旅游市场秩序的同时，促进扩大内需战略和深化供给侧结构性改革有机结合，全国文化旅游产业呈现平稳复苏态势。重庆积极顺应新的形势变化，丰富市场供给，提升服务质量，全市文化和旅游产业加快复苏回暖，总体呈现持续向好趋势。预计2021年文化产业增加值将达到1077亿元左右，旅游产业增加值将达到1086亿元左右，占GDP比重均为3.9%左右。

一、2021年重庆市文旅产业发展情况分析

（一）总体情况

2021年以来，全球新冠肺炎疫情蔓延，国内本土病例散点式发生，全市持续加强疫情防控，有序推进电影、演出、娱乐、景区等文旅消费回暖，特别是在假日经济带动下，文化和旅游市场持续回暖。1—9月，全市文化产业增加值为770亿元，同比增长18%；旅游产业实现增加值760亿元，同比增长13.1%；接待境内外游客3.22亿人次，实现旅游总收入3090亿元，同比分别增长31%和37%，分别恢复到2019年同期的71%和78%。

表1 2015年至2021年9月重庆市文化产业、GDP指标对照

指标	2015年	2016年	2017年	2018年	2019年	2020年	2021年1—9月
文化产业增加值/亿元	536	615	662.94	632	956.98	969.37	770
占GDP比重/%	3.41	3.5	3.4	3.1	4.1	3.90	3.86
文化产业增长率/%	12.99	13.67	11.86	5.9	10	—	18
GDP增长率/%	11	10.7	9.3	6	6.3	3.9	9.9

数据来源：重庆市文化和旅游委员会。

表2 2017年至2021年9月重庆市旅游经济情况

指标	2017年		2018年		2019年		2020年		2021年1—9月	
	绝对值	同比增长/%	绝对值	同比增长/%	绝对值	同比增长/%	绝对值	同比增长/%	绝对值	同比增长/%
接待境内外游客/亿人次	5	20	6	10	7	10	—	—	3.22	31
接待入境旅游者/万人次	358	13	388	8	411	6	14	−96	7.93	−30.4
旅游总收入/亿元	3308	25	4344	31	5739	32	—	—	3090	37
旅游外汇收入/亿美元	19	15	22	12	25	15	1	−96	—	—

（二）主要特点

1. 文化产业重点行业及集聚发展态势逐步向好

疫情影响下，全市文化产业线下消费、劳动密集型行业仍处于缓慢复苏进程中，线上数字文化行业带动相关产业逆势上扬，文化产业园区示范集聚效应显现。一是文化重点领域发展逐步增长。在数字消费需求增长的带动下，新闻信息服务、内容创造生产、创意设计服务、文化传播渠道四大文化核心领域增长较快，增加值同比分别增长25.5%、9.1%、8.3%、20.9%，分别较2019年同期增长26.8%、16.8%、16.2%、10.1%；受疫情反复影响，文化娱乐休闲服务、文化投资运营增加值同比分别增长3.7%和10.2%，较2019年同期分别下降20%和36.2%。二是文化产业集聚效应较好。在全市促进文化示范园区和基地发展系列政策推动下，文化产业集聚发展态势良好。当前，全市共有文化产业园区、基地167个，分布在全市37个区（县），其中，国家级文化产业示范基地12个，市级文化产业示范园区38个，市级文化产业示范基地92个，新增市级文化产业示范园区10个和市级文化产业示范基地7个。1—9月，全市文化产业示范园区实现总产值441.05亿元，较上年同期增长64.81%；实现总营业收入427.56亿元，较上年同期增长82.65%。

2. 巴蜀文化旅游走廊建设走深走实

随着巴蜀文化旅游走廊加快建设，成渝两地在文旅协同发展机制创新和文旅资源共享方面深入合作，助力成渝地区双城经济圈建设。一是探索建立了成渝地区双城经济圈文化发展合作机制。四川省、重庆市文化旅游主管部门及相关文化旅游协会，联合发起成立巴蜀文化旅游推广联盟，以线路互推、信息互通、游客互送、利益共赢为合作理念，推动巴蜀文化旅游走廊建设。重庆荣昌区与四川内江、泸州等川渝毗邻区县签订文化旅游合作协议12个，共推文化体育旅游合作项目40余个。二是成渝两地加强文化资源共享。重庆图书馆、四川省图书馆、成都图书馆签署《建立成渝地区公共图书馆联盟的框架协议》，探索两地公共图书馆实现读者信息馆际互认和图书通借通还，即今后成渝市民可凭社保卡享受成渝两地、三馆多样化阅读服务。

3. 文旅融合打造城市更新新亮点

利用城市更新推动下老旧工业基地和各类产业园区转型升级契机，创造文化旅游休闲亮点，整合资源打造文旅融合时尚新地标。一是老工业基地转型与都市文旅资源整合，赋能都市大文旅发展。利用老工业基地产业转型，以文旅融合赋能城市更新。江北区将长安李尔工厂、江北纺织厂等老旧厂房改造升级为鲤鱼池42号、北仓文创街区，同时纳入大九街都市文化旅游特色街区协同发展，引入自主式、参与式、体验式文化新元素、新业态，串联鲤鱼池42号、北仓文创街区、九街等单个景点，形成北滨工业遗产精品旅游线路，同步开展文创市集、音乐会等文化活动，吸引近8万人次参观。二是创新老工业基地文化保护与挖掘路径，打造都市文旅新地标。促进产业转型升级，在老旧工业园区保护利用方面进行大胆创新。大渡口区利用重钢搬迁后的工业文化遗存，将工业老厂房转型为重庆工业博物馆，在博物馆的基础上延伸打造重庆工业文化博览园，推动文商、文旅、文创等产业融合发展，促进工业遗址转型升级同城市更新改造融合。

4. 两群文旅产业提档升级亮点突出

渝东北和渝东南城镇群以基础设施配套、区域资源互补、长江三峡高质量一体化发展为重点，促进"两群"文化和旅游产业协调发展，成效明显。一是渝东北三峡库区城镇群以打好"三峡牌"进行互动营销。为了使长江三峡旅游尽快从疫情影响中走出来，全市不断完善政策及规划，出台《重庆长江三峡地区旅游一体化发展规划（2021—2035年）》；长江三峡沿线区县政府、文旅部门、旅游企业，联合举办长江三峡晒秋节等活动，推进"三峡库心·长江盆景"旅游品牌营销。二是武陵山区域文旅资源优势互补整合。以"2021·中国武陵文旅峰会"为契机，武陵山文旅发展联盟正式成立，渝、鄂、湘、黔等武陵山地区80余个市、州、区县加入该区域文旅联盟，全力助推渝东南文化融合示范区建设，仅2021年国庆期间，地处渝东南文旅融合示范区的武隆喀斯特旅游区接待游客就达17.4万人次，较2020年增长40%。三是渝东南武陵山区城镇群文旅融合示范区基础设施和服务配套持续优化。武隆仙女山机场正式通航，开通从仙女山机场起飞至北京、上海、杭州、成都、佛山五个城市的6个班次的航班。武隆以仙女山国家森林公园为核心推出武陵山十大旅游精品线路、十大精品景区、十佳人气景区和十佳文旅融合景区，助力武陵山区生态旅游提档升级。

5. 假日经济带动文旅恢复性增长

假日文旅消费市场产品供给充足，文旅消费市场逐步复苏。一是春节期间本地文旅消费活动成效较好。2021年春节期间，重庆响应国家"不远行"号召，开展"这么近那么美·重庆人游重庆"主题活动，全市策划"打卡巴渝美景"全媒体推介活动，其间参与互动打卡168万人次，领取活动福利56.7万余份，全市开放的235家A级旅游景区共接待游客791万人次，恢复到2019年同期的65.2%。二是"五一"期间旅游消费强劲复苏。全市推出景区景点400余个，旅游线路160余条，策划举办系列节庆活动，A级旅游景区共接待游客1019.8万人次，同比增长146%，较2019年同期增长了10.4%。三是国庆期间文旅活动精彩纷呈。市级文化专业艺术单位坚持以演出为中心环节，先后在重庆国际马戏城等场馆开展了各种形式的驻场演出，共开展演出111场，观众达29622人次；全市A级旅游景区累计接待游客1273万人次，分别较2020年、2019年增长31.2%、2.6%，在全国重点城市中接待游客人次排名第七。四是优秀电影作品带动节假日票房提升。春节期间，凭借电影《你好，李焕英》和《唐人街探案3》两部市民最喜爱电影，重庆电影票房突破1.5亿元，超越2018年春节档，跻身全国城市票房前十；国庆期间，重庆地区电影票房总额突破1.1亿元，其中，电影《长津湖》热度飙升，全国票房突破33亿元，重庆地区的票房总额突破8600万元，成为中国电影史上一部现象级电影。

表3 2021年国庆期间全国重点城市接待游客人次排名

排名	城市	接待游客数/万人次	同比增长/%
1	武汉	2116.50	28.49
2	成都	1873.70	2.76
3	杭州	1798.52	0.10
4	上海	1794.53	103.23
5	贵阳	1733.53	20.57
6	南昌	1441.78	133.64
7	重庆	1273.00	31.20
8	郑州	1234.80	-6.93

6. 红色文旅项目升级献礼党的百年华诞

保护和升级打造红色文旅项目，推动革命文物资源和旅游融合发展。一是全面开展红色革命文物保护修缮工作，完美展示重庆深厚的"红色底蕴"。全市以保护和提升红岩村、曾家岩、虎头岩"红色三岩"为首要任务，建成红岩文化公园首期项目，曾家岩 50 号旧址完成修缮升级重新开放。实施文物保护修缮等项目 43 个，完成重庆红军长征纪念馆设计，为献礼建党一百周年，升级推出众多精品红色文旅项目。二是推动革命文物资源和旅游线路融合开发。依托革命旧址、革命纪念馆建成红色旅游 A 级景区 24 个，策划推出 21 条精品红色旅游线路，举办重庆"红色旅游年"全国旅行商推介会，发布 20 条精品红路，推动"踏寻红岩足迹·感悟红岩精神"等 4 条线路进入全国"建党百年红色旅游百条精品线路"。

（三）存在的问题

1. 疫情反复给文旅产业恢复带来较大不确定性

由于新冠肺炎疫情仍在全球范围内蔓延，且自 3 月起全国各地陆续出现散点暴发的疫情，特别是国庆之后疫情在全国 19 省市（包括重庆）扩散，国际旅游市场仍然停滞。重庆为了防控疫情，加强对文化旅游市场监管，中断与中高风险地区组团旅游和"酒店+机票"业务，从 8 月初开始，疫情防控高危时期，关闭 A 级旅游景区 67 个、景区室内场馆 164 个，16 家演出场所暂停营业，33 艘三峡游轮停航，309 家公共文化服务机构、16 家博物馆暂停开放，涉外酒店、旅行社、演出和节展活动等相关市场主体受影响较大，日常经营困难，更无力投入资金调整业务、转型升级。疫情反复暴发的不确定性，给全市文旅产业的恢复发展带来较大挑战。

2. 成渝文旅合作的类型和区域仍需优化

成渝两地乡村游类型同质化、单一化，两地文化旅游合作毗邻地区联动较弱。中国旅游研究院发布的《2021 年上半年在线旅游资产指数报告》、重庆市文化和旅游数据中心发布的《西南地区乡村旅游大数据分析报告》和中国移动发布的《西南地区乡村旅游大数据分析报告》显示，成渝乡村旅游都是以农业体验、农业景观、村寨度假休闲等传统乡村旅游类型为主，主题公园、博物馆、拓展类较少。从区域看，成渝地区双城经济圈乡村旅游以重庆市武隆—南川—巴南聚集带和四川省成都聚集带为主要区域，呈现哑铃状格局，成渝地区双城经济圈边界区县旅游市场与旅游资源之间的联系较少。在成渝地区双城经济圈共建巴蜀文化旅游走廊的背景下，如何发挥成都—重庆双核的辐射作用，丰富两地文旅类型，增强两地尤其是毗邻地区的文旅联动发展、合理布局等问题亟待解决。

3. 新型文旅企业扶持力度亟待加强

全市对新型文旅消费业态、场景、主体、活动的培育和扶持力度较弱，引领性、带动性强的龙头性文化企业发展滞后，重大文化项目集群支撑力度不足，对文化强市战略有效实施形成了较大制约。在资金扶持和配套措施方面与四川、陕西等各兄弟省市也有较大差距，"投、保、贷、孵、融"一体化的文旅资本运作体系仍不成熟，资本市场对文化产业的杠杆作用难以发挥，也制约了企业从无到有、从小到大快速成长。

二、2022 年文旅产业发展环境及趋势展望

（一）全球疫情将长期持续影响文旅市场回暖

当前，全球疫情发展形势不容乐观，国际旅游市场仍然处于停滞状态，国内局部地区和少数城市出现了点状散发和线性扩散的疫情，防疫形势常有反复，导致文旅消费仍将持续疲软，景区、酒店、游轮、旅行社、演出、电影和节日会展活动等的相关市场主体将受较大影响。但是随着全球新冠疫苗的接种率提高，国际文化和旅游市场将在一定地区和范围内逐步恢复。2021 年 6 月初欧盟公布的新版《安全旅游

国家名单》将中国列入取消旅行限制国家名单，7月1日，欧盟全境范围内实行疫苗护照，特别是希腊将科兴和国药等中国疫苗纳入疫苗护照清单，在疫苗接种和防疫成果双向提升的未来，国际文化和旅游的交流将在疫苗接种覆盖率提升到一定阶段的情况下缓慢恢复。

（二）推动乡村振兴使乡村文旅产业加速发展

2021年的中央一号文件对新发展阶段优先发展农业农村、全面推进乡村振兴作出了总体部署，同时，国务院印发《关于实现巩固拓展脱贫攻坚成果同乡村振兴有效衔接的意见》，将文化旅游作为乡村振兴的重要突破口和今后一个时期"三农"工作的重要方向。根据全国《"十四五"文化和旅游发展规划》，到2025年全国将打造1000个乡村文化旅游重点村，培育一批优质的乡村文化旅游品牌，推出300条具有特色的乡村文旅精品路线，融合一二三产业，加快乡村文化旅游持续升级。2022年全国将在国家级贫困县设立非遗扶贫就业工坊近1000家，这些工作作坊将为各地巩固脱贫攻坚成果贡献力量，并成为乡村文化旅游和乡村振兴的突破口；特别是对于贫困地区非物质文化遗产的保护和发展，将融入现代传播手段，如直播带货、短视频记录等方式，加快乡村文化IP在融入村味、村品、村艺、村趣的同时，以创意点燃乡村文化，让游客品味田园风光。

（三）巴蜀文化旅游走廊将构建区域文旅发展新格局

自2020年川渝两地推动巴蜀文化旅游走廊建设以来，川渝两地以巴蜀文化为纽带，以文化与融合发展为突破口，着力打造巴蜀文化旅游亮点和世界知名旅游品牌，2021年《巴蜀文化旅游走廊建设规划》启动编制，预计到2025年，巴蜀文化旅游走廊共建共享体制机制将初步形成，旅游业为经济社会高质量发展做出显著贡献，到2035年，旅游业将成为成渝地区双城经济圈建设的战略性支柱产业。2022年，成都将举办第三十一届世界大学生夏季运动会和世界乒乓球团体锦标赛，2023年重庆将与北京、天津、上海、成都等城市一起共同承办第18届男足亚洲杯，一系列国际文体赛事的举办，将有效带动成渝地区双城经济圈在文化和旅游方面更为频繁和紧密的交往联系，同时推动成渝两地建立覆盖全境的自然人文资源的廊道。

（四）重庆国际消费中心城市建设将助力文旅新品牌

2021年7月重庆市成为国务院批准率先在全国开展国际消费中心城市培育建设的五个城市之一，重庆市印发《2021年重庆国际消费中心城市建设工作要点》，将重点打造"不夜重庆""山水旅游""生态康养""美食之都""户外运动"和"文化消费"六大特色服务品牌，重点将重庆建成全国领先的夜间文旅消费高地。随着"不夜重庆"消费地标的建立，鲁祖庙、十八梯、金刚碑、戴家巷等一批特色历史文化街区的建成，2022年全市将在全国范围内做优"山城夜景""光影江城"等一批夜间文化旅游消费品牌，同时打响解放碑—朝天门、十八梯—朝天门步行大道等商旅文体融合发展的都市旅游品牌黄金消费廊道。"山水旅游""户外运动"和"生态康养"等品牌将提升重庆"大都市、大三峡、大武陵"旅游名片的整体知名度，在建设大巴山康养基地、挖掘巴渝文化和三峡文化特色等方面助力提升重庆全域文旅消费活力。

（五）2022年重庆文旅产业发展趋势及展望

虽然疫情反复，但是随着全球各国新冠疫苗接种率的提高，经济社会发展已经逐步恢复常态，文化和旅游市场主体的创业创新活跃度将不断提高，文旅市场的信心也将逐步恢复。预计2022年重庆文化旅游产业将实现恢复性增长，文化产业增加值将达到1630亿元左右，同比增长约10%，旅游产业接待境内外游客数将达到4.9亿人次左右，同比增长约10%。

三、对策建议

（一）适应疫情常态化，着力推动疫后文旅市场重振

一是做好疫情反复背景下文化旅游消费协同发展。伴随疫情的常态化，加强重庆文旅消费心理和消费趋势的研判，加强大数据智能化发展战略同文旅产业大发展的紧密融合，以及人口老龄化、亚健康、生态环保等社会关注问题同文旅发展的协同。二是丰富文化和旅游数字化、智能化产品形态和业态。利用大数据智能化和5G等新技术加快线上文旅产品开发，特别是在文化消费领域，利用新科技提升"云博物馆"服务体验，推出线上图书馆、在线影剧院、在线非遗展示等更多全新应用场景。加大文化旅游业态在大健康需求、夜经济开发、体育新拓展、美食全体验、高科技赋能等五方面的融合，以创新开发和精准营销应对疫情反复形势下文旅行业的深刻变化。

（二）携手成渝文旅合作，着力强化文旅体制机制创新

一是成渝共同打造跨省市的乡村旅游带，整合资源协同发力。根据川渝地区的资源禀赋，深入推进两地内部空间规划一体化、文旅产业发展一体化、文旅市场一体化、文旅公共服务一体化。二是以体制创新推动毗邻地区文旅业合作。发挥重庆、成都两个超大城市的近郊乡村旅游效应，鼓励和支持成渝两地毗邻的31个区（县）发挥好桥梁纽带作用，着力推动毗邻地区整合优势资源，发挥乡村旅游牵动城市与乡村联动发展的纽带作用，全力打造川渝合作先行示范带，创建巴蜀公共文化服务融合高质量发展示范区，加快推进川渝两地公共文化旅游资源共建共享。

（三）优化文旅项目供给，着力培养壮大文旅龙头企业

一是加快推出一批有影响力的优质文化旅游项目，带动"一区两群"文旅项目提档升级。围绕长嘉汇大景区打造演艺集聚区，办好"中国顶尖舞者成长计划"，打造舞蹈产业基地和"舞动山城"国际品牌，推动北碚区金刚碑、渝中区十八梯、江北区洋炮局1862等项目早日建成开放；全力推进大足石刻文创园创建国家级文化产业示范园区；渝东北三峡库区城镇群持续打好"三峡牌"，举办好长江三峡旅游一体化宣传营销大会，依托万州北站建设大三峡旅游集散中心，推动"三峡库心·长江盆景"规划打造和品牌营销。二是以项目建设带动培育文化战略投资引领主体。培育一批本土文旅产业策划设计、数字科技、营销推广等方面的专业机构和服务策划企业，瞄准新兴文化产业项目和创新型文化服务业项目的发展需求，推动文化产业跨界融合发展。

[重庆市综合经济研究院（重庆市经济信息中心）产业经济研究课题组
主研：易小光　丁　瑶　余贵玲　孙茂曦
执笔：孙茂曦]

之六:2021年重庆市住宿和餐饮业发展及2022年展望

2021年,新冠肺炎疫情蔓延对全球服务业的影响持续显现,住宿和餐饮业作为劳动密集型与高频互动型服务行业受到的冲击较大。国内新冠肺炎疫情常态化防控机制不断完善,针对零星散点疫情的精准化管理不断改进,疫情对住宿和餐饮业市场经营活动的影响总体可控,居民消费信心逐步增强,市场主体经营活力提升。重庆市住宿和餐饮业积极创新应对,努力降低疫情对行业发展的冲击影响,全市住宿和餐饮业呈现出加快恢复、稳步增长的态势。预计2021年重庆住宿和餐饮业营业额约为2300亿元,同比增长25%左右;增加值同比增长14%左右,占全市GDP比重约2.1%。

一、2021年重庆市住宿和餐饮业总体发展情况

(一)总体情况

2021年以来,重庆住宿和餐饮业消费活力不断增强并加快释放。1—9月,全市住宿和餐饮业增加值为413.22亿元,同比增长17.9%;限额以上住宿业、餐饮业营业额分别为250.38亿元、1428.27亿元,同比分别增长32.9%、31.8%。住宿和餐饮业总体保持稳健良好恢复态势。

表1 重庆市住宿和餐饮业增加值变化情况

时间	增加值/亿元	同比增速/%	占全市GDP比重/%
2019年3月	115.43	5.6	2.3
2019年6月	229.36	5.7	2.2
2019年9月	350.06	5.9	2.2
2019年12月	501.98	7.5	2.1
2020年3月	89.49	-28.4	1.8
2020年6月	213.04	-11.9	1.9
2020年9月	340.84	-8.1	1.9
2020年12月	488.91	-5.4	2.0
2021年3月	126.08	40.8	2.1
2021年6月	268.48	22.9	2.1
2021年9月	413.22	17.9	2.1

表2 重庆市限额以上住宿业和餐饮业营业额变化情况

时间	住宿业		餐饮业	
	营业额/亿元	同比增速/%	营业额/亿元	同比增速/%
2020年3月	44.55	-37.8	256.26	-30.8
2020年6月	114.23	-21.9	672.75	-8.3

续表

时间	住宿业		餐饮业	
	营业额/亿元	同比增速/%	营业额/亿元	同比增速/%
2020年9月	188.46	-14.2	1083.34	-1.2
2020年12月	290.28	-8.2	1560.24	1.3
2021年3月	71.96	61.5	423.66	65.3
2021年6月	166.14	45.4	935.32	39.0
2021年9月	250.38	32.9	1428.27	31.8

（二）主要特点

1. 餐饮市场活力稳步恢复

在零星散点疫情得到较好防控的情况下，全市特色消费节庆活动有序开展，"后街经济"成为餐饮消费新地标。通过联动整合商圈、商业综合体、夜市街区及商家，"爱尚重庆·2021不夜重庆生活节"推出夜间特色餐饮消费主题活动，配套"夜味"惠吃惠购优惠活动，带动南岸区"重庆啤酒音乐节"、九龙坡区"2021不夜九龙坡啤酒文化节"、巴南区"不夜西流生活节"、渝北区"2021年渝北区不夜重庆生活节"、北碚区"码头夜市文化节"等区县特色夜间餐饮美食消费活动成功举办，静态展览与互动体验相融，美食消费与商旅文体元素融为一体，拓展夜间餐饮消费新业态。得益于城市更新提升、消费场景培育、都市旅游延伸等多重利好因素，一些后街小巷和老街区多种业态叠加经营，陆续转型升级为韵味十足的餐饮消费打卡热点，如被称作"重庆小曼谷"的渝北区紫薇路加快集聚起一批文艺风的咖啡店、工业风的餐酒吧，成为凸显城市人文底蕴、备受年轻人青睐的消费新地标。"后街经济"运营收益良好，成本投入回收较快，成为焕发疫后餐饮消费活力与激活城市市井餐饮消费的"毛细血管"。

2. 餐饮业产业化步伐加快

在疫情冲击与市场竞争叠加影响下，餐饮业加快产业化创新步伐，弥补传统餐饮业发展中凸显的标准化缺乏与市场空间不足的短板。一批重点餐饮项目发展带动示范效应良好，"陶然居数字科技智慧餐吧"建成投用5家，"刘一手火锅"境外新开门店5家，"杨记隆府"在云南、"周师兄火锅"在上海等发展加快，"五斗米""多美佳"等拓展四川市场唱响"川菜渝味"品牌，渝中区"霹雳火"单店日单量超万实现全国烧烤外卖第一。一批餐饮项目加快储备和落地投产，国际美食名城已储备市级项目15个、区县级项目42个，位于渝中区的中国·重庆现代餐饮产业园新落地企业12家，全市首个复合调味料智慧化工厂在涪陵竣工投产。重庆小面入选首批乡村振兴产业带扶持计划，通过统一执行小面食品生产及安全地方标准，引导一批原料供应、产品加工、包装、电子商务、物流配送等企业陆续入驻位于大渡口区的重庆市小面产业园，小面生产全产业链条加快形成，将有力推动重庆小面成为标准化工业品，重庆市小面产业园建成后年产值有望达到100亿元。

3. 住宿行业深化细分转型

住宿行业消费群体的市场需求持续发生变化，推动公寓、民宿、精品酒店等细分市场分化转型。共享经济为公寓住宿带来新契机，疫情防控使得中短期旅游出行频次显著增加，更多中短期旅游出行的消费群体越来越青睐中端公寓服务消费。同时，公寓消费者个性化需求增多，个性化与标准化同步提升成为共享公寓转型的新方向。随着都市旅游与乡村旅游的同步兴起，民宿经济的市场容量持续增大，主题、社交、文化等功能元素不断丰富，民宿经营主体的媒体包装宣传能力、互联网营销能力以及优质的个性化服务能力不断提升。精品酒店加快向个性化和品牌化迈进，不断适应互联网时代高效、快速、简约、跨界的特征，加快品牌化、连锁化、联盟化、资本化深层布局。

4. 创新经营方式应对疫情影响

面对疫情反复，住宿和餐饮行业企业主动应变，积极推动行业数字化、安全性创新发展。餐饮行业加速数字化、绿色化、零售化进程，积极承接快速增长的居家消费市场，不断提升"宅经济"供给能力，创新"社区团购+集中配送""中央厨房+冷链配送"等线上线下混合经营新模式，一批智能餐厅、无接触服务加快兴起。以"陶然居"为代表的领军企业外卖、食材零售、成品半成品工业化业务均有不同程度的拓展，引领全市餐饮企业加速从传统堂食向数字化和零售化转变。餐饮机器人应用加快，结合人力成本控制和标准化生产需求，大型连锁餐饮企业加快布局机器人应用场景，积极推广前厅送餐、后厨加工新应用，带动了餐饮服务数字化、智能化标准加快完善。住宿行业积极转变经营理念，主动为不断增多的短期家庭旅游出行提供针对性服务，努力减少空置率。同时，加快完善配齐体温检测、室内消杀等设施设备，大力营造安全住宿消费环境。

5. 纾困助力政策体系不断完善

围绕国际消费中心城市培育建设，聚焦培育发展重庆美食等"巴渝新消费"，政策体系不断完善。出台《重庆市人民政府办公厅关于培育发展"巴渝新消费"的实施意见》，加快实施品质提升、数字赋能、绿色健康、市场细分、国际拓展、场景优化、流通顺畅、普惠共享"巴渝新消费"八项行动，突出做亮"重庆美食"品牌。编制《重庆市国际美食名城建设实施方案（2021—2125年）》，促进火锅、小面、江湖菜等"重庆美食"消费提质扩容，提升"重庆美食"国际知名度和影响力。出台《重庆老字号认定管理办法》，加强绿色饭店、钻级酒家、星级农家乐等标准宣传，加快打造体验馆、示范店。加快落地落实《关于加快夜间经济发展促进消费增长的意见》，联动商旅文体精品项目发展，推动江北区陶然居大观园·新国潮坊、重庆十八梯传统风貌区、沙坪坝区磁器口后街等夜间经济聚集区建设，重点打造江北大九街、弹子石老街等33条市级夜市街区，有效吸引特色餐饮、民宿等消费业态，持续释放不夜重庆的餐饮住宿消费新潜力。

（三）存在的问题

1. 疫情反复态势对住宿业冲击较大

疫情反复导致住宿行业消费规模和消费模式发生重大变化，行业面临短期冲击与长期影响的双重挑战。受国外疫情蔓延和疫情期间入境防控政策影响，国际高端住宿消费客群几乎完全消失，导致五星级饭店等中高端住宿消费严重下滑，部分星级旅游饭店经营难以为继而被迫关闭，2020年末全市星级旅游饭店较上年减少10家。同时，零星散点暴发的疫情致使国内会展会议举办的频次减少且参加人数显著降低，重要节假日期间跨省市流动住宿需求较高的客源不足，导致分批次成规模的住宿消费总量锐减、竞争激烈。

2. 餐饮业市场主体前瞻性投资更趋谨慎

疫情反复期餐饮消费市场波动性较大，投资回报预期不稳定，严重影响了企业投资积极性。疫情对传统餐饮企业的生产场所、服务模式、营销方式形成冲击，倒逼企业触网营销，额外增加了上线成本，降低了行业利润。加快智能餐厅建设、优化线上线下服务，需要引进培训人才、采购设施设备和改造应用场景，对本已经营困难、资金链紧张的餐饮企业形成新的压力。重庆餐饮行业正处于提质增效、打响品牌的重要时期，推进国际美食名城建设需要更多优秀领军餐饮企业加大数字化、智能化、零售化转型领域的前瞻性投资布局，但越来越多的餐饮企业更倾向于低投入、快进快出挣快钱，难以在品牌创建、标准创新、链条整合方面深耕细作。

3. 发展平台打造仍滞后于行业提质需求

集聚发展承载平台是推动住宿和餐饮业高质量发展的重要支撑，目前全市住宿和餐饮业发展集聚街区的打造仍难以适应培育建设国际消费中心城市的要求。美食消费特色平台建设方面，推动美食产业化发展的集聚园区建设起步较晚、规模较小、配套较为滞后，对相关企业的吸引力和对上下游产业链的整合能力仍然不足，承载本地居民和外来游客日常消费和打卡消费的美食街区文旅特色不足，"吃"的内涵挖掘与"街"的韵味重塑不够精致。优质住宿消费供给方面，与都市旅游相配套的个性化住宿打造不足，标准化与个性化兼容性不强，与乡村旅游相配套的民宿客栈配套不完善，部分服务水平难以满足舒适舒心居住的要求。

二、2022年住宿和餐饮业发展环境及趋势展望

（一）全球新冠肺炎疫情蔓延的深层次影响持续显现

全球新冠肺炎疫情蔓延势头短期难以完全扭转，住宿和餐饮等服务业仍将受到持久冲击，疫情对行业发展转型的深层次影响将持续显现。国际人员交往和跨境旅游活动仍将保持低水平，国际会议会展活动也将继续严格控制举办数量和规模，导致跨境客群的住宿和餐饮消费难以恢复。同时，疫情防控对全球冷链物流影响较大，国际食品原材料采购和安全管控成本将继续上升。受全球疫情防控形势难以根本好转影响，住宿和餐饮行业仍面临着消费客群、市场结构、营销方式重大转变的挑战，对后续经营影响深远。

（二）国内新发展格局的加快构建有力支撑市场恢复

国内将继续有效统筹疫情防控和经济社会发展，加快构建新发展格局，逐步把促进全体人民共同富裕摆在更加重要的位置，居民收入保持稳步增长，中产阶级规模不断扩大，将对住宿和餐饮业短期消费回升和长期提质发展形成强大支撑和利好。国内消费市场仍有巨大拓展空间，特别是随着重要节假日消费活力的恢复，将有效助推住宿和餐饮企业经营收入稳步增加。国家政策将进一步加快布局服务业数字化、智能化、绿色化转型升级，不断引导住宿和餐饮企业线上线下经营同步优化，餐饮业零售化、工业化、分餐式供给效率不断提升，将有效增强应对疫情冲击的韧性。

（三）市内国际消费中心城市培育建设加快释放红利

重庆加快落实国际消费中心城市培育建设实施方案，提升现代时尚的消费设施与便利安全的消费环境，全面营造高品质消费空间，加快构建多元融合的消费业态，将持续稳定激发住宿和餐饮市场消费活力。成渝地区双城经济圈加快打造富有巴蜀特色的国际消费目的地，共建巴蜀文化旅游走廊，将进一步集聚高端化与大众化的消费客源。"两江四岸"核心区整体提升和长嘉汇大景区加快建设，寸滩国际新城及邮轮母港深化布局，将持续集聚高端消费资源。解放碑、十八梯、观音桥、弹子石、磁器口等特色街区加快提档升级，"重庆味、国际范"的夜间经济加快发展，将深度释放精品民宿、特色餐饮的消费需求。住宿和餐饮消费新空间、新业态、新场景的一体化营造提升，一批商旅文体、领先企业的发展壮大，将有力支撑全市住餐业实现高质量发展。

（四）2022年重庆市住宿和餐饮业发展趋势展望

综合考虑全球新冠肺炎疫情的持续影响、国内经济持续恢复发展以及全市高质量发展动能的强劲态势，重点结合旅游活动、会议会展、居民消费对住宿和餐饮市场的有力带动，全市住宿和餐饮市场消费活力将逐步增强。预计2022年重庆住宿和餐饮行业将呈现稳健增长态势，住宿和餐饮业营业额将达到2650亿元左右，同比增长约15%。

三、对策建议

（一）持续推动住宿行业稳步恢复增长

一是结合疫情反复对住宿行业的持续冲击，着力提升因业施策的精准性和持续性，继续落实落细国家和全市助企纾困政策，重点突出人工成本、水电气费用的缓减降。二是引导企业做好疫情防控常态化和长期化的应对举措，主动从内部提高管理水平和运营效率，尽快顺应市场出现的结构性、趋势性变化，积极转变经营理念和服务方式。三是市区两级积极筹办促进住宿消费的系列节庆活动，以提高市内客群消费为重点，增强与旅游、文化、餐饮消费优惠活动的融合配套，释放市民城乡近郊旅游出行的住宿需求。

（二）有效引导餐饮行业加快提档升级

一是积极顺应数字化、智能化、零售化转型新趋势，推动支持餐饮龙头企业试点示范，加快智能餐厅建设，有序推进餐饮机器人"无接触"服务，不断深化线上线下融合发展，合理引导餐饮企业转变传统单一堂食的运营模式。二是加快推动餐饮产品产业化、工业化生产，以重庆火锅、重庆小面为重点，加快成品半成品餐饮食品标准化生产，有效整合原料供应、产品加工、包装、电子商务、物流配送等上下游环节，推动餐饮服务企业向加工生产企业延伸转型。三是加快打造现代化的餐饮食品企业集聚平台，以国际美食名城建设为契机，完善重点餐饮食品产业园区的资金融通、招工用工、品牌创建、员工培训、行业联盟等共享服务。四是不断拓展国际化、包容性强的饮食文化，立足渝派餐饮麻辣鲜香特色，不断创新以更好兼容市内外、国内外不同消费群体的口味差异，更好支撑国际消费中心城市培育建设。同时，积极对接不断扩大的老龄化群体餐饮消费个性化需求，精准有效供给营养、细软、口味平和以及定制化的适老餐饮食品。

（三）大力打造住宿和餐饮集聚发展平台

一是优化建设特色消费集聚区，融合山城人文、非遗文化、民俗节庆、自然遗迹、生态资源等，升级一批商旅文融合发展示范街（镇）精品民宿，打造一批特色美食街区和夜市街区，提高住宿和餐饮业态的集聚水平。二是提质打造高品质商圈，推动住宿和餐饮向重点商圈集聚，加快推进中心城区重点商圈提档升级，打造示范步行街、商圈，着力培育一批都市新区新兴商圈，推进区县城市核心商圈升级改造。三是打造主题式消费场景，瞄准青年、白领等重点群体，大力发展"夜间经济""后街经济""江岸经济""打卡经济"，创新住宿和餐饮山水特色新兴消费场景。

（四）积极推进住餐文旅深度融合发展

一是结合全市都市旅游和乡村旅游发展布局，结合"大都市""大三峡""大武陵"等旅游品牌打造以及巴渝特色古镇建设，配套开发一批体验性强、标识度高的精品民宿、特色餐饮等，提高住宿和餐饮与旅游行业的融合性、联动性。二是结合民俗节庆活动，大力宣传传统美食的传统工艺和文化内涵，传承振兴老字号，增强美食、美宿文化底蕴，增强文化节庆活动与食宿文化宣传的紧密度，强化食宿营销就是文化营销、食宿服务就是文化体验的新理念。三是川渝联动重点挖掘经典川菜、重庆火锅、重庆小面、重庆江湖菜的文化元素和品牌内涵，推动传统文化融入现代美食，让餐饮消费成为体验"国际时尚范、巴渝慢生活"的重要载体。

[重庆市综合经济研究院（重庆市经济信息中心）产业经济研究课题组
　主研：易小光　丁　瑶　余贵玲　赵　伦
　执笔：赵　伦]

之七：2021年重庆市健康服务产业发展及2022年展望

2021年以来，百年未有之大变局和新冠肺炎疫情交织叠加，特别是新冠肺炎疫情反复，影响广泛深远，人口老龄化、亚健康等问题备受重视，人们对健康理念的认知更加深刻、对健康生活的追求更加迫切，健康消费新的"风口"地位日益巩固。全市紧紧围绕习近平总书记对重庆的重要指示要求，始终把人民健康放在优先发展的战略地位，健康服务集聚效应逐步显现，产业创新发展、融合发展趋势更加明显。预计全年全市健康服务业产值将同比增长4%左右。

一、2021年重庆市健康服务业发展情况

（一）总体运行情况

2021年以来，全市按照《"健康重庆2030"规划》方向和重点，系统研判新冠肺炎疫情反复的复杂形势，围绕《成渝地区双城经济圈建设规划纲要》和全市"十四五"规划纲要的各项要求，互联网医疗、智慧养老、健康大数据等新业态加快涌现并快速发展，产业融合度进一步提升，健康服务业高质量发展态势良好。

（二）主要特点

1. 医疗卫生服务体系继续完善

截至目前，全市共有各级各类医疗卫生机构2.1万家，常住人口每千人实有床位数7.42张，全科医生数量提前达到国家标准（城乡每万名居民有2~3名全科医生）。全市共有三级甲等医院39所，覆盖24个区县，二甲以上医院实现区县全覆盖，全面建成"农村30分钟、城市15分钟"医疗服务圈。建成智慧医院44家，基本实现30分钟内分时段预约、院内智能导航、就诊信息1分钟内推动和查询、多点位自助挂号缴费、在线诊疗支付等功能，服务水平和质量得到大幅提升。完成儿科、口腔、创伤、癌症等四个专业国家区域医疗中心的申报，成功创建国家级儿童临床医学研究中心、国家儿童区域医疗中心、国家功能性脑疾病重点实验室。

2. 康养服务供给更加多元

伴随着游客需求日益多样化，康养旅游产业不断发展壮大，业态体系逐渐丰富和完善、接待能力和服务水平加快提升、旅游要素更加健全。康养旅游类型更加多元，如以统景温泉、北温泉、南温泉等为代表的温泉康养旅游，以乌江画廊、长江三峡、"两江四岸"等为代表的水滨及峡江康养旅游，以仙女山、金佛山、桃花源等为代表的森林康养旅游，以横山、四面山、黑山谷、山王坪等为代表的避暑康养旅游，以大足石刻、钓鱼城、丰都鬼城等为代表的文化康养旅游，以九龙坡区金凤镇、巴南区石滩镇等为代表的乡村休闲旅游，等等。康养产业链条拓展幅度更大，以温泉产业为例，重庆的温泉康养已经从传统的温泉汤浴拓展到温泉度假、温泉养生，以及结合中医药、健康疗法等其他资源形成的温泉理疗等。跨产业融合互动局势向好，从休闲养生、民俗旅游、慢病疗养等角度单项突破，不断延伸发展与康养相

关的中药、养生、运动、有机农业等产业，已形成"康养+农业""康养+工业""康养+医疗""康养+运动"等特色产业融合互动局面。

3. 新技术加速应用、新业态加速涌现

互联网医疗、大数据、人工智能等手段给卫生健康事业发展带来了新的机遇。5G、物联网、移动互联网助力"互联网+医疗健康"新模式。"互联网+医疗"服务新模式新业态不断涌现，"互联网+预约诊疗、互联网+健康查询、互联网+远程医疗、互联网+公共卫生"等"互联网+医疗"服务快速拓展，为方便群众看病就医、增强经济发展新动能发挥重要作用。大数据及人工智能推动医疗行业发展，临床诊疗更精准，开展科研更高效，政府对行业的监管更便捷。无人售药、远程问诊、线上就医等无接触健康服务模式推广进程加快。

4. 医养服务走向深度融合

推进医疗机构开展养老服务，提供养老照护和长期护理服务的医疗机构75家、诊所34家、护理院（站）26家、康复医院15家，开设老年病科的二级以上医疗机构86个。积极支持养老机构设置医疗机构，已有80家养老机构内设医疗机构，1095家养老机构与医疗机构签订合作协议，城乡医养服务能力达到87%。大力推行社区居家医养服务，制定社区与社区卫生服务中心合作协议，开展社区医养服务活动达1200余场次，成功推动医养服务进社区、进家庭，全市医养融合发展取得显著成效。

二、重庆健康服务业发展存在的问题

（一）产业融合互动不够

"健康+旅游""健康+养老""健康+体育""健康+文化"等融合发展程度依然不深，健康服务有效供给尚显不足，产业融合发展还不够。一是康养旅游发展仍以休闲观光为主，中医药康养、温泉康养、体育健康等融合发展深度不够，医疗与旅游的跨界融合、旅游景区与医院紧密合作等方面发展薄弱，特色不鲜明，缺乏核心吸引力。二是"互联网+健康"融合发展不快，云计算、大数据等现代技术在健康领域应用依然有限，健康云服务、健康大数据、健康智能终端等新的业态和新的商业模式发育不足。三是健康服务与二产、三产跨界融合不够，尤其是健康与食品、种植养殖等缺乏有机衔接，高附加值健康产品缺乏，健康服务应用场景拓展不足，多元化健康服务需求得不到有效保障。

（二）产业市场供需错位

健康服务的供给和需求依然存在错配、错位等突出问题，对产业整体发展形成制约。一是健康服务需求持续扩大。重庆老年人群数量多、增速快、需求大，60岁以上老年人口占比21.13%，老年人群对包括康养产品和服务在内的需求与日俱增；亚健康人群需要临床的生理治疗、心理及社会的综合治疗，对保健品、健身、养生等方面需求增长较快；针对青少年和幼儿的自然体验、生态教育、亲子活动、生态研学等方面的需求前景广阔。二是健康服务供给增长有限。针对市场不同层次的需求，现阶段重庆康养产业存在规模总量小、优质产品少等问题。如健康养老领域，大多集中在配餐送餐、家政、文体娱乐等相对简单、容易提供的服务领域，紧急救援、日间照料、精神慰藉等服务供给偏少，同时产业人才稀少，专业化人才培育体系不健全，导致了重庆市康养旅游产业处于有效需求和有序供给错位的尴尬局面。

（三）政策扶持力度不强

政策体系缺乏整合，存在弱项，政策的集成效应、叠加效应、共振效应等尚未形成。一是缺乏康养产业总体规划及相关发展规划。康养旅游产业亟须市级层面在发展目标、产业重点、空间布局、战略方向等多个方面给予科学性、有效性、系统性指导。二是对于市场准入、财税支持、土地供应以及人才储备等方面缺乏系统的政策扶持和资金支持体系，此外还缺少土地、税收、金融、水电气等方面的配套政策和资金支持。三是相关产业的人才激励和奖励机制力度不够。康养旅游相关产业对人才的专业性和技术性要求较高，大多数康养旅游目的地多位于偏远的山区，人才激励及奖励机制吸引力不够，专业人才缺失、产业发展缺乏专业性和技术性支持，影响区域康养旅游产业向好发展。

三、2022年健康服务业发展环境分析及展望

（一）百年未有之大变局和新冠肺炎疫情交织叠加，健康服务业发展空间将更加广阔

疫情的全球大流行成为百年未有之大变局的加速器，世界形势在动荡变革中更加复杂。不断反复的全球疫情，在影响人们正常生活的基础上，也加速了健康理念和健康标准的革新，更高品质的健康产品、更高质量的健康服务和更高标准的健康供给更加紧迫，健康消费作为新"风口"的地位更加巩固。涉及健康服务领域的医疗卫生、康养旅游、体育健身等业态，在广阔市场中加速涌现并呈现强劲发展势头。同时，新一轮科技革命和产业变革深入演进，人工智能、大数据、5G等技术在健康服务产业领域的渗透性、扩散性和颠覆性越来越强。围绕基因测序编辑、脑科学、未来生命科学等学科的应用和创新进一步加快，场景式应用、数字化创新等更加凸显，健康服务业发展空间更加广阔。

（二）我国经济持续稳定恢复，健康服务业发展活力将持续释放

2022年，我国经济持续稳定恢复、稳中向好的积极态势将进一步巩固，新兴动能加速培育，高质量发展成效进一步显现。以健康产业、智能产业、数字经济等为代表的产业业态加速升级，市场规模和竞争力进一步提升。一是支持政策的精准性将进一步提升。围绕"全面推进健康中国建设"要求，加快落地实施《全民健身计划（2021—2025年）》《关于推动公立医院高质量发展的意见》《关于加快中医药特色发展的若干政策措施》的等相关政策，国家精准支持健康服务业发展的力度更大。二是跨界联动和融合发展态势更为明显。健康与文旅、养老、体育、食品等深度融合，"健康+"产业体系逐步完善。以5G等为代表的新一代信息技术在远程健康服务和健康管理等方面的应用加速推广，健康服务业快速发展基础进一步夯实。三是城乡健康消费空间进一步提升。随着居民收入水平不断提高，城乡居民的健康消费空间逐步变大。同时，全国60岁及以上人口占18.7%，在应对人口老龄化国家战略背景下，健康服务业市场需求更加强劲、市场空间将更为广阔。预计2022年全国健康服务业规模将达到10万亿元，占健康产业比重超过八成，成为经济增长"新蓝海"。

（三）全市恢复性增长态势继续稳固，健康服务持续快速发展态势明显

2022年，重庆市将继续深入贯彻落实习近平总书记系列重要讲话精神，精准落实各项政策举措，经济发展的恢复性增长态势将继续稳固，稳中有进、进中有新将成为主旋律，健康服务业发展环境将进一步优化、发展支持力度将逐步加大。围绕推动成渝地区双城经济圈建设和"一区两群"区域协同发展、加快建设国际消费中心城市、持续推动服务业扩大开放综合试点以及加快建设国家医学中心和国家区域医疗中心等重大政策利好，全市健康服务业服务半径逐步扩大，服务能力和水平将进一步提升。同时，重庆将围绕《重庆市促进大健康产业高质量发展行动计划》，按照"医药养健管"一体化发展路径，不断优化建立产业结构，加快建设大健康产业融合发展先行区，为健康服务业加快发展提供强有力的政策支持。

（四）2022年重庆市健康服务业发展趋势及展望

2022年，全市健康服务业发展的政策供给精准性将进一步提升，在构建覆盖全生命周期、内涵丰富、

结构合理、特色鲜明大健康产业体系过程中，健康服务业的发展质量和水平将得到显著提升，整体上将继续呈现较快增长态势。预计2022年，全市健康服务业产值同比增长4.5%左右。

四、对策与建议

（一）夯实产业政策和平台支撑

深入运用5G、云计算、大数据、人工智能等现代技术，建设布局一批互联网健康服务平台，完善政策支持体系，推动平台共建、数据共享、政策互通，赋能健康产业发展。一是完善"卫生健康云"平台，加快推进健康医疗大数据应用创新中心、互联网健康公共服务平台建设，构建覆盖全生命周期的"互联网+医疗健康"服务平台体系。二是建设全市养老大数据信息服务平台和体育大数据中心，推动智慧养老院、智慧社区等建设和各类体育大数据整合集成，构建覆盖全市智慧养老、智慧体育服务体系。三是依托智博会、西洽会等国际大型会展，大力推介"渝字号"健康服务产品和服务品牌，支持区县积极举办健康产业博览会、交易会、洽谈会、专业论坛等平台，推动产业招商引资、产品服务等交流博览，吸引社会资本投资重庆。四是着力完善政策支持体系。结合大健康产业发展方向，编制健康服务业发展引导目录，放宽市场准入。加大健康服务市场准入、财政支持、土地供给、税收优惠、人才队伍建设、技术创新、投融资政策等支持力度。探索健康服务业发展正面引导和负面清单相结合的管理方式。完善产业人才激励和奖励机制。

（二）培育健康服务产品品牌

以储备一批、培育一批、成长一批为路径，积极开展自主品牌建设，推动品牌梯次跃升，以优质品牌带动全产业链价值提升。一是统筹优质医学、医疗资源，加快创建国家医学中心、国家区域医疗中心，创建一批国内一流优势特色学科和特色专科。二是紧贴康养市场需求，开发一批温泉康养、森林和气候康养、中医药康养、运动康养等精品项目，做大一批"渝字号"渝产道地中药材品牌，创建更多健康食品区域特色公共品牌，持续举办好中国·重庆（石柱）康养大会，打响国际生态康养旅游目的地品牌。三是培育一批有影响力的国际性、区域性品牌赛事，扶持一批体育俱乐部和知名体育用品品牌。围绕全生命周期管理，培育一批儿童保健、妇幼保健、亚健康检测、心理辅导等健康管理高端品牌。四是围绕大众健康需求，整合市内外健康教育资源，加快发展健康培训服务，积极塑造健康教育培训区域性品牌，提升健康教育整体品质，打造立足成渝、服务全国的健康教育培训基地。

（三）加快发展养老康体产业

着力推动产业融合发展，加快发展健康养老、旅游康体等业态，丰富高品质健康服务供给。一是依托大山大水生态资源、立体气候资源、丰富温泉资源和优质医疗资源，创新养生旅游模式，提档升级和新建一批国家级旅游度假区，提升和打造一批康体旅游养生基地、运动康养小镇，建设一批集休闲度假、特色医疗、保健养生于一身的温泉特色小镇、温泉疗养基地和温泉旅游度假区，建设一批中医药健康旅游综合体，拓展森林康养游、运动康养游、中医药康养游、温泉康养游等业态。二是建立基本公共养老服务清单，发展普惠型养老服务和互助型养老，加快构建以居家为基础、以社区为依托、机构充分发展、医养康养有机结合的多层次养老服务体系。围绕孕妇、婴幼儿、儿童、老人、临床病人等各类人群健康需要，推动地方特色健康食品工业化、规模化生产。三是加快体育强市建设，全面发展健身休闲、赛事活动、健身用品等业态，推动健身康体产品和服务层次更加多元优质。

（四）全面提升医疗服务水平

兼顾"软件""硬件"两个方面，全面提升医疗服务水平。一是加快构建优质高效医疗卫生服务体系，协同四川共建国家医学中心，推动国家区域医学中心建设，制定和完善重庆市医学学科人才评价指标体系。依托国家、市级重点平台建设项目，推进优质医疗资源扩容和均衡化布局，建设高水平医院，发展高水平专科，推动医疗卫生服务高质量发展。二是加强分级诊疗体系建设，扎实推进医联体建设，培育一批具有高水平国际化服务能力的综合医院、专科医院，打造一批竞争力强的医疗服务品牌。发挥家庭医生管理主体作用，为签约对象提供个性化的健康管理服务。

（五）强化区域健康服务合作

深化健康服务与国家战略的深度对接和区域合作，加快提升区域健康服务一体化发展水平。一是围绕"一带一路"、长江经济带、西部大开发、西部陆海新通道建设，强化全市健康服务业资源要素、区域品牌、发展载体等与周边地区的合作，加快在人才流动、产业合作、平台共建等领域开展国际国内广泛合作，提升健康服务业发展水平。二是围绕成渝地区双城经济圈建设，深化成渝地区健康服务业合作，加强川渝合作，推进全市健康产业园区、服务网络和功能平台等与四川业务对接、功能互补、共建共享，加快实现双城经济圈健康服务一体化供给，促进健康服务产业有机联动，形成成渝健康服务合力。

[重庆市综合经济研究院（重庆市经济信息中心）产业经济研究课题组
主研：易小光　丁　瑶　余贵玲　邹於娟　李　林
执笔：李　林]

区域卷
主城都市区篇

之一：2021年主城都市区经济运行分析及2022年展望

2021年，全球疫情持续演变，世界经济形势复杂严峻，国内经济稳定恢复。主城都市区立足新发展阶段、贯彻新发展理念、融入新发展格局，抢抓成渝地区双城经济圈建设重大机遇，加快国际化、绿色化、智能化、人文化现代大都市建设，扎实做好"六稳""六保"工作，着力培育壮大新动能，经济运行稳中向好、稳中固基，"十四五"取得良好开局。预计2021年主城都市区地区生产总值同比增速约为8.5%。

一、2021年重庆主城都市区经济运行情况及特点

（一）总体情况

2021年以来，主城都市区紧紧围绕《成渝地区双城经济圈建设规划纲要》《重庆主城都市区建设行动方案（2020—2022年）》，持续推动主城新区与中心城区功能互补和同城化发展，全面提升核心带动功能，经济集聚度加速提升，高质量发展、高品质生活基础不断巩固。1—9月，主城都市区地区生产总值达到1.54万亿元，同比增长9.7%，占全市总量的77.2%。

（二）基本特点

1. 工业发展保持平稳，产业动能更加强劲

2021年以来，主城都市区加快推进制造业转型升级，持续推动制造业与服务业深度融合，对全市经济高质量发展支撑作用更加强劲。一是支柱产业增长强劲。1—9月，主城都市区手机等智能终端营收同比增长近30%左右，占全市80%以上，汽车产业中高端化发展特征凸显，规模以上装备制造业、消费品产业产值占全市超七成，有力支撑全市产业高质量发展。二是新动能加速集聚。主城都市区数字经济占全市比重超过90%，中心城区战略性新兴产业产值占工业总产值比重超过一半。在SK海力士、华润微电子等集成电路企业带动下，西永微电园集成电路产业链更加完善，产值占全市集成电路产值比重超80%。三是工业效益持续向好。受产品产销两旺带动，主城都市区规模以上工业产品销售率较上年同期提高超过1个百分点。上半年，渝北区规模以上工业企业实现利润总额同比增长7.8倍，规模以上工业企业营业收入利润率比上年提高3%。

2. 生产服务率先复苏，生活服务持续向好

2021年，主城都市区服务业发展活力不断增强，复苏面持续扩大，逐步向疫情前常态化水平回归。1—9月，主城都市区实现第三产业增加值5609.21亿元，持续保持两位数增长。一是物流业发展态势强劲。1—9月，在国际物流大通道带动下，物流业企稳回升。中欧班列（渝新欧）累计开行1812列，同比增长21%。两江新区果园港国家物流枢纽区货物总吞吐量1588.73万吨，同比增长57.94%。江北机场旅客吞吐量保持全国第四。二是金融活跃度持续上升。中金资本西南运营总部、度小满金融等落户重庆，蚂蚁消费金融开业；知识价值信用贷款改革试点顺利推进，累计发放贷款203.7亿元；创新开发了"央

行再贷款+科创贷"等系列专项产品,对科技型企业融资形成较大支持。三是数字服务保持高速增长态势。区块链数字经济产业园已聚集 IBM、浪潮、趣链、中科星泰等领军企业 110 余家,综合竞争力居全国第 5 位。重庆市政府采购云平台服务超市入驻中小微企业占比达到了 96%,较没有使用平台化采购前中小微企业数量增长 20 倍。四是文旅、餐饮等生活性服务业日趋活跃。五一、端午、中秋、国庆等节假日,景区人气火爆,游轮剧本杀、"火星营地"等小众沉浸式体验成为新亮点。其中,A 级旅游景区接待游客较疫情前(2019 年)增长超过 2%,重点住宿餐饮企业营业额增长 20% 以上。

3. 投资实现稳定增长,结构分化较为明显

1—9 月,主城都市区深入开展"抓项目稳投资"专项行动,工业投资保持较快增长势头,重大项目对经济发展的带动作用得到进一步发挥。一是工业投资较快增长。1—9 月,在三一重工、京东方、华兴玻璃等项目投资带动下,工业投资同比增长 14%,高于全国平均水平。綦江、九龙坡、巴南、南川等区工业投资增速高于 20%,北碚、万盛经开区上半年工业投资增速保持在 40% 以上,增长势头强劲。二是基础建设和房地产投资呈现分化。在渝西水资源配置工程、轨道 15 号线、两江四岸治理工程等项目带动下,主城都市区基础设施投资稳步增长。同时,受银行房贷"两道红线"、房企融资"三条红线"以及"集中供地"政策叠加影响,主城都市区房地产投资低位运行,1—8 月同比增长约 0.1%,呈现持续放缓趋势。

4. 新型消费加速崛起,线上线下共同发力

围绕建设国际消费中心城市,主城都市区先后出台了一系列稳定市场主体和促进消费的政策,提振市场信心,促进消费回补。1—9 月,主城都市区社会消费品零售总额达到 7426.5 亿元,同比保持两位数增长。一是重点领域消费快速增长。在"巴渝新消费"八大行动、国际汽车展览会等带动下,主城都市区汽车、家电等消费品销售额增长均超过 20%。二是线上消费蓬勃发展。在网红经济、社区团购、直播带货等消费新场景、新模式和新业态带动下,线上消费保持快速增长态势。1—9 月,主城都市区网络零售额同比增长 30% 以上,限额以上网上零售额连续 7 个季度保持两位数增长。三是线下消费增长平稳。在成渝双城消费协同行动及"爱尚重庆·惠享渝味"美食消费、汽车惠民消费、家电以旧换新惠民消费、重庆"6·18"电商节、商旅文联动惠民消费等系列主题活动带动下,通过消费补贴、折扣优惠、联动促销、线上引流线下体验等方式,推动线下消费潜力持续释放,批发业、零售业销售额同比分别增长 30%、25%。

5. 对外贸易高位增长,开放经济持续壮大

在内陆开放高地建设等战略引领下,1—9 月,主城都市区外贸进出口稳定上行,同比增长近三成。一是开放通道能级不断提升。川渝毗邻地区经主城都市区中转集结模式基本建立,上半年集结西北货物 6270 标准箱,同比增长 40 倍,集结四川货物 14032 标准箱,同比增长 8.6 倍。1—9 月,主城都市区累计开行西部陆海新通道铁海联运班列 1493 列,同比增长 77%。二是开放环境不断优化。重庆自贸区通过大力推动多式联运创新,开展中国国际货运代理协会(CIFA)多式联运提单创新,推广"铁路原箱下海、一箱到底"全程多式联运模式,通关时间进一步压缩 40%。营商环境创新试点城市建设加快推进,主城都市区市级行政许可累计压减 60% 以上,简易注销公告期从 45 日压缩到 20 日,开放政策体系更具活力。

6. 城市品质持续提升,城乡融合步伐加快

坚持以轨道交通引领城市发展格局,主城都市区城市品质不断提升,城乡融合取得积极进展。一是城市品质提升加速推进。以解放碑、朝天门、观音桥、江北嘴等区域为核心的品牌首店发展集聚区和解放碑离境退税示范街区以及磁器口、十八梯传统风貌区建成开业,长嘉汇大景区、广阳湾、长江文化艺

术湾区等建设进展良好。新改造城镇老旧小区439个，完成棚户区改造3.1万平方米，建成5条80千米中心城区山城步道，城市植绿增绿20万平方米，城市绿色发展质量加快提升。二是城市服务功能不断完善。中心城区和主城新区各城区商贸商务服务、信息服务、生活服务、产业集聚等综合功能加快完善，国家职业教育省域改革试点有序推进，"智能就业"综合服务平台建成运行，医共体"三通"建设实现全覆盖。其中，渝北区获评全国居家和社区养老服务改革试点十佳城市，江北区实现农村养老服务设施全覆盖。三是基础设施互联互通加快。轨道快线江跳线和璧铜线等续建线路加快推进，两江新区至长寿快速通道开工建设，为推动主城新区加速融入中心城区、实现同城化发展奠定了坚实基础。四是城乡融合发展取得实效。国家城乡融合发展试验区建设快速推进，制约城乡融合发展的体制机制弊端进一步破除。主城都市区落户条件进一步放宽，取消普通劳动者城市落户务工时间（2~3年）限制。九龙坡铜罐驿美丽乡村、江津重庆鲁能美丽乡村等一批美丽乡村建设项目加快推动，乡村人居环境得到持续改善。涪陵榨菜国家优势特色产业集群，永川仙龙、铜梁土桥、巴南石滩国家农业产业强镇获批，主城都市区乡村产业振兴取得显著成效。

二、重庆主城都市区经济运行中需要关注的问题

（一）企业经营压力较大

受国际大宗商品价格持续上涨影响，国内铜、铝、钢等主要工业原材料价格较年初涨幅超过20%，主城都市区企业用电、用煤、用气等要素保障难度持续加大，企业经营压力骤增，稳定增长面临较大挑战。疫情反复和局部暴发，使得东南亚大量芯片生产线关闭，导致长安、长城、美的等龙头企业面临零部件延迟交付和停产风险，供应链不稳定性进一步增大。此外，随着中小企业数字化转型和智能改造升级加快，对企业员工的综合素质要求越来越高，专业性越来越强，"招工难""就业难"供需错位导致用工紧张。

（二）投资增长后劲不足

主城都市区重点产业投资增长缺少大项目带动，汽车、电子、装备等领域大项目储备和接续不足，投资增长形势不容乐观。在国家生态文明建设、加快推进"双碳"目标背景下，重庆主城都市区承担着建设长江上游生态屏障的重要任务，必须加快推动产业绿色化转型，在招商引资时选择项目的环保标准以及其他要求必然提高，客观上会在短期内影响到工业投资的增长。基建投资后续增长动力不足，1—8月主城都市区基础设施在建项目数同比下降，基建投资保持稳定增长面临较大挑战。在集中供地政策等因素影响下，全市土地供应量明显减少，主城都市区房地产投资短期下行压力持续增大。

（三）消费运行压力仍存

当前主城都市区消费呈现恢复性增长势头，但复苏基础仍不稳固，消费市场稳定运行仍面临较大挑战。受宏观经济增长乏力等因素影响，主城都市区社会就业、城乡居民收入等增长形势不容乐观，居民消费意愿和信心不够高，在一定程度上抑制了部分消费的增长。常态化疫情防控背景下，人员流动受限，跨境旅游暂停，外来消费大幅减少，对消费品市场扩张和拉动作用减弱，短期内难以得到有效提振。

三、2022年经济运行环境分析及展望

（一）国际国内环境

从国际来看，世界经济仍处于疫情反复期，病毒变异挑战世界经济复苏的稳定性、持续性和平衡性，

全球贸易海运能力已接近极限，以中欧班列、西部陆海新通道国际班列为代表的国际货运铁路作用更加突出，为地处内陆的重庆主城都市区扩大对外开放带来机遇。疫苗接种率和防疫政策差异导致发达经济体复苏快于新兴经济体，上游汽车芯片等关键零部件供应紧张，对主城都市区保持产业链供应链稳定产生一定影响。另外，在全球化越来越趋向于区域化、地缘政治问题经济化的背景下，全球产业链发生深度重构，发达国家再工业化加快，给主城都市区稳定外资外贸、增加出口带来挑战。

从国内来看，一是构建国际国内双循环新发展格局背景下，作为重庆经济发展的"核心引擎"，主城都市区在融入国家重大战略，参与国内产业链和供应链重塑，引领成渝地区双城经济圈建设，在西部地区带头开放、带动开放中的重要性更为明显，有利于主城都市区在更大空间范围整合发展要素、积蓄发展动能、实现高质量发展。二是"双碳"目标以及创新驱动产业转型，将持续推进产业链、供应链优化提升和安全稳定，有利于主城都市区强化传统产业链重组再造，补齐产业链短板，培育绿色发展增长点。三是在成渝地区双城经济圈建设加快推进牵引下，主城都市区加快建设国际化、绿色化、智能化、人文化现代大都市，将有利于与四川协同构建现代基础设施网络，共同承接产业链条式转移，持续优化创新生态，在双城经济圈建设中更好发挥引领带动作用。

（二）市内环境

随着成渝地区双城经济圈建设、"一区两群"协调发展以及全市"十四五"规划深入实施，一批重大改革、重大政策、重大项目有序落地实施，将有力支撑主城都市区综合竞争力和辐射带动力持续提升。一是中心城区与主城新区同城化发展步伐加快，重庆都市圈加快建设，川渝高竹新区、遂潼一体化发展先行区等毗邻地区合作平台示范效应逐步显现，进一步拓展了主城都市区腹地范围，主城都市区高质量发展支撑更加强劲。二是国际消费中心城市加快建设，服务业扩大开放综合试点、西部陆海新通道高质量建设实施方案深入实施，有助于集聚高端资源和要素，强化重要枢纽功能，带动交易结算、商贸会展、科技研发、旅游文创等业态蓬勃发展，增强主城都市区国际交往、科技创新、现代服务等"硬核"功能。三是国家营商环境创新试点深入实施，将有效改善主城都市区营商环境，持续增强两江新区、中新项目、自贸区等平台开放引领功能，进一步提升对外资的吸引力。

（三）经济运行趋势展望

2022年，主城都市区将以促进主城新区与中心城区同城化为主攻方向，加快推动产业链协同协作、基础设施互联互通、公共服务共建共享、政策体制先行先试，全面提升主城都市区综合竞争力和辐射带动力。预计2022年主城都市区GDP同比增长6.6%左右。

四、对策建议

（一）全力稳定产业链供应链，激发工业增长新动能

持续推进产业转型升级，积极承接产业转移，消除产业链供应链潜在波动，夯实主城都市区工业发展基础，激发产业发展新动能。一是稳定产业链和供应链。聚焦重点产业链，以"链主"企业为核心培育产业联盟，促进产业链上下游协同。电子信息产业侧重统筹协调产业链上下游协同，推进产业链整体提升。汽车产业重点健全供应链监测体系，确保供应链安全稳定。二是着力增强企业竞争力。落实科技创新支持政策，瞄准一批核心技术和关键领域"卡脖子"问题，滚动开展科技创新重大项目。加强研发能力强、有核心技术和发展潜力的创新型企业扶持，加大主板或科创板上市企业、"专精特新"企业培育力度。三是加强产业项目引进落地。坚持全链招商、补链招商、强链招商策略，集中力量、统筹推动产

业项目策划储备引进落地，中心城区重点布局总部经济、研发设计等现代服务业与先进制造业项目；主城新区做好新型工业化主战场，加快构建现代产业体系，侧重引进规模大、带动力强的生产制造项目。

（二）加快服务业开放步伐，促进服务业态升级

以重庆获批服务业扩大开放综合试点为契机，加快服务业重点领域扩大开放步伐，强化服务业开放创新，促进服务业态提质升级。一是做好服务业扩大开放综合试点工作。依托重庆自贸区、中新示范项目，围绕《重庆市服务业扩大开放综合试点工作方案》提出的重点领域积极开展试点示范，加快出台跨境服务贸易负面清单，鼓励外资投资文化创意、数字服务、信息通信、现代金融、广告服务等新兴服务贸易，促进主城都市区服务贸易发展。二是引进一批外资服务项目。聚焦教育、金融、健康医疗等领域，依托两江新区、西部（重庆）科学城等重点开放平台，加快引进国际学校、国际医院、金融机构等标志性示范项目落地，不断丰富公共服务产品供给，满足居民高品质生活需求。三是优化服务业营商环境。贯彻落实《重庆市优化营商环境条例》，构建与国际规则相衔接的服务业扩大开放基本框架，完善财税政策，健全价格机制，制定税收、资金配套、直接奖励等优惠政策，吸引全球资源集聚，持续增强主城都市区服务业发展动能和国际竞争力。

（三）积极稳定项目投资，加快形成有效投资量

继续加强基础设施投资，加快推进项目设计和储备，发挥有效投资对稳定经济增长的关键作用。一是加强重大项目运行调度。继续深化实施"抓项目稳投资"专项行动，全面做好项目前期、新开工阶段的用地指标、征地拆迁等协调调度工作，确保土地、资金和审批程序按进度开展，力促落地形成投资增量。二是提速推进重大项目策划和投资建设。加快推动城市公路、轨道交通、公共服务设施等项目策划，围绕重点产业、科技创新、对外开放、基础设施等领域投资建设一批支撑战略实施的跨行政区域平台。加强川渝毗邻区互联互通基础设施建设。三是继续开展精准招商。以两江新区、高新区、自贸试验区及智博会等平台和展会为依托，全面开展以商招商、产业链招商，加快打造重点项目、优质产品推广展示常设平台，常态化实施线上招商、云上签约。

（四）补齐新型消费短板，激发消费增长潜力

围绕国际消费中心城市建设，适应疫情防控要求，加快培育消费新动能，增强消费市场活力。一是丰富完善线上线下消费新模式。加快主城都市区传统商业转型升级，鼓励发展"云逛街""社区团购+集中配送""中央厨房+线下配送""无接触配送""餐饮+零售"等新经营模式，打造线上线下融合的消费载体，扩大服务范围和边界。二是全力提升消费供给能级。依托解放碑、观音桥、三峡广场等核心商圈，加快引进高端定制店、品牌首店、跨境电商体验店、免税店，运用大数据、智能交互等新技术构建教育、医疗、文娱等消费新场景，探索创新服务内容，更好匹配人民群众个性化、定制化、多元化消费需求。三是持续加大政策扶持力度。继续支持商家结合消费券、数字货币兑换券等工具开展联合促销活动，提升服务消费热度。做热本地游、短途游、都市近郊游等旅游市场，拉动餐饮、住宿消费。

（五）努力稳定外资外贸，持续扩大对外开放

继续优化营商环境，提升高质量对外开放水平，切实稳定进出口产品产业链及供应链，推动融入国际国内双循环发展新格局。一是促进外资稳定增长。加强项目储备，围绕现代服务业、先进制造业，谋划和储备外资项目，培育外资新增长点。加大招商力度，落实完善重大外资项目直通车和外资服务工作专班等工作机制，充分发挥两江新区、重庆高新区等开放平台优势，利用智博会等展会开展多层面的联动精准招商。强化精准服务，做好外资企业全流程服务工作。二是坚定不移扩大开放。以"四大体系"

为支撑,以扩大投资贸易为重点,深化国内国际合作,着力构建全方位开放新格局。全面实施国家服务业扩大开放综合试点,围绕科技、金融等重点行业领域,打造内陆现代服务业发展先行区。合力推进川渝自贸试验区协同开放示范区建设,强化联动试验协同创新,以更大力度推进自贸试验区高质量发展。

(六)持续优化功能品质,全面提升城市能级

围绕主城都市区同城化发展,聚焦城市能级提升,突出交通引领,加快推动重点规划落地、重点区域提升、重点项目建设,进一步提高主城都市区核心竞争力和辐射带动力。一是持续改善中心城区城市品质。围绕补短板、强功能、提品质,以"两江四岸"为主轴,通过生态治理、岸线修复、公共空间打造、老旧小区改造推动城市有机更新,加快推动长江生态文明干部学院、长江模拟器科学装置、长江音乐学院等重点项目建设,做亮长嘉汇、广阳岛、科学城、枢纽港、智慧园、艺术湾等城市新名片。二是加快同城化先行区融入中心城区。推进璧铜线等主城新区城市快轨建设,加速推进成渝铁路改造工程重庆至江津段建设,梯次推进中心城区至璧山、长寿、江津、南川快速通道建设,夯实融入中心城区交通体系支撑。三是强化支点城市功能。加快推进永川综合保税区建设,提档升级乐和乐都、钓鱼城等景区服务品质,积极谋划涪陵慧谷湖科创小镇建设,加快重庆师范大学涉外商贸学院、永川职教中心等项目改(扩)建,着力提升城市公共服务配套能力。以建设綦万创新经济走廊为抓手,推进温泉康疗小镇、绿色建材产业园、重庆智能家居产业园等项目开工建设、投产达效,促进綦万融合发展。四是加强"桥头堡"城市与四川毗邻地区合作。加快遂潼涪江创新产业园区、荣昌·隆昌产业合作示范园项目、资阳大足共建文旅融合发展示范区等建设,积极推动铜梁高新区升级为国家级高新区,联合大足、潼南、遂宁、资阳等建设高新区联盟,促进与四川毗邻地区一体化发展。

[重庆市综合经济研究院(重庆市经济信息中心)城市与区域经济研究课题组
主研:易小光 丁 瑶 邓兰燕 李 林 苏 凡 贾静涛
执笔:苏 凡 贾静涛]

之二：2021年渝中区经济运行分析及2022年展望

2021年，渝中区在市委、市政府坚强领导下，深入贯彻习近平总书记对重庆提出的重要指示要求和市委、市政府决策部署，立足新发展阶段，完整、准确、全面贯彻新发展理念，服务和融入新发展格局，统筹疫情防控和经济社会发展，千方百计保稳促增添后劲，经济运行趋势与全市基本保持一致，总体呈现稳中加固、稳中向好态势，经济运行质量效益稳步提升，高质量发展势头良好。前三季度，实现地区生产总值1090.9亿元，同比增长8%，固定资产投资142.6亿元，同比增长10.9%，社会消费品零售总额1010亿元，同比增长12.6%，一般公共预算收入35.91亿元，同比增长23.5%。

一、2021年渝中区经济运行特点

（一）着力稳存引增强产业，主要行业加快恢复增长

一是金融业，突出绿色金融主题，建设绿色金融大道，发行绿色信贷、绿色债券超1100亿元，金融机构人民币存贷款余额达11548亿元，同比增长13.3%，较上半年提升约1.3个百分点。二是商贸业，围绕知名商圈建设，引品牌、塑场景、促消费，开展"2021'潮趣渝中'购物节"等促销活动，发放电子消费券300万元，全域消费稳步回升，批发、零售、住宿、餐饮销售额（营业额）分别增长28.8%、14.5%、25.8%、27.6%。三是文化旅游、专业服务、数字经济、大健康等服务业继续保持较快增长势头，规模以上其他服务业营业收入同比增长22.5%。

（二）全力抢时赶工促投资，重点项目建设加速推进

一是整体推进有力。以"两江四岸"核心区为重点，以市区重大项目为抓手，全力抓好统筹调度，193个建设项目完成投资约108亿元，其中市级项目完成投资30.4亿元，区级项目完成投资37.9亿元。二是形象进度有序。"两江四岸"东储段岸线提升顺利完工，解放碑—朝天门绿色金融大道、解放碑—十八梯消费大道主体完工，陆海国际中心核心筒封顶，重庆绿色金融中心、戴家巷等项目得到市领导肯定。三是要素保障有效。争取专项债资金28亿元、中央专项资金4.2亿元、一般债资金5亿元，全力保障重点项目正常推进；争取居民供电设施改造市级财政支持项目16个，总投资5321万元，有效解决高层建筑防火电气隐患。

（三）努力携手共建谋合作，重大规划战略深入实施

一是成渝地区双城经济圈建设持续推进。梳理细化双城经济圈行动方案105项具体任务，落实落地川渝税务征管一体化等一批公共服务协同事项，推动实现首次川渝跨省远程异地评标。二是"一区两群"协同发展扎实推进。深化开展巫溪对口协同，举办产业协同发展招商推介会，共建协同招商产业园，打造十八梯巫溪文化旅游体验馆，开展特色农产品产销会，累计消费帮扶1600万元。三是"人文渝中"建设加速推进。"红色三岩"系统提升工程100个项目已完工56个；山城巷传统风貌区持续提档升级，新入驻60余个品牌商家；鲁祖庙传统风貌区协调区开街运营；十八梯、白象街传统风貌区焕新亮相，国庆

期间人流量近百万人次，成为新的热门文旅消费打卡点。

（四）笃力招商引资优服务，市场主体规模不断壮大

一是招商引资有质有量。引进正威国际第二总部等"招大引强"项目77个，市外到位资金81.5亿元，市外正式合同额552.4亿元。二是育商扶商精细精准。完善市场主体储备、培育、扶持机制，储备潜在规模以上企业200余家，已入库规模以上企业14家，规模以上企业总数达到1456家。三是安商稳商用心用力。健全"三方联系"工作机制，在抓好总部（重点）企业"一对一"对口联系服务基础上，实现规模以上企业服务走访全覆盖，协调解决企业反映的问题200余件，化解率达93%，全区重点企业总体保持稳定发展。

（五）强力筑基谋远增后劲，经济发展活力持续增强

一是营商环境持续优化。制定加快营造国际一流营商环境实施方案，有序推进158项具体任务，"'三个探索'建立健全市场监管新格局"被评为"重庆市优化营商环境十佳创新案例"，全区市场主体总数达到12169家，同比增长25.2%。二是开放发展深入实施。中新互联互通运营中心正式揭牌，承办新加坡在华知名企业重庆行等活动，落地叶水福供应链赋能中心等项目，"互联网+高效货运物流供应链体系"等制度创新成果入选自贸区新一批改革试点经验和最佳实践案例。三是科技创新稳步推进。出台支持科技创新若干财政金融政策，聚焦区块链、工业软件等特色优势领域持续发力，举办中国工业软件大会、"2021智博会区块链高峰论坛"等行业交流活动，签约麒麟软件等一批重点项目。

（六）竭力惠民利民保稳定，社会大局保持安定有序

一是民生实事有序实施。办好15件民生实事、44个子项，其中，已完成老旧住宅加装电梯14台、老旧小区改造14个、人行天桥建设2个、高层建筑消防设施隐患整治232栋。二是社会事业扎实推进。积极争创国家义务教育优质均衡发展示范区和学前教育普及普惠区，深化"三甲"医院、区属医院和社区卫生服务中心"三级联动"模式，完善全民健身服务体系，打响"解放碑CBD周末音乐会"等文化活动品牌。三是社会治理创新开展。全力推进市域社会治理现代化，深化"党建+物业"管理模式，圆满完成社区居委会换届选举；深入开展"枫桥经验"重庆实践十大行动，强化矛盾纠纷排查化解，确保社会大局和谐稳定。

二、2022年发展展望

从国际看，国际形势发生深刻变化，外部环境更趋复杂严峻，特别是全球疫情反复、大宗商品市场价格高涨，外部不稳定不确定因素较多。从全国看，经济持续稳定恢复、稳中向好，科技自立自强积极推进，改革开放力度加大，民生得到有效保障，高质量发展取得新成效，社会大局保持稳定。从全市看，全市经济运行质量效益稳步提升，经济发展延续了2021年以来稳定恢复的态势，发展韧性持续显现，高质量发展势头良好。从渝中看，地理区位、产业基础、山水人文、开放平台和综合配套等独特优势依然存在，全市推进"两江四岸"核心区建设、做亮"历史母城"名片的重大决策部署，为渝中高质量发展赋予了全新优势、创造了更为有利的条件，经济社会发展积蓄的内生动力、市场活力将持续释放，有望继续保持稳中加固、稳中向好态势。

三、工作措施建议

2022年，渝中区将牢固树立"等不起"的紧迫感、"坐不住"的责任感、"慢不得"的危机感，以钉

钉子精神推进项目化、清单化、责任化落实，加速集聚现代服务、文化展示、国际交往、城市会客等高端功能，聚焦产业实力壮大、城市有机更新、"人文渝中"建设取得重大突破，加快建成国际化、绿色化、智能化、人文化现代城区，加快打造重庆现代服务业引领区、历史文化传承区、创新开放窗口区、美好城市示范区。

（一）持续抓重点、强基础，筑牢经济发展"压舱石"

一是全力推进"世界知名商圈"建设。完善出台世界知名商圈可操作性建设方案，统筹抓好拓展产业平台、改造基础设施、加速企业集聚、提升城市品质等工作，全力建设知名品牌集聚中心、"一带一路"产品展示中心、外事集聚区等。二是全力推进重庆绿色金融中心建设。将重庆绿色金融中心建设作为渝中区打造西部金融中心承载区的一项重要工作，全面统筹推进各项建设任务。三是全力推进环重医生态圈建设。加强与重庆医科大学及其附属医院沟通对接和工作联动，归集联通大厦南楼、医服大厦等产业载体，全力保障物业和地块供给，将渝中打造成为特色医疗治疗中心、特色医学研究中心。四是全力推进区块链和工业软件城建设。出台工业软件产业园建设实施方案，尽快完善产业发展规划，制定出台配套扶持政策，做大做强重庆市工业软件产业园等平台。五是全力推进化龙桥国际商务区建设。加快研究空间利用规划、政策配套、产业导向和扶持办法，有序推进陆海国际中心建设，为未来发展打造新增长点。

（二）持续强支柱、促转型，稳定经济发展基本盘

一是现代金融。围绕全市建设内陆国际金融中心、西部金融中心，加快金融机构、金融生态机构集聚，积极跟踪重点项目落户，尽快开工一批项目、落地一批机构，支持重庆高级金融研究院发展，承办中新金融科技周系列活动，办好重庆解放碑金融发展顾问委员会年会。二是现代商贸。围绕全市建设国际消费中心城市，有效利用腾挪的专业市场等空间，积极推动一批国际一线品牌落地，推出一批特色消费空间、场景，持续丰富大众消费、培育线上消费。三是专业服务。深化国家会计服务示范基地、涉外法律服务中心建设，扎实做好勤理律师事务所等新落户机构联系服务，积极引进毕马威华振会计师事务所等重点品牌机构。

（三）持续调结构、提能级，培育经济发展增长点

一是积极发展文化旅游业。积极融入巴蜀文化旅游走廊建设，推广"宽洪大量"（宽窄巷子+洪崖洞）消费联动模式，提速大鹅岭景区等重点区域建设，推动山城巷—十八梯—长滨路步行系统全面贯通，打造通远大厦等文化产业园。二是积极发展数字经济。围绕全市打造"智造重镇"、建设"智慧名城"，加快发展区块链、大数据智能化应用、工业互联网与网络安全、新兴信息服务、军民融合等重点领域，深化全国工业软件大会后续系列工作，加快华工智研院、重庆市工业软件促进中心等运营达效。三是积极发展大健康产业。围绕全市建设西部医学中心，加快集聚创新医学资源，协同推进重庆国际医学中心、先进医疗服务集群、新兴医疗产业链建设，做特做优做强在区三甲医院特色专科，建设国家医学中心和区域医疗中心核心区。

（四）持续强配套、优服务，营造良好营商环境

一是优化营商环境。对标世界银行营商环境评价指标体系，聚焦企业设立、经营、发展，提高开办企业、办理建筑许可、获得电力、获得用水用气等方面服务水平，完善全生命周期服务体系。二是激发市场活力。聚焦增长势头快、行业引领强、发展前景好、创新动力足的企业，持续提升开办企业、办理建筑许可等方面的服务水平，进一步减环节、减时间、减材料、减跑动，确保全年新增市场主体1.2万

家。三是强化涉企服务。坚持常态化走访服务企业，扩大"点对点"服务企业范围，更加重视对中小微企业的服务。同时，及时履行对企业的服务承诺、合同协议，千方百计为企业排忧解难，全力支持企业扎根渝中、加快发展。

（五）持续重稳商、强育商，全力推进招商引资

一是围绕总部企业抓招商。突出产业链补短板强弱项，瞄准各细分领域头部企业、优势企业，精准策划招商活动，实施行业商协会、专业机构招商代理，开展专业性强、实效好的招商活动。同时，加强对招商信息和目标企业的甄别、评估，提高招商引资资金使用效益，提升招商引资实效。二是聚焦服务企业抓育商。加大财政资金、政策等扶持力度，积极服务个体工商户、中小微企业提质发展，引导其"个转企""小升规""规变总"。同时，抓好企业及时入库纳统，努力形成大企业"顶天立地"、小企业"铺天盖地"的良好局面。三是紧盯规模以上企业抓稳商。结合党史学习教育开展为企办实事活动，加快建设渝中区企业服务中心，深化联系服务1400余家规模以上企业及460余家总部（重点）企业，积极协调解决企业疑难事项。

（六）持续抓项目、促投资，提升城市综合品质

一是紧盯项目建设强统筹。将项目建设作为工作落地的重要支撑抓紧抓实，推动计划项目早开工、建设项目早竣工、前期项目早转化，强化重点项目分级调度机制，协调解决卡点难点问题，定责任、定事项、定时限，办结一个销号一个，确保项目倒排工期、挂图作战、打表推进。二是紧盯城市更新强提升。加快重点片区改造，启动重点区域整体更新片区及存量地块建设；推进400万平方米老旧小区改造提升，完成14个老旧小区改造，精心塑造10余条特色老街巷；加快老旧楼宇改造，加强商业商务楼宇周边环境整治，支持持有物业的业主提升现有楼宇，推动产业园区、城市街区、景点景区融合发展。三是紧盯人文渝中强建设。围绕全市打造中部历史母城，进一步加强历史文化资源挖掘保护利用，加快完成"红色三岩"保护提升，高水平打造长嘉汇大景区，加快推进大鹅岭景区建设，全力推进十八梯、鲁祖庙等传统风貌区建设，进一步彰显城市品位和人文内涵，不断扩展重庆母城影响力。

（七）持续兜底线、惠民生，不断增进民生福祉

一是全面完成年度民生实事。面向社会各界公开征求2022年度民生实事项目，优先保障民生实事资金需求，确保民生实事年度目标任务全面完成。二是织牢民生保障网。坚持发展促进就业、创业带动就业，常态化精准开展城市解困，养老保险、医疗保险参保率稳定保持96%以上。三是繁荣发展社会事业。促进教育优质均衡发展，争创国家义务教育优质均衡发展区和学前教育普及普惠示范区；深入实施健康中国渝中行动，持续做好新冠肺炎疫情防控；健全公共文化体育服务体系，高水平建设国家公共文化服务体系示范区。

（八）持续防风险、除隐患，坚决维护安全稳定

一是深化基层治理创新。结合渝中全域城市化实际，高质量创建市域社会治理现代化试点，以党建引领社区治理和物业管理融合发展，提升基层服务能力。二是严守城市安全底线。深化安全生产大排查、大整治、大督查、大执法，积极开展道路交通等重点行业领域专项整治，坚决遏制较大及以上安全生产事故发生。三是全力维护社会稳定。加强重点领域风险管控，严防群体性事件发生。巩固扫黑除恶专项斗争成果，严厉打击各类违法犯罪，让群众安居乐业、社会安定有序。

[渝中区发展和改革委员会　周泳滔]

之三:2021 年江北区经济运行分析及 2022 年展望

一、2021 年江北区经济运行分析

2021 年以来,全球疫情持续演变,宏观经济形势依然复杂严峻。江北区按照建设全市"两高"示范区和"四个率先"的要求,统筹疫情防控和经济发展,咬紧既定增长目标,推动经济恢复增长与高质量发展。当前,江北区经济仍总体处于加速恢复增长阶段,"十四五"开局目标进度好于预期。

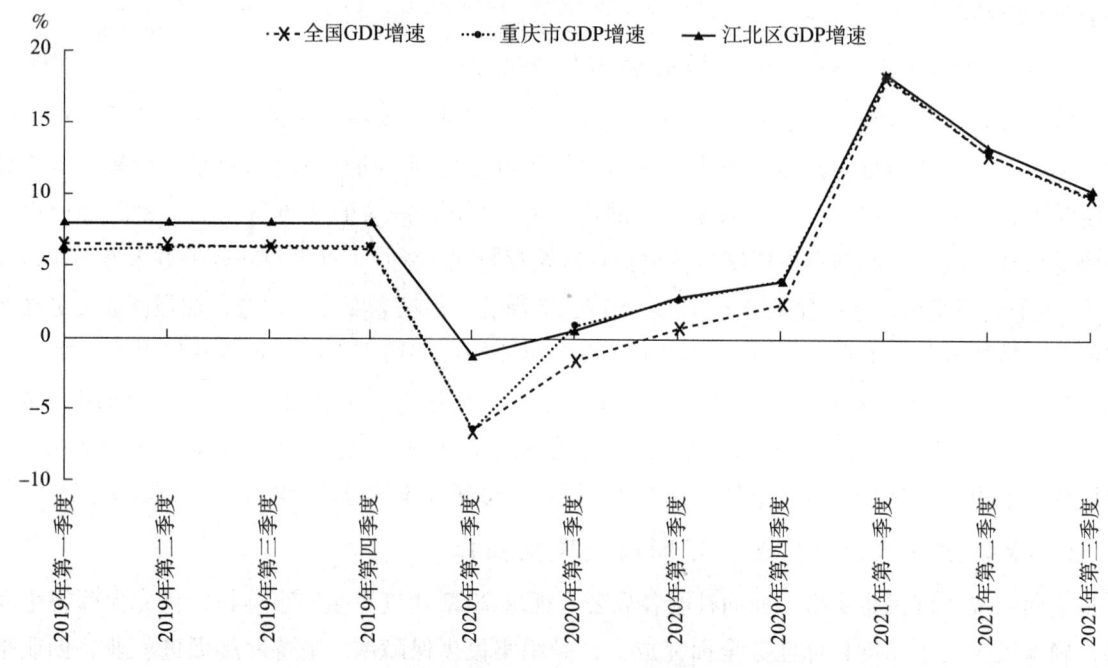

图 1 2019 年以来全国、重庆市、江北区 GDP 增速情况

(一)主要经济指标回稳

前三季度实现地区生产总值(GDP)1082.6 亿元,同比增长 10.3%,增幅居中心城区第四,两年平均增速为 6.5%。社会消费品零售总额实现 585.9 亿元,同比增长 12.7%,两年平均增速 8.2%,基本与 2019 年同期增速相当。全口径税收 209.2 亿元,同比增长 28.7%,总量继续保持全市行政区第一。一般公共预算收入 53.4 亿元,同比增长 16.3%,并接近 2019 年同期总量 54.4 亿元。居民人均可支配收入同比增长 10.3%,两年平均增速 8.4%,与 2019 年同期增速相比仅低 1.2 个百分点。综合反映经济发展的主要指标,基本恢复到 2019 年同期水平。

表 1 江北区 2019—2021 年前三季度主要经济指标增长情况

序号	指标	2021 年前三季度	2020 年前三季度	两年平均增速	2019 年前三季度
1	地区生产总值增速/%	10.3	2.8	6.5	8
2	工业增加值增速/%	16	2.2	8.9	4.8

续表

序号	指标	2021年前三季度	2020年前三季度	两年平均增速	2019年前三季度
3	固定资产投资总额增速/%	-27.3	1.4	-14.1	-0.5
4	社会消费品零售总额增速/%	12.7	3.8	8.2	8.5
5	人民币存贷款余额增速/%	12	5.4	8.6	5.6
6	一般公共预算收入增速/%	16.3	-15.8	-0.4	-9.8
7	居民人均可支配收入增速/%	10.3	6.4	8.4	9.6

（二）主导产业发力回升

工业、商贸、金融、其他服务业分别拉动GDP增长2.7个、2.6个、1.1个、4个百分点。一是工业增势明显。规模以上工业增加值同比增长19.2%，高于全市5个百分点，两年平均增速10.4%，也高于2019年同期增速5.6个百分点。其中，汽车、电子电器等主导产业产销两旺，产值分别同比增长30.7%、11.3%，产品销售率合计达到106%。二是商贸业全面提速。消费回流及消费升级同步发力，批发、零售销售额，住宿、餐饮营业额分别实现22.8%、14.2%、38.5%、36.3%的高增长，对经济的拉动作用较2019年同期实现了翻番。其中，新能源汽车（增长9倍）、智能家电（增长3倍）、奢侈品消费、网络消费（增长30%以上）表现亮眼，是推动商贸加快发展的重要力量。三是金融业稳健增长。江北区金融业在大体量基础上，依然保持增长态势，实现增加值238.8亿元，同比增长4.9%；存贷款余额达1.65万亿元，总值位居全市之首，同比增长12%，高于全市近2个百分点。共有境内外上市企业13家，总市值约占全市1/2，上市企业数量、总市值均居全市第一。四是其他服务业支撑有力。信息服务、商务服务、技术服务业增加值分别增长27.8%、23.9%、17.1%，合计拉动经济增长3.1个百分点，带动现代服务业占服务业比重提升至73%。

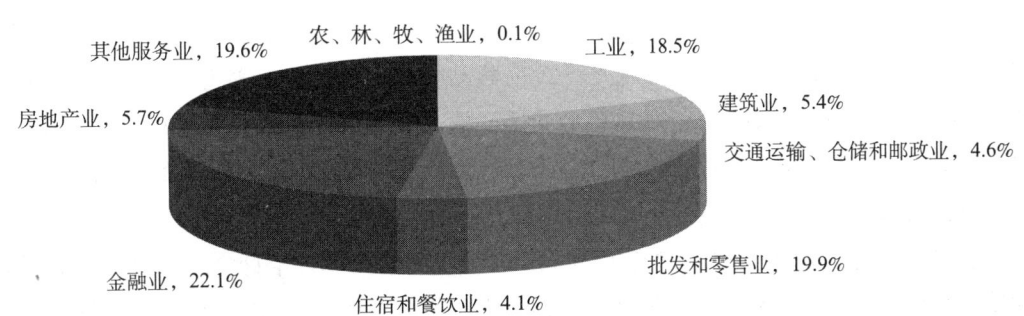

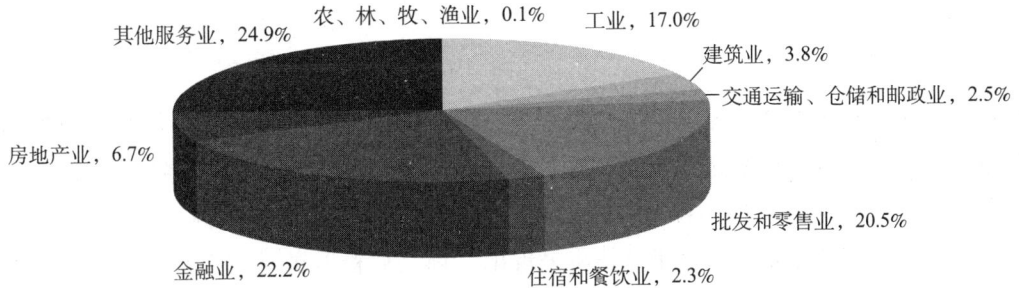

图2　2019年、2021年前三季度江北区经济构成情况

（三）新的动能加快涌现

一是战略性新兴产业加速发展。战略性新兴制造业产值同比增长30.1%，高于工业总产值增速5个百分点。其中，新能源汽车、印制电路板、新材料、锂电池产量分别同比增长77.8%、34.8%、77.7%和266.7%，长安、润际远东自主研发产品分别获国家级重要奖项。生物医药产业实现营业收入180亿元，同比增长70%。二是数字经济加快布局。南桥智慧港打造国家数字产业创新发展示范园，百亿级龙头企业字节跳动全国汽车总部布局江北，中安威士、海纳云、数字赛道研究院等重点项目落地，助推数字经济成为新的支柱产业。规模以上信息服务业实现营业收入258.5亿元，同比增长82.8%。三是城市能级不断提升。新明确城市发展"六张名片"，启动长安三工厂等片区城市更新和老旧小区改造，建成江滩公园，加快推动"两江四岸"提档升级。四是民生实事推进有力。扎实推进10件区级重点民生实事，三孩生育政策、"双减"政策、"民转公"学校等民生事项落地落实，江北区人民医院新建工程开工建设，城区15分钟文化圈、健身圈、养老圈基本成形。五是营商环境持续优化。率先启动"1+5+N民营小微企业和个体工商户金融服务港湾行动"，落实整改营商环境问题事项43项，新增市场主体1.2万余户，新增城镇就业4万余人。

（四）经济运行中需重点关注的五大问题

一是房地产、建筑业持续走低。随着近年来江北区土地供给量持续下降，2017年至2021年9月，江北区仅出让地块11宗，总建筑规模仅135.6万平方米，1—9月商品房销售面积同比下降9.7%。房地产业增加值同比下降4.3%，拉低经济增长0.3个百分点；建筑业体量小且增速慢，1—9月建筑业增加值同比下降4.4%，较上半年继续降低3.6个百分点，拉低经济增长0.2个百分点。同时与房地产业、建筑业密切相关的装修、家电、家具消费等也都将受到影响。二是投资持续下滑。在强化投资运行调度等"六大措施"带动下，江北区投资降幅持续收窄，1—9月政府投资同比增长75%，但民间投资乏力。其中，房地产投资受供地等因素影响，新项目较少，部分存量项目增长乏力；同时，受银行房贷"两道红线"、房企融资"三条红线"以及"集中供地"等政策影响，房地产投资热度下降，前三季度房地产开发投资同比下降41.9%；工业投资虽有增长，总量却不到2015年的1/3，新项目少和投资能力减弱同时存在。三是工业经济面临较多挑战。受全球疫情反复、大宗商品价格上涨、国际海运紧张和关键零部件供应短缺等多重因素影响，以及在国家能耗"双控"政策下，存量工业生产经营压力加大，汽车制造企业影响更甚。2021年以来，全区汽车因芯片短缺导致减产20余万辆，汽车工业受到较大冲击；同时，工业新项目引进难、落地难也较突出，工业经济发展后劲堪忧。四是金融业贡献有所减弱。占全区GDP高达22%的金融业，前三季度仅拉动经济增长1.1个百分点，较上半年减少1.4个百分点。存贷款余额增速尽管高于全市，但增幅比第二季度下降2个百分点，主要原因是贷款增速仅9.8%，低于全市平均水平4.3个百分点。五是抓经济发展的"平台"建设还需加强。旧的"平台"载体效应在递减，需全面深化；新策划的"平台"载体明显较少，立足全市的大"平台"更少，动作不大，长远制约产业做大及迭代升级以及城市发展能级的提升。

（五）全年预测

全球经济形势更加复杂严峻，国内经济延续复苏态势，重庆经济保持恢复性增长。但近期国内多地出现多点散发本土疫情，且呈快速蔓延态势，对复苏回暖的生产、消费活动将带来一定冲击。江北区要在危机中育新机、于变局中开新局，着力促进消费结构、投资结构、产业结构"三升级"，夯实比较优势，补齐发展短板，保持战略定力，全年经济将呈现出"前高后稳"的运行态势。预计全年地区生产总值增速、规模以上工业增加值增速、工业投资增速、一般公共预算收入增速、居民人均可支配收入增速等指标将高于全市平均水平，社会消费品零售总额、进出口总额、实际利用外资、新增城镇就业等指标将好于年初预期目标。

二、2022年发展思路及重点工作

（一）发展思路

立足新发展阶段、贯彻新发展理念、融入新发展格局，统筹推进"五位一体"总体布局，协调推进"四个全面"战略布局，紧扣建设"两高"示范区"一大目标"，抢抓成渝地区双城经济圈建设和"一区两群"协调发展"两大机遇"，明晰科技兴业之区、开放时尚之地、美丽幸福之城"三个定位"，落实率先推进产业发展现代化、率先推进城市能级现代化、率先推进社会治理现代化、率先推进干部能力现代化"四个率先"，在全市社会主义现代化建设新征程中打头阵、做标兵。

（二）主要目标

综合考虑宏观经济环境、江北区发展基础及支撑条件，衔接"十四五"规划纲要目标，本着兼顾当前与长远发展、实事求是、积极稳妥的原则，预计2022年地区生产总值增速8%左右。

（三）重点任务

1. 全力抓好宏观经济运行调度

围绕"六稳""六保"，加强疫情防控和稳定增长，科学编制2022年国民经济和社会发展计划，事项化、项目化、清单化推进实施。重点以"双碳"目标为导向推动产业转型，着力抓产业高质量发展，大力推动数字产业化和产业数字化发展，聚焦新能源汽车、电子电器、生物医药等重点产业链图谱，加快培育和引进上下游核心和基础环节优质企业，推动产业链锻长板、补短板。着力加快"四上"企业的培育，按"管行业、管企业（项目）"的要求，积极招引企业、培育升规。着力优化营商发展环境，深化"三送两办一访"三级联动制度，切实解决企业在发展中面临的急难问题，强化原材料价格、关键零部件、用能、用工、企业生产成本等监测，同时，全面开展营商环境13个指标专项行动，助力企业纾困解难。着力培育新增长点，聚焦城市功能名片建设，助推消费中心城市建设、发展平台打造，与两江新区协同发展等方面，加大政策储备和项目策划，切实增强经济发展潜力。

2. 全力抓好投资和项目建设

以基建投资为牵引稳定有效投资，加快专项债等资金落地使用，强化政府主导类投资对社会投资的托底和带动作用，稳定全社会投资预期。一是强化投资运行调度，深化重点项目"周调度、月通报、季考核"和"红黄绿"牌制度，着力策划实施一批扩基础、管长远的重大项目，聚焦前期工作和施工工地管理，切实加大投资力度及投资放量。二是加快土地出让工作，加快征地攻坚，充分做好土地供前调研，科学把控土地供应规模、区域和时序，加大力度推进开发烂尾项目及"久供未建"项目建设，稳定房地产投资。三是激活民间投资，按照"管行业、管项目"的要求，为企业提供主动服务、靠前服务，务实帮助企业解决社会投资类项目建设中的堵点问题；同时，提高招商引资项目落地率，加快海尔"1+N"招商项目落地，推进南桥智慧港、ABB变压器智能制造基地、紫光华智数字工厂等重点项目建设，增强社会资本投资活力。四是抓项目储备，聚焦"两新一重"，加强项目策划储备；加大中央预算内资金、专项债等争取力度；转变观念，强化应用PPP、一二级联动等方式推进项目，拓宽基建融资渠道。

3. 全力提升城市发展能级

围绕"国际化、绿色化、智能化、人文化"，深化细化国土空间分区规划，实施城市更新行动，高品质建设长安三工厂"远洋太古里"等重点项目，高起点规划、高标准建设六张城市新名片。抢抓数字经济新优势，强化新型基础设施建设，开发培育居家生活、就业创业、旅游休闲、购物消费、交通出行等智能化应用场景，积极吸引数字领军企业，挖掘数据资源商用价值。

4. 全力融入新发展格局

推动江北区"十四五"规划落地落实，谋划实施好一大批影响长远的重大项目，积极争取市级重大项目、重大政策、重大改革试点落户江北区，推进经济社会高质量发展。抓住重庆建设国际消费中心城市契机，高标准推进观音桥商圈提质升级，努力争创全国示范步行街，加快服务业集聚区建设，积极引进重奢品牌店、高端定制店、品牌首店、免税店等，巩固汽车、家具、家电等消费增长势头，整合影院、图书、演出等企业消费优惠，提振文旅消费信心。深入推进成渝地区双城经济圈建设，与签约城市形成产业联盟。鼓励外贸企业扩大国内销售市场，助推果园港承接寸滩港指定口岸功能，扩大供应链金融、知识产权质押等融资规模，切实降低企业经营成本。科学精准抓好疫情防控，统筹抓好安全、教育、卫生、文体、就业和社会保障等工作，促进养老、家政、托育等服务多元化供给。

[江北区发展和改革委员会　刘　杰　任昌卜　龚　寒]

之四：2021年沙坪坝区经济运行分析及2022年展望

一、2021年沙坪坝区经济运行情况

2021年以来，沙坪坝区深学笃用习近平新时代中国特色社会主义思想，紧紧围绕打好"四张牌"、干好"四件事"工作主线，坚定不移贯彻新发展理念，主动融入新发展格局，全区经济运行呈现稳中有进、稳中向好的态势，为实现全年目标和"十四五"良好开局打下坚实基础。前三季度，实现地区生产总值797.7亿元，同比增长8.1%，规模以上工业总产值1889亿元，同比增长5.1%，固定资产投资423.9亿元，同比增长17.1%，社会消费品零售总额359.7亿元，同比增长28.4%，一般公共预算收入33亿元，同比增长5.4%，预计实现进出口总额2650亿元，同比增长20%。

（一）主要特点及工作亮点

1. 创新驱动全面提速

全面融入科学城建设，加快推动重庆大学智慧城市研究院等31个环大学创新生态圈项目建设。引进西太深海量子科技、重易新能源科技等高新项目36个，小康汽车全球研发总部、中国网安区块链研究院等研发机构14家。推动黄金湾·智谷、金沙星座·科创园等30个平台持续提升，加快青凤高科创新孵化中心、中电光谷·西部科技城建设。新增科技型企业748家。创新成为发展的第一动力。

2. 对外开放深入推进

深化国家陆港型物流枢纽建设，国际班列开行3300班次，同比增长48%，货值达850亿元。进口整车5192辆，同比增长125%。引入法国捷富凯、北京华贸物流等国内外500强物流企业4家，全球商品贸易港、传化智联西南运营中心等20个项目加快建设。进出口总额2400亿元，同比增长10%。

3. 产业转型提质增效

引进奥普提模拟环境试验设备研发制造基地等43个项目，普门科技、浙江瑞邦检测等21个项目开工，万普隆能源科技产业园、誉铭精密模具等18个项目投产。意大利佛罗伦萨小镇、磁器口金碧正街建成运营，华宇城综合体加快建设。社会消费品零售总额350亿元，同比增长25%。

4. 重点项目加快建设

围绕产业链创新链价值链招大引强，签约北京美中双和、成都博唯康等项目106个，投资金额941亿元。加大重点项目投资，105个项目完成投资318亿元，占年度计划80%。69个产业项目集中开工，达产后新增产值800亿元。加快重点项目建设，郑万铁路、轨道27号线等市区共建项目完成交地，二横线西段、滨江路建成通车，企业创新服务中心、大学城文化宣教中心等项目加快推进。

5. 城乡面貌持续改善

提档升级歌乐山·磁器口文化旅游区，加快建设江山公园、磁器口后街二期等19个项目。加快城市有机更新，二横线等21条33千米道路完工，科学大道等121条93千米道路快速推进。改造老旧小区120

万平方米。"两江四岸"磁器口片区治理提升工程完成85%。加快推动全域乡村振兴，实施"一化二改三不见"专项行动，打造歌乐—中梁乡村振兴示范带。

6. 民生保障坚实有力

统筹做好兜底性民生工作，新改建中小学、幼儿园16所，人民医院新院区即将投用。全面加强债务管控，扎实开展债务管控"十项清理"工作。深入开展冬季大排查、大起底、大整治、大调处专项行动。沙坪坝区政治社会大局平安稳定。

（二）经济运行中需关注的问题

1. 工业经济稳定增长面临较多制约

电子信息产业增速持续放缓，呈逐月下滑趋势；26种重要生产资料市场价格创近年新高，企业生产经营压力加大；受海运价格上涨、汇率波动等因素影响，企业利润减少；产业链上下游受外省企业限电影响，间接影响了辖区企业生产运行，市场预期受到冲击。

2. 投资持续稳定增长后劲不足

房地产市场预期有所下降，土地流拍，市场信心有所回落；工业投资大项目带动不足，工业投资增速和工业投资占比低于全市平均水平；建筑业增加值增速低于全市平均水平8.5个百分点。

3. 资金保障压力持续增大

在债务防控、减税降费、产业转型等因素影响下，财政收支平衡矛盾加剧，加之民生、社会事业、建设发展等刚性增支逐年增加，面临较大的稳运行防风险压力。

二、2022年经济运行环境分析和展望

当前，世界政治经济形势及全球疫情依然复杂严峻，预计2022年经济仍将继续消化疫情带来的不利影响，沙坪坝区经济运行不确定性和不稳定性依然存在，稳增长压力依然较大。

从全国来看，党中央作出构建以国内大循环为主体、国内国际双循环相互促进的新发展格局战略部署，长江经济带发展、新时代西部大开发、西部陆海新通道、成渝地区双城经济圈等国家战略和共建"一带一路"深入推进，为沙坪坝区带来诸多政策利好、投资利好、市场利好，其红利正逐步显现。

从重庆市来看，西部（重庆）科学城、"一区两群"等重大战略规划等已进入全面实施、加速推进的阶段，加之新一轮科技革命和产业变革深入发展，将充分激发结构性潜能，极大提振市场信心和社会预期，赋予其更强劲的内生动力，为沙坪坝区利用科创资源集聚优势，在新一轮竞争中抢占先机、赢得主动，实现跨越发展提供了历史机遇。

从沙坪坝区来看，近年来沙坪坝区上下推动科技创新、产业升级、城市更新、空间扩展、债务防控等重点工作落地见效，不断积势蓄能，新旧动能加快转换，将为未来发展释放较大的内需潜能和发展空间，为经济社会实现高质量发展提供不竭动力。综合判断，2022年沙坪坝区经济在稳中向好的基础上，将呈现稳中加固的趋势。

三、政策调控措施建议

（一）大力支持实体经济发展

一是进一步努力降低企业各类经营成本，着力降低企业融资成本，推动银行健全"敢贷、愿贷、能

贷"的考核激励机制，通过政府性融资担保降低企业融资费用。二是运用市场机制、经济手段、法治办法，实行严格的环保、能耗、安全、技术、质量标准，继续化解过剩产能。分类推进企业兼并重组、债务化解乃至破产清算。三是加强运行监测分析，通过建立应对信息共享、企业动态直报、部门定期会商等制度，强化服务稳生产。

（二）以增加有效投资为重点加快补齐发展短板

一是加大对基础设施建设的投入。深化投融资体制改革，出台鼓励支持民间资本参与城镇化建设的指标意见，以市政基础设施、老旧街区、老旧楼宇等领域功能升级为重点，拓宽社会投资渠道。二是加大对公共服务的投入。围绕公共服务薄弱环节，优先建设完善的公共服务保障网，提升城乡基本公共服务保障水平。探索农民参与的多元化公共服务供给机制，采用同城化管理方式，加快推进城乡基本公共服务均等化。三是加大对城乡融合发展的投入。建立财政优先保障、金融重点支持、社会积极参与的多元投入格局，全力保障城乡融合发展战略资金需求。

（三）着力缓解地方政府财政收支压力

加快推进中央和地方财权、事权改革，促进财权与事权相匹配，着力缓解地方政府财政收支压力，进一步调动各地方积极性。一是加大中央一般性转移支付尤其是均衡性转移支付力度，增加收支严重困难地区的转移支付额度，增强政府"保工资、保运转、保民生"的能力。二是支持地方政府统筹中央转移支付和自有财力，进一步加大对下转移支付力度，向基层财政困难地区和受减税降费影响较大地区倾斜。三是健全民生领域支出管理，坚持尽力而为、量力而行，加大对城乡融合、托底保障等重点领域的投入。

[沙坪坝区发展和改革委员会 陈 鹰 罗 杰 邓 赟 柳越阳]

之五：2021年南岸区经济运行分析及2022年展望

2021年以来，南岸区上下认真落实区委工作部署，着力把握新发展阶段、贯彻新发展理念、融入新发展格局，扎实推进各项工作。前三季度，南岸区经济保持恢复性增长但稳中承压，主要经济指标发展态势与全国、全市保持一致，呈现前高后低走势。

一、精准调度，经济延续恢复性增长态势

（一）恢复企稳态势更加稳固

一是主要指标稳定增长。在各方面努力下，主要经济指标增速基本实现既定目标。地区生产总值完成652.5亿元，同比增长10%；增速排中心城区第七位，较上半年提高1位，都市区排第16位，较上半年提高1位；超过全市GDP增速0.1个百分点。GDP比2019年同期增长约12.2%，两年平均增长5.9%。农业增加值增速多年来首次转正，同比增长1.9%；规模以上工业增加值同比增长11.3%；服务业增加值同比增长10.3%；建筑业增加值同比增长8.3%；一般公共预算收入同比增长1.4%；常住居民人均可支配收入同比增长10.4%。

二是经开区主引擎作用明显。GDP增速达到12.9%，排全市第三位，对南岸区经济发展支撑力度越发增强。工业增加值完成149.6亿元，同比增长10.7%，规模以上工业总产值完成626亿元，同比增长16.4%，服务业增加值完成114.9亿元，同比增长16.9%，建筑业增加值完成57亿元，同比增长11.1%，批发业销售额、零售业销售额、住宿和餐饮业营业额分别完成432.3亿元、94.8亿元、0.31亿元，同比分别增长40%、21.8%、76.7%。

三是先行指标快速增长。南岸区工业用气量达到2026万立方米，同比增长23.5%，较2019年增长14.5%；南岸区用电量达到34.1亿千瓦·时，同比增长11.6%，其中服务业用电量增长加快，增速达到26.4%，规模以上工业企业度电产值由53.3元提高至62.6元。公路交通运输周转量同比增长12%，水路交通运输周转量同比增长15.7%。金融存贷比达到92%，继续保持在积极区间。

（二）创新引领动能更加充沛

一是创新能力显著增强。创新平台快速增长，建成国家级工程研究中心9个，并列全市第一，建成国家重点实验室2个、国家级企业技术中心5个、市级工程研究中心22个、市级重点实验室28个，均列全市第二，长江模拟器科学装置正式落地广阳岛，中国人民大学商学院重庆分院成功引入，重庆邮电大学"三院"在广阳湾智创生态城揭牌启用。创新主体加快培育，新增科技型企业519家，累计达到1712家；新增专利申请1750件，同比增长29.4%，其中发明专利776件，同比增长48.1%。校地合作不断深化，环重庆邮电大学创新生态圈获市科技局资金支持250万元，全市首个以高校国家级人才为主体的高端智库"南山智库"成功组建。创新环境逐渐优化，出台《支持绿色创新若干财政金融政策》等文件，筹建南山创新投资基金和长嘉汇基金。

二是工业增势略有放缓。规模以上工业增加值同比增长11.3%，增速较上半年回落2.9个百分点，较

2020年同期提高6.6个百分点。183家规模以上工业企业完成总产值663.2亿元，同比增长15.4%，增速较上半年回落2个百分点，较2020年同期提高14.8个百分点，较2019年同期增长16.1%，两年平均增长7.7%。维沃、美的通用、隆鑫机车等9家重点工业企业完成产值434.38亿元，占全区规模以上工业总产值的比重达到65.5%。数字经济快速发展，规模以上数字经济企业预计实现营业收入520亿元，同比增长17%，新增数字化车间5个，累计达23个。重庆软件园首开区开园，京东全球首个超算中心开工建设，飞象平台接入企业2311家，根云平台签约示范项目10个，标识解析跨行业跨领域创新应用、汽车高端传动件智能工厂建设等12个项目入选2021年重庆市智能化赋能工程试点示范项目名单。

（三）市场发展活力更加彰显

一是第三产业提速发展。第三产业增加值增长10.6%，居中心城区第二位，较2019年同期增长10.4%，两年平均增长5.1%。服务业占比进一步提高，服务业占GDP比重达63.3%，同比提高2个百分点。聚集各类金融机构120余家，上市或挂牌企业达到22家，4家企业进入市级储备库。金融机构人民币存贷款余额完成3764亿元，同比增长13.2%，排中心城区第三位，其中贷款余额达到1956亿元，同比增长18.3%，排中心城区第二位。规模以上服务业实现营业收入168.82亿元，同比增长25%，较2019年同期增长58.4%，两年平均增速25.9%，其中，信息传输、软件和信息技术服务业营业收入同比增长35.5%，科学研究和技术服务业营业收入同比增长33.3%。中央广播电视总台重庆总站成功落户，数字内容·渝产业园正式开园。民营经济发展成效明显，12家企业入围"2021重庆民营企业100强"名单。市场主体快速增长，新增市场主体7393户，居全市第五位，其中企业达到2431家。

二是消费市场逐渐回暖。南岸区社会消费品零售总额完成471.3亿元，同比增长18.9%，较2019年同期增长16.9%，两年平均增长8.1%。批发业销售总额、零售业销售总额、住宿业营业额、餐饮业营业额分别完成979.3亿元、316亿元、14.5亿元、44.7亿元，同比分别增长34.9%、22%、43.6%、40.1%。文旅消费持续升温，康莱德酒店成功落户，填补南岸区顶级奢华酒店品牌空白，南坪正街"超级八零街"成为新"网红"，南岸区达到市级全域旅游示范区认定标准。全区接待游客3275.7万人次，同比增长45.9%，实现旅游收入233.5亿元，同比增长47%。会展经济持续做强，成立会展经济联盟，共举办展览39场、会议论坛68场，实现直接收入37.5亿元，拉动消费130.1亿元。成功举办国际时尚周、国际戏剧节、新能源汽车生活节等多样化文旅活动，中秋、国庆期间，南岸区社会消费品零售总额分别增长29.3%、15.5%。

（四）经济发展动能更加充足

一是投资结构持续优化。南岸区固定资产投资完成额276.7亿元，同比增长13.4%，较上半年提高2.3个百分点，较2019年同期增长14.7%，两年平均增长7.1%。从投资结构看，建筑安装工程投资完成额159.1亿元，同比增长20%，较上半年提高4.7个百分点，占全区固定资产投资总额的比重达57.5%，较上半年提高2.9个百分点。基础设施建设投资增长较快，在重庆东站铁路综合交通枢纽工程、郭家沱大桥、广阳岛生态修复二期、重庆生态城工业互联网产业园、重庆轨道交通24号线一期工程等重点项目拉动下，基础设施建设完成投资额110.5亿元，同比增长120.9%。

二是开放型经济快速发展。实际利用外资完成额12.49亿美元，同比增长14.01%，外贸进出口总额完成额12.89亿美元，同比增长44.94%。与双流区共同设立成渝地区双城经济圈首只工业互联网产业投资基金，通过资本赋能加快布局成渝两地工业互联网产业协同发展，与宜宾市初步达成合作意向，明确26项合作事项。南岸自贸板块新增注册企业196家，注册资本金达到14.9亿元。哈啰出行西部总部、拓维信息全国物联网总部、中国能源建设集团西南区域重庆总部等32个项目成功引入，签约合同金额

554.1亿元，其中，合同金额10亿元以上项目达到13个。

三是营商环境显著改善。全力压缩审批时限，全流程审批服务事项从135项压减至100项，申报材料精简48%，政府投资项目审批时限压缩至70个工作日，一般社会投资项目审批时限压缩至46个工作日，社会投资小型低风险项目审批时限压缩至23个工作日。持续优化办税服务，正常出口退税平均办理时间已压缩至7个工作日以内，成功打造纳税服务新品牌"晓月工作室"。服务效能不断提升，"政务服务集成体系"被评为2021年重庆市大数据智能应用十大"智慧政务"精选案例，"双向评价"入选"重庆市优化营商环境十佳示范案例"并在全市推广。

二、客观分析，切实解决经济社会发展问题

（一）横向看差距

整体来看，2021年前三季度，全区经济虽然延续了恢复性增长的势头，但"稳"有余、"进"不足，大部分指标增速回落幅度较大，相较于主城其他区还有差距。根据中心城区数据进行比较：GDP增速排名中心城区第七位，与上半年和2020年同期增速排位相比提高1位；固定资产投资增速排名中心城区第5，与上半年持平，较2020年同期上升3位；一般公共预算收入增速排名中心城区第九位，较上半年下降3位，较2020年同期下降7位；规模以上工业增加值增速排名中心城区第八位，与上半年持平，较2020年同期下降3位。

（二）纵向看压力

从第三季度调度要求看（按GDP增长12%调度），农业增加值增速，建筑安装工程投资增速，水路运输总周转量增速，居民自有住房服务不变价增加值增速，电信业务总量增速，租赁和商务服务业工资总额增速，科学研究和技术服务业工资总额增速，居民服务、修理和其他服务业工资总额增速等8项指标超过调度进度，其余27项指标均未达到调度进度。

三、高效推进，推动经济发展稳中有进

下一步，我们将保持定力、增强信心，努力巩固"稳"的基础，积蓄"进"的力量，守住"保"的底线，持续推动经济恢复性增长，积极做到化危为机、稳中有进，奋力完成全年目标任务，实现新一届政府的良好开局。

（一）着力圆满收官，千方百计完成全年目标任务

一是强化经济运行监测调度。坚定全年目标任务不动摇，针对主要经济指标增速放缓态势，落实好目标任务的分解，及时解决经济运行中的苗头性问题、倾向性问题，督促欠进度单位抢抓时间赶进度，确保完成全年目标任务。二是加大招商引资力度。围绕招大招强和绿色创新引领，进一步改进招商方式，力争提高新招"四上"企业入统质量。抓紧洋人街、廖家山、四公里等区域土地出让，逐步盘活南滨路、南坪等区域的闲置商业载体，促进工贸大厦、工商银行大厦等存量楼宇改造转型，坚决杜绝因土地、载体不足造成优质项目流失。三是加强统计业务指导。严格执行网格化服务，落实专人深入各重点企业开展指导，切实避免少统、漏统现象发生，确保统计数据客观反映全区经济发展情况。

（二）着力动能转换，千方百计推进创新取得实效

一是加快广阳湾智创生态城建设。聚焦金融科技、能源环境、城镇发展和互联互通等领域，推动新加坡能源集团、吉宝集团、重庆狮岩毅鸣股权投资基金管理有限公司等项目尽快落地，用好20亿元陆海

新通道基金和新加坡国际互联网数据专用通道,加快形成以中新互联互通项目为纽带、以开放型经济发展为支撑的现代服务业经济体系。二是打造高端科技创新平台。推动重庆软件园·数字文创产业园和数字内容·渝产业园及国家级密码基地等重点平台项目建设,形成多种力量汇聚的创新合力,重点推进中邮数据中心、字节跳动幸福里、京东"药京采"、腾讯游戏发布中心和洛可可国家级数字智能工业设计服务平台等重点在谈项目实现签约,做大产业规模、形成集聚效应,加快形成新的增长点。三是强化科创主体作用。加强与国内外知名企业、高等学校、科研院所技术创新合作,引进培育大数据、人工智能、生物医药等重点产业的新型高端研发机构。深入实施科技型企业成长工程,推动规模以上工业企业研发机构全覆盖。加快重庆邮电大学大数据智能化产业技术协同创新研究院、研究生院江南分院、鲲鹏创新学院建成投用和重庆工商大学茶园校区项目建设,推动与四川美术学院合作共建长江上游绿色研究院与游戏动漫基地,支持重庆交通大学"沙漠土壤化生态恢复技术"产业化。

(三)着力绿色转型,千方百计做好碳达峰、碳中和

一是加强组织领导。成立南岸区、重庆经开区碳达峰、碳中和工作领导小组,制定行动计划,立足本地区资源环境条件和全市"一区两群"协调发展战略,有的放矢地设计碳减排路径和措施。二是持续推进产业结构优化调整。以长江工业园转型绿色产业园为抓手,加快产业转型升级,严格控制高耗能、高排放项目建设,开展环境质量达标与碳排放、碳达峰"双达"试点示范。统筹谋划一批推动能源、产业等绿色低碳转型发展的重点任务和重大工程。严格依照国家和市政府产业政策把好产业准入关,严格执行长江经济带发展负面清单,坚决遏制"两高"项目盲目发展,确保南岸区完成"十四五"能耗强度下降14.5%、能耗总量增量10万吨标准煤节能"双控"目标任务。三是探索绿色创新发展评价机制应用。加快广阳湾智创生态城绿色发展体系研究,形成《广阳湾智创生态城绿色产业发展指标体系研究报告》。探索建立绿色产业准入标准,建立健全绿色园区指标评价体系,加强节能环保、清洁生产、清洁能源等领域统计监测,强化统计信息共享。

(四)着力增强信心,千方百计服务实体经济发展

一是发挥龙头企业支撑作用。做好重庆烟厂、维沃、美的等重点企业服务工作,加快推动工业转型升级,加大原材料、关键零部件、用能等保障力度,确保产业链、供应链安全稳定,支持龙头企业转型升级和扩能放量。进一步梳理各类产业扶持政策,将有限的资源要素集中到重点产业集群,推动企业研发、运营等中高端环节和产业链的相关企业落户南岸。二是做大做强现代服务业。加快建设长嘉汇西部金融中心,以阿里巴巴蚂蚁消费金融公司为引领带动相关产业链企业聚集发展,培育国瑞中心、中讯大厦等亿元税收楼宇,提升南滨路国家级文化产业示范园区建设水平。三是帮助中小企业发展。针对当前疫情防控常态化及中小企业发展实际需求,及时调整延长援企政策,增强企业防御风险能力,全力帮扶中小微企业渡过难关,提高中小企业生存和发展能力。四是激发消费增长潜力。围绕年末岁尾组织好时令消费,策划开展秋季和冬季系列消费促进活动,组织好节庆消费。加快推动旅游消费恢复,整合与四川合作地区的特色旅游资源,联合推行景区门票减免、淡季免费开放等措施,充分挖掘乡村旅游资源,打造一批乡村旅游精品。

(五)着力提质增效,千方百计强化项目支撑作用

一是提升招商引资科学化水平。明确招商引资工作重点,以高端生物医药、新能源汽车、高端装备制造、新材料等战略性新兴产业等制造业为主攻方向,加快补链、强链、延链,重点引入龙头企业。加大对已落地招商项目的追踪力度,畅通政企沟通渠道,及时帮助企业解决问题。依托南岸区发布的长嘉汇城市会客厅机会清单,推动实施一批前期工作完善、条件成熟的PPP项目,拉动南岸区固定资产投资

增长。二是加快实施重大项目。重点针对全区重大项目，对还未完工、投产的项目进行逐一分析，采取针对性举措，督促项目业主单位加快实施进度，确保完成全年投资计划。加快推进千里广大文旅综合体、广阳岛国际会议中心、大河文明馆等 22 个新开工重点项目建设，推动 24 号线、横九路、峡口镇城市更新等项目建设尽快取得实质性进展，2022 年 3 月前按时保质完成任务。三是积极争取上级资金。及时掌握上级资金投向，继续做好中央预算内投资申报、争取地方政府专项债券申报发行工作，加快推动项目开工，加速投资放量。

（六）着力谋篇布局，千方百计谋划 2022 年工作

统筹抓好 2021 年底和 2022 年初的经济工作，推动形成实物工作量，深入研究 2022 年的经济社会发展各项计划安排，仔细厘清产业发展、项目建设、招商引资等各方面工作的思路、目标和任务，做到心中有数，为 2022 年第一季度经济"开门红"把准方向、赢得先机。

[南岸区发展和改革委员会　刘　孟　周　彬　罗永杰]

之六：2021年九龙坡区经济运行分析及2022年展望

2021年以来，全区上下坚持以习近平新时代中国特色社会主义思想为指导，在区委、区政府的科学决策、周密部署下，众志成城、拼搏奋进，准确把握新发展阶段，全面贯彻新发展理念，深度融入新发展格局，巩固拓展疫情防控和经济社会发展成果，经济运行持续恢复、好于预期，呈现"指标领先、总量稳盘、结构优化、量质齐升"的特点，呈高质量发展态势。地区生产总值实现1245.4亿元，同比增长10.6%，高于全市0.7个百分点，总量和增速均居中心城区第二位，两年平均增长6.6%。三次产业同比分别增长0.5%、9.5%、11.2%，结构比为0.4∶35.8∶63.8。规模以上工业增加值增长14.2%，增速居中心城区第六位。固定资产投资增长18.8%，增速居中心城区第二位。社会消费品零售总额增长26.1%，增速居中心城区第二位。一般公共预算收入完成41.0亿元，同比增长32.6%，增速居中心城区第一位，其中税收收入增长19.1%。全体居民人均可支配收入37764元，同比增长10.8%，增速居中心城区第三位。

一、2021年九龙坡区经济运行总体情况

（一）主要指标达到进度，经济发展好于预期

主要经济指标有块头、有增速，对比年初政府工作报告明确的目标任务，地区生产总值超目标增速4.6个百分点，总量完成全年目标任务77%左右；规模以上工业增加值超目标增速8.2个百分点，总量完成全年目标任务78%左右；固定资产投资超目标增速12.8个百分点，总量完成全年目标任务80.9%；社会消费品零售总额超目标增速19.1个百分点，总量完成全年目标任务90.4%；一般公共预算收入超目标增速29.6个百分点，总量完成全年目标任务76.2%。主要经济指标均超过时序进度，为完成全年各项目标任务奠定坚实基础。

（二）工业经济支撑有力，补链强链精准实施

新增规模以上工业企业1家，预计全年新增49家。规模以上工业总产值实现1006.2亿元，同比增长20.7%，两年平均增长11.4%，其中九龙坡直管区域实现产值702.0亿元。汽摩、铝材料、高端装备、智能终端等主导产业共实现产值847.8亿元，同比分别增长22.0%、26.5%、20.7%、11.1%。铝产业产量达到99.2万吨，同比增长30.2%，增量达23万吨。西南铝业、庆铃汽车、隆鑫通用、格力电器、秦安机电、长安跨越（高新区直管区企业）等龙头企业分别实现产值185.4亿元、70.3亿元、53.8亿元、36.0亿元、9.7亿元、13.2亿元，同比分别增长55.7%、-1.4%、28.1%、17.9%、71.6%、1919%。38家重点工业企业实现产值288.2亿元，同比增长13.6%，102家重点工业支撑企业实现净增量168.3亿元。数字经济蓄势发力，宗申忽米网成为中西部唯一国家级"双跨"平台，开域智慧首次入统营收即达1.9亿元，"四上"企业增加24家，累计达到241家。

（三）服务经济快速复苏，新兴业态不断壮大

社会消费品零售总额实现636.9亿元，增速高于全市2.4个百分点，两年平均增长10.1%。批零、住

餐等消费市场快速恢复，批零总额实现3748.5亿元，同比增长32.4%，两年平均增长18.6%；住餐营业额实现110.8亿元，同比增长32.0%，两年平均增长9.4%。金融业增加值实现103.1亿元，同比增长4.4%，存贷款余额4985.4亿元，同比增长10.3%，17家企业进入区拟上市重点企业储备库，在市证监局辅导备案企业2家，申报IPO企业1家。客运货运畅通高效，道路水路客货运输总周转量达35.6亿吨/千米，同比增长21.8%；培育重庆新犇牛物流有限公司等规模以上企业10家，4家规模以上多式联运、运输代理业企业实现营业额1.1亿元，同比增长60.7%，6家规模以上装卸搬运和仓储业企业实现营业额3.3亿元，同比增长56.7%；整合宝湾物流站场内零散运输企业打捆入统。文旅市场持续回暖，海疆博物馆力争年底前开馆营业，冬笋坝遗址保护利用及文物修缮工作全面启动，长江文化艺术周永久落户，爱雅文化传播有限公司等47家规模以上文旅企业营收26.7亿元，同比增长16.8%，完成旅游综合收入133.8亿元，同比增长11.0%。新型消费业态快速发展，新能源汽车、智能家用电器消费同比分别增长147.2%、46.9%，限额以上网络零售额同比增长70.6%，软件信息服务业收入同比增长20%。

（四）有效投资保持强度，重点项目加快推进

固定资产投资实现419.1亿元，增速高于全市10.4个百分点，两年平均增长13.2%，其中九龙坡直管区域完成投资313.5亿元。九龙外滩治理提升等基础设施项目实现投资96.7亿元，同比增长42.3%；润泽（西南）国际信息港等工业项目实现投资80.5亿元，同比增长37.9%，其中，技改投资12.8亿元，同比增长16%；新希望D10天际等房地产项目实现投资225.1亿元，同比增长15.2%。市级重大项目已完成投资任务的168.5%。采取"五抓五促"、一项目一专班等措施，全力推动95个重点项目，区级、市级重点项目开工率分别达78%、75%，渝州实验室、西区医院等建成投用，陶家隧道、大九滨路连接道、二纵线（华岩至跳磴段）、轨道18号线等基础设施项目提速推进，九龙意库等文旅项目、区人民医院迁建等民生项目加快推进。建筑业实现增加值115.0亿元，同比增长3.7%。招商引资全面突破，招商引资签约项目86个，合同金额688.2亿元，其中，国鸿氢能、山城设计中心等百亿级项目2个；第二产业项目32个，投资金额109.9亿元；第三产业项目40个，投资金额423.2亿元。

（五）改革开放全面深化，创新动能持续集聚

"放管服"改革持续深化，全面推进开办企业"一网、一窗、一次、一日"全流程办结，许可类事项法定时限累计压缩88.7%。搭建"惠企服务""普惠金融服务"等平台，累计放款9.7亿元；推动缓解中小企业融资难、融资贵问题，完成企业商业价值信用贷款预授信10.2亿元。区属国有企业资产总额达1145.3亿元，同比增长24.1%。培育和服务市场主体力度不减，新登记市场主体3.4万户，累计达到22.2万户，总量保持全市第一，其中九龙坡直管区域19.1万户。开放型经济不断壮大，出台跨境电商产业园扶持办法，成功获评摩托车及零部件国家外贸转型升级基地。实现外贸进出口总额126.7亿元，同比增长34.2%，实际利用外资1.4亿美元，同比增长34.3%。自贸区新注册市场主体2886户，累计达1.5万户，占全市27.2%。"新、龙"两地互访28次，促成两地企业新增合作8项，累计办理"川渝通办"业务超2万件。创新动能不断集聚，全区有效期内高新技术企业432家，市级科技型企业新增766家，累计达2798家；市级以上认定研发和创新服务平台累计达331家，其中国家级孵化器3家，市级孵化器新增1家，累计达8家，国家级众创空间5家，市级19家；建成国家级技术转移机构1家、市级技术转移机构3家。融合创新动能增强，重庆国创轻合金研究院顺利落户，渝州实验室正式运营，中共中央政治局委员、重庆市委书记陈敏尔，中央军委委员、国务委员兼国防部长魏凤和调研九龙坡区融合发展情况并给予充分肯定。

（六）积极创建文明城区，城乡品质全面提升

深入实施城市提升行动，积极推动九龙半岛和湾区一体建设，高起点策划打造半岛滨江景观阳台，高标准改造提升九龙滩广场品质，海军166舰陈列展顺利开展。老旧小区改造50万平方米，完成率达50%，重庆美术公园、山城设计中心等全市首批城市更新试点项目加快推进，华润中心二期等44个重点商业商务项目建设顺利推进。商品房销售面积226.9万平方米，同比增长2.6%；完成土地出让730亩，实现土地价金88.7亿元。完成35.5千米排水管网建设及桃花溪动物园段清淤工程，完善提升人行道66.0千米，整治道路34.7千米、47.6万平方米。全力推进"大城智管"，数字化城管信息系统升级完成100%。乡村振兴全面推进，大英雄湾村美丽乡村民居面貌焕然一新，中梁山风景区花博园一期项目顺利完工，乡村振兴学院一期主体完工，重庆智慧农业服务项目扎实推进，获评全国农村人居环境整治成效明显区县。"一区两群"区县对口协同发展机制深入实施，完成消费帮扶4750万元，推动杨家坪中学等7所学校、区人民医院等2所医院与城口县开展"一对一"结对共建。

（七）以人为本民生优先，群众福祉逐步改善

10项区人代会票决民生实事项目、14项区级重点民生实事、54项"我为群众办实事"重点民生项目有序推进。就业质量稳步提高，开展职业培训1.1万人次，城镇新增就业3.6万人，完成全年目标的120%。教育事业持续推进，推进火炬幼儿园等10所独立建制公办园建设，新增普惠学位2800余个；推动杨家坪中学、育才中学、谢家湾小学集团化办学，拓展延伸优质教育资源；与四川外国语大学签订战略合作协议，打造校地合作新典范。健全"九个一"接种机制，工作经验在全市推广，全区累计接种疫苗247万剂，完成全程接种108.3万人。生态环境持续向好，空气质量优良天数233天，同比增加1天。长江九龙坡段水质达到Ⅱ类水质标准，桃花溪、跳磴河、大溪河水功能区达到地表水Ⅴ类水质，集中式饮用水水源地水质达标率100%。疫情防控、金融、房地产、政府债务等重点领域风险得到有效防范，发展安全保障水平持续提升。

二、经济运行存在的主要问题

当前全球疫情形势依然严峻，变异毒株不断加速传播，为应对疫情冲击，一些主要经济体出重手、强刺激，国外通胀已成为趋势。国内需求端稳步恢复动力仍显不足，人员出行受限、经济活动减少，住宿餐饮、交通运输、文化旅游等"面对面交互式"服务业受影响较大，经济运行中的不确定因素依然较多。

（一）工业经济下行风险加大

大宗商品价格上涨向中下游传导，中小微企业利润率下降，1—8月，规模以上工业营业利润实现32.8亿元，同比增长18.6%，增速低于全国30.9个百分点；汽摩零部件行业受原材料价格上涨影响，部分企业通过减产来降低亏损，戴卡9月已减产1/2，江达9月已减产1/3；专项直供电补贴取消，西南铝业成本将增加5000万元以上。

（二）汽车销售下滑明显

汽车销售额增长16.0%，低于限额以上社会消费品零售增速13.5个百分点。受行业不景气等因素影响，2021年全区汽车销售额逐月下滑，行业近半数企业9月呈现负增长，对限额以上社会消费品零售指标下拉明显。

（三）外贸复苏的基础尚不稳固

90%以上的境外展会取消，越南等出口导向国家生产逐步恢复，分流区内机电类产品订单。国际贸易摩擦不断，隆鑫通用等受美国"双反"调查，影响区内通机出口北美地区。

（四）财政收支平衡难度大

第二批土地集中拍卖中，有两宗土地由区属国有企业自摘，购地款需区级自筹；政府项目专项债2021年新增为零，教育改革支出、市能投集团纾困资金等需求量大且在年度保障预算之外，造成全区资金缺口平衡难度大。

（五）房地产市场短期风险值得关注

房地产市场预期出现变化，银行信贷持续收紧，对房地产企业运营、工程建设造成直接影响，个别全国性房地产企业资金链断裂，对其在九龙坡在建项目造成影响，导致其拖欠工程款和农民工工资。稳地价、稳房价、稳预期难度加大，市场信心有所回落，可能影响第四季度及2022年房地产投资、商品房销售和财政收入。

三、2022年重点工作

2022年，九龙坡区的工作思路是坚持以习近平新时代中国特色社会主义思想为指导，牢记习近平总书记殷殷嘱托，全面贯彻党中央决策部署和市委、市政府工作安排，统筹推进"五位一体"总体布局，协调推进"四个全面"战略布局，深度融入成渝地区双城经济圈建设和全市"一区两群"协调发展，深入践行"三高三宜"发展要求，聚焦建设创新发展引领区、生态文明示范区、城乡融合先行区、人文艺术亮丽区、人民生活品质区"五区目标"，强化创新驱动发展战略，全面深化改革开放，切实保障和改善民生，努力在全市高质量发展和现代化建设中干在实处、走在前列。

（一）着力提升区域经济能级

开启千亿园区、千亿产业链、千亿企业"三千新征程"，打造千亿级高端铝产业、汽摩产业、现代服务业三大支柱产业，培育电子信息、高端装备、数字经济三大战略性新兴产业，集聚中铝高端制造、博世氢能源发动机、润泽（西南）国际信息港、量子应用技术研究院及装备生产、中国生物医药产业互联网中心、蓝卓工业互联网创新中心等"链主"项目引领产业升级。推动生产性服务业向专业化、集群化方向提升，生活性服务业向高端化、多元化方向提升，吸引国际消费中心城市和服务业扩大开放的项目流、资金流、人才流向区内倾斜。充分考量"双碳"经济背景下工业大区的任务之重、转型之难、责任之大，制订并实施务实工作举措，推进逐年达标、提质创优。

（二）着力提升科技创新能级

全面强化创新平台支撑，深化与兵科院西南分院、渝州实验室等合作共建，积极争取国家重点实验室和国家重大科技项目布局。持续加强创新主体培育，以科技创新支撑产业集群发展。大力引进科技创新人才，落实重庆英才计划，完善人才数据库、"人才龙卡"服务等专业化保障体系，建好院士专家工作站等人才工作平台。

（三）着力提升城市发展能级

高质、高标完成城市更新试点工作首年任务，打造"科学城九龙创新城、南部人文九龙文创城、美术半岛九龙艺术城、沿'长江走廊'滨江新城"四张城区新名片。东部城区以"绣花"功夫提升城市品质，商圈、干道等重要地段的规建管水平比肩主城都市区最高水平；西部城区新规新水平，陶家及周边区域加快打造区域性城市副中心。加快推进华润中心二期等重点项目，高起点打造重庆美术公园，共塑"两江四岸"城市主轴，加快长江文化艺术湾区建设。深化智管、细管、众管、严管，提升城市治理现代化水平。

（四）着力提升对外开放能级

积极对接RCEP，依托独特地缘政策优势，开创中新互联互通南向通道建设新机遇，紧扣国内大循环为主体、国内国际双循环相互促进的新发展格局，抢抓外资、外贸、外经"三外"机遇，谋求跨越赶超。全面提升区域开放型经济水平，强化疫情后国际友城交流往来，深化"新龙合作"，共创成渝经济圈建设协同发展示范区，积极筹备中新国际数据通道产业应用示范基地建设。强化自贸试验区集聚效应引领功能，自贸区内新注册企业、企业总量保持全市领先。全力做好服务业开放试点扩大，高标准推进进境粮食中转码头、九龙国际文化艺术品交易基地等项目建设。加快构建外快内畅交通体系，积极争取市级开放通道枢纽和口岸规划布局，加快推进黄磏作业区一期工程，提早谋划城区路网与重庆新机场的大通道衔接问题，着力打通对外发展、经济组团、核心枢纽、区域中心和重点人群集居区"五个通道"。全力扩大内需和开展招商引资，打造营商环境前沿区，持续推进国际消费中心城市、夜间经济集聚区、特色商业街建设等重点工作。

（五）着力提升民生保障能级

坚持以人民为中心的发展思想，在高质量发展中促进共同富裕。围绕"吃穿住行、娱教医养"为市民提供优质均衡的公共服务供给、城市配套环境和就业创业机会，持续强化基本民生保障。推动东西城区发展的均衡性、协调性和包容性，以加快农业现代化推进新型城镇化，以"人产城景"融合发展推动全域城市化。加快推进重庆育才中学科学城校区、谢家湾学校科学城校区等项目，在陶家镇布局招引三甲医院，推动城市供水管网向农村延伸。

（六）着力提升安全保障能级

统筹发展和安全，善于预见和预判各种风险挑战，不断增强发展的安全性。严守疫情防控底线。认真落实"四方"责任和"五早"要求，健全常态化防控和应急处置转换机制，全面强化社会管控措施，继续推进疫苗接种，坚决守住来之不易的防控成果。严守生态环境底线。打好蓝天、碧水、净土保卫战，加快编制全区温室气体排放清单，摸清全区碳排放结构"家底"。严守社会安全底线。深化自治、法治、德治"三治结合"实践，推行智能化治理新模式。注意发现和及时消除金融、资源环境、社会稳定等领域的风险隐患，依法打击各类违法犯罪活动，有效防范和化解各类风险。

[九龙坡区发展和改革委员会　董　超　何　圯]

之七：2021年大渡口区经济运行分析及2022年展望

2021年，大渡口区上下坚持以习近平新时代中国特色社会主义思想为指导，认真贯彻落实党中央、国务院以及市委、市政府决策部署，巩固拓展疫情防控和经济社会发展成果，大渡口区经济持续恢复，质量效益稳步提升，高质量发展态势良好。

一、2021年大渡口区经济运行情况

1—9月，大渡口区实现地区生产总值217.6亿元，同比增长10.3%，分别高于全国、全市0.5个和0.4个百分点，两年平均增长5.5%，增速居主城九区第四位、主城都市区第十位。其中：第一产业实现增加值0.7亿元，同比下降5.8%；第二产业实现增加值95.9亿元，同比增长16.7%；第三产业实现增加值120.9亿元，同比增长5.8%。

（一）工业发挥重要支撑

聚力打造国家智能视觉感知产业基地、国家环保产业基地、国内体外诊断产业高地、重庆小面产业园等金字招牌，工业发展势头强劲。1—9月，大渡口区规模以上工业总产值221.3亿元，同比增长41.8%，两年平均增长23.5%；规模以上工业增加值同比增长26.1%，分别高于全国、全市14.3个、11.9个百分点，居全市、中心城区、主城都市区第一位。工业各行业发展态势总体良好，电子制造业、装备制造业、汽摩配产业、消费品产业、材料产业产值分别增长74%、80%、38%、13%、6%。战略性新兴制造业快速增长，海康威视等13家战略性新兴制造业企业实现产值132亿元，同比增长67%，占规模以上工业总产值的60%。1—8月，大渡口区规模以上工业企业利润总额22.7亿元，同比增长67.2%，营业利润率为11.8%。工业对GDP的贡献率达51.8%，拉动GDP增长5.3个百分点，工业经济加快转型，结构效益持续向好，担当全区经济增长第一动力。

（二）固定资产投资实现快速增长

1—9月，大渡口区新开工陶家隧道、天安数码城产业楼宇（三期）等项目46个，总投资132.2亿元；竣工天泰钢城印象（A区）、义渡古镇管网工程等项目21个，74个重点项目有63个顺利推进，顺利率85%，带动全区完成固定资产投资171.1亿元，同比增长20.4%，增速比上半年提高8.9个百分点，居全市第二位，居中心城区、主城都市区第一位。其中，工业投资完成额13.6亿元，同比增长14.4%；基础设施投资完成额26.6亿元，同比增长25.7%；房地产投资完成额125亿元，同比增长17%，房地产投资占全区固定资产投资的73%，是固投高速增长的有力支撑。1—9月，大渡口区完成建筑业产值184亿元，同比增长12.3%，增速比上半年提高0.4百分点，与全市持平。

（三）消费市场逐步恢复

谋划出台《大渡口区扩大内需十条举措》，组织开展秋季汽车站、城市生活节、重庆小面文化节等主题消费活动，着力优化消费供给，激发消费活力。1—9月，大渡口区社会消费品零售总额48.1亿元，同

比增长14%，批发、零售、住宿、餐饮同比分别增长19.3%、20.4%、39.2%、34.8%。音乐小镇加快打造，新引进企业11家，钓鱼嘴音乐论坛、穿越二号COLO音乐节取得较大社会影响，音乐、休闲等文旅消费升温。1—9月，大渡口区接待游客367.46万人次，旅游总收入5.62亿元，同比分别增长119.31%、62.44%。商品房销售在稳地价、稳房价、稳预期的政策导向下，实现销售面积151.1万平方米，同比增长4.9%。金融市场运行良好，大渡口区金融机构存贷款余额1570.64亿元，同比增长12.5%，增速居中心城区第2位。服务业保持复苏态势，大渡口区规模以上服务业营业收入36.7亿元，同比增长40.3%，增速比上半年提高6.9个百分点，比全市高15.3个百分点。

（四）发展动能持续增强

坚持招商引资与优化营商环境、鼓励创新创造并举，不断增强经济发展内生动力。截至2021年9月，全区民营经济市场主体达3.4万户，其中1—9月新设立市场主体4737户，同比增速14.5%；新设立民营企业1453家，同比增速10.9%。1—9月，大渡口区签约招商项目56个，签约合同额214.75亿元，同比增长42%，其中四大支柱产业项目45个，有力促进新旧动能转换。国家"双创"示范基地加快建设，编制《大众创业万众创新暨小微企业政策汇编》，举办双创活动周，开展创新创业成果展、"义渡赛创会"、涉企政策宣讲会等系列活动。组织实施2021年度科技计划项目，向符合条件的科技型企业兑现项目资金800余万元，帮助17家科技型企业获得知识价值信用贷款4018万元，发放扶持创业贷款800万元。1—9月，新培育科技型企业55家，累计达351家，组织推荐57家企业申报2021年度国家高新技术企业，高新技术企业数量占科技型企业数量比重达30.5%，居全市前列。

（五）社会民生保障有力

1—9月，大渡口区一般公共预算收入完成15.04亿元，同比增长1.7%，其中，税收收入完成13.14亿元，同比增长5.3%，增速居中心城区第五位。大渡口区一般公共预算支出22.48万元，同比下降2.2%，增速居主城中心城区第六位，其中社会民生支出占80%。15件区级重点民生实事37个子项目已完成8个，其余有序推进。顺利通过国家卫生城市复审，疫苗接种任务全面完成。居民收入稳定增长，1—9月大渡口区城乡居民人均可支配收入35322元，同比增长9.8%；其中，城镇居民人均可支配收入35682元，同比增长9.8%，农村居民人均可支配收入20002元，同比增长11.2%。精准发力稳定就业，积极开展就业援助月、春风行动等专项行动，举办各类创业、技能大赛，开展职业技能提升培训5600人次，城镇新增就业11096人。

二、经济运行中存在的主要问题

大渡口区经济持续保持恢复增长态势，但发展中仍存在着一些困难和问题，经济运行面临的不稳定性、不确定性因素增多，经济持续恢复的基础尚不稳固。

（一）企业生产经营压力较大

当前国外疫情依然严重，国内集聚性疫情和散发性病例时有发生，经贸摩擦不断，宏观环境复杂多变，给企业经营发展带来制约。同时，原材料价格高企，工业生产者购进价格指数和出厂价格指数"剪刀差"扩大，持续挤压企业利润，加之融资难、融资贵等问题依然突出，多数中小企业运行困难，经济持续增长面临一定压力。

（二）商贸服务业发展存在差距

1—9月，大渡口区第三产业同比增长5.8%，分别低于全国、全市3.7个和4.5个百分点，增速居中心城区末位、主城都市区第 21 位、全市第 38 位；社会消费品零售总额同比增长 14%，分别低于全国、全市 2.4 个和 9.7 个百分点，增速居中心城区第七位、主城都市区第 18 位、全市第 32 位。商贸服务业排位靠后，发展水平与中心城区的区位极不匹配，区域品质特色消费不足，缺乏吸引力，需高度重视商贸服务业提质发展。

（三）房地产市场短期风险值得关注

房地产市场预期出现变化，银行信贷持续收紧，对房地产企业运营、工程建设造成直接影响。第二批土地集中出让不容乐观，市场信心有所回落，可能影响第四季度及 2022 年投资增长、商品房销售和政府财政收支平衡。

（四）传统耗能企业转型面临挑战

当前全国煤炭供需矛盾十分突出，煤电价格倒挂，部分地区出现"拉闸限电"，在"双碳"减排倒逼背景下，对传统企业加快转型升级提出更高要求。

三、下一步工作重点

（一）全力以赴抓落实，推动重大战略落地

深入落实成渝地区双城经济圈建设和"一区两群"协调发展重点任务，加强区域交流合作，推进对口协同发展年度任务全面落实。围绕南部人文之城功能定位，全力推动"艺术湾"和音乐半岛建设，加快启动长江音乐厅建设，力争长江音乐学院、宝武西南总部、茄子溪港转型等重大项目年内开工，确保义渡音乐小镇年内重新开街，完成长江文化艺术湾区产业规划、事业规划编制，促进"音乐+"产业导入培育，推动国家音乐产业基地建设。加快推进国际小球赛事中心前期工作，做好伏牛溪油化仓储基地搬迁对上衔接。加强"十四五"规划纲要组织实施，加大工作统筹，全面完成"十四五"专项规划编制。

（二）全力以赴抓产业，提升产业发展水平

围绕建设国家产业转型升级示范区，着力打造一批竞争力强的新兴产业集群。加快推动海康威视三期、萤石智能家居项目开工，围绕产业生态构建，加快招引集聚智能视觉产业链企业。加快中元汇吉生物科技园项目前期进度，提速推进建桥 C 区生物医药园二期，进一步发挥 IVD 产业发展优势，加快打造全国 IVD 产业高地。推动中冶建工绿色建筑材料产业示范基地开工建设，做好国际复合上市服务，推进清洁能源新材料制造基地、飞灰危废等离子熔融处理项目等落地，做大做强生态环保和新材料产业。积极推动重庆小面产业园建设，培育消费品工业新增长点。加快传统产业优化升级，引导精耕、锦升等区内信息化企业参与制造业企业的智能化改造，支持国际复合、秋田齿轮等企业数字化装备普及和智能工厂、数字化车间建设，加快智能制造产业园等标准厂房建设，确保全年完成智能化改造项目 10 个。推动服务业扩量提质增效，加快出台现代服务业发展规划，研究制定《大渡口区服务业发展考核办法》，聚焦"吃住行游购娱"，推出系列特色消费体验活动，举办好城市定向赛、长江草莓音乐节等文体活动，推动工博馆、义渡古镇、重钢崖线等景点连线成面，做亮城市文旅品牌，培育新兴消费热点。做大做强太极信息等软件及信息服务业，培育壮大现代物流、研发设计、检验检测等生产性服务业，补齐服务业发展短板。

（三）全力以赴抓项目，着力扩大有效投资

一是加大项目统筹调度。抓调度扩存量，对照年度目标任务，压紧压实责任，切实解决陶家隧道、大滨路与九滨路连接道、中南上悦城等一批项目涉及的高压线、燃气管线等问题，促进投资持续放量。

抓开工添增量，积极推进长城·爱情天宸万象、金望宇·玻纤厂地块开发项目等开工建设，添增量、增后劲，夯实投资调度基础。二是加强项目策划储备。深入开展中央预算内投资、专项债券、PPP项目谋划推进工作，抓实《大渡口区2022年对上争取资金项目库》建设。聚焦滨江湾区、轨道2号、18号线沿线、建桥C区等重点区域开发，谋划储备一批重大项目，提早启动2022年投资计划编制，完善《大渡口区政府投资项目三年滚动规划（2021—2023）》，夯实投资工作基础。三是加大产业项目招商。依托高新区建桥园、商业楼宇等产业载体，加大精准招商，推动新兴产业延链补链强链，丰富提升现代服务业业态，加强招商跟踪服务，力促签约项目尽早落地开工，着力形成有效投资和新增产能。

（四）全力以赴优环境，增强发展动力活力

加大营商环境改革创新力度，全面落实《重庆市优化营商环境条例》，兑现惠企政策，加强能源、用工等要素保障，强化企业服务，抓好市场主体培育，确保全年市场主体数量增长14%、民营企业数量增长12%以上。强化创新驱动发展，扎实推进国家双创示范基地建设，统筹抓好政策制度、市场环境、平台支撑、资源汇聚等各项工作，推动工作出成效、出亮点，发挥示范带动作用。有序推进"双碳"工作，编制大渡口区"十四五""碳达峰"工作行动计划，强化固定资产投资项目节能审查，建立区分级用能预算管理机制，抓好"两高"项目排查整改，推进减污降碳协同增效，加快绿色低碳转型发展。

（五）全力以赴保民生，维护社会稳定和谐

全力保障教育、医疗、文化、养老、社会保障等重点民生领域投入，加强新业态从业人员社会保障，促进高质量充分就业。扎实办好15件区级重点民生实事、61项街镇微型民生实事，完成沪汉社区、翠园片区等老旧小区改造，切实解决人民群众切身利益问题。加强生态环境保护，全面打好污染防治攻坚战，深化环保"五大行动"，全力推进中央环保督察问题整改，力争全年空气质量优良天数达到市级下达目标。统筹好发展与安全，有效应对房地产市场变化，密切监测房地产企业资金链风险。加强市场预期引导，做好年内第三批土地集中出让，保障土地有序供应。落实粮食安全首长责任制，加强粮油、肉类、蔬菜等重要商品价格监测分析，保障市场供应。深入开展安全生产大整治、大排查、大执法，加大道路交通、建筑施工、危化品、消防、旅游景点等重要领域隐患排查整治，严防重大安全事故发生。

[大渡口区发展和改革委员会　王亚梅]

之八：2021年北碚区经济运行分析及2022年展望

一、2021年北碚区经济运行分析

2021年以来，北碚区上下以习近平新时代中国特色社会主义思想为指导，深入学习习近平总书记视察重庆重要讲话精神，贯彻落实习近平总书记对重庆提出的营造良好政治生态，坚持"两点"定位、"两地""两高"目标，发挥"三个作用"和推动成渝地区双城经济圈建设等重要指示要求，立足新发展阶段、贯彻新发展理念、融入新发展格局，坚持稳中求进工作总基调，全力抓"六保"、促"六稳"，坚定不移稳住经济基本盘。北碚区经济社会发展持续恢复、好于预期。

1—9月，实现地区生产总值508.55亿元，同比增长10.5%。规模以上工业增加值同比增长22.8%，固定资产投资同比增长17.1%，其中工业投资同比增长41.9%，社会消费品零售总额同比增长18.9%。地区生产总值、规模以上工业增加值、固定资产投资、社会消费品零售总额两年平均增速分别达到6.5%、13.5%、15%、6.7%，均超过2019年同期增速，恢复至疫情前增长水平。

（一）聚焦工业经济，核心支撑不断强化

北碚区工业运行综合指数在成渝地区双城经济圈重庆市31个区（县、开发区）中位居前列。北碚区规模以上工业增加值增长22.8%，分别高于全国（11.8%）、全市（14.2%）、主城都市区（14.3%）11个、8.6个、8.5个百分点。支柱产业持续发力，电子、汽车、摩托车、装备制造等支柱产业同比分别增长38.8%、22.6%、17%、23.9%，液晶显示屏、工业机器人、摩托车整车产量同比分别增长29.8%、17.3%、21.2%。规模以上战略性新兴制造业总产值同比增长35.6%，占规模以上工业总产值比重达70.2%。数字经济加快发展，横河川仪、力帆科技等19家智慧智能智造企业参展2021年智博会，举办工业互联网一体化发展高峰论坛，区内"上云上平台"企业达266家，数字经济制造业产值同比增长38.8%，占规模以上工业总产值比重达64.2%。1—8月，规模以上工业企业营业收入同比增长31.6%，利润同比增长4.7倍。

（二）聚焦"三驾马车"，发展动能加速释放

北碚区政府出台《重庆市北碚区政府投资管理实施细则》，积极落实"抓项目稳投资"专项行动，固定资产投资增速分别高于全市（8.4%）、主城都市区（7.3%）8.7个、9.8个百分点，两年平均增速高于全市9.6个百分点。重庆市传感器特色产业基地、普洛斯（重庆）蔡家产业园等重点项目加快推进，211项市区两级重大建设项目完成投资380.68亿元，完成年度目标任务的84.1%。签约项目110个，签约金额599.87亿元。消费市场加快恢复，社会消费品零售总额增长18.9%。批发业、零售业、住宿业、餐饮业市场分别增长60.1%、26.8%、30.9%、29.9%，获评中餐地标美食城市，三溪口豆腐鱼美食街二期建设完工，全市首条蚕桑特色产业街顺利开街。旅游市场加速回暖，接待过夜游客135.47万人/天，同比增长10.7%，实现旅游总收入144.41亿元，同比增长15.7%，全区国庆黄金周接待游客数量恢复至2019年同期的87.1%。进出口持续升温，国家外贸转型升级基地（仪器仪表）加快建设，北碚区实现外贸进出口总额284亿元，同比增长近1.3倍。

（三）聚焦深化改革，后劲动力有效激活

深入贯彻落实全市营商环境大会精神，2020年度营商环境考核居主城都市区第三位，获评重庆市优化营商环境十佳示范案例。创新推出数字化金融服务平台，区内注册企业超700家，精准助力164家小微企业获贷9182万元。建立金融支持综合性风险补偿资金池，50余家小微企业获信贷资金和转贷支持2.5亿元，获续贷资金3亿元。国企改革持续走深走实，完成三年行动改革任务的78%；二级企业重组整合有效推进，缙云公司经营主体减少64%；"提三效去三闲"专项活动稳步推进，区属国有企业盘活国有土地1901.5亩，实现土地价款29.7亿元。农村"三变"改革扎实推进，盘活利用农村土地2.25万亩，10.85万农民变股东，村集体及成员实现分红收益3000余万元，金刀峡镇成立全市首家镇级股份经济合作联合总社。

（四）聚焦区域协同，发展合力加快凝聚

稳步推进成渝地区双城经济圈建设，与绵阳市累计签订专项合作协议62个，"北碚—广安"民营经济协同发展示范区战略合作方案完成编制，与巴中市缔结友城，努力打造成渝非毗邻地区合作典范。持续强化对口协同发展，帮助提供就业岗位702个、销售农特产品1025万元。深入实施"园城带动"发展战略，水土高新技术产业园规模以上工业总产值、固定资产投资同比分别增长37.6%、16.6%；西部（重庆）科学城北碚园区加快建设西南大学科学中心、卢作孚民营经济示范产业园等项目；蔡家智慧新城完成规模以上工业产值151.7亿元，重庆市工业互联网大数据产业发展联盟揭牌成立；缙云人文科技城以卢作孚主题公园为载体，加快推动"卢作孚片区+滨江整体规划"建设；温泉谷两山生态文旅产业园聚焦缙云山综合整治，生态搬迁示范项目北泉村迁建房、新北温泉公园等完成建设；江东生态农业科技产业示范园全力推动重庆国际文化旅游度假区建设。

（五）聚焦民生保障，共同富裕扎实推动

有序推进15件市级重点民生实事和8件区人大代表票决民生实事，完成投资9.7亿元，天生向阳小学、作孚幼儿园等4所新校建成投用，硬化农村入户便道100千米，天然气进村入户安装381户。落实稳就业、保就业政策，发放一次性留工补贴211.77万元，惠及492家企业，稳定就业7059人；全区城镇新增就业1.55万人，完成市级目标任务的91.1%。动态优化城乡教育资源布局，完成滩子口小学、龙车寺小学撤并工作。统筹推进"健康中国"北碚行动，加快推进城市医联体暨区域医共体建设试点工作。城乡养老保险参保率稳定在95%以上，医疗保险参保率达96%以上。

（六）聚焦风险防范，安全发展有力保障

筑牢常态化疫情防控防线，1—9月完成第一剂次接种任务73万剂次，完成进度105.4%，12岁以上全程接种67万人次，完成进度102.8%。开展非法集资风险排查、区属国有企业债券专项核查，发行政府债券12亿元，有效管控政府债务，1—9月无债务风险事件发生，未新增政府隐性债务。强化房地产事前事中监管，密切监测房地产企业资金链风险，积极应对个别房地产企业"爆雷"引发的连锁反应，全力推进其在北碚区项目建设，确保房地产市场持续健康发展。有效应对3起洪峰过境，及时处置洪涝、地质等灾害险情。深入开展安全生产专项整治三年行动，加强应急管理和防灾减灾救灾能力体系建设，未发生较大及以上生产安全事故，北碚区安全形势总体平稳。

二、存在的主要问题

总体上，1—9月，北碚区地区生产总值、规模以上工业增加值、固定资产投资、工业投资、房地产

投资等经济指标表现较好、排名靠前,支撑全区经济稳定恢复的有利因素较多。但我们也要看到,全区经济高质量发展仍面临不少困难和问题。

(一)经济总量还不够大

1—9月,全市经济总量达19951.89亿元,北碚区占比不足3%,排位靠后,主城都市区中心城区"极核"作用未充分发挥。

(二)产业结构还不够优

第三产业占比低于全市3.2个百分点,社会消费品零售总额增速低于全市4.8个百分点、低于主城都市区2.5个百分点。金融业发展滞后,其增加值占GDP比重仅为5.5%,对GDP增长贡献率仅1.5%,还需大力提高,旅游、商贸、文化等服务业发展还不够。

(三)投资增长后劲还不够强

工业投资主要依赖于京东方等超大型项目,企业技术改造与设备更新意愿不足。受政府减债和财政吃紧双重影响,新开工、入库的基础设施项目不多、体量较小,基础设施投资自上年开始连续负增长。

此外,还存在钢材、铜、铝等主要工业原材料价格上涨进一步挤压工业企业利润空间,液晶面板价格波动影响区内电子产业走势,市场主体对涉企政策落地有效性和精准性还有不少诉求等问题和困难。

三、经济与社会发展形势预测

(一)2021年主要指标预测

根据北碚区1—9月经济运行情况,初步预测2021年除一般公共预算收入增速下降、实际利用外资总额难以完成年初目标以外,地区生产总值、规模以上工业总产值、规模以上工业增加值、全社会固定资产投资、社会消费品零售总额等指标增速均较上年保持平稳或有所上升。预计全年地区生产总值增长8.5%左右。

(二)2022年经济发展环境及趋势预测

2022年,世界百年未有之大变局加速演变,新冠肺炎疫情对全球经济影响正在加深,中美战略博弈成为常态,全球经济增长乏力,科技革命加速演进,全球产业链、供应链面临冲击,不稳定性和不确定性明显增强,今后一个时期全区发展将面临更多逆风逆水的国际环境,必须未雨绸缪、妥善应对。我国正处于转变发展方式、优化经济结构、转换增长动力的攻坚阶段,全市正开启育新机、开新局的新篇章,北碚区将全力抢抓新一轮技术革命和产业革命的历史机遇、扩大内需战略的市场机遇、新时代西部大开发的政策机遇、成渝双城经济圈建设的战略机遇、新一轮深化改革扩大开放的时代机遇和"三区叠加"优势赋能的发展机遇。预计2022年北碚区经济稳步恢复。

四、下一步工作建议

下一步,北碚区将以习近平新时代中国特色社会主义思想为指导,坚持稳中求进工作总基调,完整、准确、全面贯彻新发展理念,统筹推进疫情防控和经济社会发展,贯彻落实好《成渝地区双城经济圈建设规划纲要》、"十四五"规划纲要和主城都市区座谈会精神,以做好生态人文、科技创新、民营经济、乡村振兴"四篇文章"为统领,突出重点、精准施策,统筹处理好乡村振兴与发展全局、疫情防控和稳定增长、减税降费与增收节支等关系,以目标倒逼任务,以时间倒逼进度,确保"十四五"良好开局,

努力完成全年经济社会发展目标任务。

（一）落实战略任务，推进区域协同发展

全面落实《成渝地区双城经济圈建设规划纲要》，对标成渝地区"两中心两地"战略目标，加快构建更加快捷高效的交通网络，全面融入成渝地区交通一体化发展格局和重庆主城都市区"一日生活圈""1小时通勤圈"。深化落实"绵碚"战略合作框架协议和三年行动计划，加强产业发展协同联动，推动两地特色产业实现优势互补，支持两地院校和科研院所加强交流合作，促进院校创新资源与市场有效对接。推进北碚广安民营经济协同发展示范区建设，充分利用两地区位、政策、产业、营商环境等方面的基础和优势，打造"双城"民营经济发展平台载体。

（二）坚持创新驱动，加快科学城北碚园区建设

立足科教创新优势，加快集聚高水平科研机构，携手西南大学、中国科学院重庆绿色智能技术研究院等在碚高校、科研院所，建设一批科教基础设施和交叉研究平台，支持西南大学科学中心建设，加快推进长江上游种质创制前沿研究中心、生物医药与大健康前沿研究中心等落地建设。围绕科学大道、轨道七号线、椿萱大道（北碚段），结合轨道站点布局青年社区，建设国际学校和国际医院等高端公共服务配套设施。围绕新型"智慧城市""海绵城市""韧性城市"建设，融入山水风光、科学元素、未来产业，打造山水田园交融、乡愁味道浓郁、科学场景丰富、产业蓬勃兴盛的未来城市。

（三）强化创新引领，推动产业升级

提档升级创新创业平台，推进西南大学科学中心建设，建成投用长江上游种质创制前沿研究中心、未来农业前沿研究中心等四大前沿研究中心。强化校地合作，推动高校更好赋能科技创新，支持西南大学多渠道争取国家、市级科技项目资金，统筹推进环西南大学创新生态圈建设。引导企业加大创新投入，落实好制造业企业研发费用加计扣除、高新技术企业税收优惠等政策，培育更多规模以上高新技术企业。加快发展大数据产业，鼓励企业在数据清洗、数据分析、数据挖掘、数据可视化、数据保护等领域开发一批关键技术和产品，依托腾讯、浪潮、中国联通、万国、远洋等十大数据中心，积极参与全国一体化数据中心试点建设，支持万科思、忽米网等企业赋能传统产业，加快推进产业数字化、数字产业化。

（四）狠抓重点项目，促进投资放量

围绕"两新一重"重点领域，实施一批强基础、增功能、利长远的重大项目，进一步发挥有效投资对推动重大战略实施的支撑作用。持续做好用地、资金、审批等前期工作，确保项目应开尽开、能开多开，力争形成更多实物工作量，推进京东方重庆第6代AMOLED（柔性）生产线、莱宝（二期）等项目建设。建立多元化投资机制，激发民间投资活力，拓宽社会投资领域和范围，推动形成市场主导的投资内生增长机制。坚持"项目跟着规划走、资金要素跟着项目走"，加快将"十四五"规划确定的重大工程、重大事项落实为具体项目，特别是建设陆港型国家物流枢纽等已纳入市级规划的事项，进一步强化向上对接，将其转化为在碚项目。

（五）培育消费热点，释放消费潜力

深入实施"巴渝新消费"八大行动，在数字赋能、场景优化等方面，再形成一批富有北碚元素、特色鲜明的活动品牌和消费名片。进一步完善细化北碚文旅消费试点城市建设方案，积极开发文旅消费新市场，持续跟进重庆国际文化旅游度假区、天府影视基地等项目。围绕缙云山、北温泉、金刀峡等特色创新发展北碚"新品牌"，推动创建和提升金刚碑历史文化街区、三溪口豆腐鱼特色美食街、北温泉九号特色美食街和天生丽街学区商业街等美食、购物、文化旅游消费地标。抓住节假日消费旺季，积极开展

"嗨购北碚"等消费促进活动。加强农村电商建设,支持八爪鱼打造特色农产品电商直播基地。

(六)优化营商环境,激发市场活力

纵深推动民营经济综合改革示范试点,贯彻落实《关于深化民营经济综合改革努力创建新时代"两个健康"先行区和全国民营经济示范城市的实施意见》,深入实施"顶天立地""铺天盖地"市场主体培育计划,提升民营经济增加值占GDP的比重。着力打造全国一流营商环境,深化"放管服"改革,完善企业"服务专员"制度和"直通车"制度,落实好国家和重庆一揽子减税降费、降本减负措施,让各类市场主体在北碚放心投资、安心经营、专心发展。支持企业上市挂牌"沃土"计划,推荐区内拟上市挂牌企业参与重庆国际创投大会主题路演活动,支持企业申报市级重点培育拟上市企业,进一步激发企业成长潜力。

(七)推进"双碳"工作,加快绿色转型

积极探索绿色发展新路径,着力构建生态经济体系,开展绿色生活创建行动,将碳达峰、碳中和纳入经济社会发展和生态文明建设整体布局。严格落实能耗"双控"制度,督促指导区内碳排放重点企业开展碳排放权交易工作,坚决不新增"两高"项目。完善能源消费总量和强度"双控"制度,强化节能评估审查,保障合理用能,限制过度用能,持续改善生态环境质量,深入打好污染防治攻坚战,确保空气质量优良天数稳定在300天以上。倡导绿色生活方式,推进公共机构绿色办公、绿色采购,加强居民社区可再生资源回收利用,鼓励低碳出行,增进绿色发展自觉。

(八)兜牢民生底线,提升幸福指数

强化民生资金投入保障,加快教育、社保、医疗等民生领域财政支出进度。加大税收、社保、转移支付等再分配调节力度和精准性,合理调节过高收入,推动更多低收入群体迈入中等收入群体行列。积极稳就业促创业,注重提高产业发展、重大项目、重点民生工程等吸纳就业的能力,确保全年城镇新增就业人数达到2万人。持续改善城乡薄弱学校办学条件,争创国家学前教育普及普惠区和国家义务教育优质均衡发展区。推进健康中国北碚行动15项专项工作,强化公共卫生服务体系和疾控体系建设,提高居民健康水平。加快编制出台全区"一老一小"整体解决方案,有序推进养老托育服务工作。

[北碚区发展和改革委员会　李　俊　张　红　杨利华]

之九：2021年渝北区经济运行分析及2022年展望

2021年以来，渝北区认真落实市委、市政府决策部署和"十四五"规划纲要、政府工作报告各项目标任务，融入新发展格局，抢抓成渝地区双城经济圈建设和"一区两群"协调发展的重大机遇，扎实推进党史学习教育，开展庆祝建党100周年活动，统筹疫情防控和经济社会发展，统筹发展和安全。渝北区经济保持恢复性增长态势。

一、2021年渝北区经济运行情况

（一）经济运行主要特点

1—9月，渝北区实现地区生产总值1628亿元，同比增长10.8%，两年平均增长6.6%，经济总量保持全市第一。

1. 产业发展支撑有力

农业农产品产量稳步提升，第一产业增加值同比增长4.4%。工业经济量效双增，规模以上工业总产值同比增长24.5%，企业利润同比增长56.3%。得益于长安福特、OPPO等龙头企业集中发力，带动全区工业增加值同比增长14.5%；得益于智能终端同比增长28%以及汽车电子产业同比增长44%，战略性新兴产业占工业比重提升至43.8%；得益于林肯高端车型上线以及智能手机产量同比大幅提升75.5%，整车、手机价值分别提升至13.7万元/辆、653.6元/台，较上年底分别提高0.8万元/辆、309元/台。第三产业整体持续向好，增加值同比增长10.1%，其中批发和零售业、住宿和餐饮业、房地产业同比分别增长13.4%、15%、31.9%；交通运输仓储和邮政业、其他服务业、金融业同比分别增长7.3%、3.3%、1.4%。

2. 市场活力稳步回升

消费市场整体回暖，社会消费品零售总额784.83亿元，同比增长20.3%。水獭云选等大型商业综合体建成开业，西南汽贸城等消费集聚区建设加快，两江国际商务中心招商完成率近80%，大悦城、龙湖天街等商业综合体计划圣诞节开业。文化旅游业持续恢复，预计实现旅游产业增加值90亿元，同比增长8%。商品房销售完成667.7万平方米，同比增长57.2%。外资外贸增势较好，进出口总额1418.2亿元，同比增长24.8%，实际利用外资预计同比增长2%。

3. 发展后劲不断增强

有效投资稳定增长，固定资产投资完成1054亿元，总量保持全市第一，同比增长4.4%。基础设施投资带动强劲，完成245亿元，同比增长36.6%；工业投资完成134.5亿元，同比增长6.7%；民间投资恢复较快，完成493亿元，同比增长4.7%。招商引资成效明显，新签约项目134个，正式合同额797亿元，其中10亿元以上项目20个。截至目前，大明电子、中通快递等65个项目已开工建设。财税金融持续向好，债务风险总体可控，一般公共预算收入60.8亿元，同比增长25.1%，其中税收收入同比增长49.5%。金融存贷款余额达到14065亿元，同比增长7.4%。

4. 发展环境持续优化

创新主体加速集聚，新培育、引进市级科技型企业1908家，居全市第一。科技四大基金累计投放量27.9亿元。新增新型研发机构9家，全社会研发经费支出占GDP比重达到4.08%。营商环境不断优化，新增市场主体30722户，同比增长17.3%，高于全市3.5个百分点；总量达到148964户，居全市第一。西部法治科技园启动建设，樊代明院士工作站正式揭牌。金山科技入围全国民营企业科技创新百强榜单，8家企业新入选工业和信息化部专精特新"小巨人"企业，天箭惯性、阿泰可、蓝岸通讯上市工作加快推进，新增重庆OTC挂牌企业3家。

预计2021年将总体延续前三季度发展态势，全年全区经济增长9%左右。

（二）经济运行中存在的问题

一是受宏观外部环境不确定、原材料价格上涨、芯片供应短缺等因素影响，以整车为代表的重点企业排产、订单缩减，产值减少。二是全区固定资产投资基数大，房地产投资占比较高，工业和房地产投资增长乏力，投资持续保持高位增长压力较大。三是当前疫情仍存在反复，旅游、会展等市场回暖不及预期，全区商贸消费持续稳定增长仍面临挑战。

二、 2022年经济发展环境及趋势预测

2022年，外部环境发生深刻复杂变化，不稳定不确定因素较多，其中疫情变化仍是最大的不确定因素。国内疫情局部暴发和零星散发有可能带来停工、停业、停运、停学的不利影响。但同时，我们也要看到和平与发展仍是当今时代的主题，我国经济形势持续稳定复苏，重庆市经济加快发展，渝北区2022年发展仍有很多机遇。

2022年是渝北区加快建设全市高质量发展的经济大区、高水平开放的临空大区、高能级策源的科创大区、高品质生活的城乡大区"四个大区"之年。渝北区整车与笔电产业转型升级已有较好基础，2021年前三季度高技术产业产值占全区规模以上工业总产值比重提高至46.7%，同比增长26.8%；加之，2021年底两江国际商务中心、龙湖天街、吾悦广场、泽科星泽汇都将建成营业，2022年将会发力见效。两江板块在龙兴工业园区、保税港区加快推进建设的支撑下，有望保持增长态势。机场、轨道交通、高速公路、老旧城区改造等重点项目推进将加快城乡面貌焕新、城市便捷度提升。高竹新区建设实质推进，将在一定程度上解决渝北区空间发展不足的问题。这些机遇都为渝北区2022年稳定、向好发展积蓄了强大的后劲。

三、 2022年主要指标预测

综合研判宏观经济发展形势和渝北区实际情况，初步预计2022年主要预期目标是：地区生产总值增长6%，固定资产投资达到1200亿元，其他经济指标保持适度增长，城乡居民收入增长速度快于经济增长速度。

四、 政策调控建议

2022年，渝北区将在市委、市政府的坚强领导下，围绕高质量发展的经济大区、高水平开放的临空大区、高能级策源的科创大区、高品质生活的城乡大区发展定位，着力抓好稳增长、调结构、促改革、惠民生、防风险各项工作。

（一）加强经济运行调度

全面统筹安全与发展、疫情防控和经济社会发展，着力抓好重点行业、重点企业、重点项目、重点要素保障，补齐经济发展短板，增强新增长点动能支撑。抢抓成渝地区双城经济圈等各项国家战略政策红利，抓好市场主体培育，做好经济监测分析和形势综合研判，紧盯负增长指标，力争扭负转正，关注正增长指标，确保更好增长。做好企业走访帮扶活动，切实解决好企业生产经营中遇到的问题。完善基础工作，加强企业升规入统工作，做到应统尽统、不重不漏。

（二）加快构建现代化产业体系

坚持"存量调结构、增量促转型"双管齐下，加快产业优化升级。一是打造汽车、电子2个2000亿级的支柱产业集群，先进材料、智能装备、食品加工、智慧建筑4个百亿级潜力产业集群，培育一批专精特新中小企业，构建"2+4+1"现代工业体系。二是围绕"资金流"做强创新金融业、围绕"货流"做大现代物流业、围绕"信息流"做优软件和信息服务业、围绕"技术流"做精专业服务业、围绕"商流"发展商务会展业，提档升级文化旅游业、康养休闲业、商贸服务业，加快发展总部经济，构建"5+3+1"现代服务业体系。三是大力发展现代设施农业、休闲体验农业、临空高效农业，发展特色水果、绿色蔬菜、高端花卉、道地药材、生态渔业、特色肉兔六大农产品，创建1个国家农业高新技术产业示范区，构建"3+6+1"现代农业产业体系。

（三）强化投资创新双轮驱动

围绕"四个大区"发展定位，做实项目支撑，紧抓国际国内双循环体系、"双城经济圈"、"交通强市"等窗口机遇，储备一批具有代表性、示范性、影响力的重点项目，力争挤入国家、市级重大项目库以及三年滚动重点项目库。精准扩大合理有效投资，推进实施好年度重点项目和政府投资项目。加强用地、资金保障，积极争取中央预算内资金、地方债券、企业债券、国家基金等，多渠道解决发展资金难题。强化项目建设管理和督查，有序推进新建开工一批、加快推进一批、完工投用一批，确保年度开工率和投资完成率均超过85%。深入实施创新驱动战略，聚焦"产业数字化、数字产业化"，培育新动能、发展新业态，加快建设以仙桃国际大数据谷为核心的创新生态圈，围绕重点领域、重点产业，建设一批吸引和集聚人才的创新平台，培育一批创新引领企业，汇集一批具有国际水平的科技人才和创新团队。

（四）进一步激发市场消费活力

一是紧抓市里加快国际消费中心城市培育建设机遇。培育一批区域消费中心城市、商旅文融合发展城市示范区县。二是抓消费释放。坚持传统消费和新型消费并举、线上消费和线下消费并重，支持商贸企业开展促销。构建"线上+线下、商品+服务、零售+体验"新零售体系。加大城市首店、特色小店招引落地，大力发展"两店"经济。打造中央公园片区夜间经济示范街区。三是抓外贸产业发展。以打造空港型国家物流枢纽为契机，大力发展适航产业，用好市区开放平台及相关政策措施，增强跨境电商发展竞争力，支持跨境电商平台和海外仓建设，扩大跨境电商零售进口，优化进口商品结构。

（五）全力推动形成全面开放新格局

全面融入成渝地区双城经济圈建设，主动融入"一带一路"和长江经济带战略，实施深层次开放。加快推进渝邻快速路等川渝攻坚重大项目，积极探索经济区与行政区适度分离改革。助推机场T3B航站楼和第四跑道加快建设，全力服务铁路枢纽东环线建设投用，加快推进机场支线、渝邻快速通道等项目建设，不断提升"空铁公水轨"多式联运水平。加快临空经济示范区建设，支持临空国际贸易示范园、总部贸易基地发展，招引集聚外贸企业落户。深入融入中新示范项目合作，搭建中新金融资源集聚平台，完善金融机构开放体系。持续做好云阳对口协同发展工作。对标对表世行营商环境评价体系，持续深化"放管服"改革，推进"证照分离"改革、市场信用体系建设等，打造营商环境"升级版"。

（六）统筹抓好城市提升和乡村振兴

提速推进椿萱大道、甘悦大道、城南立交等14条城市主干道和快速路、6座城市立交桥建设，全力保障轨道交通建设，构建畅联畅通的路网体系，提升城区互联互通水平。持续推进碑口水库建设，加快两江大道北延伸段等连接路建设，新建"四好农村路"100千米，补齐农村基础设施短板。加快巴渝乡愁、木耳新乡村等农旅深度融合，全力推进乡村振兴示范镇村建设，全面推动乡村振兴，将巩固脱贫攻坚成果同乡村振兴有效衔接。

（七）着力保障公共服务民生供给

一是抓民生实事。聚集人民群众关心的问题精准施策，继续推行全区民生实事，提升民生项目建设质量，提高保障和改善民生水平。二是抓稳就业促就业。持续做好高校毕业生、退役军人、农民工、就业困难人员等重点群体稳定就业，加强新就业从业人员劳动权益保障。三是着力解决"一老一小"民生问题。认真落实养老托育服务健康发展实施方案，大力发展普惠性婴幼儿照护服务和托育服务，完善养老服务体系建设。四是抓社会安全稳定。持续做好粮油、蔬菜等重要农产品稳产保供，加强安全生产和自然灾害防治，确保社会安全稳定。

[渝北区发展和改革委员会　缪　璞　曾冰珏]

之十：2021年巴南区经济运行分析及2022年展望

2021年以来，巴南区以习近平新时代中国特色社会主义思想为指导，认真贯彻落实党中央、国务院决策部署和市委、市政府工作要求，立足新发展阶段，贯彻新发展理念，融入新发展格局，担当新发展使命，统筹疫情防控和经济社会发展，办好发展安全两件大事，着力推动高质量发展、创造高品质生活，加快建设"一区五城"和打造五个千亿级产业集群，经济发展稳中向好、稳中加固，社会大局和谐稳定，"十四五"开局起步良好。

一、2021年巴南区经济运行情况

前三季度巴南区经济运行总体保持稳中趋进、逐季向好的上升态势，延续了好势头、释放了新动能、凸显了高质量。

一是稳的基础在加固。实现地区生产总值682.5亿元，同比增长10.1%，高于全市平均水平0.2个百分点，其中第一产业增加值39.1亿元，同比增长7.3%，第二产业增加值286亿元，同比增长13.8%，第三产业增加值357.5亿元，同比增长7.6%。工业总产值789.3亿元，同比增长18.3%。固定资产投资476亿元，同比增长3.5%。社会消费品零售总额399.1亿元，同比增长26.1%，批发业、零售业销售总额分别增长55.2%、22.3%，住宿业、餐饮业营业收入分别增长39.5%、34.1%。进出口总值134.3亿元，同比增长18.6，其中出口增长29.3%。一般公共预算收入42.7亿元，同比增长5.7%。金融机构人民币存款余额同比增长8.1%，金融机构人民币贷款余额突破千亿元大关，同比增长10.3%。

二是高的质量在提升。高质量发展态势上行，工业经济量质齐升，规模以上工业增加值同比增长17.7%，增速高于全市3.5个百分点；工业投资同比增长34%，高于全市平均水平21.7个百分点。企业效益明显提升，规模以上工业利润同比增长215.5%。数字经济持续快速增长，数字制造业产值174.8亿元，同比增长30.3%。提速重庆国际生物城规划建设，做好产业提档升级文章。南彭B保进出区货值73.5亿元，同比增长140%。重庆跨境公路班车开通吉尔吉斯斯坦新路线、越南新路线，累计开通面向东盟、中亚共9条干线运输线路，获批西部内陆省市第一个GMS行车许可证，发车2595车次，总货值15.6亿元，同比分别增长37%、66%。成功获得商务部颁发的国家外贸转型升级基地（摩托车及零部件）授牌。四方新材在A股首发上市，美利信科技向中国证监会成功申报IPO。

三是进的动能在积聚。创新引领趋势明显，新认定市级科技型企业993家，增速居全市第一位，总量增至3578家，居全市第二位。实施56个智能化改造项目，智能化改造完成率居全市第二位。新增2家国家级"小巨人"企业、2家市级创新示范企业、14个重庆市重大新产品，16个产品入选首批"重庆好设计"产品名单。上海交通大学—重庆国际生物城数字医学联合技术中心、全市最大动物实验中心——美莱德药物安全评价研究中心落成投用，重庆工业设计产业园开园，重庆国际生物城创新中心开工建设，中国兵器装备集团工程技术研究院揭牌，环重庆理工大学创新创业生态圈、重庆国际免疫研究院加快建设。新引进招商项目77个，到位资金188亿元，同比增长86%。一批重大项目建成，美国雅培克高端原料药试生产，腾龙5G产业园开始试运行，博唯生物四价宫颈癌疫苗三期临床试验揭盲且统计结果显示达到临床终点。新增市场主体13617户，其中民营企业5320家，同比增长14.3%。

四是美的城乡在构建。乡村振兴全面推进，出台《巴南区国家城乡融合发展试验区实施方案》，加快推进国家城乡融合发展试验区建设；市级现代农业产业园加快建设；农业生产喜获丰收，蔬菜、水果产量同比分别增长9.7%、12.4%，生猪出栏量同比增长34.6%；新建"四好农村路"20千米，农村公路硬化率达到87.4%。着力建设数字乡村，巴南、温江数字农业科技园加快建设；将巩固拓展脱贫攻坚成果同乡村振兴有效衔接，深入开展"两不愁三保障"巩固成果"回头看"。城市品质加速提升，铁路枢纽东环线、轨道交通18号线、白居寺长江大桥、南环立交桥改造工程、新燕尾山隧道、渝南大道D段南段等一批重大项目加快建设，花溪河综合整治项目加快实施，"两江四岸"治理提升工程、高职城综合管廊试点工程有序推进；加快城市环境综合整治、垃圾分类、市政设施日常管理等建设，建成融汇滨江公园等5个公园，成功举办春季郁金香花展、金秋菊花季活动；大力推进全国文明城市创建。

五是优的环境在改善。营商环境明显改善，巴南区荣获2020年重庆信用示范城市称号，成功入选第三批全国社会信用体系建设示范区；深化"放管服"改革，全市首个园区政务服务分中心在重庆公路物流基地成立。生态环境持续改善，启动"清水绿岸"治理提升项目建设，8个乡镇污水厂升级扩能技改项目现已全部投运；全区地表水水质稳定达标，鱼洞、大江两个城市集中式饮用水水源地达标率达100%，20个乡镇集中式饮用水水源地达标率达100%；截至2021年9月30日，空气质量优良天数为232天，其中81天为优，151天为良，无重度及以上污染天数。

六是好的民生在增进。城镇居民人均可支配收入38434元，同比增长10%；农村居民人均可支配收入18442元，同比增长11.7%。实现城镇新增就业22209人，城镇调查失业率控制在5.5%以内。城乡养老保险参保率稳定在95%以上。整体推进"新时代"中小学幼儿园养成教育行动计划，大力实施巴南区教师队伍素质提升行动"大树"计划，严格执行义务教育免试就近入学制度，学前三年毛入园率达到100%，普惠性幼儿园覆盖率稳定在84%以上，公办幼儿园占比保持在58%以上。卫生健康事业不断发展，区人民医院通过国家助理全科医生培训基地评估；区二院获评重庆市科普基地，突发公共卫生事件报告及时率和规范处置率达到100%。始终坚持人民至上、生命至上，慎终如始做好常态化疫情防控。持续巩固国家卫生区创建成果。公共文体服务持续提升，四级公共文化服务网络覆盖城乡。

二、2022年巴南区经济运行环境分析及趋势展望

2022年是实施"十四五"规划的第二年。以习近平同志为核心的党中央统揽经济社会发展全局，精准施策，我国经济持续稳定恢复、稳中加固。同时，全球疫情仍在蔓延，世界经济复苏乏力，美国对我国打压不断升级，外部环境错综复杂。加之我国经济恢复基础仍不牢固，内需动力偏弱，制造业困难较多，会给经济稳定运行带来一定挑战。

总的来看，当前巴南经济运行在合理区间，正积极抢抓国家宏观调控的政策机遇、新发展格局构建的历史机遇、成渝地区双城经济圈建设和"一区两群"协调发展的战略机遇，加快"一区五城"建设，着力构建5个千亿级产业集群，产业转型升级步伐加快，科技创新动能持续增强，城乡融合发展深入推进，发展预期持续向好，高质量发展态势持续巩固。但是，发展中也面临投资动能偏弱、基础设施欠账较多、创新能级有待提升、实体经济困难较多等问题。预计2022年巴南区经济总体将保持稳中向好、平

稳运行的态势，主要经济指标增速将达到或高于全市平均水平，位居重庆中心城区前列。

三、2022年工作措施建议

以习近平新时代中国特色社会主义思想为指导，深入贯彻习近平总书记对重庆提出的营造良好政治生态，坚持"两点"定位、"两地""两高"目标，发挥"三个作用"和推动成渝地区双城经济圈建设等重要指示要求，立足新发展阶段，完整准确全面贯彻新发展理念，积极服务和融入新发展格局，统筹疫情防控和经济社会发展，统筹发展和安全，努力实现高质量发展、创造高品质生活。

（一）着力统筹疫情防控和经济社会发展，夯实高质量发展基础

一是巩固疫情防控战果。坚持人民至上、生命至上，严格落实"四早"要求，压实"四方"责任，持续巩固新冠肺炎疫情防控成果，确保人民群众生命安全和身体健康。坚持外防输入、内防反弹不动摇，紧盯关键环节和重点领域，强化来渝返渝人员健康管理，发挥社区联防联控作用，坚持人、物、环境同防，提高应急处置能力，持续织密织牢常态化疫情防控网络。扎实推动疫苗接种工作，加快筑牢疫情防控屏障。二是强化"十四五"规划实施。全面落实巴南区"十四五"规划纲要和各专项规划确定的目标任务，加快建设南部新城、重庆国际生物城、重庆高职城、惠民智慧总部新城和大江科创城，持续增强发展动力和活力。

（二）着力提升科技创新能力，建设重庆南部创新高地

坚持创新在现代化建设全局中的核心地位，深入实施创新驱动发展战略，提升技术创新能力。持续推进环重庆理工大学创新创业生态圈建设，加快巴南区先进技术创新中心二期建设。高质量推进重庆国际免疫研究院、兵装集团工程技术研究院等建设。积极参与重庆国家数字经济创新发展试验区建设。持续实施科技企业成长工程、企业研发机构倍增计划，加快培育创新主体。鼓励并支持院企、校企开展科技合作，引导企业建成一批工程技术研究中心、重点实验室等研发机构，持续努力推进规模以上工业企业研发机构全覆盖工作。

（三）着力提升产业发展能级，构建有重要影响力的现代产业体系

坚持把发展经济着力点放在实体经济上，补齐产业链供应链短板，加快培育五个千亿级产业集群，打造大健康产业高质量发展新高地。一是加快培育新兴产业，全力实施大健康产业高质量发展三年行动计划，推进医疗医药医养、养老养身养心、医旅文旅农旅融合发展；全力打造国家级生物医药产业集群，推动博唯重组蛋白疫苗等项目建设，着力构建"1+3+N"产业体系；全力打造战略性新兴制造业集群，加快新型显示器、人工智能、新能源汽车、智能装备、新材料等产业发展，加快腾龙5G数据中心、惠科模组等项目建设。二是强力提升传统产业，支持宗申、铃耀、大江等企业转型升级，加快宗申高端零部件、宗申航空发动机等项目建设；加快大江科创城建设，打造有全国影响力的高端装备制造科技创新生态圈。三是大力发展现代服务业，提档升级龙洲湾商圈、李家沱商圈，推进西流沱、华熙文体中心等特色商业街区创建，创新发展新兴消费业态；加快电子商务集聚发展，做全做长产业链。四是全力抓好招商工作，围绕"补链、强链、延链"，加大产业项目落地建设力度。

（四）着力提升基础设施互联互通水平，构建现代化基础设施体系

统筹推进传统基础设施和新型基础设施融合联动发展，补齐基础设施建设短板。切实发挥交通"先行官"作用，建好主动脉、贯通断头路、畅通微循环，加快推进黄桷坪大桥、鹿角隧道、渝赤叙高速、茶惠大道、新燕尾山隧道、轨道交通18号线、轨道交通24号线、渝湘高铁、渝万高铁等项目建设，尽快

启动公平大道、南湖大道、木洞至广阳连接道等项目建设。加快花溪河综合整治工程、高洞子水库、一品河清水绿岸治理提升工程、佛耳岩码头防洪护岸工程等项目建设。加快新型基础设施发展，扎实推进5G基站和千兆光纤宽带建设，加快公路物流信息港、忽米产业互联网等项目建设，打造一批行业互联网平台。

（五）着力推动城乡融合发展，建设国家城乡融合发展试验区

一是着力提升城市品质。扎实推进全国文明城区创建，认真实施城市更新行动，抓好老旧小区改造、垃圾分类治理、公厕建设等工作；扎实推进国家生态园林城市创建，围绕"四季有花、全年有景"，打造城市绿肺、市民花园；巩固"无废城市"建设试点成果，持续深化"无废城市"建设；推进龙洲湾、鱼洞、李家沱滨江片区整体打造提升；加快推进东部槽谷一体化发展先行示范区建设，打造国际化大都市践行生态优先绿色发展的示范。二是大力实施乡村振兴。将持续巩固拓展脱贫攻坚成果同乡村振兴有效衔接，统筹推进乡村产业振兴、人才振兴、生态振兴、文化振兴、组织振兴；扎实推进国家城乡融合发展试验区建设，构建"1+3+N"试点示范格局，重点推进惠民—二圣先行示范区建设；实施"强镇带村"战略，突出"一镇一特色"，建设美丽村镇；常态化实施村庄清洁行动；推动一二三产业融合发展，推进市级现代农业产业园建设，打造"古镇""温泉""巴县老院子""美丽乡村"四大品牌。三是推进城乡绿色发展。坚持山水林田湖草系统治理，深入推进五大环保行动，实施生物多样性保护重大工程，有力有序有效做好碳达峰、碳中和工作，加快实现生产生活方式绿色变革。

（六）着力推动改革攻坚，塑造发展新优势

全面深化改革，推动有效市场和有为政府更好结合。加快农村集体经营性建设用地入市、搭建城乡产业协同发展平台等城乡融合重点改革，扩面深化农村"三变"改革。实施国企改革专项行动。稳步推进公立医院综合改革，推进疾病预防控制体系改革。围绕激发市场主体活力深化改革，在优化行政审批服务、深化商事制度改革、加强事中事后监管等方面加大改革探索力度，加强反垄断和反不正当竞争执法，促进公平竞争，营造市场化、法治化、国际化营商环境。深入推进社会信用体系建设，巩固全国社会信用体系建设示范区创建成果。加强普惠金融服务机制建设，着力缓解实体经济融资难问题。

（七）着力扩大高水平开放，建设重庆南向开放高地

积极融入"一带一路"和长江经济带发展，深度参与西部陆海新通道建设，全力推动开放通道拓展、开放平台提升、开放口岸完善、开放主体培育、开放环境优化五大行动落地落实。大力发展开放型经济，引进知名优质企业设立综合总部、地区总部和功能总部。拓展对外开放通道，提升跨境公路班车服务能力，开行车次稳步增加。大力推动东盟贸易服务总部基地建设。全力助推成渝地区双城经济圈建设，推进与成都市温江区常态化交流合作。深化与丰都县"一区两群"战略协作。

（八）着力提质扩容公共服务，健全基本公共服务体系

坚持以人民为中心的发展思想，坚持发展为了人民、发展成果由人民共享，不断增强人民群众的获得感、幸福感和安全感。大力促进就业创业，加强各类职业培训，实现城镇新增就业目标。深入推进"三名"工程、集团化办学和"学区制"建设，不断扩充优质教育资源。加强教师职业道德教育和专业素养，推动教育高质量发展。以推进医疗卫生高质量发展为目标，巩固拓展区人民医院"三甲"医院创建成果，推进区中医院三级甲等中医综合医院创建，推进董家鸿团队共建肝胆与肿瘤特色高端三级医院。推进健康中国巴南行动实践，完善疾病预防控制体系，持续推进西部基层卫生服务示范机构创建和社区

医院创建工作。落实0~3岁婴幼儿照护服务，完善老年健康服务体系。全面加强社会保障，建立健全分层分类社会救助体系。严格落实"米袋子"和"菜篮子"负责制，保障重要农产品有效供给和粮食安全。坚持总体国家安全观，更好统筹发展和安全，防范化解重大风险，建设平安巴南，确保社会安定、人民安宁、生活安康。

[巴南区发展和改革委员会　周　强　张　津　郝成磊　姚　丹]

之十一：2021年涪陵区经济运行分析及2022年展望

2021年以来，涪陵区上下全面贯彻习近平总书记对重庆提出的系列重要指示批示要求，立足"三个重要、一个支点"战略定位，坚持稳中求进工作总基调，持续巩固拓展疫情防控和经济社会发展成果，经济运行总体呈现"稳中有进、进中提质、逐季向好"态势。前三季度GDP突破千亿（1005.4亿元），同比增长10.8%，较2019年同期增长14.7%，两年平均增长7.1%。

一、2021年涪陵区经济运行情况

（一）"稳"的局面更加巩固

1. 工业基础更加夯实

工业增加值实现442.6亿元，居全市第一；规模以上工业增加值同比增长15.3%，高于全市1.1个百分点，两年平均增长10.3%。材料产业支撑有力，大宗化学品价格持续上涨，华峰集团、万凯新材料等重点企业产销两旺，产值实现693.5亿元，同比增长99%。能源、装备制造高端化、绿色化、智能化加快转型，页岩气产量累计突破400亿立方米，西南地区首制建造的最大不锈钢危化品船顺利下水，新能源汽车产量增长1倍。消费品扭转下滑局面，产值同比增长6.4%。战略性新兴产业产值实现447.6亿元，同比增长35%，高于规模以上工业产值6.4个百分点。工业效益稳步提升，1—8月规模以上企业营业收入、利润总额同比分别增长44.1%、112.6%，总量稳居全市第一方阵。

2. 投资运行基本稳定

深入开展"抓项目稳投资"专项行动，固定资产投资同比增长9.7%，高于全市1.3个百分点。其中基础设施投资、工业投资同比分别增长19.7%、7.5%。重点项目发挥稳投资关键作用，36个市级重点项目完成投资106.1亿元，占年度计划的84.2%，快于时序进度9.2个百分点。76个区级重点建设项目完成投资139.1亿元，占年度计划的68.7%。向上争取有新进展，投资70亿元抽水蓄能项目被纳入国家规划，落实中央预算内资金5.7亿元，超上年全年水平（5亿元）。

3. 农业经济稳步发展

农业增加值同比增长7.6%。重点农产品稳价保供成效明显，出栏生猪同比增长34.6%，榨菜产业链产值实现112.2亿元，农产品加工总产值达220.8亿元。

（二）"升"的态势不断延续

1. 服务业再创新高

服务业高质量发展规划、实施意见、行动计划、扶持政策等系列"硬核措施"全面落实，政策红利加速释放，服务业成为拉动经济增长"新引擎"，增加值同比增长14.7%，居全市第二位、主城都市区第一位，较上半年均提高2位，再创历史新高。现代服务业加快发展，龙头港"铁公水"联运被纳入第一批市级多式联运示范工程项目，成功创建市级全域旅游示范区。信息传输、软件和信息技术服务业营业收入同比增长1.7倍，文化、体育和娱乐业营业收入同比增长1倍，租赁和商务服务业营业收入同比增长52.2%。

2. 消费需求加速回升

社会消费品零售总额同比增长27.1%，两年平均增长12.4%，分别高于全市3.4个、2.4个百分点。批发零售、餐饮住宿增加值同比分别增长17%、19%。线上消费保持高速增长，网络零售额同比增长32%，快递业务量同比增长40.9%。旅游消费持续升温，国庆"黄金周"接待旅客超170万人次，重点旅游景区接待旅客人数达到2019年同期1.22倍，人均消费升至855元。

3. 市场信心有力提振

金融支持实体经济加力提效，人民币贷款余额增长17.7%，高于全市4.9个百分点，制造业贷款增速明显快于信贷平均水平，社会融资新增153.6亿元。先行指标和实物指标总体向好，水上货运周转量同比增长16.5%，在主城新区排名比上半年提高2位（第四位），进出口总额同比增长30%以上。民间投资由上半年下降1.7%提升至增长1.5%。工业用电量、用气量同比分别增长38.9%、18.4%，均高于2019年同期水平。

（三）"进"的空间加速拓展

1. 科技创新全面提速

国家农业科技园通过科技部考核评估，积极谋划建设国家页岩油气与新能源科创产业园。33家企业获知识价值信用贷款6490万元，规模以上工业企业研发费用支出同比增长81.8%。新增市级科技型企业188家，总数达1102家，新创市级新型研发机构2个、市级重点实验室2个。科技成果加速转化，华峰集团攻克"尼龙66用腈/胺关键技术"，万人有效发明专利拥有量提升至5.84件。

2. 招商引资成效显著

招商引资签约数量、到位资金大幅增长，新签约市外重点项目37个，协议资金321.7亿元，其中投资上10亿元项目9个、投资或产值上50亿元项目3个、投资或产值上100亿元项目1个。到位资金169.1亿元，为市下达全年目标的1.6倍，投资转化率达52.7%。1—8月在主城都市区综合考核中排第三位。

3. 区域发展纵深推进

成渝地区双城经济圈建设、"一区两群"协调发展深入推进，两江新区至龙头港快速通道、麻柳嘴过江桥位成功进入国家规划、方案，与眉山、乐山签署教育科研协同发展协议，与万州、长寿联合申建的生产服务型国家物流枢纽通过市级专家评审，落实对口协同武隆帮扶资金1172万元。四大园区持续发力，高新区、临港经济区、白涛园区、清溪园区产值同比分别增长22.3%、16.6%、72.5%、48.9%。城市空间加快拓展，义和街道、蔺市街道挂牌成立。

4. 数字经济成长迅速

全国首个榨菜指数平台正式发布。企业"上云用数赋智"步伐加快，新增智能化工厂7个、数字化车间12个、智能制造标杆企业2家。10家企业通过国家级两化融合贯标认证。国仪量子、思谋科技、创业黑马和百行智能等数字经济项目加速聚集，新培育规模以上数字经济企业6家。

（四）"好"的成色充分显现

1. 营商环境持续优化

召开优化营商环境大会，加快打造国际一流营商环境。市场主体量质齐升，新登记市场主体数量9099户，总量达9.8万户。金科投资控股（集团）、中科控股、万达薄板3家企业上榜2021年"中国民营企业500强""制造业民营企业500强""服务业民营企业100强"，民营企业占市场主体比重达97.4%。新评定5家3A级物流企业，数量为全市最多。

2. 社会民生有力保障

就业优先政策全面落实，城镇新增就业1.8万人，完成全年目标的86.4%，城镇登记失业率为3.64%，高校毕业生去向落实率达83%。城乡居民收入增速持续高于经济增速，预计城镇和农村居民人均可支配收入分别增长11.5%和13%。19件重点民生实事扎实推进，累计完成投资7亿元，提前完成年度投资任务。

3. 财税收入增势强劲

挖潜增收成效明显，在近两年大规模减税降费背景下，一般公共预算收入实现47.3亿元，同比增长18.9%，快于上半年5.1个百分点。增值税、企业所得税保持较快增长，带动税收收入同比增长22.9%，增速居主城都市区第3位。收入结构持续向好，税收占一般公共预算收入比重达79%，较上半年提高1.5个百分点。

二、2021年经济指标预测

综合研判宏观经济发展形势和涪陵区实际情况，初步预计涪陵区全年GDP增长9%以上，其中农业增加值同比增长7%，规模以上工业增加值同比增长15%，建筑业增加值同比增长-4%，服务业增加值同比增长9.8%，社会消费品零售总额同比增长18%，固定资产投资同比增长10%，进出口总额同比增长30%以上，一般公共预算收入同比增长10.8%，能够顺利实现"十四五"良好开局。

三、2022年经济运行环境分析和展望

从宏观来看，国际政治经济环境纷繁复杂，新冠肺炎疫情大流行加速大变局的演变，中美贸易摩擦、能源危机等不确定不稳定因素明显增多，全球供应链产业链面临重大挑战，全国全市新的经济下行压力持续加大，但我国经济潜力足、韧性大、活力强、回旋空间大等基本特点没有变。总体来看国民经济持续恢复发展，主要宏观指标总体处于合理区间，就业形势基本稳定，居民收入继续增加，经济结构调整优化，质量效益稳步提升，社会大局和谐稳定。从全区来看，成渝地区双城经济圈建设、国家支持制造业发展、"一区两群"协调发展等诸多战略机遇叠加，战略支点城市、中国"气大庆"、两江新区至涪陵快速通道等一批重大定位、重大事项、重大项目被纳入国家、市规划，"1+2+8+N"科技创新和产业创新体系加快构建，高质量发展势头强劲。初步预测2022年涪陵区经济增长7%左右。

四、2022年重点工作

（一）以调旧育新的协同发力优化产业结构

持续做好"老树发新枝、新树深扎根"，开工建设太极医药城B区、页岩气2022年产建等项目，加

快推进乌江涪陵榨菜绿色智能化生产基地等项目，建成投产重庆一德、涪化环保搬迁一期等项目，力争规模以上工业总产值实现2300亿元。抓好企业培育"枝繁叶茂"，新升规企业15家，新增10亿级企业2家、"专精特新"企业5家，加快美心翼申、新铝时代等企业上市步伐。做大做强现代物流，积极申建生产服务型国家物流枢纽，加快完善"铁公水空"多式联运体系。提档升级商贸服务，开街投用宝龙欢乐汇，建成运营网麦电商产业园二期、废旧金属交易市场。做优做特文化旅游，积极推进国家全域旅游示范区建设，力争创建武陵山大裂谷创5A、816小镇创市级文化产业示范基地。加快企业"上云用数赋智"步伐，持续推进5G、云计算、工业互联网、区块链等技术赋能制造业，力争建成智能工厂2个、数字化车间8个。加速集聚"云联数算用"核心数字产业，提升数字经济发展基础能力。力争数字经济规模达350亿元。

（二）以自立自强的更大力量推进科技创新

成功创建国家级高新区，力争慧谷湖科创小镇首开区动工，启动国家火炬聚氨酯新材料特色产业基地、国家页岩气技术创新中心建设。大力扶持发展高新技术企业、科技型企业、研究机构，力争新增高新技术企业30家、市级科技型企业150家、市级以上研发平台5个以上。落实"百千万"人才工程扶持激励引育八条措施，力争培育引进科创团队20个、创新人才100名。全面落实研发准备金制度、研发加计扣除、加速折旧等优惠政策，最大限度激发企业创新活力。

（三）以攻坚克难的拼劲韧劲狠抓项目建设

强化精准招商，用好"懂你"招商，积极引导推动各方力量和优质资源向重点项目、重点产业集中，力争新引进投资亿元以上项目40个以上。抓项目谋划储备，健全项目梯次推进机制，争取每年都能谋划实施投资超50亿元甚至100亿元的大项目。建立项目全覆盖监测保障机制，积极举办项目开竣工仪式，推动两江新区至涪陵快速通道、渝万高铁、白涛新材料科技城铁路专用线等重大工程开工建设，力争固定资产投资同比增长8%以上。出台开发区管理体制机制改革文件，加快提升开发区改革创新能力，做到"既监管，又放活"，增强开发区经济发展活力。开工建设5个中小企业集聚区，加快培育生力军力量，努力形成"大企业顶天立地、小企业铺天盖地"的生动局面。

（四）以加快赶超的坚定决心推进新型城镇化建设

推进"2+2+2+X"国家级示范城市创建，匠心建设"长涪汇"城市会客厅，打造城市新地标。加快实施北山亮化工程，再点亮城市楼体、干道，让涪陵的夜晚更加璀璨动人。建成太白大道北延伸段，完成人民路、中山西路改造提升，开工新华花园等公共停车场，让市民出行更加舒心。完成3个海绵城市建设，建成投用轴线公园、乌杨树体育公园。推进城市综合管理服务平台建设，建成3个智慧公园，加快智慧停车、智慧社区等建设。加快提升农业效益和竞争力，做大做强以榨菜、中药材为主导的"2+X"特色农业产业集群，力争榨菜产业总产值达140亿元以上，新增中药材基地面积1万亩。推动国家现代农业产业园、国家农业科技园提档升级，启动中国（重庆）国际农产品加工产业园涪陵园区建设。扩大农村"三变"改革、"三社"融合发展，营造城市资本投入乡村发展的良好环境。

（五）以知难而进的魄力担当深化改革开放

深入推进区域协同发展，联合果园港、万州港等共同打造长江上游港口联盟、国际航运物流枢纽，加密涪陵至泸州至宜宾、涪陵至上海班轮，力争涪陵至钦州铁海联运班列发送箱量增长50%。加强与长宁—威远等合作，共同打造中国"气大庆"。促进涪陵综保区加快发展，力争获批市级跨境电商示范园，预计进出口总额达120亿元。高水平推进中国（重庆）自贸区涪陵联动创新区建设，做好延伸复制、协同创新、自主改革等工作，打造面向成渝、服务全国的自贸服务平台。持续深化"放管服"、商事制度改革，进一步压减企业水电气等要素获得时限，更大力度落实减税降费等各项惠企政策，持续做亮叫响"服到位、零距离"营商环境品牌。加快社会信用体系建设，积极创建全国信用体系建设示范城市。持续推进教育"双减"、医疗卫生、社会保障等重点领域改革，让人民群众感受到实实在在的变化。

（六）以动真碰硬的勇气锐气治理环境污染

持续打好污染防治攻坚战，认真落实河长制、库长制，打好长江十年禁渔攻坚战，确保长乌两江水质总体为优。抓好冬春季大气污染治理，推进华峰化工等企业锅炉超低排放改造，空气质量优良天数稳定在330天以上。加强土地污染防控，以中化涪陵化工磷石膏渣坝生态修复为载体，建设城市休闲公园和生态文明教育实践基地。积极创建国家生态文明建设示范区、国家森林城市，推进"两岸青山·千里林带"项目建设，完成营造林15万亩，持续开展自然保护区"绿盾"行动，力争森林覆盖率达53%。大力建设"无废城市"，创建2家"无废工厂"、2个"无废景区"。推进绿色低碳发展，严格执行实施"三线一单"生态环境分区管控，制定2030年前碳达峰行动方案，严格落实能耗"双控"制度，精准实施、分类管控，最大能力保障重点企业产能建设。加快推进绿色园区、低碳园区建设，创建绿色工厂2个、绿色园区1个。

（七）以不忘初心的为民情怀增进民生福祉

全面落实就业优先政策，积极拓展就业困难人员、高校毕业生等重点群体就业渠道，力争城镇新增就业2万人以上。推动基础教育均衡发展，二级以上等级幼儿园达60%以上，建成投用科教产业实训基地等项目，开工城七校锦绣校区、城十校扩建工程。启动重庆市智慧教育应用示范区创建工作，立足页岩油气等优势产业，积极创办能源学院、涪陵技师学院等专业院校。提升医疗卫生服务水平，建成投用重庆大学附属涪陵医院新城区医院一期工程，开工建设中医院重大疫情救治基地，加快建设涪陵区智慧医疗暨全民健康信息平台。大力实施18项健康中国涪陵行动，积极创建全国健康城市。围绕住房、养老、文体等重点民生领域，扎实推进重点民生实事，解决群众"急难愁盼"问题，新分配公（廉）租房300套，开工建设2家中高端医养结合项目，建成区优抚安置中心。

[涪陵区发展和改革委员会　彭任重　谭诗怡]

之十二：2021年长寿区经济运行分析及2022年展望

2021年以来，长寿区上下深入贯彻党的十九大和十九届二中、三中、四中、五中全会精神，坚持稳中求进工作总基调，立足新发展阶段、贯彻新发展理念、融入新发展格局，巩固拓展疫情防控和经济社会发展成果，恢复性增长达到预期，高质量发展加速上行，"十四五"开局良好、形势喜人。

一、2021年长寿区经济运行形势分析

前三季度，长寿区GDP实现607.9亿元，同比增长10.3%，比全市水平高0.4个百分点，比年度增速目标计划高2.3个百分点，两年平均增长6.7%，比全市快0.5个百分点，同比增速在主城都市区排名第10。从主要指标看，规模以上工业总产值实现1014.2亿元，同比增长31.3%，全社会固定资产完成额231.8亿元，同比增长9.6%，社会消费品零售总额实现205.9亿元，同比增长26.8%，一般公共预算收入同比增长20.27%，全体居民人均可支配收入同比增长10%。

（一）双城经济圈建设稳步推进

合广长协同发展示范区、明月山绿色发展示范带总体方案上报川渝政府，预计年底前可印发实施。加强多层次交流交往，同四川方面签订合作协议55份。强化项目引领，2021年合作项目推进顺利，累计完成投资4.8亿元，超序时进度3个百分点，新申报2022年度川渝合作项目7个，计划投资19亿元，远期储备39个，计划投资600亿元。抓实抓好对口垫江协同发展工作，2021年对口协同事项完成度超过90%，工作成效获市肯定。

（二）工业经济持续增长

工业增加值同比增长12.9%，较2019年增长18%，两年平均增长8.6%。主导行业支撑力更加凸显，钢铁行业产值同比增长55.8%，化工行业产值同比增长49.4%。产业发展效益更加稳健，规模以上企业实现利润92.7亿元，同比增长3.7倍，收入利润率同比提高6.48个百分点。工业结构不断优化，战略性新兴产业实现产值193.5亿元，同比增长27.5%，高技术产业实现产值61.1亿元，同比增长16.6%。发展潜力更加深厚，引进工业项目72个，引资432.8亿元，十亿元级项目达到12个，其中新引进战略性新兴产业项目19个，引资205亿元。

（三）消费市场快速回升

品质消费、改善性消费、文旅消费持续升温、加速发展，服务业增加值同比增长9.6%，两年平均增长5.2%。加快释放消费潜力，举办展会活动6场次，拉动直接消费1.1亿元，批发业、零售业销售总额同比分别增长28.4%、18.3%，住宿业、餐饮业营业额同比分别增长23.6%、29.5%。大力发展旅游经济，与垫江县实现互游景区门票五折优惠，启动长寿湖国家级旅游度假区创建，接待来长游客720万人次，实现综合收入57亿元。加快专业市场建设，三科农商城预计11月底全面营业，汽贸城预计2022年第一季度正式开业。加强规模以上企业培育，预计年内达标升规服务业企业40家，创历年最高水平。

（四）农业生产稳产增收

粮食生产再获丰收，秋粮产量31.22万吨，全年粮食产量同比增长1.5%，水果、蔬菜、水产品产量同比分别增长5.8%、2%、1.7%。重要农产品供给稳定，生猪出栏同比增长55.7%，家禽存栏同比增长7.84%，禽蛋产量同比增长24.25%，农副产品价格保持稳定，启动建设中国西部渔业发展示范区。农业经济稳定发展，农业总产值同比增长15.4%，增加值同比增长7.8%，两年平均增长5.8%。

（五）固定资产投资量质提升

重大项目带动作用持续显现，169个区级重大建设项目完成投资132亿元，占年度计划的66%；40个竞进拉练项目完成投资78亿元，占年度计划的69%；19个市级重大建设项目可完成投资55亿元，占年度计划的97%。发挥工业投资主力军作用，举办两次工业项目"三集中"活动，工业投资增长9.3%，其中技改投资完成54.2亿元。大力稳定提升市场发展预期，民间投资同比增长20.9%，比全社会固定资产投资增速高11.3个百分点，累计新备案市场类项目232个，计划投资489亿元，同比分别增长11%、83%。

（六）外经外贸增势较好

前三季度实现进出口额66亿元，同比增长1.5%，实际利用外资2.3亿美元，其中FDI完成额5284万美元，均增长3.3倍，离岸服务外包执行额实现1亿美元。积极融入国际大市场，开行全国首列连接千亿级国家开发区的西部陆海新通道直达班列，前三季度累计运送量达到5000标准箱。积极创建中国（重庆）自由贸易试验区长寿经开区联动创新区，连接万州、涪陵创建国家生产服务型物流枢纽。

（七）科技创新步伐持续加快

优化全区"一廊三园"创新布局，持续优化创新生态，加快建设全市科技创新重要战略支点。经开区科技创新园正式开园，中科未来城凤栖科技岛完工，农业园区成功创建为国家级农业科技园区。2021年新培育科技型企业42家，累计培育科技型企业600家，组织申报高新技术企业67家，有效期内高新技术企业118家，新认定市级新型高端研发机构、国家企业技术中心各1家。修订完善创新驱动发展战略专项扶持办法，支持重大科技项目37个。

（八）财税金融运行良好

一般公共预算收入完成40.28亿元，同比增长20.27%，全辖区税收收入41.84亿元，同比增长21.35%，其中所得税占比达到26.5%，同比提高8.7个百分点。财政质量、税收税源质量显著提高，62家企业入库税收过千万元，税收规模占全区的比重达到71.1%，税收集中度稳步提升。全区存贷款余额增长4.3%，存贷比保持稳定，坚决落实国家普惠金融政策，普惠口径小微企业贷款余额同比增长22%。

二、2022年经济社会发展面临的机遇与挑战

当前及未来一段时间，国内宏观经济和全市经济运行面临的不稳定不确定因素依然较多，疫情防控压力依然较大；《长江保护法》实施后对长寿区的不利影响至今仍未得到解决，加之"十四五"时期新增能耗总量与待批项目能耗需求相比存在巨大缺口，工业项目落地面临新困难；城市更新提升任务较为艰巨，重点区域纾困建设面临较大投入缺口；社会事业补短板提质量工作任务艰巨；经济社会大发展需要的大投入与地方财力有限的保障能力存在较大缺口等。与此同时，新一轮西部大开发、成渝地区双城经济圈建设等机遇将有力推动长寿区经济高质量发展，特别是作为同城化发展先行区，长寿区将占有更好的发展先发优势，长寿区经济发展长期向好的基本面没有变，而且具有持续增长的良好支撑基础和条件。总体上看，2022

年长寿区经济发展机遇大于挑战、希望大于困难,有能力有条件实现"十四五"规划既定目标。

三、2022年经济发展趋势展望

2022年是长寿区紧紧围绕推进高质量发展、创造高品质生活、实现高效能治理,锚定"两地两区"目标开拓进取之年,长寿区将以建成高质量发展、高品质生活新范例和同城化先行区为统揽,以高铁、城市轨道、城市快速通道等重大城市骨架体系建设为牵引,直奔高质量发展。全面全力承接重大城市功能布局,全域推进新型城市化,全面彰显高品质生活。

(一)着力提升三大产业发展质效

大力发展工业经济,推动钢铁冶金、新材料、装备制造、新一代信息技术产业加快发展,以延链补链为主抓手,做大工业经济集群化高端化比较优势,实施同城发展产业能级提升,在打造具有全球影响力的新材料高地中实现长寿工业倍增。大力发展服务业经济,引进和培育一批生产性服务业顶尖企业,满足市民高品质生活需求,做优做大生活性服务业,以缓解中心城区"虹吸"为抓手,加快推进城市消费基础设施提升工程,加快引进培育一批高品质消费新兴增长点。大力发展临港经济,积极推进长寿港建设,完善口岸功能,提升建设专业化泊位,常态化开行西部陆海新通道班列(长寿—钦州),形成"两片、两园、三中心、六区"的口岸布局。大力发展农业经济,推广良种良田良法,大力发展优质粮油种植,全力保障生猪供应,稳定果蔬生产和储备,全力保障市民群众的口粮安全。提升现代农业园区产业建设,实施"六个十万工程",带动"橘、柚、鱼、蛋"产业发展,努力打造国家级渔业产业集群,建设中国西部渔业发展示范区。

(二)着力提升发展三大动能

扎实做好投资工作,加强重大项目储备,做好项目前期准备工作,有序推进项目建设实施,形成储备一批、开工一批、竣工一批的良性循环,积极支持战略性新兴产业投资,引导企业加快设备更新和技术改造投资,持续优化营商环境,为民间投资创造良好条件。大力释放消费潜能,积极引进高端品牌,实现区域升级,拉动消费升级,做大做强会展经济,积极推进四大专业市场、爱琴海购物公园、万顺温泉、五华山蓝莓基地等项目建设。积极做好外经贸经济,培育拉动以铁矿石、钢材等为主的大宗商品进出口增长新动能,进一步抓好外商招商引资工作,进一步引进和利用好外资。

(三)着力推动重大项目建设

加强项目高质量招商,以长寿六大主导产业发展图谱为基础,以第三产业为重点攻坚点位,推动招商引资工作精准高效开展,全年引资超过500亿元。加快项目落地转化,以工业项目和基础设施项目为主要支持,制定达产、投产、完工、新开工"项目建设四张表",开展"四抓四促"行动,即投产项目抓达产,促进新增产能转化为现实产值,竣工项目抓投产,促进有效投资转化为新增产能,在建项目抓进度,促进投资计划转化为实物投资,签约项目抓开工,促进储备项目转化为现实投资。进一步深化"放管服"改革,全面提高项目审批效率,降低项目建设的制度性交易成本。强化要素保障,围绕资金、用地、能耗、劳动力、建材等重点项目要素开展保供行动,确保项目建设高效、高速、安全。

(四)着力推进创新驱动发展

落实好创新驱动发展战略专项扶持办法,支持鼓励企业加大研发投入,力争2022年全社会研发经费支出有效增长。着力夯实创新主体,精准培育科技型企业、高新技术企业等创新主体。加快推进重点平台建设,经开区科技创新园加大力度引导研发机构签约入驻,中科未来城科技成果转化展示中心建成投用。着力推动成果转化，推动川渝毗邻地区加强科技成果对接，力争推动一批科技研发成果在长转化应用。

（五）着力推进产业绿色升级

认真贯彻执行《中共中央 国务院关于完整准确全面贯彻新发展理念做好碳达峰碳中和工作的意见》，谋划建设绿色低碳循环发展的经济体系，不断提高重点行业能源利用效率。开展碳达峰峰值研究，细化编制碳达峰工作方案。提高新建项目的投资强度、产出强度，降低单位产值能耗，加强"以能定产"，管住新增能耗。积极推进技术创新，加快布局一批前瞻性、战略性低排放技术研发和创新项目，加快发展循环经济，加强资源综合利用。

（六）着力保障改善社会民生

推动教育医疗资源公平供给，千方百计增加公办幼儿园学位供给，确保幼有所育。加快推进古镇二小等在建教育项目建设，大力缓解城区学位紧张问题，确保学有所教。加快推进重庆工信职业学院建设，支持职业教育发展。持续大力治理整顿校外培训招生乱象，落实国家"双减"政策。推动智慧校园提档升级，争创全市智慧教育应用示范区。持续抓好新冠肺炎疫情防控，加快推进加强针和儿童疫苗接种、中高风险地区人员防控等工作，巩固疫情防控成果。积极推进全国健康促进区创建工作，积极推进健康社区、健康家庭、健康医院、健康学校、健康机关、健康企业建设，积极推进卫生项目建设，确保病有所医。打好稳就业"组合拳"，构建和谐劳动关系，增加就业岗位，加强企业用工合规监管，建立劳动纠纷预警防范机制，提高人民增收能力，确保劳有所得。织牢社会保障网，确保各类救助金及时发放，确保弱有所扶。大力发展养老事业，积极推进重点养老项目建设，扶持培育一批民营养老机构，确保老有所养。全力做好重点民生物资保供稳价，确保市场供应稳定和物价基本平稳。

[长寿区发展和改革委员会　蒋发平　余川维　叶　洋]

之十三：2021年江津区经济运行分析及2022年展望

2021年以来，江津区上下坚持以习近平新时代中国特色社会主义思想为指导，深入践行新发展理念，积极融入新发展格局，按照区委各项决策部署，扎实推进"十四五"规划纲要和区政府工作报告各项目标任务，有效应对疫情汛情等多重考验，着力推动高质量发展，持续巩固拓展疫情防控和经济社会发展成果，主要经济指标处于合理区间，全区经济继续保持恢复性增长态势。

一、2021年江津区经济运行情况

1—9月，江津区实现地区生产总值890亿元，居重庆市第六位，同比增长9.9%，比年初预期高2.9个百分点，比全国高0.1个百分点，与重庆市持平；第一、第二、第三产业分别实现增加值98亿元、489.5亿元、302.5亿元，同比分别增长7.1%、9.3%、11.8%。

（一）三次产业协同发展

一是工业经济稳中有升。1—9月，实现工业增加值386.1亿元，同比增长11.9%。规模工业企业达489家，规模工业产值完成1158.8亿元，同比增长19.3%。优势产业持续发力，消费品、装备、汽摩、材料产业分别实现规模产值354.7亿元、270.4亿元、196.5亿元、221.4亿元，同比分别增长29.3%、13.4%、4.1%、25.3%。工业园区集聚效应明显，四大工业园实现产值1106.2亿元，占全区规模以上工业总产值的95.5%。其中，双福工业园、德感工业园、珞璜工业园、白沙工业园分别实现规模产值273.3亿元、409.6亿元、352.3亿元、71亿元，同比分别增长17.9%、18.2%、18.8%、27.8%。

二是消费市场增势较好。江津区为全市唯一首批入围国家商品市场优化升级试点区县。消费市场主要指标保持高位增长，1—9月，全区新增限额以上商贸企业61家。江津区实现社会消费品零售总额280.4亿元，同比增长32.2%；批发业销售额504.8亿元，同比增长36.9%；零售业销售额190.1亿元，同比增长31.9%；住宿业实现营业收入2.7亿元，同比增长42.7%；餐饮业实现营业收入50.9亿元，同比增长37.8%；专业市场实现商贸流通额546.3亿元，同比增长8.1%。电子商务快速发展。成功打造全市首家阿里巴巴1688重庆直播基地，建成消费品工业源产地电商平台，入驻企业150家，累计实现销售额1亿元。1—9月，电商交易额132亿元，同比增长17%。旅游消费回暖加快。1—9月，江津区累计接待游客1525.4万人次，同比增长51.3%，旅游综合收入81.9亿元，同比增长41.6%。

三是农业生产总体平稳。1—9月，实现农业总产值138亿元，同比增长8%；实现农业增加值99亿元，同比增长6.3%。秋粮播种面积131.7万亩，产量61.86万吨。蔬菜播种面积47.59万亩，产量89.31万吨；水果产量18.16万吨，同比增长8.5%；花椒产量30万吨，与上年持平。畜禽存栏量和出栏量稳中有增。生猪产能基本恢复到正常年份水平。生猪存栏46.7万头，同比增长6.4%，生猪出栏57.2万头，同比增长38.9%；羊出栏5.82万只，同比增长2.5%；家禽出栏809万只，同比增长19.1%。

（二）发展动力持续增强

一是投资保持稳步增长。1—9月，完成固定资产投资317.1亿元，同比增长6.8%。其中，完成工投资130.2亿元,同比增长7.8%。狠抓重点建设项目。截至2021年9月,141个重点建设项目完成投资248.8亿元,超序时进度1.7个百分点。由江津区负责推进的21个重庆市级重大项目完成投资50.8亿元,超序时进度3个百分点。江津建筑垃圾资源化利用基地、中建桥梁总部大楼等8个项目已完工。江津白沙长江大桥钢箱梁顺利合龙,预计年底通车。江津吾悦广场、江津区长江经济带发展暨城乡融合建设等项目加快建设。招商引资取得实效。全区先后引进道恩、顾家家居等产业类项目196个,协议引资额846亿元,实际到位资金235.7亿元。

二是创新驱动步伐加快。接续实施以大数据智能化为引领的创新驱动发展行动计划,兑现5批科技创新奖励补助资金1.8亿元。创新主体不断壮大。截至2021年9月,江津区高新技术企业总量245家,数量居全市第四位。科技型企业总量1432家,居全市第八位、主城新区第一位。国家级、市级创新平台总量达到167家。1—9月,全区规模以上工业企业研发费用达17.9亿元,同比增长23.8%。大数据智能化产业发展加快。新增市级智能工厂6个,居全市第三位,累计通过认定的智能化改造项目241个,居全市首位。重庆齿轮箱有限责任公司获"2021年重庆市十大智能制造标杆企业"。新建5G基站374个,基本实现中心城区、工业园区、景区等重点区域的5G信号连续覆盖。成功举办第二届"'团结湖杯'数智重庆·全球产业赋能创新大赛"。入选全国第三批社会信用体系建设示范区候选名单。市场主体培育成效明显。1—9月,新发展市场主体15081户,同比增长14.9%。

三是开放型经济持续发展。1—9月,实现进出口额180亿元,同比增长28.6%。实际利用外资8658万美元,同比增长221.6%。壮大外贸主体,新培育益海嘉里、五信机械两家年进出口额破亿元的大型外贸企业,其中益海嘉里预计全年进口额将突破20亿元。物流通道建设成效显著。江津区珞璜物流园联合重庆国际物流园成功获批陆港型国家物流枢纽。江津综保区国际多式联运集装箱中转场站正式启用。江津物流枢纽铁水联运示范工程入选市级多式联运示范工程项目。1—9月,西部陆海新通道江津班列累计开行170列,共到发8511个标准箱,外贸总占比为21%,重载率100%。7月,珞璜港至上海港集装箱长航线班轮开启首航。

四是资源要素保障有力。1—9月,取得征地批文共计53件,获批土地13076.9亩,供应国有建设用地58宗2797亩。江津区用电量52.74亿千瓦·时,同比增长19.9%,其中,工业用电量39.3亿千瓦·时,同比增长20.7%,商业用电量2.91亿千瓦·时,同比增长28.9%;用气量2.7亿立方米,同比增长20.1%,其中,工业用气量1.4亿立方米,同比增长32.34%;商业用气量2292.67万立方米,同比增长49%。

(三)积极融入双城经济圈建设

深入贯彻落实《成渝地区双城经济圈建设规划纲要》。印发《江津区推动成渝地区双城经济圈建设重点任务分工及2021年工作要点》。积极谋划川南渝西融合发展试验区发展。编制《川南渝西融合发展试验区总体方案》,同步推进《川南渝西融合发展试验区规划》编制。成立川南渝西大数据产业联盟,27家在江津相关企事业单位入盟。加快推动泸永江融合发展示范区建设。三地联合编制《泸永江融合发展示范区总体方案》,联合印发《泸永江融合发展示范区2021年重点工作任务》。江津泸州共建"合江·江津(珞璜)"新材料产业合作示范园获市级授牌,与永川区、合江县共同打造"巴蜀鱼米之乡优质粮油"产业带。

(四)质量效益稳步提升

一是财税金融总体平稳。1—9月,完成辖区内税收收入68.7亿元,同比增长7.3%。实现一般公共预算收入44.7亿元,同比增长0.8%。其中,税收收入完成31.4亿元,同比增长7.4%。人民币存贷款总额2159.1亿元，同比增长11.8%。其中，各项存款余额1212.6亿元，同比增长7%；各项贷款余额946.5亿元，同比增长18.5%。实现保费收入28.5亿元，同比增长2%。二是企业效益总体向好。全区489家规模以上工业企业实现营业收入1155亿元，同比增长21%，实现利润总额96.5亿元，同比增长4.3%，实现利税总额137.4亿元，同比增长5.4%。三是城乡居民实现增收。1—9月，实现全体居民人均可支配收入30122元，同比增长10.6%；城镇常住居民人均可支配收入34966元，同比增长10%；农村常住居民人均可支配收入18947元，同比增长12%。

（五）民生福祉持续增进

社会保障能力增强。1—9月，累计向4.2万名城乡低保对象发放低保金1.7亿元；向1.5万名特困人员发放供养金、慰问金和照料补贴1.3亿元。全区城镇新增就业2万人，开展职业技能培训1.2万人次，发放创业担保贷款1.1亿元，城镇登记失业率2.7%，调查失业率控制在4%以内。疫情防控常态化推进。新成立快反、核采、流调等7个专项小组，确定李市镇笋河水乡为区级集中隔离点。开展常态化采样监测48.5万余份，规范设置发热门诊和预检分诊场所，提前完成市级下达的12岁以上首针及全程接种任务，接种人数、接种剂次数均居全市第三位。重点民生实事推进顺利。1—9月，江津区20件重点民生实事实际投入资金9.2亿元。发展普惠性学前教育、劳动者港湾示范点建设、高层建筑消防用水问题整改等5件重点民生实事已完成年度目标，城市公厕建设和中小学改厕、农村饮水工程维修等15件重点民生实事加快推进。

二、2021年主要经济指标预测

综合分析前三季度经济运行基本态势和支撑江津经济增长的主要因素，预计2021年江津区地区生产总值同比增长8.5%左右；工业增加值同比增长10%左右；规模以上工业总产值同比增长12%左右；固定资产投资同比增长7%左右；一般公共预算收入同比增长3%左右；社会消费品零售总额同比增长20%左右，批发业销售额同比增长24%左右，零售业销售额同比增长15%左右；全体居民人均可支配收入同比增长8%左右。

三、2022年经济运行环境及主要指标预测

展望2022年，从全球层面看，全球经济复苏进程加快，但各经济体恢复程度不同。尤其是部分新兴市场和发展中经济体，疫情形势依然严峻，疫苗接种相对滞后，这将在一段时间内继续影响经济增长。从全国层面看，国民经济继续保持恢复态势，经济发展韧性持续显现。同时，全球疫情仍在持续演变，外部环境更趋复杂严峻，国内经济恢复仍然不稳固、不均衡，全国经济运行还面临许多结构性矛盾、体制性障碍。从重庆层面看，全市经济稳定复苏，但外部不确定性因素仍然比较多，经济恢复过程中不平衡的态势仍然存在，保持经济稳定运行难度加大。

从江津层面看，本届政府以来，经济社会发展取得显著成效。一是综合实力显著提升。预计2021年实现地区生产总值1245亿元，成为全市第六个GDP超过千亿元的区，年均增长8.4%。先进制造业升级提质，消费品、汽摩及零部件、装备制造、材料、电子信息等主导产业加快向智能化、高端化、绿色化转型升级。预计2021年规模工业总产值达1500亿元。产业结构不断优化，第三产业增加值占比达到35%左右，五年提高6.1个百分点。富硒特色高效农业加快发展，农林牧渔业总产值多年居全市第一。二是创新能力明显提升。西部（重庆）科学城江津片区管委会挂牌运行，团结湖大数据智能产业园加快发展，初步形成"一核一圈多点"科技创新格局。研究与试验发展（R&D）经费支出占地区生产总值比重达

2.4%。重齿公司两次荣获国家科学技术进步奖二等奖。三是协调发展取得新进展。轨道交通 5 号线跳磴至江津段即将试运行，建成江綦高速、四面山高速公路等重大交通基础设施。城市承载能力不断提升，小城镇基础设施建设全面提档升级，"五馆两中心"建成投用，获评全国文明城区创建提名城市。乡村振兴加快推进，农村人居环境整治三年行动计划目标任务全面完成，成功入选全国乡村治理体系建设试点单位、国家农村产业融合发展示范园。四是绿色发展取得新成效。深入实施生态优先绿色发展行动计划，先后开工建设总投资 79 亿元的长江经济带发展暨城乡融合建设项目和 39.97 亿元的江津区水环境综合治理工程（一期）PPP 项目等重大项目。进一步筑牢长江上游生态屏障，城区空气环境质量优良天数稳定在 300 天左右，森林覆盖率预计 2021 年在 52%以上。五是开放发展迈出新步伐。深入实施内陆开放高地建设行动计划，开放发展实现新突破、打开新局面、构建新格局。设立重庆江津综合保税区，中国西部（重庆）东盟商品、农副产品分拨中心落户运营。西部陆海新通道江津班列实现常态化运行。获批全国深化服务贸易创新发展试点、重庆加工贸易示范区。六是共享发展取得新成就。大力实施保障和改善民生行动计划，着力办好教育、医疗、就业、社会保障等民生实事，社会事业发展取得新进步，改革发展成果更多惠及广大人民群众。15 个市级贫困村全部脱贫摘帽，9412 户 29652 名贫困人口成功脱贫，如期实现全面建成小康社会。

随着国家深入推动共建"一带一路"、新时代西部大开发、长江经济带发展、成渝地区双城经济圈建设、西部陆海新通道建设等国家战略实施，重庆深入推进"一区两群"协调发展、建设西部（重庆）科学城，为江津加快经济社会发展提供了难得的战略机遇。2022 年，江津区经济将继续保持稳中加固的发展态势，预计江津区地区生产总值增长 7%左右。

四、2022 年工作重点

（一）全力推动经济稳定增长

一是推动工业高质量发展。坚持传统产业和新兴产业并重、优化存量和扩大增量并进、改造旧动能和培育新动能并举。推动大数据应用、智能化改造，实施产业链提升工程，深化"5G+工业互联网"等创新应用，加快企业上云、上规模以及上市步伐，推动数字经济与实体经济加速融合。确保武骏重庆光能有限公司年产 8GW 光伏封装材料及制品项目、玄武岩纤维新材料等一批工业项目投产。二是推动服务业提档升级。大力培育商务咨询、工业设计、第三方检测等，促进生产性服务业与生活性服务业齐头并进、先进制造业与现代服务业深度融合。围绕专业市场、总部经济等，大力发展限额以上商贸企业。确保万达广场、吾悦广场等商业综合体建成投用。三是推动农业提质增效。大力推广轮作新技术新品种，提高复种指数。坚决遏制耕地撂荒现象，确保全年粮食生产面积稳定在 144.5 万亩以上、全区人民基本口粮自给自足。大力发展休闲农业、乡村旅游和农村电商，实施农业科技创新支撑工程，打造智慧农业和数字农业农村试点。

（二）加快推进西部科学城江津园区建设

高标准建设团结湖大数据智能产业园，推进"一核四心"产业布局，发展数字产业集群。加快实施团结湖片区基础设施 PPP 项目，建设大数据处理中心、研发制造用房及配套设施，完善研发、孵化、创新加速平台，打造以智能传感、智能设备、人工智能为主导产业的新兴科技园。高水平建设环重庆交通大学创新生态圈，健全产学研用深度融合的科技创新体系，促进科技与产业融合发展。

（三）促进投资稳定增长

印发实施 2022 年重点项目清单、政府投资项目清单。优化完善项目推进机制，全力保障重大项目建设用地需求。积极争取中央预算内投资和专项债券资金，持续推动"十四五"规划纲要确定的重大项目前期工作，为后续稳定投资增长奠定坚实基础。加大招商引资力度，以产业链升级促进招商提质，推动项目早开工、早入库。

（四）积极促进城乡协调发展

统筹推进新型城镇化和乡村振兴战略，率先实现城乡融合发展。一是实施城市建设提升行动。推动团结大道南延伸线、滨州西路等道路建设，加速畅通内部交通大循环。加快老旧小区和棚户区改造，实施城市美化、亮化工程，推进城市园林绿化补缺提质。二是实施农村建设行动。加快补齐农村设施短板，完善水电气讯基础设施，巩固提升农村饮水安全设施，新建改建一批农村道路。持续推进人居环境整治提升，强化村庄建筑风貌管控，保护传统村落和乡村特色风貌，提高农房建设质量。

（五）有序开展碳达峰、碳中和工作

编制完成《江津区2030年前碳达峰实施方案》《江津区"十四五"碳达峰行动方案》《江津区贯彻落实新发展理念做好碳达峰、碳中和工作的实施意见》等纲领性文件，协调各职能单位相互配合，积极推动本行业碳达峰行动，确保全区双碳工作开好头、起好步。

（六）推动双城经济圈走深走实

一是坚持规划引领。结合《泸永江融合发展示范区总体方案》《川南渝西融合发展试验区建设方案》，协同编制泸永江融合发展示范区和川南渝西融合发展试验区的发展规划、国土空间规划以及各类专项规划，为建好平台提供理论支撑和规划指引。二是共建合作平台。围绕特色产业体系、基础设施网络、改革开放创新、生态环境保护、公共服务共建共享、体制机制完善等重点任务，协同建设泸永江融合发展示范区和川南渝西融合发展试验区等合作平台。三是加快推进川渝合作事项。围绕合作内容制定年度工作计划，按月调度项目进展情况，确保川渝合作协议事项落实落地、项目建设有序推进。

（七）持续增进民生福祉

接续推进保障和改善民生行动计划，落实一批群众迫切期盼的重点民生实事。落实就业优先战略，千方百计稳定和扩大就业，不断提高居民收入。实施全民参保扩面行动，稳步提高社会保险待遇水平。推进扶老、助残、救孤、济困等福利事业发展，完善社会救助体系。

[江津区经济信息咨询中心　王晓洪　陈　欣]

之十四：2021年合川区经济运行分析及2022年展望

2021年以来，合川区坚持以习近平新时代中国特色社会主义思想为指导，全面贯彻落实党的十九大和十九届二中、三中、四中、五中、六中全会精神，坚持稳中求进工作总基调，立足新发展阶段、贯彻新发展理念、融入新发展格局，围绕市委赋予的"重庆主城都市区发展的重要支撑、成渝地区双城经济圈建设的重要节点"新定位，积极应对新冠肺炎疫情和经济下行冲击，全力以赴做好"六稳"工作、落实"六保"任务，着力打基础、补短板、谋长远，全力确保实现"十四五"开好局、起好步，合川区经济基本保持平稳健康发展。

一、2021年合川区经济运行分析

前三季度，合川区GDP完成700.8亿元；完成全社会固定资产投资326.4亿元；实现一般公共预算收入27.2亿元；完成社会消费品零售总额258.5亿元；全体居民人均可支配收入25049元。

（一）成渝地区双城经济圈建设不断走深走实

持续推动毗邻平台建设，合广长协同发展示范区建设总体方案通过四川重庆两省市专家评审，基本定稿。大力推动共建项目事项，合川工业园区成功创建首批"成渝双城经济圈产业合作示范园区"；联合长寿、遂宁、广安共同举办合川区第十届创业创新大赛，吸引川渝两地1900余人参赛，创历史新高；建立合广长区域经济协同发展区医保基金联动监管协作机制；与广安市、南充市、遂宁市联合开展文旅大篷车走进四川巡展推介；联合广安市、广安市岳池县等开展"两岸青山·千里林带"项目包装，推进嘉陵江、渠江等生态廊道建设等。

（二）工业经济基本保持稳定

全区持续深入推进"网络安全产业和先进制造业基地"建设，扎实开展"三计划一行动"，推动100个重点工业项目建设。1—9月，合川区规模以上工业企业完成产值423.8亿元。网络安全产业实现产值53.7亿元，草街网络安全产业城成功创建"重庆市软件产业园（特色型）"，与市经信委、市通信管理局等部门共同成功举办2021年中国工业互联网安全大赛暨首届新型数字基础设施网络安全峰会。先进制造业稳步发展。汽摩制造（含装备）产业实现产值100.5亿元，新车北汽瑞祥成功下线；全区实现新材料产业产值0.7亿元，气凝胶代表企业中科润资实现量产，合川区被定为中国气凝胶产业创新发展大会永久举办地；医药健康、日用玻璃、食品加工、新型建材分别实现产值18.6亿元、27亿元、43.6亿元、79.1亿元。先行指标表现良好，工业用电13.6亿千瓦·时，同比增长15.4%，工业用气13730.6万立方米，同比增长20.2%。

（三）现代服务业逐步回暖

围绕成渝"后花园"建设，着力打造新消费场景。1—9月，合川区限额以上单位实现社会消费品零售总额65.6亿元，同比增长4.2%；限额以上零售单位实现销售额50.0亿元，同比增长1.4%；限额以上住宿单位实现营业额 1.9 亿元，同比增长 8.5%；限额以上餐饮单位实现营业额 16.5 亿元，同比增长 19.0%。旅游方面，成功举办"春风十里游合川"2021 合川春季赏花季、端午龙舟比赛、花滩音乐啤酒节等节庆赛事活动 60 余项。1—9月，旅游市场接待游客 1723.3 万人次，同比增长 27.4%；旅游接待收入 70 亿元，同比增长 82.6%。交通运输稳步发展，公路运输周转量同比增长 10.1%，水上运输周转量与同期持平。金融支持持续有力，实现存贷款余额 1734.3 亿元，其中，存款余额 953.1 亿元，同比增长 4.1%，贷款余额 781.2 亿元，同比增长 52.4%。

（四）农业产业稳步提升

1—9月，实现农业总产值 130.2 亿元，同比增长 5%，农业增加值 78.16 亿元，同比增长 7.8%。种植业稳定向好，粮食播种总面积 168.1 万亩，同比增长 0.6%，蔬菜种植面积 38.5 万亩、产量 77.2 万吨，同比增长 6.3%、8.2%。持续做好非洲猪瘟等动物重大疫病防控，抓好畜禽稳产保供，推动特色畜禽产业发展，实现生猪存栏 81.7 万头、出栏 76.5 万头，同比分别增长 16.2%、28.7%。农产品加工业持续增长，实现产值 107.2 亿元，同比增长 4.7%；规模以上农产品加工企业达到 67 家，产值 60.6 亿元，同比增长 7.5%。

（五）投资持续向好

1—9月，固定资产投资同比增长 16.9%。其中，第一产业投资增长 83.6%，第三产业投资增长 44.1%；分行业看，房地产投资增长 21.7%，基础设施投资增长 72.2%，旅游业投资增长 100.3%。重点项目有序推进，成功举办第一、第二、第三季度重点项目集中开工仪式，集中开工项目 100 个，总投资约 428 亿元。218 个续建、新开工类区级重点项目完成投资 172.4 亿元，占年度投资计划的 64%；28 个市级重大项目完成投资 65.2 亿元，占年度计划的 66.3%。

（六）招商引资成果丰硕

借力第三届中国西部国际投资贸易洽谈会东风，举行合川区推动高质量发展"招商季"项目集中签约仪式，集中签约 53 个优质项目，成功签约海螺集团环保智能建材一体化项目、九如城康养综合体项目等。1—9月，合川区新签约招商项目 117 个，其中，50 亿元级项目 2 个、30 亿元级项目 1 个、10 亿元级项目 5 个。引进 500 强企业 2 家、上市公司 5 家、头部企业 6 家。

（七）城乡融合加速推进

城市品质不断提升，城市重大建设项目进展顺利，白鹿山立交桥改造、高阳人行天桥、白鹿山 C 支路、学府八号西侧和南侧市政道路工程建成投用。推进城市公园品质提升，人民公园、文峰塔公园、赵家渡水生态公园和白鹿山公园景观提质改造工程进展顺利。海绵城市、智慧城市建设加速，新建智慧小区 4 个、绿色社区 3 个；新增 5G 建设任务 688 个，已完成 283 个。乡村振兴战略深入实施，农村基础设施不断完善，完成四好农村路建设 110 千米。"三园共创"有序推进，粮油、蔬菜、畜禽产业化联合体和休闲农业乡村旅游带加速建设，累计完成投资 4.9 亿元。有序推进将巩固拓展脱贫攻坚成果同乡村振兴有效衔接，常态化开展防止返贫动态监测和帮扶，做到"应纳尽纳、应扶尽扶、应消尽消"。

（八）开放创新步伐加快

开放通道加速拓展。铁路方面，市郊铁路渝合线正开展融资前期工作，计划年内启动；渝西高铁合川东站正在进行站场设计；合川高阳铁路货运站建设推进顺利。高速公路方面，合长高速建成通车；合川至安岳高速计划年内通车。地方公路方面，二郎经龙多山至太和快速干道建成通车。水运方面，渠江航道整治完成总工程量的 38%，嘉陵江利泽航运枢纽建设全力推进。创新战略深入实施。全力推进国家高新区创建工作，完成高新区规划展览馆建设，并投入使用。大力培育科技创新主体，1—9月，新增科技型企业106家，总数达到856家。持续优化营商环境，精简审批权力事项，全面落实降费政策，确保规定目录之外无定价、清单之外无收费。

（九）生态环境日益改善

深入打好污染防治攻坚战，空气质量保持稳定，1—9月，空气质量优良天数228天，同比增加3天。投用智慧环保系统，实现全天候污染源自动监控、溯源，解决各类大气污染问题1000余个。嘉陵江、渠江、涪江考核断面水质总体达Ⅱ类，小安溪、南溪河、代峨溪考核断面水质总体达Ⅲ类，2个城市集中式饮用水源地、17个"千吨万人"饮用水源地、16个水功能区考核断面水质达标率均为100%。加快推进绿色低碳发展，督促引导辖区企业完成2019年、2020年碳排放核查及复核、碳排放配额履约等工作。积极开展全区2019年、2020年温室气体排放清单编制，全力支持碳达峰工作。

（十）社会民生保障有力

就业形势良好。1—9月，城镇新增就业1.7万人，完成目标任务101.5%，同比增长7.8%。开展职业技能培训19483人次，完成目标任务的101%，培养产业技能人才14817人、高技能人才1102人。发放创业担保贷款5806万元，完成目标任务的111.7%。养老、工伤、失业保险参保134万人、征收27亿元、支出40亿元，同比分别增长11%、43%、8%，城乡养老保险参保率持续稳定在95%以上。民生实事稳步推进。18件民生实事项目，总投资16.09亿元，年度计划投资8.49亿元。截至9月底，18件民生实事已全面开工，开工率100%。累计完成投资6.4亿元，占年度计划的75.5%。

二、存在的困难和问题

（一）外部疫情影响仍在持续

在国际新冠肺炎疫情下通胀形势严峻，部分外向型企业进口原材料较难；钢材等原材料价格上涨导致企业成本升高。

（二）产业转型升级压力较大

合川区网络安全产业总量不大，骨干企业持续高质量发展能力有待加强；汽车产业龙头企业还处于复产关键时期，产能释放尚需一定时间；气凝胶产业尚处于起步阶段，产业规模有待做大。因回款周期长（一般在3个月以上）等原因，企业融资仍存在困难。

（三）项目推进仍需加力

部分区级重点项目、中央专项补助资金项目等仍未达到序时进度，没有满足"双过半"要求。

三、2022年工作计划

（一）加强经济运行调度

积极应对当前经济下行压力和工业转型升级压力叠加影响，密切关注国内外经济发展环境变化，增强危机意识和责任感，准确研判第四季度和2022年经济社会发展形势，切实解决经济运行中的各类问题。注重观大势、育新机、开新局，坚持长短结合，力争在培育新的增长点、推动高质量发展上迈出更大步伐。

（二）持续推动产业转型升级

聚力推进工业发展，着力培育壮大数字经济、战略性新兴产业，推动传统支柱产业提质增效，夯实工业经济高质量发展根基。持续深入开展"三计划一行动""100个重点工业项目大会战"。第三产业重点发展现代服务业，围绕成渝"后花园"建设，着力促进市场消费，发展全域旅游，提升辐射带动能力。第一产业重点围绕乡村振兴，加快推进"三园共创"，推进重点农业项目建设，大力发展农产品加工业，引入农产品加工龙头企业，带动产业发展。

（三）加快推进重点项目建设

继续以区级重点项目为主要抓手，逐个项目组建推进工作专班，细化、量化、节点化制定项目推进方案，强化项目日常调度和督办考核，尽快形成投资放量，确保项目开工率、投资完成率达到时序进度，同时做好要素保障，建立项目推进问题反馈机制，全力确保各项工程落实到位。

（四）继续做好争资引项

积极对接市级部门，密切关注政策变化与重点扶持领域，提前做好2022年争资准备和项目储备，提前策划，进一步推动项目前期做深、做实；对上级资金已下达项目倒排建设工期，加强调度，定期督查，确保如期保质保量完工投用。

（五）继续加强招商引资

继续推进目前在谈项目签约落地。围绕先进制造业基地、网络安全生产基地等重点事项，聚焦重点产业、紧盯重点区域，做好精准招商、专业招商，创建富有合川特色的"招商季"品牌，营造浓厚招商氛围，掀起全区招商热潮。

（六）扎实抓好民生保障

着力发展优质教育，深化基础教育品质提升工程，建设西部应用技术教育和基础教育高地；提升健康服务水平，深入推进全国健康城市试点，努力建设重庆北部和周边区域医疗康养服务中心；繁荣发展文体事业，强化社会保障服务，做好资助困难群众参保工作。

[合川区发展和改革委员会　粟榆涵]

之十五：2021年永川区经济运行分析及2022年展望

2021年，永川区坚持以习近平新时代中国特色社会主义思想为指导，把握新发展阶段，完整、准确、全面贯彻新发展理念，加快融入新发展格局，着力推动高质量发展，持续巩固拓展疫情防控和经济社会发展成果，加快建设"两基地一城市"，经济恢复性增长的基础更加牢固、动力更加稳健、趋势更加向好。

一、2021年永川区经济运行分析

前三季度，永川区地区生产总值实现808.5亿元，同比增长11.6%，高于全市1.7个百分点，两年平均增长7.6%，高于全市1.4个百分点，增速列主城都市区第三位。第一产业增加值实现58.8亿元，同比增长8%，居主城都市区第六位。第二产业增加值实现427.6亿元，同比增长11.3%，居主城都市区第九位，其中，工业增加值实现332亿元，同比增长12.4%；建筑业增加值实现95.7亿元，同比增长7.3%。第三产业增加值实现322亿元，同比增长12.6%，居主城都市区第三位。固定资产投资同比增长9.5%。社会消费品零售总额实现370.7亿元，同比增长26%。一般公共预算收入完成33.7亿元，同比增长7.4%，其中，税收收入24.6亿元，同比增长13.8%。全体居民人均可支配收入为30143元，同比增长10.1%，其中，城镇常住居民人均可支配收入34842元，同比增长9.8%，农村常住居民人均可支配收入18487元，同比增长11.4%。

（一）现代制造业基地加快建设，数字经济快速增长，创新驱动发展动力增强

前三季度，工业经济延续平稳增长势头，永川区347家规模以上工业企业实现产值1016.2亿元，同比增长22.2%；规模以上工业增加值同比增长14.8%，高于全市0.6个百分点。支柱产业集群实现产值948.4亿元，同比增长24.6%；三大产业园实现产值891.6亿元，同比增长27.5%。龙头企业支撑有力，长城汽车"坦克300"生产订单已排至2022年，东鹏瓷砖投产第三条生产线，日生产能力扩大到6万平方米，理文造纸产值增幅维持在10%左右。产业转型升级取得成效，规模以上战略性新兴企业产值同比增长11.1%，工业企业完成技改投资93.3亿元，占全部工业投资的51.5%，64家企业完成智能化改造，新增1家市级智能工厂、17个市级数字化车间。数字经济保持较快增速，1—8月，制造业数字经济实现产值326.8亿元，增长45.5%；前三季度，大数据产业园营业收入同比增长40.3%，较1—8月增速提高5.7个百分点；智慧交通、智慧医疗两大试点推进顺利，"服务公社"信息惠民平台获评"2021重庆市大数据智能化应用十大'智慧政务'精选案例"。科技创新实力增强，新增科技型企业212家、新型研发机构1家，知识价值信用贷款担保基金扩大到2500万元，新增贷款企业87家，累计为355家企业发放贷款7.33亿元；新增授权专利1466件、注册商标1906件，分别完成全年任务的146.6%和190.6%。

（二）交通运输、文体娱乐、信息传输等现代服务业增速较快，商贸消费保持回升，地产业、金融业平稳运行

规模以上服务业企业营业收入同比增长37.2%，两年平均增长45%；交通运输业、文体娱乐业、软

件与信息传输业、居民服务业表现优异,营业收入同比分别增长57.1%、52.3%、46.8%、45.7%。城市商圈发展持续优化,引进7家渝西首店,商贸消费稳步复苏,批发、零售、住宿、餐饮分别增长35.7%、20.6%、29.1%、27.7%。旅游市场总体恢复至疫情前水平,前三季度共接待游客1956.8万人次,实现旅游收入138.6亿元,同比分别增长13.2%和17.9%,较2019年同期分别增长14.7%、28.5%。房地产业运行平稳,房屋竣工面积79.5万平方米,增长74.1%;商品房销售面积196.6万平方米,同比增长17.9%,增速高于全市7.6个百分点;商品房合同价格维持在5500元左右。金融业小幅稳定增长,9月末,永川区人民币存贷款余额1628.1亿元,同比增长9.7%,增速较8月末提高1.2个百分点。

(三)重点项目加快推进,固定资产投资稳定增长,招商引资实现三个"第一"

262个区级重点项目已开复工174个,完成投资249亿元,占年度计划投资的67%,完工和投产项目41个。投资稳定恢复,全区固定资产投资同比增长9.5%,两年平均增长7.5%,高于全市1.1个百分点;其中第一产业投资增长44.7%,第二产业投资增长9.5%,第三产业投资增长9.3%。工业投资同比增长9.6%,126个重点工业项目完成全年计划投资的80.2%,太平洋精锻、蜂巢易创汽车发动机生产基地等24个工业项目建成投产。房地产开发投资同比增长17.4%,高于全市17.2个百分点,增速居主城都市区第三位。民间投资保持活跃,同比增长23.9%,高于全市13.3个百分点,占投资比重达84.6%,同比提高9.9个百分点。招商引资持续发力,引进项目247个,合同引资666亿元,其中,引进投资亿元以上项目143个,合同额630亿元;1—8月,招商引资综合考核排名、项目落地开工数、市外项目到位资金三项指标均位列全市第一。

(四)营商环境不断优化,市场主体即将突破10万户,开放发展迎来新的机遇

"放管服"改革进一步深化,1—8月新增减税5亿元。金融支持实体经济力度持续加强,截至9月末,发放中小企业风险补偿贷款36笔1.45亿元;累计为4584家普惠口径市场主体办理贷款延期还本付息,发放普惠小微信用贷款20.42亿元,普惠口径延期率70.1%。工业用电、用气量快速增长,同比分别增长18.3%、30.5%,较2019年同期分别增长27%、112.5%。货运物流复苏加快,公路、水路客货运总周转量同比分别增长17.9%、13%。前三季度,全区新增各类市场主体1.2万户,同比增长12.8%,其中,新开办内资企业2467家,市场主体总量达99772户。开放平台建设取得突破,永川综合保税区成功获批,预计全年新增进口额60亿元。前三季度,预计完成进出口34亿元,同比增长68.3%;利用外资2020万美元,同比增长87%。持续助推成渝地区双城经济圈建设,2021年永川区推动成渝地区双城经济圈建设重点任务共99项,已完成28项,完成年度计划投资的53.9%。

(五)财税收入基本恢复至疫情前水平,税收结构不断优化,企业利润稳步提升

一般公共预算收入恢复至2019年同期水平,税收收入较2019年同期增长7.4%。龙头企业纳税贡献明显,长城、雅迪、东鹏系列企业拉动区级税收增长33%,其中,长城系列企业税收增量占全部税收增量的90%以上。税收结构持续优化,制造业、批发和零售业占比持续提升,占比分别提高到21.5%、24.1%,建筑业和房地产业占比下降,占比分别降低到11.2%、17%。企业效益总体提升,1—9月规模以上服务业企业实现利润总额10.8亿元,同比增长33.6%,营业成本利润率17.4%;规模以上工业企业实现利润总额107亿元,同比增长18.4%,营业收入利润率10.7%。

(六)稳就业保民生效果明显,西部职教基地加快建设,一批重点民生实事进展顺利

就业形势总体稳定,线上"云招聘"与线下供需对接平台搭建相结合,推动就业服务全覆盖,累计开展各类招聘活动61场,达成就业意愿1.8万人;发放各类就业补助资金2613.4万元,惠及1.6万人次以上;城镇新增就业2.2万人,完成全年目标任务的90%;开展职业培训1.2万人,发放创业担保贷款5456万元。

保供稳价效果较好，粮油种植面积及产量稳定增长，特色农业面积产量持续增长，花椒、茶叶产值同比分别增长50%、10.9%；生猪产能持续恢复，第三季度生猪存栏量增长30.7%。西部职教基地建设加快，重庆文理学院硕士授予资格获教育部批准，职教中心迁建、渝西卫校扩建等职教工程推进顺利，重庆医科大学护理学院永川分院揭牌开学，西部职教基地优质师资共享平台在永川上线启用，全区大中专院校毕业生就业率达92.5%，职教学生数有望突破15万人。民生实事有序推进，45项重点民生实事已开复工41个，完成年度计划投资的67.6%，永川区社会矛盾纠纷联合调处中心、永川图书馆等6个工程已完工。

2021年，虽然全区经济社会发展持续稳定恢复、稳中加固，但是也要看到，当前国内外环境依然错综复杂，不确定不稳定因素明显增加；全球新冠肺炎疫情防控形势依旧严峻复杂，国内疫情呈现多点发生、局部暴发的态势；供需两端依旧有部分领域未恢复至疫情前增长水平，企业生产经营压力不减；经济运行处在特殊时期，做好跨周期调节、保证经济平稳运行难度较大。主要有以下几个方面问题：一是固定资产投资稳增长压力大；二是制造业经营成本高企，供应链不稳定；三是绿色低碳发展任重道远；四是就业结构性矛盾依然存在；五是生猪价格低位运行。

二、2022年经济运行环境分析及展望

2022年，全球经济预计将延续复苏态势，但新冠肺炎疫情难以完全消失，部分处在全球供应链关键环节的国家和地区受影响较大，复苏动力较弱，影响全球供应链稳定，供给短缺现象延续，大宗商品及能源全球价格短期仍将高位运行。从全球范围看，受持续的供应链中断、疫苗研发获取能力、政策支持力度等多方因素影响，世界主要经济体复苏增速受阻，部分国家出现通胀上行风险；从全国范围看，"双碳"背景下新旧能源转换带来供给约束，疫情多点散发抑制需求释放，经济恢复势头有所放缓，但总体来说，经济发展长期向好的基本面没有变，经济持续恢复的基础和条件没有变，经济结构调整优化的方向和态势没有变；从重庆层面看，《成渝地区双城经济圈建设规划纲要》等中央各项政策红利加速落地见效，经济发展热性持续增强，高质量发展动能更加强劲。于永川而言，"十四五"顺利起步，成渝地区双城经济圈建设和重庆"一区两群"协调发展等重大战略成效显现，现代制造业基地和西部职教基地建设实现良好开局。2022年，永川将迎来加快发展的战略机遇期，经济运行保持稳定恢复、稳中向好的态势，发展韧性和活力进一步彰显，推动高质量发展取得新成效。

三、2022年工作重点

（一）全力抓好经济监测与分析，着力保持经济运行在合理区间

一是加强经济运行研判分析。密切跟踪分析国际环境和国内形势变化，聚焦"六稳""六保"，加强财政、金融、就业政策联动，稳定市场合理预期。二是强化实体经济发展保障。统筹推进企业降成本各项重点工作，清理供水供电供气行业不合理收费情况，落实各项惠企政策，密切跟踪要素和原材料上涨对于永川区大中小企业的影响，制定相应的工作方案。提升融资服务水平，增强人才要素保障，持续优化营商环境，有效引导社会预期，持续增强市场信心。

（二）全力抓好重点项目建设，进一步促进投资放量

一是积极有序推动重点项目建设。全面落实"周检查"工作方法，强化重点项目建设用地、环评、供水、供电等要素保障，畅通审批绿色通道，持续做好重点项目建设全周期保障工作，抓好2022年重点项目建设。二是抓好资金争取。坚持"资金跟着项目走"的原则，安排好地方政府专项债券项目，优先配套和支持重点领域和重大项目。三是加大重点项目投资统计工作力度。加强重点项目入库统计监测工

作，及时跟踪了解纳入统计情况，督促和协助项目业主单位及时办理补齐工程开工要件，确保开工项目及时被纳入投资统计项目库，提高投资统计数据的时效性、准确性。

（三）全力抓好产业转型升级，加快建设现代制造业基地

一是精准发力招商引资。充分发挥园区招商引资的主体作用和企业的主力军作用，加强与行业协会、专业机构合作，突出数字经济、智能制造、生命健康等重点领域，加大重点非工业项目招引力度，力争完成全年合同引资目标任务。二是要持续壮大产业集群。聚焦现代制造业基地建设目标，不断提高产业发展能级，强化对主导产业、重点企业及战略性新兴产业的监测分析，注重企业升规培育，做大做强全区工业经济总盘子。三是推动制造业转型升级。大力推动制造业数字化智能化转型提速，鼓励企业加大研发投入力度，与在永川的高校、科研院所加强创新合作，推进数字经济和实体经济深度融合，推动科技成果转化应用。谋划重点行业领域碳达峰工作方案，严格落实能耗"双控"制度，强化固定资产投资项目节能审查，建立健全用能预算管理机制，加快构建绿色低碳循环经济。

（四）全力抓好商贸服务业发展，充分挖掘消费市场潜力

一是充分释放消费潜力。立足新发展格局，开展好各类特色消费活动，提档升级万达广场、华茂中心、中央大街商圈，加快建设永川里·奥特莱斯等商贸项目，推进京东梅西店开业运营，进一步丰富消费场景、扩大市场供给。二是抓好龙头企业培育。完善重点企业联系制度，加大对重点领域商品市场转型升级和发展平台经济的指导，培育挖掘一批有潜力的大型餐饮零售企业，推动服务业品牌建设，推动规模以上服务业企业持续扩容、发展壮大。三是加快发展商贸新业态。推进"互联网+流通"线上线下一体化发展，引导商场、超市、餐饮等运用"社交电商""平台销售+直播带货+短视频"等方式开展数字化转型。优化农村电商公共服务中心运营能力，推进永川快递智能分拨中心建设。

（五）全力抓好发展环境优化，坚定不移推进改革开放

一是持续优化营商环境。继续深化"放管服"改革，持续推进"四减"，着力提升政务服务效能。完善"永企汇"企业服务综合平台，推动涉企政策"免申即享"。常态化开展好"四帮一体验"，鼓励引导加强"诚信永商"建设。全面推广信用承诺制，推进信用分级分类监管。二是不断提升开放水平。高质量推进永川综合保税区建设，按照"错位发展、优势互补、体现特色"的思路，重点发展保税加工、保税物流、保税维修等业务，大力引进一批外向型、高层次、关联性强的进出口企业，同步加快工程建设，确保按时通过验收、顺利封关运行。三是积极推进成渝地区双城经济圈建设。推动《泸永江融合发展试验区总体方案》尽快印发，完成《川南渝西融合发展试验区建设方案》编制。

（六）全力抓好民生保障工作，维保社会大局稳定和谐

一是全力推动民生实事建设。严格落实"督查、通报、考评"的工作制度，按照时间节点高效高质推进实施好2022年重点民生实事项目。二是进一步稳定就业总体形势。动态维护好企业用工需求、人力资源台账"两大数据库"，开展系列就业创业活动，打响"永创汇"双创活动品牌，做好重点群体和困难群体就业帮扶工作。三是持续加强基本民生保障。推动健康永川建设，加快渝西区域医疗中心（应急医院）建设及疾控中心迁建，加强基层医疗能力，推动创建国家区域医疗中心。聚焦"一老一小"民生问题，深化养老机构改革，实现全区城乡社区居家养老全覆盖，推动建设高品质托育机构。四是统筹做好发展和安全两件大事。扎实抓好常态化疫情防控。持续开展好安全生产专项整治三年行动，严防重特大安全事故发生。切实抓好重点领域风险防范，密切监测房地产企业资金链风险，加强对粮油、肉类、蔬菜等重要商品价格监测分析，做好市场保供稳价工作。

[永川区发展和改革委员会　樊　怡　王文征　马寒卿]

之十六：2021年南川区经济运行分析及2022年展望

2021年以来，南川区坚持以习近平新时代中国特色社会主义思想为指导，立足新发展阶段，完整、准确、全面贯彻新发展理念，积极服务和融入新发展格局，全力抢抓率先同城化战略机遇，扎实做好"六稳"工作，全面落实"六保"任务，经济运行呈现稳中有进、进中提质的良好态势。前三季度，南川区地区生产总值同比增长10.2%，高于全市平均水平0.3个百分点，列主城都市区第13位，预计全年GDP同比增长8.5%左右。

一、2021年南川区经济运行特征

（一）"好"的态势保持延续

一是工业经济加速扩张。工业用电、用气量同比分别增长11%、51.6%，工业增加值同比增长12.2%，六大主导产业实现规模以上产值114.4亿元，同比增长27.3%，占规模以上工业总产值的67.7%，同比提高7.4个百分点，支撑作用持续增强。二是旅游业提质增效。金佛山获评巴蜀文化旅游走廊新地标，东街入选"重庆新地标10强"榜单，大观原点入选"2020重庆乡村振兴十大示范案例"，全区接待游客量、旅游综合收入分别同比增长61%、1.2倍，景城乡融合发展迈出坚实步伐。三是农业生产稳定向好。水稻、玉米等主要粮食作物播种面积和产量实现双增长，生猪价格止跌回升，"3+2"特色产业规模不断壮大，第一产业增加值同比增长8.2%，居主城都市区第五位。

（二）"进"的动力接续释放

一是投资提速放量。145个重点项目完成投资226.8亿元，带动固定资产投资同比增长11.2%，其中，24个市级重点项目完成投资56.4亿元，占年度计划的92.8%。工业投资同比增长32.6%，高于全市平均水平20.3个百分点，居主城都市区第五位。页岩气项目完成投资21亿元，同比增长60.9%，占工业投资的36.5%。鸿路钢构扩能项目实现当年开工当年投产，新增年产能10万吨。二是消费市场回暖。实施促销活动80余场，社会消费品零售总额同比增长27.1%。销售商品房89.6万平方米，同比增长9%，其中，销售康养度假物业18.7万平方米，同比增长26%，获评中国康养产业可持续发展能力百强区。三是外贸形势趋好。实现外贸进出口总额14亿元，同比增长7%。

（三）"新"的动能加快集聚

一是创新动能增强。全面启动高新区创建，新培育高新技术企业15家、科技型企业118家，全社会研发投入1.94亿元，同比增长17.5%，战略性新兴产业产值同比增长1.8倍，数字经济产值同比增长5.4%。二是改革纵深推进。金佛山旅游经营管理体制改革顺利完成，辖区煤矿企业全面退出关闭，科技创新、生态文明、社会民生等重点领域改革事项有序推进。三是开放水平提升。先后与四川广元、乐山缔结友好城市，与都江堰等市县签订合作协议10个。与重庆工商大学、重庆体育职业学院签订协议。招商引资持续发力，累计签约项目68个，协议引资561.5亿元，亿元以上项目达到35个。

（四）"优"的保障不断夯实

一是财税金融保障有力。一般公共预算收入同比增长1.2%，其中，税收收入同比增长11.4%。存贷比达111%，同比增长20.3%，居全市第七位。二是营商环境更趋优化。全力打造市场化、法治化、国际化营商环境，"渝快办"政务服务能力上升至全市第六位，"一窗办理存量房买卖业务完税信息推送工作"在13个主城新区中排第一名，新发展民营企业主体1746户，同比增长8.4%，新入库"四上"企业18家。三是民生福祉更加殷实。69件民生实事完成投资16亿元，棚户区改造、城区供水一体化等城市更新项目加快推进，人民医院儿科楼、金华体育公园等14个项目提前完成年度任务，城镇新增就业7019人，新增返乡创业实体1241户，人民群众获得感、幸福感、安全感持续增强。

（五）"稳"的形势更加牢固

一是疫情防控平稳有序。严格落实"外防输入、内防反弹"常态化防控措施，累计完成新冠病毒疫苗接种45.9万人、93.8万剂次，守牢"零确诊"底线。二是安全环保形势稳定。夯实安全生产和自然灾害防治责任，未发生较大及以上安全事故。坚持绿色发展，完成营造林任务19.5万亩，城区空气质量优良天数260天，优良率稳居主城都市区第一，4条河流出境断面水质均达到Ⅱ类标准，山清水秀本底更加彰显。三是社会大局和谐稳定。深化"枫桥经验"南川实践，庆祝中国共产党成立100周年、中华人民共和国成立72周年期间，为经济社会发展营造了良好环境。

二、存在的问题

（一）行业领域风险增多

自"两集中三批次"供地政策施行以来，全区经营性用地出让同比下降62.1%，恒大等在建楼盘工程停滞，房地产市场可持续健康发展面临严峻挑战。疫情全球蔓延、国内多点散发，多国推行量化宽松政策，导致通胀严重、原材料供需失衡，钢材、铝型材等大宗商品价格大幅上涨，企业运营成本增大、盈利空间收窄。

（二）要素保障难度加大

一是用地保障难。《国土空间规划》、风景名胜区、自然保护地等规划尚未获批，导致部分项目推进艰难。二是资金筹集难。金融信贷政策趋紧，区属国有企业融资难度加大、成本增高，面临发展偿债双重压力。三是能耗指标紧。"十四五"期间，在能耗"双控"背景下，招商引资难度较大。

（三）财政收支矛盾凸显

因房地产市场下行，土地交易大幅下降，造成基金、税收等收入受到较大影响，财政增收更加艰难。同时，"三保"等重点领域刚性支出只增不减，财政收支矛盾较为突出。

三、2022年工作重点

2022年，南川区将以习近平新时代中国特色社会主义思想为指导，深入贯彻落实习近平总书记视察重庆重要讲话精神和陈敏尔书记调研南川指示要求，立足特色化、面向同城化，紧扣率先实现与中心城区同城化发展战略任务，积极融入成渝地区双城经济圈建设，全面贯彻落实"一区两群"协调发展战略，全力推动经济社会高质量、同城化发展。初步预计，2022年地区生产总值同比增长8%左右。

（一）突出科技创新，进一步提升产业能级

以创建国家高新区为统领，用好新材料、新工艺、新技术等创新成果，加大科技研发力度，加快技

术攻关步伐，加速推动传统制造业向智能化、数字化、网络化方向提升，挖掘创新增长点。提速构建"众创空间+孵化器+加速器"全链条孵化体系，提升科技型企业孵化数量和质量，培育壮大战略性新兴产业。持续完善园区综合功能，着力强链、补链、增链、延链，大力引育一批引领性、成长性强的"链主"企业，支持关联企业集群化发展，做强工业经济。

（二）持续扩大内需，进一步增强发展后劲

以项目建设为主抓手，紧扣"开工率、投资完成率、投产达产率"等关键指标，全面夯实资金、用地、审批等要素保障，推动项目快开工、快建设、快投产、快达产，持续扩大有效投资，确保固定资产投资增长10%以上。围绕先进制造业、大健康产业、现代服务业等重点领域，精心策划项目，积极申报争取，力争更多政策资金落地南川。紧扣国际消费中心城市特色消费集聚区创建目标，高质量筹办各类节会展会活动，大力培育新兴消费业态，丰富拓展特色消费场景，打响"味道南川""金佛山珍"等优质商业品牌，促进文商旅深度融合，全面激发消费活力。

（三）注重景城乡统筹，进一步推动融合发展

立足景、城、乡三个基本面，加快构建"城依景、景融乡、乡伴城"景城乡融合发展新格局，打造高品质宜居后花园。依托金佛山、东街、大观原点等景点，强化景城乡一体化营销，推动旅游提档升级，打造南川文旅升级版。稳步实施城市更新行动，统筹推进旧城改造和新城开发，完善提升城市配套设施和智慧服务功能，注重城市文化保护传承利用，全面提升城市发展能级。做好巩固拓展脱贫攻坚成果同乡村振兴有效衔接，提质增效中药材、古树茶、方竹笋和南川米、蓝莓"3+2"特色产业，大力发展特色农产品精深加工，推动一二三产业融合发展，高质量推进国家农业现代化示范区创建。

（四）深化改革开放，进一步激发市场活力

持续深化政务服务事项通办改革、城市管理体制改革、市场一体化改革，加快实施重点改革专项，打通制约经济社会发展的痛点堵点。积极做好金佛山经营管理体制改革"后半篇文章"，加快推动"金佛山旅游"上市，提升金佛山含金量。抓牢西部陆海新通道建设契机，着力打造南向重要节点城市，加快形成渝黔合作节点支撑。积极融入成渝地区双城经济圈建设，深化与四川乐山、广元、都江堰等市县的交流合作，围绕优势产业、文旅康养等重点领域达成一批合作事项。积极推进高等教育集群园区建设，加大对接力度，争取签约项目早日落地开工。

（五）坚持绿色发展，进一步改善生态环境

统筹降碳、减污、增绿，持续涵养绿水青山，守牢生态环境底线，走好生态优先、绿色发展之路。有序推动"碳达峰""碳中和"行动方案编制实施，持续加大能耗"双控"力度，坚决杜绝"两高"项目盲目发展。持续抓好生态文明建设，坚决打好污染防治攻坚战，加强金佛山生物多样性和自然生态保护，推动建立金佛山生态产品价值实现机制，积极探索"绿水青山"转化为"金山银山"的实现路径。

（六）强化民生保障，进一步增进民生福祉

坚持以人民为中心的发展思想，聚焦最困难群体，围绕最突出问题，从最现实利益出发，滚动实施一批普惠性、基础性、兜底性民生实事。扎实做好稳就业、保就业工作，推动落实职业技能提升培训"六大计划"，实现更充分更高质量就业。落实常态化疫情防控要求，压紧压实安全生产和自然灾害防治责任，有效防范化解各类风险，做好能源、粮食保供工作，营造安全稳定的社会环境。

[南川区发展和改革委员会　唐　正　熊　波　刘　鑫]

之十七：2021年綦江区经济运行分析及2022年展望

2021年，綦江区坚持以习近平新时代中国特色社会主义思想为指导，深入贯彻党的十九大和十九届二中、三中、四中、五中、六中全会精神，全面落实习近平总书记对重庆提出的营造良好政治生态，坚持"两点"定位、"两地""两高"目标、发挥"三个作用"和推动成渝地区双城经济圈建设等重要指示要求，统筹推进疫情防控和经济社会发展，坚定不移推动高质量发展，实现"十四五"开好局、起好步。

一、2021年綦江区经济运行分析

前三季度，地区生产总值实现390.1亿元，增长6.8%；规模以上工业增加值增长12.2%；社会消费品零售总额完成179.8亿元，增长24.3%；一般公共预算收入完成14.7亿元，增长3.4%；全体居民人均可支配收入达到23840元，增长9.4%。主要呈现以下特点：

一是工业经济平稳运行。材料、装备等多点支撑，创新引领产业转型趋势明显，规模以上工业总产值实现322.4亿元，增长16.6%。主导产业支撑作用明显。铝、铜等材料产业持续发力，实现产值201.2亿元，增长19.8%，占规模以上工业总产值的62.4%，引擎作用充分发挥。装备制造、消费品行业产值分别实现64亿元、20.2亿元，共占规模以上工业总产值的26.2%。新兴产业带动作用增强。全力推进国家高新区创建，新入库科技型企业372家。在哈斯特、綦远等企业带动下，战略性新兴产业实现产值87.9亿元，增长26.6%，高于全区规模以上工业总产值增速10个百分点。工业运行效益总体较好。规模以上工业企业营业收入295.6亿元，增长13.9%，利润11.3亿元，增长100.8%。

二是服务业稳步恢复。在市场主体需求增强、居民消费持续回暖等因素带动下，服务业延续向好发展态势。生产性服务业加快发展。公路货物运输保持较快增长，货运量、货物周转量分别增长22.9%、5%。积极推进银政合作，与哈尔滨银行重庆分行等签署战略合作协议，工业企业贷款余额达到65.5亿元，增长11.1%，金融服务实体经济更加有效。生活性服务业保持恢复势头。有效应对国内分散疫情，住宿、餐饮业销售额分别增长24.8%、29.2%。文化娱乐业逐步复苏，电影《王良军长》上映以来累计播放8513场次。数字经济展现新气象。成功举办2021信息安全与数据灾备技术产业高峰论坛，公共大数据安全技术重庆市重点实验室挂牌，数字经济产业园吸引中国信科、麻辣食品工业（綦江）数字化研究院等企业入驻，中国老科协首个工业企业科技示范基地、数据鉴定及区块链存证溯源等9个项目落户綦江。

三是投资带动作用强劲。聚焦签约项目抓开工、在建项目抓进度、竣工项目抓投产、投产项目抓达效，綦江区固定资产投资完成128.4亿元，增长19.8%，居全市第五位、考核组第二位，两年平均增长14.1%，其中，社会投资占71.3%。基建投资稳步增长。綦江北互通及新龙大道建成投用，蟠龙抽水蓄能电站、转关口大桥等项目进展较好，基础设施建设投资完成31.3亿元，增长13.8%。工业投资快速增长。在页岩气开发、垃圾焚烧发电等工业项目带动下，工业投资完成35.9亿元，增长30.5%，高于全市18.2个百分点，对投资增长的贡献率达到39.7%。重庆新型建筑智能建造产业园加快推进。房地产投资低位运行。受房地产融资政策影响，房地产开发投资完成 55.1 亿元，增长 5.7%，与上半年持平，高于全市 5.5 个百分点。

四是消费市场快速回暖。在"红色游""乡村游""康养游"的带动下，消费恢复性增长态势良好。传统消费持续恢复。举办"爱尚重庆·渝悦消费"系列消费促进活动，商圈带动聚集效应明显增强，批发、零售业销售额分别增长 26.8%、21.7%。文旅消费稳步增长。"红色游""康养游"等持续走热，在王良同志纪念馆、红一军团司令部旧址、东溪古镇等景区景点多元素带动下，文旅产业持续回暖，接待游客 707.3 万人次，实现旅游综合收入 33.7 亿元。新兴消费平稳增长。加快消费新场景、新模式和新业态培育，线上销售、夜间经济等保持平稳增长。房地产销售走势下滑，受市场环境影响，商品房销售面积 77 万平方米，增长-7.4%，房地产市场消费呈下滑趋势。

五是开放合作势头良好。积极融入成渝地区双城经济圈建设。綦江·自贡川渝合作产业园稳步推进，"一园三中心"建设取得阶段性进展；高新区管委会同遂宁安居经开区签订战略合作协议，深化与成都天府新区管委会在数字经济发展领域的合作，加强与乐山市在农业林业方面合作，"朋友圈""关系圈"不断扩大。润物无声推动綦万"三化"发展。研究出台《贯彻落实〈綦江—万盛一体化发展规划〉的任务分工方案》，联同编制《永桐新城功能策划暨空间总体规划》等 6 个规划，永桐新城平场、关赶铁路、青年至石角公路连接线等项目加快实施。渝黔合作有序推进。加强与遵义市等黔北地区对接，编制"十四五"渝黔合作先行示范区建设规划，拟定与桐梓、习水等地的合作共建事项清单，共同推进一批交通、产业、公共服务领域项目落地。扎实开展对口协作石柱县有关工作，完成 11 项年度帮扶任务。招商引资成效明显。举行引进高校集中签约仪式，重庆电讯职业学院綦江校区、重庆德国埃森大学等 4 所高校落地綦江。新签约市外重点项目 35 个，协议引资 284.3 亿元，到位资金 37.5 亿元。营商环境持续优化。召开全区优化营商环境大会，联合开展营商环境专项督查，首推投资建设项目"模拟审批"改革，水、电、气等公用服务事项全部进驻政务服务大厅，全市首个"渝快办"商圈自助服务点授牌成立。推进市场主体住所申报承诺制，新发展各类市场主体 6328 户，其中企业 1735 户。

六是民生实事落地见效。扎实推进全国文明城区创建，抓好巩固拓展脱贫攻坚成果同乡村振兴有机衔接，民生保障不断加强。农业产业保持总体稳定。全力推进国家农村产业融合发展示范园创建，"饭遭殃"入选农业产业化国家重点龙头企业，正大、正邦等大型养殖场陆续投产，农业增加值实现 46.6 亿元，增长 6.5%。粮油、蔬菜等物价水平保持稳定，生猪价格持续走低。民生刚性支出不断增长。教育、卫生、农林水等民生事业支出达 30.7 亿元，占一般公共预算支出的 70%。民心工程推进有力。老旧小区改造有序推进，农村人居环境整治、城区卫生设施改造提升等 5 个民心工程竣工投用。常态化开展疫情防控。已接种疫苗超 120 万剂次，完成全程接种 57.1 万人，全程接种率达 96.8%，城镇新增就业 9377 人。

综合分析当前区内外经济形势，结合全区前三季度经济运行基本特征，初步预计全年地区生产总值增长 3.5%，固定资产投资增长 20%，其中工业投资增长 35%，规模以上工业增加值增长 5%，社会消费品零售总额增长 15%，全体居民人均可支配收入增长 8%。

二、2022 年经济运行环境及因素分析

当前新冠肺炎疫情影响广泛而深远，经济全球化遭遇逆流，世界进入动荡变革期，单边主义、保护主义、霸权主义对世界和平与发展构成威胁，不稳定性、不确定性明显增加，全区改革发展将面对更加复杂的国际环境。我国已转向高质量发展阶段，但发展不平衡、不充分问题仍然突出。全区综合实力和竞争力与主城都市区重要战略支点定位还有较大差距，基础设施、产业能级、科技创新、生态环保、公

共服务和社会治理等领域还存在不少短板，必须高度重视、切实解决。

当前和今后一个时期，全区发展仍然处于重要战略机遇期，继续发展具有多方面优势和条件。新一轮科技革命和产业革命，有助于推动数字经济和实体经济深度融合，更好为经济赋能、为生活添彩。新时代西部大开发、成渝地区双城经济圈建设、西部陆海新通道等国家战略深入实施，特别是全市"一区两群"协调发展、渝黔合作先行示范区建设等决策部署，使全区战略地位凸显、战略空间拓展、战略潜能释放，为推动更高水平开发开放，带来更多政策利好、投资利好、项目利好，极大提振市场预期、社会预期。国家为应对疫情冲击、恢复经济发展出台一系列支持政策，有助于更好地保护和激发各类市场主体活力，巩固经济回升向好势头。加快綦万一体化、同城化、融合化步伐，打造主城都市区重要战略支点，将助推全区发展动力转换升级、城市功能优化拓展和公共服务提质增效，有利于提升城市能级，充分释放高质量发展巨大潜能。

三、2022年趋势展望及主要指标预测

（一）继续拓展綦万"三化"发展格局

按照《綦江—万盛一体化发展规划》确定的城市、产业和生态安全格局，将永桐新城打造成为带动全区发展的重要增长极。全面完成永桐新城控制性规划、产业发展规划和交通发展规划。结合国家基本农田调整窗口期，整体谋划、有序推进新城开发建设。扎实做好创新经济走廊"七通一平"征地拆迁、项目供地等前期工作，启动永庆路、下穿渝黔复线、綦万城市快速干道等重点交通基础设施工程，迅速拉开交通路网骨架。统筹实施供水厂、污水处理厂、垃圾收集中转站等项目建设，逐步完善市政公用设施配套功能。

（二）加快构建主导产业规模集群

做优做强铝精深加工产业。依托北渡铝产业园，重点推进旗能电铝提质增效、綦特铝业投产达效，壮大铝产业总体规模，引导支持铝精深加工产业向中高端发展。加快发展装配式建筑产业。全面启动安稳新型建筑智能制造产业园建设，加快西南水泥项目搬迁，依托资源、市场等优势条件全力引进中建科等龙头企业，带动全产业链整体发展。持续壮大汽摩产业。坚持推动汽摩整车及零部件产业成群成链，支持万象津专、川骏改装车、新富汽车、鑫望摩托车等一批项目建成投产，加快建成三轮摩托车整车及配套项目产业园。

（三）持续提升科技创新引领作用

坚定不移推进国高创建。紧扣国家高新区创建标准，重点补齐高新企业、研发中心等科技型企业，加快培育国家级、市级创新创业孵化平台，以万全准备迎接科技部现场调研论证。坚定不移升级传统产业。充分发挥腾讯云工业互联网、齿轮标识解析平台、物联网产业园、大数据物流等作用，鼓励企业探索"互联网+工业"联动发展模式。坚定不移壮大战略性新兴产业。布局发展集成电路、新材料、新能源、大数据、新能源汽车五大战略性新兴产业，重点培育壮大一批高新技术企业、科技型中小企业、成长性科技企业。

（四）不断增强项目投资拉动效能

加大基础设施项目投入。加大社会投资招引力度。切实提高招商引资的针对性和成功率，力争引进铝产业链项目10个以上、装配式建筑企业10家以上、装备制造相关企业10家以上，确保全年完成正式合同额360亿元以上。创新优化项目资金组织方式。大力挖掘社会资本，切实降低项目资金中政府投资比

例。加快研究推进REITs等投融资模式，充分利用好国开行、农发行等政策性贷款。

（五）大力深化统筹城乡协调发展

统筹推进城市有机更新。以全国文明城区创建为抓手，坚持建新与更新并重。推动城区防洪工程建设，逐步将城区防洪标准提高到50年一遇。持续改善城镇水环境，加快推进共同片区污水处理厂建成投用，力争完成城区雨污分流改造工作。扎实推动乡村全面振兴。常态化监测"两不愁三保障"，确保不发生规模性返贫。巩固拓展脱贫攻坚成果，持续抓好五大振兴，培育发展"325"主导产业，全力打造市级现代农业产业园。促进文旅商贸企稳回暖。有序推进长征国家文化公园建设，大力开展红色文化教育培训、红色旅游系列主题活动，提升文化软实力。推动绿色商场、智慧综合体建设，支持开展各类消费活动，促进消费提档升级。

（六）切实巩固社会民生保障体系

切实兜牢民生底线。坚持就业优先，重点做好去产能分流职工、院校毕业生、农民工、城镇就业困难人员等群体就业和退役军人安置工作。全面提高教育医疗水平。扎实推动国家学前教育普及普惠区和义务教育优质均衡区创建工作，持续改善办学条件，打表推进通惠小学综合楼、赵家坪小学等项目建设。启动重庆市医科学校迁建，开展现代医院管理制度试点，推进国家级、市级重点专科创建。坚决维护和谐稳定社会环境。加强预防和化解社会矛盾，有效调处淘汰落后产能、征地拆迁等重点领域的矛盾纠纷，维护好、回应好群众合理合法利益诉求。

[綦江区发展和改革委员会　冯泠森]

之十八：2021年大足区经济运行分析及2022年展望

2021年以来，大足区坚持以习近平新时代中国特色社会主义为指导，全面贯彻落实党的十九大和十九届二中、三中、四中、五中、六中全会精神以及习近平总书记对重庆提出的营造良好政治生态，坚持"两点"定位、"两地""两高"目标、发挥"三个作用"和推动成渝地区双城经济圈建设等重要指示要求，坚持稳中求进的工作总基调，统筹推进常态化疫情防控和经济社会发展，经济运行稳中向好、好于预期。1—9月，全区实现地区生产总值566.6亿元，同比增长12.3%，分别高于全国、全市2.5个、2.4个百分点，增速在全市继续保持第三位，居主城都市区第二位，较上半年提升1位。预计全年地区生产总值增长10%左右。

一、2021年大足区经济运行分析

（一）工业经济增势强劲

1—9月，大足区规模以上工业总产值达到576.8亿元，同比增长23.5%，规模以上工业增加值同比增长15.2%。工业经济运行综合指数为83.3，居全市第二位。特色产业提质增效，五大特色产业完成规模以上工业总产值531.8亿元，同比增长26.4%，其中智能、静脉产业增速超过50%；战略性新兴产业完成产值92亿元，同比增长46.1%；规模以上工业企业利润总额同比增长86.5%；工业实缴税金8.8亿元，同比增长48%，其中工业增值税6.1亿元，同比增长46.8%。重点企业释能扩量，50家重点企业产值同比增长28.7%，其中凯瑞特种车增长122.8%，盛泰光电增长58.1%，足航钢铁增长65.3%，巨腾大昶宝增长46.6%。新增规模以上企业8家，占全市（59家）的13.6%，居全市第一位。要素指标表征良好，工业用电15亿千瓦·时，同比增长22.1%，工业用气7350.1万立方米，同比增长40.3%。

（二）文旅商贸提档升级

全域建设大足石刻文化公园，聘请清华大学完成战略规划编制，"十里荷棠·山湾时光"、昌州古城大融城购物公园、昌州古城香霏街开业迎客；吾悦广场商业综合体进展良好，招商签约率超80%。大力开展综合营销，邀请单霁翔担任文旅发展总顾问，大足石刻走进国家博物馆，纪录片《大足石刻：石头上的世界》在央视热播。持续开展农旅文商活动，拉动消费潜力加速释放，社会消费品零售总额达231.4亿元，同比增长31.1%，批发业、零售业销售额同比分别增长49.9%、33.6%，住宿业、餐饮业营业额同比分别增长37.9%、24.8%。游客接待量和旅游总收入较2019年同期分别增长33.5%、72.2%。第三产业对经济增长的贡献率达到48.9%，拉动GDP增长6个百分点。

（三）项目建设蓄势发力

狠抓招商引资，精心编制17条产业链图谱，紧盯关键行业、重点产品开展链条招商，签约项目200个，正式合同额914.7亿元，其中签约50亿元以上项目5个（中国古建筑博览园60亿元、大湾区创新谷50亿元、新城星俪酒店50亿元、朝航钢构70亿元、求实股份西南业务总部60亿元）。引进金箭、赛鸽等摩托整车项目9个，累计达27个、年产能1000万辆；成功引进电梯核心零部件曳引机项目，配套项目达16个，整机项目达5个、年产能4万台；发挥盛泰光电链主作用，引进摄像头模组核心零部件企业5家，百亿级光电产业集群正加速形成。专班服务推动项目快落快建，八戒（大足）五金智能制造产业园、元华科技5G产品生产研发等209个项目开工，海棠新城职教城、好意达智能游乐设备等106个项目投产投用。1—9月，完成固定资产投资314.5亿元，同比增长14.5%，其中工业投资139.1亿元，同比增长22.6%。

（四）改革创新动能增强

创建国家高新区产业和战略发展规划通过市级专家评审；新增科技型企业167家，累计达到1168家。建成中国首条页岩气开采油基钻屑资源化综合利用生产线，"互联网+智慧养老"纳入国家数字乡村建设指南，"禾下乘凉"巨型稻在大足试种成功。大足黑山羊保种场被确定为国家畜禽遗产资源保种场；国务院副总理胡春华实地调研大足黑山羊保种场，给予充分肯定。绿色金融、科技型企业知识价值信用贷款改革试点成效显著，绿色贷款余额达33.5亿元，同比增长34.2%，269家企业获得知识价值信用贷款4.6亿元。成功创建第二批深化小型水库管理体制改革国家级样板县［全市仅2个区（县）］，顺利通过水利部验收。

（五）社会民生保障有力

居民收入较快提升，城乡常住居民人均可支配收入达到26544元，同比增长11.2%，居重庆市第五位，其中城镇居民收入增速11.1%，居全市第三位。就业保持总体稳定，1—9月城镇登记失业率为2.78%，城镇"零就业家庭"实现动态清零；应届高校毕业生年底就业率保持在90%以上，应届高校贫困毕业生实现100%就业。社会保障体系持续完善，1—9月发放低保金、临时补助等各类救助金1.9亿元，惠及群众4.6万人。疫情防控成果持续巩固，圆满完成18岁及以上接种人群全程接种任务。

二、存在的主要问题

当前及今后一段时期，新冠肺炎疫情影响仍将持续，外向型经济面临的不稳定不确定因素增加，"外防输入""内防反弹"任务依然严峻，维护正常经济社会秩序仍存在诸多困难和挑战。一是稳增长压力依然较大。原材料价格上涨等因素持续压缩企业利润空间，融资难的问题依然突出，企业经营困难加大；同时，全区经济总量偏小，新增规模以上工业、服务业企业及限额以上商贸企业偏少，难以支撑经济持续稳定增长。二是科技创新体系不够完善。创新型企业总量不足，龙头型科技企业、研发机构平台较少，缺乏能够带动产业发展的大院大所，科技创新环境对高层次科技人才的吸引力不足。三是投资结构有待进一步优化。工业投资增长较快，但基础设施投资和房地产投资增长相对乏力，且与全市平均水平有较大差距。四是财政收支压力增大。财政收入结构不够合理，税收收入占比不高，"三保"等刚性支出大幅增加，财政收支平衡压力加剧。

三、政策调控措施建议

（一）全力加强经济运行调度

科学统筹疫情防控和经济社会发展，密切关注国内外经济发展环境变化和国家宏观政策倾向，及时研判应对措施，确保经济运行在合理区间，在主城都市区及桥头堡城市排位领先。积极做好企业升规入统工作，充分挖掘潜力，通过培育增量有效支撑经济高质量发展。

（二）全力推进项目建设

按照"以项目带投资、以投资促发展"思路，做好项目策划及储备。修订完善政府投资管理办法，制定涵盖投资审批、招投标、合同管理、施工管理等建设全流程的项目管理实施细则，加大项目审批、考核、督察的力度。建立分级负责制、项目台账制、定期调度制、动态管理制、督查督办制等，通过逐月调度、倒排工期、挂图作战的方式，确保项目建设如期推进。积极配合做好成渝中线高铁、渝西水资源配置等市级重点项目的建设，加快推进璧山至大足城市快轨、市郊铁路"合大线"等重大项目的前期工作。

（三）全力打造特色产业集群

建强建优双桥经开区、大足高新区、大足工业园区、石刻文创园四大平台，加快产业园区特色化、差异化发展，着力招大招优招强，提高园区集约化、集中化水平和投入产出强度，推动园区高质量发展。做大做强五金、汽摩、静脉、智能、锶盐等特色产业，依托资源基础，强链补链延链，壮大特色产业集群，推动产业转型升级。加快布局战略性新兴产业，培育发展信息技术、高端装备、新材料、生物医药、新能源汽车等新兴产业，大力推动文创、大健康等服务业发展。

（四）全力建设国际文旅名城

时刻牢记习近平总书记殷殷嘱托，将保护好研究好利用好大足石刻作为"一号工程"，全域建设大足石刻文化公园，加快打造国际知名旅游地、世界知名研究院，进一步提升大足石刻的国际影响力，全力做靓文化会客厅。加快大足石刻文化公园建设，实施大旅游环线交通畅达工程，推动精品旅游景区和度假区提档升级，推进高端度假酒店和精品民宿有序发展，积极创建国家全域旅游示范区、国家级文化产业示范园区、国家级夜间文化和旅游消费集聚区。加强旅游宣传营销，大力开发特色文创旅游商品。

（五）全力推动绿色低碳发展

积极落实国家和重庆"碳达峰""碳中和"相关政策，制定大足区2030年前碳达峰行动方案和"十四五"期间碳达峰实施方案。推进工业领域绿色制造，推行绿色建筑，大力发展低碳交通，有效控制温室气体排放。实施能源消耗总量和强度"双控"行动，严把高能耗高排放项目准入关口，推动企业循环式生产、园区循环式发展、产业循环式组合，高质量完成单位地区生产总值能耗降低目标。

（六）全力推进重点领域改革

持续优化营商环境，持续开展五大行动，进一步优化市场环境、法治环境、开放环境、政务环境、政商环境；借鉴先进地区典型经验，进一步优化各指标办事流程、办理方式。加快推进国家城乡融合发展试验区、数字乡村、深化农村宅基地制度改革、医联体医共体建设、深化服务贸易创新发展、医保支付制度改革、婚俗改革等国家级改革试点任务。稳步开展完善社会信用体系建设，做好信用信息归集、提高数据质量、扩大数据覆盖范围；抓好政务领域信用建设，确保本区无失信案例。

（七）全力加大企业帮扶力度

积极落实原材料保供稳价政策，畅通运输渠道，努力确保原材料稳定供应。着力加强能源保障和运行调度，增强用电、用气保障能力，确保企业正常生产经营。用好用足各类上级政策，深入一线了解企业生产经营情况，并充分发挥政企通APP、中小企业服务平台等作用，切实帮助企业解决实际困难和问题。

（八）深度融入成渝地区双城经济圈建设

务实推进已签订合作协议及已成立合作联盟，确保合作走深走实。深入推进资大文旅融合发展示范区、川南渝西融合发展试验区、大铜新区等平台建设，依托各合作平台积极探索经济区与行政区适度分离改革。加快推进成渝中线高铁、石刻文创园区、成渝现代高效特色农业带大足+安岳粮药合作示范园区、川渝石窟寺保护传承与科技创新等川渝共建项目建设，加快大足高新区与资阳高新区首批成渝地区双城经济圈产业合作示范园区建设。持续推动成渝地区双城经济圈公共服务共建共享和生态环境联防联控。

（九）全力增进民生福祉

着力提高低收入群体收入，扩大中等收入群体，促进居民收入与经济同步增长。千方百计稳定和扩大就业，完善高校毕业生、农民工、退役军人、困难群众等重点群体就业支持体系。优化公共服务供给，办好人民满意的教育，深入实施健康中国大足行动，大力发展文化体育事业。完善社会保障体系，持续推进全民参保计划，完善养老和医疗保险制度。健全社会救助体系，兜牢基本民生保障底线。健全城乡养老服务体系，积极应对人口老龄化。

[大足区发展和改革委员会　陈吉强　汪序梅]

之十九：2021年璧山区经济运行分析及2022年展望

2021年以来，璧山区坚决贯彻落实习近平总书记重要讲话精神，切实将习近平总书记对重庆提出的系列重要指示要求和陈敏尔书记、唐良智市长调研璧山讲话精神融入工作全方面和各环节，经济持续稳定恢复，延续高质量发展势头。

一、2021年璧山区经济运行情况

（一）主要指标逐季向好

前三季度，璧山区实现地区生产总值604.9亿元，同比增长12.6%，增速居全市第一。其中，第一产业增加值30.4亿元，同比增长6.1%；第二产业增加值314.1亿元，同比增长13.7%；第三产业增加值260.4亿元，同比增长12%。全体居民人均可支配收入同比增长11.5%。璧山区地方财政收入完成113亿元，一般公共预算收入完成40.7亿元，其中税收收入完成24.9亿元，占一般公共预算比重超过60%；一般公共预算支出完成59.8亿元；反映经济运行风向的工业用电量增速达39.6%，与经济运行基本匹配。

（二）工业经济稳步增长

规模以上工业增加值同比增长19.5%，居全市第三位。五大支柱产业中，汽摩、电子、材料、装备等支柱产业均支撑有力，同比分别增长53.3%、15.3%、13.6%、12.8%。现代工业持续上扬，比亚迪、青山、康佳3家龙头企业拉动规模以上工业同比增长18.4%，高技术制造业、战略性新兴产业同比分别增长69.6%、86%，长安青山智能传动产业园等30个项目开工，中车恒通等26个项目建成，龙润转向等31个项目达产。

（三）消费市场活力涌现

社会消费品零售总额同比增长26.5%，增速居考核组第九位。限额以上批发业商品销售额同比增长33%，是拉动社会消费品零售总额增长的主要力量。限额以上单位主要商品零售额中，基本生活类的粮油、食品类及饮料类同比分别增长37.5%和50.4%，通信器材、建筑及装潢材料等升级类商品保持较快增长势头，同比分别增长39.3%和34.3%。

（四）投资运行保持平稳

全社会固定资产投资总额同比增长15.3%，较上半年提高1.5%，增速居考核组第八位。其中，工业投资因弗迪锂电池二期及中南高科等重点项目陆续建成投产，增速有所放缓，同比增长14.3%，较上半年收窄6个百分点；房地产开发投资同比增长38.5%，高于上半年8.5个百分点，拉动固定资产投资同比增长11.1个百分点。

（五）创新活力加速释放

呈现"两多一优"的特点。创新平台更多，比亚迪动力电池研究总院落户，组建成渝地区双城经济圈科技创新联盟，新增市级研发机构21家、市级重点实验室2家，市级创新平台累计达到148个。创新主体更多，新增科技型企业419家，累计达1352家，有效期内高新技术企业300家，规模以上工业企业建立研发机构比例达45.4%。创新生态更优，出台科技创新"25条"、金融支持科技创新"28条"，开展高校"百名教授璧山行"、西部科学城双高赛等活动20余场，成立国家区域专利信息服务（重庆）中心。

（六）民生保障扎实有力

以"六保"促"六稳"，为民服务办好实事。着力"稳就业"，新增就业18155人，全体居民人均可支配收入同比增长11.5%。"保市场主体"效果明显，新增市场主体8634户，同比增长22.06%。重点民生实事稳步推进，建成"四好农村公路"95千米，完成老旧小区改造2个，新增普惠性幼儿园16所，建成农村养老互助点24个。

（七）招商引资持续发力

坚持一手抓常态化疫情防控，一手抓高质量经济发展，建立健全"六个一批"招商引资体系，以精细化、高水平抓实抓牢招商引资工作。引进项目83个，合同投资额582亿元，呈现"一大一高"的特点。项目"块头大"，投资50亿元项目3个，投资10亿元项目12个，投资10亿元以上项目合同额470亿元，占签约总额80%以上。项目"质量高"，16个项目属于战略性新兴产业，11个项目系上市公司投资。

二、2022年重点工作

2022年，将以习近平新时代中国特色社会主义思想为指导，全面贯彻党的十九大，十九届二中、三中、四中、五中、六中全会精神，认真落实市委、市政府各项决策部署，立足新发展阶段，完整、准确、全面贯彻新发展理念，抢抓构建新发展格局战略机遇，聚焦成渝地区双城经济圈建设，更加注重创新驱动，加快与中心城区同城化发展，奋力建设高质量发展样板区、倾力打造高品质生活示范区。

（一）打造科技创新新高地

一是做特创新载体。聚焦科学主体"铸魂"，面向未来发展"铸城"，联动全域创新"赋能"，紧扣"五个科学""五个科技"，全力推进西部（重庆）科学城璧山片区建设。二是做强创新平台。支持高新技术产业研究院、康佳光电技术研究院、弗迪电池研究院、重大先进技术研究院建设，力争入驻更多创新团队、孵化落地更多项目，推动创新成果转化为产业活动。三是做大创新主体，深入实施"双高"企业培育计划，依托奇芯光电、白盒子（重庆）微电子等企业，实行半导体芯片等领域"揭榜挂帅"，靶向突破板级封装、光刻胶等"卡脖子"技术，形成一批原创成果。四是做优创新生态。在用好用活现有科技创新"25条"政策基础上，进一步健全政策体系，推动各类资源要素向重点科研项目倾斜。持续实施"璧山英才"计划，推行人才工作"一企一策""一产一策"，营造"近悦远来"的人才生态。高水平办好双高赛、创新创业大赛等峰会论坛，多形式开展科技交流活动，不断营造浓厚的创新氛围。积极创建国家知识产权示范城市，建设重庆知识产权保护（璧山）中心、国家区域专利信息服务中心。

（二）抓实产业高质量发展

一是大力抓好招商引资。以玉泉湖、棕树湖两大核心区域为载体，丰富"群""链"招商、科创招商、资本招商方式，围绕新能源及智能网联汽车、半导体、智能装备等主导产业，不断延展壮大产业集群；围绕打造"云联数算用"全要素群，加强云计算、数字文创、信息安全等数字产业招商引资力度，加快推进数字产业化、产业数字化。二是推动制造业高质量发展，构建现代工业体系。深入推进"群长制""链长制"，依托比亚迪、康佳、中科曙光、嘉陵特装、重庆中医药学院等龙头项目，围绕通机装备、数控机床、机器人、集成电路、新型显示等产业补链成群，建设新能源装备、半导体、中医药等专业产业园，打造新能源汽车、新一代信息技术产业2个千亿级产业集群和智能装备、大健康2个500亿级产业集群。积极支持传统产业升级改造，大力培育新兴产业，推动制造业向"高端化、智能化、绿色化"转型。三是构建现代服务业体系。引进技术转移服务、工业设计服务等科技服务机构、金融机构，推动科技、金融服务业和先进制造业深度融合。建成投用保税仓，加快推进无水港建设，引进智能物流产业园，链接一批供应链物流、智能物流、冷链物流项目，打造区域性物流中心。大力推进西部（重庆）花卉苗木产业园、渝西国际肉类交易中心等专业市场建设，打造西部陆海新通道重庆（璧山）口岸物流专业市场集群。四是构建现代农业体系。大力发展集观光、采摘、休闲于一体的"农文旅、产加销"新业态，推动农业"接二连三"。璧北片区依托蔬菜基地建设，大力发展休闲观光特色农业，以万亩土地宜机化整治为核心，谋划打造城乡融合发展示范片区。璧南片区充分发挥苗木基地作用，区农业农村委牵头研究出台花卉苗木产业发展扶持政策，加速推进西部（重庆）花卉苗木产业园、花木大道建设，盘活苗木绿色产业。璧西片区重点发展以葡萄、柑橘等产业为核心的"四季果园"。

（三）持续优化营商环境

一是提升政务服务效能。积极推广运用"渝快办""璧山政务通"，做实"全区通办""出生一件事"联办服务，打造"一网通办"政务服务品牌。推动高频事项下沉下放，打造"15分钟政务服务圈"。围绕减少"跑动次数"，优化审批代办专员机制，探索"上门办"服务改革。持续精简行政审批事项，做到应简必简、能简尽简。持续擦亮"企业吹哨、部门报到""企业之家"名片，打通政企交流"堵点"。二是激发市场主体活力。全面落实"非禁即入"，实施市场准入负面清单制度，构建"负面清单+正面激励"市场准入模式，清理各类显性和隐性壁垒。实行新业态、新模式包容审慎监管，常态化开展"双随机、一公开"监管，健全信用承诺制度和信用联合奖惩机制，落实规模以上工业企业行政执法"零检日行动"。开展区长质量管理奖评选，力争实现市长质量奖"零"的突破。用好中小微企业"担保增信"机制，做大"八大资金池"规模，扩面惠及企业。健全公平竞争审查制度，严厉打击价格欺诈、虚假宣传等行为。三是强化生产要素保障。深化供给侧结构性改革，促进要素合理流动，提高资源配置精准性、有效性。染房水库、姊妹桥水库、城市新区水厂二期投用，加快推进渝西水资源配置工程、千秋堰水库建设。积极争取用地指标，处置闲置土地，探索新型产业用地（M0）试点，保障发展空间需求。持续发布"招工令""聚贤令"，为企业与高校、职业院校开展订单式培养技能型人才牵线搭桥，满足企业用工需求。精心策划项目包装，积极争取中央预算内投资、一般债券、专项债券等上级资金。综合运用ABO、EOD、BOT等社会资本投融资模式，探索REITs等新型融资模式，全力保障政府投资重点项目建设资金。

（四）充分激发消费活力

一是满足中高端消费需求。加快引进高端商业综合体，提速爱琴海购物公园建设。二是提升传统消费能级。推动奥特莱斯、中央大街、红星美凯龙等商业综合体提档升级，加强沉浸式、体验式消费业态培育。三是实施餐饮业品质提升工程。引进知名餐饮品牌，培育壮大本土"璧山兔""来凤鱼"区域品牌。四是加大新型消费培育力度。办好西部动漫节、房车露营展、樱桃节等节庆赛事活动，释放消费需求潜力；依托秀湖水街、南门唐城、秀水湾等环秀湖商圈培育夜生活业态，激发夜间消费活力。

（五）高品质建设生态之城

一是持续提升城市品质。做靓"公园之城"品牌，推进城市公园建设和坡坎崖立体绿化，不断新增城市绿地；推进城市更新和老旧小区改造，改善提升老城区生活品质；深化"大城三管"，常态化开展"马路办公"，持续开展交通秩序综合整治。二是持续改善环境质量。扎实推进"林长制"，启动国家森林城市创建；严格落实"河长制"，确保"三河"出境断面水质稳定保持Ⅲ类；加强大气污染防治，推进无废城市建设，空气质量优良天数达到市级考核要求；持续开展农业面源污染治理，完成化肥、农药减量目标；扎实抓好各类生态环保督察反馈及自查问题整改，序时推进第二轮中央生态环保督察璧山区整改任务，确保问题整改到位，不反弹、见实效。三是持续优化农村人居环境。扎实推进农村人居环境整治提升五年行动，持续开展"五清理一活动"专项行动和村庄清洁行动，打造璧北25平方千米农村人居环境整治示范片。持续推进"四好农村路"100千米，具备条件硬化公路率实现100%。持续开展农村房屋安全隐患排查整治，坚决遏制乱占耕地建房。

（六）推动城乡融合发展

深入开展国家城乡融合发展试验，实施农村闲置宅基地统一收储经营试点，探索建立农村集体经营性建设用地入市机制和交易平台。推动"三变"改革试点不断扩面。严格落实"四个不摘"要求，健全返贫动态监测和帮扶机制，确保不发生规模性返贫致贫。加快推进"三大基地"提质增效，开工建设花木大道，新建果蔬生产精品示范园，打造农业拳头品牌。稳步推进高标准农田建设和农田宜机化改造。申报"璧山清水鱼"地理标志。严格落实粮食安全行政首长责任制，推进番茄、南瓜种质资源库生物基地建设。

（七）持续增进民生福祉

一是接续办好民生实事。围绕群众美好生活期盼，滚动实施好15件重点民生实事，同步推进党史学习教育"我为群众办实事"清单中的重点民生项目。二是提高社会保障服务能力。健全就业公共服务体系，加大高校毕业生、失业人员、退役军人等重点群体就业帮扶；持续推进社保扩面征缴，基本养老、基本医疗保险参保率稳定保持在95%以上；健全帮扶残疾人、孤儿等社会福利体系，完善困难群众重大疾病救助机制。三是推动社会事业全面进步。纵深推进教育评价改革，落实"双减"政策，不断提高教育质量；启动职教中心三期改扩建工程，引进更多契合璧山产业发展的应用型本科高校和职业教育院校，加快构建现代职业教育体系；扎实推进医药卫生体制和公立医院综合改革，加快新中医院建设，疾控中心、福禄镇卫生院迁建项目开工，精神卫生中心改扩建主体工程完工，不断提升卫生健康服务质量和医疗卫生水平。

（八）夯实安全稳定根基

一是持续推进常态化疫情防控。严格落实"外防输入、内防反弹"措施，加强防疫物资储备，提升快速处置能力，坚决筑牢疫情防控防线。统筹发展和安全，深化平安璧山建设。二是切实抓好安全生产。持续开展安全生产大排查、大整治、大执法，坚决防范和遏制较大及以上事故发生。三是维护社会和谐稳定。常态化推进扫黑除恶，坚决打击防范电信网络诈骗等新型违法犯罪；防范房地产金融风险，严厉打击非法集资，坚决不发生区域性系统风险。四是提升应急处置能力。深化应急管理"四大体系"建设，打造应急管理信息智能化平台。完成全国第一次自然灾害综合风险普查。

[璧山区发展和改革委员会 刘兆奎 方 超 李 响]

之二十：2021年铜梁区经济运行分析及2022年展望

2021年以来，铜梁区深学笃用习近平新时代中国特色社会主义思想，在市委市政府的坚强领导下，积极抢抓成渝地区双城经济圈建设战略机遇，扎实落实"一区两群"协调发展机制，全力推动高质量发展、创造高品质生活，努力实现"十四五"开好局、起好步，铜梁区经济运行持续恢复，呈现稳中向好的态势。

一、2021年铜梁区经济运行分析

（一）运行特征

1. 工业快速发展，质量不断提高

1—9月，铜梁区361家规模以上工业企业实现累计产值487.83亿元，同比增长14.5%，规模以上工业增加值增长13%。电子信息、装备制造、大健康等主导产业支撑作用进一步凸显，三大主导产业规模以上企业累计实现产值395.05亿元，同比增长17.7%。实物量指标加快增长。累计工业用电量11.7亿千瓦·时，同比增长23.44%，工业用气量4099.17万立方米，同比增长43.41%。道路运输周转量为82900万吨千米，同比增长17.5%。产业集群构建加快，引进工业项目56个，协议引资额323.4亿元。成功引进国内电动摩托车、电动自行车领军企业——爱玛科技集团，该公司西南制造基地项目计划总投资20亿元，占地1100亩，年生产各类电动车300万辆，达产后可实现年产值100亿元以上，年纳税4亿元以上，并将整合配套企业，形成200亿元的新能源短途智慧出行产业集群；开工建设万洋众创城、铭利达、车舟、朗基尔等一批优质项目，总投资额310亿元，建成达产后总产值440亿元以上。

2. 农业发展强劲，增速领跑全市

1—9月，实现农业总产值78.35亿元，同比增长11.9%；第一产业实现增加值50.19亿元，同比增长12.1%，增速居全市第一。粮油蔬菜稳定增长，大春粮食作物种植面积76万亩，同比增长0.56%，预计产量33.8万吨，同比增长1.3%；油菜种植面积9.52万亩，同比增长1.8%，产量1.37万吨，同比增长3.4%；蔬菜播种面积30.93万亩，同比增长4.8%，产量65.72万吨，同比增长5%。特色渔业稳步发展，水产品总产量达2.74万吨，同比增长5.26%，渔业经济总产值8.5亿元，同比增长15.8%。畜禽出栏持续增长，生猪出栏35万头，同比增长59%；家禽出栏1323万羽，同比增长6.4%；山羊出栏1.85万只，同比增长2.2%。

3. 商贸持续繁荣，消费加快恢复

1—9月，第三产业增加值完成193.4亿元，同比增长11.9%，增速居考核圈第5位。持续推动龙城天街商圈建设，倾力打造龙城嘻街、龙城驿站、龙城西市三大主题街区，成功引进海底捞、天诺酒店等知名品牌入驻，商圈主要商业综合体实现总营业额约7亿元，总客流量1400万人次。精心策划2021重庆铜梁原乡文化旅游周、原乡马拉松赛等主题活动引爆全区旅游市场，全区接待游客1200万人次，实现旅

游综合收入65亿元。住房开发回暖，完成房地产开发投资52亿元，同比增长61.2%；全区住房成交均价同比增长21.6%，达到7428元/平方米（建筑面积）。全区社会消费品零售总额完成213.33亿元，同比增长32%；批发业销售额110.4亿元，同比增长36%；零售业零售额139.1亿元，同比增长33.6%；住宿业营业额2.26亿元，同比增长43.5%；餐饮业营业额39.7亿元，同比增长36.8%，消费类指标增速均居考核圈前列。

4. 投资稳步增长，项目支持有力

1—9月，铜梁区固定资产投资实现306亿元，增长11.5%。其中工业投资完成121.34亿元，增长14.2%；民间投资完成192.97亿元，增长19.9%。2021年全区实施重点项目202个，总投资1134.18亿元，年度计划投资390.59亿元。1—9月，重点项目完成投资307.15亿元，占年度计划投资的78.64%。其中：市级重点项目28个，总投资307.72亿元，年度计划投资73.8亿元。1—9月完成投资60.61亿元，占年度计划投资的82.13%。围绕项目落地，狠抓用地、资金等要素保障，铜梁区累计取得各类用地指标约7555亩，向上争取资金21.1亿元，新增地方政府债券10亿元，完成拆迁任务882户，有力地保障了重点项目建设。

5. 财政总体稳定，金融平稳健康

1—9月，铜梁区一般公共预算收入完成24.8亿元，同比增长10.8%，其中税收完成12.27亿元，下降4.4%。一般公共预算支出55.4亿元，同比下降8%。金融业平稳发展，银行业金融机构存款余额591.69亿元，同比增长7.49%；银行业金融机构贷款余额534.95亿元，同比增长10.98%；存贷比90.41%。区内金融机构投放贷款184.59亿元，其中投放实体经济137.08亿元。

6. 市场活力增强，收入同步增长

就业创业保障得力，1—9月，开展职业培训6858人次，累计促进城镇新增就业10912人。扎实开展"把老乡留在老家"专项行动工作，累计回引11960人回乡就业创业。铜梁区435名贫困人员通过公益性岗位实现就业。强化创业融资帮扶，审批创业担保贷款350户、6507万元。市场主体持续活跃，新登记市场主体6849户，市场主体达到55607户，同比增速12.4%；其中，新登记民营企业1478户，民营企业总数达到12837户，增速11.97%。居民收入同步增长，预计1—9月全体居民人均可支配收入28192元，同比增速11.5%。其中城镇常住居民人均可支配收入增长11.3%，农村常住居民人均可支配收入增长11.9%。

（二）存在的问题

1. "双碳"目标的影响逐步显现

"双碳"目标的提出，有利于倒逼企业不断优化生产结构，提升行业技术水平，推动企业转型升级。但由于铜梁区能耗已处于全市较优水平，"十四五"期间能耗增量指标有限，现有高耗能工业企业实施节能改造或淘汰仍需要一定时间，短期内无法腾出较多能耗空间，导致部分项目无法开工建设。

2. 项目建设受资金和用地双重制约

由于铜梁区永久基本农田占耕地比重达到92%，城市规划区内建设用地已经基本开发完毕，工业用地几乎无地可供，面临引进项目无法落地的发展困境。加上铜梁区项目建设投入较大，地方财力有限，区属国有企业融资更加规范、严格，导致项目建设资金短缺，影响项目推进进度。

3. 部分企业生产经营困难较大

受流动性过剩与供给侧结构变化引发的原材料成本上涨的影响，铁矿石、钢材、铜、煤炭等大宗商品较往年价格水平仍处于高位。区企业多为配套产业，市场定价权不高，企业成本压力持续加大，终端市场难以消化企业所承接的成本压力，生产产品销售价格涨幅不大，个别企业出现产业增幅与利润增长"倒挂"。

（三）2021年全年主要经济指标预测

综合分析1—9月经济运行的基本态势，预计全年实现地区生产总值同比增长10%，工业增加值同比增长10.4%，固定资产投资同比增长11%，社会消费品零售总额同比增长28%，城乡居民可支配收入同比分别增长10.2%、11%。

二、2022年经济运行环境分析

当今世界正经历百年未有之大变局，新一轮科技革命和产业变革深入推进，国际力量对比深刻调整，新冠肺炎疫情仍在持续，全球经济增长乏力。但随着新发展理念的践行、新发展格局的构建、高质量发展要求的落实，我国仍处于重要战略机遇期，全市正开启育新机、开新局的新篇章。铜梁区将全力抢抓长江经济带发展、新时代西部大开发、成渝地区双城经济圈建设、重庆主城都市区发展等重要战略机遇，预计2022年全区经济稳中有进，将持续高质量发展的态势。

三、下一步工作建议

下一步，铜梁区将坚持稳中求进工作总基调，加快建设创新成果转化基地、重要高新技术产业基地，聚焦大抓工业、大抓产业、大抓实体经济、大抓开放发展，稳住经济基本盘、培育新的增长点、融入新发展格局，振奋精神，迎难而上，努力谱写铜梁高质量发展高品质生活时代新篇章。

（一）推动区域协调发展，主动融入新发展格局

一是抢抓成渝地区双城经济圈建设机遇。着力推动"铜遂绵""铜资简"和"川南渝西"合作走深走实，统筹推进川渝合作产业园建设，确保铜遂人才共育园、铜遂美妆产业合作园等产业园建设完成年度投资。加快建设成渝中线、铜安高速等重大交通项目，积极推动团结村至铜梁至成都货运铁路建设前期工作。二是加快融入主城都市区发展。加快建设淮远新区，完成"大铜新区"规划编制，谋划一批合作事项，主动承接中心城区外溢功能和转移产业，提升都市区协同发展能力。三是着力推进乡村全面振兴。坚持农业农村优先发展，落实"五个振兴"要求，实施乡村建设行动，推动农业规模化、品牌化、融合化发展。加快建设国家城乡融合发展试验区，推动城乡融合发展体制机制改革，促进城乡资源要素自由流动，培育发展新动能。

（二）狠抓工业经济，全面提升产业能级

一是重抓产业集群。坚持"主导+特色"集群发展模式，深耕电子信息、装备制造、美妆健康等主导产业，推动产业上下游补链成群，提高经济质量效益和核心竞争力。二是重抓产业生态。建立优质企业梯度培育机制，强化领军企业和龙头骨干企业培育，抓实中小企业扶持力度，推动"大""小"共荣、融通发展。三是重抓产业平台。坚持高新区工业主战场地位，围绕产业链部署创新链，围绕创新链布局产业链，集聚创新力量，提升成果转化能力，"以升促建"加快建成国家级高新区。聚焦重点领域，创建一批国家级、市级工程研究中心、企业技术中心、重点实验室等创新平台。

（三）抓实项目建设，发挥有效投资拉动作用

一是强化重大项目管理调度。加强重点项目跟踪管理，持续实施精准调度，重点加快推进市域快线璧铜线、渝遂高速公路扩能等大通道项目建设，突出抓好铜梁区独立工矿区转型升级产城融合PPP项目、重庆第二师范学院迁建等重点领域项目落地，推动更多建设项目投资放量。二是夯实项目建设要素保障。加强政策解读和项目策划，努力争取更多上级资金支持；加快开展用地调规和征地拆迁工作，保障项目建设用地需求。三是提升招商精准性、有效性，力争签约落地一批、开工建设一批、投产达效一批，增强民间投资后劲。

（四）突出改革促创新，推动经济高质量发展

一是推进全面深化改革，打造高质量发展市场环境。抢抓全市建设营商环境创新试点城市机遇，深化"放管服"改革，统筹推进"一窗综办"和"一件事一次办"，拓展"无差别"受理综窗，推进行政审批智能化改革，深化智能化秒办建设。持续推进社会信用体系建设，建立健全以信用为基础的新型监管机制，加快建设重要产品追溯体系。二是着力构建开放平台，深化开放合作。深化与重庆自由贸易试验区、西永综合保税港区、寸滩保税港区等合作，探索建设自贸拓展区、保税拓展区、"无水港"等高层次开放平台。积极参与西洽会、智博会、进博会等大型会展活动。大力发展开放型产业，引导企业开拓国际市场，发展外贸经济，有序推动企业"走出去"。主动同东中部发达地区的城市和产业协会"加好友"，不断扩大铜梁交流合作"朋友圈"。

（五）推进生态文明建设，增强发展魅力

一是持续改善生态环境质量。深入打好污染防治攻坚战，强化多污染物协同控制和区域协同治理，市控河流达标率达到100%，PM2.5年均浓度稳定达标。推进山水林田湖草生态保护和修复，加强自然保护地、生态保护红线监管。实施国土绿化提升行动，加快构建"山上绿屏、水岸绿廊、城市绿景、乡村绿网"的生态系统。二是加快推动绿色低碳发展。建立健全"碳达峰""碳中和"政策体系，加强能源"双控"，遏制"两高"项目盲目发展，完成碳达峰行动方案及"十四五"行动计划编制，全面推动经济社会发展绿色低碳转型。

（六）着力增进民生福祉，牢牢兜住民生底线

坚持以人民为中心的发展思想，健全基本公共服务体系，滚动实施25件民生实事，全面强化社会治理和民生保障。一是加强就业和社会保障。落实就业公共服务和职业技能培训，促进创业带动就业，深化实施"把老乡留在老家"专项行动。二是全面深化教育综合改革。形成学前教育优质普惠、义务教育优质均衡、高中教育优质特色、职业教育优质专业、高等教育创新突破、终身教育优质全面的高质量教育体系。三是提高卫生健康服务质量。健全公共卫生应急管理体系，持续推动疫情防控常态化管理。四是做好安全稳定工作。妥善处置突发公共事件，最大限度保障人民生命、财产安全和社会稳定。

[铜梁区发展和改革委员会　叶忠莉]

之二十一：2021年潼南区经济运行分析及2022年展望

一、2021年潼南区经济运行分析

2021年以来，潼南区深入贯彻习近平总书记重要指示要求，认真落实党中央、国务院和市委市政府决策部署，准确把握新发展阶段，完整准确全面贯彻新发展理念，主动服务和融入新发展格局，全力推动高质量发展、创造高品质生活，潼南区经济运行呈现稳中加固、稳中向好态势。1—9月，潼南区实现地区生产总值383.9亿元，同比增长11.4%，增速居全市第九位、考核组第四位；两年平均增长7.4%，高于全市1.2个百分点，居全市第五位、考核组第四位。

（一）经济运行情况

1. 产业结构持续优化

现代农业提质增效。潼南区农业增加值62.01亿元，同比增长9.5%，获评全国农业科技现代化共建先行区，农产品供给稳定，蔬菜产量147万吨，生猪出栏53.6万头，柠檬规模化种植面积达25.2万亩，建成高标准农田7.7万亩。制造业集聚发展。制定"十四五"时期产业链图谱，获批国家智能终端高新技术产业化基地、国家火炬节能环保特色产业基地。1—9月，203家规模以上工业企业产值同比增长18.03%，规模以上工业增加值同比增长14.8%。完成工业投资82.03亿元，同比增长22.1%，高于全市9.8个百分点。商贸消费持续回升。社会消费品零售总额209.21亿元，同比增长21.8%，建成投用电商产业园，红星美凯龙商业广场投入运营，与遂宁等毗邻地区共推10余条精品旅游线路，联动举办大佛寺迎春庙会、菜花节、龙舟赛等10余个节会活动，接待游客959.8万人次，同比增长91.43%，综合收入62.3亿元，同比增长108.73%。

2. 发展动能更加强劲

固定资产投资加快增长。203个年度重点项目开工率达80.3%，16个市级重点项目建设已开工14个、完工2个，获批中央预算内及市级专项资金2.41亿元，获批地方政府专项债券资金8亿元。固定资产投资完成191.82亿元，同比增长17.5%，高于全市9.1个百分点。科技创新支撑有力。科技型企业累计达到676家，战略性新兴产业年产值完成79.45亿元，同比增长4.9%，檬泰生物获市科技局"揭榜挂帅"项目支持，与南昌大学合作设立重庆研究院，35家企业实施智能化改造项目36个、建成数字化车间6个。招商引资成效显著。组建10个产业招商组、4个工业片区招商分队，建立世界500强企业信息资源库，正式签约杭萧钢构、志特新材料、快思瑞科技等67个工业项目，总投资358.2亿元，到位资金81.6亿元。对外开放水平逐步提高。培育精细化工、优势农产品出口基地，农产品进出口总值850万元人民币，同比增长140.8%。有效推动外贸转型升级基地健康发展，推动柠檬出口基地备案面积达2.5万亩，柠檬直接出口较上年增长143.6%。1—9月，新增外贸进出口企业25家，外商投资企业3家。高效对接中新战略性互联互通示范项目，与重庆市中新项目管理局签订《新兴产业合作共建协议》，规划中新（重庆潼南）绿色循环智能低碳示范产业园建设，谋划打造新加坡农产品直供基地。积极组织企业参加"西洽会""进博会"等展会，高水平办好"西部灯博会"等节会活动，不断扩大开放"朋友圈"。

3. 质量效益稳步提升

先行指标平稳增长。全社会用电量10.22亿千瓦·时，同比增长12.9%，其中工业用电4.09亿千瓦·时，同比增长7.8%；全区用气2.12亿立方米，同比增长1.4%。新增市场主体6997户，同比增长13.06%，新增民营企业2331户，同比增长15.42%，先行指标与经济增长匹配性不断提高。财税金融健康运行。一般公共预算收入15.44亿元，同比增长12.6%，高于全市1.7个百分点，其中：税收收入7.97亿元，同比增长8.0%。存贷款余额756.63亿元，存贷比74.85%，较上年同期增长12.2个百分点。经济风险防控有效。化解政府隐性债务4.84亿元，严格规范管理政府购买服务、PPP项目和政府投资项目，政府性债务整体可控。强化源头防控和风险监测识别，有序推动跨区域耀昇集资案件风险化解。加强项目资金监管，积极化解观澜华府、恒大绿洲、大弘胜景企业因资金短缺、资金抽离，导致项目停工、延期交房、拖欠工程款、延期交房等信访问题。惠企政策落实有力。认真落实中央、全市惠企各项政策，设立3亿元产业投资引导基金，为12家企业获得商业价值信用贷款1233.3万元，52家中小微企业通过全市应急转贷平台转贷8.13亿元，为工业企业减税降费4945万元，降低企业用电成本1906万元。

4. 区域协同效应初显

双城经济圈建设重点任务有效落实。深入推进遂潼一体化先行区建设，规划建设6平方千米涪江创新产业园区，两地互派8名优秀干部挂职交流，遂潼快速通道等项目加快建设，依托渝遂铁路增加定制列车3班次，实现社保便捷转移接续、异地住院直接结算、公积金互认互贷，120项科研成果转化运用，赴上海等地联合招商推介2场次。积极融入"一区两群"协调发展。规划璧山至铜梁至潼南至大英高速、武胜至潼南至安居高速，全面启动潼南·彭水对口协同发展，推动潼南—彭水产业协作园区启动建设。城乡融合协调发展。确定40平方千米中心城区发展框架，完成241个行政村规划，升级改造国省道30千米、县乡道50千米，建成"四好农村路"200千米，新改建农村电网线路577.22千米，新改建镇村水厂7座，农村集中供水率84.9%，行政村光纤网络实现全覆盖，积极创建国家义务教育发展优质均衡区，建设标准化社区卫生服务中心2个、标准化基层卫生院20个、标准化村卫生室260个，公共文化和社区居家养老服务设施覆盖率达到100%，建成23个镇街文化服务中心，304个村（社区）综合文化服务中心。

5. 绿色发展深入推进

强化污染防治攻坚。完成源富汽修等4家废气深度治理，新增新能源公交22辆，城区清扫率、保洁率达到100%，琼江水质稳定达到Ⅲ类标准，巩固提升田家、群力等4个镇级水厂，完成10个建制村农村环境综合整治、3个村级污水处理厂建设，"公园世家小区"创建市级"安静小区"。推动绿色生态修复。完成7平方千米水土流失治理，建成国家级湿地公园"潼南涪江湿地公园"，全区湿地保有量达7.14万亩，湿地保护率达到50%，建成马鞍山、五桂山、九龙山等3个森林公园，累计完成退耕还林10万余亩。加快绿色低碳发展。积极开展"碳达峰""碳中和"前期工作，3家企业纳入重庆地方碳排放权交易市场，各类新能源、清洁能源车辆总数达到492台，城区生活垃圾分类实现全覆盖，行政村覆盖80%以上。

6. 城市品质有效提升

城市功能逐步完善。启动99个城镇老旧小区改造，城镇新建绿色建筑占新建建筑比例达到60%。重庆电力高专落户潼南，大力推进潼南中学分校建设。区人民医院"三甲"项目一期完成工程量80%，区中医院"三甲"住院大楼竣工投用，区妇幼保健院、区精神卫生中心二期加快建设。稳步实施历史博物馆等项目。城市更新深入推进。深化大城"三管"，实施城市治理、城市品质"双提升"三年行动，9月底启动城市治理重点工作百日攻坚行动,重点开展市容秩序、垃圾分类、"五长制"责任落实3个专项整治。建成移动垃圾箱体智能系统等4套监控系统,城区70%以上路灯实现一键智能调节,152座化粪池进行智能化在线监测,启动建设街头绿地提质项目7个,新建城市公园3个,完成绿化面积8.26万平方米,新增建成区绿地面积33.7公顷。

7. 社会民生保障有力

社会事业加快发展。全面落实义务教育免试就近入学制度,基本消除义务教育大班额,公办幼儿园占比提高到60%,深入推进"医共体"改革,创建国家级特色专科2个、市级重点专科4个。人均基本公共卫生服务项目增加到31个大类,举办系列群众文化活动110余场,人均体育场地面积达到1.71平方米。开展助餐助浴服务试点,有序推进30个村养老互助点建设。民生保障持续提升。动态清零"两不愁三保障",低保兜底4362人,脱贫户和监测户参保率为100%。开展政府补贴性职业技能培训11062人次,累计发放创业担保贷款214笔共4065万元、发放灵活就业人员社会保险补贴574.5万元。城乡居民养老保险和医疗保险参保率稳定在95%以上,累计建成23万平方米保障性住房,累计分配公租房3569套、申报新建保障性租赁住房项目2个。

(二)存在的问题

一是企业经营成本上涨。受流动性过剩与供给侧结构变化引发的原材料成本上涨的影响,铁矿石、钢材、铜、煤炭等大宗商品较往年价格水平仍处于高位,企业成本压力持续加大。二是新旧动能转换不快。传统工业企业改造升级力度不够,创新能力还不足,受政策、环保、市场等变化波动性较大;新企业、新行业、新产业尚在培育和成长阶段,工业结构调整仍处于新旧动能转换阵痛期。三是项目建设制约较多。因"两规"空间不够,不能对项目用地及时覆盖,面临引进项目无法落地进场的发展困境。部分新投产或者扩能企业招工难,尤其是专技人才招聘困难。

(三)全年预测

从前三季度经济运行走势来看,潼南区GDP增速呈现稳中向好的趋势。根据各项指标测算,全年GDP增速达到10%左右,能够完成年度目标任务。

二、 2022年经济运行环境及因素分析

(一)运行环境

2022年,虽然受全球经济结构重塑及美国打压等因素影响,经济增长的压力仍然较大,但在"双循环"新发展格局下,全国、全市经济增长的潜力和动能依旧强劲,完善的工业体系、旺盛的消费需求等均对经济增长起着重要的支撑和托底作用。因此,2022年,全国、全市经济增速在2021年大幅反弹后将恢复到疫情前正常水平。潼南经济运行态势大体与全国、全市保持一致,经济将保持中高速增长,高质量发展态势进一步显现。

(二)因素分析

1. 发展空间进一步拓宽

构建以国内大循环为主体、国内国际双循环相互促进的新发展格局,"一带一路"、长江经济带发展、新时代西部大开发等重大战略,有利于推动潼南区加快提升产业发展能级和效益,更好地融入国内超大规模市场。

2. 发展动力进一步增强

成渝地区双城经济圈建设和全市"一区两群"协调发展决策部署,有助于潼南区发挥联动成渝双核、服务主城的作用,进一步扩大开放、集聚动能、配置资源,打造成渝中部高质量发展重要增长极。

3. 发展潜力进一步释放

国家城乡融合改革试验给潼南区人口、土地、资金、技术、信息等城乡要素流动态势带来新的变化,为提升中心城区与各城镇功能,挖掘农村资源优势,提高人口聚焦能力带来巨大潜力。

三、2022年趋势展望及主要指标预测

2022年,潼南区GDP预计增长8%,全社会固定资产投资增长10%,社会消费品零售总额增长10%,一般公共预算收入增长3%,居民人均可支配收入增长9%。围绕这一目标,主要从以下几个方面抓好2022年各项工作。

(一)全力推动经济持续健康发展

1. 推动工业经济提质增效

着眼"强链补链",做好"壮大、培育、引进"三篇文章,以凌峰橡塑、盛尔康等企业升级改造等为重点,推动传统产业发展壮大;围绕环保新材料、智能装备等方面培植一批新产业新业态,积极引进一批特色消费品、绿色建筑建材等龙头企业,多措并举促进产业发展提质增效。继续落实减税降费等纾困惠企政策,"一企一策"解决企业实际困难,进一步激发市场主体活力。突出抓好国家高新区建设和招商引资,强化产业趋势前景分析,集约利用有限资源,着力引进产业带动性强和聚集效应明显的优质龙头企业。

2. 全力促消费扩内需

充分挖掘消费潜能,以"爱尚重庆·渝悦消费"为主题,深入开展消费节活动。以智慧物流产业园建设为支撑,着力培育集制造业物流、物流中转、电商物流等为一体的现代物流产业集群。完善区级电商产业园配套及服务功能,带动镇级电商中心发展,打造柠檬网货基地(产地集配中心)、直播基地等,不断拓宽农副产品销售渠道。加大涪江休闲旅游度假区景区开发建设力度,持续办好国际柠檬节、菜花节等节会活动,积极培育文创项目及产业,打造新的经济增长点。

3. 以改革创新增强发展活力

加大科技创新力度,培育壮大科技型企业,力争全社会研发经费投入占GDP比重提高到1.6%,新增科技型企业100家,有效期内高新技术企业达到80家以上。以城乡融合发展试验区改革为契机,深入推进农村综合改革,持续巩固"三变"改革成果,稳慎推进农村集体经营性建设用地入市和农村宅基地改革,落实好第二轮土地承包到期后再延长30年政策。进一步优化营商环境,持续深化"放管服"改革。

(二)扎实推进巩固脱贫成果与乡村振兴有效衔接

1. 持续巩固拓展脱贫攻坚成果

严格落实"四个不摘"要求,健全防返贫动态监测和帮扶机制,重点监测收入水平变化和"两不愁三保障"巩固情况,做到及早发现、精准帮扶。强化易地扶贫搬迁后续扶持,加强基础设施和公共服务配套,因地制宜发展产业,多渠道促进就业,确保搬迁群众稳得住、逐步能致富。继续落实好产业扶贫、就业扶贫、小额信贷等政策,做大做强扶贫车间,调整优化公益性岗位设置,加强对低收入人口的跟进

帮扶和无劳动能力的兜底保障，分类推进脱贫人口稳定增收致富。

2. 全面推进乡村振兴

把产业培育作为振兴乡村的长远之计，做大柠檬、蔬菜、粮油、花椒、中药材等优势产业，培育壮大龙头企业、合作社等新型经营主体，加快补齐冷链物流短板，积极发展乡村旅游、休闲农业等新产业新业态，推动乡村产业健康可持续发展。鼓励引导各类优秀人才回乡创业，加大新型职业农民、致富带头人培养力度，不断增强农村发展内生动力。大力推进精神文明建设，弘扬和践行社会主义核心价值观，加快构建党组织领导的自治、法治、德治"三治"融合治理体系，不断提高乡村善治水平。常态化开展农村人居环境整治，重点推进户厕改造和镇级污水、垃圾处理设施配套完善，促进乡村环境持续改善。

3. 全面启动乡村建设行动

全面梳理农村基础建设方面的短板弱项，分步制定提升改造计划，重点围绕村道路硬化、美丽乡村建设等方面下功夫，稳扎稳打、步步深入，确保一年一个样、三年大变样。继续改善农村教育办学条件，提高基层医疗服务水平，健全社会养老、文体健身、休闲娱乐等设施，让农民群众享受到更多更好的均等化公共服务。

4. 夯实农业农村发展基础

落实最严格的耕地保护制度，坚决遏制耕地"非农化"、防止"非粮化"，积极谋划实施一批高标准农田、灌溉沟渠、小水利工程，为农业转型发展提供有力支撑。履行好粮食安全政治责任，稳定和加强种粮农民补贴，提升收储调控能力，加强生产技能培训，扩大农作物保险范围，有效调动农民的种粮积极性。继续抓好生猪生产，保持生猪价格稳定。

（三）千方百计抓项目稳投资

1. 加强项目谋划和争取

紧盯国家政策投资导向，紧扣《成渝地区双城经济圈建设规划纲要》，立足经济社会发展和民生保障需要，提前谋划储备，特别是渝遂绵高铁、璧山至铜梁都市快轨延伸至潼南等项目重点发力，积极向上对接争取，尽快开展前期工作。持续跟进渝遂高速扩能、铜车坝水库等重点项目，争取尽快下达资金计划。紧抓不放东升大桥、两桥小学等项目，推动尽快建成投用；全力服务保障项目，继续完善区领导包帮机制，协调推进项目建设中征地拆迁、财力保障、土地供应、前期手续、入库统计等工作，打好项目建设"组合拳"。

2. 接续推进城市提升行动计划

按照"产城融合、规划先行、民生优先、补齐短板"工作思路，编制完成国土空间总体规划，推进体育场馆、科技馆和文化中心等规划，优化幼儿园布局规划，加快建设金福新区，启动建设重庆电力高专潼南校区，更新改造竹林湾、世纪商城等老旧小区，加快田家、大佛片区等城中村改造，做优城市功能。着力提高城市精细化管理水平，持续开展城市内涝、噪声、消防等各种问题专项整治行动，加强车站、核心商圈、背街小巷等地区综合治理，加快完善城市绿地系统，积极推进大城"三管"，推动"马路办公"进一步走实走深。

（四）切实保障和改善民生

1. 慎终如始抓实疫情防控

常态化开展疫情防控，落实区、镇、村、组四级联防联控责任，重点加强国外入境、高中低风险区来潼人员闭环管理，落实好高风险从业人员防护措施，严防死守、把牢关口，坚决防止疫情输入蔓延。加强宣传动员和引导管控，督促大型商超和公共场所落实好日常消杀和防护措施。做好防控物资、隔离场所、应急队伍保障，继续推进疫苗接种，做好应对疫情的万全准备。

2. 持续抓好生态治理

深入践行"绿水青山就是金山银山"理念，坚决落实各项重点任务，不断提升生态文明建设水平。接续推进污染防治行动，深化大气污染综合治理，空气质量优良天数保持在320天以上；全面落实河长制，深入实施涪江流域水环境综合治理PPP项目，集中整治工业企业污染、农村面源污染、黑臭水体等问题，积极创建"无废城市"。继续开展大规模国土绿化行动，全面落实林长制，持续推进"两岸青山·千里林带"工程，加快创建国家森林城市。坚持以"碳达峰""碳中和"引领绿色发展，严把"两高"项目环评准入关，大力推动化工企业生态环保搬迁，建设绿色环保循环产业园。

3. 竭力办好民生实事

强化就业优先政策，依托扶贫车间、开发公益性岗位等吸纳贫困劳动力就地就业，多渠道支持灵活就业、新就业形态发展，推动高校毕业生、退役军人等重点群体多渠道就业；落实创业帮扶、担保贷款、税费减免等优惠政策，切实以创业带动就业，新增城镇就业1.1万人以上。着力提高教育医疗水平，创建国家义务教育优质均衡发展区，新建潼南中学分校、职教中心、金福小学等一批中小学校；巩固国家卫生城区创建成果，加快区人民医院、区中医院"三甲"医院创建，完善镇街卫生院、基层卫生室医疗服务设施，补齐应对公共卫生事件的短板。加快推动文体事业发展，加强公共文化服务体系标准化建设，积极开展群众性公益性文化活动，广泛开展全民健身运动，持续举办龙舟赛、国际马拉松赛等活动。认真办好市区两级民生实事，进一步健全基本民生保障体系，做好困难群众帮扶救助、农民工工资清欠等工作，保障好低保、五保、优抚对象、受灾群众的基本生活，加快完善镇街养老服务中心、社区养老服务站等一批养老服务设施，加强未成年人关心保护，兜住基本民生底线。

4. 全力维护社会稳定

深入推进平安潼南建设，加强社会综合治理，积极排查化解各类矛盾纠纷，高度关注长期遗留的重点信访积案，主动做好解疑释惑和稳控工作。不断巩固深化扫黑除恶专项斗争成果，建立常态化、长效化工作机制，提高扫黑除恶法治化、规范化水平。统筹发展与安全，严格落实安全生产责任制，加强道路交通、建筑工地、非煤矿山、危险化学品、民用爆炸物品等重点行业领域安全隐患排查整治，严防各类安全事故发生。

[潼南区发展和改革委员会　吴书涛　李　玲　张洺瑷]

之二十二：2021年荣昌区经济运行分析及2022年展望

2021年，荣昌区坚持稳中求进工作总基调，准确把握新发展阶段，全面贯彻新发展理念，加快构建新发展格局，以推动高质量发展为主题，加快成渝地区双城经济圈、国家畜牧科技城、国家城乡融合发展试验区建设，统筹推进常态化疫情防控和经济社会发展工作，主要经济指标实现恢复性快速增长，全区经济持续稳定恢复，呈现稳中有进、稳中向好态势。

一、2021年荣昌区经济运行情况

（一）经济运行主要特点

1—9月，荣昌区完成地区生产总值557.2亿元，同比增长10.9%，增速比全国（9.8%）、全市（9.9%）分别高出1.1个、1.0个百分点，居考核组第五位，较上半年提升9个位次，两年平均增长7.3%。具体运行呈现以下特点：

1. 主要经济指标实现恢复性快速增长，总体形势好于预期

1—9月，完成第一产业增加值43.6亿元，同比增长11.6%；第二产业增加值304.2亿元，同比增长11.5%，其中工业增加值同比增长12.4%；第三产业增加值209.4亿元，同比增长9.8%。固定资产投资242.0亿元，同比增长11.4%，其中工业投资同比增长16.4%。社会消费品零售总额同比增长28.3%。城乡居民可支配收入分别达到33489元、17019元，同比分别增长9.8%、11.5%。主要经济指标实现恢复性快速增长。

2. 双城经济圈建设走深走实

重大项目推进有力。"重庆电子电路产业园""川南渝西综合物流园""内江荣昌现代农业高新技术产业示范区"基础设施项目等5个项目纳入两省（市）2021年川渝共同实施重大项目，累计完成投资56.5亿元，其中2021年度完成投资12.5亿元。积极谋划2022年川渝合作重大项目，申报"荣昌南环线高速"等3个项目纳入市级川渝合作重大项目。平台建设进展顺利。与内江共建现代农业高新技术产业示范区，第一批开工项目总投资148.7亿元。编制《内江荣昌现代农业高新技术产业示范区总体方案》，已于10月18日通过市政府常务会审议，正协调争取两省（市）政府尽快批复印发。承接"川渝国企内江荣昌行"，签约项目21个、总投资242.1亿元。联合周边市区编制《川南渝西融合发展试验区总体方案》，在国家发展改革委地区司指导下已完成初稿，十区市正在联合制定请示文件。"一区两群"协同发展。对口协同丰都发展，与丰都共建肉牛产业研究院，做大做强丰都肉牛产业。引进1亿元服装生产基地项目落地丰都，已投入1500万元建成单条5万套/年的服装生产线3条。推动两地6家企业形成供销合作关系，帮助丰都县销售农特产品、文旅产品1065万元。

3. 产业发展稳中向好

一是第二产业支撑有力。工业增加值完成229.0亿元，同比增长12.4%，规模以上工业总产值完成

746.2亿元，同比增长20.5%，规模以上工业增加值同比增长14.8%，增速超过全市（14.2%）0.6个百分点。消费品、智能装备、电子信息、新材料和农牧高新"4+1"主导产业完成规模以上工业总产值701.7亿元，同比增长22.9%。规模以上工业企业达357家（2021年新增6家），新增国家级专精特新"小巨人"企业1家，新增智能工厂1个、数字化车间13个。先行指标走势良好，与经济增长的匹配度不断提高。工业用电量6.3亿千瓦·时，同比增长30.2%；工业用气8710万立方米，同比增长52%；货运量同比增长4.4%。荣昌高新区入驻工业企业达708家，投产523家，1—9月完成工业总产值635.1亿元，同比增长23.3%。建筑业增加值75.2亿元，同比增长8.6%。房地产开发投资同比增长47.3%，居主城都市区第三位。二是服务业发展总体稳定。社会消费品零售总额同比增长28.3%。批发、零售销售额，住宿、餐饮营业额分别增长26.9%、25.1%、27.4%、29.9%。消费市场稳步活跃，深入开展"爱尚重庆·约惠荣昌"消费购物季活动，举办汽摩消费节、重百消费节、首届家装节等消费购物季活动10余场，展会活动销售额6680万元，拉动消费约1亿元。预计全年接待游客1100万人次、旅游总收入55亿元，同比分别增长34.5%、19.8%。落实"住房不炒"方针，精准施策"稳房价、稳地价、稳预期"，商品房销售面积81.1万平方米，同比增长4.2%，住宅均价6039元/平方米，同比增长3.2%。三是农业经济态势良好。农业增加值同比增长11.6%，居考核组第二位。粮食、蔬菜、水产养殖产量、销售保持稳定。生猪生产恢复明显，生猪存栏41.7万头，出栏43.3万头，分别增长20.7%、59.1%。积极推进国家生猪技术创新中心、荣昌猪产业集群项目、黄桷滩现代农业产业园、"双昌"现代高效特色农业带合作园区建设。新增15个市级"三变"改革试点村，激发农村资产资源活力，村级集体经济收入超过8000万元。

4. 发展后劲持续增强

一是招商引资稳步推进。1—10月，全区新签约市外项目165个，合同额460.8亿元，亿元以上重大项目113个。其中工业项目111个，合同金额323.3亿元，亿元以上重大工业项目82个。引进世界500强企业子公司1家、高新技术企业15家、战略性新兴产业企业76家，战略性新兴产业项目占工业招商项目（111个）比重57.7%。二是重点项目有序推进。1—10月，167个重点项目开工142个（完工项目50个），开工率85%，完成投资152.3亿元，投资完成率67%。按项目资金来源看，区级政府投资项目70个，年度投资计划66.6亿元，完成投资31.3亿元，投资完成率47%；社会资本及其他投资项目97个，年度计划投资160.3亿元，完成投资120.8亿元，投资完成率75.4%。1—9月，全区固定资产投资242亿元，同比增长11.4%。三是创新投融资模式实现新突破。荣昌环线高速PPP项目、垃圾焚烧发电特许经营（BOT）项目已完成前期工作，完成投资人招标及公司组建，实现荣昌PPP项目零突破。创新发布城市发展机会清单。发布荣昌区城市发展机会清单共计5方面、16个项目信息，涉及投资金额约255亿元，31家新闻媒体及26家企业代表累计100余人参加发布会。

5. 城乡建设融合发展

一是城市品质不断提升。稳步实施迎宾体育文化公园、迎宾儿童游乐公园、荣昌植物科普园建设和香国公园扩建工程，启动黄金坡新区、荣昌高新区内2个城市大型综合公园建设。提质改造迎宾大道、昌龙大道等9条道路及城区濑溪河两岸和部分街头绿地，实施坡坎崖绿化美化8处，面积约2万平方米。生活垃圾焚烧发电项目完成前期工作，实现城市建成区街道垃圾分类覆盖率80%，86家公共机构垃圾分类全覆盖。数字化城市管理覆盖城市建成区28.5平方千米，覆盖率达到95%。二是美丽乡村加快建设。实施乡村建设行动和农村人居环境整治提升五年行动，持续推进农村污水、垃圾治理。新改建"四好农村路"65千米、入户便道90千米。实施村庄清洁行动和绿化行动，推进农村人居环境整治示范片建设。累计创建全国美丽乡村试点村1个、重庆市美丽乡村示范村30个。有序推进农村厕所革命，实施5000户农村旧房整治提升工程。三是积极推进国家城乡融合发展试验区建设。制定出台《国家城乡融合发展试验区重庆市荣昌区实施方案》和年度工作要点。高质量推进7项改革任务。制定《荣昌区进城落户农民有偿退出农村宅基地管理暂行办法》《荣昌区农村土地经营权流转管理暂行办法》《荣昌区农村村（组）级集体收益分配权退出暂行办法》等配套政策。开展农村集体经营性建设用地入市前期工作，完成农村集体建设用地基准地价体系编制。推进城乡产业协同发展平台建设。成功创建市级现代农业产业园，积极推进黄桷滩现代农业产业园、西部特色农产品加工产业园建设。累计培育家庭农场424家、市区级农业产业化龙头企业74家，流转土地48.5万亩用于适度规模经营，流转率56.8%。统筹资金1.05亿元扶持143个村（社区）发展集体经济，村级集体经济收入超过8000万元。实施"三变"改革试点村24个，进一步激发农村资产资源活力。积极推进小蓝村、安富通安村城乡融合项目建设。

6. 生态文明建设取得新成效

一是水环境质量方面。2021年1—9月，濑溪河高洞、大清流河大坝2个国考断面及马鞍河天皇市考断面、渔箭河长岭市评断面均值达到Ⅲ类。二是空气质量方面。截至2021年10月21日，空气优良天数为237天，较2020年同比减少5天；PM2.5平均浓度为35微克/立方米，较2020年降低4微克/立方米（PM2.5改善率排主城都市区第1名）。三是保障生态环境安全。强化重点区域、重点行业突发环境事件风险评估和排查整治，辖区内多年来未发生较大以上突发环境事件，环境安全保障有力。四是推动生态优先、绿色发展。推进过剩落后产能淘汰，近年来关停火电厂2家，全部淘汰煤矿37家、造纸厂7家，关停砖厂43家，为绿色发展腾出环境容量生态空间。森林覆盖率达到37.2%，城市建成区绿化率达到44.1%。深化落实"河长制"，全区151条河流、89座水库全部纳入河长制管理，制定并落实新一轮"一河一策"方案，"河长制"经验受到水利部表扬并被央视媒体报道。五是完善区域联防联控机制。实施"大足 荣昌 泸州"濑溪河一体化综合治理，与"永大内泸"共享大气数据、实现区域联动。

7. 民生福祉持续改善

切实巩固脱贫攻坚成果。严格落实"四个不摘"要求，保持帮扶政策总体稳定、财政投入资金总体不减。建立巩固拓展脱贫攻坚成果同乡村振兴有效衔接项目库。紧扣人民群众最关心、最直接、最现实的利益问题，为市民和农民分别办好10件重点民生实事，累计完成投资10.6亿元。就业创业工作稳步开展，城镇新增就业1.1万人，发放创业贷款8341万元，累计开展职业培训10133人次，新增8875名农民就近就地就业。教育硬件设施水平提升，建成棠香尔雅小学，稳步推进黄金坡新区初高中、桂花园小学二校区等项目。医疗服务水平持续提升。完成区中医院迁建项目室外装饰工程，有序推进区妇幼保健院二期、第二人民医院、区疾控中心迁建等项目。区人民医院、区中医院、区妇幼保健院创建三甲医院取得阶段性成效。提升公共文化服务水平，突出打造安陶小镇、万灵古镇、古佛山等重点景区，积极融入巴蜀文化旅游走廊建设。举办巴蜀美食文化节、全民健身跑、成渝双城排球赛等文体活动20次，举办4项国家级体育赛事和3项市级赛事，开展送流动文化进村321场。

（二）经济运行中存在的主要问题

荣昌区经济社会发展虽然取得了一定成效，但经济运行依然存在一些问题。一是实体经济仍面临较大困难。疫情反弹导致产业链、供应链不稳定。企业生产经营面临成本压力，钢材、汽油等大宗原材料价格、用工成本、国际物流运费等高位运行，挤压中小微企业生存空间。产业结构不优化，工业、商贸业以传统产业居多，战略性新兴产业、高技术产业、新经济等占比较低，招商难问题凸显。二是服务业支撑能力不强。前三季度服务业占比为37.6%，与全市服务业占比（53.8%）有较大差距。生产性服务业、生活性服务业和现代服务业亟须进一步培育发展。规模以上、限额以上服务业数量较少，集聚吸附能力不足，缺乏有吸引力的商业主体，存在消费外流现象。255家限额以上批零住餐企业中，小微企业占比达91.8%，规模以上服务业企业规模小、数量少、分布散，市场竞争力不强。三是财政收支平衡压力大。在减税降费和常态化疫情防控背景下，财政收入下行压力较大，新增支出事项多。四是民生短板尚未补齐，基础设施有欠账，与高品质生活需求仍有差距，教育、医疗、养老、老旧小区改造等民生保障工作仍需加强。

二、2022年经济运行环境及展望

（一）经济运行环境分析

从国际和国内形势看，当今世界正经历百年未有之大变局，新冠肺炎疫情全球大流行推动这个变局加速演进，世界经济持续低迷，经济不平衡加剧，各国贸易争端、摩擦不断，海运价格飞涨、一箱难求，全球产业链供应链受到冲击，国际格局发生深度调整，"东升西降"趋势日益凸显，我国已成为推动世界格局演变的主要力量。尽管第三季度受到疫情、汛情以及基数升高等多种因素的影响有所回落，但我国经济具有发展韧性强、潜力大、回旋空间广阔等鲜明特点，长期向好的基本面没有变、长期向好的大势不会变，国际机构普遍预测我国经济2021年能够实现8%左右的增长。前三季度，我国GDP为823131亿元（12.72万亿美元），增长9.8%，两年平均增长5.2%。从2020年就确立了"六稳""六保"方针，加之内外双循环加持，经济增长更具韧性和可持续性。

从重庆和荣昌自身看，2020年，成渝地区双城经济圈建设上升为国家战略后，国家和川渝两省（市）层面一系列重要发展规划、行动方案相继出台，荣昌作为"桥头堡"城市，作为新型城镇化、新型工业化的主战场，在重庆西拓、成都东进"相向发展"中面临重大战略利好、政策利好。近年来，荣昌坚定不移抓工业，工业发展成效明显，促进工业稳增长和转型升级获得国务院、全市表彰。2021年10月，全国畜牧渔业工作会议在荣昌圆满举行，胡春华副总理、陈敏尔书记和唐良智市长亲临调研指导国家畜牧科技城建设，给予了荣昌更多更有力的支持，荣昌的发展前景必将更加广阔。

（二）2022年主要指标预测

初步预计，2022年荣昌区地区生产总值增长8.5%左右。固定资产投资增长11%；社会消费品零售总额增长12%；城镇常住居民人均可支配收入增长9%；农村常住居民人均可支配收入增长10%。

三、措施建议

坚持以习近平新时代中国特色社会主义思想为指导，全面贯彻党的十九大和十九届二中、三中、四中、五中、六中全会精神，全面落实中央、市委和区委经济工作会议精神，深入推动成渝地区双城经济圈、国家畜牧科技城、国家城乡融合发展试验区建设，统筹推进常态化疫情防控和经济社会发展工作，围绕年度计划任务，进一步挖掘增长潜力，厚植发展优势，拓展发展空间，全力推动经济平稳健康发展。

（一）加快推动产业转型升级

坚定不移推动制造业高质量发展，把工业发展放在更加重要位置，全力稳定产业链供应链。不断壮大消费品工业集群，持续推动电子信息、生物医药、智能装备和农牧高新等特色优势产业向高端化、智能化、绿色化升级。大力发展战略性新兴产业，深入实施产业基础再造工程，加快推动企业"上云上规上市"。大力发展现代服务业，积极发展科技服务、现代物流、现代金融等生产性服务业，提质发展文体旅、现代商贸、教育服务等生活性服务业，壮大培育电子商务、大数据、健康养老等新兴服务业。

（二）持续强化科技创新引领

高质量推进国家畜牧科技城、国家生猪技术创新中心建设。着力扩大国家生猪大数据中心数据收集覆盖面，加速数字产品研发、推广和应用。支持市畜科院做大做强和西南大学荣昌校区提质扩容。夯实企业创新主体地位，大力引育新型研发机构，确保全年建有研发机构的规模以上企业140家以上。强化科技金融服务，用活用好知识价值信用贷款和种子引导基金。持续优化创新生态，积极引进一批创新型、技术型、复合型专业技术人才。

（三）着力增强投资消费后劲

深入实施"抓项目稳投资"专项行动。加快推进生活垃圾焚烧发电厂、高升桥水库扩建、艾能光伏、蓝孚电子、大昌汽摩关键零部件等项目建设。聚焦双城经济圈建设、城乡融合发展、"十四五"规划实施等领域，谋划储备一批打基础、利长远的重大项目。丰富消费新场景新业态新模式，加快打造高品质特色街区，大力发展首店经济、夜间经济、网红经济，办好巴蜀美食文化节、荣昌猪年猪节、荣昌马拉松等节庆赛事活动。

（四）全力推动成渝地区双城经济圈建设

推动川渝合作走深走实。加快推进大内高速、双昌产业大道、重庆电子电路产业园、川南渝西综合物流园等川渝共同实施重大项目，加快建设荣昌南环线高速，继续推动渝自雅城际铁路、南大泸铁路、重庆铁路西环线、主城至永川至荣昌市域快线、安荣合高速公路、永荣自高速公路等重大项目前期工作。深化与毗邻地区合作，积极谋划2022年共同实施重大项目，共同争取年内获批《川南渝西融合发展试验区发展规划》《内江荣昌现代农业高新技术产业示范区总体方案》等重要文件。

（五）切实抓好经济运行调度，全力推动经济平稳增长

加强经济运行调度，既抓存量，又抓增量，加强监测分析，坚持应统尽统、应升尽升，积极应对企业关停影响；加大企业联系帮扶力度，坚持分类帮扶、精准帮扶，采取有针对性的支持措施，帮助企业恢复生产、增产增效。加快项目建设进度，及时解决卡点难点问题。

（六）全力打造一流发展环境

继续把政治建设摆在首位，坚决执行市委、区委决策部署，依法高效履行政府职责，讲实际、重实干、求实效，努力营造良好政治生态。深化"放管服"改革，扎实推进"只跑一次、只找一人"改革，全面推行"互联网+政务服务"。千方百计解决土地、资金、物流、水、电、气等制约瓶颈，进一步降低企业用能、物流、融资、管理等成本，坚决落实好减税降费各项政策。坚持亲而有界、亲而有度，清而有责、清而有为，主动服务、靠前服务、精准服务，构建"亲""清"新型政商关系。

[荣昌区发展和改革委员会　陈　荣]

之二十三：2021年万盛经济技术开发区经济运行分析及2022年展望

2021年，万盛经济技术开发区深入贯彻中央和市委、市政府决策部署，着力巩固拓展疫情防控和经济社会发展成果，经济继续保持稳健复苏态势，支撑经济稳固向好的积极因素不断积聚，主要经济指标增速继续保持在合理区间，总体呈现稳中向好、稳中加固的发展态势，主动融入成渝地区双城经济圈建设和全市"一区两群"协调发展，加快推动綦江—万盛一体化、同城化、融合化发展，着力建设主城都市区重要支点城市，各项工作取得积极成效，实现"十四五"良好开局。

一、2021年万盛经济技术开发区经济运行分析

前三季度，万盛经济技术开发区经济运行稳中向好、稳中加固。地区生产总值实现173.1亿元，同比增长10.1%。分季度看，受2020年同期基数效应影响，经济增速逐季平稳回落，符合预期、趋于合理，比较全市整体指标，呈现加速追赶、逐季上扬的运行态势，由第一季度低于全市2.2个百分点、上半年低于全市0.7个百分点，至第三季度实现反超、高于全市0.2个百分点。分行业看，第一产业增加值9.2亿元，同比增长7.3%，第二产业增加值85.5亿元，同比增长11.3%，第三产业增加值78.4亿元，同比增长9.1%。具体呈现以下特征。

（一）工业主导地位持续巩固

完成规模工业总产值180.9亿元，同比增长16.9%，规模工业增加值同比增长14.8%，完成工业投资32.7亿元，同比增长51.6%。园区集聚效能释放明显，园区规模以上工业企业总产值、工业固定资产投资分别占全区总额的80%、97%。助力企业高质量发展成效显现，成立中小微企业窗口服务平台，指导20户重点企业策划包装项目12个，浮法玻璃成功争取节能减排改造专项资金1570万元。为各类市场主体降低用气、用电成本6765.7万元，助力恒泰电厂等8户企业获得银行专项再贷款授信2.2亿元。大数据智能化发展迅速，完成工业技改投资19.7亿元，同比增长88.1%，技改投资占工业投资比重达60.7%；冠宇电池三厂、鸿元展印、远恒新材料成功获评市级数字化车间。新建成5G基站389个，5G网络基本实现城区、场镇、旅游服务区的全覆盖。经济风向标持续向好，工业用气5355万立方米，同比增长28%。剔除关停煤矿影响，前三季度工业用电5.28亿度，同比增长27.1%。

（二）商贸市场活力不断增强

随着供给侧结构性改革持续深化，"六稳"政策加快落地，实现社会消费品零售总额95.2亿元，同比增长25.2%，高于全市1.5个百分点。其中，批发、零售、住宿、餐饮增速分别为28.4%、23%、30.8%、30.1%。促进消费活动丰富多样，持续组织线上直播带货、送直播下村活动10余场次，先后开展线下"3·15"春季家博会、国能奥莱汽车展销会、"夜万盛·潮生活"黑山美食文化节等展会活动，实现销售金额6200万元。文旅消费持续发力，成功举办"总裁绿道·万盛云端花海马拉松"、全国大学生信息消费大赛暨"我和我的家乡"校园直播大赛等各种文旅活动。组织景区大力促销，发放门票优惠券、抵扣券，组织辖区企业参加国际文化产业博览交易会，开展微视频宣传活动，景区景点活动多样，

旅游市场加快恢复，特别是国庆期间接待游客数量、旅游总收入分别同比增长13.36%、37.6%，为全年第三产业的平稳增长提供坚强保障。

（三）农业发展成效显著

实现农业增加值9.2亿元，同比增长7.3%，是近十年来最好水平。农村居民人均可支配收入达到14061元，同比增长10.5%。农业生产持续稳定，蔬菜、粮食种植面积23.38万亩，食用菌产量3.22万吨，存栏生猪3.67万头、家禽32.9万只，水产品产量1013吨。脱贫成效进一步巩固，乡村振兴稳步推进，建立逾期风险防范机制，农村供水短板得到有效补齐，实施乡村振兴建设项目60个，实现脱贫人口就业3081人，累计发放小额贷款1166户次，金额1581万元。围绕"两线三片"（渝黔复线、旅游环线，绿水—海孔、板辽—凉风、青山—五和），加快农村基础设施建设、产业发展、人居环境整治，绿水市级乡村振兴示范村全面建成，佳沃思现代化种猪场全面完工，冠磊冷链食品加工厂正式投产。金桥镇星河村、黑山镇鱼子村、南桐镇金龙村成功入选重庆市第三批"一村一品"示范村镇，新培育区级龙头企业3家、家庭农场4个、农民专业合作社3个，创建农业产业化联合体1个。

（四）全面融入区域发展新格局

深入贯彻落实成渝地区双城经济圈规划，成功纳入川南渝西融合发展试验区范围，与四川省泸州市等地共同举办2021年川渝旅游行业职工技能大赛、"成渝之心·职等你来"网络招聘活动、"万盛民营企业泸州行"企业家交流活动、"万泸协同·共谋发展"创业创新大赛，开展"庆祝建党100周年·川渝九三学社书画院书画作品展"等活动。与都江堰市签订人才协同发展合作框架协议，互派干部已到岗任职。编制完成《万盛经开区物流产业发展方向研究》《重庆（万盛）内陆无水港战略发展规划》《重庆（万盛）内陆无水港招商引资优惠政策》，积极创建中国（重庆）自由贸易试验区万盛联动创新区。稳步开展"一区两群"协同发展工作，《万盛·开州2021年对口协同发展工作方案》所确定的10项年度任务打表向前推进，出台惠及两地居民的旅游优惠政策，万盛—开州旅游互惠工作经验得到市发展改革委推广。两地互派的6名挂职干部到岗工作，两地5所中小学建立对口结对帮扶，5名骨干教师到开州区交流任教，316名开州籍人员在万盛实现就业，联合创建市级科技特派员团队项目2个，帮助开州区销售农副产品420万元。积极推进綦江—万盛一体化同城化融合化发展，紧密与綦江区展开工作对接，建立定期沟通交流机制，第二次綦万联席会确定的49项年度工作任务均高效推进，共同与黔北毗邻各县展开协作，共同向上争取城市快轨、渝贵高铁、江綦万桐高速、区域性综合交通枢纽、交邮融合发展试点等重大基础设施规划布局。《永桐新城总体规划和城市设计》《綦江—万盛一体化交通规划》已经形成初稿并完成第一次联合评审，开展了《綦江、万盛一体建设西部陆海新通道渝黔综合服务区建设方案》《市级城乡融合发展示范区建设方案》编制。

（五）重要基础性工作卓有成效

各方面积极因素不断积累，经济社会发展行稳致远的基础日益加固。全力招商引资，成功引进世界500强企业——西卡集团，累计签约安洁科技、琳琅环保、荣盛康旅等项目63个，协议总投资187.5亿元；市外招商项目到位资金32亿元，提前完成年度目标任务；实际利用外资9000万美元，提前完成年度目标任务，并超目标任务500%。突出创新驱动，"一区两工程三中心N平台"创新平台体系加快构建，成立数字经济产业创新中心，新增市级科技型企业30家，建成智能化工厂1个、数字化车间10个、"专精特新"企业5个，全区有研发活动工业企业占比超过50%。提速项目建设，9个市级重大建设项目累计完成投资31.3亿元，完成年度计划投资88%，投资完成额创历史新高，较2019年增长254.1%、较2020年增长202.7%。页岩气开发起步，历经半年多准备，由中石化勘探公司投资9000万元的金兰坝新页1井正式下钻。交通事业加快发展，关赶铁路区间路基全部贯通，渝黔扩能万盛境内段全线贯通，丛黑公路成功创建"全国美丽乡村公路"。壮大市场主体，总部经济服务探索卓有成效，推行总部经济专窗服务新模式，新登记各类市场主体4336户，增长19.1%，新增量同比上升69.4个百分点。有序编制规划，在《万盛经开区"十四五"规划纲要》印发后，区级28个专规加快编制。目前，交通"十四五"规划已发布，住房发展"十四五"规划、城市基础设施建设"十四五"规划等6个专规已完成衔接审查，其余专规已形成初稿，将在2021年内陆续发布。持续改善民生和生态环境，实现城镇新增就业5161人、完成职业技能培训4131人次、发放创业担保贷款2673万元。20件民生实事已完成9件，其余按进度推进。稳妥推进淘汰落后产能后续工作，坚决执行市委、市政府决策部署，综合施策、稳步处置关闭煤矿后的职工安置、矿井安全管理、矿井废水治理等事项，于9月18日与重庆能投集团签订淘汰煤炭落后产能移交框架协议。此外，常态化疫情防控科学精准、金融风险防范有效、国企资产权益平稳增长、生态红线调整定规待批、城市品质建设多点推进、城市管理精细化水平提升、高质量教育体系基本构建、国家级旅游度假区创建强力推动、体育工作再获嘉奖、"一老一小"保障有力、对外宣传亮点纷呈、应对汛情灾情措施得力、平安法治稳定再上新台阶。

综合分析前三季度经济运行，符合万盛经开区资源禀赋和当前发展所处阶段的产业结构，各项指标任务均达到全区2021年经济工作会、管委会工作报告和计划报告中明确的时序进度，为完成全年各项目标任务奠定坚实基础。同时，也存在一些不足，主要表现在，一是国际国内形势复杂、环境资源要素制约、煤炭供需矛盾突出、能耗双控压力较大等多重因素叠加，工业经济延续高位增长多方承压。二是纳入统计核算的服务业九大行业门类中，信息传输、科学研究和技术服务业，教育服务业暂无规模以上服务业企业，影响服务业持续壮大。三是受淘汰煤炭落后产能及土地出让收入减少影响，财政运行紧平衡压力进一步加大。

（六）2021年主要经济指标预测

2021年，预计实现地区生产总值增长8.5%左右；规模以上工业总产值预计增长13%；社会消费品零售总额预计增长15%；全体居民人均可支配收入预计增长8.5%。

二、2022年经济运行的环境因素分析及趋势展望

当前，国际政治经济环境纷繁复杂，国内改革发展任务更加繁重，新冠肺炎疫情反复又增添了新的变数，虽然挑战前所未有，更具有复杂性、全局性，但机遇也前所未有，更具有战略性、可塑性，机遇大于挑战。从全市看，成渝地区双城经济圈建设加快推进，使重庆战略地位凸显、战略空间拓展、战略潜能释放，极大提振市场预期、社会预期。就万盛而言，高质量发展迎来重大机遇，近年来万盛持续推动的打基础利长远工作将加快显现效应、发展积淀将加速催生转型嬗变、高质量发展的巨大潜能也将全面充分释放，外部环境和内部沉淀的叠加将有利于万盛整合优质资源、发挥比较优势、提升综合实力，在深入推进渝黔合作先行示范区建设，加快构建重庆主城都市区发展的重要支撑和南向辐射联动重要支点中实现新突破、展现新作为。同时，也应清醒看到，万盛经济技术开发区自身发展存在经济总量偏小、产业能级不高、资源要素趋紧、创新能力不强、基础设施和社会民生存在短板等矛盾和问题，推动高质量发展仍然任重而道远。

综合考虑全国、全市宏观经济形势和主城都市区各区经济发展态势，为发挥重庆主城都市区重要支点城市功能定位作用，结合万盛经开区发展实际和可行性，2022年经济社会发展主要预期为：地区生产总值增长7%左右。

三、调控措施及建议

坚持以习近平新时代中国特色社会主义思想为指导，全面贯彻党的十九大和十九届二中、三中、四中、五中、六中全会精神，加快綦江—万盛一体化同城化融合化步伐，建好重庆"南大门"，努力在推动成渝地区双城经济圈建设和全市"一区两群"协调发展中发挥万盛更大作用、实现万盛更大作为。一是着力强化经济运行调度。密切监测重点产业、重点企业运行情况，确保经济持续健康、行稳致远。二是着力做强做大实体经济。加快科技创新，推动制造业高质量发展，加快推动以"一区两工程三中心N平台"为主的创新平台体系落地落实，大力发展以能源化工、先进材料、锂电、电子元器件、生物医药等五大优势产业为主，N个特色产业为辅的"5+N"产业体系。强化项目支撑，持续用力抓好有效投资，推动形成更多实物投资量。加大服务力度，全力帮助企业纾困解难，推动各类企业产能充分释放。三是着力提升区域发展能级。认真落实《成渝地区双城经济圈建设规划纲要》和市委、市政府《实施意见》，深入推进与四川省成都市、泸州市等交流合作，积极承接中心城区功能外溢和产业转移，加强与主城新区各区全面合作，全力落实好与开州对口协同发展实施方案和年度合作协议，推动优势互补、资源共享、互惠互利、共同发展。认真抓好《綦江—万盛一体化发展规划》落实，携手建好重庆"南大门"。深入实施城市更新行动，不断完善城市基础设施和公共配套，扎实推进乡村建设行动，补链乡村产业，推进全国农村一二三产业融合发展先导区建设。四是着力释放生态资源红利。着力推行林长制，深化落实河湖长制，统筹实施山水林田湖草系统治理，深入实施"五大环保行动"，让万盛天更蓝、地更绿、水更清、空气更清新。做优做特全域旅游，大力推进"旅游+体育"融合发展，努力提供更多优质生态产品，持续培育新的经济增长点。全面推进绿色转型，持续优化产业结构、能源结构、交通运输结构，推动经济社会发展全面绿色转型。五是着力增强发展动力活力。推动江南机场、渝贵高铁、城轨快线、中心城区至綦万快速通道等重大交通项目前期工作，着力构建便捷对外交通网络。加快推动重庆（万盛）内陆无水港和新经济产业园建设，与綦江一起稳步推进西部陆海新通道渝黔综合服务区和国家级高新区建设。集中招引一批科技含量高、市场前景好、带动能力强的好企业好项目。六是着力提高群众幸福指数。坚持发展为了人民、发展依靠人民、发展成果由人民共享，有序推进民生实事，扎实抓好疫情防控，统筹发展和安全，千方百计稳定就业，不断提升医疗卫生水平，推进教育优质均衡发展，努力让发展成果更多更好惠及人民。

[万盛经开区发展和改革局　唐煜斌　刘小东　彭　越]

区域卷
渝东北三峡库区城镇群篇

之一：2021年渝东北三峡库区城镇群经济运行分析及2022年展望

2021年是"十四五"开局之年，面对严峻的国际经济形势和反复的全球新冠肺炎疫情，我国积极应对内外部冲击，统筹疫情防控和经济社会发展，实施有效的宏观政策，实现经济持续稳定恢复、稳中向好。渝东北三峡库区城镇群（以下简称渝东北城镇群）各区（县）立足新发展阶段，全面贯彻新发展理念，盯住目标、突出重点、奋发有为，加快培育新发展动能。经济运行呈现稳中提质、持续向好态势，预计全年地区生产总值增长9.0%左右。

一、2021年渝东北城镇群经济运行情况及特点

（一）总体情况

2021年以来，渝东北城镇群各区（县）统筹疫情常态化防控和经济社会高质量发展，不断培育壮大经济新动能，扎实推进生态保护、乡村振兴等战略任务，高质量发展势头强劲，呈现经济发展高开稳走、产业稳健复苏、效益稳中有进、后劲加固增强的良好态势。1—9月，渝东北城镇群实现地区生产总值3466.07亿元，同比增长10.9%。

（二）主要特点

1. 工业经济增量提质

渝东北城镇群各区（县）强化项目投产、达产、稳产举措，促进工业经济强劲增长，1—9月实现规模以上工业增加值增长14.7%，新兴产业保持良好发展势头，数字经济、智能制造等加速集聚。一是规模以上工业快速增长。1—9月，忠县、万州、梁平等8个区（县）规模以上工业增加值均实现两位数增长，忠县规模以上工业增加值增速达到16.8%，居渝东北首位。万州狠抓科技创新、产业集群和工业投资，工业企业产能快速扩张释放，实现规模以上工业增加值同比增长13.7%。梁平集成电路、智能家居、绿色食品等产业规模以上企业表现突出，助力前三季度实现规模以上工业总产值210.7亿元，同比增长15.3%。二是新兴产业集群加速壮大。渝东北已培育国家级专精特新"小巨人"企业13家、市级"专精特新"中小企业50家。万州集聚数字经济企业500余家，三峡超算中心、三峡启迪孵化器等相继落成。万州航空航天零部件智能工厂、年产4000万片2.5D/3D手机等重大项目竣工投产，平湖金龙、施耐德等建成国家级绿色工厂，绿色智能制造产业更具规模。垫江引入数字经济企业42家，培育规模以上企业、"独角兽"企业3家，工业园区获批"软件和信息技术服务产业建设基地"，数字经济逐渐成为经济增长新引擎。

2. 特色农业蓬勃发展

各区（县）大力发展"三峡农家"特色高效农业，成为乡村产业振兴"新引擎"，1—9月实现第一产业增加值436.75亿元，同比增长9.59%。一是生态智慧农业加快发展。生态农业初具规模，初步形成柑橘产业示范带和脆李种植区，奉节脐橙产量产值双双大幅增长，巫山脆李实现挂果11万亩，忠县国家

级三峡橘乡·田园综合体建成开园，丰都建成8000亩粮食高产示范基地。智慧农业持续发力，开州建成农业资源数据库和农业大数据"一张图"应用平台，有效推动全区智慧农业和数字乡村发展，梁平推动农业物联网感知技术综合运用，做响万石耕春·数谷农场，"梁平潮集"和万石耕春·农业奥特莱斯促进农文旅深度融合，为乡村振兴助力赋能。二是农业品牌建设方兴未艾。大三峡区域生态绿色产品公共品牌加速形成，"三峡柑橘"中文商标通过国家商标局初审，郭乙牌尤力克柠檬、圣渝牌黄心猕猴桃等53个渝东北三峡库区品牌农产品评选认定为重庆市名牌农产品。"巫溪秀芽"获得国家知识产权局颁发的"商标注册证"。奉节脐橙、巫山脆李、城口腊肉、梁平柚子等众多特色农产品闻名遐迩，畅销鲁渝消费帮扶产销对接会。

3. 文旅产业渐入佳境

各区（县）协同推进"大三峡"旅游一体化发展，以文化旅游为主导的现代服务业强势复苏，1—9月实现第三产业增加值1722亿元，同比增长14.01%。一是文旅供给更加丰富。云阳龙缸、奉节三峡之巅、巫山摩天岭、丰都南天湖、梁平百里竹海、开州汉丰湖等新一代景区迅速崛起，三峡库区陆地游、自驾游日渐兴旺。云阳岐山草原4A级景区、奉节三峡原乡·迷宫河景区等陆续开园，开州古城等项目建成完工，形成一批渝东北文旅融合新标杆。云阳普安恐龙地质公园一期、巫山云雨生态康养旅游度假区、忠县"三峡库心·长江盆景""三峡留城·忠州老街"等项目加快建设，丰都南天湖国家级旅游度假区扩容提质稳步推进，促进精品旅游景区供给能力大幅提升。二是旅游产业强势复苏。各地旅游市场欣欣向荣，民宿游、乡村游等业态丰富，旅游接待人数和综合收入大幅增长。1—9月万州港三峡游的客流量达到5.2万人次，基本恢复到疫情前客流量水平。国庆假期，渝东北各区（县）持续旅游恢复态势，梁平接待游客65.66万人次，实现旅游综合收入3.63亿元，同比分别增长11.65%、21.40%，开州接待游客60.38万人次，实现旅游收入3.62亿元，同比分别增长6.11%、9.76%。

4. 投资与消费快速增长

各区县抓项目、稳投资、促销费，投资与消费增长态势良好，投资增速、社会消费品零售总额增速均高于市均水平。一是固定资产投资较快增长。1—9月，渝东北城镇群固定资产投资增长14.4%，高出全市平均6个百分点，领跑"一区两群"。1—9月，垫江、梁平推动产业提档升级，加快项目建设，投资持续放量，固定资产投资增速分别达到21%、20.4%，增速居全市前两位。万州区完成固定资产投资总额163.01亿元，同比增长16.2%，连续多月保持两位数以上增长。二是工业投资逆势增长。1—9月，渝东北城镇群工业投资增速达到33.4%，高出全市平均6个百分点。两江数字经济产业园万州园落成投运，猪八戒数字经济创新中心、"博拉网络"等知名企业纷纷落户万州，促进万州工业固定资产投资同比增速达到124.1%，居全市首位。云阳、奉节、垫江、巫溪等县工业投资增速均进入全市前10位，区域整体表现良好。三是消费市场活力焕发。1—9月，渝东北社会消费品零售总额增长33.7%，高于全市10个百分点，忠县、梁平、开州社会消费品零售总额同比分别增长35.8%、35.2%、34.8%，增速居全市前三位，区域表现亮眼。10月8日万州首个进口商品分销中心——重庆保税港区进口商品授权分销中心（万州中心）正式开业，将保税仓、海外仓和实体店相结合，实现线下体验、线上国际化直邮，更好地满足渝东北市民消费需求。

5. 营商环境持续改善

各区县不断深化"放管服"体制机制改革，持续优化营商环境，市场活力进一步彰显。一是市场主体大幅增长。1—9月，渝东北城镇群累计新增科技型企业2500家，较上年增长22.7%。梁平新发展市场主体9620户，同比增长15.56%，增速居全市前列，市场环境活跃向好。万州民营经济已成为经济社会发展的"生力军",全区民营经济市场主体近13万户,占全区市场主体的97%以上,入库税金占比近六成,民营企业新增就业人员达社会就业总人数的70%以上。二是改革措施不断深化。城口县健全县乡村"三级联动"政务服务体系,切实为市场主体、人民群众提供更加优质便捷高效的服务,解决好服务企业和群众"最后一公里"问题。奉节县树立"你投资、我支持,你发展、我铺路,你纳税、我服务"的思想,把"客商发财"与"地方发展"有机结合,全力做好用地、用工、用能、资金等要素保障,着力营造安商、营商、招商、富商的发展环境。

6. 生态环境不断优化

各区(县)坚持生态优先、绿色发展,大力实施"两岸青山·千里林带"等重大生态项目,区域生态优势持续显现。一是生态建设成效显著。巫山五里坡国家级自然保护区作为湖北神农架世界自然遗产地边界微调项目正式通过审议,成为重庆第3项世界遗产。梁平大力建设自然与人工相结合的湿地生态群落,"湿地+"乡村小微湿地成为全国湿地建设典范。开州大力实施基塘工程、林泽工程、小微湿地工程、鸟类生境工程,消落带和汉丰湖湿地治理模式获重庆市科技进步一等奖。二是生态治理深入开展。万开云三地签订同城化发展生态共建环境共保联席会备忘录,建立生态环境安全及污染事故处置联动、跨界流域联防联治等机制,强化跨区域流域治理。忠县加强长江干支流两岸10千米范围内废弃露天矿山生态修复,实现14个图斑生态修复销号。万州启动全域"无废城市"建设,实现万元工业增加值能耗累计下降20%以上,重要工业企业废水排放达标率达100%。奉节全面落实河长制,排查整治171个长江排污口,"一江五河"监测断面水质均达到Ⅱ类及以上,水环境功能区达标率达100%。

二、需关注的主要问题

(一)基础设施建设依然滞后

渝东北城镇群城乡基础设施建设依然存在较大短板,一定程度上制约了经济发展。一是交通基础设施建设不足。三峡大坝船闸通行能力达到极限,船只拥堵常态化问题突出,持续影响长江航运发展。对外大通道有待提升,铁路网与公路网互联互通水平不高,郑万高铁尚未贯通、渝西高铁等大通道建设滞后。省际通道连接依然不足,城开高速公路(城口段)仍未贯通,多数区县高速公路仅连通区县城区,物流成本仍然高企,制约经济要素流通。二是产业"新基建"建设不足。5G网络覆盖不足,高速宽带网络、移动网络有待升级改造,信息化"新基建"为传统产业赋能不够,支撑新产业、新业态、新模式的载体功能不强。三是农村地区水电气设施保障不足问题较突出。渝东北农业农村工程性缺水和高山地区饮水安全问题仍然突出,农村电力、燃气基础设施建设落后,供电和网络通信能力不足状况依然存在。

(二)要素保障压力较大

在经济发展不稳定、不确定因素增多,新冠肺炎疫情持续反复的背景下,渝东北城镇群资金、人力资源等要素瓶颈更为明显。一是资金保障压力持续增大。随着经济发展不确定因素增多,渝东北城镇群各区(县)招商引资难度加大。实体经济成本上涨、市场环境疲软、融资难融资贵、财政收入增长放缓等问题日趋严重,未来资金保障压力加大。二是高层次、高技能人力资源保障不足。渝东北城镇群大中专院校较少,职业教育水平较低,科技、经济、管理、教育、医疗等领域高层次、高技能人才资源匮乏,缺少与生态绿色特色产业发展相匹配的人才,吸引人才和留住人才仍较困难,难以支撑区域经济发展和转型升级。

(三)绿色发展有待提升

绿色发展之路成为渝东北城镇群的必然选择,但在实现高质量绿色发展目标中,面临传统工业转型难度大、创新支撑不足等问题。一是传统工业绿色化转型升级难度较大。渝东北城镇群资源加工型制造业较多，资源依赖较大，能源消耗高，工业污染治理费用高，节能减排任务艰巨，产业绿色化、智能化升级改造的路径尚需不断完善。二是绿色发展创新支撑不足。渝东北城镇群对科技创新的投入不断加强，但依然存在创新主体培育不足，创新要素集聚不够等现象，在技术创新、科技成果转化等方面对绿色发展的支撑作用还需加强。

三、2022年经济运行环境及展望

（一）国际国内环境分析

世界百年未有之大变局加速演变，新冠肺炎疫情持续反复以及对国际政治、贸易、金融的深刻影响导致我国发展面临的国内外环境更加复杂。国际方面：世界经济逐步从疫情冲击中低位复苏，但复苏不均衡不稳定，持续性不足，复苏步伐出现放缓迹象。随着德尔塔变异毒株在全球范围内的传播给经济复苏带来更多不确定性，大国战略博弈的全方位加剧推动国际体系和国际秩序加速调整，局部地缘政治不稳定因素明显增加，世界主要经济体持续实施财政刺激措施使财政赤字和债务水平不断飙升，给经济金融带来新风险，多因素叠加使2022年世界经济前景仍不乐观。外部需求的不稳定使我国外贸投资面临的环境更加复杂严峻，尤其是西方发达国家逐渐取消对包括我国在内的发展中国家的普惠制待遇，对渝东北城镇群发展开放型经济，主动承接产业转移，超前布局新兴产业，进一步融入国际经济大循环带来不利影响。国内方面：我国提出2030年前实现"碳达峰"，在2060年前实现"碳中和"的目标，新冠肺炎疫情持续背景下政府继续采取积极有为的财政政策、货币政策将促进经济发展稳中求进、稳健复苏，新一轮西部大开发、成渝地区双城经济圈建设等国家战略深入推进将为渝东北城镇群增强基础设施支撑能力、深化毗邻地区平台共建与区域合作、提升绿色经济发展水平带来重大机遇。国家重大战略背景下，渝东北城镇群的区位优势进一步凸显，成为川东北、陕南等区域加强与长江经济带联系，通过长江黄金水道畅通与中部、东南部地区便捷联系的重要通道，将成为沟通南北、连接东西的重要枢纽。

（二）市内及渝东北城镇群环境分析

全市立足新发展阶段、贯彻新发展理念、融入新发展格局，抢抓长江经济带建设、新时代西部大开发、西部陆海新通道、成渝地区双城经济圈建设等重大战略机遇，深入推动创新发展、开放发展、绿色发展，全面推进乡村振兴，积极培育壮大发展新动能，区域引领力、集聚力和辐射力不断增强，经济发展韧性不断提升。随着全市"一区两群"区域协调发展战略的深入实施，以交通和新基建为核心的重大基础设施建设不断推进，渝东北城镇群的交通区位条件和发展环境将不断改善，与主城都市区经济联系更加紧密，万达开川渝统筹发展示范区建设提速，与渝东南、川东北的协作不断深化。万开云加快建设三峡库区核心支撑，同城化建设如火如荼，从万州高铁新城区到开州浦里车程缩短至30分钟，以万州为核心，覆盖开州、云阳的产业分工协作体系将加快形成，逐步成为带动区域发展的"引擎"。垫江、梁平、丰都、忠县、云阳等区县作为渝东北城镇群支点城市，不断强化交通枢纽、要素中转、功能接续、产业集聚等功能，辐射周边、促进城乡融合发展的能力不断增强。郑万高铁即将全线贯通，渝西高铁年底将实现实质性开工，对外快速通道的加快建设及陆续投用，将促进人才、资金、技术、信息等生产要素加快向渝东北城镇群集聚，绿色工业、生态旅游、山地高效农业逐步向规模化、集约化、特色化发展转型。

（三）2022年渝东北城镇群经济运行趋势展望

2022年，渝东北城镇群经济延续恢复性增长态势，内生发展动能仍需增强，应积极融入国际国内双循环大格局，在探索生态优先、绿色发展新路子上持续发力，增强经济发展韧性，夯实经济高质量发展根基。预计2022年，渝东北城镇群GDP同比增长6.4%左右，投资和消费保持波动性增长，就业保持总体稳定，城乡居民收入平稳增长，城镇格局持续优化。

四、对策建议

（一）聚焦提质增效，大力提振产业效能

强化生态优先绿色发展，培育壮大生态经济，推进渝东北城镇群绿色高质量发展。一是大力培育工业新兴增长点。大力推进传统工业绿色智能化转型升级，加强国家级绿色工厂、智能工厂创建，完善工业互联网平台，深化大数据智能化在各行业领域的应用，促进企业"上云上平台"。大力培育发展工业新兴优势产业链，强化招商引企和项目落地，着力引导万州绿色照明、智能装备、汽车，梁平集成电路，垫江软件和信息技术服务，开州智能家居，忠县电竞产业等聚产成群、强链延链。二是推动生态文旅等现代服务业高质量发展。加快生态产业化步伐，围绕高峡平湖文化风景带、诗词歌赋文化带、长江三峡黄金旅游核心带建设，大力发展全域旅游，加快建设三峡恒合旅游度假区、普安恐龙地质公园、雪宝山旅游综合开发、南天湖康养休闲健康旅游示范基地等重点文旅项目，进一步丰富特色文旅产品供给。以万开云为核心，积极搞活消费经济，大力推动商圈夜市复苏，发展社群电商等网络消费，全力激活大众消费、繁荣新兴消费，加快提振零售、餐饮等服务业发展活力。三是高质高效发展区域特色农业。加快现代农业发展载体建设，着力打造开江梁平成渝现代高效特色农业带合作园区、大巴山中药材产业园等现代农业园，不断提高农业生产专业化、规模化水平。借助万州三峡国际农产品集散基地即将投用之机，推进农产品线上线下销售深度融合，加快柑橘、脆李、中药材、畜禽养殖等更多农特产品"走出去"步伐。

（二）狠抓重大项目建设，不断积蓄发展动能

围绕新型城镇化、乡村振兴、生态建设和开放发展加大基建投资力度，推进重大基础设施项目建设，激发区域发展新活力。一是加快重大基础设施建设。加快郑万高铁重庆段全线贯通，稳步推进渝万高铁、成达万高铁建设。推动万州环城高速、巫云开高速加快建设，力争开梁高速、万州至达州直连高速、万开快速路二线尽快开工。加强新生港、新田港等港区设施建设，完善多式联运物流平台，提升客货吞吐能力，积极推进小江航道通行能力提升等航道整治工程，逐步增强三峡库区航运辐射力。加强万州机场口岸核心区设施建设，增强库区开放发展支撑力。加快三峡库区综合应急救援中心、三峡国际健康城和三峡医学中心等项目建设，推动优质公共服务资源扩容提质、均衡布局。二是多措并举强化资金保障。积极争取各项重大项目纳入国家、市级规划和资金保障盘子，力争国家、市级加大对渝东北城镇群财政资金转移支付力度，合理高效利用地方债支撑重大基础设施建设，增强重大项目建设资金保障。积极谋划一批重大基础设施、支柱产业、公共服务等领域PPP项目，推动民间资本切实参与重大项目建设。

（三）加强开放合作，提升开放型经济发展水平

增强渝东北三峡库区城镇群作为成渝地区双城经济圈向东联结长江经济带的"桥头堡"作用，不断扩大开放合作广度和深度。一是积极推进周边及区域内部协作。持续释放"一区两群"空间布局优化效应，抢抓川东北、渝东北区域一体化发展的重大战略机遇，以万达开智能制造示范园区、明月山绿色发展示范带绿色食品加工产业园、大巴山国际旅游度假区等产业合作园区建设为支撑，推进毗邻地区合作共建，协同建好万达开川渝统筹发展示范区、明月山绿色发展示范带、城宣万革命老区振兴发展示范区

项目。积极推进"万开云""梁垫忠丰""奉巫巫溪"板块联动发展，加强区域新兴产业一体化布局、文旅产业一体化发展。推动垫江、梁平、丰都、忠县、云阳等城市突出自身优势，培育和提升区域集聚能力，在双城经济圈北翼发展中积极发挥节点作用。二是加强与经济发达区对接合作。牢牢把握常态化疫情防控形势下国家和地区政策机遇，利用商会、园区等各类产业平台，大力建设区县返乡创业就业工业园区，努力承接长三角、粤港澳大湾区、京津冀产业转移，引导人才回流，不断储备积蓄新动能。三是大力发展开放型经济。充分发挥以万州为核心的"铁公水空"多式联运优势，促进万州综保区一期早日封关运行，加快建设万州综保区二期和万州机场航空口岸，促进开州、云阳物流保税仓建设，拓展万州海关服务功能，助力开州、云阳企业发展保税加工、货代物流等业态。加快渝东北口岸物流贸易、保税经济、外贸中介服务等开放型经济发展。

（四）加强联保共治，促进生态修复环境保护

立足渝东北城镇群自然生态本底，持续加强生态共建环境共保，助力区域产业和城镇空间可持续发展。一是强化流域生态治理及保护。以实施千里长江"一江碧水·最美岸线"为契机，深入推进渝东北长江干流及其龙溪河、大宁河、龙河等支流水环境整治，进一步改善水环境质量。继续实施"两岸青山·千里林带"工程，持续加强三峡库区库岸综合整治，突出水土流失治理、消落带治理等重难点领域，维系和提升三峡库区生态功能。二是引领区域山地生态保护。以退耕还林、天然林保护等大规模绿化重点工程为引领，推进渝东北城镇群大巴山、巫山、七曜山等山系生态保护，有效提升区域森林质量和生物多样性。加快大巴山生物多样性保护与利用系统工程建设，以五里坡国家级自然保护区纳入世界遗产为契机，加大区域特色森林资源保护。三是完善生态环境协同共治。进一步健全生态环保联治机制，探索建立区域生态补偿及环境损害赔偿制度。扎实推进渝东北城镇群生态状况、环境质量、重点污染源的生态监测网络建设，促进明月山绿色发展示范带生态信息共享平台建设，实现生态环境监测信息传输与数据共享，先行先试探索区域生态监测数据集成共享机制，推动环保大数据有效集成、互联共享。

[重庆市综合经济研究院（重庆市经济信息中心）城市与区域经济研究课题组
主研：易小光　丁　瑶　邓兰燕　李　林　邱　婧　王志军
执笔：邱　婧　王志军]

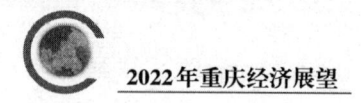

之二：2021年万州区经济运行分析及2022年展望

2021年以来，万州区坚持深学笃用习近平新时代中国特色社会主义思想，认真贯彻落实中央决策部署和市委、市政府工作要求，持续巩固拓展疫情防控和经济社会发展成果，抢抓成渝地区双城经济圈建设重大战略机遇，加快建设"一区一枢纽两中心"，经济高质量发展态势强劲。

一、2021年万州区经济运行情况

（一）经济运行的主要特征

前三季度，万州区完成地区生产总值779.7亿元，同比增长10%，增速分别比全国、全市高0.2个、0.1个百分点，2018年以来首次超过全市平均水平，比2019年同期高6.9个百分点，两年平均增长5.2%，呈"稳中加固、稳中向好、稳中有进"态势。

1. 工业快速增长

前三季度，完成规模以上工业总产值278.6亿元，同比增长15.7%，两年平均增长8.9%，比2019年同期高2.5个百分点，其中万州经开区完成规模以上工业产值222.4亿元，同比增长16.2%。规模以上高技术制造业、数字制造业工业产值同比分别增长34.5%、25.7%；金龙集团、长安跨越等4家企业产值超过10亿元，威科赛乐、国能万州等企业产值增长50%以上；工业用电量、用气量同比分别增长9.8%、19.4%；航空航天零部件智能工厂等12个重点项目竣工投产，工业强区建设取得积极成效。

2. 第一产业增势凸显

农业"双百亿"工程效益显现，第一产业近年来首次以超过10%的增速快速增长。前三季度，万州区新建经果林基地2.7万亩，总面积达88.7万亩；建成生态猪养殖场75家，841个单元，达到105万头生猪产能，饲料厂、益生菌厂、有机肥厂、屠宰厂、肉类加工厂建设序时推进，生态猪全产业链加快形成。三峡山地特色农业科技创新中心建成投用，中国柑橘研究所等15个科研平台入驻，农业领域科研创新能力得到有效提升。新增有效期内"两品一标"农产品15个，市级以上农业品牌10个。

3. 服务业量质齐升

前三季度，批发业销售额、零售业销售额、住宿业营业额、餐饮业营业额分别达到1081.7亿元、129.4亿元、11.7亿元、33.8亿元，同比分别增长36%、20.8%、35.2%、31.7%。旅游人数、旅游收入同比分别增长56.5%、51%，金融机构人民币存贷款余额分别达到1502.2亿元、932.8亿元，同比分别增长5.7%、17%。

4. 固定资产投资保持稳步增长

前三季度，完成固定资产投资163亿元，同比增长16.2%，两年平均增长10%，比2019年同期快13.7个百分点，其中工业投资44.2亿元，同比增长124.1%，居全市区县第一；房地产开发投资53.1亿元，同比增长16%，民间投资89.8亿元，同比增长63.8%。165个"一区一枢纽两中心"项目完成投资

145亿元，妇幼保健院迁建等14个项目顺利完工，湘渝盐化等16个技改项目加快推进，特铝新材料等一批重点项目持续投资放量。

5. 消费市场快速回暖

前三季度，完成社会消费品零售总额324亿元，同比增长32.2%，两年平均增长10.9%，比2019年同期快31.2个百分点。主要零售商品中，饮料、烟酒、日用品、家用电器等7类商品销售额增速均超过25%，体量最大的汽车、石油制品等保持快速增长，同比分别增长19.2%、16.2%。

6. 房地产业平稳增长

出台应届高校毕业生和区外户籍人口购房减免契税系列优惠政策，举办夏季网上房交会，带动房地产市场持续活跃。前三季度，商品房销售面积106.5万平方米，同比增长15.9%，高于全市5.6个百分点，其中区外占比约38%；商品房新开工面积118.9万平方米，同比增长27.6%，装配式建筑产业基地项目成功落地，琅阅滨江、雍江上境等2个房地产项目顺利开工。

7. 招商引资持续发力

组织开展"全国知名民企万州行"等重点招商活动，积极参加智博会等重要展会节会，新田港二期作为重庆市唯一重点代表项目参加了第十八届西博会现场集中签约。前三季度，新签约中储粮粮食仓储物流等招商引资项目43个，总投资138亿元，其中签约投资10亿元以上项目4个；招商到位资金53.4亿元，同比增长34.5%。

8. 发展效益稳步提升

财政挖潜增收成效显现，在近年来大规模减税降费背景下，前三季度，完成一般公共预算收入45.4亿元，同比增长15.1%，其中税收收入30.1亿元，同比增长8.5%，工业入库税金9.6亿元，同比增长12.1%；非税收入15.3亿元，同比增长30.9%。工业企业效益总体良好，实现营业收入270.3亿元，同比增长11.6%，利润总额10.1亿元，同比增长28.3%。城乡居民收入平稳增长，城镇居民人均可支配收入36342元，同比增长11.3%；农村居民人均可支配收入14463元，同比增长12.7%。

（二）经济运行中存在的问题

1. 生产成本居高不下企业承压严重

工业原材料价格持续上涨，螺纹钢、电解铜、煤炭、棉花价格同比涨幅均达35%以上，其中煤炭价格上涨幅度甚至高达90%，工业产成品价格并未随原材料价格上涨而上涨，严重挤压了企业利润空间，尤其对小微企业、民营企业造成较大压力。同时，生猪价格大幅下跌，收购价从年初35.6元/千克下降至10.70元/千克，降幅达到70%，龙头企业、养殖场户亏损较大，饲养积极性降低。

2. 固定资产投资持续增长面临较大压力

工业方面，前三季度工业投资增长势头迅猛，随着特铝新材料等一批大型项目建成竣工，保持工业投资快速增长难度将明显加大。农业方面，随着"双百亿"工程项目的陆续竣工，前三季度农业投资持续回落大幅拉低了固定资产投资增速。受企业投资信心降低、扩张谨慎和能耗、碳排放政策趋紧等因素影响，新引进的项目不多，随着特铝新材料等重大项目竣工投产，后续重大项目不多，固定资产投资增长缺乏新的支撑。

3. 建筑业、房地产领域新老问题交织

本地建筑企业竞争力依然不强、中标项目占比仍然较低，前三季度工程建设领域施工招标项目区内企业中标价仅占25%，区内企业承接项目造价仅占19.7%；在"双集中"背景下，房地产用地市场成交规模持续下降，土地出让宗数、面积同比都有了较大幅度的下降。

（三）2021年经济形势

第四季度，新冠肺炎疫情形势仍较严峻，全球、全国宏观经济运行不确定性上升，下行压力依然较大，10月IMF发布最新一期《世界经济展望》，将全球经济预计增速下调0.1个百分点至5.9%，美国经济预计增速下调1个百分点至6%，日本经济预计增速下调0.4个百分点至2.4%，中国经济预计增速下调0.1个百分点至8%。前三季度万州区GDP同比增长10%，预计2021年GDP同比增长7%以上。

二、2022年经济运行环境分析及因素分析

2022年，宏观经济环境将更加复杂严峻，挑战与机遇并存。从全球看，受新冠肺炎疫情自身演化及其衍生风险蔓延扩散的影响，同时叠加全球保护主义、孤岛主义和民粹主义的盛行和地缘政治动荡、通胀风险上行等因素，全球经济增长存在不确定性，但随着世界各国疫情防控措施和经济形势调整政策的实施，以及中国经济的强势复苏，将带来强劲的增长动力，IMF预测2021年全球经济增长4.9%。从国内看，随着疫情防控得到有效遏制，内需潜力得到有效释放，国内经济发展的韧性和活力将不断显现，经济有望呈持续复苏、迈向更高质量发展态势。从全区看，随着成渝地区双城经济圈建设的深入实施，"一区两群"协调发展纵深推进，"一心六型"两化路径持续发力，"一区一枢纽两中心"建设持续推进，一批重点项目陆续开工建设、竣工投产，经济增长的基础将有力夯实，高质量发展态势将持续巩固。

三、2022年趋势展望

2022年，我们将持续抓好常态化疫情防控，抓牢成渝地区双城经济圈建设重大机遇，切实深化"一心六型"两化路径实践探索，突出抓好生态篇、流通篇、城市篇、产业篇"四个篇章"，聚焦建设"一区一枢纽两中心"目标，扎实推动经济社会全面发展。

（一）深度融入成渝地区双城经济圈发展战略

1. 聚焦一体化，加快创建万达开川渝统筹发展示范区

优化示范区建设方案，争取国家层面尽早印发实施。协同推进达万铁路扩能改造、成达万高铁等一批重点项目建设，建好川渝东出智慧物流港等六大功能载体；协同构建产业链群，共同培育新材料、能源化工、食品医药3个千亿级产业集群，打造具有区域竞争力的先进制造业基地。探索建立成本共担、利益共享机制，深化行政区与经济区适度分离改革。

2. 聚焦同城化，提升万开云带动辐射能级

认真落实《万开云同城化发展实施方案》，加快实施开州铁桥至南门至万州高铁枢纽至新田港快速路等一批万开云互联互通项目，积极争取成都铁路局在万州成立铁路段务公司。谋划打造万开云合作示范区，推动万州经开区、开州浦里新区、云阳工业园区创建市级高新区；完成跨区域医师多点执业等一批同城化便捷服务事项。

3. 聚焦协同化，深化与两江新区全方位合作

加强与两江新区在产业、科技等重点领域的握手协作，引导更多机构入驻两江新区数字经济产业园

万州园、两江新区万州企业研发中心，推动重庆市三峡科技创新服务平台与易智网充分对接，引导两江新区科研资源支持万州企业研发工作，推动"一区两群"对口协同发展走深走实，在区县对口协同发展中起到示范作用。

（二）抓好"生态篇"，加快建设生态优先绿色发展示范区

1. 围绕水系建生态廊道

全面落实河长制，持续开展"三水共治"、"水陆同治"、河道"清四乱"、消落区"治八乱"专项行动，推动全域水质稳定提升，长江干流万州段水质保持Ⅱ类，18条次级河流水质基本满足Ⅲ类水域功能要求，城市集中式饮用水水源地水质达标率100%。

2. 依托山系建"生态绿肺"

全面推行林长制，进一步建立完善"三级林长+网格护林员"林长制责任体系，探索建立"林长+山林警长"工作机制。全力推进"两岸青山·千里林带"建设，营林造林约4万亩；持续开展消落带中山杉生态修复治理，新造、补植中山杉1200亩。

3. 着眼"双碳"推动转型升级

全面落实"碳达峰""碳中和"目标任务，充分发挥绿色智造赋能中心"赋能、创新、交付"三大功能，搭建碳排放与生产运营指标管理、跟踪、分析体系，促进管理效益的持续提升和碳排放的持续降低，助推企业降耗减碳增效和转型。进一步推动碳汇生态产品交易扩面增效。

（三）抓好"流通篇"，加快建设全国性综合交通物流枢纽

1. 加快构建交通物流大通道

建成投用郑万高铁、新田港铁路集疏运中心、外环高速新田至高峰连接线等一批重点项目，推动渝万高铁全线开工建设，加快推进万达直线高速、开梁高速、新田港二期工程进度，抓好万州铁路枢纽规划编制和万州机场总规修编工作。

2. 推动开放平台提质升级

推动万州综合保税区正式验收并封关运营，抓好招商引资和签约项目的落地实施，积极发展加工贸易、服务贸易、保税贸易、总部贸易等业态，助推全区对外贸易结构优化升级。加大万州机场国际航线培育，推进T1国际航站楼改建及口岸基础设施建设等，争取实现机场航空口岸正式开放。

3. 推动物流业量质齐升

加快推进万州冷链物流分拨中心、三峡国际农产品集散基地、中通快递渝东（万州）智能科技产业链园区、韵达快递万州智能科技产业园等重点项目建设，打造区域性快递快运分拨中心、冷链物流集散中心。充分发挥长江黄金水道优势，常态化运行沪渝集装箱直达快线万州航线、万州—涪陵水水中转班轮，推广铁水联运无缝对接"铁江联运一单制"，探索实行江铁海多式联运。

4. 加快营造一流营商环境

常态化开展"双议"活动，扎实落实惠企纾困系列扶持政策，开展"1+5+N"民营小微企业和个体工商户金融服务港湾等专项行动，加快落实《万州区持续营造国际一流营商环境实施方案》明确的256条具体工作措施，着力打造便捷高效、公平竞争、充满活力的营商环境。

（四）抓好"产业篇"，加快建设渝东北三峡库区经济中心

1. 建设工业强区

举全区之力大抓特抓工业发展。大力实施工业强区"10条措施"，紧扣高质量发展主线，着力增强企业研发创新能力，深入推进智能制造，做大做强新材料、食品医药两大重点产业，提质发展汽车、绿色照明、智能装备三大优势产业，培育发展信息技术产业，持续关注中小企业健康成长，延伸产业链条、壮大产业集群。

2. 加快建设农业强区

持续推进"双百亿"工程，加快构建百万亩经果林、百万头生态猪全产业链，培育壮大生态渔业、蛋鸡养殖、中药材种植等成为新的经济增长点。依托三峡山地特色农业科技创新中心，整合三峡农科院、林科所、水研所等优势资源，开展中医药、长江珍稀鱼类、中山杉等领域研究，推动重点领域关键核心技术联合攻关。

3. 加快建设现代服务业强区

落实推动服务业高质量发展工作方案，用好系列奖励支持政策，充分激发商贸市场主体活力、释放消费潜力，新培育一批限额以上商贸市场主体。加快推动"五大商圈"提质发展，打造一批特色街区，引进一批国内外知名品牌，办好三峡美食文化节暨万州烤鱼节、三峡库区汽车消费展等大型会展活动。

（五）抓好"城市篇"，加快提升区域中心城市功能

1. 加快提升城市品质

高水平编制完成总体城市设计、旧城更新规划、江城品质提升规划，加快实施385个城市提升项目，加快推进三峡会馆、医学中心、望江公园等38个标志性重点项目建设，统筹推进46个老旧小区改造提升，打造"山城老万县、江城新万州"城市"新名片"。

2. 加快提升城市能级

加快释放人口集聚激励、生态搬迁试点等政策效益，推动城市人口集聚；进一步提升教育、医疗、住房、卫生等服务保障水平，优化提升城市承载能力，推动三峡医药高等专科学校尽早升本，加快推进重庆三峡职业学院、重庆安全职业技术学院新校区前期工作。

3. 统筹推进乡村振兴

健全防止返贫动态监测和帮扶机制，深入推进消费帮扶、就业帮扶，培育壮大11个乡村振兴重要支点镇乡，持续巩固拓展脱贫攻坚成果。加快实施乡村振兴战略，持续开展农村"双亮"行动，持续推进农村人居环境整治，创建美丽庭院1000个。

四、政策调控措施建议

一是切实深化区域协调发展。加快推动万达开川渝统筹示范区创建工作，加快推动万开云同城化发展，与两江新区协同发展，推动设立万开云投资公司，筹备设立万达开统筹发展基金、万开云同城化发展基金，多方借势、形成合力，提升万州区域中心城市发展能级，建设三峡库区经济中心，带动辐射周边区域。

二是推动产业高质量发展。加大创新研发投入力度，推动传统产业转型升级降碳，做大做强汽车、

新材料等支柱产业集群,培育壮大生物医药、芯片制造等战略性新兴产业,推动产业向价值链高端延伸。支持部分产业布局向"两群"地区有序转移,在产业生态化、生态产业化方面开展更多探索实践。

三是不断强化生态环境保护。坚定不移把保护和修复生态环境摆在压倒性位置,以提升全域水质为中心,统筹推进山水林田湖草系统治理,筑牢长江上游重要生态屏障。支持"两群"地区在生态价值实现领域开展更多试点和探索。

[**万州区发展和改革委员会**　万有华　张大兵　邓世明]

之三：2021年开州区经济运行分析及2022年展望

2021年，开州区上下深学笃用习近平新时代中国特色社会主义思想，全面落实习近平总书记对重庆提出的重要指示要求和区委、区政府的决策部署，持续巩固拓展疫情防控和经济社会发展成果，全区经济运行稳中加固、恢复有力、动能增强，实现"十四五"良好开局，预计2022年仍将延续加快恢复性增长势头。

一、2021年开州区经济运行分析

1—9月，开州区地区生产总值达到434.08亿元，同比增长12.2%，增速居全市第四位、渝东北第二位；固定资产投资完成144.19亿元，同比增长20.1%；一般公共预算收入20亿元，同比增长4.7%；实现税收收入11.5亿元，同比增长20.8%；全体居民人均可支配收入达21683元，同比增长11.2%。

（一）主要指标"持续向好"

从横纵对比看。均衡增长。同比2020年增速高于20%的指标有9个，包括社会消费品零售总额增长34.8%、建筑业总产值增长20.2%等。超过疫前水平的指标有10个，包括固定资产投资平均增长13.7%、商品房销售面积平均增长29.6%。排位往前。18个公布数据中，有7个指标增速居全市前四、渝东北城镇群前三。包括税收收入增速居全市第四位、渝东北城镇群第二位；农村居民收入增速居全市第三位。新高较多。7项重要指标达到近年最好水平。其中，开复工项目180个，占比较2019年提高7个百分点，完成投资88.76亿元，较2019年增长29.16%，为历年最好。生猪出栏76.46万头，产能全面恢复，达到近5年最好水平；27个区级部门争取资金39.9亿元，达到上年的92.2%，其中争取中央预算内资金为近5年最多；地方政府债券已发行9.95亿元，第二批剩余8.05亿元，预计11月到位，为历年最多。

从运行质量看。效益高。一般公共预算收入增长4.7%，同比提高6.2个百分点。税收增长20.8%，其中工业入库增长58.9%。居民人均可支配收入增长11.2%，居全市第五位。规模以上工业企业利润增长56.6%。结构优。三次产业结构比由上年同期15.5∶38.5∶46调整为14.5∶38.6∶46.9，第二、第三产业比重持续提升。动能强。煤炭、水泥等过剩产能出清或削减，电子信息、生物医药等朝阳行业补位，战略性新兴产业增长34.8%，产业加快蝶变。新增高新技术企业15家，累计达到65家，新增科技型企业37家，创新驱动注入澎湃动力。

从发展预期看。先行指标向好。货运周转量、工业用电量、工业用气量、工业税收分别增长13.9%、9.3%、22.8%、58.9%。投资兴业向好。新引进重点招商项目130个、投资307.6亿元，落地开工项目47个。金融机构贷款余额453亿元，同比增长18.4%，其中中小微企业新发放贷款24.9亿元。市场主体向好。新发展市场主体10156户，同比增长7.7%，总量达到9.2万户，其中"四上"企业增至585户。

（二）正视问题"未雨绸缪"

企业利润方面。生猪价格大幅下降，育肥猪配合饲料平均价格上涨11%，每头平均亏损900元左右，出现行业性亏损，养殖户信心受挫。芯片供应紧张、价格上涨，并可能延续至2022年上半年。钢材、铝、石油、天然气、海运等价格高企，部分企业产品"高进低出"，生产经营面临较大压力，利润出现分化。水泥、混凝土、木材等原材料价格上涨冲击建筑行业，部分企业通过延缓施工进度控制成本。

财政调度方面。近期部分国内龙头房企"爆雷"，多个城市土地流拍或低溢价成交，"三道红线"促使企业谨慎拿地、精选城市，加之房地产税试点出台，对区土地出让和房地产投资影响较大。同时，开州区正处于工业化、城镇化提速期，多个重大交通项目即将密集落地，征地拆迁、项目建设、公共服务等支出量大且集中，预计财政调度"紧平衡"状态将持续较长时间。

融资创新方面。三大投资集团中短期融资占比较高，AA级信用等级升级难，发债难度增加、成本上涨。银行资金到位时间拉长，融资保障难度增大。近期银保监会对政府隐性债务、平台公司融资、专项债券项目、金融闸门把控等提出更严要求，投融资创新亟待破冰试水、突破突围。

（三）全年目标"符合预期"

目前，全区主要经济指标增长速度快、质量好、结构优、后劲足，为完成全年目标任务提供了有力支撑，预计能够实现预期目标。预计全年地区生产总值增速9%，农业增加值增速8.5%，粮食产量58.5万吨，工业增加值增速9%，战略性新兴制造业产值增速18%，高新技术企业15家，高技术产业增加值占工业比重13%，万人发明专利拥有量1.38件，数字经济增加值增速9%，科技进步贡献率60%，规模以上工业企业利润增速40%，服务业增加值增速11%，文化产业增加值增速7%，旅游综合收入76亿元，接待游客1200万人次，全社会研发经费支出占地区生产总值比重1.55%，非公经济增加值占地区生产总值比重78%，其中民营经济占比75%。新登记市场主体增速15%，其中市场主体净增长9.5%。固定资产投资增速10%，其中民间投资增速6.1%。社会消费品零售总额增速26%，进出口总额3.3亿元，常住人口城镇化率52.5%，税收增速9%。全体居民人均可支配收入增速10%，其中农村居民人均可支配收入增速11%。城区空气质量优良天数351天，森林覆盖率55.9%，辖区流域总体水质为Ⅲ类，新增城镇就业7000人，能源消耗总量增速、单位地区生产总值能耗下降、单位地区生产总值二氧化碳排放下降、主要污染物排放总量减少、化学需氧量、二氧化硫、氨氮、氮氧化物等指标能够完成市政府下达任务。

二、2022年经济运行的环境及因素分析

在全国、全市经济发展的拉动下，开州区受益于成渝地区双城经济圈建设、万达开川渝统筹发展示范区创建、"一区两群"协调发展、渝东北三峡库区城镇群建设、万开云同城化发展等多重机遇，2022年经济社会发展将进入跨越发展期。

（一）面临"万达开""万开云"等重大机遇期

从国家层面看，经济圈"综合交通运输发展规划"和"国土空间规划"明确：万达开建设全国性综合交通枢纽，规划建设万达开800万~1000万人口城市组群、万开云300万~500万人口城市组群。《成渝地区双城经济圈建设规划纲要》明确：打造优质道地中药材产业带、长江上游柑橘产业带。这些国家规划赋予了开州交通、城市、产业等新的定位。从市级层面看，渝东北三峡库区城镇群座谈会明确："加快建设万开云中心城市，建设半小时经济圈，打造400万级常住人口的中心城市"，"成达万高铁力争2025年建成投用，渝西高铁力争2027年建成投用"。随着开州在区域版图中的地位抬升、分量加重，必将在新一轮大发展中赢得先机、占据优势。

（二）面临"碳达峰""碳中和"的窗口期

党中央、国务院下发《关于完整准确全面贯彻新发展理念做好碳达峰碳中和工作的意见》，提出

"3060 双碳目标"、坚决遏制"两高"项目盲目发展，其中既有对传统产业企业的影响，也有发展机遇。据估算，全国新能源产业未来会有 10 万亿规模，蕴含巨大的产业发展空间。开州拥有 5 亿立方米天然气指标，仅以气代煤发电价值就很巨大。在"双控"压力大、能耗增量受限的背景下，"减污降碳"必然倒逼区县加快调整能源、产业、交通运输、用地四个结构。开州拥有充裕的经济增长空间、用地空间、资源空间、生态空间，在经济社会全面绿色转型、生态产业化、产业生态化、生态产品价值实现等方面具有突出的比较优势。

（三）面临产业"转型""转移"的关键期

随着全国、全市产业转型升级步伐加快，高质量、供给侧、智能化特点突出，为数字经济、智能制造、生物医药等产业开辟了广阔空间。目前开州高新区创建只待评审，工业、农业、商贸、文旅、城市、生态等板块经济量质齐升，具备迭代升级的良好条件。同时，在全球疫情大流行、缺芯问题可能延续到 2022 年、供应链短缺向其他领域蔓延的情况下，产业链、供应链正在全球、全国范围内重新洗牌，投资布局正在转移调整，呈现东部沿海产业加速向内陆地区转移、龙头企业带动产业链整体转移等一系列新特征。在这种大趋势下，开州以大招商、招大商推动现代产业体系构建，前景广阔、大有可为。

三、2022 年趋势展望及主要指标预测

2022 年，全区上下将抢抓成渝地区双城经济圈建设和全市"一区两群"协调发展等重大战略机遇，坚持稳中求进工作总基调，准确把握新发展阶段，完整、准确、全面贯彻新发展理念，积极融入和服务新发展格局，围绕生态优先作示范、绿色发展当标杆，朝着"一极两大三区"目标奋力迈进。

（一）狠抓 2022 年重点工作

1. 持之以恒优产业

抓工业量质并举，以中国智博会开州论坛为新起点，实施国家智慧园区 5G 融合创新运用，打造数字经济产业集群。推动道致科技等 12 个项目投产放量、植本科技等 8 个项目达产达效。抓农业稳产保供，切实保障粮食、生猪、蔬菜等市场供应平稳，确保年末岁尾货源充足、物价稳定。深入推进农业品牌建设，持续打造"开县春橙"等特色品牌。抓服务业复苏，开展美食节等传统促销和直播带货等新兴促销活动，培育"开味开州"，办好"年味开州情满城"等四季旅游营销活动和品牌赛事。

2. 千方百计稳投资

抓建设进度，严格落实督导机制和调度机制，推动陈家坪水厂至赵家输水管网等 180 个项目加快建设，丰东路至黄陵城公路改造等 5 个项目尽快完工，盛山文化景观修复等 7 个项目力争开工，确保重点项目投资达到序时进度。抓招商引资，积极跟踪在谈的 73 个重点项目，尤其是居然之家、新明珠陶瓷等 10 个十亿级项目，力争完成全年招商引资任务。抓地产开发，加大环湖重点区域、竹溪、浦里新区土地供应，加快推进马尾槽地块建设、满月避暑地产开发，举办开州房交会，着力稳地价、稳房价、稳预期。

3. 多方联动促协作

抓相向相融，推动浦里新区向南向东与万州、云阳实现同城化，推动高铁片区向西与达州开江相向发展，实现一体化。抓通道建设，加速推进渝西高铁、成达万高铁、达（开）万铁路扩能改造等轨道交通和开城、巫云开、开梁、万州至开州南雅等高速公路建设。抓产业协作，共建万达开智能制造示范园区，打造成渝绿色智能装备制造产业基地、国家级优质道地中药材产业示范带、国家级水上运动基地。抓公共服务，开展"六大便捷行动"，落实川渝通办事项和万开云同城化发展年度便捷服务事项。

4. 统筹兼顾推城乡

抓环湖开发。高品质建设丰泰、大丘、盛山和高铁片区，全面实施桥梁、隧道、管网等70个城市提升项目，尽早实现环湖马道全线贯通、环湖景观明显提升。抓新区建设，全面完成长沙、赵家拆迁任务，推进20个新开工、8个续建项目，力争浦里大道尽快通车。抓乡村振兴，高标准建设中药材种植博览园，高质量打造柑橘标准化基地，高水平办好药博会。加快推进区级12个乡村振兴重点帮扶镇村、38个乡村振兴先行示范镇村建设，力争创建一批市级美丽宜居村庄、乡村治理示范镇村。

5. 坚定不移保民生

抓社会事业，持续做好疫情风险排查。加快迎仙小学等新校建设，推动区疾控中心流程改造等项目完工。实施农村养老服务全覆盖，力争年底建成全国示范性退役军人服务中心（站）。抓就业创业，培育创建创业孵化基地、返乡创业园、充分就业村，建立三级创业服务平台，做好重点人群就业。抓生态环保，加快推进东里片区15个饮用水源地规范化建设工程、满月等乡镇雨污分流等项目。强力推进中央、市级督察问题整改并及时销号，推动铁峰山国家森林公园开州区域违建处置。

（二）主要指标预测

根据2021年主要指标走势，预计2022年地区生产总值增速7%，农业增加值增速5%，工业增加值增速9%，其中规模以上工业增加值增速9.5%。数字经济增加值增速9%，服务业增加值增速6.5%，非公经济增加值占地区生产总值比重78%，其中民营经济占比75%。社会消费品零售总额增速8%，常住人口城镇化率53.5%，全体居民人均可支配收入增速8%，其中农村居民人均可支配收入增速8.5%。

四、政策调控措施建议

建议市级层面加大政策调节力度，着力扶持市场主体、稳定市场预期、优化市场环境，促进经济持续健康发展。一是促进实体经济发展。持续推进减税降费，出台更多减税降费政策，降低企业经营成本；注重财政、金融等政策协同，增加民营企业信贷投放，降低企业贷款利率。二是调整能耗指标。根据区县发展基础和实际需求，出台具体措施，适时调整能耗指标，推动能耗指标"跟着项目走"。三是更加注重保障和改善民生。围绕民生大事、难事、急事，在稳定和扩大就业、提高社会保障水平等方面提出支持举措。

[开州区发展和改革委员会　邓江弘]

之四：2021年梁平区经济运行分析及2022年展望

2021年以来，梁平区上下坚持以习近平新时代中国特色社会主义思想为指导，紧扣市委、市政府赋予的"发挥联接主城都市区作用""积极承接沿海地区和主城都市区的产业转移，吸纳生态功能区的人口转移"新功能定位，认真贯彻落实区委、区政府各项决策部署，扎实推进梁平区"十四五"规划纲要和区政府工作报告各项目标任务，前三季度全区经济运行持续恢复、好于预期、势头喜人。地区生产总值（11.6%）、固定资产投资（20.4%）、第二产业增加值（11.2%）、规模以上工业增加值（15.3%）增速在全市排名分别达到第五位、第二位、第十五位和第十位，均创历史新高。预计第四季度将延续增势，顺利实现全年各项目标任务，"十四五"开局好、起步稳。

一、2021年梁平区经济运行分析

（一）大数据智能化持续赋能，实体经济发展质量不断提升

更大力度推进科技创新，致力建设全市重要的先进制造业基地。完成工业增加值129.6亿元，居渝东北第1位，增长11.6%，两年平均增长6.3%。规模以上工业增加值增长15.3%，较全市高1.1个百分点，较渝东北高0.6个百分点。重点产业持续发力，集成电路、休闲食品分别增长39%、33.3%。战略性新兴产业增加值增长38%，较全市高15.3个百分点，占规模以上工业增加值比重达到18.7%。智能化改造项目23个，数字化车间13家，列渝东北第1，拉动数字经济持续快速增长。市级以上企业研发机构达47家，新认定市级企业技术中心5个，高技术产业增加值增长36.8%，占规模以上工业增加值比重达到18.3%。先行指标与经济增长的匹配度不断提高，工业用电、工业用气分别增长4.8%、17.5%，货运量、货运周转量分别增长30.5%、27.7%，制造业中长期贷款余额增长6.5%。

（二）消费环境持续优化，服务业全面复苏

第三产业增加值156亿元，占GDP比重达到40.5%，增长12.6%，高于全国3.1个百分点。社会消费品零售总额221.9亿元，增长35.2%，较全市高11.5个百分点，较渝东北高1.5个百分点。批发、零售、住宿、餐饮四大传统行业分别增长37.2%、36.3%、38.8%、32.1%。棉麻、石油及制品、机电产品及设备销售额分别增长61%、56.2%、55.4%。虎城镇集中村成功创建"中国淘宝村"，全区电子商务交易额、网络零售额分别达到58.6亿元、6.8亿元，分别增长22.1%、29.8%。旅游业升温态势明显，龙溪河服务区获评"全国高速公路旅游特色服务区"，第四届长江三峡（梁平）晒秋节等节庆活动直接带动文旅消费近5亿元，"五一""中秋"等重大节假日区内各民宿入住率达90%以上。梁平区接待游客714.2万人次，实现旅游收入40.3亿元，增长13.6%。金融业运行平稳，银行存款余额497.9亿元，贷款余额282.3亿元，存贷比优化至56.7%。民生银行、建设银行即将入驻梁平，新增欣富迪包装印务、胡特建材在OTC科创板挂牌。交通运输业持续恢复，客货运周转量增长26.6%。规模以上信息传输业营业收入增长50.2%，较全市高13.8个百分点。

（三）农业生产稳中有增，乡村振兴全面推进

实现农业增加值35.6亿元，增长10%，增速居全市第五位、渝东北第三位，两年平均增长7.3%。压实粮食安全政治责任，坚决防止耕地"非农化""非粮化"，大力实施"千年良田"工程，积极推进高标准农田建设，建成万石耕春·粮油公园，全区秋粮种植面积82万亩，产量33万吨，粮食种植面积、产量多年只增不减。生猪出栏47.3万头、蔬菜产量41万吨、水产品产量1.7万吨，分别增长38.3%、8%、9.8%。常态化开展村庄清洁行动，参与人数达22万余人次。持续推进农村"厕所革命"，户厕改造2828户。投资2524万元推进6个镇（街）21个村农村人居环境集中连片整治。万石耕春"五朵金花"特色凸显，"渔米路"上榜"全国十大美丽公路"。成功获批全国农民合作社质量提升整区推进试点区，竹山镇猎神村获评"重庆乡村振兴十大示范案例"。

（四）"抓项目稳投资"专项行动成效显著，固定资产投资保持高位运行

聚焦投产项目抓达产、竣工项目抓投产、在建项目抓进度、签约项目抓开工，投资拉动作用明显提升，前三季度完成固定资产投资160.1亿元，第一、第二、第三季度固定资产投资累计增速分别达到27.5%、21.2%、20.4%，呈高位运行态势。完成工业投资45.2亿元，增长18.2%，较全市高5.9个百分点。房地产投资37.7亿元，增长15.1%，较全市高14.9个百分点，新开工建设商品房39万平方米，竣工80万平方米。在梁平至开江高速公路、龙象寺水库等"两新一重"项目带动下，实现基础设施投资56.8亿元，增长23.9%。民间投资活跃度上升，增长14.2%，占固定资产投资的比重达到52.2%。10个市级重大建设项目开工9个，完成投资28.7亿元，投资完成率101%；152个区级重点建设项目开工123个（含续建），完成投资113亿元，投资完成率70%。

（五）成渝地区双城经济圈建设稳步推进，对口协同发展取得积极成效

明月山绿色发展示范带建设获得充分肯定，先后写入两省市"十四五"规划纲要及系列重要文件。总体方案通过两省（市）人民政府审批，即将印发。4月在垫江成功召开党政联席会议第3次会议，取得建立区县领导联系重大项目工作机制、印发共办重大活动工作方案、发布明月山机会清单等多个重要成果。长垫梁铁路、达梁忠石高速公路等项目前期工作进展顺利，巴蜀非遗文化产业园等项目加快建设。璧山·梁平对口协同发展起步稳、落地快，开展党政代表团互访，签订年度对口协同发展协议，制定印发年度工作方案，各项工作推进有力有序。在梁平挂牌成立"璧山高新区梁平协同创新发展园"，赴璧山举办2场招商推介会。璧山组织1万余人次到梁平旅游消费，多次组织企业到梁平开展直播带货活动，销售农特、文旅产品1000余万元。在璧山秀湖广场建立梁平特产展馆，梁平"农本味""瑞丰米业"与璧山"历客户外旅游""西部（重庆）互联网科技"等公司建立产销对接关系。双方互派5名党政干部、教师、医护人员交流锻炼。

（六）基本民生保障有力，高品质生活基础更加牢固

投用妇女儿童医院、少儿图书馆、大河坝公园等公共设施。加快新（改）建福德学校等城镇学校。全体居民人均可支配收入23962元，增长11.2%，居全市第五位。其中，城乡居民人均收入分别达33627元、15081元，增长10.6%、12.5%，分列全市第十三位、第四位，城乡居民收入差距进一步缩小。生态环境持续改善，梁平区空气质量优良天数达255天，PM2.5平均浓度下降3.4%，主要河流断面水质均值均达到考核要求。城镇新增就业5069人，失业人员再就业2591人，均提前完成全年任务，城镇登记失业率降至3.38%。抓实抓牢疫情防控常态化工作，高效完成疫苗接种任务。开展安全执法检查10384次，切实保障人民群众生命安全。

（七）经济运行中需要关注的问题

当前，梁平区经济运行面临的不稳定、不确定因素增多，持续恢复的基础尚不完全稳固，供给侧结构性矛盾凸显，需求端制约因素较多，内生增长动力依然不足。一是"双碳"战略倒逼，推动经济绿色转型面临不少挑战。二是投资结构不优，投资下行压力依然较大。三是多方因素制约，工业保持持续快速增长难度较大。

（八）主要经济指标全年预测

初步判断，梁平区全年GDP预计增长10%左右，固定资产投资增长14.5%，社会消费品零售总额增长30%左右，一般公共预算收入增长27%左右。

二、2022年经济运行环境分析

站在"两个一百年"重要的历史交汇点，世界百年未有之大变局和新冠肺炎疫情全球大流行交织影响，外部环境更趋复杂严峻，经济全球化遭遇逆流、复苏艰难曲折，但新一轮科技革命和产业变革蓬勃推进，新兴市场和发展经济体增长好于预期。在这样的背景下，党中央作出构建以国内大循环为主体、国内国际双循环相互促进的新发展格局的重大决策，供给侧结构性改革稳步推进，扩大内需战略深入实施，改革红利逐渐释放，经济发展韧性增强，中国仍然是拉动世界经济增长的重要动力源。重庆全面融入"一带一路"、长江经济带发展、西部大开发、成渝地区双城经济圈等重大战略，为高质量发展赋予了全新优势、创造了更为有利的条件。推动成渝地区双城经济圈建设和全市"一区两群"协调发展，赋予梁平新的功能定位，带来诸多政策利好、投资利好、项目利好，使梁平功能地位凸显、发展空间拓展、肩负使命重大。身处其中的梁平，机遇大于挑战。综合实力的"迈上新台阶"，市级高新区的"平台升级"，区位环境优势放大发展潜能，产业结构调整走向纵深，打牢了"稳"的基础，积蓄了"进"的力量，正在昂首阔步迈进的梁平，2022年大有可为、大有作为！

三、2022年主要指标预测

初步预计，2022年GDP增长8.5%，规模以上工业增加值增长10%，固定资产投资增长10%，社会消费品零售总额增长10%左右，一般公共预算收入增长6%、税收收入增长7%，居民收入增长与经济增长基本同步。

四、2022年工作建议

（一）聚力实施工业倍增计划

坚持创新驱动和工业强区不动摇，构建以集成电路和休闲食品为重点，以智能家居、新材料、新能源、通用航空为特色的"2+4+X"产业格局。完成招商引资300亿元，工业项目200亿元，签约项目落地率达到50%。投用平伟5G射频模组等重点项目，智能化改造项目25个。组建10亿元股权投资基金助力企业创新。新培育高新技术企业20家、"四上"企业60家、国家级贯标企业2家；推动平伟实业科创板上市。投运食品工业互联网标识解析二级节点。推动屏锦回龙等7个中小企业集聚区规范化、特色化发展。打造示范特色园区，启动建设公共检测、融资、人才服务等六大公共服务平台；整体推进园区"七通一平两化"，推行标准地出让。

（二）匠心雕琢现代山水田园城市

高水平建设都梁新区，开建现代职教城、都梁中学、第三人民医院等牵引项目，投用城市大数据资源中心和智慧城市中枢平台，提档升级双桂湖智慧体验公园。创成国际湿地城市、国家森林城市。实施城区绿化品质提升工程，新建儿童公园等5个，完成旧房改造5万平方米。促进金带、仁贤、合兴街道同城化发展，着力补齐乡镇公共服务设施短板。

（三）示范推进乡村振兴走在前列

巩固拓展脱贫攻坚成果同乡村振兴有效衔接，健全防止返贫动态监测和帮扶机制，安排重点帮扶乡镇衔接资金8000万元。聚力建设国家农科区、创建国家农高区。实施"千年良田"和现代种业提升工程，建成12万亩集中连片高标准农田，推进优质高效粮油全产业链发展。推动"柚竹渔"特色产业提质增效，建成鱼菜共生AI工厂。大力发展农产品精深加工，培育龙头企业8家。做响龙溪渔歌等"五朵金花"农文旅交商融合品牌。实施乡村建设行动，新改建"四好农村公路"100千米，农村自来水普及率达到90%，改造农村电网320千米。常态化推进农村人居环境整治，农村户厕改造2000户、旧房整治4000户。农村"三变"改革试点村占比25%以上，培育新型农业经营主体100家。

（四）加快推进旅游产业化

提质增效百里竹海和万石耕春两大核心景区，建成明月山度假酒店。开建赤牛城文化遗址公园，打造文化艺术创意基地。依托双桂田园等景区资源，打造特色度假康养目的地。做优百年张鸭子等工业旅游项目。高水平办好中国农民丰收节、国际柚博会。实施业态升级行动，做靓明月山民宿品牌，做精主题旅游线路。

（五）蓄势打造区域开放高地

拓展对外开放大通道，梁平至开江高速提速建设，梁平至开州高速全面开工，提速梁忠石高速、长垫梁开物流快速通道、梁平至忠县新生港快速物流通道、长垫梁货运铁路等前期工程，加快建设航空物流集散地。搭建开放大平台，积极共建明月山绿色发展示范带，加快推进梁平至开江高速公路项目建设；借力科技创新资源，做实璧山高新区梁平协同创新发展园；抢抓市经信委对口帮扶机遇，打造全市重要消费品工业基地。优化开放大环境，深化"放管服"改革，设立"一站式"企业服务平台，推行"专员全程代办"，打造国际一流营商环境。区属国有资产突破800亿元。持续优化营商环境，新发展市场主体1万家。

（六）着力加强生态文明建设

实施碳达峰碳中和行动，单位GDP能耗下降3.5%。建成投用生活垃圾焚烧发电项目，装配式建筑生产项目落地建设。开展工业园区清洁生产试点，培育国家级绿色工厂2个。完善城郊接合部缺失管网，全面提升污水"三率"。提速龙象寺水库枢纽工程建设，开工银河桥、七里沟水库。实施国土绿化26万亩，建设国家战略储备林13万亩，森林覆盖率提高到50%以上。开展跨界河联防共治，持续巩固龙溪河水环境综合整治成果。深入推进龙溪河源头绿色示范项目，创建生态产品价值实现试验区。

（七）切实保障和改善民生

实施一批市、区级重点民生实事。千方百计促进稳岗就业。聚力建设教育强区，投用双桂幼儿园、福德学校，新增学位6000个，实施名师名校工程。推动健康梁平建设，实施东山片医疗振兴工程，区疾控中心、高新区医院（二期）等项目建成投用，区人民医院创成"三甲"，全力冲刺国家卫生区创建。繁荣发展文体事业，启动建设都梁新区博物馆、图书馆，建成梁平市民文化中心。高水平举办梁平田园半程马拉松赛等赛事活动。新建5G基站300个。

[梁平区发展和改革委员会　张　荔]

之五：2021年城口县经济运行分析及2022年展望

2021年以来，城口县上下深入贯彻习近平总书记视察重庆重要讲话精神和党中央决策部署，认真落实市委、市政府工作安排及全市经济运行调度相关会议精神，统筹推进经济恢复和高质量发展，县域经济稳健前行、符合预期。

一、2021年城口县经济运行情况分析

1—9月，实现地区生产总值42.25亿元，同比上升7.5%，较第一季度和上半年回升1.1个和1.5个百分点。其中，第一产业实现增加值8.08亿元，同比增长7.9%；第二产业实现增加值8.91亿元，同比上升19.0%；第三产业实现增加值25.26亿元，同比上升3.8%。

（一）经济运行特征

1. 生产供给稳定发力

农业生产量质并增。深入实施乡村特色产业提升行动，创新举措提升"两种两养"等产业基地和到户产业发展，扎实抓好蔬菜、山地鸡、生猪和茶叶等重要农产品供给。城口县生猪存栏9.85万头，出栏8.7万头，同比分别增长22.6%和35.5%；山地鸡存栏175.85万只，出栏200.82万只，同比分别降低10.3%和增长10.8%。中药材新种植面积4.7万亩，新茶园定植1570亩，14个产业提升示范基地实现规模适度、要素聚集、联农紧密，持续发挥其示范带动效益。

工业产能加快释放。中药材和食品加工态势强劲，建材产业持续发力，1—9月产值同比分别增长89%和11.8%。因全市加快淘汰锰行业落后产能工作安排和锰产业市场行情回暖刺激，企业强化原矿开采和流动资金筹措，锰加工企业开足马力生产，产能加快释放。前三季度，完成规模以上工业产值9.91亿元，同比增长21.87%。全年预计完成规模以上工业产值13亿元，同比增长9.24%。

"两山论"实践创新加快推进。委托中咨公司开展生态产品价值研究，有序推进生态资源价值核算、生态产品目录编制和生态资源转化试点等工作。朱家林燕筑团队在地陪伴孵化的北屏乡松柏文人生态艺术村、岚天乡岚溪双创村等践行"两山论"走实"两化路"示范项目在共学共创共建共享"四共"工作法和农房农地农民"三农"转化方面取得明显成效。亢家寨5A级景区重点项目基本建成，即将对外开放。新建大巴山森林人家集群片区2个，城口县大巴山森林人家达到2300余家，接待床位超过2万张。

2. 社会需求稳中加固

项目投资保持较高位增长。全年计划实施重点项目71个，已开复工项目53个，开复工率为74.6%。其中，市级重大项目15个（建设项目11个、前期项目4个），截至目前，6个续建项目全部复工并序时推进，2个新开工项目按时开工，3个项目正在开展前期工作，预计年底开工，4个前期项目序时推进。1—9月，全县实现固定资产投资23.1亿元，同比增长10.37%。

商旅消费释放潜力。制定定点消费指导性政策，执行好减税降费优惠政策，有针对性开展促销活动，

前三季度，城口县社会消费品零售总额同比增长5.9%。积极开展营销推广，成功举办大巴山消夏养生等系列节会活动。1—9月，城口县接待游客306.23万人，同比增长57.55%；实现旅游收入6.3亿元，同比增长48.08%。

3. 要素保障稳定支撑

绿色能源加快发展。以国家能源结构调整为契机，加快推进中广核新能源项目一期工程建设，实现并网发电，并网容量3万千瓦，年发电量达8400万千瓦·时。目前正在谋划推进8万千瓦光伏二期项目、8万千瓦风电项目以及2万千瓦屋顶光伏项目建设，待项目投用后，可有力促进能源结构调整。启动万源至城口天然气长输管道建设。

房地产建设加快推进。建立全县房地产项目台账，紧跟项目建设。1—9月，房地产开发投资同比增长69.3%，商品房销售面积同比增长174.4%，商品房销售额同比增长227.9%。

财税金融总体平稳。1—9月，一般公共预算收入同比增长6.3%，较2019年同期增长4.6%；一般公共预算支出23.37亿元，同比下降21.1%。自3月起受政府债务置换等因素影响，存款余额出现大幅波动后，6—8月各项存款波动逐步趋于平缓，大多数银行机构贷款余额也于8月末呈正增长，存贷结构总体保持稳定。

4. 民生保障稳步改善

就业形势稳中向好。狠抓产业就业创业"三业"融合，前三季度城镇新增就业1628人，全县累计实现务工就业8.6万人。发放创业担保贴息贷款7466.5万元。前三季度，城口县城镇常住居民人均可支配收入达到24979元，同比增长9.5%。农村常住居民人均可支配收入达到9065元，同比增长11.6%。

城市品质有力提升。G69银百高速（城开段）形象进度达75%，渝西高铁有序推进，城口至万源、巫溪、宣汉高速公路项目纳入市级规划，实施"四好农村路"525千米。建立防止返贫动态监测和帮扶机制，抓好国家乡村振兴重点帮扶县工作，"两不愁三保障"问题动态清零。实施城乡环境综合整治，建成"一滨河一环道一片区"城市配套项目，城镇化率达41.14%，获全国文明城市提名。

生态环境持续改善。全力保护好占国土面积35.2%的国家级自然保护区、60.67%的生态保护红线，启动大巴山生物多样性保护与利用工程，建设大巴山生物基因库，新增国土绿化面积10.28万亩，森林覆盖率达到72.5%。打好污染防治攻坚战，关停锰开采矿山23个，注销采矿权15个，县城空气质量优良天数实现281天，优良率达到96.9%。落实1万余名生态护林员守护绿水青山，全面实施公共机构节能减排，创建全国节约型机关15个。

（二）经济运行过程中存在的问题

1. 农产品商品化率和附加值不高

受地形地貌、生产技术、仓储运输、要素供给等因素限制，农业自给自足的传统生产方式仍然占很大比重，多数农产品以分散状态进入市场，产品商品化率低。县内农产品加工企业整体实力还不强，与周边区县相比无明显竞争力，农产品精深加工和旅游商品加工处于起步阶段，产品附加值不高。

2. 工业经济受"双碳"和矿山关闭影响较大

按照全市加快淘汰锰行业落后产能工作安排，12月矿山全部关闭后，硅锰合金企业因无原材加工直接面临关闭。届时将直接减少规模以上工业产值3.5亿元左右（硅锰合金产值2.5亿元、供电产值1亿元），工业产值同比减少26%左右，拉低GDP增速2个百分点以上。

3. 服务业拉动经济增长动力不足

在第二产业严重萎缩形势下，服务业成为拉动县域经济增长的主动力，但城口县服务业企业量小质弱、抗风险能力和市场竞争力不强，"牵一发而动全身"的问题突出，拉动经济增长具有不确定性。同时，随着电商加快发展和疫情反复持续，美团优选、多多买菜、天猫超市等新业态大幅挤占了批发零售实体店的市场份额，而城口县外销的电商产品品种少、数量小，产品下行远大于上行，消费外流明显。

（三）2021年经济指标预测

综合预测，城口县2021年地区生产总值预计实现58.51亿元，同比增长6%左右；农业生产总值增加值同比增长10.8%左右，规模以上工业企业增加值同比增长5%左右，财政一般公共预算收入4.5亿元，同比增长1%左右；固定资产投资增长5%左右；社会消费品零售总额增长6%左右。

二、2022年经济运行的环境分析及主要指标预测

（一）经济运行环境分析

从全国层面看，我国正处在转变发展方式、优化经济结构、转换增长动力的攻坚阶段，挑战比改革开放以来任何一个时期都要复杂严峻。从市级层面看，重庆是西部地区唯一的直辖市，区位优势突出，战略地位重要。新时代西部大开发、长江经济带发展、成渝地区双城经济圈建设等重大国家战略将有力推动重庆在以国内大循环为主体、国内国际双循环相互促进的新发展格局中实现更大的发展。从县级层面看，城口县"十三五"时期贫困县帽子彻底摘掉，全面建成小康社会目标顺利实现。"十四五"时期，城口被纳入全国乡村振兴重点县、咸宜镇纳入全市乡村振兴重点帮扶镇，存荣副书记定点联系，市发展改革委帮扶集团重点帮扶，将有力推动城口乡村全面振兴。特别是G69银百高速将于2022年通车，渝西高铁将在2021年开工建设，预计在"十四五"末期建成，城口将真正迎来"两高"时代，融入全市、全国交通大网络，将在区域中占据重要节点位置，集聚要素的能力将进一步加强。同时，"十四五"时期全县上下明确以生态优先绿色发展统揽经济社会发展全局这一思路，全力推进生态产业化、产业生态化，有利于发挥资源禀赋优势推动绿水青山转化为生态效益、经济效益和社会效益，促进实现错位补位发展。

（二）主要指标预测

初步预测，城口县2022年地区生产总值增长6%左右，固定资产投资增长5%左右，社会消费品零售总额增长6%左右，城乡居民收入增长与经济社会发展同步，生态环境质量持续改善，单位生产总值能耗、主要污染物排放等约束性指标完成市级下达目标任务。

三、政策调控措施建议

（一）坚持生态优先绿色发展，加快建设山清水秀美丽之地

紧扣"保护生态最大责任"交办，统筹"三生"空间布局，加强生态系统保护，实施生态修复工程，创建国家森林城市和全国生态文明建设示范县。立足资源禀赋，推进生态资源价值转化，打造生态产品价值实现机制示范基地。牢固树立生态文明观念，提升全民生态文明素养，打造大巴山生态文化教育基地。推进以任河、前河两大流域为重点的水生态环境治理，加强骨干水源建设，实施饮水安全巩固提升工程，全面提升水安全保障能力和水旱灾害防御能力。

（二）抢抓战略新机遇，主动深度融入新发展格局

积极融入国内国际双循环，推进成渝地区双城经济圈建设和渝东北三峡库区城镇群建设。抢抓双城

经济圈建设和"一区两群"协调发展等重大战略机遇,加快县城品质提升,实施乡村建设行动,建设川陕革命老区振兴发展示范区。以川陕革命老区振兴发展示范区和渝东北三峡库区城镇群为平台,持续加强与毗邻地区的协作,合力推进基础设施建设、生态产业互融互补、生态环境共建共保、公共服务共建共享,为推动渝东北川东北一体化发展,巩固秦巴山区脱贫攻坚成果和川陕革命老区振兴发展探索路径、提供经验。

(三)全力推进基础设施建设,夯实高质量发展基础

全力配合 G69 银百高速和渝西高铁建设,加快城口至万源等高速项目前期工作,力争实现"1 小时万州、达州、安康"和"2 小时重庆、成都、西安"通勤目标。同时,交通内循环提升主要以带动产业发展、便捷居民生产生活为目标,加快推动县域内公路成环成网、互联互通。大力发展风电、光伏等清洁能源,建成城口至开州 220 千伏电网、前河 110 千伏变电站(扩容)及附属工程,建成大巴山新能源基地。加快建成万源至城口天然气长输管网,完善能源输送通道网络,构建覆盖城乡、稳定安全的天然气供应网络。扎实推进 5G、千兆光纤等新型网络基础设施建设,加快新型智慧城市建设和农村信息基础设施建设,补齐公共服务、基础设施、社会治理等领域数字化信息化短板。

(四)发展现代产业体系,推动经济体系优化升级

坚定不移走生态优先绿色发展新路,始终保持学好用好"两山论"、走深走实"两化路"的战略定力,将农文旅融合发展作为推进生态产业发展的引领产业,着力推动形成思路融合、业态融合、项目融合、工作融合、力量融合的农文旅融合发展格局,全力推动农文旅融合高端化价值化发展。大力发展种菌种药、养鸡养猪"两种两养"特色产业,建设乡村产业提升示范基地,提高农业组织化程度。积极培育中药材、老腊肉、山地鸡、食用菌、大木漆、鸡鸣禅茶和核桃等全产业链项目,强化品种品牌品质建设,推动山地特色生态农业提质发展。推动页岩陶粒等新型绿色建材产业项目、野生核桃油等特色食品加工以及旅游消费品等消费品工业项目发展,不断积蓄绿色发展动能,推动工业转型发展。大力发展康养服务业、现代边贸物流,加强乡镇便民生活服务圈建设,推进乡村商贸服务业发展。

(五)统筹乡村振兴和城市提升,全力推进城乡融合

深入实施新型城镇化战略,坚持以人为核心、以提升质量为导向、以城市更新为抓手,补齐县城城镇化短板弱项,提升城市规划建设管理水平,加快建成宜居宜业宜游的大巴山特色生态城。优先推动城区"东拓",高标准推进东部新区建设,促进县城任河两岸互联互通,拓展县城人口、产业承载能力,带动任河上游一体化发展的同时,拓展城区范围,完善城区服务功能,为"两高"时代到来释放发展潜力奠定基础。严格落实"四个不摘"要求,健全防治返贫动态监测和帮扶机制,坚决守住脱贫攻坚成果、做好巩固拓展脱贫攻坚成果同乡村振兴有效衔接;按照产业兴旺、生态宜居、乡风文明、治理有效、生活富裕总要求,大力实施乡村建设行动,全面推进乡村振兴。

[城口县发展和改革委员会　李　先]

之六：2021年丰都县经济运行分析及2022年展望

2021年是"十四五"开局之年，丰都县以习近平新时代中国特色社会主义思想为指导，坚持稳中求进工作总基调，立足新发展阶段，贯彻新发展理念，依托共建"一带一路"、长江经济带发展、西部大开发、成渝地区双城经济圈建设等国家重大战略，紧扣陈敏尔书记对丰都提出的"山水丰茂、物产丰盛、人文丰厚""三丰"定位要求和"郊区新城"的建设要求，不断推动丰都县经济社会高质量发展，经济运行稳中有进、稳中向好，"十四五"开局起步态势良好。

一、2021年丰都县经济运行情况

（一）前三季度经济运行主要特征

1. 发展指标稳定增长

1—9月，丰都县实现地区生产总值267.9亿元，同比增长11.3%。其中，第一产业36.2亿元，同比增长7.8%；第二产业114.5亿元，同比增长9.2%；第三产业117.2亿元，同比增长14.5%；三次产业结构占比优化调整为13.5∶42.8∶43.7，第三产业较上年同期提高了2个百分点。规模以上工业总产值104.9亿元，同比增长13.5%；建筑业总产值178亿元，同比增长14.3%；固定资产投资92.4亿元，同比增长15.4%；批发业销售额、零售业销售额、住宿业营业额、餐饮业营业额分别达到157亿元、70.6亿元、11亿元、22亿元，同比分别增长29.3%、28.6%、43.5%、38.3%；一般公共预算收入17.1亿元，同比增长48.7%；金融机构人民币存贷款余额653.83亿元，同比增长10.9%；城镇常住居民人均可支配收入30998元，同比增长11.1%，农村常住居民人均可支配收入13010元，同比增长12.1%。

2. 发展动力更加强劲

一是特色农业提质增效。畜禽产业基地加速建设，依托国家现代农业产业园建设，构建总产值超100亿元的肉牛全产业链条，恒都牛肉网销金额突破15亿元。初步打造全市唯一涵盖雏鸡、蛋鸡、肉鸡以及鸡产品加工的全产业链条，总产值达到17.8亿元，居全市第一位。肉牛存出栏分别达15.2万头、4.5万头，较上年同期基本保持平衡；生猪存出栏分别达36.7万头、35.5万头，同比分别增长41.1%、26.1%；鸡存出栏分别达670.3万羽、781.2万羽，同比分别增长17.5%、45.0%。现代山地特色高效农业加快发展，新发展速生蔬菜1000亩、滕州马铃薯1.87万亩，新建栗子乡油料示范基地2000亩，预计全年粮食作物生产面积100.5万亩、蔬菜种植面积达9.92万亩。二是绿色工业提档升级。绿色工业基地建设成效初显，建成回山坪、五洞岩等风电场，风电装机总容量（含在建）达38万千瓦，占全市1/3。泰页1#页岩油气实现试生产，栗子湾抽水蓄能即将开工建设。绿岛源绿色矿山发展示范项目基本建成，东方希望固废协同处置项目加速推进。先威智慧等装备制造项目建成投产。投资1亿元年产3万吨生活用纸的龙璟纸业项目开工建设。牛肉深加工厂房及冻库建设即将投产，华裕农科饲料厂建成投产，温氏肉鸡屠宰及销售中心、饲料加工厂开工建设。实现全县工业增加值58.3亿元，同比增长11.2%。三是服务业增长稳定。商贸物流加速发展，汽贸中心、国际商贸城（家居建材市场）三期、丰都公路港一期项目有序推进，"麻辣鸡"产业孵化园、再生资源交易中心开工建设，二级农批市场"千集汇农贸城"即将投用。沿江通道建设加速，渝万高铁启动沿线征地拆迁工作，即将开工，152亿元的垫丰武高速完成初步设计，投资70.6亿元的游轮辅港至南天湖至仙女山机场快速通道完成工可编制，水天坪港口二期建设加快，物流带经贸、经贸带产业效果初显。实现社会消费品零售总额159.45亿元，同比增长33.8%。

3. 发展质量持续提高

一是新经济发展势头更强。持续实施以大数据智能化为引领的创新驱动发展战略，基本建成"智慧丰都"运营指挥中心，累计建成5G基站638个。成立全国第一家区县级系统集成公司——中移系统集成公司丰都分公司，大力引进东方希望网络货运和中科环投等企业，发展有牛网、励琪科技、金籁电子等数字经济企业20家，累计培育科技型企业148家，工业企业研发投入同比增长279.9%，实现13家战略性新兴产业企业产值6.47亿元，同比增长3.7%。二是投资结构更加优化。龙兴坝中型水库、南天湖旅游度假区开发等87个重点项目推进良好，序时推进率达85.1%。成功签约南天湖旅游度假镇、南天湖梦想城、经贸职业学院等12个亿元级项目，累计合同引资279.2亿元，实际到位资金16.5亿元，同比分别增长117%、21%，为未来发展打下坚实基础。完成全县固定资产投资92.4亿元，同比增长15.4%。其中，民间投资61.2亿元，同比增长33.6%，占投资总额的66%，比政府投资多30亿元。三是要素保障更加有力。得益于东方希望、恒都食品、绿岛源建材等重点企业生产能力提升，推动工业用电58483万千瓦·时，同比增长19.1%。其中，大工业用电量47991.8万千瓦·时，增长7.0%，非普工业用电量5052.1万千瓦·时，较上年同期基本保持一致。工业用气58483万立方米，较上年同期增长19.1%。运输能力持续提升，公路运输总周转量、水路运输总周转量分别达到37243万吨千米、722496万吨千米，同比分别增长16.1%、37.8%。

4. 发展环境大幅优化

一是营商环境不断优化。对标国际标准，出台优化营商环境系列方案，提升市场活跃度，推动行政许可承诺时限压缩率、即办件比例、全程网办比例分别达81.55%、76.6%、90%，审批总环节由3480个减为840个，办结时限由21.65天缩减为1.27天，企业和群众对政务服务的满意度达99.9%，市场主体新增4540户，同比增长5%。二是助企纾困更有实效。深入落实促进生产经营稳定发展若干措施等惠企政策，帮助解决国际商贸城资金短缺、东方希望购买产能指标等重难点问题，新增减税降费8227万元，同比增长50.1%，降低失业保险费率惠及企业1543家、3.18万人、1642.5万元，办理免交民工保证金项目21个、1417.03万元，兑现招商引资优惠政策5016万元。三是财税金融支持有力。不断增强财力保障作用，完成财政收入22.11亿元，同比增长39.5%，一般公共预算收入17.07亿元，同比增长48.7%，其中税收收入完成7.35亿元、非税收入完成9.73亿元。统筹运用政府增信、财政贴息等财政金融联动措施，发放普惠小微贷款延期还本付息和信用贷款3614户、8.6亿元，减费让利523.7万元。实现金融机构人民币存贷余额653.83亿元，同比增长10.9%，文体行业企业、住餐企业、公共管理行业企业贷款余额分别增长620%、110%、81.8%，制造业中长期贷款余额1450万元，同比增长28.1%。

5. 发展品质不断提升

一是居民收入保持高速增长。坚持就业优先战略和积极就业政策，发放创业担保贷款8126万元，开展职业技能培训8198人次，促进城镇新增就业3689人。不断完善社保制度体系建设，完成养老保险参保49.39万人，工伤保险参保6.41万人。前三季度，城镇、农村常住居民人均可支配收入分别达到30998元、13010元，同比分别增长11.1%、12.1%。近年来，居民收入指标始终保持高速增长，在加速构建

"双循环"大背景下，好的基本面还将延续。二是居民消费意愿回升。旅游度假基地加快建设，以南天湖国家级旅游度假区为代表的旅游产业持续火爆，大名山国家5A级景区创建稳步推进，小官山、丰武路改造、智能停车楼、名湖温泉酒店等配套设施加快推进。实现接待游客1997万人次、旅游综合收入98亿元，同比分别增长40.9%、48.1%，过夜游客同比增长61%，宾馆入住率保持在86%以上，带动住宿、餐饮营业额同比实现40%的高速增长。国际商贸城商品交易额达6亿元，党员干部、企业、网红直播带货推动农产品网络零售额达14.88亿元。居民贷款余额108.1亿元，同比增长21%。其中，个人非住房消费贷款余额52亿元，同比增长47.3%。三是居民生活品质不断提升。疫情防控常态化推进，严格落实中高风险地区境外来丰返丰人员核酸检测和集中隔离等健康管理。累计接种疫苗91万剂次，接种加强针疫苗1.63万剂次，丰都县疫情防控形势平稳可控。"两不愁三保障"问题动态清零，新发放脱贫人口小额贷款1465户次6628.5万元，获贷率达80.9%，稳居全市第一。

（二）当前经济运行中存在的主要问题

1. 产业发展支撑不足

一方面，工业投资放缓、增量不足。2021年以来，工业投资持续处于低迷状态，同比下降33.3%，导致今后发展后劲不足。同时，新能源、新材料、新工艺等方面缺乏足够布局试点，导致全县工业经济缺乏持续的增长点、支撑点。另一方面，服务业体量偏小、覆盖不足。部分行业仅有为数不多的小微型企业，缺少规模以上企业作支撑，比如科学研究和技术服务业、文化体育和娱乐业两大行业，均没有规模以上企业。

2. 部分企业生存困难

2021年以来，煤炭、熟料等原材料价格同比上涨超过100%，东方希望产品水泥销售价格增长速度低于成本上涨速度，导致营业收入增长但利润下降。同时，水泥价格上涨，导致建筑企业成本激增，运营艰难。此外，因猪肉价格长期处于低位，带动鸡蛋、鸡肉价格下跌，畜禽养殖企业收入下降，面临较大经营压力。

3. 财力保障难度加大

一方面，实际收入持续减少。受市场环境和新冠肺炎疫情影响，东方希望和绿岛源等重点企业税收大幅减少，税收占比较大的建筑业行业税收下滑，完成年初收入目标还存在较大压力。另一方面，刚性支出不断增加。兑现各类优惠政策、支付"三保"资金、中市考核等事项刚性支出持续上升，存在较大的财政收支缺口，财政运行异常困难。

二、2022年经济运行环境分析

从国际看，疫情依然对全球经济造成严重冲击。国际货币基金组织（IMF）10月发布《世界经济展望报告》预计2021年全球经济将增长5.9%，新兴市场和发展中经济体经济将增长6.4%。2022年全球经济虽有望增长4.9%，但受新冠肺炎疫情本身的发展趋势、全球价值链的调整、各国财政货币政策的力度和效果、全球金融市场的稳定性等多重不确定因素影响，全球经济复苏前景漫长且不均衡。从全国看，尽管面临输入性通胀、外币资产缩水、疫情反复等多重压力，但我国以习近平新时代金融治理思想为指导，贯彻新发展理念，逐步形成以国内大循环为主体、国内国际双循环相互促进的新发展格局，消费结构、需求结构、产业结构将全面升级，经济运行总体呈复苏态势。《世界经济展望报告》预计中国经济将在2021年增长8.1%，有望在2022年持续增长，增幅达5.7%。从全市看，重庆加快融入新时代西部大开发、国家"一带一路"建设、长江经济带发展、西部陆海新通道建设、成渝地区双城经济圈建设，推动"一区两群"协调发展，随着《重庆市国民经济和社会发展第十四个五年规划和二〇三五年远景目标纲要》高标准实施，"两新一重"建设持续发力，经济运行稳中向好态势明显，预计2022年全市GDP增长速度将继续保持恢复态势。从全县看，成渝地区双城经济圈建设和全市"一区两群"协调发展赋予丰都发挥节点作用、沿江通道作用的定位，提出了"山水丰茂、物产丰盛、人文丰厚""三丰"定位要求和"郊区新城"的建设要求，为丰都高质量发展提供了全新优势，创造了更为有利的条件。

同时，随着垫丰武高速、渝万高铁开工建设，重庆市肉类指定口岸加快建设，节点和沿江通道作用将更加明显；南天湖国家级旅游度假区提档升级，大名山5A级旅游景区建设稳步推进，文旅产业逐步成为第三产业发展核心引擎，旅游度假基地将加快打造；"1+4+X"现代山地特色高效农业提质增效，国家级现代农业产业园积极创建，畜禽产业基地建设将取得重大突破；五洞岩风电场三期、莲花山风电加快建设，栗子湾抽水蓄能、东方希望固废处置等即将开工，绿色工业基地将得到高质量建设，这些都将助力丰都经济社会高质量发展，实现文化名城、郊区新城、山水智城"三城"目标。

三、政策调控措施建议

（一）全力推进产业转型升级

一是高质量建设旅游度假基地。持续提档升级南天湖国家级旅游度假区，加快推动大名山5A级景区创建，优化提升雪玉洞、九重天、雪玉山等景区品质，全面建设旅游度假基地。积极参加重庆非物质文化遗产暨老字号博览会、成都国际非遗博览节、全市"自然和文化遗产日"，全力承办好"丰都庙会""一村一品"等文旅活动，吸引更多人关注丰都、来丰都旅游消费。加大智慧旅游、南天湖智慧景区等新产业、新业态、新模式的发展力度，推动大数据与传统产业紧密结合。二是高质量建设绿色工业基地。推动牛肉精深加工及冻库建设项目加快设备安装调试、实现正式投产，开工建设栗子湾抽水蓄能、东方希望固废协同处置和五洞岩三期、莲花山风电等重大项目，大力推进乐普家用医疗器械重庆生产基地、高性能擦拭纸研发及智能制造等项目。加快东方希望PC构件项目建设，以装配式建筑为主体，推动传统建材向建筑产业现代化发展。发展以畜禽养殖产业为重点的屠宰、食品加工等全产业链，打造全市食品加工基地。三是高质量建设商贸物流基地。结合丰都特色，举办"丰都麻辣鸡"专场推介会、"丰都年货节"等促销活动，带动消费增长。加速推进龙河东商圈、河北步行街、金科黄金海岸夜市等重点商业区域建设，积极发展周末经济、夜市经济。持续推进渝万、渝宜高铁和广忠黔铁路建设，加快推进垫丰武高速、北岸沿江高速、丰都游轮港至仙女山机场快速通道、南天湖至涪陵大木花谷等区域道路建设，大力建设通道经济。

（二）全力做好脱贫攻坚与乡村振兴有效衔接

一是加大防止返贫动态监测帮扶力度。健全防止返贫动态监测和帮扶机制，推动执行动态监测、预警核实、归口处理、跟踪核查、限时清零"五步工作法"。对未标注风险消除对象，落实监测帮扶联系人。同时，围绕防止返贫，对原脱贫户帮扶持续用力，将帮扶责任落实情况纳入常态化暗查暗访。二是持续深化农村改革。做好农村土地承包经营权确权登记颁证收尾工作，扩面深化全县农村"三变"改革试点，支持提升村集体经营性收入，持续壮大村级集体经济。三是持续推动特色农业提质增效。建成肉牛良繁中心，加快推动温氏高效生态养殖、重庆农投智慧生猪、蒋家山—瓦屋山生态茶园等项目建设，确保全年肉牛存出栏量达16万头、9万头，蛋鸡、蛋种鸡存栏分别达到300万羽、80万羽，生猪存出栏量分别达34万头、46万头。以全县各乡镇轮流举办"农民丰收节"为契机，展示乡镇发展特色，实现北岸农业振兴。

（三）全力以赴促进科技创新

一是推进创新型县建设。出台丰都县申报国家创新型县方案，组建工作专班，强力推进国家创新型县创建。二是引导加大研发投入。加大研发投入政策宣传和业务培训，提高企事业单位业务能力，鼓励企业和科研单位加大科技研发投入，提升全县全社会科技研发强度。三是打造科技创新平台。推动恒都集团科技研究院落户丰都，争创市级、国家级技术创新中心。深入落实与荣昌区政府、西南大学、市畜科院签订的《丰都肉牛产业研究院合作协议》，组建"政府—高校—科研院"协同创新模式，建设丰都肉牛产业研究院，推动丰都县肉牛产业升级。四是培育科技创新主体。广泛挖掘培育种子期科技型企业，培育科技型企业20家以上。推动一批科技型企业成长为高新技术企业，争取成功申报高新技术企业2家以上。

（四）全力保障重点项目有序推进

一方面，不断加大招商引资力度。坚持产业链招商、集群招商，重点加大装配式建筑产业、恒都肉牛产业研究院、恒都食品添加剂生产、榨菜精深加工、智能仪器仪表产业园、LNG生产、火锅牛油生产、栗子大米生产加工、丰都汽贸服务中心增资扩项、京东丰都电商物流一体数字化等项目对接力度，尽早实现项目签约落地，力争全年招商引资实现重大突破。调整招商思路，切实加大数字产业的招商力度。另一方面，持续加大要素保障力度。加强资金统筹调度，创新建设模式，盘活存量资金。积极向上争取资金，拓展融资渠道，化解当前资金困局。坚持重点项目为抓手，督进度、扩增量，提升有效投资。以项目建设为"牵引车"，吸引社会资本、民间资本投资，带动经济社会持续发展。强化沟通衔接，及时解决土规调整、林地占用等审批手续，缩短前期工作时间，确保项目尽快落地开工。

（五）全力破解财政运行难题

一是积极拓宽收入渠道。继续落实各项减税降费政策，进一步为企业减轻负担，以税费的"减"推动经济的"增"。多措并举支持企业发展，及时兑现招商引资优惠政策，大力培植后续税源。强化税费征管，努力调动部门及乡镇征收积极性，持续盘活国有资产，确保全面完成收入预期。围绕成渝地区双城经济圈建设等重大战略，争取上级加大对丰都县的转移支付力度。二是严格控制财政支出。牢固树立过"紧日子"思想，持续深化政府过"紧日子"相关措施，进一步调整优化支出结构，压减一般性支出，重点保障基本民生支出，坚决兜牢"保工资、保运转、保基本民生"底线。坚持量力而行、尽力而为的原则，严格执行年初预算，从严控制年中新增专项，强化财政预算执行，确保年度预算收支平衡。三是狠抓风险管理。通过压缩一般支出、统筹上级专款等方式积极筹集偿债资金。利用周转便利类金融工具缓释到期隐性债务、延长偿还期限、降低利息成本等措施，切实有效防控债务风险。积极争取新增债券资金额度，以置换部分即将到期、利率较高的银行贷款，进一步优化债务结构，缓解政府隐性债务偿债压力。四是树立项目资金高压线意识。防止中央预算内项目资金随意挪用，保障项目经费落实到位，避免资金问题影响项目建设，确保项目有效投资在经济发展中发挥好"牛鼻子"作用。

（六）全力保障社会民生

一是提升就业质量，大力开展职业技能培训，创造就业岗位，解决结构性就业失衡，吸纳更多人员就业。二是进一步完善社会保障体系，进一步扩大覆盖面，确保居民收入与经济增长协调发展，减轻低收入群体生活压力。三是持续完善农村教育、就业、医疗、基础设施、人居环境等公共服务，尽可能缩小城乡基本公共服务差距，吸引农民返乡。四是进一步营造良好的创业环境，加大各项优惠政策力度，鼓励支持返乡农民工、大中专毕业生、科技人员、退役军人和工商企业等人员从事现代农业建设，发展农村新业态新模式。

[丰都县发展和改革委员会　邓清华　陈　玲　皮雪锋]

之七：2021年垫江县经济运行分析及2022年展望

2021年以来，垫江县坚持以习近平新时代中国特色社会主义思想为指导，深入贯彻党中央、市委市政府一系列重大安排部署，扎实推进年初制定的各项目标任务，常态抓好疫情防控和经济社会高质量发展，全县经济运行呈现"稳中有进、进中向好、好中提质"的良好态势，为"十四五"开好局奠定了坚实基础。

一、2021年垫江县经济运行分析

1—9月，垫江县实现地区生产总值356亿元，同比（下同）增长10%，高于全国、全市0.2个、0.1个百分点，两年平均增速6.6%。一二三产业分别增长7%、12.2%、8.8%，三次产业结构12.9∶45.1∶41.9。

（一）从产业端看：产业协同发展，量质同步提升；持续优存量、抓增量、控变量，不断加快产业转型升级步伐

1. 农业基础更加稳固

实现农业增加值47.1亿元，增长7.2%。粮食喜获丰收，总产量42.5万吨，增长4.8%。"双十双百"工程加快推进，新栽晚柚30万株，面积突破3万亩，实施1000头以上标准化生猪养殖项目57个，生猪出栏45.5万头，增长27.7%。荣获国家级杂交水稻制种基地县，成功申报国家榨菜优势产业集群。

2. 工业势头持续向好

工业增加值增长14.7%，两年平均增长8.4%。生产效益持续改善，规模以上工业营业收入利润率8.8%，增长44.8%，较上半年回升14.7个百分点，实现工业税收6亿元，增长62.9%，两年平均增长59.8%。主导产业持续发力，新材料、医药健康、智能装备、数字产业分别实现规模以上产值60.5亿元、29.3亿元、31.3亿元、4.9亿元，增长20.4%、13.1%、47.9%、41%。产业转型步伐加快，高技术产业、战略性新兴产业同比增长22.8%、7.6%。国家级"小巨人"企业5家，市级绿色工厂培育企业16家，创建市级智能工厂、数字化车间各3个，中昆铝业获评全市首个县级工业设计中心，兴发金冠、任丙科技加快创建市级"隐形冠军"和"单项冠军"企业。

3. 建筑强县提质扩能

实现建筑业增加值71.8亿元，增长11.7%，高于全国、全市7.4个、7.6个百分点，占经济总量比重达20.2%，对经济增长的贡献率为22.3%，拉动GDP增长2.2个百分点。注册施工企业累计748家，其中，总承包企业161家。建筑业（含房地产）入库税款5.1亿元，占比全口径税收达到27.7%。

4. 服务业稳步增长

实现服务业增加值149.4亿元，增长8.8%，两年平均增长4.8%。市场不断集聚，县城家居建材市场经营面积突破10万平方米，渝东农贸城、渝东汽贸城、爱琴海购物公园等重大项目建设加快；成功创

建市级商贸强镇3个，市级乡镇商贸综合服务中心6个。电商提速提质。电商产业园获评市级示范园区，建成24个乡镇电商服务站、160个村级电商服务点、192个镇村快递物流平台，全县电商经营主体突破5000户。

（二）从供给侧看：改革创新驱动，要素保障有力；深入推进供给侧结构性改革，促进资源要素高效配置

1. 创新资源不断集聚

科创资金投入增长3.8%，新发放知识价值信用贷款4080万元，增长34.1%。平台能级提升，全市首个"以认促建"市级高新区建设加快，成立农业大学垫江教授工作站，挂牌重庆科学城垫江合作示范园区，创建市县级科普基地6个。创新主体扩张，新培育科技型企业20家、累计达到236家，科技人才突破1300人。数字经济成势，软件园营业收入突破2亿元。"垫小二"平台荣获全市首批区域转型促进中心，获批市级渝商综合服务平台。允成科技与渝建筑工入围工业互联网标识解析二级节点，成为国内首个拥有两个二级节点的县。

2. 区域协作深化实化

"双城经济圈""一区两群"建设稳步推进，毗邻区县33份协议、350余项合作意向加快转化实化，明月山绿色发展示范带总体方案获两省市政府审批，明月山内槽旅游健康道路等川渝共建重大项目加快推进。形成"双城"和长—垫对口协作考核清单事项9大类13项，获批全市城乡融合发展先行示范区。招商引资承压突破，签约项目99个，协议引资337.2亿元，到位资金56亿元。晶芯屏控二期、京东物流等5个重大项目签约落地。

3. 政策红利充分释放

深入推进"放管服"改革，累计发放"垫易贷"286笔8496万元，14家企业进入直购电、直购气名单，降低用能成本600余万元，企业生产成本进一步降低。全县依申请类事项网上可办率达72%，行政审批效率提速75%以上。

4. 财税金融高位增长

一般预算收支14.1亿元、45.8亿元，同比分别增长31.6%、13.5%，税收收入9.2亿元，同比增长29.2%。其中，增值税完成5.5亿元，增长46.1%，占比59.3%。各项存贷款余额同比增长5.4%、14.4%，存贷比71%。

5. 资金土地要素集约

多元筹集资金，国开行18亿元新型城镇化贷款通过市级分行审查，渝垫公司12亿元新型城镇化专项债报国家发改委待批，工业园区144亿元PPP项目成功招标，累计争取到专项债券31.3亿元，中央预算内资金2.8亿元。全力储备土地，全县工业商业用地储备累计达7051.5亩。抢抓国土空间规划编制的窗口期，有望敲定50平方千米城市发展空间，积极对接争取县城至澄溪重点产业空间布局。

6. 发展势能不断集成

150余项垫江需求、垫江项目、垫江元素进入市级规划，国家县城新型城镇化示范县等50余项政策"帽子"落户垫江。工业用电量、工业用气量分别增长16.1%、25.1%。新增市场主体6110户，同比增长2.6%，其中，企业1821户，增长5.9%。铁路、公路周转量分别增长35.1%、15.5%。

（三）从需求侧看：投资消费拉动，增长动力强劲；深入实施"抓项目、稳投资"和"巴渝新消费"专项行动，不断增强经济发展活力，积极融入国内大循环

1. 有效投资持续放量

固定资产投资142.9亿元，同比增长21%，两年平均增长15.2%。投资结构不断优化，工业投资增长49.6%（其中技改投资增长331.%），占投资比重33.8%。房地产开发投资增长16.9%。重点项目加快建设，14个市级重点建设项目完成年度计划的74.1%，137个县级重点建设项目完成年度计划的65.3%，东部新区初具雏形，长垫梁货运铁路、垫丰武高速前期工作加快推进。投资活力充分释放，民间投资增长21.5%、投资占比全口径达84%。新增审批项目252个，投资360.2亿元，项目储备不断丰富，投资增长接替有序。

2. 市场消费加快恢复

社会消费品零售总额200.9亿元，同比增长32.2%。商贸消费持续回升。批发、零售、住宿、餐饮消费同比增长50%、25%、35%、25%。销售商品房82.2万平方米，同比增长14.7%。电商交易额20.5亿元，同比增长31.4%，网络零售额3.9亿元，同比增长30%。快递进、出港同比增长31.9%、31.2%。文旅消费持续回暖。成功举办龙溪河桨板赛、垂钓节，全县游客接待578.9万人次，同比增长35.9%，旅游收入39.2亿元，同比增长77%。消费升级趋势明显。体育、娱乐消费同比增长322.1%，家电消费同比增长41.3%，手机消费同比增长40.1%，智能设备消费同比增长33%。

3. 进出口稳步恢复

实现自营进出口总额3.1亿元人民币，增长15%。新增外贸进出口备案企业12户，累计达39户，成功获批重庆自贸区联动创新区。

（四）从民生保障看：共同富裕领航，就业增收充分；坚持把促进共同富裕作为为人民谋幸福的着力点，持续改善保障民生

1. 城乡收入同步增长

居民存款余额368亿元，同比增长8.9%。全体居民可支配收入23971元，同比增长11.7%，其中，农村居民收入15252元，增长12.8%，高于城镇居民收入1.6个百分点，城乡收入差距进一步缩小。

2. 就业创业积极充分

新增城镇就业6079人，登记失业人员就业2405人，困难人员就业998人，分别完成全年目标计划101.3%、133.6%、90.7%。发放创业担保贷款1.7亿元、职业培训11585人，分别完成全年目标计划240.3%、107.3%。

3. 公共服务能力提升

以"七有"为重点的民生项目和年度15件民生实事有序推进。教育"双减""五项管理"全面落实，三合高级中学建成投用，4所城区小学全面开工，中医院门诊楼开工动建，教育、医疗、养老等公共服务设施不断改善。

客观审视，全县经济运行还存在一些困难问题，主要体现在：一是经济下行压力加大。受原材料价格上涨、芯片短缺、局部疫情，以及同期较高基数等因素影响，全国全市宏观形势承压。垫江县GDP增速逐季走低，税收收入在9月出现负增长，注销市场主体2631户（企业1046户），增长31.4%，全县经

济运行不稳定、不确定因素增多，持续恢复的基础尚不稳固。二是部分产业持续增长压力加大。工业受原材料价格上涨，企业利润受挤压，部分中小企业生产经营更加困难，1—9月，累计注销工业企业近100户。猪肉价格持续下跌，生猪养殖行业出现亏损。服务业增速环比上半年下降3.8个百分点，同比下降5位；占GDP比重较上半年下降2.2个百分点，对GDP贡献率环比上半年下降11.5个百分点，仅有32.7%。房地产近期波动，土地拍卖遇冷，市场信心受挫，给稳定投资、促进消费、财政增收等都带来不利影响。三是财政收支平衡压力加大。预计全年财政收支总缺口13亿元左右，且随着东部新区PPP项目进入还款期和平台公司进入债务还本付息高峰期，再叠加地方债务管控和土地市场紧缩影响，举债空间和偿债能力减弱，财政平衡压力增大。四是"双碳"制约发展空间压力加大。上半年，全县规模以上工业单位GDP能耗不降反增，被市上黄牌警告；19个"两高项目"新增能耗需要县内挖潜自求平衡，合规整改困难重重。未来5年，垫江县能耗增量仅12吨标准煤，年均增长不到1.9%，发展空间受限，严重影响项目落地。

二、2022年经济运行态势展望

2022年，中国共产党第二十次代表大会召开。我国全面开启建设社会主义现代化国家新征程、向第二个百年奋斗目标迈进。站位新时代，奋进新征程。新一届县委、县政府将立足新发展阶段、贯彻新发展理念、构建新发展格局，全力建设高质量发展高品质生活新垫江。

从宏观形势看。当今世界正处于百年未有之大变局，国际环境日趋复杂，疫情国际化和经济逆全球化虽交织叠加，但随着疫情的有效预防和控制，全球经济将从分化差异复苏逐渐走向平衡稳定回归，全球供需缺口有望弥合，宽松政策逐渐退坡，世界经济形势日渐清晰明朗。我国作为世界第二大经济体，2022年，在疫情风险越来越可控的前提下，经济将延续稳中有进、稳中向好、稳中提质的总基调，经济发展继续由高速增长向高质量发展转变，经济结构从要素驱动逐步转向创新驱动，"双碳""双控"政策反向倒逼产业转型，传统产业发展升级，战略性新兴产业和高技术产业加快崛起，经济发展质量、效益不断提升。

从全市全县看。重庆市正深入贯彻落实共建"一带一路"、长江经济带发展、新时代西部大开发、推动成渝地区双城经济圈建设和全市"一区两群"协调发展等重大战略，正借助稳定的国内环境、庞大的国内市场，加快培育内陆开放新优势，努力在西部地区带头开放、带动开放，打造全国内陆开放新高地。垫江作为全市制造业高质量发展的重要承载地，2022年，全县上下将按照市委、市政府安排部署，聚焦"三区两地一节点"战略定位，紧扣"千亿垫江工业""全市乡村振兴排头兵"发展目标，围绕建设"县城—澄溪"50平方千米高新经济走廊、东部新区城市"会客厅"、明月山乡村振兴连片示范带、区域性综合物流枢纽工程等四大核心任务，以重点建设带动全县发展，加快融入主城都市区，打造区群连接点，建成产业新高地。

三、2022年经济社会发展主要目标和重点任务

2022年，在充分考虑宏观经济走势、区域市域发展位势、全县"十四五"发展目标、经济社会当期发展供给和需求等因素基础上，初步确定2022年GDP增速7%左右的发展目标，固定资产投资、社会消费品零售总额、全体居民收入等指标与经济社会发展实现协同增长。

（一）打造千亿工业"增长极"

一是做好承接配套大文章。发挥全市首个"以认促建"市级高新区试点和全国县城工业园区转型升

级示范园区作用，大力发展特色主导产业，积极融入"两江—长寿—涪陵—垫江"万亿级先进制造产业集聚区，强化产业链、创新链、销售链合作，打造全市制造业高质量发展重要承载地。二是打造工业经济大平台。按照50平方千米、1000亿元产值要求，推动工业园区PPP项目落地建设。加快推动长垫梁货运铁路、两江至垫江快速通道等重点项目建设，优化布局现代综合物流园区和澄溪高速路口等物流节点，逐步形成"三纵四横"产业园区通道网络，高质量打造县城—澄溪产城融合示范区。三是推动数字经济与实体经济融合。赋能建设全国数字经济创新发展试验区，推动全域性普惠型工业互联网拓区扩面，建设"垫小二"渝商综合服务平台，创新数字应用场景，加速工业数字化、智能化、绿色化转型，促进先进制造业与现代服务业融合发展。

（二）培育有效投资"动力源"

一是争取项目。当前是申报2022年中央预算内投资和专项债务的关键期，要抓紧做好项目策划包装，积极主动争取更多投资份额。打好项目争取的提前战。二是建设项目。找准项目建设滞缓症结，加大"三级调度"工作力度，全力完成市县级重点项目和固定资产投资任务，促进各类项目顺利实施，有效放量。三是策划项目。围绕"产业发展""两新一重"重点方向和"三区两地一节点"的发展定位，加快推动长垫梁铁路、两江至垫江快速道路、高职院校、园区骨干道路等重大项目前期工作，同步策划推动一批新的储备项目，接续供给经济社会发展动力。

（三）激发市场消费"活跃度"

一是优化消费供给。推广"别找啦·垫里游"APP，实施巴谷·宿集二期等一批旅游项目，激活休闲旅游消费市场。全面建成中农联·渝东国际农贸城等3个重大项目。确保全年新增限额以上商贸企业10户以上、个体户30户以上。二是培育消费热点。优化明月山休闲旅游精品线路。高品质举办"第二届明月山绿色发展示范带名优农特产品联展""第五届中国（垫江）石磨豆花美食文化旅游节"等节会活动，策划开展"2021中国（垫江）全国农产品产销对接活动"等，力争全年实现会展、旅游收入5000万元、45亿元以上。三是塑造消费品牌。推动"垫江石磨豆花"商标注册工作，实施垫江石磨豆花品牌化管理、标准化生产、连锁化经营。完善电商消费体系，建设电商直播孵化基地，培育本土"带货达人"，发展直播带货产业。

（四）落好城乡融合"先手棋"

一是高标准打造东部新区"会客厅"。加快完工东部新区17个在建项目。切实围绕新区发展的功能定位、产业支撑、品质活力做文章，着力推动文化、商业、工业、商务、会展、文旅等功能集成，高位凸显以人为本的城市哲学和道法自然的城市美学，高起点规划打造垫江未来CBD。二是高起点建设明月山乡村振兴连片示范带。发挥G243复线、明月山内槽旅游公路等连接作用，盘活国土、生态空间，挖掘明月山生态旅游资源，按宜林则林、宜农则农、宜旅则旅的思路，连片打造恺之峰、楠竹山、牡丹温泉小镇、牡丹樱花世界、毕桥乡愁园等"爆点"项目，有机融合、串珠成线，支撑建设明月山绿色发展示范带核心区。三是大力度建设城乡融合发展先行示范。垫江县已纳入市级城乡融合发展先行示范区，将重点围绕健全金融服务城乡融合发展机制、建立生态产品价值实现机制、建立科技成果入乡转化机制等五个方面，加快编制方案、包装项目和改革创新、探索试验，积极将先行先试优势转化为城乡融合发展的试验示范。

（五）画好"双城""区群""同心圆"

一是强化战略落地。深入贯彻落实国家《成渝地区双城经济圈建设规划纲要》和全市"一区两群"

"1+3"文件精神，对标对表优化调整全县推动融入成渝地区双城经济圈建设领导小组和专项工作组。编制完成《明月山绿色发展示范带核心区建设"十四五"专项规划》。积极参加明月山绿色发展示范带第四次党政联席会，共商明月山绿色发展示范带建设。二是加快协议转化。事项化、项目化、清单化推动各类合作协议转化，台账化跟踪问效推动成渝地区双城经济圈建设2021年度工作要点和川渝合作共编的17个专项规划，推动成渝地区双城经济圈建设走深走实。三是加强长—垫协作。按照长—垫对口协作五年工作方案和2021年对口协作工作任务要求，推动八大类协作任务落地落实，进一步融入主城都市区，当好区群连接点，建好产业传动轴。

（六）找准"双碳"政策"结合点"

顺应"双碳"对经济发展的系统性变革，加快建立碳达峰碳中和"1+2+6+N"政策体系，编制2030年碳达峰行动方案，制定实施投资、财政、金融、税收、统计核算等政策措施，加强资源整合、政策协同、机制创新，构建"双碳"支撑保障体系。强化能耗"双控"，强化固定资产投资的节能审查和重点用能单位的能耗监察，开展好"两高"项目整治。加快转型发展，不断优化产业结构、能源结构、用地结构和交通结构，更加注重项目发展的含金量、含新量、含绿量。

[垫江县发展和改革委员会　傅　强　谭　立　余发英]

之八：2021年忠县经济运行分析及2022年展望

2021年，忠县坚持以习近平新时代中国特色社会主义思想为指导，坚决贯彻市委、市政府决策部署，坚定不移护生态、因地制宜谋发展，坚持"双特"发展思路，高水平打造"三峡库心·长江盆景"，加快建设"一地一城三区"，经济发展动能持续增强，社会和谐稳定持续巩固。

一、2021年忠县经济运行分析

（一）经济运行特点

1. 从主要指标上看，经济发展态势良好

前三季度，忠县GDP完成346.98亿元，增长12.4%，增速居全市第二位、渝东北第一位，比全市高2.5个百分点，延续年初以来的"稳中恢复、稳中有进、稳中向好"乐观态势。"恢复"体现在经济增长逐步回归常态水平，较2019年两年平均增长7.8%（第一季度和上半年两年平均增速分别为5.8%、6.2%），符合预期。"有进"体现在工业、投资、消费等支撑指标，保持年初以来稳健状态。工业用电、货运量、企业中长期贷款等先行指标分别增长14.7%、20.7%、13.7%，均高于经济发展增速。"向好"体现在一般公共预算收入、规模以上工业营业收入、全体居民收入分别增长10.5%、25.3%、11.5%，第一产业占比同比下降0.7个百分点，发展质量和效益结构稳步提升。

2. 从供给支撑上看，产业发展持续有力

工业提质扩量，海螺、天地、特瑞等骨干企业持续发力，年产500万条集装袋搬迁扩能项目、页岩气液化储备调峰及综合利用、利用水泥窑协同处置固废能力扩建等6个工业项目建成投产，新能源、智能装备产业产值均增长80%以上，四大产业集群实现产值130.59亿元，支撑全县工业增加值增长12.5%。服务业势头良好，忠州商圈持续繁荣，爱琴海购物公园、五洲国际汽贸城等项目提速建设，"三峡留城·忠州老街"开业，批发零售住宿餐饮行业均保持28%以上的增速。农业稳中有新，新增特色基地面积0.9万亩，50万头生猪产业一体化项目建成家庭农场33个、种猪场3个，生猪出栏47.07万头，增长38.1%，忠县农业增加值增长10.4%，增速居渝东北第2位。

3. 从需求拉动上看，扩内需动力总体平稳

投资形势趋稳，加强项目要素保障，新争取上级项目资金12.7亿元、土地批文1087亩，12个市级重大项目完成投资14.77亿元，助推全县重点项目投资完成87.5亿元，带动全县固定资产投资完成168.55亿元。消费旅游活跃兴旺，建材、汽车、家电等主要消费品市场活力不减，全县社会消费品零售总额增长35.8%，增速排渝东北第1位。石宝寨入选2021川渝十大人气景区，"中国柑橘城""缤纷大岭"等乡村旅游市场较好，《烽烟三国》等景点推动全县旅游接待人次、综合收入均增长20%以上。外贸形势较好，"忠橙"常态化出口海外，国家外贸转型升级基地提速建设，新增拥有自营进出口权备案企业2家，忠县进出口总额5205万元。

4. 从新兴动能上看，改革创新齐头并进

重点改革持续深化，供给侧结构性改革稳步推进，去除门面及车库 2.1 万平方米，政府债务总体可控，金融风险防范有力。着力优化营商环境，落实"放管服"、商事制度等改革，申请类事项较法定时限缩减 83.7%，新发展市场主体 5511 户。开放水平显著提升，新生港正式运营、月货运吞吐量超 40 万吨。与大足区、大渡口区产业互惠、人才交流等区群合作加快推进，"三峡库心·长江盆景"提速打造，汉阙广场等 5 个项目完工投产。新引入金沙河年加工 100 万吨小麦等项目 93 个（其中上亿元项目 34 个）、协议引资 223.75 亿元，实际到位资金 69.6 亿元。创新战略深入实施，落实县委十四届十三次全会部署，全县 R&D 投入 1.6 亿元，新增科技型企业 26 家、申报高新技术企业 11 家，电商交易 25.9 亿元，增长 12.9%，数字经济增加值增长 15% 以上。

5. 从发展底线上看，"六保"任务落实良好

保基本民生，财政民生支出 65% 以上；全体居民人均可支配收入 23494 元，增长 11.5%，增速居全市第二位，与经济增长同步；磨子乡村振兴 29 个重点项目序时推进，新冠疫苗接种 97 万剂次，教育、民政、文体等公共服务均等化稳步提升，城区环境空气质量优良天数 255 天。保居民就业，1.72 亿元创业担保贷款带动 943 人成功创业，职业技能培训 1.18 万人次，城镇新增就业 5520 人，城镇登记失业率控制在 3.5% 以内。保市场主体，持续推进企业培育三年行动，"支持企业 27 条"等专项政策为企业减负 2.2 亿元，全县新增企业 1803 户，增长 30.6%，新培育"四上"企业 16 家。保粮食安全，预计粮食产量 41 万吨，供需平衡，11.17 万吨市县储备粮轮换有序、安全保质，食（药）品生产及流通市场监管有力，物价保持 1% 以内低涨幅态势。保产业链供应链，企业煤电油运气及原料供应总体稳定，新发放重点企业贷款 15.6 亿元支持县内企业开展供应链循环，市场产业链保持畅通。保基层运转，争取上级资金 37.55 亿元，全县一般公共预算收入 16.49 亿元，增长 10.1%，税收收入增长 15.3%，一般公共预算支出完成 61.74 亿元，完成年初目标的 98.9%。

（二）存在的问题

1. 工业进中有忧

一是骨干企业。受宏观市场经济影响，部分骨干企业产能未达预期，聚融、海创、忠味堂、祥鑫等产值靠前企业经营不同程度下滑，海螺水泥产能仅与上年基本持平。二是原料供给。全球大宗商品高企波及忠县，工业领域首当其冲，化学溶剂、钢材分别上涨 30% 以上、40% 以上，燃煤飙涨 170% 以上，全县规模以上企业综合成本增长近 30%，企业实际利润下滑。三是基础服务。2021 年，园区多家企业技改扩能或新投产，对相关配套服务需求更加急迫，但高品质"吃住娱行"等仍难以保证，园区公交运营仍未实现。同时，园区水电气等生产要素保障有待进一步提升。四是发展信心。目前，受沿海企业"外需转内销"的影响，在供给端价高吃紧、输出端价低难回款的挤压下，企业新增产能释放不足，工业投资仅增长 6.7%，居渝东北倒数第二位。前三季度也仅升规 1 家企业，离全年 15 家的目标相距甚远。

2. 投资增长乏力

一是重大重点项目减少。半年项目优化调整中取消项目 47 个、优化 59 个，项目累计减少 30 个、年度投资额减少 23.36 亿元，为近年来调整幅度较大的一年。二是建设进度滞缓。27 个重点问题经 3 个月推进，进展依然缓慢，医药产业基地与市建工九建纠纷、三一绿建廊道建设、苏家小区沿江综合整治库容占补平衡等问题一拖再拖，忠石沿江旅游公路已阶段性停工。304 个县级重点项目投资欠进度 6 个百分点，12 个市级重大项目欠序时进度 10.47 个百分点，截至目前仍有 36 个计划开工项目未开工，导致全县

固定资产投资仅增长2.6%,增速处于渝东北垫底位次。三是策划储备严重不足。"五年储备、三年滚动、年度实施"机制严重滞后,项目前期工作经费实际兑现不力,策划储备的项目可开工程度低,全县政府三年滚动投资项目库项目同比减少近40个、投资减少近80亿元。部分行业主管部门、业主单位策划申报来年项目积极性不高,应对消极。

3. 房地产下行明显

一是库存量居高。自2017年来,忠县商品房一直处于高位开发,年开发当量保持在200万平方米以上,目前建而未售商品房已近90万平方米,加之正在建设的楼盘,预计年底库存量将突破100万平方米,2022年将突破150万平方米。二是销售量回落。上半年,恒大地产在忠县采取非正常降价,导致居民购房意愿减弱,商品房销售大幅放缓,而第三季度恒大地产内部问题辐射影响居民对碧桂园、金科等开发产生质疑。前三季度商品房销售面积64.32万平方米,增速较上半年回落近40个百分点,销售均价也从第一季度的5000元以上跌落至4600多元。三是投资量降低。近期,国家针对房地产融资划出红线,融资成本增加,全县部分地产商投资意愿降低,近1/2的地产项目缩减投资或暂缓投资,房地产开发投资仅增长6.1%,增速处于渝东北扫尾位次。

4. 招商引资力度持续减弱

一是工作热情降温。少数责任单位对招商引资工作重视度不够,"走出去"氛围不浓,3/4责任单位未完成招商序时进度,28个单位未引入项目,极个别单位呈现双零态势(零外出及拜访、零签约项目)。二是签约落地难度加大。目前全县招商引资正逐步由重招商项目数量向重招商质量方向转变,更加注重企业的"强好高"(实力强、市场好、税收高),但少数单位拜访接待企业直接谈投入、产出、税收、能耗等管控,导致部分虽当前投入不高但后续前景好的项目流入他地。受用地、调规、市场预期及厂房等综合因素影响,部分签约项目开工进度滞后,19个已签约工业项目开工率仅21%,特别是海螺智能工厂、聚融新材料、光伏发电等项目进展较慢。三是履约效果不够理想。2017年以来多数招商引资企业投资履约未达预期,34个项目实际到位资金不足协议的1/4,税收、就业等不足计划的1/5,个别项目投资入库额更不足协议的1/10。

5. 其他问题不容忽视

一是重大项目争取效果堪忧。全市交通、水利等"十四五"专项规划出台,全县部分重大事项争取欠预期,特别是全县期盼已久、策划多年的广垫忠黔铁路、梁忠石铁路等项目在全市"十四五"交通规划中仍定位为"规划论证"(在五年内难以开工)阶段。二是资金保障困难。政府投资项目近九成问题均为项目缺钱,工程款支付困难,部分项目资金支付率不足15%,与上级要求的支付进度相差甚远。民营企业融资难现象依然存在,仅20多家工业企业、30余家服务业企业、10多家农业企业融资缺口在25亿元以上。财政上,全年"三保"支出缺口超过10亿元,运转维艰。三是农业形势前景不容乐观。前期的暴雨等不利因素给农业带来制约,多数生猪养殖场因猪价低迷而处于亏损和"进退"两难境地,全县生猪补栏压力较大。四是消费持续增长潜力下降。第三季度疫情形势给逐步恢复的商贸、文旅行业带来新的冲击,巴王路、北山路等主要街道商铺多次易主,部分商家又承受着"营业即是亏、关门即是垮"的压力。五是能耗管控对发展制约凸显。重庆下达忠县"十四五"能耗新增13万吨标准煤管控目标,但仅特瑞锂电"十四五"扩能至40万~100万吨产能就需新增能耗10万~50万吨标准煤,经济发展后续支撑形势不容乐观。

(三)2021年主要指标预测

从当前忠县经济运行态势分析,全县全年GDP预计增长10%左右。固定资产投资增长3%;工业增加值增长15%；社会消费品零售总额增长15%；城乡居民收入增长10%；物价涨幅控制在3%以内。

二、2022年忠县经济运行环境因素分析

综观大局，世界百年未有之大变局加速演变，新一轮科技革命和产业变革风起云涌，全球疫情形势有所缓和，世界经济持续复苏，国际贸易蓄势待发，和平与发展仍然是时代主题。以国内大循环为主体、国内国际双循环相互促进的新发展格局正在加速构建，扩大内需成为战略基点，消费结构、需求结构、产业结构不断升级，经济长期向好的基本面没有改变，这为全县加快转型升级、提升发展水平创造了有利环境、开辟了广阔空间。置身全市，重庆正积极对接"一带一路"和长江经济带发展、新时代西部大开发、西部陆海新通道、成渝地区双城经济圈建设等重大战略，持续在建设"两地"、实现"两高"和发挥"三个作用"上迈进，其战略叠加效应、政策集成效应、发展协同效应加速释放，将带来诸多政策利好、投资利好、项目利好。同时，重庆"一区两群"协调发展深入推进，机制不断健全、力度不断加大，有助于各区县发挥优势、彰显特色、协同发展。忠县处于三峡库区腹心，处于渝东北、渝东南联结点，具有得天独厚的区位优势，在融入区域发展大局、推动经济高质量发展上必定大有可为。立足全县，经过长期发展和积累，全县拥有了特色鲜明的产业体系、日益完善的基础设施、开放包容的发展环境、厚德自强的地域文化和干事创业的人才队伍。特别是敏尔书记调研忠县，作出"坚定不移护生态、因地制宜谋发展，高水平打造'三峡库心·长江盆景'"指示精神，为忠县发展指明了方向、赋予了重大机遇。当前的忠县，稳的态势在巩固、进的力度在加大、蓄的动能在增强、好的质效在提升，全县上下呈现出人心思齐、人心思进、人心思干的良好氛围。这为我们战胜各种艰难险阻、实现跨越发展打下了坚实基础、积蓄了不竭动力。但是，全县经济基础仍然薄弱，三次产业结构不优，传统产业占比较高，新兴产业支撑力度不够，城市承载能力仍待提升，特别是资金保障压力较大。

三、2022年趋势展望及主要指标预测

2022年，忠县发展仍具有强劲动力：一是从战略政策上看，成渝地区双城经济圈建设加快推进、"一区两群"协调发展持续发力、"三峡库心·长江盆景"提速打造等，都为全县经济稳健发展提供了强力保障。二是从特色产业上看，近年来引入的四大产业集群项目陆续放能，工业给予经济的拉动更加强劲。三是从投资上看，渝万高铁即将开工，水普路、忠县至石宝旅游公路等项目稳步推进，项目给予经济的支撑力度不减。四是从当前看，全县经济增长持续位居渝东北前列，全县上下干事创业氛围良好。

基于预测形势，预计2022年全县经济发展稳健，预计增长8%左右；固定资产投资增长6%；工业增加值增长13%；社会消费品零售总额增长13%；居民收入增长9%；物价总水平维持在3%以内。

四、2022年主要工作措施

（一）聚焦协调打造"三峡库心·长江盆景"

一是强化区域协作联动。主动融入长江经济带发展，推动新生港与主城果园港、万州新田港、涪陵龙头港联动发展，力争港口货运吞吐量达500万吨以上。加强与周边区县联动，加快广垫忠黔铁路、梁忠石高速等项目前期。二是加快农文旅融合发展。加快创建石宝寨国家5A级旅游景区，丰富中国柑橘城内涵，提速建设皇华城考古遗址公园、独珠江村、三峡港湾旅游度假区等"忠州八景"，力争"三峡库心·长江盆景"综合文旅收入突破1000万元大关。三是全力塑造品牌形象。与万州、石柱共同策划对外出

版、展览等活动，加快唱响"三峡库心·长江盆景"城市品牌，汇编巴蔓子、秦良玉等历史人物故事，力争新增10个以上有特点、亮点、看点的摄影、绘画、影视、音乐等品牌。借助"智博会""西洽会"等平台，开展系列宣传推介活动提升"三峡库心·长江盆景"影响力和知名度。

（二）聚焦目标抓产业发展

一是抓工业。积极推进市级高新区以认促建，精准服务好企业，做实产业链供应链畅通，稳住海螺水泥、特瑞锂电等产值前30家存量企业产能。强化扶持力度，提速推进220万吨粉磨站、乳胶制品、忠润能源等新投产项目达产释量，力争全年工业总产值增长15%以上。二是抓服务业。聚力推动五洲商贸城、农批智慧城等项目，提档升级商贸、文化旅游等生活性服务业水平，着力发展大数据、人工智能等数字经济，培育发展金融、物流等生产性服务业，确保批发零售住宿餐饮均保持20%以上增速，客货运总周转量增长12%以上。三是抓农业。持续深化"103050"工程，推动50万头生猪产业一体化项目及早形成产业循环，加大特色农产品优势区投入，做大做强现代山地特色高效农业品牌，推进农村一二三产业融合发展，确保农业增加值增长6%以上。

（三）聚焦投资抓项目建设

一是抓问题攻坚。扎实开展推动项目促投资专项，盯紧各项硬骨头问题，强化责任以清单化、事项化、时点化攻坚水普路、行政副中心、三小改扩建、苏家小区沿江综合整治等一批"箭在弦上"项目。完善前期手续，确保计划开工项目提前1个月开工，全年重点项目投资完成120亿元以上。二是抓策划申报。落实项目前期工作经费，紧盯国家投资专项，建立策划阶段研究项目赚钱和规划阶段研究项目用钱良性循环机制，落实行业主管部门、平台公司策划项目主体责任，力争新策划项目100亿元以上。三是抓招商引资。完善园区生产及生活性配套，建成并通车水普路。加大"走出去"力度，用好新生港开港"金字招牌"，强化加工、仓储、物流等行业领域招商，落实"清单交接式""闭环管理"等服务机制，力争引入一批投资10亿元以上的四大产业集群项目。加快新签约招商项目统计入库，提升来年投资空间上限。

（四）聚焦资金抓统筹保障

一是向上积极争取资金。全力抓好部委专项资金、中央预算内、三峡后续等资金争取和政府债券发行工作，争取全市加大均衡性财力转移支付力度，提前调度资金归垫，全年到位上级项目资金25亿元以上、专项债券10亿元以上。二是全力推动县内融资。加大政企对接，综合运用财政类资金流转方式，压实金融机构特别是国有银行支持县域经济发展责任，探索建立银行信贷支持地方经济发展长效机制，千方百计推进融资。三是加强增收兜"三保"。加强税源分析，深化税收征管，优化骨干税源企业税收结构，增大县级可用财力。加快土地出让，提升土地价格、控制收储成本，推行国有企业经营性资产挂牌竞价。兜牢"三保"底线，加强部门工作运转经费保障，努力兑现职工相关待遇，激发部门职工干事创业积极性。

（五）聚焦活力抓改革开放

一是抓重点领域改革。务实推进供给侧结构性改革"三去一降一补"重点任务，尽力盘活云河水电，推进星博化工、云河专汽等地块效益提升，妥善应对政府债务、房地产、金融等风险防控。深化投融资改革，加强政府资金、资源和资产的统筹管理，拓宽融资渠道，深化与三峡集团合作，大力开展PPP、基础设施领域不动产投资信托基金（REITs）、融资租赁等投融资模式。推动国有资产整合，提升平台公司实体化转型能力。二是抓营商环境打造。持续推进"放管服"、商事及审批制度等改革，强化县领导帮扶、"四上企业"直通车等制度,切实帮助企业解决难题,确保全年为企业减税降负降成本2亿元以上。开展市对县营商环境反馈问题整改回头看,力争全年新发展市场主体8000户以上。三是抓对外开放。提速壮大乌杨新区、临港新城等开放平台,组建专班加快建设渝万高铁,全力争取一批铁公水空项目布局,高质量运营好新生港,深化以港招商,力争引入一批A级物流企业。

(六)聚焦民生抓公共服务

一是抓疫情防控。坚持人物同防,加强发热门诊筛查和预检分诊,完善应急指挥体系,推动"村报告、乡采样、县检测",常态稳妥推进新冠病毒疫苗接种。二是抓乡村振兴。保持现行帮扶体制机制,加大防止返贫监测力度,巩固"零返贫"成果,提速推进磨子乡村振兴重点项目。三是抓民生实事。做实教育、卫生、文体、民政及城市有机更新等民生实事,推进社会事业均衡发展,新改建、扩建、改善教育设施5万平方米以上,县内就诊率稳定在90%以上,全年新增就业7500人、民政救助2亿元以上。健全保障性住房体系,强化市场生产及流通监管,保持物价稳定。四是抓生态建设。抓好中央、全市环保督察问题整改,筑牢生态保护屏障,持续推进大气、水、土壤、噪声等生态环境治理,确保城区环境空气质量优良天数320天以上、地表水水质优良比例保持100%。

[忠县发展和改革委员会　张　骞　黄　星]

之九：2021年云阳县经济运行分析及2022年展望

一、2021年云阳县经济运行情况

2021年以来，云阳县上下深学笃用习近平新时代中国特色社会主义思想，全面落实习近平总书记对重庆提出的重要指示要求和县委、县政府的决策部署，坚持稳中求进工作总基调，完整准确全面贯彻新发展理念，切实发挥云阳在成渝地区双城经济圈中的"节点作用"、坚持"四化路径"、实施"双100双1000"战略、实现"五地一支撑"目标，统筹经济运行调度，1—9月全县实现地区生产总值370.3亿元，增长11.5%，全市排第七位，渝东北排第四位，两年平均增速6%，经济运行稳中向好、稳中加快，发展韧性持续显现。预计全年全县地区生产总值增长10%左右。

（一）产业结构调整优化，"千亿工业"引领的现代产业集聚地加快构建

三次产业结构调整为12.9∶39.1∶48，产业结构不断优化。一是深入推进千亿工业高质量发展。绿色消费品、装备制造、能源电子三大产业集群不断壮大，新培育工业市场主体1698家、规模企业13家，实施优多科技、云阳盐化等智能化和技改项目11个，1—9月完成规模以上工业总产值139.5亿元，增长27.6%；实现工业增加值70.22亿元，增长12.6%，其中规模以上工业增加值增速16.3%。二是现代服务业持续发力。1—9月完成社会消费品零售总额290.6亿元，增长34.5%；批发、零售销售额分别完成151.2亿元、203.7亿元，分别增长25.5%、26.4%；住宿、餐饮营业额分别完成22.6亿元、40.9亿元，分别增长33.9%、34.2%。岐山草原成功创建4A景区，33千米环湖绿道正式开通，成功举办第一届"天生云阳"金秋节系列活动，实现旅游综合收入83.75亿元，增长81.55%；成功签约亿立方等大数据企业12家；双江人民医院医养护理分院等12个大健康项目完工投用。三是农业生产稳中有升。围绕"产业融合化、园区景区化、乡村旅游化"，实施农业产业发展三年攻坚行动，培育农业龙头企业140家，推动农业特色化、多元化、品牌化。全力保障重要农产品供给，1—9月秋收粮食产量32.1万吨，与2020年同期持平；生猪出栏63.1万头，增长35.2%；水果产量28.3万吨，增长7.9%；蔬菜产量39.8万吨，增长7.2%。四是建筑房地产业运行平稳。完成建筑业注册地产值241.8亿元，增长19.2%；实现建筑业增加值74.6亿元，增长10.2%。出让商品房开发土地9宗355.82亩，新开工商品房建筑面积109.36万平方米，完成商品房销售面积87.68万平方米，增长29.92%。

（二）"三驾马车"持续发力，高质量发展动力稳步提升

一是投资拉动作用明显。1—9月完成固定资产投资190亿元，增长17.5%，其中完成工业投资25.2亿元，增长63.9%；完成基础设施投资71.6亿元，增长32.5%。2021年重点项目153个，累计完成投资131.8亿元，占年度投资目标的62.6%。郑万高铁云阳站站房竣工，持续推进江龙高速、巫云开高速建设。抽水蓄能电站项目成功签约，向阳大型水库纳入国家150项重大水利工程建设计划，正在开展"两评一案"编制工作，发展动能进一步增强。二是消费潜力持续释放。彩云梯商圈、三国印巷如期开街，云阳县消费帮扶周等系列会展活动顺利举办，"假日经济"效果初显，国庆节期间零售额累计达9.47亿元。实现社会消费品零售总额290.6亿元，增长34.5%；批发业、零售业商品销售额增长25.5%、

26.4%，住宿业、餐饮业营业额分别增长33.9%、34.2%。实现网络交易总额50.95亿元，增长11.4%。三是外贸外资稳步推进。云阳工业园区入选中国（重庆）自由贸易试验区联动创新区。组织企业参加第三届西洽会，现场签约6个项目，投资总金额25.28亿元；进出口贸易线上线下洽谈项目10个，协议采购农产品金额5110万元。雄业玩具、优多科技等出口订单增长明显，完成进出口总额1.8亿元，增长28%。

（三）市场活力持续释放，经济发展环境更加优化

一是市场主体更加活跃。云阳县新签约项目354个，协议总投资259.7亿元，其中工业类项目139个，协议总投资166.6亿元。净增市场主体6819户，发放创业担保贷款1.65亿元，带动城镇新增就业5108人。二是先行指标势头良好。一般公共预算收入实现11.69亿元，增长5.7%。云阳县各项存贷款余额570亿元、311亿元，分别增长6.51%、8.7%。云阳县用电总量突破8亿千瓦·时，增长6.59%，其中工业用电突破1.2亿千瓦·时，增长9.87%。天然气用气量达4360万立方米，增长8%，其中工业用气470万立方米，增长14.77%。公路、水路运输总周转量分别增长25.8%、15.6%。三是区域协调发展推进有力。万开云同城化进入实质性推进阶段，万云滨江快速通道、公交同城化等30件重大项目、重大事项及便捷服务事项有序推进。四是营商环境持续优化。聚焦企业全生命周期，制定专项行动方案，形成"1+19"实施体系。全力打造云上营商数字化治理平台，启动平台2.0版本开发工作。

（四）基本民生保障有力，高品质生活基础更加牢固

一是居民收入稳步增长。居民人均可支配收入18781元，增长11.5%。其中城镇居民人均可支配收入达到24472元，增长10.5%，农村常住居民人均可支配收入达到10488元，增长13.5%。二是民生实事加快推进。发展普惠性学前教育、派出所窗口综合服务及警务前置站建设等9件民生实事顺利完成。制定了《2021年社会信用体系建设工作要点》及重点工作任务清单。1—9月上传信用承诺7902份，归集双公示信息4244条。三是社会事业有序推进。重庆幼儿师专云阳梨园校区顺利实现招生。妇女儿童医院、黄石分院等项目加快推进。四是生态环境持续改善。严控交通、工业、扬尘和生活污染，前三季度空气质量优良天数264天，空气质量优良天数占比达96.7%。"一江四河"水质满足国家水域功能要求。

二、存在的重要问题

（一）投资增长压力大

受原材料市场价格波动、企业投资信心降低和碳排放碳中和政策等因素影响，招商引资项目签约多落地少，特别是工业项目，到位资金仅完成年度目标任务的59.4%，工业投资仅完成年度任务的50%。同时受项目前期、财政收支压力、融资政策收紧等影响，部分重点项目进度落后。

（二）工业增长后劲乏力

现有工业企业规模较小、质量不高，科技研发投入不足，具备较高附加值和技术含量的高端制造业较少，"两化融合"程度弱，工业产品市场竞争力不强。加之"十四五"期间，市上下达云阳县能耗强度下降目标为14%，能耗总量增量空间为9万吨标准煤，与工业需求形成较大缺口，工业增长后劲乏力。

三、2022年经济运行的环境分析及2022年趋势展望

从国际看，各国疫情走势和经济恢复呈现出显著的分化和不均衡态势，受动荡的地缘政治、全球产业链受阻、供应链短缺、主要发达经济体宏观政策的转向预期影响，世界经济复苏依旧面临不稳定性、

不确定性，全球经济将延续中低速增长趋势。从国内看，疫情防控形势持续向好，经济进入"后疫情时代"，以国内大循环为主体、国内国际双循环相互促进的新发展格局加快构建，"双碳"政策陆续出台，改革开放创新、增强内生动力、激发市场活力不断深化，经济将持续稳定恢复。从全市看，随着双城经济圈规划逐步落地实施，"一区两群"协调发展成效显现，重庆在区域发展中的引领力、集聚力、辐射力进一步增强；各类支持政策实施显效，内需潜力加快释放，发展韧性持续显现，高质量发展势头良好。从县内看，伴随着成渝地区双城经济圈、"一区两群"、万开云同城化等区域协同发展机遇，全县坚持生态优先、绿色发展，加速推动产业生态化转型升级，以"千亿工业"为引领的现代产业集聚地加快构建，大旅游、大健康、大数据产业加速发展，统筹推进基础设施建设、乡村振兴、山地公园城市建设、城乡融合发展和社会民生等事项，内生发展动力将持续增强。预计2022年经济增速较2021年稍有回落，全县经济仍将保持稳中向好态势，GDP增长8%左右。

四、2022年重点发展工作

（一）狠抓产业提质升级

一是加快"千亿工业"高质量发展。做大做强"绿色消费品、装备制造、能源电子"三大产业集群。加大优质工业项目策划力度，全力开展产业链招商，加快承接东部发达地区产业转移，做大做强产业链，积极融入国内国际产业链。加速实施工业企业培育五年行动计划，强力推动企业"个转企—企升规—规改股—股上市"。二是加快现代服务业高质量发展。推进国家级全域旅游示范区创建，加强文旅品牌活动策划宣传。序时推进中农冷链物流园项目建设。持续开展各类消费主题活动，引导传统企业实现线上销售转型，培育消费新模式新业态。三是加快现代农业高质量发展。全力抓好脱贫攻坚与乡村振兴无缝衔接，加快推进农业产业园项目进度。大力推进柑橘、中药材等五大山地特色农业产业提质增效。

（二）狠抓项目稳投资

一是有序推进重大项目建设。按照2022年重点项目投资总额高于2021年的目标，谋划推进一批重点项目，实现建全抽水蓄能电站、向阳水库等重大项目开工建设。重点围绕"万开云"同城化发展、碳达峰碳中和等，包装一批具有支撑性、牵引性、引领性的重大项目，做好项目储备。二是多渠道保障投资资金。积极推进投融资模式创新，加大优质融资项目策划，争取以中央预算内投资、专项债券等资金撬动更多社会资本。三是增强招商引资有效性。实行精准招商，不断优化项目库，找准目标企业。狠抓企业服务，不断优化要素保障服务机制，全面推行"点对点"驻企服务，提高招商引资到位资金比例。

（三）狠抓区域协调发展

一是切实发挥云阳在成渝地区双城经济圈节点作用。围绕全国性综合交通枢纽、城市能级辐射、产业协同配套、区域旅游集散、绿色发展示范等领域，积极加强与达州、利川等城市合作，积极融入万达开川渝统筹发展示范区建设。二是切实推进万开云同城化发展。按照"一体化规划、组团式发展、协同性建设"要求，有序推进2022年万开云同城化重大事项、重大项目和便捷服务事项建设。加快推进云阳龙缸至恩施利川、万云奉巫高速等项目开工，推动万开云跨区域城乡客运一体化发展，开通万开云公交化运营的客运班线，推动公交"一卡通"，组建重庆万开云投资集团公司，设立万开云同城化基金。三是加快推动沿江城镇带建设。加强与丰都、忠县、万州、奉节、巫山沿江区县联动发展，推进城市有机更新和老旧小区改造，推动生态走廊、黄金水道、产业纽带协同发展，高标准建设沿江景观风貌。

（四）做好"双碳"工作

一是加快调整能源、产业、交通运输、用地结构。因地制宜发展可再生能源，加快光伏、风力、抽水蓄能等项目建设，构建低碳安全高效的能源体系。坚决遏制"两高"项目盲目发展，提高新上项目能效水平，加快淘汰落后产能。推进绿色技术创新，加快推动重点行业和重要领域绿色化改造，提高能源利用效率。加大绿色消费品、新能源、大数据等产业支持力度。加快新能源车推广应用，构建绿色出行体系。提升土地集约利用水平，提高林草覆盖率，增强固碳增汇能力。二是加强碳达峰碳中和政策研究。联手市级平台，共建区域碳核算、碳交易平台。提高碳排放、碳汇统计水平，摸清全县碳排放、碳汇数据，编制温室气体清单和气候变化"十四五"规划，进一步定位重点减碳领域和测算减排潜力。启动云阳县碳达峰行动方案及"十四五"行动计划编制工作，启动云阳县区域能耗平衡方案编制工作。三是强化宣传引导。普及碳达峰碳中和基础知识，多渠道多方式宣传推广绿色低碳循环发展理念，营造良好氛围。

（五）持续优化营商环境

一是全面对标世行营商环境评价体系，借鉴国内先进地区经验做法，等高对接、全面吸纳，同时对照年初市级考核内容，结合市级反馈的优化建议，加紧补齐政策短板。推动政策滚动优化，增强政策实施效果，全面打造办事不求人的营商环境。二是紧密衔接国家营商环境创新试点城市总体方案和市级实施方案，积极争取市级支持，结合云阳县实际，加紧细化承接落实相关工作，积极探索、先行先试、率先突破，形成一批可复制、可推广的试点经验。三是积极开展营商环境数字化治理试点工作，加快推动云上营商数字化治理平台迭代升级，打造平台3.0版本，建设更多场景应用，切实发挥数字化、智能化对营商环境的驱动引领作用。

（六）加强社会事业建设

一是大力抓好创业就业，实施就业优先战略和积极就业政策，统筹做好高校毕业生、农民工、脱贫群众等重点群体就业工作。二是持续抓好脱贫攻坚与乡村振兴有效衔接工作，抓好易地搬迁后续扶持和落实中央单位定点帮扶、对口帮扶、东西部扶贫协作及三峡库区后续扶持等工作，抓好乡村振兴重点镇村帮扶，分层分类示范推进。三是抓实保障和改善民生工作。稳步推进2022年民生实事项目建设。有序推进城市更新建设，加快推进老旧小区改造，持续改善居民居住环境，完善基础设施和公共服务设施，提高智慧化水平，提升居民生活品质。有序推进粮食储备保供工作，启动2.5万吨粮库建设，筑牢粮食安全底线。严格落实"内防输入、外防反弹"各项措施，常态化做好疫情防控工作。

[云阳县发展和改革委员会　胡光祥　田秋香　张呈秋]

之十：2021年奉节县经济运行分析及2022年展望

2021年以来，奉节县统筹疫情防控和经济社会发展，经济恢复性增长态势更加稳固，社会事业稳步发展，民生需求进一步改善，实现了"十四五"和"乡村振兴"良好开局。

一、2021年奉节县经济运行情况

1—9月，奉节县实现地区生产总值248亿元，同比增长9.9%，较2019年同期增长11.3%，两年平均增长5.5%。城乡居民可支配收入分别为26941元、10964元，同比增长10.3%、12.3%。

（一）经济运行基本特征

1. 发展基础凸显"三稳"

一是投资稳定发力。1—9月，奉节县完成固定资产投资207.9亿元，增长12.3%，较全市增速高3.9个百分点。重点项目完成投资103.7亿元，其中，社会投资86.3亿元，政府投资17.4亿元。招商引资新签约项目155个，增长148.6%，合同金额222.3亿元；新增备案开工项目87个，在建项目到位资金51.3亿元，增长60.3%。二是消费稳定增长。商业用电1.34亿千瓦·时，增长19.7%，非居民用气612万立方米，增长75.9%；旅馆宾馆酒店床位数达2.51万张，宾馆入住率恢复至60%。大宗商品消费需求旺盛，商品房销售73.7万平方米，增长23.7%；县内汽车销售7011辆，增长1.76%。电商上行销售额9.86亿元，增长26.6%。三是财税金融运行平稳。县本级收入完成27.9亿元，其中，税收收入14.3亿元，增长12.1%。争取债券转贷收入11.41亿元，其中新增债券6亿元，再融资债券5.41亿元。银行存贷款余额704.3亿元，增长4.2%，其中贷款余额343.5亿元，增长14.6%。

2. 结构调整凸显"三进"

一是农业结构进一步调优。1—9月，粮食种植面积稳定在110万亩，蔬菜产量40.8万吨，增长5%；生猪出栏44.95万头，增长30%，脐橙销量35万吨，增长14%，中药材销售9.6万吨，增长2.1%。全县新型农业经营主体达到4311家，新增农产品加工企业218家。奉节县入选2021年全国休闲农业重点县，永乐镇大坝村入选全国乡村特色产业亿元村，安坪镇三沱村入选全国"一村一品"示范村镇。二是工业链条进一步拉长。61户规模以上工业企业实现产值45.1亿元，增长16%，规模以上工业增加值增速12.6%。工业园区入驻企业达77家、投产46家。眼镜产业链条由生产向销售、结算延伸，奉节眼镜城建成投用。清洁能源实现产值20.8亿元，增长35%，其中大火电发电36.3亿千瓦·时，增长64%；风电发电2.2亿千瓦·时，增长10%。中纳科技医用防护、美迪电声器件研发制造、年产30万立方米ALC轻质板材项目竣工投产。三是文化旅游业态进一步丰富。白帝城·瞿塘峡景区创5A全面达标，"三峡第一村"、迷宫河景区开园，上榜全国县域旅游发展潜力百佳县，夔州木雕入选国家级非物质文化遗产名录。全县累计接待游客1653.8万人次，其中，旅游景区接待游客123.6万人次，过夜游客107.4万人次，同比增长均超过20%。

3. 社会民生凸显"两好"

一是稳岗就业推进好。1—9月，累计建成就业扶贫车间52个，吸纳农户就近就地就业1472人。开发公益性岗位3516个，城镇新增就业6204人。农村居民转移就业35.54万人，其中市外22.77万人、县外市内6.17万人、县内5.6万人。二是民生保障推进好。公办在园幼儿占比达到60%，全县义务教育巩固率达到100%。城乡居民养老保险参保率达95%以上，落实城乡低保保障41296人。县人民医院纳入国家三级公立医院绩效考核范畴，县中医院门诊住院综合楼主体完工，医共体"三通"建设有序推进。启动乡镇养老服务中心建设9个，升级改造乡镇敬老院10所。

4. 发展保障凸显"两优"

一是营商环境成效优。工程建设项目审批全流程事项压减至71项，申报材料精简20%以上；企业投资项目备案登陆填报即办即结；企业开办一网通办、一窗受理、一日办结；95%的不动产登记"现场拿证"。发放中小微企业贷款50.78亿元，增长83.7%，为企业和个人纾困涉及金额16.95亿元，减免税收4.7亿元，发放创业担保贷款1.61亿元。新发展市场主体10885户，增长69%，其中内资企业增长15.6%。二是生态优先成效优。完成18.2万亩国土绿化营造林，收储集体商品林35万亩，改培国家储备林6.4万亩，森林覆盖率达63%。空气质量优良天数达到259天，优良率96%，获评"全国气候宜居县"称号。"一江五河"水质达Ⅱ类标准以上，城乡集中饮用水源地水质达标率100%。

（二）存在的主要问题

当前，全县经济运行面临的不确定、不稳定因素增多，持续恢复的基础不稳固，供给侧结构性矛盾凸显，需求侧制约性因素较多，经济下行压力较大，主要表现在以下几个方面。

一是产业内部的结构和质量不优。农业的内部结构有短板。种植业一家独大，优质畜牧业增长缓慢，中药材、脐橙和畜牧等大宗农产品加工业太弱；农产品的生产端相对较好，但冷链仓储和物流严重不足，品牌的质量标准及其附加值还有很大的提升空间。当前，农业还面临生猪进入整体性亏损区间（每头猪亏损200元以上）和肥料等农资快速上涨（尿素较上年年底上涨80%，达到2600元/吨，复合肥上涨3.5倍）等具体问题。工业总量小，产业链供应链延伸不够。大火电的上下游利用不够，眼镜产业的关键配套项目还有差距；新能源产业还在建设过程中，短时期内难以形成支撑；非煤矿山有新的政策利好，但前期工作推进缓慢。房地产建筑业还有较大提升空间。经历棚改和改善性住房的刚需后，即将进入高铁时期，对房屋多样化品质化需求供给不足，对土地出让的规模、时序和区域需重新研究。建筑企业的资质等级低，特别是建筑行业内的生产性服务业严重不足，关联性产业配套较差。服务业能级不高。传统服务业方面，没有成熟的旅游消费集聚区，仍以小区式商业形式为主，消费品质不高。在应对高铁到来方面，住宿、餐饮的质量档次提升缓慢，接待能力准备不足。咨询、研发、康养等现代服务业尚未起步，消费业态不够丰富。区域内的物流体系不健全，服务型企业的生产成本居高不下。金融业方面，对全县经济增长的拉动力不强，金融业增加值占GDP比重仅为重庆平均水平的50%，存款余额增量不足，仅增长1.12%。

二是就业、营商环境与市场主体培育仍有差距。县内企业少、规模小，就业岗位总量不足且集中在住餐等传统服务行业，县内就业人员特别是城区居民就业困难（农村居民因外出务工或本地务农、零工，就业情况好于城区居民）。营商环境水平仍待提高，目前奉节县政务服务效能部分指标落后，评价率、全县总办件量、网上办件量、一件事一次办套餐减时间等指标均排在全市第35名以后。从全县实体经济"存量"摸底数据来看，市场主体实际存活数存活率仅为57.53%。市场主体存活时间偏低，平均存活时间不足3年。

三是投资增长后劲不足。工业投资占比较低。工业投资占比仅为16.3%，新能源、眼镜产业还在培育建设过程中，短时期内难以起到支撑作用。房地产接续增长动力不足。随着棚改项目的收尾和一系列调控政策的落地，房地产投资后续增长乏力，增长态势难以保持。市场信心明显不足。项目管理存在资金与项目错配，规划与建设脱节，建设监管失位的问题。资金方面，有资金来源的项目推动缓慢，前期工作成熟的项目无资金来源，有资金缺口的项目多，符合资金申报条件的项目少；规划执行方面，项目主管部门未严格执行相关规划，导致规划与建设不一致，规划落地性较差；项目监管方面，重项目建设、轻项目监管的现象突出。大宗商品价格波动较大，抬升建筑材料价格，导致项目施工方成本高于招标时预期。

（三）2021年主要经济指标预测

从当前全县经济运行态势分析，全县全年GDP预计增长7%，固定资产投资增长10%，社会消费品零售总额增长8%，城乡居民可支配收入分别增长8%、10%。

二、2022年经济运行的环境及因素分析

从国际看，国际环境日趋复杂，全球经济增长放缓，2022年新冠肺炎疫情仍将持续，但随着各国疫苗接种率的提升和经济内生性动能的修复，全球范围内新冠肺炎疫情冲击效应将逐步减弱，全球经济增长扩张态势有望延续。从国内看，我国经济正由高速增长阶段向高质量发展阶段转变，发展不平衡不充分问题仍然突出，国内经济恢复仍然不稳固不均衡，但经济恢复性回升特征明显，长期向好的基本面没有变。从全市看，区域格局正在深刻调整，区域竞争态势更加激烈，综合实力和竞争力虽与东部发达地区存在差距，但经济恢复性增长趋势将继续呈现。从全县看，"西部大开发"、"长江经济带"、"特殊类型地区振兴"、"乡村振兴"、"双碳"目标、推动成渝地区双城经济圈建设、"一区两群"协调发展等大战略的叠加，为奉节加快发展提供了宝贵机遇，经济稳中向好、长期向好的发展趋势不会改变，预期全年增速保持在8%左右。

三、2022年趋势展望及主要指标预测

综合研判宏观经济发展和奉节县实际情况，初步预计2022年主要预期目标是：地区生产总值增长8%，农业增加值增长5%，工业增加值增长9%，服务业增加值增长10%；社会消费品零售总额增长9%；固定资产投资增长10%；一般公共预算收入增长6%；城乡居民收入分别增长8%、10%。

四、政策调控措施建议

（一）抓好规划政策争取

做好与国家和全市"十四五"规划纲要、双城经济圈规划、渝东北城镇群规划、市级专项规划对接，精准把握上级专项资金优先支持在建项目和前期成熟度高的项目要求，立足"安居房保障""小区改造""两新一重""乡村振兴""生态环保"等国家重点支持专项，针对奉节县薄弱短板领域，提高项目储备质量，加强与市级部门的沟通衔接，加大上级转移支付争取力度。

（二）抓好投资提振工作

突出重点区域项目的发展带动作用，围绕环草堂湖、梅溪河、南滨路等重点区域策划实施一批项目。突出"大桥长隧"的规划引领作用，加快推动长江二桥、半岛隧道、甘溪沟隧道等项目落地实施。突出

重点项目的投资支撑作用，以市、县两级重大项目为重要抓手，加快推进交通、水利、能源等重点行业项目建设，支撑投资持续稳定增长。争取上级无偿投资，解决纯公益性项目建设；用好地方政府债券政策，弥补有一定收益的公益性项目的资金缺口；用活特许经营许可权融资，建设经营收益长的基础设施项目；加大招商力度，继续深挖社会投资潜力。加强资金管理，改变资金安排散、乱、小的现状，打捆实施排水防涝、小区帮扶、旧房改造等项目，引导资金向大项目、大产业、大企业集中，并作为资本金撬动社会投资，提高资金争取和使用的效率。

（三）抓好消费促进工作

推动生活性服务业提档发展和生产性服务业扩面发展，积极培育本地线上生活服务平台，创新新零售消费模式。延伸产业链，提供更为丰富和多元的消费产品和服务。提升价值链，发展新产业新业态，积极拓展健康、文化、旅游、体育等服务消费领域。贯通供应链，补齐消费流通短板，建设县域品牌网货供应中心，完善县乡村三级流通体系，健全冷链仓储物流基础设施。

（四）抓好市场主体培育工作

贯彻落实好《奉节县市场主体培育三年行动计划实施方案》，营造提升良好营商环境，兑现惠企政策，解决企业用地、融资、审批、水电气要素供给、办事等问题，千方百计为企业纾困解难。优化产业链条配套，规范企业帮扶管理，降低企业成本，积极招商引资，力争实现2023年市场主体8万户目标。

（五）抓好民生保障工作

落实就业优先政策，加大实施阶段性减免、缓缴社会保险费等援企稳岗政策，发挥扶贫车间作用，推动城乡居民收入稳步增长，健全多层次社会保障体系。抓实教育改革，加快推进普惠性学前教育、农村中小学"改厕"、课后服务等重点民生实事。加快疫苗接种步伐，全力构建公共卫生服务体系和高质量医疗服务体系。

（六）推进"乡村振兴"三项行动

实施产业提升行动，持续打造11个乡村产业振兴示范村，统筹科研、生产、加工、物流、示范、服务、文旅等脐橙全产业链功能板块，推进一二三产业融合发展。实施乡村建设行动，按照"强县城、美集镇、优村落、促集中"的发展路径，推进西部新区、高铁新区建设，不断完善城市功能；推动场镇集镇公共服务设施提标扩面、环境卫生设施提级扩能、市政公用设施提档升级、产业培育设施提质增效，严格建筑风貌管控；优化完善村庄布点规划，统筹推进传统村落保护与建设。实施基层治理行动，完善村民自治机制，推进基层治理网格化、智慧化，实施乡风文明培育行动，形成共建共治共享的乡村治理格局。

[奉节县发展和改革委员会　汪　丁　余兆永]

之十一：2021年巫山县经济运行分析及2022年展望

2021年以来，巫山县上下严格落实市委市政府工作要求，统筹经济社会发展大局和疫情常态化防控，立足新发展阶段，完整准确全面贯彻新发展理念，积极主动融入新发展格局，全力做好"六稳"工作，全面落实"六保"任务，全县经济运行总体平稳，呈现稳中加固的态势。1—9月，实现地区生产总值152.63亿元，增长11.5%，增速居全市第七位、渝东北第四位，高于全市平均增速1.6个百分点。

一、2021年巫山县经济运行分析

（一）经济运行基本特征

1. 农业生产平稳发展

粮油丰收，蔬菜生产形势较好，除生猪外的主要畜禽产业实现恢复性增长。巫山县脆李实际销售6.07万吨，实现产值6.3亿元；巫山恋橙年总产量11万吨，实现产值5.5亿元；中药材种植面积7万亩，预计可实现产值4亿元，同比增长4%。前三季度，实现第一产业增加值27亿元，增长8.3%，较2019年增长13.1%，两年平均增长6.3%，现代山地特色高效农业效益凸显。

2. 工业产业保持增长

前三季度，实现第二产业增加值44.8亿元，增长10.1%，较2019年增长15.3%，两年平均增长7.4%。规模以上工业实现总产值13.5亿元，增长16%；建筑业实现总产值49.44亿元，增长23.3%，建筑业仍是第二产业的重要支撑。前三季度，全口径发电量4.18亿千瓦·时，增长9.3%，其中水电增长9.6%，光伏增长3.3%，青山头风电场17台风机全部并网发电，累计发电765万千瓦·时，清洁能源生产保持了稳定增长的态势。

3. 服务业发展增速较快

前三季度，接待游客1700万人次，增长24%；景区购票人数达140.1万人次，增长228%，旅游市场保持较高恢复性增长态势。其他服务业增加值43.73亿元，同比增长17.1%，占地区生产总值22.7%，占第三产业54.1%，发展态势总体良好。前三季度实现第三产业增加值80.85亿元，增长13.4%，较2019年增长13.6%，两年平均增长6.6%。

4. 需求动力持续回升

消费市场快速恢复，江东新城红叶智慧商圈等特色街区建设加快推进，克拉大都会等城市商圈快速发展。前三季度限额以上批发、零售、住宿、餐饮业分别增长27.6%、29.5%、35.2%、39.8%，全县社会消费品零售总额前三季度增长34.7%左右，增速在全市和渝东北均排第四位。固定资产投资保持增长态势，前三季度固定资产投资完成107.8亿元，同比增长11.3%。

5. 财政金融总体平稳

一般公共预算支出完成38.54亿元，同比下降12.2%，完成年度预算的82%。9月末，巫山县银行业金融机构存贷款余额为484.4亿元,增长2.5%。其中存款余额为236.98亿元,下降0.84%,贷款余额为247.4亿元,增长6.02%。

6. 民生保障有力有序

强化稳岗扩岗,前三季度新增城镇就业1935人,城镇失业人员就业2450人,就业困难人员就业1477人。教育、医疗、养老、社保等民生工作扎实推进,前三季度实现城、乡可支配收入分别达28445元、9931元。15件重点民生实事进展有序,疫情防控有力有效,义务教育阶段学校实现课后服务全覆盖,老旧小区改造持续推进,城市绿地面积不断增加,农村公路防护栏不断延伸,"村村通应急广播、户户看巫山新闻"工程陆续覆盖,人民生活品质不断提高。

(二)当前经济运行中存在的主要问题

1. 产业发展稳中有忧

特色农业抵御风险能力不强,生态旅游发展面临资源开发、客源市场等同质化竞争的压力,房地产发展较为艰难。

2. 投资稳增长压力较大

少数项目因资金缺口较大推进缓慢,用地要素保障短板依然存在。

3. 财政保障隐忧较大

受新增减税降费政策影响和国家调控房地产影响,县级财政收入难以完成年初预期,财政压力后续将逐渐凸显。

二、2022年经济运行的环境分析

从国际来看,世界百年未有之大变局加速演变的特征更趋明显,国际环境日趋复杂,全球动荡源和风险点显著增多。从国内来看,中国领先一步控制住了疫情极端冲击、领先一步实现了经济回归至趋势增长水平,落实"碳达峰碳中和"行动等政策措施将更加夯实中国经济高质量发展的基础。从全市来看,共建"一带一路"、长江经济带发展、西部大开发、成渝地区双城经济圈等重大战略深入实施,为重庆高质量发展赋予了全新优势、创造了更为有利的条件。从全县来看,众多国家战略和市上推进渝东北三峡库区城镇群生态优先绿色发展深度叠加,"水陆空铁"渝东门户交通枢纽全面形成,巫山县正处在探索生态优先新路子、打造绿色发展升级版的机遇期。坚持用好"生态"和"文化"两个宝贝,紧紧抓住消费升级、国家能源结构重构等重要机遇,加快建设国内重要生态产品供给地,切实解决经济总量不大、产业能级不高、抗风险能力较弱、生态环境保护任务艰巨、基础设施建设短板、科技创新支撑能力偏弱等问题,加速建成生态优先绿色发展示范区。

三、工作措施与建议

(一)持之以恒优产业

一是生态旅游进一步突出特色。用好、用活五里坡国家级自然保护区世界自然遗产金字招牌,从资源保护、科研合作、文旅融合等方面持续发力,打造一批生态旅游、生态康养基地,持续提升国家全域旅游示范区发展水平。二是生态农业进一步完善产业链条。做大做强农产品加工,开发红薯粉条、中药材饮片、脆李果酒、柑橘果脯等特色深加工产品。三是生态工业进一步提质增效。积极推进与三峡集团合作，加快两坪三溪（二期）光伏、红椿风电等项目建设，提升清洁能源生产、储备、输送等配套产业服务能力，推动清洁能源基地加快建成。

（二）千方百计稳投资

一是加大对重点项目尤其是未开工项目和进度缓慢项目的调度力度，积极协调解决项目建设堵点问题。二是科学编制"一老一小"等细分产业发展方案，积极争取中央预算内资金、专项债券、基金等资金的支持，多渠道、多形式解决项目建设资金不足问题。三是积极争取上级支持，加大建设用地指标争取力度，加快规划调整，解决涉及林地、电网、风景名胜区、生态红线等问题，破除土地开发、基础设施建设的瓶颈。四是加大项目策划和储备力度，为2022年乃至整个"十四五"时期项目落地和争资引资创造有利条件。五是精准招商，策划派出中药材、农副产品加工、白酒招商小分队开展工业招商，做强工业体系。

（三）多措并举促消费

一是提质消费场景。加快"三峡之光"夜游项目建设，打造尚熙台等区域性知名商圈，培育"夜味、夜养、夜赏、夜玩、夜购"等"五夜"生活业态。二是增加特色消费供给。积极开发培育以旅游休闲、体育运动、健康康养等为主线的消费项目，打造"巫山烤鱼"品牌，做大品质消费。三是增加有效需求。全力推动巫山恋橙、巫山中药材等农产品出口，引导粉丝、核桃等农产品经营企业积极扩大与国内外公司的交流与合作，持续增强消费需求。

（四）凝心聚力抓民生

一是积极发展社会事业，坚持尽力而为、量力而行，扎实办好一批重点民生实事。二是着力稳就业促创业，加强就业和社会保障，精准帮扶高校毕业生、退役军人、关破企业分流职工等重点群体就业。三是提升社会保障水平，巩固提升基本养老、医疗保险参保率，让最低生活保障更加透明合理。四是全力抓好生态环境建设和保护，确保空气质量优良天数比例达96%以上，长江干流及县域内15个次级河流检测断面水质达到国家Ⅱ类标准。五是做好常态化疫情防控工作，严格落实"内防输入、外防反弹"各项措施，持续做好检测预警。

［巫山县发展和改革委员会　王　军　刘道春　孙　军］

之十二：2021年巫溪县经济运行分析及2022年展望

2021年以来，巫溪县认真贯彻党中央、国务院决策部署和市委、市政府工作要求，统筹疫情常态化防控和经济社会发展，经济运行呈现稳定转好态势，主要指标恢复性增长，基本民生保障有力，市场预期总体向好。

一、2021年巫溪县经济运行分析

（一）经济运行情况

前三季度，巫溪县地区生产总值实现83.5亿元，同比增长7.8%，增速较上半年提高2.8个百分点，全市排位较上半年提高4位。第一、第二、第三产业增加值增速分别为5.7%、0.6%、11.6%，三次产业结构比为20.5∶22∶57.5，三次产业经济贡献率分别为15.8%、1.7%、82.5%，分别拉动经济增长1.2个、0.2个、6.4个百分点。

1. 农业生产持续向好，与周边区县仍有差距

前三季度，第一产业实现增加值17.1亿元，同比增长5.7%，增速较第一季度、上半年分别提高3.3个、1.1个百分点，增速排全市第28位、渝东北末位。其中，粮食种植面积约88万亩，全面完成年度目标任务；蔬菜产量18万吨，同比增长6.7%；水果产量约2万吨，同比增长10.5%。出栏生猪37.36万头，羊13.35万只、牛2527头、家禽186.14万只、水产品786吨，分别增长16.6%、4.8%、7.6%、7.8%、29.3%。生产脱毒马铃薯原原种800万粒、脱毒马铃薯良种3000吨；收购烟叶4.9万担、产量4700吨；收获中药材1.73万吨，同比增长21.7%。

2. 第二产业持续低迷，工业、建筑业支撑不足

前三季度，第二产业实现增加值18.4亿元，同比增长0.6%，增速较第一季度、上半年分别回落6.3个、1.5个百分点，排全市第37位、渝东北末位。其中工业实现增加值5.8亿元，同比增长4.5%，较上半年回落1.6个百分点。规模以上工业增加值同比增长5.3%，较上半年回落1.8个百分点。分门类看，制造业增加值同比增长0.5%；采矿业增加值同比增长4.6%；电力、热力、燃气及水生产和供应业同比增长6.5%，工业对经济增长的贡献率为4.2%，拉动经济增长仅0.3个百分点。其中建筑业实现增加值12.6亿元，同比下降1.3%，较上半年回落1.5个百分点，建筑业对经济增长的贡献率为-2.6%，拉低经济增长0.2个百分点。

3. 第三产业支撑强劲，服务业贡献突出

前三季度，第三产业实现增加值48亿元，同比增长11.6%，增速较上半年提高5个百分点，排全市第16位、渝东北第8位。其中社会消费品零售总额同比增长33.8%，批发业同比增长25.5%，零售业同比增长20.8%，住宿业同比增长29%，餐饮业同比增长27.5%，均保持高速增长。同时，教育、卫生、租赁等其他服务业实现增加值23.9亿元，同比增长15.6%，较上半年提高10.1个百分点。

4. 固定资产投资扭负为正，项目建设步伐加快

前三季度，固定资产投资完成49.5亿元，同比增长5.8%，较上半年提高9.8个百分点，实现扭负为正。从实物量投资看，500万元以上项目投资完成38.3亿元，同比下降1.1%，较上半年提高5.3个百分点；房地产投资完成11.2亿元，同比增长39%，较上半年提高33.3个百分点。从项目年度计划看，交通项目完成年度实物量投资的54%，城镇建设及基础设施项目完成62.4%，教育项目完成72.1%；卫生项目完成71.2%；商贸项目完成90%；其他社会事业完成84%。从项目开复工看，125个重点项目共开复工86个，开复工68.8%，开复工率较上半年提高9.6个百分点。其中：78个新建项目开工39个，开工率50%；47个续建项目全部复工。

5. 财政收支矛盾突出，金融市场平稳增长

前三季度，一般公共预算收入完成4.95亿元，同比下降3.1%，较第一季度、上半年分别下降12.2个、13.2个百分点。其中：税收收入完成2.77亿元，同比下降6.7%；非税收入完成2.19亿元，同比增长1.9%。一般公共预算支出完成33.02亿元，同比下降18.5%。存贷款余额373.1亿元，同比增长8.4%；其中，各项存款余额215.1亿元，同比下降3%；各项贷款余额158亿元，同比增长29.1%。

6. 居民收入增长较快，社会民生保障有力

前三季度，居民人均可支配收入14573元，同比增长10.2%。其中，城镇常住居民人均可支配收入23754元，同比增长9.5%；农村常住居民人均可支配收入8900元，同比增长11.5%。城乡居民人均可支配收入比值2.67，较上年同期缩小0.05。全县城镇新增就业2504人，提前完成年度目标任务；开发公益性岗位在岗人数6800余人，托底安置脱贫劳动力5986人。教育、卫生、民政等社会事业稳步推进。

（二）存在的问题

1. 经济增长压力加大

一是第一、第二产业增长压力加大。第一产业增加值增速较城口县、开州区、云阳县、奉节县、巫山县分别低2.2个、2.8个、4.0个、2.6个、2.6个百分点，增速渝东北垫底。第二产业中规模以上工业增加值增速分别低于全国、全市平均水平6.5个、8.9个百分点，排全市倒数第二位，渝东北垫底；第二产业中建筑业增加值同比负增长，建筑业对经济增长的贡献率为-2.6%，支撑严重不足。二是固定资产投资压力加大。前三季度固定资产投资仅完成全年计划的62%，差时序进度13个百分点，对标政府工作报告增速目标任务，第四季度还要完成投资30.3亿元，每月均要完成投资10.1亿元，压力十分巨大。同时，前三季度基础设施投资同比下降1.1%、民间投资同比下降18%，基础设施投资呈现负增长态势和民间投资持续大幅下降，项目投资后劲严重不足。三是主要经济指标差距较大。对标第三季度预期目标任务，除社会消费品零售总额、批发、住宿、餐饮等少部分指标达到预期目标外，第二产业增加值、工业增加值、建筑业增加值、固定资产投资、商品房销售面积、税收收入增速较预期目标差距较大，经济发展支撑基础仍然不足。

2. 经济发展动力不足

一是企业经济效益降低。当前实体企业"散、小、弱"，主要产品产量少、品牌转化率低，大环境下企业利润降低，前三季度，非金融企业存款余额为9.8亿元，同比减少20.5%。二是财政支撑能力不足。前三季度，一般公共预算收入同比下降3.1%，较第一季度、上半年分别下降12.2个、13.2个百分点。同时，一般公共预算支出完成33.02亿元，同比下降18.5%，持续保持大幅下降态势，财政支撑能力有待加强。三是招商引资项目落地难。前三季度，虽然成功与大唐、华电、三峡水利电力签订正式合同，合

同额35亿元，但是其他方面基本没有签订正式合同，经济发展动力严重不足。

（三）2021年主要经济指标预测

综合分析2021年前三季度经济形势、宏观政策取向和经济增长支撑因素，预计全年地区生产总值同比增长6.5%左右，第一产业增加值同比增长8%左右，规模以上工业增加值同比增长7%左右；社会消费品零售总额同比增长20%左右；固定资产投资同比增长7%左右；一般公共预算收入同比增长3%左右。

二、2022年经济运行的环境及因素分析

（一）优势机遇

乡村振兴带来新的发展机遇。作为全国乡村振兴重点帮扶县，随着一系列乡村振兴政策落地落实，将为经济社会发展提供有力支撑。特别是，全市将为巫溪等4个国家重点帮扶县专门出台乡村振兴"一县一策"措施方案，其中巫溪将实施基础设施、生态文明、生态产业、城乡建设、社会民生、要素保障六大提升工程，必将推动巫溪经济社会全方位加速发展。

招商引资带来新的发展机遇。一方面，巫溪县委、县政府高度重视招商引资工作，重新组建招商投资促进中心，新增5个科室和10名编制人员，新设1正3副领导职数，核定科长5名，全力推动招商引资工作，2022年必将取得新的成效。另一方面，从2021年9月以来，县委、县政府主要领导每月上、中、下旬外出开展招商引资，新签约5个光伏项目、投资总额55.6亿元，随着项目加快落地，将为经济发展增添新的动力活力。

生态优势带来新的发展机遇。巫溪生态优美、人文厚重、资源丰富，将依托良好的生态优势，围绕"春观山花夏避暑、秋赏彩林冬戏雪"的主线，重点打造"国家园林县城有约、历史文化体验、避暑纳凉生态游、采摘探险农耕体验"4种全域、全季乡村旅游精品线路，努力构建现代山地特色高效农业体系，竭力打好"边区牌"、奋力建好"宜居地"、着力吃好"生态饭"，全面融入成渝地区双城经济圈建设和"一区两群"协调发展，全力打造渝陕鄂川边区高质量发展重要增长极。

（二）困难挑战

外部环境不确定性较多。国际环境复杂多变，中美大国博弈风险依然存在。全球新冠肺炎疫情存在不确定性，全国、全市、全县防控形势依然严峻。经济运行快速恢复，但受原材料上涨、能源供应紧张、"卡脖子"技术、金融风险等影响，存在的挑战依然巨大。

发展要素制约依然严重。交通瓶颈尚未突破，"两头在外、大进大出"的生产方式，付出的物流和时间成本较高。用地保障较为困难，产业发展用地空间不足，红池坝片区旅游综合开发、光伏能源建设等项目受土地要素制约落地难。资金无法满足发展需要，投融资模式单一，县级财政无法配套，部分项目资金难以保障到位。

产业发展基础薄弱。周边区县你追我赶，发展势头迅猛，形势逼人，而巫溪县产业发展基础薄弱，农业产业普遍散、小、弱，达到中型企业标准或产值过亿的工业企业仅1户，限额以上商贸服务业也仅占全县商贸企业的10%左右，经济发展支撑面临的挑战依然严峻。

2022年，面对错综复杂内外部环境和挑战，巫溪必将前瞻全球发展大势、着眼全国发展大局，紧紧结合全市发展大计进行统筹谋划，努力发挥比较优势，找准定位方向，抢抓发展机遇，加快推进经济社会高质量发展。

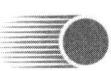

三、2022年趋势展望及主要指标预测

2022年,巫溪处于交通区位加速突破期、乡村振兴纵深推进期、特色产业加快培育期、城乡融合建设提质期、绿色发展转型关键期。全县上下将坚持以习近平新时代中国特色社会主义思想为指导,立足新发展阶段,完整、准确、全面贯彻新发展理念,服务和融入新发展格局,认真贯彻市委、市政府各项决策部署,围绕全县"1246"总体工作思路,对标对表"十四五"规划纲要,统筹推进疫情防控和经济社会发展,全力抓好"基础设施、乡村振兴、产业发展、特色城市、生态文明、改革开放、社会民生"七项重点工作,全力以赴巩固经济稳定恢复态势,力争经济增长保持在7%左右,固定资产投资增长保持在7%,规模以上工业总产值同比增长8%,社会消费品零售总额增长10%,一般公共预算收入增长5%,城乡居民收入增长与经济社会发展同步,生态环境质量持续改善,单位生产总值能耗、主要污染物排放等约束性指标完成市级下达目标任务,加快建设世界人文生态旅游目的地、全国生态文明先行示范区、全市现代山地特色高效农业基地和避暑休闲基地、渝陕鄂边区交通枢纽,把绿色生态的势能转化为推进经济社会高质量发展的动能,绘就产业高质高效、城乡宜居宜业、百姓富裕富足的美好画卷。

四、政策调整措施建议

(一)在交通基础设施突破上下大功夫

加快推动巫溪至奉节铁路前期工作,确保2022年启动建设;加快巫神路三期(清水桥至大九湖段)前期工作,力争纳入国道支持范围,并在2022年开工建设。加快研究达(州)开(州)巫(溪)襄(阳)铁路、渝东北旅游环线铁路、万(州)巫(溪)十(堰)铁路等项目规划论证,加快巫溪至城口高速、巫溪(金盆)—奉节—利川高速前期工作,加快推动巫云开、巫城、两巫高速等重大区域交通项目建设,加快建设渝陕鄂边区交通枢纽,增添发展动力和活力。

(二)在巩固脱贫攻坚成果与乡村振兴有效衔接上下大功夫

聚焦抓好政策举措设计、返贫监测帮扶、常态化"回头看"、稳岗就业行动、搬迁后续扶持、社会帮扶结对、项目资产管理、攻坚成果评估八个方面,扎实巩固拓展脱贫攻坚成果。统筹推进乡村"五大振兴",重点围绕"四圈一带"产业布局,坚持"以点带面",强化规划引领、龙头带动和资金支持,突出抓好重点产业发展,打造全县乡村振兴特色产业发展先行示范区。进一步完善五年发展规划,并按照年度实施计划抓好组织实施,策划启动一批项目建设,用乡村振兴巩固拓展脱贫攻坚成果。

(三)在绿色产业发展上下大功夫

立足优势走好生态优先绿色发展新路,坚持旅游为龙头,以创建国家全域旅游示范区为统领,协同打好大三峡牌,加快推进红池坝、大宁古城等重点景区建设,唱响慢巫溪快逍遥心旅品牌,加快打造长江三峡旅游新高地;坚持农为基础,按照小规模多品种高品质好价钱发展方向,培育壮大巫溪马铃薯、巫溪冬桃、巫溪晚李等特色产业,强化农产品精深加工,推动农业提质增效;坚持融合发展,推动农旅文旅体旅商旅等融合发展,大力发展绿色工业,建立渝陕鄂川边贸物流中心,加快打造巫溪绿色发展升级版。

(四)在城乡建设提升上下大功夫

围绕县城建设"20平方公里、20万人口"高品质宜居小城,推动大宁古城整体开发,加快推进赵家坝城市老旧小区改造、马镇坝城市商业服务中心提档升级、凤凰围绕铁路站提前谋划高铁新城,拓展升级工业园区。围绕县域"一心一区、两轴两群"协调发展，加快打造渝陕鄂边区乡村振兴标杆和示范，打造上磺至古路、文峰至塘坊田园综合体，推动红池坝镇、文峰镇、朝阳镇、尖山镇、天元乡、中梁乡与红池坝景区整体规划建设旅游融合发展示范区，推动其他乡镇特色化发展。

（五）在生态文明建设上下大功夫

实施天然林保护修复和国有林场基础设施建设工程，建设人工造林5万亩、森林抚育27万亩、退化林修复及森林质量提升25万亩、退耕还林提质改造20万亩、灌木林培育20万亩。推进非国有林生态赎买改革试点，积极开展横向森林生态补偿改革和林业碳汇开发试点，建设国家储备林50万亩，加快创建"两山"实践创新基地和国家生态文明建设示范县。

（六）在改革开放创新上下大功夫

积极推动成渝地区双城经济圈建设，深度融入渝东北城镇群建设，加快推进长江三峡"黄金三角"文旅协同发展示范区建设，增添发展动力活力。持续优化营商环境，进一步减环节、缩时间、提效率、减成本，进一步强化民营企业用地、用能、用工、融资、规划、技术等要素保障，加快打造市场化法治化国际化营商环境。加大招商引资力度，围绕农产品深加工、新型建材、智能制造、新能源、康养旅游等产业，团结一致"走出去"，齐心协力"引进来"，全面提高招商引资水平和落地实效。坚持创新在现代化建设全局中的核心地位，不断完善以需求为导向、以企业为主体的产学研一体化创新体制机制，大力加强基层创新特别是绿色技术创新应用和现代农业技术创新转化力度，持续加强人才引进培育、健全人才发展体制机制。

（七）在社会民生保障上下大功夫

全力统筹推进教育、文化、卫生、民政、就业等社会民生事业，加快新建凤凰片区普通高中，续建先锋小学、白马小学二期工程，改扩建巫溪中学、尖山中学、白马中学、城厢中学、宁河中学，提升义务教育基本办学条件。推动县人民医院创建三级甲等医院，县中医院创建三级综合医院，县妇幼保健院创建二级甲等医院，打造渝陕鄂边区医疗卫生高地。新建文化馆、图书馆、巫盐文化博物馆、体育场、全民健身活动中心等配套设施，实施农村养老服务体系全覆盖工程、3个失能人员集中照护中心，全力保障和改善民生。

[巫溪县发展和改革委员会　廖亚鑫]

区域卷
渝东南武陵山区城镇群篇

之一：2021年渝东南武陵山区城镇群经济运行分析及2022年展望

2021年，面对复杂严峻的国内外环境，我国科学统筹疫情防控和经济社会发展，强化宏观政策跨周期调节，有效应对疫情汛情等多重考验，国民经济持续恢复发展。渝东南武陵山区城镇群（以下简称渝东南城镇群）坚持稳中求进工作总基调，立足新发展阶段，完整、准确、全面贯彻新发展理念，服务和融入新发展格局，紧扣成渝地区双城经济圈建设和"一区两群"协调发展，加快培育壮大新动能，经济运行稳中加固、稳中向好，预计全年地区生产总值增长8.2%。

一、2021年渝东南城镇群经济运行情况分析

（一）总体情况

2021年以来，渝东南城镇群牢固树立一体化理念，立足武陵山区生态资源和民族特色，坚持走文旅融合型高质量发展道路，经济高质量发展呈现良好势头，1—9月实现地区生产总值1084.55亿元，占全市总量的5.44%，占比较2020年同期提高0.1个百分点。分区县来看，秀山县、武隆区分别以9%、8.9%的GDP增速占据渝东南城镇群前两位。

（二）主要特点

1. 特色高效农业加快发展

渝东南城镇群结合乡村旅游、农村电商，加快实施现代山地特色高效农业示范工程，农业经济运行稳中向好，1—9月带动第一产业实现增加值137.31亿元。一是特色高效农业规模化发展。已经初步形成中药材、茶叶、蚕桑、果蔬、中蜂、油茶、生猪等山地特色产业，拥有黔江桑蚕茧、石柱莼菜、石柱黄连等国家级、市级特色农产品优势区7个。酉阳县累计建成中高标准油茶基地24.7万亩，成为全市油茶基地面积最大的区县。武隆区建成国家水稻种植标准化示范区1个，建成全国有机农产品（茶叶）基地1个。二是农业品牌创建不断加强。酉阳茶油入选2021年国家地理标志产品保护示范区筹建名单，彭水紫苏油入选2021年第二批全国名特优新农产品名录。秀山县累计建成区域公用品牌3个，认证地理标志商标10个，获得"巴味渝珍"认证产品13个。武隆区有效期内"三品一标"农产品超230个，获得"巴味渝珍"认证产品32个。三是农业"接二连三"稳步推进。黔江区卷烟、畜禽产品加工、茧丝绸、中药材加工、特色食品加工产业链加快培育，"旅游+扶贫+乡村振兴"融合发展机制不断健全。石柱县培育引进辣椒龙头加工、火锅品牌企业32家，研发复合调味产品200余种，率先在国内实现辣椒机械化干制。酉阳县花田乡、黔江区石会镇入选2021年国家农业产业融合发展项目创建名单。

2. 绿色特色工业量稳提质

渝东南城镇群围绕区域资源优势和产业定位，狠抓工业经济发展取得显著成效，1—9月累计实现工业增加值同比增长10%左右。一是工业经济稳步增长。秀山县镁合金、水泥等传统产业转型提质，中医药、食品加工、新材料等产业加速壮大，1—9月规模以上工业增加值同比增长11.7%，增速居渝东南城

镇群首位。武隆区大力促进产业升级发展，1—9月规模以上工业增加值同比增长10.3%。彭水县中药材加工、苗医苗药等工业经济新增长点加快形成，1—9月实现规模以上工业增加值同比增长8.3%。二是工业转型升级稳步推进。黔江区着力推进区内5家企业智能化改造。石柱县以电子元器件装配为主的数字终端、穿戴设备、电子产品等数字制造产业加快培育，数字产业实现产值5亿元左右。三是招商引资成效显著。黔江区新签约工业项目20个，正式合同额56.86亿元，其中投资30亿元的华录数据湖项目有望在渝东南形成新的增长点。武隆工业园区累计签约项目7个，签约额12亿元。

3. 文旅产业深度融合发展

渝东南城镇群加快国家级文旅融合发展示范区建设，文旅产业发展迈上新台阶，带动服务业加快发展，1—9月实现服务业增加值585.25亿元。一是文旅经济加快回暖。武隆仙女山、石柱黄水、秀山川河盖、彭水摩围山、黔江三塘盖等旅游景点旺季客流爆满。1—9月，石柱县接待游客1608万人次、实现综合收入119.8亿元，同比分别增长6.3%、7.5%。1—6月，武隆区接待游客1702.81万人次，实现综合收入76.55亿元，同比分别增长12.78%和15.96%。酉阳县成功入选全国县域旅游发展潜力百佳县名单，彭水县成功入选2021年全国旅游综合实力百强县榜单。二是文旅业态日益丰富。渝东南各区县深挖民俗文化、红色文化等资源，发展红色主题游、非遗主题游，促进传统表演艺术、传统工艺、民俗等非遗传承发展。彭水推出苗乡养心游、民俗风情游、红色文化游、人文历史游等8条精品旅游路线。黔江区大力推进"乡村振兴+旅游"融合，开发精品旅游线路25条，建成休闲观光和采摘体验园46个。武隆区成功举办2021年中国武陵文旅峰会、石柱县成功举办中国·重庆（石柱）第五届康养大会，旅游与展会活动深度结合。

4. 投资和消费逐步恢复

随着各项"稳投资""促消费"政策的实施和重大项目的加快推进，渝东南城镇群固定资产投资和消费市场呈现持续复苏的良好态势，一是固定资产投资稳定回升。1—9月，黔江区在黔江卷烟厂易地技术改造项目、三塘盖国际旅游康养度假区等重点项目带动下，实现固定资产投资同比增长11.4%，其中工业投资同比增长85%，增速居全市第二位。1—9月，酉阳县、秀山县房地产开发投资增长显著，同比分别增长106%、66%，增速居全市第一位、第四位。同时，在渝湘高铁、渝湘复线高速公路、乌江白马航电枢纽等重点项目建设带动下，渝东南城镇群基础设施投资增长总体平稳。二是消费市场持续稳步复苏。渝东南城镇群消费环境持续改善，消费活力持续释放，1—9月实现社会消费品零售总额630.47亿元，各个区县社会消费品零售总额同比增速均在20%以上。其中，秀山县商贸物流带动消费市场加快复苏，实现社会消费品零售总额163.03亿元，同比增长20.6%，总量居渝东南城镇群首位。彭水县实现社会消费品零售总额107.06亿元，同比增长32.7%，增速领跑渝东南城镇群。武隆区、酉阳县消费增长稳中有进，社会消费品零售总额增速分别高于全市2.6个、2.3个百分点。

5. 城乡融合稳步推进

渝东南城镇群统筹推进新型城镇化建设和乡村振兴，城乡面貌持续改善、融合发展水平不断提升。一是城市功能品质持续提升。黔江区积极实施海绵城市建设项目，全区达标的海绵城市面积约6.5平方千米，占建成区面积约23.55%。武隆区加快凤来新城建设，积极承接主城都市区"外溢"功能和产业，打造全国近郊型公园城市。石柱县通过补"缺点"、扩"绿线"、美"崖面"等方式提升城市绿化品质，累计补植面积7382平方米，美化坡坎崖2.21公顷。二是乡村振兴扎实推进。石柱县以文惠民助力乡村振兴，广播"组组响"覆盖率和电视"户户通"工程覆盖率均达到100%。丰都县全面深化农业农村改革，新增38个村开展农村"三变"改革试点，试点村占行政村21%。黔江区重点开展村容村貌提升、农村生活垃圾治理、农村生活污水治理、农村"厕所革命"、农业废弃物资源化利用等五个方面工作,农村人居环境进一步改善。

6. 生态环境不断改善

渝东南城镇群牢固树立"绿水青山就是金山银山"的理念,坚持尊重自然、顺应自然、保护自然,统筹山水林田湖草沙系统治理,区域生态环境不断改善。一是生态治理取得积极成效。黔江区实施阿蓬江流域水生态修复与治理工程,完工投用24个乡镇污水管网扩建工程;持续强化森林资源保护,综合治理水土流失55平方千米,完成营造林15.5万亩,森林覆盖率稳定在65%以上。彭水县扎实推进流域综合治理工作,乌、郁两江水质均达到Ⅱ类,县城集中式饮用水水源地和2个千吨万人乡镇集中式饮用水水源地水质达标率100%。二是生态建设推进有力。黔江区、武隆区、石柱县共46个乡镇(街道)成功创建市级生态文明建设示范乡镇(街道),其中武隆区成为全市唯一获得"国家生态文明建设示范市县"和"绿水青山就是金山银山实践创新基地"的"双创"区县。石柱县推进林业生态建设,实施疏林地及未成林地培育0.4万亩,特定灌木林培育1万亩,森林抚育2.5万亩。

二、经济运行存在的主要问题

(一)经济恢复的基础尚不牢固

渝东南城镇群经济保持恢复性增长态势,但需求端复苏较慢,制约经济的持续回升。一是投资增长后劲不足。受政府财政紧张、投融资创新不足等影响,区县政府基建投资的资金瓶颈制约较大。工业投资受市场需求低迷、大项目落地少等影响,增长后劲不足,1—9月石柱县、秀山县、彭水县工业投资分别同比下降42.7%、30.4%、14.5%。彭水县、石柱县房地产投资呈现负增长态势,后续扭负为正压力较大。二是消费增长动力较弱。在新冠肺炎疫情反复背景下,旅游市场恢复依然较为乏力,住宿、餐饮等服务消费恢复缓慢。消费环境整体还不优,商业及配套设施建设滞后,优质商品和服务供给不足,制约消费意愿的有效释放。三是外向型经济发展不足。渝东南城镇群进出口总额不及全市的1%,对外贸易发展水平较低,对经济带动能力弱。

(二)产业转型升级压力依然较大

新兴产业对经济发展支撑不足、绿色生态产业链开发滞后等问题依旧存在,产业转型升级缓慢。一是"文旅+"融合发展深度不够。受地理区位、经济发展水平的影响,区域特色效益农业、生态工业、旅游业等绿色产业创新发展能力较弱,农业"接二连三"融合发展不足。"文旅+"对特色高效农业、绿色工业、商贸物流、开放型经济等方面的赋能不够。二是产业发展基础薄弱。产业规模不大,一二三产业增加值占全市比重分别仅为10.3%、4.6%、5.5%。工业集中在初级制造环节,信息化、智能化和绿色化升级改造步伐较慢。各区(县)缺乏具有带动整体产业发展的龙头型企业。三是要素保障不充分。交通基础设施建设滞后,要素流动和集聚较难,人才、技术、资金、政策等要素保障不足,难以满足产业新模式新业态发展需求。各区县产业创新平台、创新主体较少,区域创新活力较弱。

(三)营商环境有待进一步改善

渝东南城镇群营商环境持续改善,但与市场主体期望仍有一定差距。一是政策软环境不优。与主城都市区相比,渝东南城镇群各区县科技创新、产业发展、人才引进等政策力度不够。二是政商沟通机制仍需完善。各种层面常态化政企沟通对接平台、渠道不够多,国家相关政策、信息向下传导精准度、效率还不足,企业由于体量较小,亟须解决的问题和困难不能及时有效得到上级政府的关注和帮助。三是政务服务水平有待提升。"放管服"改革仍需深化，企业服务保障体系还不健全，招商引资项目后续跟进服务有待优化，部门协同监管、联动执法不够，企业运营成本较高，运营效率整体较低。

（四）绿色发展水平有待进一步提升

渝东南城镇群"生态产业化、产业生态化"发展路径仍处于探索阶段，经济增长与绿色发展不协调现象依然较为突出，绿色发展水平有待提升。一是生态环境对区域发展制约较大。渝东南城镇群地处武陵山区生物多样性保护与水源涵养重要区，生态保护任务较重，产业选择、城市开发、交通布局等受生态保护红线约束较大。同时，水土流失、石漠化、地质灾害等生态问题存在，区域内可开发适宜利用的土地资源有限，项目落地建设难度较大。二是生态资源优势未得到有效转化。生态资源产业化发展路径创新滞后，生态优势和资源禀赋尚未完全有效转化为发展优势，蕴含的巨大商机未能得到有效开发，生态资产认证、补偿、交易机制和投融资机制有待完善。三是绿色产业优势还不明显。渝东南城镇群发展方式仍然较为粗放，产业层次整体偏低，绿色产业体系有待进一步构建。"双碳"背景下，企业招商引资的门槛更高，产业节能减排和转型发展压力进一步增大。

三、2022年经济运行环境分析和展望

（一）国际和国内环境分析

从国际来看，世界百年未有之大变局进入加速演变期，全球新冠肺炎疫情反复带来巨大变量，经济全球化遭遇逆流，世界进入动荡变革期，不稳定性不确定性因素明显增加。全球供应与需求的减弱，在一定程度上会制约渝东南城镇群外向型经济的发展。跨境旅游、国际交往受限，将给渝东南城镇群入境旅游业发展带来较大冲击。与此同时，新一轮科技革命和产业变革正处在实现重大突破的历史关口，以人工智能、大数据等为代表的新一代信息技术正在广泛渗透，给渝东南城镇群推动产业转型升级、实现高质量发展带来新的机遇。

从国内来看，全球产业分工格局调整和经济治理体系重塑为我国争取更广阔的发展空间、更深度地参与全球分工创造了条件。我国已转向高质量发展阶段，着重构建以国内大循环为主体、国内国际双循环相互促进的新发展格局，经济运行将维持稳中向好态势。与此同时，我国将聚焦"双碳"目标，加快绿色发展，巩固拓展脱贫攻坚成果与乡村振兴有效衔接，推进"两新一重"建设，为渝东南城镇群带来更多投资和发展的机会。

（二）市内及渝东南城镇群环境分析

从全市来看，随着共建"一带一路"、长江经济带发展、新时代西部大开发、推动成渝地区双城经济圈建设等重大战略和部署聚焦重庆，西部陆海新通道、中欧班列（成渝）等对外大通道加快建设，中新（重庆）互联互通项目、重庆自贸试验区等开放平台功能进一步完善，重庆的区域引领力、集聚力和辐射力不断增强，经济发展活力强劲。随着全市"一区两群"区域协调发展战略的实施，交通、城镇、水利、生态、民生补短板以及新基建等重大基础设施建设的推进，渝东南城镇群的交通区位条件和发展环境将不断改善，与主城都市区、渝东北三峡库区城镇群的联系更加紧密，区域经济社会将加快发展。

从渝东南城镇群来看，紧扣建设具有山地特色和独特魅力的国家级文旅融合发展试验区要求，各区县将以文化为旅游赋"魂"、以旅游为产业聚"气"、以产业为城镇立"基"、以科技为发展蕴"能"，推动文化旅游全域融合，联动周边开放合作，不断夯实内生发展动力。与此同时，随着武隆仙女山机场通航、黔江武陵山机场航线拓展、渝怀铁路动车组列车开行，以及渝湘高铁、渝湘复线高速公路等交通基

础设施加快建设，以旅游度假为主的人口、资金、信息等要素将不断集聚，渝东南城镇群区域经济和文旅产业发展将迈上新台阶。此外，渝东南城镇群地处国家重点生态功能区，产业布局、城镇建设受生态红线约束依然较大。

（三）2022年渝东南武陵山区城镇群经济运行趋势展望

2022年，渝东南城镇群发展机遇与挑战并存，经济将延续恢复性增长态势，发展韧性将不断增强。各区县紧紧围绕成渝地区双城经济圈建设和"一区两群"协调发展，服务和融入新发展格局，加快构建绿色生态产业体系，经济高质量发展的基石也将进一步夯实。预计2022年渝东南城镇群GDP增长6.1%左右。

四、对策建议

（一）夯实经济稳定恢复基础

发挥好投资的关键作用、消费的基础作用、进出口的支撑作用，更大程度挖掘释放有效需求，为经济平稳运行夯实基础。一是积极扩大有效投资。紧抓成渝地区双城经济圈建设契机，聚焦产业发展、开放通道、乡村振兴以及生态环保等领域，前瞻性策划储备一批具有区域影响力的重大项目。推动新建项目尽早开工，加大在建项目的用地、施工等督促协调力度。二是培育消费新增长点。以旅游聚人气，以人气促消费，促进文旅服务消费扩容提质。支持建设渝东南武陵山区民族文化旅游消费品创意中心、区域公用品牌运营服务中心，推动各区县核心商圈向智慧商圈转型发展。支持直播带货、社区团购等消费新业态发展，激发消费增长潜力。三是提升外贸发展水平。扩展黔江海关功能，支持在黔江和秀山布局海关特殊监管区域或指定监管场所。发挥西部陆海新通道等通道物流优势，积极开拓"一带一路"沿线国家和地区市场。

（二）加快特色产业提质发展

紧扣供给侧结构性改革，以旅游线、产业链、农产区等为联接，推动文旅与农业、工业融合发展，构建现代产业体系。一是推动文旅融合发展。围绕"乌江画廊、武陵风光、生态康养"三大主题，做强山地旅游，挖掘文化内涵，丰富旅游业态，培育旅游品牌，做优旅游环境，以武隆喀斯特、酉阳桃花源、石柱黄水等旅游区为引领，高质量推动全域旅游发展，建设世界知名生态旅游目的地。二是加快发展山地特色高效农业。结合乡村旅游、农村电商，实施山地特色农业示范工程，打造中药材、茶叶、烤烟、蚕桑、特色经果林、特色粮油、果蔬、中蜂等特色产业全产业链，培育"一村一品"示范村镇，促进农业"接二连三"。三是加强工业转型升级。培育壮大民族特色手工艺品、民族轻纺服装等特色消费加工业。发展旅游休闲食品、调味品和绿色康养食品，做特做实道地药材加工。瞄准主城都市区智能、汽摩、装备等制造业，大力发展优势配套产业。

（三）持续优化营商环境

针对企业生产经营面临的困难，切实优化营商环境，激发企业发展活力。一是增强企业创新能力。通过策划创新项目和出台人才吸引政策，加大引智、引才力度，加快实施智能制造等改造提升工程，助力企业提升生产技术水平。二是优化产业发展环境。引进发展产业投资基金、天使基金等社会资本，取消申请工业专项资金的企业产值门槛限制，着力推进生产服务业发展，增强产业发展基础支撑。三是持续深化"放管服"改革。进一步深化简政放权，推进审批、监管等政策一体化，提升服务质量效能。加大部门协同联动，避免重复执法、重复检查等问题，建立常态化企业对接服务机制，针对重点企业、重点行业设专人进行对接，降低企业运营成本。

（四）加快提升绿色发展水平

牢固树立"绿水青山就是金山银山"的理念，统筹山水林田湖草沙系统治理，促进渝东南城镇群全面绿色转型，构筑"秀美武陵·乌江画廊"生态范例。一是加强生态系统保护和修复。大力实施天然林保护、退耕还林还草、水土流失综合治理、石漠化综合治理、河湖和湿地保护修复、矿山生态修复和土地综合整治等工程，加强自然保护地建设和野生动植物保护，筑牢武陵山区生态屏障。二是加快生态产品价值转化。支持渝东南城镇群有条件的区县率先开展生态产品价值实现机制试点，优先开发出售相关生态指标。创新发展生态产品，巩固武隆国家"绿水青山就是金山银山"实践创新基地创建成果，支持渝东南有条件的区县创建重庆市"绿水青山就是金山银山"实践创新基地，打造"两山论"转化样板。三是构建绿色生态产业体系。树立保护生态环境就是保护生产力的生态经济观，把"生态+"理念融入产业发展全过程，构建低污染、低耗能、高效益的绿色生态产业体系，推进经济结构绿色化转型，实现生态优势向经济优势转化。

[重庆市综合经济研究院（重庆市经济信息中心）城市与区域经济研究课题组
主研：易小光　丁　瑶　邓兰燕　李　林　郑秋霞
执笔：邓兰燕　郑秋霞]

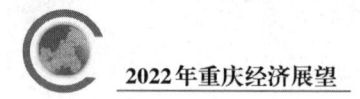

之二：2021年黔江区经济运行分析及2022年展望

2021年是中国共产党建党100周年，也是实施"十四五"规划的开局之年。黔江区上下坚持以习近平新时代中国特色社会主义思想为指导，全面贯彻党中央、国务院各项决策部署和市委、市政府要求，以加快建成渝东南区域中心城市为目标，持续巩固拓展疫情防控和经济社会发展成果，持续推进乡村振兴与脱贫攻坚有效衔接，持续落实"六稳""六保"任务，奋力开启新征程、开辟"十四五"新局面。总体看，全区经济运行持续稳定恢复，主要指标总体处于合理区间，重大战略持续推进，产业发展持续优化，发展动能持续增强，社会民生持续改善。

一、2021年黔江区经济社会发展总体情况

1—9月，实现地区生产总值189.4亿元，增长8.8%，两年平均增长5.7%，较上半年两年平均增速提高1个百分点。

（一）重大战略扎实推进

聚焦增强"三个集散"功能，启动区域中心城市专项规划编制，形成高水平打造"中国峡谷城·武陵会客厅"方案。加强川渝协作联动，与南充市签订战略合作协议，推动20项协作事项落地；联合广安市加快推进广垫忠黔线路研究。与重庆高新区确定的26项年度重点任务已完成15项，完成全市单笔最大森林指标交易8.5万亩，到位首期资金1.1亿元。合作共建"重庆高新区·黔江产业示范园"走深走实，与石墨烯研究院、海云捷迅、迈德凯医药等合作事项达成一致。

（二）农业发展稳中向好

1—9月，农林牧渔业增加值增长9%，较上半年提高0.2个百分点。农村常住居民人均可支配收入增长12.1%。粮食播种面积稳定在72.5万亩以上，夏粮产量4.9万吨，增长1.7%，预计秋粮产量18.6万吨，增长2.4%，有望实现丰收。油菜播种面积12.7万亩，增长0.3%，产量1.5万吨，增长3.3%。烟叶生产形势良好，收购烟叶6.7万担，上等烟比例74.9%。新栽植蚕桑1万亩，产茧7万担。生猪产能加快释放，出栏生猪48.3万头，增长23.2%，较上半年提高3.5个百分点。50万头无抗生猪基地项目加快建设，建成核心育种场1个，30万吨饲料厂、20万头保育场圈舍等项目主体工程完工。1—8月农产品加工产值50.5亿元，增长12.7%。

（三）工业经济小幅回升

1—9月，规模以上工业增加值增长9.4%，较上半年提高0.6个百分点。全区工业用电5.9亿千瓦·时，增长27.5%，工业用气6210.7万立方米，增长75.9%。"四大产业园"运行良好，材料、纺织、食品、环保及其他产业产值分别增长34.2%、18.6%、14.1%、25%。1—8月规模以上工业企业利润增长14.4%，营收利润率9%，同比提高0.5个百分点。烟厂累计生产卷烟28.1万标准箱，增长4.6%，实现产值52.1亿元，增长8.5%。高性能软磁铁氧体材料生产一期、蓬江食品特色食品自动化

技术改造、正升食品火锅食材生产经营加工等项目完工投产，1—9月工业投资10.6亿元，增长85%。市政府正式批复设立重庆黔江高新技术产业开发区。1—9月，新培育科技型企业24家，高新技术企业累计达37家，占渝东南总量的56%。持续落实科技金融政策，发放知识价值信用贷款49笔7666万元，累计达2.2亿元。

（四）现代服务业增长放缓

1—9月，服务业增加值增长10.2%，较上半年回落0.8个百分点；社会消费品零售总额增长21.7%，较上半年回落9个百分点；批发业、零售业、住宿业、餐饮业销售（营业）额分别增长32.1%、20.5%、29.4%、33.3%，分别较上半年回落6.7个、7.9个、22.6个、12.1个百分点。金融运行总体平稳，9月末，银行业存贷款余额726.9亿元，增长11.6%，其中：存款余额311.5亿元，增长2.7%，贷款余额415.3亿元，增长19.3%。旅游消费持续回暖，全区A级以上旅游景区实现购票人数46.2万人，增长28.8%，二次消费及门票收入5490.5万元，增长39.5%。

（五）投资运行稳中趋缓

1—9月，固定资产投资增长11.4%，较上半年回落8.6个百分点。项目建设总体有序，纳入年度投资计划的64个续建项目完成投资44亿元，占年度计划的57%，其中海通茧丝绸全产业链等18个项目完工投产。策划申报争资项目20批次、49个、11.5亿元，落实中央预算内资金3.5亿元。民间投资恢复增长，工业、房地产投资分别增长85%、12.8%，支撑民间投资完成27.3亿元，增长53.3%，占固定资产投资比重58.3%，较上年同期提高15.8个百分点。项目审批管理规范，修订完善政府投资管理办法，进一步规范和优化审批制度，截至9月底，累计完成政府投资项目可研、概算审批111个、审减投资1.5亿元，实施项目招标28个、3.7亿元；完成企业投资备案项目98个、86.3亿元。

（六）开放水平不断提高

1—9月，新增进出口备案企业5家，外贸进出口总额增长43.4%。枢纽功能持续提升，黔石高速全线通车，80万吨铁路货场完工投用。机场旅客吞吐量31.9万人，增长17.5%，货邮吞吐量705.5吨，增长1600%。渝湘高铁黔江段、黔江过境高速公路建设有序推进，黔江（武陵山）机场改扩建项目预计年内建成投用。招商引资稳步推进，全区签约项目40个、正式合同额123.4亿元，其中签约工业项目21个、正式合同额41.6亿元，到位资金17.2亿元。

（七）社会民生保障有力

1—9月，全体、城镇居民人均可支配收入为21618元、30807元，增长11.2%、10.9%。城镇新增就业7966人，发放创业担保贷款1.1亿元。营商环境不断优化，市场主体总量49402户，新增5301户。"放管服"改革持续深化，"渝快办"平台"四减"指标全面达到市级要求，建立"黔咸跨省通办"运行机制，服务水平进一步提升。加强惠企政策落实，累计减免税费0.8亿元，兑现产业扶持资金3亿元。脱贫攻坚成果同乡村振兴有效衔接，构建"点线片面"立体防止返贫监测体系，对4.5万名监测对象全部落实"一对一"精准帮扶。生态环境质量持续改善，空气质量优良天数268天，优良率98%。疫情防控精准有力，全程接种进度92.8%。

二、存在的主要问题

当前，全球疫情反复、大宗商品市场价格高涨，外部不稳定不确定因素较多；国内经济恢复不均衡，保产业链供应链稳定困难较大，巩固稳定恢复发展仍需努力。从当前经济运行表现看，较上年同期，工业和服务业呈下滑态势，导致经济总量及增速下降。主要有三方面短板：一是从动力结构看，经济增长主要依靠既有产业惯性增长带动，缺乏新的投产项目推动，增长的稳定性、可持续性较差；二是从企业层面看，"四上企业"总量不占优势，特别是工业、商贸业的优势企业培育不足，常年约有10%的企业在退库、升规两个状态"折返跑"，很难做大做强；三是从要素支撑看，近年来本级投入经济发展的资金逐年下降，使得产业基础设施建设无法满足市场需要，加剧了产业招商难度。

三、2021年经济社会发展形势预测

初步预计，2021年全年地区生产总值增长7%左右，规模以上工业增加值增长12%左右，固定资产投资增长10%左右，社会消费品零售总额增长10%左右，一般公共预算收入增长5%左右，全体、农村常住居民人均可支配收入分别增长10%左右、10.5%左右。

四、2022年经济社会发展措施建议

（一）狠抓综合经济，强区域经济竞争力

一是统筹协调抓好规划引领。制定"十四五"规划纲要2022年度目标任务清单，坚持任务清单化、清单项目化、责任具体化，确保工作有序高效推进。督促"十四五"专项规划编制部门加快进度、加强衔接，确保上半年全部出台。制定2022年国民经济和社会发展计划报告并分解落实，开展好半年评估、年度评估。二是定期开展经济形势研判。及时下达2022年经济社会发展目标任务。认真落实好经济运行"月监测、季分析"制度和经济运行监测联席会议机制，持续提高运行监测水平。建立常态化下基层、进企业开展运行调研的工作机制，探索运用平台化、即时化方式抓好企业运行监测和调度服务。持续推动"四上企业"培育，建立"四上企业"月调度、季监测机制，最大限度挖掘经济增量。优化市场主体培育工作考核激励机制，有效形成工作合力。三是持续优化营商环境。做好扩大审批替代和容缺受理行政许可事项、试点推行水电气过户和二手房交易登记联动办理、拓宽"信易+"在纳税和旅游等方面应用场景。在工程建设领域推行"多规合一""多评合一""多测合一""多验合一"，探索实现"四证联发"，提升审批时效。优化构建"亲""清"政商关系，搭建企业家与区级领导沟通桥梁，突出解决企业在生产经营中涉及的金融、财税、惠企政策、要素保障、创新、司法保障等方面问题，切实提升企业获得感和满意度。

（二）狠抓产业发展，强经济发展新动力

一是大力发展现代山地特色高效农业。推进农业产业提质增效，集中项目、资金、人才、政策等要素资源打造"三园两基地"，进一步强化示范引领。探索开展"山韵黔江"系列品牌宣传营销，持续打响"中国蚕桑之乡""中国猕猴桃之乡"名气。优化农业产业化奖励扶持办法，提标扩面农业政策保险，创新生猪价格"保险+期货"等农业金融产品，探索金融助推乡村振兴有效路径。引导农户依法采取转包、出租、互换、转让、入股等方式流转承包地，力争土地流转率达到50%以上。二是推动工业高质量发展。抓好烟厂易地技改等续建项目建设，加快推进年产30万吨石英砂综合项目等新开工项目前期工作，力争全年工业投资达14亿元。接续推进以大数据智能化为引领的创新驱动发展战略行动计划，实现工厂、车间、工序和工段数字化装备换代，不断提升企业产品附加值，推动制造业向高新技术企业转型。加快推进新基建建设，全力推进中国华录黔江数据湖科技园建设，力争重庆大数据中心渝东南存储分中心、重庆水土数据中心异地灾备中心落地黔江，加快推进城市"数智中枢"前期工作。三是着力商贸服务业优

化升级。加快建设区域消费中心，持续提升大十字商圈品质，力争引进国际、国内知名品牌10个以上。加快新城商业聚集，加快奥特莱斯黔江购物中心项目落地建设，支持特色餐饮、住宿、超市百货、休闲娱乐等业态商家向新城聚集。大力开展展销促销活动，积极申办区域性特色展会，全面落实全市"巴渝新消费"、汽车下乡和以旧换新等消费措施，大力发展夜经济。培育壮大"黔江鸡杂"产业，加强老字号传承振兴。不断丰富消费业态，打造电商进农村"升级版"，电商交易额增长15%以上，网络零售额同比增长12%以上。

（三）狠抓重点项目，强经济增长拉动力

一是强化项目储备。聚焦发展短板弱项，综合考虑资金、用地等要素统筹，进一步释放基础设施投资空间和潜力。聚焦新材料、新能源等十大重点产业方向，策划储备一批重大产业招商项目。聚焦"十四五"重点关注项目，围绕前期关键环节，落实时间表、路线图、责任书，形成储备一批、开工一批、达产一批的良好投资格局。二是强化项目管理。严格规划、前期、建设、保障、执行等项目关键环节管理，加快推进纳入年度计划项目前期工作，确保纳入计划项目形成有效投资实物量。严格落实"周检查、月通报、季分析"制度，及时随时、不定期地开展监督检查工作，并按月通报项目实施进展情况。三是强化向上争资。强化中央预算内资金投向、政府专债、不动产投资信托基金等政策研判，靠前完成项目前期工作手续，提高项目命中率。坚持目标导向和结果导向，结合年度政府投资计划，争取更大的倾斜支持和更多地保障项目资金需求。

（四）狠抓区域协作，强一域服务带动力

一是提升基础设施互联互通水平。全力推动渝湘高铁重庆至黔江段建设，协同做好黔江至吉首段可研要件及开工准备，提速实施黔江过境高速公路建设，抓紧投用450万吨铁路货场。启动万黔高铁线路规划研究，加快推进高铁站立体交通枢纽、黔江至务川、渔滩水库等重大项目前期工作。二是全面融入"一区两群"协调发展。借助重庆高新区在科技研发、新兴产业发展优势，做实"重庆高新区·黔江产业合作示范园"，进一步加大产业协作力度，推动2~3个在新材料、大健康等领域有较强科技研发能力、可预期市场潜力的企业落地。三是着力推动区域协同发展。围绕产业协作、文旅融合、服务共享，推动与南充市、广安市、宜宾市珙县签约事项落地，积极对接、发掘与其他市（县）的合作机遇。做实武陵山文旅发展联盟，加快建设武陵山旅游集散中心。充分挖掘文旅资源优势，协同打造乌江画廊旅游精品、武陵山区民俗风情生态旅游示范带，联手建设武陵山文旅融合发展示范区。

（五）狠抓改善民生，强共同富裕支撑力

一是全力稳就业促创业。巩固拓展劳务基地吸纳能力，持续深化鲁渝劳务协作。积极开发公益性岗位，重点帮扶脱贫劳动力、残疾人等群体"家门口"就业，全年城镇新增就业1万人以上。加大创业担保贷款发放和创业指导服务力度，促进高校毕业生、退役军人等重点群体创业，全年发放创业担保贷款7000万元以上。加大返乡创业园、创业孵化基地等创新创业平台建设，适时举办系列创新创业活动。二是提升公共服务水平。深入实施全民参保计划，推进社保扶贫与乡村振兴战略有机衔接，开展重点行业工伤保险扩面行动。落实义务教育阶段"双减"工作要求，丰富课后延时服务形式和内容，实现减负提质。补齐学前教育园舍条件、师资队伍等方面的短板，成功创建国家学前教育普及普惠区。提升教育基础设施水平，加快新华中学教学综合楼建设，更新完善三所高中教学设施设备，职教中心迁建工程全面完工投用。推动民族医院成功创建三甲医院，加快推进应急医院、中心医院正阳院区建设。全力推进医药卫生改革，加快构建"基层首诊、双向转诊、急慢分治、上下联动"的分级诊疗格局。三是持续统筹发展和安全。慎始如终坚持"外防输入、内防反弹"，坚决阻断疫情输入扩散渠道。全力推进全区各年龄

段人群接种,确保"应接尽接"。全力抓好粮油保供稳价,全面落实"米袋子"省长责任制,常态化做好价格监测分析预警,确保市场价格基本稳定。深入推进安全生产专项整治三年行动,持续开展大排查大整治大执法,努力减少一般事故,坚决防控较大及以上事故,确保全区安全生产形势稳定。持续推进防范化解重大风险攻坚战,坚决防范化解各类风险,守住不发生系统性区域性风险底线,持续营造安全稳定社会环境。

[黔江区发展和改革委员会　仝中开]

之三：2021年武隆区经济运行分析及2022年展望

2021年以来，武隆区上下坚持以习近平新时代中国特色社会主义思想为指导，立足新发展阶段，贯彻新发展理念，积极融入和服务新发展格局，按照稳中求进工作总基调，统筹疫情防控和经济社会发展，统筹发展和安全，扎实抓好"六稳"工作，全面落实"六保"任务，武隆区经济稳定恢复、稳中有进，高质量发展态势进一步凸显，"十四五"开局、起步态势良好。

一、2021年武隆区经济运行情况

前三季度，武隆区实现地区生产总值175.28亿元，增长8.9%，高于渝东南武陵山区城镇群平均水平0.3个百分点，两年平均增速为5.8%。其中，实现第一产业增加值19.02亿元、第二产业增加值69.19亿元、第三产业增加值87.06亿元，分别增长4.3%、7.4%、11.1%；三次产业结构比由2016年底的14.8∶39.4∶45.8调整为10.8∶39.5∶49.7。

（一）生态旅游持续向好

成功争取市级层面印发出台《关于加快推进武隆旅游国际化实施意见》，旅游国际化试点稳步推进。树顶漫步（一期）、懒人村落商业街建成投运，全域旅游集散中心主体完工，阳光童年、星际未来城等面向国际游客的文旅体验项目有序推进；实施"重庆人游武隆"、"武隆人游武隆"、特渠旅游、武隆涪陵区域合作出台旅游互惠政策，成功举办首届中国武陵文旅峰会、武隆绿色论坛、马拉松等赛事活动。接待游客3154.79万人次，实现旅游综合收入137.04亿元，分别增长16.5%、17%。

（二）生态工业提质增效

建成白马货运码头、黄荆坝麻纺厂还建房、民爆临时仓库等配套项目，开工白马航电主体工程，四眼坪风电技改扩能、大梁子风电等项目加快推进，新开发页岩气9个平台22口井，累计产值5.56亿元。年产3万吨混凝土外加剂等5个项目建成投产，恒泰建筑石材一期、武隆苕粉生产基地、页岩气开发废弃资源利用等项目加快推进。规模以上工业增加值增长10.3%，带动实现工业增加值33.46亿元，增长9%。

（三）城市品质不断提升

围绕"一江两岸"，建成南滨路大木桥段，新建成一批微公园、绿地、文化园，启动柏杨路等3个老旧小区改造，加速推进渝湘高铁、渝湘高速复线、武道高速等交通项目，加快建设沙河水库、江南水厂等水利项目，城市公共服务功能有效提升。常态化抓好城市"三管""马路办公""视频曝光"，强力推进国家文明城区创建，城市面貌持续改善。实现建筑业增加值35.73亿元，增长5.8%。

（四）内需潜能持续释放

积极融入国际消费中心城市建设，推进中堆坝商圈建设，五洲国际（一期）建成开街；精心开展"爱尚重庆·邀耍武隆""6·18"年中大促等促销活动。全区实现社会消费品零售额103.14亿元，增长26.3%，高于全市平均水平2.6个百分点。持续扩大有效投资，深化重点项目建设"四晒一比"，强化重点项目用地、审批、资金等要素保障,营造良好施工环境,完成固定资产投资60亿元。全力引进外来投资,聚焦产业链招商,累计招商签约项目20个、金额177.75亿元。

(五)区域协调发展成效凸显

主动融入成渝地区双城经济圈建设,制定《关于贯彻落实成渝地区双城经济圈规划纲要的实施方案》等文件,累计与四川地区签订合作协议24份,仙女山机场开通航线7条。加速推动"一区两群"协调发展,制定《武隆区贯彻落实〈渝东南武陵山区城镇群建设行动方案〉任务分工方案》,启动"南川武隆毗邻地区协同发展"发展规划和空间规划编制,加强与涪陵、南川对口协同发展,与两江新区签订战略合作协议。"凤来新城"开发建设有序推进,完成《凤来新城概念性规划》,策划储备"十四五"及中长期重点项目共97个,武两高速等核心支撑性项目正式动工。

(六)乡村振兴加速发力

做好巩固拓展脱贫攻坚成果同乡村振兴有效衔接,保持主要帮扶政策总体稳定,在全市率先建立以《"边缘户"管理实施意见》为纲要的"1+7"防贫干预机制,"两不愁三保障"问题动态清零。精准落实"五个振兴"要求,全面推进农业、农村、农民的现代化,稳定粮食种植面积和产量,壮大生态畜牧、高山果蔬、高山茶叶"三十亿级、二十亿级、十亿级"产业。全区农业增加值增长4.3%,农村人均可支配收入增长12%。

(七)改革创新纵深推进

狠抓重点领域改革,推进国企改革三年行动,全面推行经理层成员任期制和契约管理,隆畅公司上市持续推进。深化财税金融改革,一般公共预算收入增长3.3%,税收增长15.8%,存贷款余额增长4.2%。创新发展持续增强。启动国家农业科技园区建设;建立绿色发展研究院,搭建绿色智库平台4个、签约专家教授160余人;建立重庆首个北京中国科学院老专家技术中心武隆工作站;武隆高山蔬菜研究所建成投用。

(八)环境质量有效提升

深入实施五大环保行动,持续抓好中央和市级环保督查反馈问题的整改落实,重点整治交通、扬尘、河流、噪声等污染,空气优良天数达260天,乌江、芙蓉江水质持续优良,集中式饮用水水源地水质达标率100%。扎实有序推进碳达峰碳中和有关工作,坚决遏制"两高"项目盲目发展,全面贯彻《长江保护法》,深入落实河长制,启动乌江"两岸青山·千里林带"建设,治理水土流失50平方千米,营造林10万亩,生态修复治理废弃矿山15.64公顷。

(九)民生保障不断改善

就业及社会保障形势良好,分别完成城镇新增就业、城镇就业困难人员就业3348人、1276人,累计发放各类救助金9534.4万元,惠及对象18.5万人次。居民消费价格指数基本稳定。28件34个市区级民生实事完成投资1.55亿元,其中桐梓中学改厕等4个项目已完成年度目标任务。营商环境持续优化,"先照后证"制度、"多证合一"等商事登记制度改革持续推进,新培育市场主体3738户,增长22%,总量达31113户,解决就业人数7763人。

二、需要关注的重点问题

当前,全区经济运行面临的不稳定、不确定因素增多,持续恢复的基础尚不稳固,特别是频发的疫情,在一定程度上制约经济发展。同时,在宏观经济环境上,仍存在产业结构不优、发展基础不牢、新增动能不足等问题，制约经济发展。主要体现在：一是农业增长不及预期。2021年以来，全区一产增加值绝对量和增速均处于全市靠后、渝东南垫底位次，武隆区农产品竞争力逐渐削弱。二是工业生产基础不牢固。截至2021年9月，44户规模以上企业中仍有近1/3的企业累计产值呈负增长；其中，莱拓、芯宝、灵烽3户企业2021年至今未实现产值。工业13个行业大类中，有5个行业累计产值同比呈下降趋势，下降面较8月止扩大7.7个百分点，其中农副食品加工业，计算机、通信和其他电子设备制造业累计产值同比分别下降37.2%、51.4%。三是投资增长压力大。受资金不足、用地规划、方案调整等因素影响，全区项目进展总体滞后。截至9月底，56个在建项目19个正常推进，37个项目推进缓慢。新开工项目开工不足，32个新开工项目已开工15个，尚有17个项目未开工。固投库存空间不足，全区地方投资项目在库投资仅剩45亿元左右，加之新开工项目开工难、入库少，招商项目落地转化率低，库存投资严重不足，影响后续增长。四是商贸后续增长面临瓶颈。一方面，限额以上支撑薄弱。截至9月末，全区仅入统2户企业。在库企业中约有10户企业至今0数据上报、面临退库风险，限额以上增长缺乏新支撑，加之限额以上比重低，对行业带动力严重不足，行业增长受限。另一方面，住宿和餐饮业恢复缓慢。疫情常态化下，居民消费信心不足，上座率、客流量还未完全恢复，经营效果仍然未恢复至2019年同期水平。

三、2022年主要经济指标展望

综合分析2021年经济运行情况及2022年发展条件和机遇，预计2022年全区地区生产总值增长7%左右；固定资产投资增长7%左右；税收收入增长8%左右；社会消费品零售总额增长10%左右；新登记市场主体增长12%以上；居民人均可支配收入、城镇常住居民人均可支配收入和农村常住居民人均可支配收入分别增长8%、7%和9%左右；粮食产量稳定在19吨左右；新增就业城镇人口3000人。

四、调控措施建议

（一）狠抓产业发展

一是加快建成世界知名旅游目的地。立足乌江画廊建设、旅游国际化试点，加速推进归原二期、天下鹊桥、乌江博物馆等重点文旅项目建设，差异化策划包装一批洞穴探险等赛事项目，培育发展户外运动穿戴装备等项目。抓好景区景点提档升级建设，切实提高人均消费水平。二是加快发展工业产业集群。依托凤来新城、园区平台，围绕智能化、大数据、科技型等，加大现有企业产业链上下游的招商，进一步延链、补链和强链。大力支持页岩气勘探开发，围绕页岩气加快推进全产业链延伸。加快开展绿色新型建材产业园研究论证，努力培育绿色建材产业链。三是加快发展特色农业。围绕农业结构调整优化，聚焦全产业链开展论证谋划，锁定主导产业向规模化、品牌化、集约化、科技化方向发展，加强标准种养、精深加工、商贸物流等产业链条上中下游全环节纵向拓展，扶持培育市级以上农业产业化龙头企业，促进农业"接二连三"。四是加快发展商贸服务业。充分挖掘和释放农村消费潜力，持续推进完善电商物流体系，适时联合各类大中型平台、商家，推出汽车、家居建材、食品等行业促消费活动，加快发展线上线下融合发展的新型消费模式，打造消费新亮点。

（二）狠抓项目投资放量

持续以"四晒一比"为抓手，建立健全部门联动、要素联动、保障联动的工作推进机制，全力扩大施工作业面，加快渝湘高铁重庆至黔江段、渝湘高速扩能项目（主城至彭水段）、重庆武隆至贵州道真高速公路（重庆段）、武两高速（平桥至大顺段）、白马航电枢纽工程、懒坝LAB、阳光童年、星际未来城、仙女山国际康养小镇项目、中堆坝西侧片区城市综合体及文化旅游开发等项目建设进度，力争开工仙女山旅游轨道、天下鹊桥景区、加快武隆区乌江三桥至中咀段防洪护岸综合治理工程等项目前期工作。同时，抓好争资立项和项目储备。抢抓国家实施积极的财政政策和稳健的货币政策窗口期，重点围绕旅游国际化、农副产品精深加工、以页岩气为代表的清洁能源产业链、以新能源汽车和电子信息为代表的生态工业、绿色建材产业等，策划包装一批利长远、打基础、补短板的中央预算内投资项目和地方债券项目。

（三）狠抓城乡统筹发展

一是持续提升城市品质。加快推动生活垃圾焚烧发电厂、棚户区改造、老旧小区改造等项目，持续打造"特色山水·滨江休闲"城市。加快推动城市更新，加大对城区"阡陌"节点、绿化节点、小微园等有机更新和布局，大力整治城乡接合部管理等乱象，塑造城市精致洁美形象。二是加快推进凤来新城规划建设。扎实开展好"凤来新城"建设各项工作，加快有关专项规划编制工作，有力推动安置小区（一期）等项目建设。三是全力推进乡村振兴。扎实抓好巩固拓展脱贫攻坚成果同乡村振兴有效衔接等各项工作。精准落实"五个振兴"要求，深入研究推进数字农业、智慧农业，加速推进"一环两园"产业园建设，稳步推进农村集体产权制度改革、"三变"改革、农村宅基地改革等各项农村改革。

（四）狠抓改革创新开放

一是深化重点领域改革。持续优化营商环境，大力推动数据共享，实现"渝快办""一网通办"；落实公平竞争审查制度，严格执行市场准入；创新监管方式，完善对新业态包容审慎监管；强化政务诚信建设，大力整治拖欠民营企业账款行为。全面落实好营商环境观察员制度、"信用旅游"示范试点等六大创新试点改革相关文件，进一步优化营商环境，解放生产力、提高竞争力。此外，同步抓好国资国企、农业农村、商事制度等重点改革事项。二是推进创新驱动发展。充分落实科研激励政策，加大科技型企业培育力度，加速推进国家农业科技园区创建，提升科技创新能力。鼓励、支持企业加强校地、校企合作，围绕重点产业开展新产品研发、资源综合利用等科技活动，切实营造良好的科技创新环境。三是强化对外交流合作。持续深化国内外友好城市、协作省区等交流合作，加强与国际旅游机构合作，大力推动落实成渝地区双城经济圈建设、"一区两群"协同发展重点任务，确保各项合作事项取得实质性进展和成果。

（五）狠抓"双碳"工作

加快编制《武隆区碳达峰行动方案》，尽快出台《武隆区推进碳达峰碳中和工作方案》，加快建立健全碳达峰碳中和政策制度体系。严格落实能耗"双控"制度，强化固定资产投资项目节能审查，建立健全用能预算管理机制。要把低碳转型作为结构调整和产业升级向高质量发展的基本方向，以加快推动循环经济产业园区落地建设为抓手，坚决遏制"两高"项目盲目发展，更加注重招商引资的"含绿量"，强化改造提升传统产业，全力促进经济社会发展全面绿色低碳转型。

（六）狠抓社会民生改善

持续落实好"六稳"工作、"六保"任务，重点围绕改造农村电网、解决"一老一小"等热点事项持续实施一批市区级民生实事，千方百计保居民就业、保基本民生、保市场主体、保粮食能源安全、保产业链供应链稳定、保基层运转。着力破解房地产市场隐患，保障房地产市场健康平稳运行。积极创建国家食品安全示范城市，持续抓好安全稳定各项工作，有效防范化解金融风险、政府债务风险等，常态化抓好疫情防控，确保社会和谐稳定。

[武隆区发展和改革委员会　白　雲]

之四：2021年石柱土家族自治县经济运行分析及2022年展望

2021年以来，在疫情形势依然严峻和县域经济复苏面临较大不确定性的情况下，石柱土家族自治县（简称石柱县）各级各部门在县委、县政府领导下，坚持以习近平新时代中国特色社会主义思想为指导，全面落实党中央、国务院决策部署和市委、市政府工作安排，持续巩固拓展疫情防控和经济社会发展成果，前三季度经济持续稳定恢复，总体符合预期，呈现稳中加固、稳中向好的态势。

一、2021年石柱土家族自治县经济运行分析

前三季度石柱县地区生产总值同比增长8.8%，较上年同期提升7.4个百分点，增速排渝东南第三位，位次较上半年提升三位。分产业看，第一产业增加值26.02亿元，增长8.9%，增速排渝东南第二位；第二产业增加值37.71亿元，增长5.9%，增速排渝东南第五位；第三产业增加值73.86亿元，增长10.3%，增速排渝东南第二位。其他主要经济指标完成情况：规模以上工业产值同比增长12.1%，较上年同期提升11.4个百分点；全社会固定资产投资同比下降11.9%，较上年同期回落20.2个百分点，总量排渝东南第二位；一般公共财政预算收入同比增长5.9%，较上年同期提升10.4个百分点；社会消费品零售总额同比增长21.9%，较上年同期提升26.2个百分点。

各重点行业和领域经济运行主要特点：

（一）农业农村稳定发展

前三季度，实现农业总产值41.29亿元，同比增长11%。一是农业生产态势良好。粮食、蔬菜、中药材产量稳定增长，前三季度粮食产量22.28万吨，同比增长1.1%。中药材产量1.01万吨，增长44.6%。蔬菜产量38.44万吨，增长5.6%。生猪、家禽出栏分别达到16.56万头、134.49万只，分别同比增长25.2%、12%。二是农民收入持续增加。前三季度农村居民人均收入12513元，同比增长11.9%。三是乡村建设持续加强。农村生活垃圾治理行政村覆盖率、收运率、处理率均达100%。新建污水管网13千米。完成户厕改造835户、建设农村公厕5座、建设"四好农村路"210千米。粪污综合利用率达80%以上。化肥农药减量增效工作扎实推进。成功创建重庆市生态文明建设示范乡镇23个、美丽庭院250余个。巩固脱贫攻坚成果同乡村振兴有效衔接。体系建设逐步完善，帮扶措施有效有力，示范试点开局良好。

（二）工业经济稳步增长

前三季度，实现规模以上工业产值57.25亿元，同比增长12.1%。一是科技创新成效显著。新培育高新技术企业4家，累计9家，新增入库科技型企业20家，累计220家。战略性新兴制造业实现产值19.35亿元，同比增长71.8%。万人有效发明专利3.39件，同比增长71.8%。二是企业帮扶落实见效。累计帮助企业解决问题50余件。对接13家企业融资需求达3.48亿元。发放知识价值信用贷款6559万元、转贷应急周转资金3292万元、增信贷发放1250万元。三是配套设施不断完善。渝东南智慧仓储物流中心开工建设，金彰·新时代一期工程加快建设，B区标准厂房二期即将验收投入使用。

（三）消费市场多点开花

一是批发业销售支撑强劲。前三季度，实现批发业商品销售额94.53亿元，同比增长66.8%，增速排渝东南第一位。二是消费活动提质升级。成功举办"石柱红"脆李品牌推介、主题汽车联展、家装建材节及"坤玖杯"夏季汽车博览会等各类消费活动，累计实现销售额18937万元。实现消费帮扶11859.72万元。三是电商示范创建深入推进。新建乡镇电商服务中心3个，农产品冷链集配中心2个。新培育网店160个，培育亿级企业3家、千万级企业14家。前三季度实现电商交易额达30.3亿元，同比增长31.9%。四是康养旅游不断升温。前三季度接待游客1608万人次，同比增长6.3%；创旅游综合收入119.8亿元，同比增长7.5%。高质量举办中国·重庆（石柱）第五届康养大会。黄水国家级度假区创建工作如期推进。广寒宫、秘境黄水奇幻乐园、西沱土家风情园开门营业。

（四）投资建设稳中有降

前三季度完成全社会固定资产投资85.7亿元，同比下降11.9%，投资总量居渝东南第二位。一是重点项目加快建设。81个县级重点项目实现开复工62个、完工11个，分别较上年增加1个、2个，完成投资47.5亿元，与上年基本持平；7个市级重大项目实现开复工4个，完成投资10.3亿元，占第三季度投资预期的177.9%。二是基础设施、产业发展领域投资支撑明显。基础设施领域、产业发展领域分别完成投资26.6亿元、31.8亿元，占已完成固定资产投资的68.5%，较上半年提高2.5个百分点。三是要素保障不断强化。立项争资累计到位49.0亿元，完成年度目标的81.7%，超时序进度6.7个百分点；新签约项目16个，合同引资86.8亿元，实际到位资金30亿元；审批服务进一步加强。

（五）财政金融总体稳定

一是财政收支总体平稳。前三季度一般公共预算收入累计完成83144万元，同比增长5.9%，增速排渝东南第三位（其中：税收收入累计完成54511万元，同比增长4.5%；非税收入累计完成28633万元，同比增长8.9%）。完成财政支出396967万元，同比下降15.4%（其中：一般公共预算支出361193万元，同比下降10.3%；政府性基金预算支出35774万元，同比下降46.3%；暂无国有资本经营预算支出）。二是争取上级资金支持力度明显增强。县领导亲自谋划、亲自带队，积极向上争取资金，第三季度以来，累计争取到位专项债券额度5亿元，一般预算收入到位4亿元。三是贷款余额增幅较大。截至9月末，石柱县银行机构存贷款余额554.7亿元，同比增长12.5%，存贷比提高到93.55%。其中，各项贷款余额268.15亿元，同比增长26.8%，增速居全市第三位，渝东南第一位。

二、经济社会发展中存在的问题

综合分析，前三季度石柱县经济运行虽总体形势较好，但仍然存在不少困难和问题，主要表现在以下方面：

（一）工业经济增长困难

一是招商签约少。受外部环境、企业融资、物流、原材料成本增加等因素影响，前三季度新签约工业项目8个，实际到位资金4.7亿元，同比下降31.9%。二是升规企业少。第三季度无新升规企业，2021年累计入库规模企业仅2家。三是项目落地少。2021年正式签约的分散式风力资源开发利用、运动鞋生产、朝胜科技园、云货优选服务外包重庆总部及康养消费品生产等4个项目中，除运动鞋生产项目8月底投产外，其余三个项目均还未落地，工业项目对工业经济增长支撑严重不足。四是原料成本高。以煤炭为主的原材料价格上涨导致部分工业企业生产销售效益和利润空间降低，企业生产经营困难。主要表现在大唐火电及西南水泥等企业。五是重点行业经营难。电子信息产业企业运行困难，如当前在库企业中，新启派电子、粤盛科技、开禧电子、中沛有色金属、妙格科技、洲金电子等6家企业基本处于停产半停产状态，给全县工业经济稳增长带来极大的影响。

（二）投资增长压力较大

一是重点项目开工准备不及预期。全县有19个重点项目因资金、审批等原因调整时序进度到明后年开工建设，年度计划投资减少9.7亿元，缺乏替代补充项目，调整后的计划中仍有19个项目未开工。二是重点项目投资发放量不及预期。81个重点项目仅完成投资47.5亿元，仅完成年度目标任务的52.6%，差时序进度22.4个百分点。三是重大牵引性项目面临较大困难。如冷水特色康养小镇、万寿山国际康养度假项目等重大文旅项目严重滞后。社会投资占比下降，政府投资占比提升。前三季度完成社会投资49.5亿元，同比下降16.2%，占全社会固定资产投资的57.7%，较上年同期下降3个百分点。政府投资36.2亿元，同比下降5.3%，占全社会固定资产投资的42.3%，较上年同期提升3个百分点。四是招商项目落地慢投资少。前三季度招商引资重点项目预期实现开工9个，实际仅实现开工3个，预期完成投资8.4亿元，实际仅完成投资4.9亿元。五是要素保障亟待加强。石柱县40个重点项目涉及问题60个，其中涉及要素保障问题32个，包括项目建设资金短缺问题18个、无用地指标问题3个、生态红线问题2个、征地拆迁问题4个、无料场和弃土渣场问题5个。

（三）财政收入不容乐观

一是土地出让进展缓慢。上半年受生态红线等因素限制，未及时调整建设时序，前三季度累计出让收入4.83亿元，仅完成全年收入目标12亿元的40.3%。二是县属国有企业经营效益低。前三季度国有资本经营收入0.13亿元，仅完成年初预算的13%。三是上级转移支付资金有限。由于全国经济下行，特殊转移支付和抗疫特别国债取消等，前三季度上级补助到位35.94亿元，同比下降16.36%。

（四）消费市场活力不足

一是住宿和餐饮业销售额不容乐观。前三季度住宿业营业额同比增长25.6%，增速排渝东南第五位。餐饮业营业收入同比增长20.8%，增速居渝东南第六位。二是房地产市场疲软。前三季度完成商品房屋销售面积44.81万平方米，同比增长2.9%，增速居渝东南第五位。部分在建项目因配套基础设施建设、征地拆迁、资金压力等原因推进缓慢；县城规划区范围内项目储备不足；旅游地产大幅下滑，前三季度黄水冷水片区旅游地产销售面积同比下降59.2%。三是部分营业额无法入库统计。部分经营单位营业收入达标但因不具备独立法人资格，如永辉超市、乡村基、财信物业等16家产业活动单位，营业收入均无法入库统计，导致大量数据流失。

三、2022年经济运行环境分析及主要指标预测

从国际看，国际环境日趋复杂，不确定性不稳定性明显增加，改革发展面临更加复杂严峻的外部环境。经济全球化遭遇逆流，单边主义、保护主义抬头，特别是在新冠肺炎疫情在全球蔓延形势下，一些国家采取"封城""封国"等措施，国际贸易和投资大幅萎缩、国际金融市场动荡加剧、原材料价格上涨，石柱县顶力、黎辉、鑫来、大唐火电等企业遭受不同程度冲击。

从中国宏观环境来看，当前和今后一段时期，我国发展已转向高质量发展阶段，新发展阶段的发展要求和衡量标准更高。受新冠肺炎疫情持续影响，当前全国经济虽继续保持稳定恢复态势，但住宿、餐饮、旅游等出行类服务消费仍然受到一定程度抑制，经济运行中的不确定、不稳定、不均衡因素依然较

多，巩固经济稳定恢复发展的基础还需要下更大力气。

从重庆市看，重庆集大城市、大农村、大山区、大库区于一体，城乡差距、区域差距大，总体上仍然处在欠发达阶段，仍然属于欠发达地区，正是这种城乡二元结构特点，使得城乡融合发展、区域协调发展任务更加繁重。

从石柱县发展情况来看，受疫情影响，石柱县经济持续稳定复苏还受到一定影响，但随着石柱县农业产业化，工业经济逐步转好，康养休闲旅游快速发展，石黔高速公路全面通车，以及"一区两群"等重大战略机遇等利好因素叠加，将对石柱县经济增长起到一定拉动作用。

初步预计2022年全县地区生产总值增长6%左右；规模以上工业产值增长11.2%；全社会固定资产投资增长8%左右；社会消费品零售总额增长8%左右；公共财政预算收入同口径增长3%左右；城乡居民人均可支配收入增长8%左右。

四、下一步措施建议

（一）抓工业提质增效

一是加快推动工业项目建设。全力推动中华蜜蜂产业化、木瓜三产融合等项目如期建成投产，加快推进黄连检验检测中心升级改造建设、道路再生材料建设、纺织服装加工等项目建设进度，尽早形成新的增长点。二是切实解决企业实际困难。及时协调项目建设中出现的问题，解决项目建设和经营过程中水、电、气、讯等实际困难。三是促企业技改扩能。大力支持鼓励现有企业技改扩能，提升生产能力。全力促进本地关联企业合作，帮助企业扩展营销市场，增强市场竞争能力。

（二）抓项目投资放量

一是全力推进招商引资。对重大招商项目实行重点调度、重点跟踪、重点服务、重点督查。加快推进招商项目签约工作，力争第四季度再签约项目10个，协议引资30亿元以上。进一步加快年产200万平方米生态透水砖、道路再生材料建设项目等已正式签约项目前期工作推进进度，力争在10月实现开工建设。二是加大项目投资放量。加快19个未开工重点项目建设，力争石柱七曜山玉龙风电、石柱县人民法院审判法庭等项目尽早开建。提速推进62个已开复工项目建设进度，重点推进丰石高速石柱西互通至南宾工业园区B区连接道路、石柱县水环境综合治理PPP项目等21个年度投资计划超亿元重大项目，确保超亿元项目全年累计完成投资50亿元以上。三是加大投融资模式创新力度。加大对水利发展、农业产业发展、城镇保障性安居工程等资金政策研判，力争尽快达到争资条件。进一步鼓励和吸引民间投资采取PPP模式参与城市更新基础设施项目建设。四是加大项目储备。积极按照"五个一批"要求，积极策划储备2022年项目；加快推进"十四五"规划重大项目准备工作，力争尽早开工建设。五是加大项目督导力度。开通重点项目绿色通道，实行靠前服务、并联审批。对照县政府重点项目专题会研究的问题清单、任务清单，限时督促落实，确保投资放量。

（三）抓消费活力提振

一是大力推动消费帮扶。聚力打造鲁渝消费协作"升级版"，深化"一区两群"对口协同消费帮扶。办好2021年第二场石柱农特产品山东淄博展销会，设立好淄博市消费协作展示馆（石柱馆）。二是积极扩大对外贸易。抓好进出口龙头企业洪九果品的跟踪服务工作，助推早日上市；继续做好与市中新示范项目管理局、信达雅公司对接工作，力争"谭妹子""水火土""金田"农业产品尽早推向国际市场，确保全年培育外贸企业5家，出口额力争同比增长5%以上。三是大力策划秋冬旅游活动。全面推进黄水国家级旅游度假区创建。筹备举办全国大众滑雪赛、中国原声民歌节等秋冬旅游活动。加快推进体育馆—万寿山农村公路建设，助推万寿山景区早日形成新的经济增长点。四是筹备各类消费活动。积极策划元旦、春节家电、房地产、汽车等重点领域消费活动。

（四）抓市场活力激发

一是优化营商环境。抓好《石柱县优化营商环境存在问题整改工作方案》列出的71项整改任务和106项整改销号，持续落实《石柱县持续营造国际一流营商环境具体举措》列出的166项具体工作任务和318项具体措施，确保达到时序进度。二是加大"四上"企业培育力度。持续做好规模以上工业企业、限额以上商贸企业、规模以上服务企业发展和培育工作，确保全年培育规模以上工业企业5家以上、限额以上商贸单位30家以上、规模以上服务企业2家。健全完善限额以上商贸流通企业数据库，做好数据的收集、整理、分析、研究工作。积极研究并出台服务业企业培育入库扶持政策。三是持续推进大众创业万众创新。积极打造创业创新公共平台，深化简政放权等改革，营造创业环境；切实解决创业资金需求、市场信息等瓶颈问题，引导各类人才创业创新。

（五）抓财税开源节流

一是强化税收征管。着力规范建筑、房地产、新材料等支柱行业税收管理，严厉查处房地产虚构成本、矿产资源偷逃税费等行为。二是加快土地出让。对本年计划出让的地块，严格落实土地出让县领导联系制度，加快征地拆迁、手续审批办理，清单式限时推进土地市场化出让。三是做好"三资"统筹。盘活财政存量资金，完善结余资金收回使用机制，提高资金使用效益。加快处置闲置资产，新增资产要与资产存量挂钩，依法编制预算，做好资产登记。持续推进石灰石矿产资源、河道砂石资源以及商混搅拌站特许经营权指标的公开出让转让。四是让过"紧日子"成为新常态。不折不扣落实过紧日子要求，厉行节约办一切事业，建立节约型财政保障机制，精打细算，严控一般性支出和"三公"经费。

（六）防范化解重点领域风险

强化风险意识，树牢底线思维，统筹发展和安全，加强对大局大势的分析研判，紧盯重点领域风险隐患，抓住要害、找准原因、果断施策。一是严防政府债务风险。严禁各类违规举债，加快存量风险化解，统筹各类资金，足额偿还到期债务，坚决遏制隐性债务增量。二是严防国有平台公司风险。切实规范县属国企融资，积极盘活存量资产，提升企业盈利能力和抗风险能力。三是抓好房地产、网络安全等重点领域风险防范化解。

[石柱土家族自治县发展和改革委员会　夏　杰]

之五：2021年秀山土家族苗族自治县经济运行分析及2022年展望

2021年是"十四五"规划的开局之年，秀山土家族苗族自治县（简称"秀山县"）上下坚持以习近平新时代中国特色社会主义思想为指导，深入学习贯彻习近平总书记"七一"重要讲话精神和对重庆提出的系列重要指示要求，认真贯彻落实市委、市政府决策部署，科学统筹疫情防控和经济社会发展，积极融入成渝地区双城经济圈建设和全市"一区两群"协调发展，全力谋划打造区域性中心城市的目标路径，奋力推动高质量发展，经济社会发展呈现稳中加固、稳中向好发展态势。前三季度地区生产总值实现238.6亿元，增长9.0%，增速在全市排名第28位，较上半年上升4位，在奋力5个季度后组内排名重回第一位。秀山县再次上榜中国西部百强县市，较2020年上升5位，居第93位。

一、2021年秀山土家族苗族自治县经济运行分析

（一）抓中心服大局，重大事项积极谋划，发展基础持续夯实

秀山县上下全面贯彻中央和市委决策部署，以坚定的决心、迅速的行动、务实的举措，全力淘汰锰行业落后产能。认真落实唐良智市长来秀调研指示精神，积极谋划打造武陵山区腹地、渝湘黔鄂毗邻地区中心城市战略路径，加快编制区域性中心城市发展规划。扎实抓好市级规划衔接和全县"十四五"规划编制，秀山机场等14项重大工程挤进全市"十四五"规划纲要。策划储备重大项目300个，"十四五"期间计划投资1290亿元。渝湘黔边城协同发展合作区规划编制完成，有望获得全国"十四五"支持革命老区巩固拓展脱贫攻坚成果实施方案政策扶持。召开县委十四届十二次全会，研究部署推动科技创新，出台深入推动科技创新支撑引领高质量发展实施意见，市级高新技术产业开发区创建工作成效显著。商贸服务型国家物流枢纽、西部陆海新通道东线物流枢纽创建有序推动，区域商贸物流中心地位持续巩固。

（二）抓项目稳投资，重点项目有序推进，要素保障支撑有力

秀山县固定资产投资完成115.9亿元，增长5.6%。其中民间投资完成39.6亿元，增长105.5%。116个重点项目完成投资90.3亿元，完成序时计划的97.7%。马西水库、工业园区标准厂房、黄杨大道等项目有序实施，碧桂园、凤凰外滩等房地产项目主体工程加快建设。渝湘高铁秀山段、南环高速前期工作稳步推进。累计签约落地34个重大项目，协议引资44.5亿元，到位资金11.5亿元。全力聚焦争资立项，争取上级各类资金35.8亿元，新增地方政府债券17亿元（其中专项债券14亿元，一般债券3亿元）。各项贷款余额达338.1亿元，增长16.4%。县属国有重点企业融资到位50.3亿元，增长6.4%。加强用地保障，累计获批新增建设用地2236亩，全年预计完成新增建设用地2800亩以上、征收土地2000亩。

（三）抓工业促转型，涉锰行业有序退出，新兴产业加速成长

全面落实《重庆市加快淘汰锰行业落后产能工作方案》，秀山县24家锰矿开采企业全面停产并启动矿山封闭工作，8家电解锰生产企业全部提交自愿退出申请，后续处置工作有序开展。牢固树立"工业强县"意识，全力推动工业招商和园区建设。入园企业增至103家，产业集中度升至94%。49个工业项目

加快建设，唐人神湘大生物饲料等15个项目建成投产，闽商食品产业园等重点项目加快建设。工业地产定制厂房全面交房，众鑫电子、聚彩包装、法坚尼门窗、天粒新材料等一批企业入驻并全面投产。铜基新材料加快招商，汽配产业园入驻企业达27家。全县规模以上工业增加值增长11.7%。中医药、食品、电子信息、新材料分别增长247.7%、66.2%、39.1%、37.6%。新增科技型企业22家。工业园区配套服务设施持续改善，创新创业服务中心进入主体施工，黄杨大道北段等园区道路预计年内竣工通车。

（四）抓商旅带消费，支撑平台加快建设，发展动力不断增强

持续推动消费回升，举办第五届汽车消费节等促消费活动，红星美凯龙"爱琴海"商业综合体进入主体施工。社会消费品零售额增长20.6%，批发、零售企业商品销售额分别增长18.4%、18.9%。积极推动线上线下消费融合，居然之家等运用新兴电商模式，市场交易额增长20%。县电商办荣获全国脱贫攻坚先进集体。"云智国际"跨境电商项目入驻阿里巴巴国际站。组建"乡村直播团"，新孵化主播36人。全县电子商务交易额增长14%。常态化开行秀山至广州、重庆冷链物流专线，新开通秀山—贵阳快递专线，武陵山快递、快运分拨中心高效运转，快递进村共同配送中心投用，县域快递上行1991.1万件，增长20%。积极融入渝东南武陵山文旅融合发展，川河盖、洪安景区重点项目建设加快推进。涌洞楠木村乡村旅游民宿开工建设，洪安边城4A级景区加快创建，龙池镇洞坪村入选重庆市第二批乡村旅游重点村名录名单。加快打造具有"边城"特色的文旅融合发展地，旅游综合收入、接待游客数分别增长24%和20%。

（五）抓乡村推振兴，特色农业提质增效，脱贫成果持续巩固

坚决遏制耕地"非农化"、防止耕地"非粮化"，全力稳定粮油生产。农业增加值增长6.9%，农村人均可支配收入增长12.2%。举办首届中国（重庆·秀山）山银花节暨武陵山中药材博览会，现场签订中药材采购协议2亿元。基本建成"一山两盖"3个万亩中药材产业带，山银花基地面积达到21.2万亩。德康年出栏50万头生猪项目建成投用。农业园区现代农业科技展示馆、农事体验园正式开放。深入实施农产品品牌战略，市级以上农产品品牌认证（登记）达280个。新增各类经营主体128家。全县"一心两镇三带多点"乡村振兴示范体系初步建立，扎实抓好巩固拓展脱贫攻坚成果与乡村振兴有效衔接。持续巩固"两不愁三保障"成果，加强重点人群动态监测，扎实做好易地扶贫搬迁后续扶持。涌洞镇市级乡村振兴重点帮扶效果明显，中央单位定点帮扶、东西部协作帮扶、"一区两群"对口协同发展扎实推进。

（六）抓城市提品质，服务功能不断完善，宜居质量持续增强

加快推进国土空间规划编制，有序做好城市和产业空间拓展，稳步推进永久基本农田和城镇开发边界划定。县城黄杨大道、凤凰大道、学府大道、凤鸣路等城市主干道和次干道加快建设，平凯郊白支路、雷家河片区滨江路完工投用，城区通行条件稳步提升。县域"一环三射"交通大动脉全面竣工，15分钟城乡融合发展圈基本形成。开通秀山至重庆"绿巨人"动车专列，秀山通用机场选址基本确定。平邑大型水库成功进入全国"十四五"水安全保障规划，马西、桐梓2座中型水库开工建设，城市供水保障能力将全面加强。逸江苑、世纪滨江等品质楼盘如期交房，麓湖郡、碧桂园、锦绣府等新楼盘加快建设，房地产市场保持健康平稳，商品房施工面积、销售面积分别增长7.6%、24.5%。完成老旧小区改造项目46个、棚户区改造746户。改造城市污水管网30千米、供水管网29千米。新建5G基站102个，铺设光纤1055千米。开展城区道路交通秩序百日攻坚行动，智慧城管稳定运行，城市秩序明显改善。加强城市绿化建设，新增绿地面积16.24万平方米。

（七）抓改革扩开放，惠企纾困有效落实，发展活力稳步提升

聚焦重点领域改革，全力加快推动各项改革举措落地见效。持续抓好助企纾困和支持中小微企业、个体工商户优惠政策落实，累计减免各类税收 7533 万元，阶段性减免失业保险费 547.7 万元，减免农民工工资保证金 7453.92 万元。秀山县金融机构中长期贷款余额增长 11.3%。"放管服"改革和优化营商环境稳步实施，全县申请类事项时限压缩率达 84.2%、平均跑动次数降至 0.24 次以内。持续做好国企改革三年行动，推动企业专业化、集团化整合升级，新组建 3 大集团公司，公司制改革全面完成。积极推动"跨省通办"，办理"川渝通办"事项 443 项。新发展市场主体 4484 户，新增注册商标 370 件。新增外贸进出口经营备案企业 4 家、直接出口企业 1 家，实现农产品直接出口零突破。完成外贸进出口总额 5000 万元，增长 35%。举办第十届武陵山商品交易博览会暨西部陆海新通道武陵山区合作发展大会，秀山影响力和辐射力持续增强。西部陆海新通道武陵山班列（秀山—北部湾）正式开启，铁路集装箱扩能改造项目动工建设。武陵山保税物流中心（B 型）创建工作进展顺利，渝东南首个保税仓、冷链物流中心一期建成投用。

（八）抓服务保民生，公共服务优质高效，社会事业保障有力

加强义务教育、高中教育和职业教育投入，改善办学条件，学前教育三年毛入园率达 95%、普惠率达 85%，义务教育学校标准化率达 90% 以上。高考重本上线 1676 人，北大清华录取 8 人，核心指标连续 8 年领先渝东南。县人民医院荣获"全国基层血管健康管理中心示范单位"，传染病区建成投用、清溪分院加快建设。城镇新增就业人员 3094 人，边城秀娘劳务品牌亮相国家级展会，人力资源服务产业园即将完工。疫情防控常抓不懈，投用工业园区集中隔离医学观察点。累计接种新冠病毒疫苗 74 万剂次，12~17 岁人群第一剂接种率达 95.9%。建成乡镇养老服务中心 2 个、公办幼儿园 2 所。《秀山自治县梅江河流域水生态环境保护条例》获市人大常委会批准正式施行。与中国环境科学研究院密切合作，全面彻底做好渣场治理。城区空气优良天数达 264 天，优良率 96.7%。"我为群众办实事"51 项重点民生项目和 15 件民生实事全面落实。全县社会治理持续深化，政法队伍整顿深入开展，社会大局和谐稳定，安全生产形势稳定好转，群众的幸福感、获得感、安全感不断提升。

总体上，秀山县各项重点工作达到了年度预期序时进度，县域经济延续了恢复性增长态势，预计能够完成全年各项目标任务，GDP 增长 8%，实现"十四五"良好开局。与此同时，秀山县经济发展面临的问题和压力不小，需要全力以赴、奋力克服。一是投资缺乏有力支撑。政策性资金投入减少，国有企业融资和还贷压力增大，全县国有投资同比下降 15.7%。缺少骨干重点项目支撑，工业投资下滑 30.4%。前期工作推进滞后，32 个重点项目未能开工建设。二是工业发展后劲不足。原材料价格上涨，能源供应紧张，导致企业成本上升，企业融资难问题依然突出。秀山县 14 户规模以上工业企业停产，占比 19.2%，拉低规模以上工业总产值 6 个百分点。三是财政收支压力突出。受锰行业落后产能淘汰影响，秀山县在奖补企业、员工就业安置、涉锰污染治理及生态修复、锰渣场整治后期运营维护等方面需要大量资金，本级财政难以支撑。同时，锰行业退出将直接减少秀山县税收 1 亿元以上，短时间内难以培育相当的企业来填补缺失；且在不同程度上影响交通运输、能源、服务业等关联行业的发展。

二、2022 年经济运行趋势展望及主要指标预测

2022 年是"十四五"规划实施的重要之年，是新一届县委、县政府履职的开启之年，是打造区域性中心城市的启动之年，要坚持以习近平新时代中国特色社会主义思想为指导，全面贯彻党的十九大和十九届二中、三中、四中、五中、六中全会精神，深入贯彻落实习近平总书记对重庆提出的系列重要指示

要求，发挥渝东南桥头堡城市作用，提升在武陵山区的城市服务功能和产业带动能力，打造武陵山区践行"两山论"样板和武陵山区腹地、渝湘黔鄂毗邻地区中心城市。从全国看，国内外环境依然错综复杂，疫情防控形势依然严峻，推动经济可持续恢复、高质量发展面临不少挑战，随着"十四五"规划进入全面实施阶段、双循环发展格局不断构建、国家重大政策陆续释放，我国经济将继续保持高质量发展，有利于释放高质量的动力源。从全市看，随着成渝地区双城经济圈建设、西部陆海新通道稳步推进，全市"一区两群"协调发展、科技创新、交通强市、产业链供应链稳定等政策引领，三大攻坚战和"八项行动计划"接续推进、有序实施，重点项目、重大政策、重大平台陆续落地，高质量发展动能更加强劲，有效需求更加有力，全市经济高质量发展态势将更加明显。从秀山看，国家和全市宏观政策、重大政策将陆续落地实施，区域性中心城市政策措施出台、市级高新技术产业开发区正式挂牌，全县特色效益农业稳步增长、新型工业加快成长、现代服务业不断聚集，秀山县将迎来新的发展机遇，要抓住推动共同富裕、西部大开发形成新格局、新型城镇化建设、乡村振兴等重大战略，积极策划储备包装一批重大项目，全力争取市级支持。与此同时，要清晰认识到锰行业全面退出给县域经济发展带来的影响，一定时期内秀山县将面临工业增长乏力、消费需求不足的现实局面。全县要准备把握发展新趋势、关注产业新特点、激活消费新潜力，坚持稳中求进工作总基调，立足新发展阶段，完整、准确、全面贯彻新发展理念，积极融入新发展格局，推动高质量发展。坚持系统观念，不折不扣抓好统筹疫情防控和经济社会发展各项工作，确保2022年经济保持持续健康发展。初步考虑，2022年全县经济指标预期目标为：地区生产总值增长7%左右；固定资产投资增长8%左右；规模以上工业增加值增长10%左右；社会消费品零售总额增长8%左右；一般公共预算收入增长7%左右；城乡居民人均可支配收入与经济保持同步增长。

三、2022年主要工作举措及政策调控措施建议

2022年，秀山县将深入贯彻中央和全市决策部署，贯彻落实中央和市委经济工作会议精神，聚焦发挥渝东南桥头堡城市作用、奋力吹响区域性中心城市建设的号角，努力在推动渝东南武陵山区城镇群建设中体现秀山担当。一是以推动重点项目建设为支撑，奋力扩大有效投资。二是以建设市级高新技术产业开发区为导向，奋力推动工业转型升级。三是以创建商贸服务型国家物流枢纽为目标，奋力扩大市场消费。四是以开展城市更新行动为契机，奋力推动城市建设。五是以推动乡村振兴为抓手，奋力推进农业农村现代化。六是以建设文旅融合新高地为重点，奋力壮大旅游产业。七是以践行生态文明思想为主线，奋力推进绿色发展。八是以深化改革开放为动力，奋力提升发展活力。九是以保障和改善民生为根本，奋力推动社会事业建设。为积极贯彻落实中央政策，推动上级政策落地见效，支持和推动地方经济发展，建议：一是延续支持中小微企业扶持措施，让企业在疫情反复中更好生存、发展。二是加强对中西部交界地区政策支持，更好助推区域协调发展。

[秀山土家族苗族自治县发展和改革委员会　蒋晓军]

之六：2021年酉阳土家族苗族自治县经济运行分析及2022年展望

2021年以来，酉阳土家族苗族自治县（简称酉阳县）坚持以习近平新时代中国特色社会主义思想为指导，认真贯彻落实党中央国务院决策部署和市委市政府各项工作要求，全县围绕"1234"战略目标，统筹推进疫情防控和经济社会发展，经济运行持续稳定恢复。

一、2021年酉阳土家族苗族自治县经济运行分析

1—9月，实现地区生产总值152.5亿元，同比增长6.9%，其中，第一产业增加值26亿元，同比增长4.6%；第二产业增加值27.2亿元，同比增长4%；第三产业增加值99.3亿元，同比增长8.4%。三次产业分别拉动GDP增长0.8个、0.7个、5.4个百分点。完成一般公共财政预算收入6.7亿元、税收收入4.7亿元，分别同比增长10.2%、5.4%，税收占比达70.1%。存贷款余额分别实现283.9亿元、242.6亿元，同比增长0.3%、20.7%。城乡居民收入分别实现25130元、9574元，同比增长9.7%、11.6%。

（一）投资保持较快增长

1—9月，全社会固定资产投资实现59.6亿元，同比增长14.6%，其中工业投资、农业投资、房地产开发投资、水利投资分别同比增长69%、70.5%、106%、37.5%。酉州高级中学、酉阳新城医院、酉阳桃花源水库等市级重大项目完成投资4.42亿元、完成年度计划投资58%，59个新开工和续建项目实际开复工51个、开复工率86.4%，实际完成投资34.8亿元、完成年度计划投资72.3%。12件重点民生实事全面启动建设。强化项目储备，规划储备"十四五"重大项目400个、项目总投资2000亿元。

（二）消费市场持续恢复

1—9月，批发业、零售业、住宿业、餐饮业分别实现55.6亿元、31.8亿元、4.7亿元、6.6亿元，分别同比增长26.9%、21.4%、19.5%、21.9%；全社会消费品零售总额实现70.6亿元，同比增长26%，消费品市场基本恢复到疫情前水平。汇升广场、华章财富中心城市商业综合体业态效益不断凸显，恒邦智慧农贸市场投运，华渝综合物流市场功能不断完善，农商互联项目加快实施，农产品供应链短板加快补齐，"特色店""夜经济"加速发展。直播带货、网络零售等在线零售快速增长，完成电子商务交易额52.4亿元，同比增长25.7%；农产品上行交易额9.74亿元，同比增长36.4%。

（三）文旅融合发展步伐加快

推动景区"创A增星"，桃花源景区游客集散中心、轨道观光车项目投用，松鼠丛林乐园投入运营，叠石花谷"高速+旅游"开放式服务区项目主体完工。落实《武陵山文旅发展联盟》议定事项，全面参与《2021·中国武陵文旅峰会》活动，酉阳桃花源景区荣获武陵山十大精品景区，酉阳桃花源景区、龚滩古镇景区分别入选武陵山饕餮盛宴、民族人文两条精品旅游线路。规划打造乡村旅游示范点19个，推出特色乡村旅游精品线路4条，多元素"地域"产品10个，花田乡何家岩村、南腰界镇南界村入选市级乡村旅游重点村。《酉阳土家面具阳戏》项目列入国家级非遗项目名录，完成传习所建设4个。1—9月，全县

接待游客1465.12万人次，实现旅游综合收入62.1亿元，分别同比增长47.73%和50.36%。

（四）工业产值较快增长

1—9月，实现工业总产值33.3亿元，同比增长22.4%，其中：规模以上工业产值17.0亿元，同比增长23.6%，规模以下工业产值16.4亿元，同比增长23.3%。推动传统产业技改扩能，完成三合饲料、昆药集团武陵山等8个智能化改造项目，工业重点企业技改投入同比增长25.9%。新签约新能源、鞋服生产、循环经济等工业项目11个，协议引资近5亿元，悦鹏伞业、琥珀茶油年产2000吨调和油项目和万源佳中药饮片项目全面投产达效，腾泰矿业通氧硅改造项目全面完成，发展后劲不断增强。重点企业持续发力，规模以上农特产品加工产业、特色食品产值分别增长54%、43%。

（五）农业经济平稳发展

1—9月，实现农林牧渔业总产值44.1亿元，同比增长5.7%。重要农产品有效保供，夏秋粮食双稳定，实现小春粮食播种面积30.27万亩、产量6.19万吨，秋收粮作物81万亩、产量29万吨。生猪产能基本恢复，存栏生猪39.59万头，产能基本恢复到2017年正常发展水平。特色经济作物稳定增长，完成茶叶春栽0.5万亩、油茶春栽3万亩、中药材栽植14万亩，总量分别达13.5万亩、33万亩、25万亩。农业"接二连三"稳步推进，建成投产农副产品加工企业3家，新增市级加工示范企业4家，新获市级"一村一品"示范村镇13个，获批绿色食品认证3个、有机食品认证1个、重庆名牌农产品5个。

（六）城乡建设有序推进

基础设施不断完善，编制完成渝湘高铁酉阳段预可研、工程可行性研究，吉首接轨变更设计通过审批；酉彭高速公路加快建设，酉阳至永顺高速公路等项目前期工作有序开展。实施桃花源水库、九龙眼水库、大泉水库等重点水利工程项目，新建5G基站106个，戥沙湖抽水蓄能电站前期工作加快推进，获批整县屋顶分布式光伏开发试点县。高标准推进新城建设，城市路网骨架基本成型，酉州高级中学、新城医院等公共服务设施项目有序推进，召开桃花源城市更新誓师大会，小坝组团（桃花源新城）国际方案完成专家评审，桃花源新城10平方千米范围内房屋征拆工作有序展开。实施老城更新，酉州花园等16个老旧小区改造项目陆续完工，污水管网、横向通道、公共停车场等城市功能不断完善。衔接推进乡村振兴，统筹各类资金9.1亿元，安排项目1020个，保持各项政策总体稳定。继续按照3000元/年·户标准支持发展到户产业，稳定公益性岗位1.4万个，对17971名脱贫人口持续实施低保兜底，未发生返贫致贫。推进花田乡乡村振兴试点示范，带动全域乡村振兴。扩面实施"三变"改革，全面实施"三社"融合发展，完成270个行政村农村集体产权制度改革试点，做大村集体经济。

（七）改革开放创新集聚深化

深化商事制度改革，推行"E企办"、全程无纸化登记等措施，免费发放印章2016套，为企业节约成本180余万元。持续优化政务服务，实现98%的事项办理"最多跑一次"或"零跑腿"，综合窗口设置率90%以上。全面落实减税降费政策，累计减税3363万元、降费719万元。开通"酉诉即办"热线，打造"酉服务"品牌，营造市场化、法治化、国际化的营商软环境，聚力打造便利的市场环境、高效的政务环境、公平公正的法治环境、保姆式的投资环境、和谐稳定的社会环境，全县新注册市场主体5287户，同比增长3%，市场主体总量达到47926户。科技创新活力彰显，累计培育市级科技型企业270家、国家高新技术企业7家，124家科技型企业累计获得知识价值信用贷款1.95亿元。"酉阳茶油"获批筹建国家地理标志产品保护示范区。大力培育对外贸易市场主体，新增海关注册备案企业5家，实现进出口总额22亿元人民币，同比增长10%。

二、2022年经济社会发展的重点工作

综合分析2021年经济运行情况及2021年发展条件和机遇，初步提出2022年经济发展预期目标：预计2022年全县地区生产总值增长7%。

（一）抓好项目建设，扩大有效投资

加强重大项目储备。紧抓成渝地区双城经济圈、渝东南武陵山区城镇群等重大机遇，瞄准"十四五"期间中央预算内投资支持的34个专项和地方政府专项债券支持的9大领域，重抓项目策划包装，推进落实好2022年县级重点项目、全社会固定资产投资项目、市级重大项目、争资立项任务分解"四张清单"各项任务。强化项目统筹力度，优化组织、开足设备、上足人员，做实开工前期准备工作，确保未开工项目加快开工落地建设，已开工项目抢抓建设有效期，加快投资放量。积极策划包装项目，申报中央预算内投资计划、专项债券、融资资金等政策性资金，缓解重点项目投资保障压力。完善招商项目落地服务机制，提高项目落地率，确保协议项目快落地、落地项目快开工、开工项目快形成投资实物量，做大社会投资增量。

（二）抓好产业升级，培育发展动能

推进文旅融合发展，推进桃花源品质提升，抓好景区"创A增星"，形成景区集群，增强旅游景区竞争力。做大红色旅游，以南腰界革命根据地、赵世炎同志故居为核心，加强革命遗址保护修缮，建好长征国家文化公园（酉阳段），提升文化内涵。拓展非遗文化，高品质打造文化旅游主题线路，包装策划文创产品。加快特色效益农业发展。做大做强油茶主导产业，提质发展茶叶、青花椒、中药材等优势产业，培育一批重点龙头企业，创建"三品一标"品牌，推动农业"接二连三"。大力培育生态工业。推动工业企业技术改造升级，打造一批"专精特新"企业和行业领军企业，力争培育国家高新技术企业1家、科技型企业25家。完善工业园区交通、网络、环保等配套设施，建设一批综合物流市场、标准厂房，提升园区承载能力。加快发展现代服务业。健全农产品仓储保鲜冷链物流设施，建设小坝园区小件快递集散中心、板溪园区大宗物流集散中心，打造现代物流服务体系。加快县城商圈、中心乡镇微型商圈建设步伐，推动生活性服务业便利化。大力发展直播带货、云上超市等新业态、新模式，完善县、乡、村三级电商服务体系，打造国家电子商务进农村综合示范县升级版。

（三）抓好城乡建设，夯实发展基础

加快建设桃花源新城。加快推进桃花源新城10平方千米范围内征拆及桃花源新城PPP项目"两评一案"工作，高品质实施一批旅游地产、基础设施、公共服务等重大建设项目。实施老城区补短板强弱项，推进城市有机更新，启动实施17个老旧小区改造项目，推进西山沟粮库等棚户区改造及酉粮中央花园、桃源大厦、桃源新宸等房地产项目。持续优化城市路网交通体系，推进海绵城市建设，完善垃圾处理等配套设施。推动乡镇集镇建设，有序实施"人房双减"，完善基础设施、教育、医疗、就业等配套服务，打造一批旅游集镇、民俗小镇、农业强镇、边贸重镇。实施乡村振兴战略。深化易地扶贫搬迁后续扶持，巩固拓展脱贫攻坚成果，大力实施"三变"改革，积极探索"两大课题"，解决"四大难题"，大力实施"三百工程"，促进"人、地、钱、技"自由流动，构建"以企带村、以企促村、村企共赢"新局面；推动花田乡乡村振兴试点示范，分类实施39个乡镇（街道）乡村振兴，打造乡村振兴酉阳新旗帜。

（四）抓好生态建设，筑牢绿色本底

全面推行"林长制"，实施天然林保护工程、国家储备林建设等重点工程，推进碳汇交易，发展森林

康养、森林旅游。推进水土保持建设，开工建设小河坝河等中小河流治理项目，实施重点河流、河段、水库、饮用水源地、水源涵养区生态保护与修复。加强环境保护，持续打好"蓝天保卫战"，结合实际谋划制定全县碳达峰碳中和行动方案、工作方案，严格落实能耗总量和强度"双控"制度，深入开展"两高"项目核查和锰污染治理，坚决遏制"两高"项目盲目发展，确保碳排放、主要污染物排放完成市级下达控制目标，PM2.5年均浓度稳定达标。持续打好"碧水保卫战"，全面推进工业污水排放达标、生活污水处理、流域水污染防治，构筑"秀美武陵·乌江画廊"生态范例。持续打好"净土保卫战"，对种植养殖实施"药肥双控"，确保全县空气环境质量达标，主要河流断面水质达到功能区标准要求。大力发展水能、风能、光伏等清洁能源，加快戏沙湖抽水蓄能电站前期工作，推进整县屋顶分布式光伏试点，有序发展分散式风电，推进绿色低碳发展。

（五）抓好改革开放创新，释放发展活力

深化重点领域改革。抓好中央及市委关于全面深化改革的系列部署要求落地落实，不断提高经济发展质量和效益。深化国资国企改革，加快推进国有企业专业化重组，形成"1+20"国有企业发展格局，持续抓好桃花源旅投集团投融资改革试点，做大做强做优国有资本。统筹推进财税金融、卫生体制、教育、农业农村等重点改革。打造一流营商环境。深化"放管服"改革，实施"证照分离"改革全覆盖，创新审批和监管方式，拓展全流程网上办理事项，加快推进政务服务"一网通办""跨省通办"。全力打造"酉服务"品牌，运用"酉诉即办"平台，创新行政管理和服务方式，打造市场化、法治化、国际化营商环境。加强"四上"企业培育，落实政策帮扶，尽早实现升规入统。落实好全市进一步助力企业纾困政策措施，持续抓好纾解行业企业经营困难、加强金融惠企、促进就业稳定、保障产业链供应链稳定等17条政策措施，充分激发各类市场主体活力。强力实施研发机构倍增计划，力争创建市级众创空间、星创天地各1家，培育专家大院1个。推进企业实施科研项目13个，助推企业研发成果转化。发展开放型经济，加快拓展开放通道，积极搭建开放平台，充分发挥东西部协作、江北—酉阳对口协作等作用，加强对外招商引资，提升对外开放水平。

（六）抓好民生保障，提升公共服务水平

滚动实施一批重点民生项目。统筹考虑全县财力和人民群众的急需所盼，着力推进民生实事建设。协调推进社会事业发展。切实改善办学条件，加快教育事业均衡发展。继续加强教育精细化管理，不断提高教育教学质量。持续优化医疗资源配置，建成县人民医院门急诊综合大楼、桃花源新城医院等项目，完工龙潭、酉酬等4个基层医疗机构规范化建设项目，全面提升医疗卫生服务能力。推动就业创业，开展就业技能培训，统筹做好返乡农民工、退役军人等重点群体就业。强化临时救助和专项补助，进一步提高社会救助服务水平。

[酉阳土家族苗族自治县发展和改革委员会　蓝远波]

之七：2021年彭水苗族土家族自治县经济运行分析及2022年展望

2021年以来，彭水苗族土家族自治县（简称彭水县）坚持以习近平新时代中国特色社会主义思想为指导，认真贯彻市委、市政府各项决策部署，扎实推进"十四五"规划纲要和年度计划报告各项目标任务，前三季度全县经济运行持续恢复，各类风险有效防范，高质量发展态势上行。地区生产总值实现191.1亿元，增长8.8%，其中，第一产业实现增加值22.1亿元，增长5.4%；第二产业实现增加值66.3亿元，增长11.1%；第三产业实现增加值102.7亿元，增长8.2%，三次产业结构为11.6∶34.7∶53.7，产业结构进一步优化。

一、2021年彭水苗族土家族自治县经济运行分析

（一）经济运行的主要特征

1. 产业经济运行总体平稳

一是农业农村经济平稳向好。全年粮食播种面积118.7万亩，预计实现粮食总产量31.6万吨；种植蔬菜25.5万亩，预计全年蔬菜产量43万吨。种植红薯30万亩，规模加工主体达28家，预计实现年产值5.6亿元。种植烤烟6.7万亩，预计实现烤烟全产业链产值5亿元。新增中药材面积1.5万亩，全县在地面积达8万亩，建成中药材初加工厂2家，实现产值2亿元。农村改革有序推进，2021年新增专业合作社24个，累计达965个，新增家庭农场3家，累计达193家。二是工业经济保持增长态势。前三季度，全县规模以上企业实现总产值36.3亿元，增长9%。从产业结构来看，能源工业仍是工业的主要支柱，产值占整个规模以上工业总产值的66.1%，其中重庆大唐国际水电公司产值占规模以上工业总产值的47.7%。分行业板块来看，能源工业板块实现总产值21.2亿元，增长0.2%；饮料食品工业板块实现总产值3.1亿元，增长30.2%。三是服务业加快发展。金融运行稳中向前，有力支撑经济发展，金融机构存贷款余额515.2亿元，增长7%。交通运输服务业较快增长，完成道路客运量444万人、旅客周转量21455万人/千米，增长2.30%、7.79%；完成货运量575万吨，货物周转量38785万吨/千米，增长39.9%、17.56%。从重点行业板块来看，规模以上租赁和商务服务业营业收入增长23.3%，规模以上居民服务业、修理和其他服务业营业收入增长28.6%，规模以上文化、体育和娱乐业营业收入增长25%，支撑服务业发展作用明显。

2. 消费市场持续回暖

一是消费促进卓有成效。大力开展"第七届汽车博览会""家电下乡"等活动，进一步促进农村地区消费，扩大消费市场。累计组织110家经营主体开展营销推介活动15场，线上线下累计销售农特产品7000多万元。全县31家企业与主城都市区98个单位签订购销合同，形成长期、稳定的消费合作关系。前三季度，全县社会消费品零售总额107.1亿元，增长32.7%。其中，批发和零售业商品销售额150.2亿元，增长28.4%；住宿和餐饮业营业收入18.6亿元，增长29.6%。二是旅游产业加快复苏。举办第五届

渝东南生态民族旅游文化节，组织参加首届成渝双城经济圈国际健康旅游展，促进了区域文化旅游交流，提升了彭水文化旅游知名度和影响力。前三季度全县接待各类游客1926万人次，实现旅游收入97亿元。国庆前夕，文旅行业及各大A级景区提前策划一系列文化旅游节庆活动，累计接待游客132.6万人次，实现旅游综合收入59496万元。三是房地产市场相对稳定。房地产开发企业22家，在建房地产开发项目19个，在建面积220.3万平方米，其中新开工商品房面积21.9万平方米，下降58.6%；竣工商品房面积20.4万平方米，增长470.2%。商品房实现销售面积32.6万平方米，增长17.2%，住宅成交均价5123元/平方米，非住宅成交均价8040元/平方米。

3. 投资势头保持良好

投资运行稳中有增长，前三季度，完成固定资产投资82.1亿元，增长7.7%。其中，完成建筑安装工程投资58.9亿元，增幅达39.4%，拉动经济增长作用明显。一是扎实开展"抓项目稳投资"专项行动。当前投资5000万元以上的在建工业项目6个，总投资5.88亿元，均将在年底前完工投用。第四季度预计新开工投资5000万元以上工业项目10个，总投资20.4亿元。投资亿元以上的在建基础设施和社会事业项目共26个，年度计划投资16.1亿元，目前已累计完成投资10.3亿元，彭水县职教中心迁建等3个项目将在第四季度实现开工，年内计划完成1亿元以上投资。二是加快重大项目投资放量。优先安排地方政府专项债用于市级重大项目建设，8个市级重大建设项目完成投资6.76亿元，累计完成基础设施投资39.9亿元，发行地方政府专项债对基础设施建设项目支撑作用明显。三是强化招商项目落地。举办"集中签约暨招商项目推介发布"活动2次，签约项目30个，计划投资164.8亿元。其中正式合同项目16个，总投资41.1亿元，增长332%。近两年新开工招商项目1—8月完成投资7.7亿元，增长36.5%。

4. 发展质效稳步提升

一是收入平稳增长。实现一般公共预算收入10.9亿元，增长1.8%。城镇常住居民人均可支配收入达到28448元，增长10.2%，农村常住居民人均可支配收入达到10922元，增长11.7%。民生物价总体平稳，价格监测数据显示，肉类、蔬菜、粮油等重要民生商品零售价格平稳运行。二是民生事业全面发展。城镇新增就业3191人，登记失业人员再就业人数907人，就业困难人员再就业人数793人。加大降费减负力度，为全县61家小微企业、166家困难企业实施社保降费减负，覆盖人员分别为2289人、6748人。精准实施困难学生资助4.29万人，发放资助资金3211.6万元。持续推进医共体"三通"建设，基层首诊率维持在72%左右，县域门诊、住院均次费用均居全市最低。三是重点领域风险有效防范。国保、治安、网安派员入驻公安指挥中心，实行7×24小时合成作战，全力防范化解政治风险和社会风险。慎终如始抓疫情防控，累计接种疫苗733983剂次，全人群全程接种任务进度为88.7%。

（二）经济运行存在的问题

一是工业后续增长乏力。工业产业结构单一，基本依靠大唐电站拉动。受市场环境变化、企业生产经营调整等因素影响，两江能源、茂田公司、凯蒂斯实业等传统支柱企业生产面临困难。渝烟有机肥和烟叶复烤公司季节性停产，11家企业产值低于上年同期，3家企业产值与规模以上工业企业标准差距较大，存在退库风险。二是生产企业受物价影响较大。煤炭、铁矿石、钢材等大宗商品及材料价格出现不同程度的上涨，导致建筑施工企业成本、农作物用肥成本上涨，企业生产面临较大压力。三是经济恢复的动力仍显不足。受近期多个地方先后出现散发病例和聚集性疫情影响，住宿餐饮、文化旅游等消费市场再次受到冲击，市场主体经营困难。投资运行结构不优，工业投资下降18.6%，入园企业项目如太极水二期等未开工建设，工业投资增长较为乏力。生猪价格持续下滑，较年初下降66.7%，对农民增收产生负面影响。

（三）2021 年主要经济指标预测

根据前三季度经济运行情况，综合考虑各方面因素，预计 2021 年全县地区生产总值可达到 267 亿元，增长 6.5%，规模以上工业总产值 46 亿元，增长 1.5%，固定资产投资 98 亿元，增长 7%，社会消费品零售总额 120 亿元，增长 9%，一般公共预算收入 13.4 亿元，增长 -5.3%，城镇常住居民人均可支配收入 36790 元，增长 8%；农村常住居民人均可支配收入 14700 元，增长 9%。

二、2022 年经济运行环境分析

国内经济持续稳定复苏，稳增长与防风险并存；重庆积极融入国家双循环新发展格局，深入推进成渝地区双城经济圈建设，加快培育经济发展新动能，经济延续恢复性增长态势。2022 年是全县实施"十四五"规划的第二年，"十四五"规划所涉及的重大项目投资会有所增加，随着经济的复苏、加上疫情已得到有效控制，消费者信心进一步增强，餐饮、旅游、线下娱乐等服务类消费会持续回暖。紧抓渝东南武陵山区城镇群建设等机遇，着力补短板、强弱项，积极培育发展新动能，加快融入新发展格局，全县经济将继续平稳健康运行。

三、2022 年主要指标预测

综合分析全县经济发展态势，预计 2022 年全县地区生产总值增长 7% 左右，固定资产投资增长 8% 左右，规模以上工业总产值增长 3% 左右，社会消费品零售总额增长 8% 左右，一般公共预算收入增长 5% 左右，城乡常住居民人均可支配收入增长 9% 左右。

四、措施建议

加大"六稳""六保"工作力度，主动应对化解风险，着力做好疫情后期经济社会发展工作，圆满完成年度目标任务，以优异成绩迎接党的二十大胜利召开。

（一）促进产业优化升级

一是抓好农业质量效益。稳定粮食产量，抓好重要农产品保供稳价，实施种养业提升行动，大力发展农产品加工、乡村旅游和农村电商，着力实施"三品"工程，促进农业"接二连三"，全年农业增加值增长 5% 左右。二是抓好骨干企业扶持。加强重点企业要素保障和运行调控，切实保障大唐电力、茂田水泥等重点企业稳产运行。强化重点成长型企业升规培育，加强升规扶持指导助推企业早日成功入库。三是抓好旅游消费回补。扎实推进城旅、文旅、农旅、商旅深度融合，持续提升全国旅游综合实力百强县、阿依河国家 5A 级旅游景区品牌影响力，充分发挥节赛效应，加强营销宣传，力争全年接待游客量达到 2500 万人次，过夜游客超过 500 万人次。大力培育限额以上企业，寻求新兴消费热点，继续开展好展会活动，抓好节假日促销活动，着力推动消费回补。

（二）统筹城乡融合发展

一是抓好全国县城城镇化示范建设。按照"1+3"工作机制统筹推进公共服务设施提标扩面、环境卫生设施提级扩能、市政公用设施提档升级、产业培育设施提质增效工程，着力发挥好示范作用。二是全面推进乡村振兴。接续推进巩固拓展脱贫攻坚成果同乡村振兴有效衔接，用好用足国家乡村振兴重点帮扶县各项政策，全力推动乡村产业、人才、文化、生态、组织全面振兴，扎实推进"1+3+8"乡村振兴重点帮扶试点示范，以点促线，以线带面，积极打造武陵山区乡村振兴样板，大力推进善感乡打造全市乡村振兴示范乡镇。

（三）深化改革开放创新

一是持续优化营商环境。承接推进营商环境创新试点，加大《重庆市优化营商环境条例》宣传力度，认真落实全市优化营商环境改革实施方案，加大民营企业走访服务力度，持续优化法治化国际化营商环境。二是加强市场主体培育。推动科技创新发展，全面贯彻执行县委关于《深入推动科技创新支撑引领高质量发展的决定》，大力实施以大数据智能化为引领的创新驱动发展战略行动计划，加快智慧园区建设，推进大数据智能化应用，促进传统产业加快转型升级，从骨干企业扩能增效、中小企业升规入统着手，积极引导企业做大做强。三是加强对外开放合作。全面提升对外开放水平，积极主动融入成渝地区双城经济圈建设和全市"一区两群"协调发展布局，深化与周边地区的交流合作。围绕全县优势资源，加强招商项目策划、宣传、推介。

（四）加强生态系统保护

坚定不移践行生态优先绿色发展理念，深入推进"五大环保行动"，全面落实河长制、林长制，深入实施长江"十年禁渔"计划，开展水资源利用、水环境保护和水生态修复"三水共治"，强化固体废物"三个能力"建设，持续推进生态保护修复、大气污染治理、噪声污染防治，全面开展自然灾害综合风险普查，推进农村生活垃圾、生活污水治理，城市建成区绿化覆盖率达到40%以上，县城年空气质量优良天数稳定在330天以上，噪声环境质量稳定在区域环境限值内，万元GDP能耗、主要污染物排放总量完成市级下达目标。

（五）聚力保障社会民生

多措并举保障群众就业创业，拓展市场化就业渠道，城镇调查失业率控制在5.5%以内。推动教育优质均衡发展，加快推进学坝幼儿园及部分乡镇中心幼儿园等公办园建设，有序推进新城摩围中学、张家坝小学以及老城第三中学、第二小学、森林希望小学等项目建设，优化义务教育资源配置，巩固发展好全国义务教育发展基本均衡县创建成果。推进公立医院高质量发展，积极推进县疾控中心实验室标准化、县公共卫生服务中心等项目建设，完善县、乡镇、村三级传染病防控救治网络，提升县域医疗服务能力。加强全民健身场地设施建设，启动实施城区健身步道项目，规划建设一批社会足球场。推进养老托育事业持续发展，加快绍庆街道养老服务中心建设，升级改造乡镇敬老院，推动城乡社区养老全覆盖。

[彭水苗族土家族自治县发展和改革委员会　王美瑜　曹　燕]